Chronique des années Bouteflika

(1999-2010)

Histoire et Perspectives méditerranéennes
Collection dirigée par Jean-Paul Chagnollaud

Dans le cadre de cette collection, créée en 1985, les Éditions L'Harmattan se proposent de publier un ensemble de travaux concernant le monde méditerranéen des origines à nos jours.

Déjà parus

Jacques IZOULET, *Des chrétiens en Afrique du Nord (1945-1962)*, 2021.
Mustapha CHOUIKI, *La symbolique urbaine. Quelle mondialisation pour la ville maghrébine ?*, 2020.
Jacques POUS, *Henry Dunant, colon affairiste pionnier du sionisme*, 2020.
Fouad KEMACHE, *La nouvelle Algérie au défi de se transformer*, 2020.
Mohamed HARAKAT (dir.), *Etudes d'impact et politiques publiques au Maroc*, 2020.
Sofiane BOUHDIBA, *De Carthage à Lampedusa, La migration en Tunisie*, 2020.
Mohand AÏT AHMED, *La Grande Kabylie, Arabisation coloniale et histoire fragmentaire*, 2019.
Mehenni AKBAL, *Archives algériennes de la France coloniale, Réflexion sur la valeur de l'administration communale*, 2019.
Tahar KHALFOUNE (dir.), *Mélanges en l'honneur de l'historien Gilbert Meynier*, 2019.
Sofiane BOUHDIBA, *Jeunes de Tunisie*, 2019.
Chérifa SIDER, *Traumatisme psychologique et suicide en Algérie*, 2018.
Hassan BANHAKEIA, *La littérature de voyage en Afrique du Nord*, 2018.
Gibson NCUBE, *La sexualité queer au Maghreb à travers la littérature*, 2018.
Jacques BINOCHE, *L'Algérie et sa représentation parlementaire, 1848-1962*, 2018.
Saâdia AGOURAY, *Mobilités spatiales à Casablanca. Caractéristiques, mécanismes et impacts*, 2018.
Sofiane BOUHDIBA, *Six millions de femmes*, 2018.
Hosni KITOUNI, *Le désordre colonial, L'Algérie à l'épreuve de la colonisation de peuplement*, 2018.
Houria ALAMI MCHICHI, *Un autre regard sur les migrations, Expériences du Maroc*, 2018.
Antoinette CHAUVENET avec Faïza CHERFI et Marie-Claire MICHAUD, *La promotion des droits humains en Algérie*, 2017.
Catherine GUILLAUMOND, *Cuisine et diététique dans l'occident arabe médiéval. D'après un traité anonyme du XIIIe siècle, Étude et traduction française*, 2017.

Hocine Malti

Chroniques des années Bouteflika

(1999-2010)

L'Harmattan

5-7, rue de l'École-Polytechnique, 75005 Paris

www.editions-harmattan.fr

ISBN : 978-2-343-21398-9
EAN : 9782343213989

INTRODUCTION

La guerre de libération nationale algérienne a été déclenchée le 1er novembre 1954. En février 1956, le chef du gouvernement français (on l'appelait président du Conseil), le socialiste Guy Mollet se rendait à Alger pour installer le nouveau gouverneur de l'Algérie le général Catroux. Celui-ci, une "colombe", avait pour mission d'entrer en négociation avec les dirigeants de l'insurrection et de trouver un accord avec eux qui ramènerait la paix. En janvier de cette même année, pour le bonheur ou le malheur du pays - on comprendra plus loin pourquoi ce dilemme - on découvrait pour la première fois du pétrole à Édjeleh, au Sahara. Un nouvel Eldorado était né. Cet événement, d'une importance extrême pour la France, allait bouleverser tous les plans. Prenant prétexte d'avoir été bombardé de tomates par les Pieds-noirs, alors qu'il prononçait un discours, Guy Mollet opérait un virage à 180°. Il renonçait au plan de paix qu'il envisageait de mettre en application et remplaçait le général Catroux par Robert Lacoste, un socialiste également, un "faucon" celui-là. La nouvelle orientation était, comme l'avait alors déclaré le ministre de l'Intérieur de l'époque, un certain François Mitterrand : *"La seule négociation, c'est la guerre"*. Il faudra attendre 6 années supplémentaires avant que le gouvernement français et le gouvernement provisoire de la République algérienne (GPRA) n'aboutissent, à Evian, en mars 1962, à un accord de cessez-le-feu qui débouchera sur l'indépendance du pays le 5 juillet suivant. Cette prolongation du conflit allait coûter la vie à plusieurs centaines de milliers d'Algériens, causer plus d'un million de blessés, des millions de déplacés et entrainer des milliards de dégâts. Elle a surtout eu une autre conséquence extrêmement grave pour l'avenir du pays : les chefs militaires de l'armée de libération nationale (ALN) allaient s'emparer de la direction du mouvement de libération, puis du pouvoir politique dès le lendemain de l'indépendance, un pouvoir qu'ils ne céderont plus aux civils.

L'intitulé officiel de l'État algérien est République Algérienne Démocratique et Populaire (RADP). En réalité, l'Algérie n'est ni démocratique, ni populaire, car si en façade on voit que c'est effectivement une république à la tête de laquelle on trouve un président, en apparence élu par le peuple, ce président est, de fait, choisi par les chefs militaires; son élection est une simple formalité, vu que les élections ont été - et sont jusqu'à ce jour - truquées. Ce sont donc les militaires qui gouvernent l'Algérie depuis soixante ans. C'est un groupe restreint de généraux, ceux qui l'ont choisi, qui dicte au président de la République la politique à suivre et qui lui fixe les "lignes rouges" à ne pas franchir. Généralement, les présidents algériens se soumettent au bon vouloir de ce cabinet de l'ombre. S'ils tentent d'y échapper, on les ramènera dans le "droit chemin" par des pressions diverses et variées, ce qui entraine des affrontements entre le président en place et le noyau d'officiers supérieurs qui l'a coopté. Ceux, parmi les présidents, qui ont essayé de résister, ont été poussés à la démission, comme ce fut le cas de Chadli Bendjedid et de Liamine Zeroual, pourtant issus tous deux de l'armée. L'autre cas, autrement plus grave est celui de Mohamed Boudiaf. Après l'avoir sorti du Maroc, où il était en retraite depuis 29 ans, les généraux l'ont installé sur le fauteuil de chef de l'État. Même si cela n'a pas été prouvé par la justice, car le pouvoir en place a tout fait pour enterrer l'affaire, tout le monde en Algérie sait que ce sont eux, les généraux putschistes, qui l'ont fait assassiner par un des membres de sa garde rapprochée, un certain Lembarek Boumaarafi; il avait eu "l'outrecuidance" d'enquêter sur les fortunes qu'ils avaient amassées en piochant à volonté dans la rente pétrolière du pays.

Abdelaziz Bouteflika a été un cas particulier; il est le seul président à être resté en poste aussi longtemps. Les raisons d'un tel état de fait constituent la trame de cet ouvrage. Il a été choisi par les chefs militaires à l'issue d'une guerre civile qui durait depuis 8 ans déjà, au cours de laquelle 150 000 personnes étaient mortes; une grande majorité ayant été assassinée, soit par "les forces de l'ordre" (armée, gendarmerie, police politique [services de sécurité] ou milices privées agissant au nom de l'État), soit par les groupes islamiques armés, que l'on a laissés commettre des massacres qui auraient pu être évités, si ces "forces de l'ordre" étaient intervenues. Quand l'armée a fait appel à Bouteflika, il était de plus en plus question, ailleurs dans le monde, qu'Augusto Pinochet, Slobodan Milosevic et éventuellement d'autres dictateurs soient arrêtés et déférés devant le Tribunal Pénal International (TPI). D'autre part, nombre d'ONG avaient commencé à s'intéresser à la situation des droits de l'Homme en Algérie; elles se demandaient pourquoi des crimes horribles y étaient commis, sans que les auteurs ne soient jamais identifiés, arrêtés puis traduits en justice. Les généraux, qui avaient fait le coup d'État de janvier 1992, (on les appelle les Janviéristes), et qui avaient donc les mains pleines de sang, craignaient qu'ils ne fassent eux aussi l'objet de poursuites judiciaires internationales. Ils ont alors proposé un deal à Bouteflika : ils lui proposaient le poste de président de la République, en contrepartie de quoi, lui s'engageait à leur assurer qu'il prendrait les dispositions nécessaires pour qu'ils soient amnistiés, en Algérie, pour les exactions qu'ils avaient pu commettre. Il devait également s'arranger pour trouver, au plan international, la solution qui leur permettrait d'échapper à une traduction devant le TPI. Le lecteur se rendra compte par lui-même, à travers les différentes analyses que je lui présente dans cet ouvrage, comment s'est étalé sur 20 ans ce jeu de *"je te tiens, tu me tiens par la barbichette"*, entre lui et ceux qui l'avaient fait roi. Un jeu que lui a réussi à faire durer très longtemps, tandis que leur objectif à eux était d'aboutir au résultat, tout en le surveillant de près, et en évitant de se faire rouler par ce président rusé et roublard.

Pour les Janviéristes, le président de la République n'était qu'une marionnette qu'ils pensaient manipuler comme bon leur semblait. Abdelaziz Bouteflika avait donné son accord à cette limitation de ses pouvoirs lors des négociations qu'ils avaient engagées dès le lendemain de la démission de Liamine Zeroual. Il n'a cependant pas cessé de déclarer, dès son installation au sommet du pouvoir, qu'il n'était qu'un trois quarts de président et a passé les vingt années de sa magistrature à tenter de récupérer le quart des prérogatives qui lui manquaient. Chaque fois qu'il a avancé un pion dans cette direction, les généraux y ont répondu en lui portant un coup sur un tout autre plan. J'expliquerai tout au long de ce livre, comment la survenance inopinée, si ce n'est illogique, de tel ou tel événement, n'était en réalité qu'un message codé des Janviéristes en réponse au pas en avant que lui venait de faire. Je démontrerai également comment, hélas pour le peuple algérien, cette réponse *"du berger à la bergère"* s'exprimait souvent sous la forme de meurtres ciblés, si ce n'est de massacres de citoyens, toujours imputés aux islamistes. D'autre part, les objectifs des deux clans étant souvent à l'opposé les uns des autres; il n'y a quasiment jamais eu de consensus entre eux. Le régime algérien est ainsi fait; les parties ne se parlent pas, elles n'exposent jamais publiquement leurs positions respectives, il faut les deviner. C'est ce que j'ai tenté de faire chaque fois que cela était possible, tout comme j'ai indiqué comment ces deux clans n'ont toujours communiqué que par le biais de rumeurs ou de campagnes menées à travers les médias.

L'Algérie est un pays riche en hydrocarbures. Bouteflika a eu la chance de voir le prix du baril de pétrole grimper durant ses trois premiers mandats. Il a utilisé la rente pétrolière du pays comme un outil pour renforcer son pouvoir, en achetant des soutiens et des consciences, tant à l'intérieur qu'à l'extérieur du pays. Il a fait en sorte que tout projet, tout contrat, engagé par l'État ou par les entreprises étatiques, dont la compagnie nationale des pétroles Sonatrach notamment, ne soit attribué - par décision revenant de fait à lui seul - qu'à des partenaires disposés à verser un pot-de-vin à une haute personnalité algérienne. Ce "parrain" était généralement un haut gradé ou un membre du clan présidentiel, voire l'un de ses frères. Le lecteur découvrira par quel tour de passe-passe Bouteflika s'est octroyé ce pouvoir qui lui a permis d'acheter, entre autres, le soutien du président des États-Unis, George W. Bush. Le lecteur se rendra compte également comment il a pu soudoyer ainsi certains parmi les généraux putschistes et en faire des affidés. Ceci prouve, si nécessaire, combien était important pour le président algérien et pour les Janviéristes le contrôle du secteur pétrolier, d'où des luttes intestines au régime extrêmement violentes. Nous nous attarderons souvent sur ce type d'affrontements. Le pétrole est un produit hautement stratégique pour le fonctionnement de l'économie mondiale. On fait des guerres pour s'approprier des réserves pétrolières; l'exemple le plus récent est celui de l'envahissement de l'Irak par l'armée américaine au prétexte fallacieux que Saddam Hussein détenait des armes de destruction massive. D'autres grandes puissances utilisent d'autres moyens, moins violents, mais tout aussi efficaces pour garantir leur approvisionnement en pétrole par les pays producteurs. Les deux puissances qui comptent en Algérie, les États-Unis et la France se livrent, chacune de son côté, à diverses manoeuvres, voire tentatives de corruption de hautes personnalités, pour contrôler autant que faire se peut les richesses pétrolières du pays. Abdelaziz Bouteflika et les Janviéristes le savent bien entendu. Il est souvent arrivé que l'un des deux clans qui constituent le régime algérien soutînt l'action engagée par l'une de ces deux puissances, tandis que l'autre s'y opposait. Ceci débouchait automatiquement sur un affrontement. Nous savons aussi que la France a, de tout temps, considéré que l'Algérie faisait partie de son "pré carré" africain, tandis que les États-Unis ont fait tout ce qui était en leur pouvoir pour l'attirer vers eux; à partir de 2001 tout particulièrement. Nous verrons comment cette rivalité a toujours été mise à profit par chacun des deux clans, le présidentiel et celui des militaires, pour prendre l'ascendant sur l'autre.

On a assisté vers la fin des années 1980 à une montée en puissance foudroyante du mouvement islamique en Algérie. Le Front Islamique du Salut (FIS) qui a mené l'opération a été dissout en 1991 par le noyau de généraux qui détenaient alors la réalité du pouvoir. Ce qui n'a pas empêché ce parti de continuer à représenter, durant une douzaine d'années au moins, une force politique importante. Nous verrons comment tant Bouteflika que les Janviéristes ont tenté parfois de renouer avec ce mouvement, dans l'espoir de l'attirer dans leur clan.

Ce ne sont là que quelques-uns des points repères qui ont marqué les 20 années passées par Bouteflika à la tête du pouvoir algérien. Durant cette longue période, il ne s'est pratiquement pas passé une seule année qui n'ait été marquée par 3 ou 4 crises majeures au cours desquelles il s'est accroché avec les généraux Janviéristes. Son "adversaire" principal était le général de corps d'armée Mohamed Mediène, dit Tewfik, patron du Département du renseignement et de la sécurité (DRS) et leader du clan de l'armée. On constatera à la lecture des pages qui suivent que l'obsession d'Abdelaziz Bouteflika a été de pérenniser son pouvoir, quitte à sacrifier pour cela les intérêts majeurs du pays. Il a de tout temps considéré que le poste de président de la République se transmettait, comme dans une royauté, au dauphin. Or, pensait-il, il était le dauphin de Houari Boumediene, décédé en décembre 1978. Le fait que l'armée lui ait alors préféré Chadli Bendjedid a été, pour lui, un acte de "lèse-majesté". C'est pourtant en s'appuyant sur l'armée, que le "groupe d'Oujda" dont il a fait partie depuis les années 1956 - 1957, s'était emparé du pouvoir à deux reprises, après avoir fait deux coups d'État. Le premier dans le courant de l'été 1962, contre le gouvernement légitime de l'époque, le GPRA, à l'issue duquel le groupe a installé Ahmed Benbella au poste de président de la République; le second après qu'Abdelaziz Bouteflika soit parvenu à convaincre, en juin 1965, Houari Boumediene à renverser Ahmed Benbella, qu'il avait placé à la tête de l'État moins de 3 ans auparavant. C'est ainsi que l'armée, source du pouvoir, qui avait été jusque là son alliée, est devenue son "ennemi" principal à partir de janvier 1979. On sait aussi que Bouteflika n'aime pas son peuple. Il pense que ce dernier aurait dû manifester, d'une manière ou d'une autre, son rejet de ce choix de l'armée. D'un ego démesuré, il considère, que ce peuple qui n'a pas cherché alors à l'imposer comme président de la République, était un peuple de lâches. J'expliquerai au lecteur comment Abdelaziz Bouteflika a exprimé cette haine de ses concitoyens par la "Hogra"[1] qu'il leur a vouée jusqu'au dernier jour de sa présence à la tête de l'État.

Il arrive souvent aux analystes politiques spécialistes de l'Algérie de se demander s'il y a une différence entre la Corée du Nord de Kim Jong-Un et l'Algérie de Bouteflika. Oui certainement; les deux régimes restent cependant très comparables. Avant même que le président algérien ne soit frappé d'un AVC en 2013, il était souvent très difficile de connaître la raison exacte de son absence de son poste, qu'elle soit de courte ou de longue durée; tout comme pour le dictateur nord-coréen. Il a été également, presque toujours, quasiment impossible de comprendre la signification de certaines de ses déclarations, d'appréhender de manière claire et précise sa position sur telle ou telle question et encore moins d'interpréter la langue de bois utilisée par les organes officiels dans tel ou tel document destiné en principe à porter à la connaissance de l'opinion publique la position officielle de l'État sur un problème bien déterminé. J'espère avoir néanmoins réussi à extraire le vrai visage des choses de ce fouillis de fake news, de manoeuvres et de manipulations. Tout comme j'espère avoir pu séparer le bon grain de l'ivraie dans cet embrouillamini d'info et d'intox.

[1] Selon Wikipedia, la Hogra est un terme populaire algérien qui signifie tout à la fois le dédain, le mépris, l'injustice, l'iniquité, l'abus de pouvoir, l'humiliation, autant de sentiments négatifs dont fait preuve le pouvoir à l'égard de la population.

ANNÉE 1999

ARRIVÉE DE BOUTEFLIKA AU POUVOIR

15 avril 1999, le rêve d'Abdelaziz Bouteflika devient réalité. Il est élu président de la République algérienne. Mal élu, mais élu quand même, face à 5 autres candidats qui se sont retirés de la compétition la veille du scrutin. Ahmed Taleb Ibrahimi, Hocine Aït Ahmed, Abdallah Djaballah, Mouloud Hamrouche, Mokdad Sifi et Youcef Khatib ont tous les cinq renoncé à leurs candidatures après avoir su que l'élection était jouée à l'avance, le DRS (Département du renseignement et de la sécurité) leur ayant fait savoir que l'armée avait pris "les dispositions nécessaires" pour faire élire Bouteflika et avait même déjà fixé les pourcentages de voix qui seront attribués à chacun d'entre eux. Les Janviéristes qui avaient poussé Zeroual à la démission, en raison de son refus d'avaliser l'accord passé entre le DRS et l'Armée islamique du salut (AIS), avaient déniché l'oiseau rare, le Président qui ferait plébisciter cet accord par le peuple. Cela faisait déjà quelques mois qu'ils avaient négocié avec Abdelaziz Bouteflika un tel deal; il n'était donc pas question que quelqu'un d'autre que lui soit élu à la magistrature suprême. Lui, de son côté, caressait depuis le mois de décembre 1978 le rêve de devenir président de la République et était disposé à se faire complice d'une manigance qui consistait, en réalité, à accorder tant aux islamistes qu'aux putschistes de janvier 1992, l'impunité pour les crimes horribles qu'ils avaient commis depuis cette date et donner à cet accord une couverture légale. Durant les vingt années de traversée du désert qui s'étaient écoulées depuis la disparition de son modèle et mentor, le seul chef qu'il ait jamais reconnu, le colonel Houari Boumediene, qui avait occupé la fonction durant un peu plus de 13 ans, Abdelaziz Bouteflika n'avait cessé de penser que c'est à lui que revenait le poste de président de la République. Il considérait être le seul et unique dauphin du défunt Président, non seulement en raison des liens d'amitié - pensait-il - qu'il avait noués avec lui durant son séjour à Oujda, mais aussi de par la complicité qui les liait du fait des conseils qu'il lui avait fournis et la pressante recommandation qu'il lui avait faite d'organiser le coup d'État du 19 juin 1965. Bouteflika était convaincu que c'est grâce à sa vigilance et son insistance auprès de l'ex-chef d'état-major et ministre de la Défense nationale, de se méfier de la fourberie

d'Ahmed Benbella qui cherchait à se débarrasser de lui et de ses affidés du groupe d'Oujda - dont lui faisait partie - qu'il avait permis à Boumediene, d'échapper à un limogeage, voire à un emprisonnement ou à la mort, mais aussi d'accéder à la présidence de la République. Or, voici que le 9 février 1979, l'armée en décidait autrement; elle faisait élire Chadli Bendjedid à la tête de l'État, sur recommandation du patron de la Sécurité militaire, Kasdi Merbah. Et pourtant, pensait-il, il avait mis toute l'énergie nécessaire pour être ce candidat. Il avait activé tous ses réseaux dans l'espoir que soit éliminé de la compétition l'autre prétendant Mohamed Salah Yahiaoui, tout comme il avait manoeuvré afin que la nomenklatura politico-militaire lui confie le soin de prononcer l'éloge funèbre du Président décédé. La beauté du texte qu'il lut, le choix des mots par lesquels il décrivit l'homme qu'était Houari Boumediene et son parcours, l'intonation qu'il mit à prononcer l'éloge, l'émotion qu'il chercha et réussit à communiquer à l'assistance présente aux funérailles et probablement à tous les citoyens qui avaient suivi la cérémonie à la télévision, avaient pour but de charmer l'opinion publique et de créer l'impact qui donnerait l'impression que les jeux étaient faits, qu'il était le futur président de la République. Le fait que les choses ne se soient pas déroulées comme il l'avait imaginé, amena Abdelaziz Bouteflika à mépriser les Algériens, ces gueux qui avaient choisi un ignare - c'est ce qu'il pensait de Chadli - pour présider au destin du pays et à avoir de l'aversion pour ce peuple qui ne s'était pas soulevé contre ce choix. Son ego démesuré et l'expérience politique qu'il avait acquise durant les 15 années passées à la tête de la diplomatie algérienne, lui avaient fait croire qu'il était plus fort, plus intelligent que les Janviéristes et qu'il était de ce fait incontournable pour leur maintien au pouvoir. De même qu'il pensait avoir un passé plus honorable que le leur; lui était, disait-il, un véritable maquisard, tandis que la majorité d'entre eux n'était que des recrues de la vingt-cinquième heure qui avaient vécu à l'abri en Tunisie. Ses faits d'armes n'étaient cependant guère plus brillants que les leurs. Après avoir quitté Oujda, il n'avait fait que traverser l'Algérie du nord au sud en direction du Mali, d'où le nom de guerre de Abdelkader El Mali qu'il s'est donné, sans tirer ne serait-ce qu'une balle. Malade tout le long du trajet, il avait effectué le périple, souvent porté sur son dos par Mohamed Chérif Messaadia qui l'accompagnait.

Quand l'armée l'approcha une première fois en 1994 et lui proposa de le faire élire au poste de président de la République tout en lui fixant un certain nombre de conditions, il rejeta la proposition et quitta précipitamment le pays par crainte de représailles. Quand, pour la seconde fois, le parrain des Janviéristes, le général Larbi Belkheir - le Cardinal - vint, en octobre 1998, lui faire la même proposition avec les mêmes conditions qu'en 1994, il se dit "*c'est maintenant ou jamais*". Il était conscient que s'il rejetait encore une fois l'offre, il n'avait plus aucune chance de voir son rêve se réaliser. Aussi accepta-t-il la proposition, tout en sachant qu'en tant que ministre de la Défense, il n'avait aucun droit de regard sur les questions militaires qui restaient du domaine exclusif des Janviéristes, et ne pouvait remettre en cause le statut de l'armée. Il lui était également interdit de procéder à toute ouverture démocratique, car les putschistes ne voulaient pas revivre l'expérience qu'ils avaient vécue sous Chadli qui avait permis l'éclosion du FIS et son arrivée aux portes du pouvoir. Pas question donc de réhabiliter le FIS. Enfin, dernière et très importante ligne rouge que lui fixaient les généraux putschistes, ne pas toucher à ce qu'ils considéraient être leur butin de guerre, la rente pétrolière. C'est parce qu'il n'avait pas respecté ces règles, qu'ils avaient destitué Chadli Bendjedid, lequel avait accepté de jouer le jeu de la démocratie. C'est parce qu'il avait diligenté des enquêtes sur les fortunes qu'ils avaient accumulées depuis le début de la décennie 1980, qu'ils n'avaient pas hésité à faire assassiner Mohamed Boudiaf, 6 mois après l'avoir sorti de 29 années d'exil au Maroc. C'est parce qu'il avait essayé de ramener la paix au pays en négociant avec les chefs politiques du FIS, qu'ils avaient ensuite poussé à la démission Liamine Zeroual et qu'ils lui auraient probablement fait subir le même sort que Mohamed Boudiaf s'il avait persévéré dans la voie qu'il s'était tracée. Abdelaziz Bouteflika qui ne pouvait ignorer ces antécédents savait donc parfaitement à quoi il s'exposait en acceptant la proposition de devenir président de la République. Sachant cependant qu'une énorme avidité de pouvoir anime le personnage, il est fort probable qu'il se soit dit que son expérience passée de ministre des Affaires étrangères, son talent de manœuvrier et sa roublardise lui permettraient de gagner le bras de fer qui allait l'opposer à ces généraux, qu'il assimilait dans son for intérieur à des incapables, des soudards, des va-nu-pieds. Eux, de leur côté, savaient que ce président était plus rusé que ses prédécesseurs, qu'il avait des talents de diplomate, rodé qu'il était aux parties d'échecs auxquelles il s'était livré lors de nombreuses négociations tout le long de sa carrière. C'est pourquoi ils décidèrent de prendre une précaution supplémentaire et de bien faire comprendre à Bouteflika que c'est à eux et à eux seuls qu'il devait sa venue au pouvoir: ils firent donc savoir aux cinq autres candidats à l'élection d'avril dernier que les dés étaient pipés et les poussèrent à se retirer de la course. Il fut alors élu Président sans opposition.

Conscient d'avoir été placé dans une cage dorée, Bouteflika tente depuis de s'affirmer, à défaut de se libérer, en multipliant les attaques verbales contre ceux qui l'ont fait roi. On se demandait, depuis deux mois, depuis qu'il avait annoncé qu'il allait se rendre à Crans Montana, pourquoi il avait choisi la Suisse pour son premier déplacement à l'étranger. Pourquoi aller participer à un forum, d'une portée internationale très limitée, alors que des dossiers brulants s'accumulent sur son bureau ? On a eu la réponse à la question lors de la conférence de presse qu'il a donnée à Genève à l'issue de la clôture du forum. On a compris qu'il était à la recherche d'une tribune à partir de laquelle il dirait ce qu'il n'a pas pu ou pas osé dire en Algérie, à savoir que *"l'arrêt du processus électoral était la première des violences"* ou qu'il avait affaire à *"deux types d'intégristes, les intégristes islamistes et les intégristes éradicateurs"*. Tout comme il se sentit plus libre de menacer, depuis la Suisse, les Janviéristes de "rentrer chez lui" s'ils devaient lui mettre les bâtons dans les roues, ce qu'il ne fera jamais. Mohamed Cherif Messaadia qui le connait bien a toujours dit de lui : “Bouteflika président, c’est d’El Mouradia à El Aalia”[2]. De retour au pays, il mit à profit la date anniversaire de l’indépendance pour gracier des milliers de prisonniers islamistes non impliqués dans des crimes de sang et de viol. Cette mesure est prévue dans l’accord DRS-AIS, alors que la loi sur la Concorde civile, qui a été présentée pour examen du parlement le 6 juillet, va apparemment plus loin. On se souvient qu’il avait promis lors de la campagne électorale de ramener la paix et d’instaurer la réconciliation nationale, sans que l’on sache exactement ce que signifiaient ces termes passe-partout. Les choses sont aujourd’hui un peu plus claires. Il est, en effet, dit dans le communiqué de la présidence de la République, publié à cet effet, que “*la lutte contre le terrorisme ne se limite pas au combat contre l’activité terroriste, mais vise aussi à éliminer les causes et les sources de frustration.*” Pour les généraux putschistes, ce sont là des réalités qu’il ne faut pas reconnaitre; ce sont des mots qu’il ne faut pas prononcer, des chiffons rouges qu’il ne faut pas agiter devant eux, surtout quand ils sont accompagnés d’allusions diverses dans lesquelles Bouteflika invoque le statut ou les prises de position des chefs charismatiques du FIS, Abassi Madani et Ali Belhadj. Même si l’amnistie les arrange au plus haut point, car parmi les amnistiés il y a de très nombreux agents du DRS infiltrés dans les rangs des groupes armés, une situation de paix telle que celle vécue par le pays depuis avril dernier ne leur convient pas. C’est pourquoi on constatera une nette reprise de la violence dans le courant du mois d’août, quand quelques 200 personnes, civiles et militaires, seront assassinées, sans que l’on sache exactement par qui. La presse, largement contrôlée par le DRS, attribuera ces crimes aux groupes armés. Mais lesquels, sachant que l’AIS a déposé les armes et que les GIA n’existent plus ? L’expérience du passé nous amène à penser qu’il s’agit encore une fois d’actions des *groupes islamiques de l’armée.* Par cette sorte de piqure de rappel, les généraux indiquent à Bouteflika, tout comme ils l’ont fait maintes fois avec Zeroual, qu’il est en train de franchir une ligne rouge: il n’est pas question qu’il fasse ami ami avec le FIS. Eux, par contre, ont le droit de le faire avec l’AIS. S’il devait y avoir une remise en selle du FIS, elle ne pourrait se faire qu’avec leur approbation.

A-t-il saisi le message ? Oh que oui! Mais comment y répond-il ? Il parle, tandis qu’eux agissent. On a l’impression que les déclarations qu’il a faites à Genève étaient une sorte de ballon d’essai qu’il avait tenté dans le but de savoir jusqu’où il pouvait se hasarder dans la dénonciation de leurs agissements. À la suite de quoi il n’a cessé, durant tout l’été qui vient de s’écouler, de dévoiler un certain nombre de réalités. Il s’en est pris à cette quinzaine d’individus, nichés au coeur du pouvoir, ces Messieurs Céréales, Médicaments, Sucre ou autres, qui ont repris à leur compte les monopoles d’État, qui importent tout ce qui se consomme en Algérie et qui distribuent ou perçoivent du bakchich sur chaque opération. “*La corruption qui a envahi le pays est pire que*

[2] El Mouradia est le siège de la Présidence, tandis qu’El Aalia est le cimetière où sont inhumés tous les grands personnages.

le terrorisme ... si j'avais vingt ans, j'aurais pu, peut-être, être tenté de prendre le maquis", dit-il. Il reconnait qu'il n'y a pas de justice en Algérie et que *"ce sont les puissants du régime, leurs familles, leurs entourages et le sac-poubelle plein d'argent qui font la loi dans le pays."* Il admet volontiers que l'immoralité la plus totale prévaut en Algérie, que les droits de l'homme y sont bafoués et que la démocratie y est inconnue. Ce sont bien sûr de très belles paroles, qui plaisent au peuple, mais qui ne sont suivies d'aucune action; la seule sanction qu'il a prise dernièrement a été de limoger, pour corruption pense-t-on, 25 walis[3]. Il n'engagera cependant pas de poursuites judiciaires contre eux alors que la constitution lui accorde de très larges pouvoirs; il justifie sa frilosité à prendre des mesures plus draconiennes en invoquant le fait qu'il se heurte à différentes oppositions et contradictions au sein de l'armée.

Nous voici à la fin de l'été, Bouteflika n'a toujours pas mis en place le nouveau gouvernement qu'il annonce sans cesse depuis 3 ou 4 mois. Il a, par contre, réalisé l'opération d'envergure à laquelle il s'est attelé depuis le 15 avril dernier, celle de faire approuver par référendum son projet de réconciliation nationale qu'il intitule Concorde civile. Cette loi, mise en application depuis le mois de juin, a été approuvée lors du référendum du 16 septembre par 99% des votants avec un taux de participation de 85%. Elle va accorder l'habillage législatif à l'accord DRS-AIS de 1997, mais n'est cependant pas interprétée de la même façon par le trio Armée/Bouteflika/FIS.

Les généraux Janviéristes ont atteint le but qu'ils s'étaient fixé. Quelle que soit la dénomination que Bouteflika donnera à son projet, pour eux il s'agit d'une simple loi destinée à amnistier les terroristes et autres membres des groupes armés islamistes. Plébiscité donc par 99% des votants, l'accord DRS-AIS n'est plus l'expression des ambitions de deux hommes, Smaïn Lamari et Madani Mezrag; il est devenu la volonté de tout un peuple qui a accordé l'amnistie à ceux qui ont assassiné, torturé, massacré les enfants de ce peuple et ce quelque soit le camp auquel ils appartiennent. Qui donc pourrait demain demander aux responsables du bain de sang dans lequel ils ont plongé le pays depuis janvier 1992 de rendre des comptes, quand les Algériens dans leur énorme majorité les en ont exemptés ? 150 000 morts recensés à ce jour, 15 000 disparus, plusieurs dizaines, voire centaines de milliers de blessés sont oubliés, effacés des pages d'histoire de l'Algérie en vertu de cet accord. L'essentiel était de sauver les têtes d'une quinzaine de généraux, d'éventuelles poursuites judiciaires pour crimes contre l'humanité, voilà qui est fait.

Bouteflika ne semble pas se rendre compte de l'immense injustice qu'il vient de causer aux familles de ces milliers de morts, disparus et blessés. Il ne pense pas, un instant, que le tour de passe-passe, auquel il s'est livré pour endosser cet accord et le faire endosser par le peuple par une facétie de vote, le rend en réalité complice de ces crimes. Il ne voit cette opération qu'à travers

[3] Préfets

le score truqué du référendum. Il considère avoir obtenu une large victoire qui lui permet d'effacer l'affront qu'il a subi en avril dernier quand il s'est retrouvé être le seul candidat à l'élection présidentielle. Il compte s'appuyer sur ce score pour, pense-t-il, imposer son point de vue à ceux qui l'ont placé sur le fauteuil présidentiel.

Que pensent les responsables du FIS de ce remue-ménage ? Que plusieurs milliers de leurs sympathisants aient été libérés dans le courant de l'été, c'est bien; mais ils attendent plus de la part de Bouteflika qui a promis lors de la campagne électorale d'instaurer la réconciliation nationale laquelle ne se limite pas, à leurs yeux, à accorder la clémence à certains individus en contrepartie de leur reddition. Ils considèrent, comme l'a annoncé Abdelaziz Belkhadem, probablement mandaté par le Président, que *"ce référendum va donner au Président tous les pouvoirs dont il a besoin pour prendre les mesures qui consolideront son approche d'un règlement de la crise"*. Ils savent que Bouteflika ne disposait pas jusque là d'une grande marge de manoeuvre vis-à-vis de l'armée, mais *"le vote massif en faveur de la paix"* dont il se vante devrait lui permettre d'élargir cette marge.

Bouteflika a honoré l'engagement qu'il a pris dans le cadre du deal passé avec les généraux; il a mis en place la loi d'amnistie qu'il leur a promise. La classe politique, les observateurs, les chancelleries attendent maintenant avec impatience qu'il dévoile la composition de l'équipe gouvernementale à laquelle il compte confier le soin de mener à bien les réformes qu'il a souvent évoquées depuis son arrivée à El Mouradia. On l'a vu recevoir des personnalités connues et moins connues, d'anciens collaborateurs, des hauts responsables de la période Boumediene, et autres combattants de la guerre de libération. On pense aussi qu'il a eu le temps de "prendre la température" de la haute hiérarchie de l'armée durant cette période. Il devrait donc être en mesure de constituer le gouvernement qui prendrait la suite de celui de Smaïl Hamdani, dont il a hérité.

Durant sa longue absence d'Algérie, beaucoup d'hommes qu'il a connus autrefois ont disparu de la circulation. Une bonne partie de la génération de politiciens dont il a fait partie n'est plus là. Certains ont été limogés par Chadli, d'autres sont partis en retraite ou ont émigré sous d'autres cieux; quelques-uns sont décédés. Il n'a donc pas de repères, pas beaucoup de personnes en qui il aurait confiance pour le conseiller ou l'informer sur les qualités ou les défauts de X ou Y, et surtout pour lui dire jusqu'à quel point il pourrait compter sur la fidélité de tel ou tel candidat qu'il pressentirait pour tel ou tel poste; c'est pour lui le critère fondamental dans le choix des membres de l'équipe qu'il envisage de constituer. Cette équipe comprendrait non seulement les ministres, mais aussi les conseillers qu'il compte placer tout autour de lui. Bouteflika est extrêmement méfiant; il va donc créer des doublons pour les postes stratégiques. Il y aura un ministre en charge d'un secteur donné et un conseiller auprès de lui pour le même secteur. L'autre manière de s'assurer du loyalisme - que dis-je, de l'allégeance - de ses collaborateurs, c'est, pense-t-il, d'avoir recours à des hommes originaires de la région de Tlemcen dont sont originaires ses propres parents. Ce sont probablement ces hommes qu'il placera aux postes les plus sensibles, dont celui de ministre de l'Intérieur en numéro 1. Ce ministre sera responsable de l'organisation et de la supervision des élections locales ou nationales; c'est donc lui qui confectionnera les résultats de ces scrutins conformément aux voeux de Bouteflika. Assumer la tutelle de la police et des renseignements généraux relève de la responsabilité de tout ministre de l'Intérieur de par le monde. Mais aux yeux de la nomenklatura algérienne, cette prérogative est encore plus importante qu'ailleurs, car l'homme qui en aura la charge entrera en compétition avec le DRS. Il devra par conséquent être d'une fidélité absolue à Bouteflika. Cet oiseau rare c'est, dit-on, Noureddine Zerhouni, dit Yazid, qui a été une des pièces maitresses du régime de Boumediene et qui le sera très certainement sous Bouteflika aussi. Il a été le premier adjoint de Kasdi Merbah, patron de la Sécurité militaire de l'époque, dont il a pris la succession à l'arrivée de Chadli au pouvoir. Bouteflika et Zerhouni se sont connus encore au Maroc, un pays où tous deux sont nés et où ce dernier avait déjà exercé au sein du Ministère de l'armement et des liaisons générales (MALG), l'ancêtre des services de sécurité algériens. Yazid connait donc parfaitement les rouages du DRS, ainsi que probablement certains hommes qui y sont encore en poste. Son profil répond aussi à l'autre critère important aux yeux du Président : les Zerhouni sont eux aussi originaires de la région de Tlemcen, de Nédroma plus précisément. Bouteflika cherche visiblement à lui confier une responsabilité encore plus importante; il voudrait le charger de la supervision de tous les services de sécurité, le DRS, la gendarmerie et la DGSN (Direction générale de la sécurité nationale); il créerait, dit-on, à l'occasion une structure spéciale, dont ce serait la tâche et qui serait rattachée directement au président de la République. Il est cependant quasi certain que les généraux, Mohamed Tewfik Médiene, patron du DRS tout particulièrement, opposeront leur veto à une telle initiative.

Il a également reçu ces derniers temps trois autres personnes qui pourraient faire partie de l'exécutif en cours de gestation, Abdellatif Benachenhou, Abdelkader Messahel et Hamid Temmar. Benachenhou est un économiste de renom, tandis que Temmar a été son chef de cabinet du temps où il était ministre de la Jeunesse et des Sports. Quant à Abdelkader Messahel, c'est un ancien diplomate que Bouteflika connait parfaitement. On devrait très bientôt savoir quels postes il compte confier à ces hommes.

Au sein de l'équipe qu'il avait mise en place lors de la campagne électorale pour la présidentielle, Rachid Aïssat, a joué un rôle extrêmement important. Aujourd'hui à la retraite, cet ancien commandant a été attaché militaire à Damas et à Tripoli, dans les années 1970. Il a, de ce fait, eu à cette époque deux supérieurs hiérarchiques, Abdelaziz Bouteflika, d'un côté et Noureddine Zerhouni, de l'autre. Il peut donc faire la liaison entre les deux structures. D'autre part, Rachid Aïssat est originaire de Bejaïa en Kabylie, une ville au passé glorieux. Les Aïssat sont nombreux dans la région, sont très respectés par la population locale et comptent dans leurs rangs des hommes de valeur, dont notamment Aïssat Idir membre fondateur de la centrale syndicale UGTA. Grâce à ses réseaux personnels et grâce à ceux de la famille Aïssat à travers toute la Kabylie, Rachid avait convaincu des milliers de personnes à voter Bouteflika lors du scrutin d'avril 1999. Est-ce qu'il va lui renvoyer l'ascenseur, maintenant qu'il est Président ?

Parmi les candidats potentiels à la fonction ministérielle, il en est un dont on peut dire avec certitude qu'il sera ministre de l'Énergie; cet homme, c'est Chakib Khelil, aujourd'hui conseiller à la présidence de la République. Chakib est un ami d'enfance de Bouteflika. Né tout comme lui à Oujda, ils ont usé leurs fonds de culotte sur les bancs de l'école. Ils étudiaient ensemble, ils jouaient ensemble, ils mangeaient ensemble. Il est même fréquemment arrivé que le jeune Abdelaziz passe des journées et des nuits entières chez les Khelil, afin d'échapper à l'atmosphère tendue qui régnait dans sa propre famille, du fait que son père avait deux épouses qui ne s'entendaient pas très bien. De par sa proximité avec l'état-major de la wilaya V, Abdelaziz Bouteflika avait intercédé et obtenu une bourse d'études aux États-Unis pour son ami Chakib en 1959, qui obtint un doctorat en petroleum engineering à la Texas A & M University en 1968. Après 5 années passées chez Mc Cord, une société-conseil basée à Dallas (Texas), il rejoignit les rangs de la Sonatrach en 1973. Il découvrait ainsi, à l'âge de 34 ans, le pays dont étaient originaires ses parents. Il quitta à nouveau l'Algérie 7 années plus tard pour repartir aux États-Unis où il se fit embaucher par la Banque Mondiale où il était encore en poste il y a quelques semaines. Il y laissa une trace peu glorieuse derrière lui. C'est en octobre dernier qu'Abdelaziz Bouteflika, de passage à New York où il avait assisté à la réunion annuelle de l'Assemblée Générale des Nations Unies, rencontrait Chakib et lui proposait de faire partie de l'équipe qu'il était en train de constituer. Ce dernier avait alors répondu que s'il venait à faire valoir, dans l'immédiat, ses droits à la retraite auprès de la Banque mondiale, il enregistrerait une certaine perte financière, mais qu'il accepterait néanmoins l'offre si l'État algérien, à la tête duquel se trouvait dorénavant son ami Abdelaziz, prenait à sa charge cette perte. Ce dernier accepta sans rechigner cette condition.

La suite à donner au référendum de septembre est l'autre sujet d'actualité sur la scène politique algérienne. C'est le 13 janvier 2000 qu'expire le délai accordé aux islamistes pour déposer les armes et bénéficier ainsi des dispositions de la loi sur la Concorde civile. Que va faire alors Bouteflika ? Il promet le fer et le feu, une guerre sans merci aux récalcitrants. C'est du moins ce qu'il a annoncé au lendemain du référendum, tout en sachant parfaitement que la réconciliation nationale ne signifie pas uniquement accorder l'amnistie à des criminels. Les généraux Janviéristes ne sont pas dupes; ils savent qu'il va tenter d'aller au-delà, qu'il va essayer de ramener la paix au pays, sa paix. Ils connaissent l'individu et la très haute opinion qu'il a de lui-même. Aussi, sont-ils convaincus que s'il a accepté le fauteuil de président qu'ils lui ont proposé, c'est parce qu'il rêve aussi de marquer de son empreinte l'histoire de l'Algérie, qu'il se voit probablement être le Nelson Mandela algérien, voire décrocher tout comme lui le prix Nobel de la Paix. Comment va-t-il concrétiser cette ambition ? En organisant un Sant Egidio bis, en réunissant autour de la même table les forces politiques qui étaient déjà présentes lors de la conférence de 1995, et aboutir à un arrangement identique à celui qui y avait été trouvé; en somme, réaliser ce pour quoi ils avaient poussé Zeroual à la démission. C'est donc ce scénario cauchemardesque qu'ils doivent empêcher. Ils ont déjà démontré par le passé que toute initiative qui ramènerait la paix, qui rendrait le pouvoir aux civils et qui ferait participer leur pire ennemi, le FIS, à la solution de sortie de crise, ne leur convenait pas. Ils ont donc décidé de couper l'herbe sous les pieds de Bouteflika. En faisant quoi ? En assassinant Abdelkader Hachani.

Abdelkader Hachani est ingénieur en pétrochimie, qui a eu la lourde tâche de prendre les rênes du FIS au lendemain de l'arrestation des deux leaders du mouvement en 1991, Abassi Madani et Ali Belhadj, le pire moment de l'histoire de ce parti, un moment où la plus grande turbulence y régnait. Il a montré qu'il avait les qualités de meneur d'hommes et la pondération voulue pour faire accepter par les militants et par le courant salafiste tout particulièrement, l'idée d'affronter pacifiquement le pouvoir des militaires en participant aux élections législatives prévues pour le mois de décembre de cette même année. Il a fait preuve de sagesse encore récemment en reconnaissant que la Concorde civile avait eu le mérite de mettre fin aux affrontements armés et donc de préserver des vies humaines. C'est sur cet acquis, disait-il, qu'il faut bâtir une paix de longue durée, mettre en place des dispositions auxquelles adhéreraient toutes les franges de la société algérienne. Hachani était considéré dangereux par les Janviéristes, par les généraux du DRS tout particulièrement, parce qu'il n'était pas fanatique, qu'il ne prônait pas la violence, qu'il n'était pas manipulable comme l'étaient de nombreux autres membres de la mouvance islamique, mais aussi parce qu'il ne faisait pas partie de cette mafia, qui se dit être une "famille révolutionnaire" qui gouverne l'Algérie depuis l'indépendance. Abdelkader Hachani avait donc les qualités requises pour représenter dignement le FIS dans le cadre d'un nouveau Sant Egidio, comme l'envisageait Bouteflika. C'est pour toutes ces raisons qu'il fut assassiné de 3 balles tirées à bout portant, le 22 novembre 1999, dans la salle d'attente de son dentiste par un certain Fouad Boulemia. Ce jeune de 26 ans, célibataire et chômeur, nous apprend le communiqué officiel du ministère de l'Intérieur du 14 décembre 1999, a été arrêté la veille à un arrêt de bus et était encore en possession de l'arme du crime commis trois semaines auparavant et des papiers d'identité de Hachani. Imparable, n'est-ce pas, cette mise en scène des services de sécurité ? Le tueur savait donc que Hachani avait des problèmes dentaires; il connaissait l'heure et le jour de son rendez-vous chez son dentiste, l'adresse de son cabinet et pour couronner le tout il a gardé sur lui les éléments de preuve qui attestent qu'il était l'auteur du crime. C'est à croire que ce jeune tenait à dire au monde entier : *"C'est moi qui ai tué Hachani !"* Rien d'étonnant cependant de la part d'un groupe d'hommes qui n'a pas hésité à mandater un autre paumé pour assassiner un président de la République !

ANNÉE 2000

Abdelaziz Bouteflika n'était visiblement pas préparé à prendre les rênes du pays; les neuf mois écoulés depuis son élection ne lui ont pas suffi pour mettre en place son programme d'action. Il a passé ces mois à rechercher les hommes qui constitueraient l'équipe qui va l'entourer et à tâtonner à la recherche de la voie à suivre pour mettre en application le deal qu'il a passé avec les généraux Janviéristes. Ce deal consiste, comme on le sait, à donner une vie à l'accord signé par le DRS avec l'AIS.

CHAPITRE I

Les hommes du président

Abdelaziz Bouteflika a finalement mis en place son gouvernement; il aura fallu attendre pour cela les tout derniers jours de décembre 1999. C'est une des caractéristiques du nouveau chef d'État: il prend son temps pour toute décision, particulièrement quand il s'agit de choisir des hommes. Il craint de se tromper, une crainte normale, vu le poste qu'il occupe. Mais sa hantise n'est pas celle-là; il craint surtout que l'erreur qu'il commettrait n'en vienne à affecter son pouvoir, car il veut tout régenter. Il n'admet pas que l'un quelconque de ses collaborateurs mette en question ses décisions, qu'il en discute l'exactitude ou l'opportunité. Quand on travaille sous les ordres de Bouteflika, on ne réfléchit pas, on doit tout simplement exécuter tout ce qu'il dit; on doit être un *Yes man*. Les personnes qui le connaissent bien disent que cet ego super développé est très probablement dû au complexe d'infériorité, qu'il cultive en raison de sa taille en dessous de la moyenne. Ils citent pour cela ce qu'il a dit à cette journaliste française, venue l'interviewer en avril 1999, lors de son élection à la présidence de la République : *"Je vous rappelle, Madame, que Napoléon était de petite taille."* Une remarque qui exprime bien, les ressentiments qu'il nourrit à ce sujet. C'est le 25 décembre 1999, après plusieurs mois de suspense, qu'il a constitué son premier gouvernement, à la tête duquel il a nommé Ahmed Benbitour. Il se confirme par ailleurs ce que l'on prévoyait depuis quelque temps déjà, à savoir la nomination à des postes-clés du nouvel exécutif de personnalités très proches de lui, en lesquelles il a une confiance absolue. On retrouve Noureddine Yazid Zerhouni au poste de ministre de l'Intérieur et des Collectivités locales, Abdellatif Benachenhou au ministère des Finances, Chakib Khelil, ministre de l'Énergie et des Mines, Hamid Temmar, ministre de la Participation et de la Coordination des Réformes et Mourad Medelci au poste de ministre du Commerce. Au sein de l'équipe ministérielle se trouvent des hommes du DRS, dont le plus représentatif est Ahmed Ouyahia, nommé ministre d'État, ministre de la Justice. Les partis d'obédience islamiste, qu'ils soient contrôlés ou "tenus en laisse" par le DRS, ont également obtenu leurs quotas de postes ministériels. Il y a lieu de remarquer qu'aucune femme ne figure au sein de ce gouvernement. Il a, dans la foulée, procédé à un important mouvement de chaises musicales au sein de l'armée, dont les nominations de nouveaux chefs de régions militaires, parmi lesquels les très emblématiques généraux Brahim Fodhil Chérif et Saïd Bey. Le mouvement incluait aussi des nominations à la tête de certains corps d'armée ou au sein de différents états-majors, ainsi que quelques limogeages. Il est clair que Bouteflika n'est pas l'auteur de ces promotions ou sanctions; en sa qualité de président de la République, il n'a eu qu'à signer les décrets correspondants. Il s'accorda ensuite un long temps de réflexion avant de poursuivre le choix d'hommes à placer dans toutes les structures de l'État. En août 1999, il procéda à de grandes rotations au sein de différents corps de fonctionnaires, dont celui de la justice, de l'administration régionale et de l'enseignement. Dans le secteur de la justice, ce sont 500 magistrats environ qui ont été touchés par le mouvement, parmi lesquels 130 ont été limogés. Il a surtout procédé à un changement de méthode quant au choix de la composante du Conseil supérieur de la magistrature (CSM). Ce sont les membres du Conseil, élus par leurs pairs, qui proposent au ministre de la Justice les mouvements, les promotions ou les sanctions à mettre en oeuvre dans le corps de la magistrature. Le CSM continue d'assumer le même rôle, mais sera dorénavant composé de membres dont une partie sera élue par la corporation et une seconde, plus importante, sera choisie par le président de la République. Quant à l'organe lui-même, il sera à l'avenir placé sous la tutelle du Président. On peut donc dire que c'est Bouteflika qui gérera dorénavant la carrière professionnelle de tous les magistrats. Dans le courant du mois d'août toujours il y a eu un important mouvement de walis. 12 wilayas sur les 48 que comprend le pays et les 11 circonscriptions qui constituent le gouvernorat de la ville d'Alger ont été touchées par le mouvement qui a porté sur des promotions, des mutations et des fins de fonctions.

L'événement le plus important concernant la composition humaine de l'équipe mise en place par Abdelaziz Bouteflika, survenu dans le courant du mois d'août de cette année, a été la démission d'Ahmed Benbitour de son poste de Premier ministre. C'est un fait inédit dans les annales de l'Algérie indépendante. Jamais un ministre, et encore moins un chef de gouvernement n'avait ainsi claqué la porte. Dans sa lettre de démission, Ahmed Benbitour a mis en cause les méthodes de travail de Bouteflika qui cherche à s'attribuer toutes les prérogatives, celles du Premier ministre, celles du Parlement, celles de nombreux ministres et même celles de certains chefs d'entreprises nationales. Lors du remaniement ministériel qui s'ensuivit, le président de la République nomma son ex-directeur de campagne, Ali Benflis, Premier ministre et Abdelaziz Belkhadem, ministre d'État, ministre des Affaires Étrangères. C'est finalement dans le courant du mois de septembre qu'a eu lieu le mouvement diplomatique tant attendu. Les postes à l'étranger sont très chers, vu qu'ils sont particulièrement appréciés par les hommes du pouvoir, qui les offrent en "récompense" à leurs affidés. Les nominations intervenues à la fin de l'été ont fait objet de négociations serrées entre Bouteflika et l'armée. Parmi les personnalités retenues pour le poste d'ambassadeur, on a noté que Layachi

Yaker, son ex-collaborateur au ministère des Affaires étrangères a obtenu le poste très convoité de Paris, que Hédi Khédiri, autrefois directeur général-adjoint de la sureté nationale a été nommé à Rabat, un poste considéré comme très sensible et donc réservé à un homme de confiance et que le très turbulent Hadjar a été nommé à Téhéran, les relations diplomatiques avec l'Iran ayant été rétablies après une rupture qui a duré 7 ans. On a également noté cette tentative très populiste, voire démagogique de Bouteflika, de vouloir inclure deux femmes très emblématiques dans le mouvement. Il n'a cependant pas réussi à convaincre aucune des deux d'accepter l'offre qu'il leur avait faite, malgré le forcing effréné qu'il a mené auprès d'elles afin de bénéficier de l'aura et du prestige dont elles jouissent au sein de la société algérienne. La première est Zohra Drif, héroïne de la guerre de libération, épouse de Rabah Bitat, un des tout premiers participants de la lutte pour la libération du pays, décédé au mois d'avril dernier. La seconde est Anissa Boumediene, veuve du président défunt Houari Boumediene, dont la modestie avec laquelle elle a continué à mener sa vie après sa disparition est très appréciée par la population. Restée très fidèle aux idées de son ex-époux, elle est considérée comme dépositaire de la philosophie qui l'animait. Ces deux femmes sont juristes de formation et exercent toutes deux le métier d'avocat. Zohra Drif, qui visiblement n'apprécie pas trop Bouteflika, lui a fait savoir qu'elle rejetait sa proposition, car, dit-elle, elle gagne bien sa vie dans son cabinet.

Vint ensuite le temps des grandes manoeuvres des DAF (Déserteurs de l'armée française). Après avoir "assisté" Bouteflika dans les mouvements de personnel auxquels il a procédé dans différents secteurs de l'État, les dafistes ont décidé de procéder aux nominations de généraux, tous du clan des Janviéristes, dans le saint des saints, à l'intérieur des rouages de la présidence de la République. Ce sont les "anges gardiens" qui seront chargés de s'assurer que toutes les actions qu'entreprendra Bouteflika seront conformes aux lignes qu'ils lui auront tracées. Ils ont nommé Larbi Belkheir, le Cardinal, au poste de chef de cabinet, Mohamed Touati à celui de conseiller aux affaires militaires et Mustapha Cheloufi à celui de conseiller à la sécurité. Le général Mohamed Touati a été chef de région militaire, avant d'occuper un poste de conseiller au ministère de la Défense nationale, alors que Khaled Nezzar en était le ministre. Mohamed Touati est considéré comme le cerveau du groupe des DAF, d'où le surnom d'El Mokh qui lui a été donné. Délibérément anti-islamiste, il a participé sous Zeroual aux négociations avec le FIS, avec pour objectif de les faire capoter, ce en quoi il a réussi. Le général Mustapha Cheloufi a été commandant de la gendarmerie nationale, puis commandant de la garde républicaine, avant d'accéder au poste de secrétaire général du ministère de la Défense nationale. Il est lui aussi un éradicateur acharné, ce qu'il a démontré en démissionnant de ce poste pour protester contre la politique d'ouverture vers les islamistes du FIS, menée par Chadli Bendjedid. Suite à la nomination de ces trois hommes, Bouteflika ne pourra plus entreprendre quoi que ce soit sans leur consentement préalable. De par leur présence dans sa proximité immédiate, de par les attributions officielles et officieuses qui sont les leurs, de par la puissance du clan qu'ils représentent et enfin de par les réseaux de complicité dont ils disposent, ou qu'ils vont créer au sein de la présidence, il ne pourra plus agir que sur ordre de ce trio, ni même recevoir en toute liberté toute personne qui n'aura pas reçu leur onction préalable.

Bouteflika a aussi procédé à de grands mouvements de personnel au sein de la fonction publique, le but de la manoeuvre étant de placer ses hommes dans toutes les structures de l'appareil d'État. On constate que parmi les nouveaux arrivants beaucoup sont originaires de l'ouest du pays, notamment de la région de Tlemcen, dont il est lui-même originaire. Les vieux démons du népotisme et du régionalisme, dont la guerre civile avait commencé à faire oublier l'existence, sont donc en train de réapparaître.

CHAPITRE II

La loi sur la Concorde civile

La loi sur la Concorde civile est entrée en vigueur le 13 janvier. Elle représente, comme on le sait, la façade légale de l'accord passé entre le DRS et l'AIS. C'est la tâche prioritaire à laquelle s'est attelé Abdelaziz Bouteflika. Le fait notable que l'on a constaté lors des premiers jours qui ont suivi l'entrée en vigueur de la loi est qu'elle a contribué à diminuer le nombre d'actes de terrorisme. L'entourage de Bouteflika se mit alors à crier victoire et annoncer que la fin des opérations menées par l'AIS et la reddition de certains groupes islamiques armés - il s'agit probablement de groupes qui étaient noyautés par le DRS - ont permis le retour dans leurs foyers de 6 000 maquisards, dont 1 800 membres du GIA (Groupe Islamique Armé) et la récupération de quelque 4 500 armes. Le terrorisme est cependant loin d'être totalement éradiqué, les régions les plus touchées étant celles de Chlef, Sidi Bel Abbès et la Kabylie. On a également appris que l'opération militaire de grande envergure, déclenchée dès le lendemain du 13 janvier, intitulée "Sabre des pèlerins" n'a pas donné les résultats escomptés et que très peu de membres du GIA ont été éliminés (on parle d'une cinquantaine tout au plus). Voici donc des résultats très mitigés, alors que l'on avait cru comprendre que l'accord DRS-AIS allait mettre un point final à la guerre civile. On eut très vite la réponse à la question à la lecture des journaux, qui nous rapportèrent que les responsables politiques et militaires se demandent si Bouteflika ne devrait pas aller plus en avant et proclamer une amnistie générale. On a bien sûr compris que c'était là le message que le DRS voulait faire parvenir au président de la République, ce qui nous confirme que c'est bel et bien l'armée qui se trouve derrière ce terrorisme "résiduel". Si cette amnistie générale était proclamée, elle effacerait tous les crimes et exactions en tous genres commis ou encouragés par les généraux, tandis que l'Histoire retiendra que 150 000 morts, plusieurs milliers de disparus et plusieurs centaines de milliers de blessés ou torturés seront passés au compte de pertes et profits de la décennie écoulée; leurs auteurs seront tout simplement blanchis. À l'exception du Front de Libération Nationale (FLN), les partis politiques ont également pris position sur la question; ils penchent tous vers la solution prônée par l'armée. Quant aux dirigeants du FLN, ils connaissent trop bien les arcanes du pouvoir et ont compris qu'il s'agit là d'une question qui ne peut se régler qu'entre Bouteflika et les généraux ; ils attendent de voir comment les choses évolueront avant d'afficher une position qui ira dans le sens du vent. Le pouvoir communique très peu sur le coût de la mise en application de cette loi. Selon les rares informations disponibles sur le sujet dans la presse, les membres de l'AIS (on les appelle les "trévistes") obtiendront des avantages sociaux et matériels : une allocation mensuelle de 7 000 dinars pour les mariés et de 5 000 pour les célibataires, assortie d'une promesse de réintégration dans leurs anciens postes de travail. Certains parmi eux seront réarmés par les autorités pour lutter contre le GIA. Ceci au moment où les autorités annoncent que les dommages causés par la guerre civile sont estimés à 20 milliards de dollars.

En droite ligne du deal passé avec les généraux, Bouteflika a autorisé la visite en Algérie des ONG afin de réhabiliter auprès d'elles l'image du pays et partant fournir ainsi aux patrons de l'armée la couverture d'un pouvoir qui se veut être dorénavant vertueux et donc fréquentable. Elles sont 4 à avoir été invitées à effectuer en mars une courte visite en Algérie : Amnesty International, Human Rights Watch, Reporters sans frontières et la Fédération internationale des droits de l'homme. Elles ont découvert des manquements dans le respect des droits de l'homme, constaté beaucoup d'erreurs, des choses qui ne marchent pas, mais l'Algérie, disent-elles, n'est pas un état policier. Ces mêmes ONG sont revenues à nouveau dans le courant du mois de juin. La Ligue algérienne de défense des droits de l'homme (LADDH) a profité de la présence de ces organisations pour filmer des charniers attribués aux groupes paramilitaires GLD (Groupes de légitime défense) dans la région de Relizane, une région sur laquelle elles se sont beaucoup focalisées. C'est là, en effet, que 17 charniers ont été recensés, que pour la première fois des responsables de ces groupes ont été officiellement accusés de ces crimes et que des plaintes précises ont été déposées contre eux. Les ONG se sont également concentrées sur la question des disparus. À ce propos, la LADDH affirme leur avoir transmis, ainsi qu'à la Commission des droits de l'homme des Nations Unies, 4 312 dossiers de disparus. D'après les rapports de la FIDH et d'Amnesty International (Human Rjghts Watch ne publiera le sien qu'en fin d'année), il y a certes une amélioration de la situation, mais elles demandent néanmoins que des enquêtes approfondies, indépendantes et impartiales soient menées afin de lever le voile sur les graves atteintes aux droits de l'homme commises ces dernières années. Elles déclarent leur inquiétude devant l'absence de mesures concrètes et efficaces pour faire la lumière sur les milliers de meurtres, massacres, disparitions, enlèvements, tortures, exécutions extrajudiciaires, meurtres intentionnels et arbitraires de civils qui ont été commis au cours des dernières années, que ce soit par des groupes armés tels que le GIA et l'AIS, ou par des membres des services de sécurité ou des milices paramilitaires; autant d'exactions qui continuent de se produire bien qu'à une échelle moindre. S'agissant des disparus, elles ne constatent aucun progrès en dépit des déclarations des autorités selon lesquelles un grand nombre de cas auraient été élucidés ou résolus. En réalité, disent-elles, aucun des disparus enlevés par les services de sécurité ou par les milices paramilitaires, dont elles ont eu connaissance et dont le nombre s'élève à 4 000 environ, n'a réapparu et aucun de ces cas n'a été élucidé. Le ministre de la Justice, Ahmed Ouyahia, s'estime néanmoins satisfait des résultats de cette visite. Il déclare que le gouvernement n'envisage pas d'enquêter plus avant sur ces affaires et qu'il n'est pas question de poursuivre en justice les auteurs de ces disparitions. Son ministère, dit-il, va délivrer des certificats de disparition aux familles, ce qui leur permettra de régler les questions administratives; les dossiers seraient ainsi définitivement clos. Il affirme, par ailleurs, que quelque 200 disparus ont été retrouvés dans les prisons ou les maquis et que les dispositions de la loi sur la Concorde civile leur seront appliquées. Il prétend que 3 000 disparus sur un total estimé de 6 000 ont, en réalité, rejoint les rangs du GIA, reconnaissant ainsi indirectement que 3 000 ont donc été enlevés par les services de police ou le DRS. Notons enfin que les ONG se sont inquiétées de la manière dont a été mise en œuvre la loi sur la Concorde civile qui, en dernière analyse, interdit d'éventuelles poursuites contre les membres de certains groupes armés qui se seraient rendus coupables de crimes. Elles ont constaté que les victimes de tous bords criaient plus fort que jamais leur demande de vérité et de justice et que rien de sérieux n'avait été mis en œuvre pour y répondre. Elles considèrent que c'est là la clé d'une transition vers la paix, toujours attendue et que seul un processus du type "Vérité et réconciliation", comme cela avait été fait en Afrique du sud, est de nature à ramener la paix.

De ces conclusions, on peut déduire que l'initiative de Bouteflika d'ouvrir l'Algérie aux ONG n'a pas porté les fruits qu'il escomptait. Bien au contraire, elles ont mis en valeur de graves manquements de la part de l'État, tous imputables aux pouvoirs qui ont précédé le sien. Connaissant le caractère retord et manœuvrier du président algérien, on est en droit de se demander si ce n'est pas précisément cela qu'il recherchait. Il a d'ailleurs autorisé la publication par *El Moudjahid* du rapport annuel d'Amnesty International, lui accordant ainsi un sceau de véracité. Très critique vis-à-vis du pouvoir algérien, ce rapport incrimine directement les forces supplétives de l'armée, les GLD, qui se font appeler Patriotes, traités de mercenaires exerçant pour le compte de l'armée et du régime en place les accusant d'être responsables des massacres de Relizane notamment. La réaction du DRS a été de déclencher une grosse campagne médiatique à travers les journaux qu'il contrôle totalement, qui tirent à boulets rouges sur Amnesty International. Ils affirment que "la politique douteuse" de la main tendue instaurée par Bouteflika dans le cadre de la Concorde nationale avait causé des dégâts irréparables puisqu'elle permet, selon les chefs de l'AIS, aux membres de cette organisation de garder leurs armes jusqu'à la fin de l'année tandis que des dizaines de Patriotes ont été désarmés. À signaler que les GLD comptent plusieurs milliers de membres et que la loi sur la Concorde civile prévoit que tous les groupes armés (AIS et GLD) doivent être désarmés. Ces mêmes quotidiens propagent des rumeurs, telle celle de repentis qui auraient repris le chemin des maquis, alors qu'il s'agit en réalité d'agents du DRS chargés d'infiltrer les rangs du GIA.

CHAPITRE III

L'économie algérienne, version Bouteflika : privatisations tous azimuts

Abdelaziz Bouteflika a la réputation d'être adepte de l'ouverture de l'économie à l'investissement privé; aussi s'attendait-on qu'il impulse, dès son arrivée à la tête de l'État, un net changement d'orientation à la politique de Chadli Bendjedid en la matière, qui avait en fait transféré aux généraux des pans entiers de l'économie, contrôlés jusque là par des sociétés nationales. On en était d'autant plus convaincu qu'il avait dénoncé, dans l'une de ses toutes premières déclarations, ces 14 généraux qui se sont attribués des secteurs entiers de l'économie nationale en reprenant à leur compte les anciens monopoles d'État. Le peuple était heureux de voir le chef de l'État interpeller ces MM. Céréales, Médicaments, ou Pétrole qui avaient transformé le pays en un immense bazar dans lequel ne se vendaient que les produits qu'ils avaient importés de l'étranger. Certains journaux s'étaient engouffrés dans la brèche et se mirent à parler de ces messieurs import-import, avec des "boîtes à chique" sur les épaules (l'insigne de général), tandis que d'autres, plus hardis, mentionnèrent la voie de sortie sans contrôle des conteneurs du port d'Alger, qu'ils appelèrent "la rampe des généraux." On cessa de parler des détournements de Betchine, pour ne mentionner que ceux de Larbi Belkheir, que la rue affubla du titre de Cardinal. Pour la première fois en Algérie, on vit s'afficher de gros hommes d'affaires, complices des généraux, dont deux très importants, Arezki Idjerouidène, propriétaire de Go Fast et Antinéa Airlines et Abdelmoumène Khalifa à la tête du groupe du même nom. En parallèle à ce laissez-faire, Bouteflika a créé un ministère de la Participation et de la Coordination des réformes, à la tête duquel il a nommé Hamid Temmar, son ex-collaborateur du temps où il était lui-même ministre de la Jeunesse et des Sports sous la présidence d'Ahmed Benbella. Ce nouveau ministère, à la dénomination ambigüe, était en réalité chargé de la cession au privé des restes de sociétés nationales maintenus sous perfusion, sauf que visiblement il ne savait pas trop comment faire avaler la pilule au peuple qui n'accepterait pas que ces entreprises soient cédées, très probablement aux généraux ou à leurs hommes de main. Afin de créer un écran de fumée autour de la question, il instruisit Temmar de lancer un grand débat sur la question de la privatisation des entreprises d'État. Il fit dire par le gouvernement que la Banque mondiale n'était pas satisfaite du rythme adopté par l'Algérie dans ce domaine, d'où *"cette nouvelle philosophie qui l'anime"*, consistant à céder tout ou partie des grosses entreprises, d'envergure nationale ou internationale pour certaines, ce qui n'était pas envisagé jusque là. Il dit avoir donné des directives à tous les ministres afin que chacun prépare son programme de privatisation, qui serait mené sous la double direction des ministres des Finances Abdellatif Benachenhou et de la Participation Abdelhamid Temmar. Pour justifier ce changement de cap, celui-ci déclarait encore récemment *"qu'il fallait sacrifier le secteur public pour sauver les entreprises."* Il dit qu'il est prévu de céder au secteur privé la production d'électricité, les mines, les télécommunications, la production, l'exploitation et la distribution de l'eau dans les grands centres urbains (les firmes françaises Vivendi et Lyonnaise des eaux sont déjà candidates), les zones d'extension touristiques (il y en pas moins de 170), les stations thermales (environ 200), quelque 40 000 PME et PMI, ou les grands ensembles industriels tels que la SNVI (fabrication de camions et autres véhicules industriels), SIDER (le plus grand complexe industriel du pays, dont l'activité principale est la production d'acier) ou FERROVIAL (fabrication de rails et de wagons de chemin de fer). Malgré cela la privatisation tous azimuts telle que voulue par le gouvernement, notamment celle des milliers de PME/PMI, semble piétiner, car seules quelques grosses sociétés nationales, les mines et le secteur des hydrocarbures intéressent les investisseurs étrangers. On prépare néanmoins le terrain à l'ouverture au secteur privé par la création d'un Conseil national des participations de l'État (CNPE), qui chapeauterait 5 mégaholdings qui gèreraient les capitaux marchands de l'État, c'est-à-dire les participations de ce dernier dans les entreprises nationales. C'est dans le même esprit qu'a été créé Algiers Investment Partnership, une sorte de banque d'affaires à capitaux arabes avec la participation de la Société financière internationale (SFI), une filiale de la Banque mondiale, dont l'objet est précisément le rachat de participations dans les entreprises nationales. S'agissant de la compagnie nationale des pétroles Sonatrach, le ministre de l'Énergie Chakib Khelil craint une très forte opposition des travailleurs du secteur – dont certains responsables syndicaux parlent déjà de bradage du patrimoine national - et des troubles sociaux ; aussi refuse-t-il d'exposer le fond de sa pensée. Il semble néanmoins s'orienter vers un changement de statut de l'entreprise en trois phases. Dans une première étape, une nouvelle loi serait adoptée selon laquelle la Sonatrach ne serait plus majoritaire dans toute association avec des partenaires étrangers. Ensuite c'est le statut de l'entreprise elle-même qui serait modifié, pour la transformer en société par actions, toutes détenues par l'État. Enfin, la dernière étape consisterait en la cession d'une partie de ces actions à des investisseurs privés et en leur placement en bourse. Pour accompagner ce programme de privatisation, le gouvernement envisage donc une réforme du secteur bancaire. Depuis son accession au pouvoir Abdelaziz Bouteflika n'a cessé de se présenter comme le grand réformateur, le chef d'État qui bouleverserait toutes les structures politiques, économiques et sociales du pays. Il a remis en cause, du moins par la parole, tout ce qu'ont fait ses prédécesseurs, qu'il a très souvent critiqués. Il s'en est allé jusqu'à utiliser des termes vulgaires pour qualifier Chadli Bendjedid et Liamine Zeroual. En quoi consiste cette réforme ? Les banques publiques ont toujours bénéficié d'une sorte "d'exception stratégique" qui les a mises à l'abri des expérimentations économiques. La première tentative de réforme du système bancaire algérien a été entreprise par le gouvernement de Mouloud Hamrouche en 1990. Il s'agissait alors de soustraire les banques publiques à l'ingérence institutionnalisée de la sphère politique, une opération qui s'était heurtée à une levée de boucliers sans précédent au sein du système. La résistance avait été telle que Mouloud Hamrouche avait du faire marche arrière ; son projet n'était passé qu'à moitié. S'il avait réussi à libérer la Banque d'Algérie de la tutelle du ministère des Finances, une réforme aujourd'hui invalidée par une ordonnance d'Abdelaziz Bouteflika, il avait été mis en échec sur le volet de l'autonomisation des banques publiques par rapport au pouvoir politique. En 1995, le secteur bancaire avait été exclu par ordonnance de la liste des secteurs à privatiser. L'année suivante, les banques publiques n'avaient pas non plus été intégrées dans les holdings d'État que l'on venait de créer. Ceux qui avaient cru alors que cette mesure allait favoriser la privatisation du secteur ont dû déchanter : les rumeurs de privatisation de la Banque de développement local (BDL) qui ont circulé n'ont jamais été confirmées. Aujourd'hui la pression en faveur du maintien du statu quo est telle que le ministre des Finances, Abdellatif Benhachenhou, pourtant un libéral convaincu, refuse obstinément de parler de privatisation. Il limite pour l'heure ses ambitions réformatrices à un prudent "assainissement" du secteur. Cette prudence est révélatrice des tensions qui règnent au sein du secteur bancaire, objet de la vigilance extrême des différents clans du régime. Si tout le monde est d'accord sur le constat de faillite des banques publiques, personne n'est en mesure de venir à bout des formidables forces d'inertie qui bloquent toute idée de réforme, des forces si puissantes qu'elles ont annihilé les maigres avances réalisées par la loi sur la monnaie et le crédit de 1990.

En fait, les banques publiques sont malades de leur appartenance à l'État qui les gère par injonctions et qui se substitue à leurs directions. Ce n'est un secret pour personne que les banques publiques ont toujours été et demeurent le "garde-manger" du pouvoir. Les crédits ne sont pas accordés sur la base des critères universels de garanties et de rentabilité, mais sur coup de fil, pour reprendre les termes du ministre des Finances. Les dirigeants des banques ne sont pas choisis sur la base de leurs compétences, mais en fonction de leur fidélité, au sens mafieux du terme. Le scandale Zahed, vite étouffé par la justice, est révélateur des pratiques du secteur. Cet opérateur a pu obtenir de la Banque algérienne de développement rural (BADR) un crédit de 500 millions de dollars sans aucune garantie. Au moment de rembourser, il s'est évanoui dans la nature avec la complicité de hauts responsables des services de sécurité. Les créances irrécouvrables s'élèvent, pour les 5 banques d'État, à 350 milliards de dinars (4,66 milliards de dollars). Les plus gros débiteurs sont des entreprises privées proches des barons du régime. Le ministre des Finances, dont les mains sont de toute évidence liées, en appelle aux services de sécurité pour aider à leur recouvrement. On attendrait logiquement des responsables du secteur qu'ils mettent en branle les procédures légales de recouvrement par la saisine de la justice, mais curieusement cette option paraît exclue. Tout comme ses prédécesseurs, Abdellatif Benachenhou ne veut pas prendre le risque de provoquer les mauvais payeurs que sont les militaires ou les hommes politiques (anciens ministres, sénateurs RND ou députés FLN). Cette situation condamne les banques publiques au *statu quo* : elles donnent entière satisfaction aux clans rentiers qui pillent les ressources du pays. Seules des banques publiques algériennes peuvent transformer les détenteurs du pouvoir politique en milliardaires ; c'est leur principale mission qu'elles assument, il faut le reconnaître, avec une rare compétence.

Que compte donc faire le gouvernement de ses banques publiques ? Rien. Tout ce qu'il a entrepris jusqu'à ce jour dans ce domaine a été de conforter le *statu quo*. Pourtant personne n'est satisfait de la situation actuelle et rarement secteur a réuni une telle unanimité contre lui, à l'intérieur du pays, comme parmi les partenaires étrangers (analystes, investisseurs étrangers, opérateurs locaux, institutions financières internationales, partenaires commerciaux, etc.) Tous sont convaincus que les banques représentent l'un des plus gros obstacles à l'émancipation économique du pays. Sécurisées par l'absence de concurrence réelle, administrées plutôt que gérées, elles évoluent en décalage constant avec les besoins réels de l'économie. Au point que le premier responsable du secteur, le ministre des Finances déclare, devant les députés, que le système bancaire représente une menace pour la sécurité nationale.

CHAPITRE IV

Les Américains lorgnent vers l'Algérie

On a appris que, dans le cadre d'une offensive orchestrée par le gouvernement américain, James Harmon, président de l'Exim Bank a effectué une visite à Alger en décembre dernier, au cours de laquelle il a donné son accord pour la réalisation de certaines opérations financières, dont la restructuration de la dette algérienne. Tout comme il a annoncé qu'il soutenait et aiderait à mettre en application l'initiative Eizenstat. Cette initiative qui porte le nom de son auteur, le secrétaire d'État adjoint Stuart Einzenstat qui l'avait lancée en 1997, a pour objectif de créer, à l'horizon 2010, une zone de libre-échange, entre les trois pays du Maghreb (Maroc – Algérie – Tunisie), rattachée par des accords préférentiels avec les États-Unis. C'est dans ce cadre que s'est tenue à Washington, une réunion des ministres de l'Économie et des Finances des trois pays, dans le courant du mois d'avril, sous la présidence du Secrétaire d'État adjoint aux affaires économiques et financières Allen Larsen et à laquelle ont participé des représentants de l'US AID (Agency for international development), de l'agence pour la garantie des investissements outremer, de la direction du Trésor et du State Department. Pour ce qui est de l'Algérie, c'est l'ensemble du programme de privatisation qui a été examiné, tant et si bien que l'on peut dire que l'économie algérienne est placée sous la double tutelle du FMI et de la Banque mondiale, d'une part (auxquels le ministre des Finances Abdellatif Benachenhou était venu présenter ce programme) et de l'administration américaine, d'autre part. Aux représentants de la Banque mondiale, le ministre a dit qu'il souhaitait l'assistance technique de la banque pour la conduite des réformes envisagées. Il a, de même, pris attache de certaines sociétés-conseils, car dit-il, il envisage de s'assurer le concours de bureaux spécialisés pour conduire de manière correcte le processus de privatisation. Ces déclarations de foi semblent avoir convaincu les autorités américaines, puisque Stuart Einzenstat a annoncé, après avoir pris connaissance du programme présenté, que la nouvelle équipe du président Bouteflika était venue avec des plans ambitieux en matière de privatisation. Comment les Américains ne pourraient-ils pas être satisfaits de ce programme, vu que le gouvernement ne cesse de nous dire que l'État ne peut plus participer à concurrence de 51% dans les joint-ventures avec des entreprises étrangères par manque d'argent, y compris dans le secteur des hydrocarbures ? Le ministre de l'Énergie et des Mines Chakib Khelil reprend avec enthousiasme le crédo de la privatisation tous azimuts. Il a annoncé que les textes relatifs à la privatisation de son secteur seront soumis à l'approbation du parlement vers le début de l'année prochaine. Néanmoins, dit-il, le gouvernement aurait réussi à intéresser une cinquantaine d'investisseurs à participer à un appel d'offres national en vue de la mise en vente de 48 petites et moyennes mines. Il s'agirait de mines de marbre, argile, gypse, pierres décoratives, sel, sable, barytine, or, plomb, zinc, cuivre et pierres semi-précieuses. Mais le plus gros reste à venir. Jusqu'où ira la privatisation du secteur des hydrocarbures, qui fait vivre tout un peuple ? Les ventes de pétrole et de gaz représentent, comme on le sait, 98% des recettes en devises de l'Algérie qui importe par ailleurs tout ce que consomme le peuple. C'est donc un secteur vital de l'économie du pays qui exige un contrôle très strict de la part de l'État. Afin de rassurer les esprits à la suite de fuites parues dans la presse, il dit que la nouvelle loi, en cours de préparation, n'aboutirait pas à la privatisation de la Sonatrach, mais permettrait sa transformation en société par actions (SPA). Il rajoute cependant qu'il y a lieu de modifier la principale disposition de la loi sur les hydrocarbures qui exige que la compagnie nationale des pétroles soit majoritaire dans toute association avec un partenaire étranger. Ce double langage n'est pas rassurant, surtout quand on constate, en parallèle, le très vif intérêt des Américains pour la question. Le ministre américain de l'Énergie Bill Richardson en visite en Algérie dans le courant du mois de mars, s'est entretenu durant deux heures avec Abdelaziz Bouteflika. À l'issue de l'entretien, il a fait une déclaration à la presse dans laquelle il a affirmé que les États-Unis étaient sur le point d'élargir leur coopération avec l'Algérie dans le domaine de l'énergie, en particulier. Il a rajouté – ce qui a intrigué les observateurs – que cette coopération engloberait aussi les questions militaires. Pourquoi lier ces deux secteurs ? Quelques heures après cet entretien, le vice-président américain Al Gore a eu une longue conversation téléphonique avec le président algérien au cours de laquelle il lui a fait savoir que son pays attachait une grande importance à la prochaine conférence au sommet de l'OPEP et que son pays était disposé à œuvrer avec l'Algérie et d'autres pays de l'OPEP afin de consolider les prix du pétrole à un niveau ni trop élevé afin de ne pas léser les pays consommateurs, ni trop bas non plus pour ne pas léser les producteurs. Al Gore a également informé Bouteflika du désir de son administration de renforcer les liens avec l'Algérie dans tous les domaines. Suite à ces déclarations, qui ressemblent à s'y méprendre à de fortes pressions américaines sur le gouvernement algérien, le ministre de l'Énergie et des Mines Chakib Khelil déclarait froidement que nonobstant ce que pensent les États-Unis des prix du pétrole, ils n'exercent aucune pression sur l'Algérie et que c'est en toute liberté qu'il défendra des prix du pétrole de l'ordre de 25 dollars le baril, lors de cette réunion de l'OPEP à laquelle les États-Unis attachent tellement d'importance. Et comme par hasard, l'OPEP décidait peu de jours après de maintenir la production journalière de l'organisation au niveau de 500 000 barils afin de maintenir le prix du baril dans une fourchette de 22 à 28 dollars.

CHAPITRE V

Zoom sur l'évolution en cours dans les rangs de l'armée

Dès son accession à la présidence de la République, Abdelaziz Bouteflika a annoncé qu'il envisageait de procéder à la professionnalisation de l'armée. Il a confié la tâche au chef d'état-major, le général Mohamed Lamari qui semble très intéressé par le projet. Il espère réussir à procéder à un changement de mentalité des officiers supérieurs et leur inculquer une culture autre que putschiste, tout en faisant découvrir aux jeunes cadres des techniques militaires modernes et les attirer ainsi vers des postes de responsabilité. S'il a réussi à obtenir l'adhésion du chef d'état-major au projet, ce n'est visiblement pas le cas du patron du DRS, le général Mohamed Tewfik Mediène qui voit d'un mauvais œil ce changement. Craint-il la contagion aux services de sécurité, ce qui entraînerait une plus grande transparence de leurs actions ? Ou alors sa crainte serait que les pouvoirs du chef d'état-major seraient renforcés et étendus au point d'inclure la tutelle du Département du renseignement et de la sécurité ?

Cela fait maintenant une année que le général Mohamed Lamari travaille sur le sujet sans que l'on ait vu apparaître des résultats concrets : aucun nouveau texte de loi, aucune modification de structures ne sont venus indiquer quel était le fil rouge de sa réflexion. On l'a certes vu au mois de mai dernier à la télévision - ce qui est déjà une révolution dans les mœurs de l'armée algérienne - annoncer devant un parterre d'officiers supérieurs, à l'occasion de manœuvres terrestres et aériennes menées dans la région d'Aïn Oussera-Laghouat, qu'il fallait se préparer à l'armée de métier de demain. Il a essayé néanmoins de voir et apprendre comment les choses se passent ailleurs lors des nombreux déplacements à l'étranger qu'il a effectués ces derniers mois et lors des diverses rencontres qu'il a eues avec des responsables militaires.

Depuis une année environ, il s'est rendu successivement en Arabie Saoudite, au Qatar, en Tunisie, en Libye, en Italie, en Russie, en Chine et en Afrique du Sud. Il a également reçu à Alger ses homologues venus de ces mêmes pays. Il s'est aussi entretenu avec le commandant en chef de l'U.S. Air Force Michael Ryan et les amiraux Lopez, Murphy et Abbott, venus l'un après l'autre en visite en Algérie, tout comme il a reçu l'amiral commandant du navire-école français le *Jeanne d'Arc*, également de passage à Alger. Le but de chacun de ses déplacements à l'étranger n'était pas uniquement de s'informer sur l'organisation et les missions des armées de chacun des pays visités. C'est ainsi qu'en Russie, il a signé un important protocole portant sur l'achat d'armes, sur la formation d'officiers algériens au sein des structures et écoles militaires russes et sur la coopération algéro-russe dans la lutte antiterroriste. En Arabie Saoudite, il a sollicité une assistance financière et technique pour l'achat de matériel militaire, tout comme au Qatar où il a finalisé le contrat d'achat de matériel britannique que les Qataris ont passé pour le compte de l'Algérie; en Chine, il s'est enquis de la possibilité d'assistance dans la fabrication d'armes légères. En Italie, où il a été l'invité du chef d'état-major Mario Arbino, il a demandé l'assistance technique de l'armée italienne et la formation de personnel militaire spécialisé dans la lutte antiterroriste. Au sein de l'armée algérienne, on considère que les Italiens ont une certaine expertise dans ce domaine en raison de la lutte qu'ils ont menée contre les Brigades rouges. La coopération dans la lutte antiterroriste a été également au centre des entretiens qu'il a eus en Tunisie et en Libye. Le cas de la Libye est un peu particulier en ce sens que les Algériens ont de tout temps eu des doutes quant à la neutralité du colonel Kadhafi qu'ils soupçonnent, à tort ou à raison, de faciliter l'approvisionnement en armes des groupes du GIA. Ils pensent que le régime libyen ferme les yeux sur un trafic d'armes depuis le Soudan. Le cas de l'Afrique du Sud-est quelque peu particulier. Le général Mohamed Lamari y est allé, au tout début de l'été, acheter des hélicoptères auprès de la société Denel, pour lesquels Ali Tounsi, directeur général de la sureté nationale, s'est empressé de déclarer qu'ils étaient destinés à la police. Il s'est senti obligé de faire une telle déclaration – bien qu'une bonne partie sera transférée à l'armée – afin de répondre à une exigence sud-africaine d'utiliser ces hélicoptères à des fins civiles. Les Algériens sont coutumiers de ce fait. Ils avaient déjà, en 1998, passé commande auprès de la même société de drones, pour un montant de 20 millions de dollars, qu'ils ont utilisés pour pourchasser les maquisards du GIA, alors que le contrat prévoyait qu'ils seraient utilisés pour des missions civiles (contrôle des frontières, feux de forêt, etc.) La visite du chef d'état-major s'est déroulée dans un contexte particulier : elle a eu lieu peu de temps après que Bouteflika eût limogé l'ambassadeur en poste, Sadek Kitouni, pour absence non déclarée de son poste, une absence sans autorisation de deux jours qui, dans des conditions normales, aurait entraîné une sanction beaucoup plus légère. En réalité, ce dernier était dans le viseur du président de la République qui a mis à profit cette incartade pour le relever de ses fonctions, car Kitouni est un ancien du MALG (Ministère de l'armement et des liaisons générales), l'ancêtre de la Sécurité militaire et du DRS. C'est un excellent ami du patron du DRS, le général Mohamed Tewfik Mediène, mais aussi son homme de main, qui a servi d'intermédiaire et de percepteur de commissions dans tous les achats de matériel militaire en Afrique du Sud.

ANNÉE 2001

L'année 2001 a été marquée par une violence inouïe en Algérie et de par le monde. En Algérie, dès le mois de janvier, en l'espace d'une semaine, il y eut une centaine de victimes à travers le triangle Médéa - Chlef - Blida, dont 16 lycéens qui ont été massacrés dans leur dortoir à Médéa, une fusillade contre un autobus de transport du personnel à Ténès et des attentats contre des cafés à Khemis Miliana. En avril, c'est la Kabylie qui a été mise à feu et à sang lors de violentes échauffourées qui ont opposé la population à la gendarmerie, qui ont duré plusieurs mois et qui ont coûté la vie à 159 personnes. Dans le monde, c'est en septembre qu'ont eu lieu les attentats spectaculaires du 9/11 - le "nine/eleven", comme disent les Américains - les plus meurtriers de l'histoire, qui ont causé la mort de 2977 personnes.

CHAPITRE I

Le grand jeu de massacre de janvier

Le mois de ramadan de cette année, qui a coïncidé avec janvier qui apparaissait comme le plus calme que le pays ait connu ces dernières années s'est brusquement transformé en un grand jeu de massacre. Tant et si bien que l'on semble revivre le cauchemar de l'été 1997. Ce sont certainement des troupes du GIA qui sont les auteurs de ces horreurs, sauf que les choses ne sont pas toujours comme elles semblent être et que le GIA n'est pas aussi autonome qu'on l'imagine. Il est infiltré par les services de sécurité au point que la frontière entre bandes réellement terroristes et bandes manipulées est très floue. En 1997, le chef du GIA était Djamel Zitouni, auquel a succédé Antar Zouabri; nous constatons que les actions des deux hommes ont énormément de points communs.

Jamais aucun des deux ne s'est attaqué aux représentants de l'État : pas d'attaque contre un convoi militaire, ni contre des gendarmes, ni contre des policiers, encore moins un attentat contre une personnalité civile ou militaire. Bien au contraire, toutes les actions qu'ils ont entreprises l'ont été contre des civils, d'une rare sauvagerie et très spectaculaires : le premier est l'auteur présumé des massacres de Raïs, Bentalha et de l'assassinat des moines de Tibhirine, tandis que le second vient, dit-on, égorger de pauvres lycéens dans leur sommeil ou organiser l'assassinat de paisibles travailleurs de retour chez eux après une journée de labeur en s'attaquant à l'autobus qui les transportait. Contrairement à la doctrine de Mao Tse Toung qui disait que pour réussir, toute guérilla devait baigner au sein du peuple comme un poisson baigne dans l'eau, le GIA ne s'attaque lui qu'au peuple, il assèche donc l'eau dans laquelle il est appelé à vivre ! On se souvient, par ailleurs, que Djamel Zitouni revendiquait les actions qui lui étaient imputées en adressant des fax à El Hayat ou au bureau de l'AFP à Londres. Aujourd'hui Antar Zouabri signe ses crimes en essaimant sur les lieux de sa forfaiture des tracts au nom de son organisation. Le premier disposait donc dans les maquis de lignes téléphoniques et de télécopieurs, tandis que le second possède des installations encore plus sophistiquées composées de micro-ordinateurs et d'imprimantes qui lui permettent de faire les tracts qu'il distribue si généreusement. Vu les conditions de vie qui sont les leurs, vu qu'ils sont soumis à une traque permanente, ils doivent donc transporter de cache en cache toute cette logistique. La réalité est beaucoup plus terre-à-terre : ce sont les services du DRS qui ont, de tout temps, assuré la couverture médiatique des exactions de ces groupes armés, confirmant ainsi qu'ils sont bel et bien noyautés et téléguidés par les services secrets. Tout comme les massacres de Raïs et Bentalha, les dernières tueries ont pour caractéristique principale de créer un très fort sentiment de rejet des islamistes chez le peuple. Tout comme à Bentalha, où les massacres s'étaient déroulés au vu et au su de l'armée, terrée dans une caserne à moins de 400 mètres du village et qui a été empêchée d'intervenir, on apprend aujourd'hui à travers les témoignages des habitants de Ténès que les autorités savaient depuis longtemps où se trouvaient les refuges des groupes armés, mais n'ont rien fait pour les en déloger. L'autre similitude avec la situation vécue en 1997 est que dans les deux cas, les massacres ont eu lieu dans des zones où les citoyens ont voté en masse, en 1990 et 1991, pour le FIS. Si l'on en croit donc la propagande officielle, les groupes islamiques armés ne s'attaquent qu'aux populations qui leur sont favorables. Que faut-il comprendre de cet ensemble de similitudes ? Djamel Zitouni et Antar Zouabri, c'est blanc bonnet, bonnet blanc. Ils sont tous deux hommes du DRS. Nous savons que les massacres horribles attribués à Djamel Zitouni ont eu lieu au moment où Liamine Zeroual avait entamé des négociations sérieuses avec les dirigeants du FIS qui étaient sur le point de déboucher sur un retour à la paix. Le DRS qui était contre ces négociations, procédait, par ailleurs, à ses propres arrangements avec l'AIS et avait organisé les massacres de 1997 afin de démontrer à Zeroual qui était le véritable patron en Algérie. Il avait réussi dans son entreprise le poussant à démissionner de son poste de président de la République. Quel message le DRS veut-il adresser aujourd'hui à Bouteflika à travers ces horribles tueries ?

L'une des tâches prioritaires que lui ont fixées les généraux, dans le cadre du deal qu'ils ont passé avec lui était de faire entériner par le peuple l'accord auquel étaient parvenus le DRS et l'AIS, ce qu'il fit par le référendum sur la Concorde civile. Contre toute attente, ils n'ont pas cessé, une fois ce résultat obtenu, de s'opposer à la mise en application des termes de cet accord qu'ils considèrent être une simple compilation de dispositions, d'essence purement militaire, destinées à organiser la reddition des troupes de l'AIS. Ce qu'ils attendent de lui, c'est d'aller au-delà du simple enrobage, par un vernis juridique, fut-il celui d'un référendum populaire, de l'accord destiné uniquement à mettre fin à la guerre civile. Ce qui explique pourquoi l'opposition des Janviéristes qui était plutôt de l'ordre de la rhétorique jusque-là a pris une tournure extrêmement violente. D'autant plus qu'au cours de cette même période, l'ex-président de la République, Chadli Bendjedid est sorti du silence qu'il s'était imposé et a accordé une interview dans laquelle il a clairement désigné les généraux putschistes, les dafistes en particulier, comme étant les responsables de la situation dramatique du pays. Il a notamment attiré l'attention sur le fait qu'ils ont été imposés par le GPRA et que certains parmi eux étaient nuisibles au pays. *"Ils ont agi afin de préserver leurs intérêts personnels, sans prendre aucunement en considération l'intérêt national"*, a-t-il rajouté. L'intérêt national voudrait que la paix soit réinstaurée en Algérie et que soient poursuivis en justice les auteurs des abominables exactions commises durant la décennie écoulée, tandis que leurs intérêts personnels sont de rejeter cette normalité. Une telle situation est d'autant moins acceptable pour les généraux putschistes qu'en ce moment un vent de justice semble souffler sur le monde et que l'on parle de plus en plus de traduire en justice un Pinochet ou un Milosevic. Ne pas prendre les dispositions nécessaires pour se mettre à l'abri d'une telle situation signifierait pour eux s'exposer à suivre la voie que semblent emprunter les présidents chilien et serbe. Voilà donc leur hantise, voilà donc ce qu'ils exigent de Bouteflika : qu'il agisse tant au plan intérieur, qu'au plan international pour les protéger de poursuites judiciaires éventuelles !

À ce tohubohu est venue se rajouter la parution du livre du sous-lieutenant Habib Souaïdia, *La sale guerre,* qui a provoqué un véritable tsunami dans les rangs du pouvoir. Le livre, un véritable réquisitoire contre le pouvoir militaire démontre que les méthodes utilisées par l'armée sont finalement les mêmes que celles de ses adversaires. Des informations extrêmement précises y sont fournies ; tout y est décrit : les enlèvements, les massacres, le terrorisme d'État, ainsi que les soldats et officiers qui boivent, se droguent et se livrent à des trafics en tous genres. Le livre a été préfacé par Fernando Imposimato, ancien député et sénateur, président honoraire-adjoint de la Cour suprême de cassation italienne, avocat pénaliste en Italie et à l'étranger, spécialisé dans les affaires de corruption et de violations des droits de l'homme. Consultant des Nations Unies, il a participé à de nombreuses missions sur les questions de narcotrafic, de crime organisé et d'antiterrorisme. Tout autant que les exactions dénoncées dans le livre, cette préface a aussi effrayé les généraux, car elle laisse pointer l'hypothèse d'une instruction par un tribunal pénal international et encourage, dans l'attente, une action devant les tribunaux européens.

Au cours de la polémique qui a suivi la parution du livre, on a vu un journal, *El Watan* se transformer en véritable porte-parole et caisse de résonance de tous ceux qui se sont prononcés contre le contenu du livre. Parmi les personnalités ayant condamné le livre, on a entendu Rédha Malek, ex-membre du HCE, dire que c'était *"une campagne médiatique menée par l'étranger pour détruire l'ANP"*, tandis que Yasmina Khadra, le soldat-écrivain affirmait *"je n'ai jamais vu d'ordre écrit quelconque, du temps où j'ai été militaire, qui ordonnait des massacres"*. On a vu aussi Djamel Benrabah, président du Comité des citoyens pour la vérité et la justice (organisation des victimes du terrorisme créée par le DRS), se présenter lors d'une conférence de presse comme chef des "Patriotes" de Zaâtria, démentir les affirmations de Habib Souaïdia quant aux auteurs du massacre qui a eu lieu dans cette localité et l'imputer aux GIA. Au sein de la classe politique, le MSP a organisé une réunion d'information, au cours de laquelle Mahfoud Nahnah a annoncé la création d'un comité de défense de l'ANP qui poursuivrait Habib Souaidia en justice. Tout comme au lendemain des massacres de Raïs et Bentalha, les généraux ont appelé au secours leurs porte-voix français, avec moins de bonheur cette fois-ci, puisque seul Jean-François Kahn du journal Marianne a répondu à l'appel ; il a organisé à Paris une rencontre sur le livre qu'il aurait voulue être une confrontation avec La Découverte, éditeur du livre et avec la participation des journaux *Le Monde* et *Libération*. Résultat : un flop.

Face à cette tempête médiatique, Abdelaziz Bouteflika est resté de marbre : pas un mot sur le livre, ce qui lui a valu les critiques les plus acerbes de la part du clan des éradicateurs qui auraient voulu qu'il défende l'honneur de l'armée. Par son silence et celui des membres de son clan, il a obligé l'armée à se mouiller. C'est le chef d'état-major en personne, le général Mohamed Lamari qui a dû monter au créneau et publier un communiqué mettant en valeur *"la légalité républicaine et la loyauté sans faille envers l'État qui doivent être nos repères"*. Afin de complexer au maximum le clan des généraux, Bouteflika leur a fait subir un autre affront : il a donné instruction que ce communiqué ne soit pas mentionné au bulletin de 20 heures de la télévision nationale.

Que va-t-il faire maintenant ? Va-t-il obéir aux injonctions qui lui sont ainsi signifiées de manière sanglante, se ranger aux désirs des généraux et se faire ainsi complice de leurs funestes exactions ? Dans ce cas, il se maintiendra au pouvoir, au détriment des intérêts du pays et du peuple, tandis que la nomenklatura militaire se renforcera encore plus. Va-t-il s'opposer de front à cette politique ? Auquel cas il subira le même sort que Liamine Zeroual, voire pire encore, celui de Mohamed Boudiaf. Troisième hypothèse, la plus vraisemblable, il tergiversera, fera semblant de plier tout en escomptant qu'avec le temps il réussira à prendre le dessus sur ceux qui l'ont fait roi. Ce que l'on peut affirmer à coup sûr, c'est que la lutte sera longue, que le peuple continuera à en payer le prix et que la liste des victimes s'allongera encore plus.

Autre hasard du calendrier, peu de temps après les attentats de janvier et la parution du livre de Habib Souaïdia, les mères des familles de disparus qui continuent d'organiser leur sit-in hebdomadaire devant le siège de l'Organisation nationale de protection et de prévention des droits de l'homme, ont adressé une lettre à Mary Robinson, présidente de la Commission des droits de l'homme des Nations Unies, dans laquelle elles demandent que soit désignée une commission d'enquête internationale pour étudier les dossiers de leurs proches. Des ONG internationales soutiennent la démarche et demandent avec de plus en plus d'insistance que la communauté internationale examine cette question et celle des massacres intervenus en différents points du territoire national. Par les temps qui courent, marqués notamment par l'arrestation du général Pinochet à Londres, le simple fait d'évoquer la possibilité de création d'une commission d'enquête internationale sème le trouble dans les rangs des généraux éradicateurs qui viennent de se retrouver en conclave à Alger pour organiser la riposte. Agissant en tant que porte-paroles du groupe, Larbi Belkheir et le général Touati (El Mokh, le cerveau) ont tenu une réunion de travail avec Bouteflika spécialement dédiée à la question au cours de laquelle ils l'ont convaincu de la nécessité d'organiser une stratégie de défense.

Furieux de voir *"les ennemis de l'Algérie diffuser leur poison"*, le général Fodhil Chérif, de son côté, déclarait que *"le mal étant fait, la fin justifie les moyens"*. De quelle fin et de quels moyens s'agit-il ? La réponse se trouve, peut-être dans l'éditorial du numéro d'*El Watan* du jour du second anniversaire de l'accession de Bouteflika à la magistrature suprême, signé de Tayeb Belghiche (dit le Manchot), journaliste encarté notoire du DRS. Il y est dit : *"Bouteflika aurait même travaillé dans le sens du TPI puisque rencontrant Mme Mary Robinson, présidente de la Commission des droits de l'homme des Nations Unies lors de son voyage à New York, il lui aurait déclaré que les militaires ne l'aident pas et sont derrière certains massacres."* Puis il poursuit: *"Habib Souaïdia, cet aventurier exclu de l'ANP pour divers délits de droit commun serait manipulé, entre autres, par des hommes d'affaires algériens ayant soutenu financièrement la campagne électorale de Bouteflika"*, avant de conclure que *"... face à de telles provocations, l'armée est pieds et poings liés ... elle se contente d'accuser le coup en se mordant les doigts et en se maudissant d'avoir fait le grave erreur d'avoir ramené un homme ingérable et incontrôlable."* Menaces, menaces...

CHAPITRE II

La Kabylie

Il est clair que l'écrit du Manchot représente le point de vue du DRS. Mais pourquoi ce dernier en est-il arrivé à une telle extrémité ? Pourtant, Bouteflika ne cesse de dire qu'il compte donner une suite à la "Concorde civile" qu'il avait proclamée dès son arrivée au pouvoir. Conscient que la concession, qu'il avait faite en contrepartie de son accession au poste de chef de l'État, l'avait placé en totale dépendance des généraux, il clame, depuis avril 1999 qu'il ne veut pas être un ¾ de Président. Il cherche aujourd'hui à doubler les Janviéristes en annonçant qu'il envisage de lancer une nouvelle initiative dite de "Concorde nationale" qui viendrait compléter sa démarche précédente. Alors que la "Concorde civile" n'est que la traduction politique de l'accord de cessez-le-feu DRS – AIS, la "Concorde nationale" se veut être un cadre politique qui va au-delà, qui permettrait un retour à la normale, et inclurait notamment la réhabilitation du FIS. Aux yeux du DRS et de ceux des généraux putschistes, Bouteflika vient de franchir une ligne rouge. Il leur déclare la guerre; c'est leurs têtes qu'il veut ! Car pour eux, le retour du FIS aux affaires signifie qu'à terme ils seraient eux-mêmes chassés du pouvoir, qu'ils auraient probablement à faire face à des poursuites judiciaires tant en Algérie qu'à l'étranger et, pour certains d'entre eux, subir le sort de Pinochet ou de Milosevic. Comment alors mettre fin à une telle menace ? L'assassinat politique ? Comme ils l'avaient déjà fait avec Mohamed Boudiaf ? Près de 10 ans après, le monde entier sait qu'ils avaient été les instigateurs du meurtre ; cette option n'est donc pas envisageable. Pousser Bouteflika à la démission ? La technique avait bien marché avec Chadli et Zeroual et pourrait donc être tentée à nouveau. Mais pour cela, il faudrait exercer une pression insupportable sur le Président et le pousser ainsi vers la porte de sortie. D'où l'idée de mettre le feu à la Kabylie. Que cela coûte des vies humaines, les Janviéristes n'en ont cure. Bien au contraire il faut qu'il y ait beaucoup de morts !

C'est ainsi qu'au mois d'avril, de violentes émeutes, en apparence spontanées, ont été déclenchées à travers la Kabylie à la suite de la mort par balle d'un jeune, Massinissa Guermah, intervenue dans les locaux de la gendarmerie de Beni Douala. La campagne, vraie ou supposée, de prosélytisme en cours en Kabylie est à l'origine de l'affaire. Selon une rumeur propagée par le RCD (Rassemblement pour la Culture et la Démocratie), il existerait en Kabylie des imprimeries qui imprimeraient clandestinement la Bible et l'Évangile pour toute l'Afrique, dont la distribution se ferait par des élèves des écoles et lycées de la région. Sur la base de ces fausses informations, la gendarmerie a entamé des rafles et des fouilles qui ont entraîné de nombreuses arrestations, dont celle du jeune Massinissa. Au cours de l'interrogatoire musclé auquel il a été soumis, une balle dont on ignore la provenance aurait blessé, dit-on, un gendarme qui a riposté et tué ainsi le jeune kabyle. Une nouvelle rumeur, propagée celle-là par le DRS, a accusé les gendarmes d'arrêter des enfants innocents, non pas pour empêcher la distribution de matériel religieux, mais pour exercer des mesures coercitives contre la culture et la langue amazigh. Intervenue en période de commémoration du Printemps berbère (20 avril), cette mort amplifiée par la manipulation de l'opinion publique par le DRS, a été le déclencheur d'affrontements qui ont opposé la population à des escadrons de gendarmes à travers toute la Kabylie et ont entrainé la mort de 159 personnes. Il est de suite apparu aux yeux des initiés que cette révolte n'était que la concrétisation sanglante au niveau de la population qui en faisait les frais, des luttes intestines au régime entre le président de la République et le DRS. On en eut la confirmation à chaud par cette déclaration du ministre de l'Intérieur et homme lige du Président, Noureddine Yazid Zerhouni accusant *"certains de manipuler les événements de Kabylie pour des desseins politiques tandis que leurs enfants sont dans des résidences dorées à l'étranger"*. Abdelaziz Bouteflika luimême reconnaissait, quelque temps après devant Fidel Castro, que les événements de Kabylie étaient le résultat de manipulations de certains cercles qui les ont fabriqués.

Cette stratégie machiavélique est exactement celle dépeinte par Habib Souaïdia dans son livre *La sale guerre*, dans lequel l'ex-lieutenant de l'armée algérienne décrit avec force détails les exactions horribles commises par des unités de l'armée sur ordre des généraux. Affaire dans l'affaire, le choc créé au niveau de l'opinion publique mondiale par les révélations contenues dans ce livre ont eu pour conséquence directe et immédiate la tentative avortée d'action en justice en France du tout puissant général-major Khaled Nezzar, exfiltré en dernière minute par le gouvernement algérien, avec la complicité des autorités politiques françaises, et qui a réussi ainsi à échapper à de plus graves complications. En mettant le feu à la Kabylie, Tewfik a lui, non seulement sauvé sa tête, mais a aussi mis Bouteflika sur la défensive et recréé l'alliance sacrée des généraux Janviéristes autour de lui. Quant à Bouteflika, qui cherche à s'extirper du cloaque dans lequel il a été plongé, le voici qui se drape dans sa tunique de président et qui crée une commission d'enquête sur les événements vécus par la Kabylie. Il en a confié la présidence à maître Mohand Issaad, un juriste de renom, extrêmement compétent et très intègre. Le fait que maître Issaad soit d'origine kabyle est un gage de bonne foi qu'il voudrait donner aux populations de la région.

Tout le comportement du Président montre qu'il a compris que c'est le DRS qui a mis le feu à la Kabylie. Dans un discours prononcé lors d'une tournée dans le sud du pays il a souligné qu'il n'avait pas de problème particulier avec l'armée en tant qu'institution, ce qui en creux signifie qu'il en a par contre avec certaines personnes ayant un *"passé nationaliste"*(sic). Il a été encore plus explicite dans une seconde intervention en imputant aux "gens" l'affirmation selon laquelle *"nous avons des colonels et des commandants qui sont bons, tandis que les généraux sont tous mauvais."* À la suite de quoi il a tenté de calmer le jeu, rajoutant que son seul but était de passer de la concorde civile à la réconciliation nationale. Afin de démontrer que cela était possible, il a fait inclure dans la délégation officielle qui l'a accueilli à El Oued un certain Abdelkrim Kaddouri, ex-émir du GIA et ex-conseiller de Hassan Hattab chef du GSPC; tout comme il a fait publier un communiqué commun des victimes du terrorisme et des représentants des repentis de la wilaya d'El Oued. Pour lui, réconciliation nationale veut donc dire se réconcilier avec les terroristes, tandis que pour les généraux, cette notion signifie amnistie générale.

L'Algérie se trouve donc face à une situation quasi insoluble. Il est impensable que Bouteflika n'ait pas saisi que c'est précisément cette question qui tenaille les généraux au point qu'ils n'ont pas hésité à sacrifier plus de 150 citoyens en Kabylie. Mais visiblement il a peur de franchir le Rubicon, de s'afficher aux yeux du monde entier comme complice des horreurs qu'a vécues le peuple algérien depuis 1992. Il serait passible du Tribunal pénal international, tout comme risquent de l'être les généraux. Pour l'Histoire, il serait le président qui aura annulé les conséquences pénales encourues par les assassins des 150 000 Algériens morts durant la décennie écoulée, dont certainement plus de la moitié sont imputables à l'armée. Pour l'heure, le DRS continue de rendre la situation en Kabylie encore plus complexe, encore plus insoluble pour Abdelaziz Bouteflika. Il fait en sorte que se crée au sein de la population locale un sentiment de haine à l'égard de la gendarmerie, dont elle réclame le retrait. Il manipule la scène politique régionale de telle manière que le Président ne trouve pas d'interlocuteur valable avec lequel il négocierait une solution de sortie de crise. Pour ce faire, il a éliminé les deux partis dominants de la région, le FFS et le RCD en créant des comités de citoyens, les aarouchs, qu'il contrôle. Il rend la situation encore plus difficile à maitriser en faisant renaître de ses cendres et en jetant dans l'arène le MDRA, un parti qui a complètement changé d'orientation depuis la disparition de son fondateur Slimane Amirat. Il augmente la confusion en faisant dire par la presse que certains veulent imposer le tamazight comme langue officielle, tandis que d'autres exigent la reconnaissance de l'identité amazigh. Qui sont ces certains et ces autres ? On ne le sait pas.

Après avoir poussé à la création des aarouchs et en avoir fait des représentants du mouvement de révolte de Kabylie, le DRS a entrepris la deuxième phase de son action, celle de faire éclater ce mouvement en plusieurs clans antagonistes. À partir du moment où il a senti que le contrôle d'un mouvement, qu'il a créé et soutenu au point d'en faire l'unique interlocuteur du pouvoir, risquait de lui échapper, il procéda, dans une première phase, à son éclatement géographique opposant les aarouchs de Béjaïa à ceux de Tizi Ouzou. Il poussa, par la suite, à la création des deux courants antagonistes, l'un dialoguiste, l'autre nihiliste. On vit enfin le groupe de Bejaïa éclater en deux clans, chacun des deux déclarant qu'il est le seul cadre représentatif et légitime de la contestation. Au point que plus personne n'est en mesure de dire lequel de ces courants est le véritable porte-parole des revendications du mouvement de révolte originel, ni même de quelles revendications il s'agit. La seule demande commune à tous les courants, qui constitue également une aspiration profonde de la population, est la reconnaissance du Tamazight comme langue nationale. Bouteflika annonce alors qu'une telle disposition sera incluse dans la nouvelle constitution qu'il envisage de soumettre à l'approbation des Algériens, probablement dans le courant du premier semestre de 2002. Cette revendication existe dans les programmes politiques des deux partis d'obédience kabyle, le FFS et le RCD, mais il n'y a jamais donné suite. Il en fait aujourd'hui la concession à un mouvement créé de toutes pièces par ses adversaires du DRS le renforçant ainsi au point d'en faire le principal représentant de la Kabylie au Parlement lors des prochaines législatives. C'est pourquoi le DRS ne faisant jamais confiance, même à ses propres avatars, a considéré que le clonage n'était pas une mesure suffisante pour ne pas perdre le contrôle de la situation. Comme dans le cas du FIS, en favorisant la tendance extrémiste du mouvement, il a réussi à créer un sentiment de rejet des aarouchs par la population, lassée des manifestations, marches et affrontements permanents avec les gendarmes.

Six mois après sa création, la commission Issaad chargée de faire la lumière sur les troubles en Kabylie, a remis en septembre son premier rapport au président de la République, qui a, dit-elle, mis un terme à l'effusion de sang, en démasquant les auteurs des manipulations dans le communiqué qu'elle a publié le 23 septembre. Un second rapport a été remis en décembre à Abdelaziz Bouteflika. Selon le porte-parole de la commission, "*ce rapport on ne peut plus explicite place le Président face à son destin; ou il fait preuve de courage en exploitant, comme il s'est engagé solennellement, les conclusions de la commission, ou il ferait mieux de retourner chez lui et laisser le peuple face à ce lionceau caché au sein du pouvoir.*" Le "lionceau" dont il est question, c'est le patron du DRS, Mohamed Tewfik Mediène, auquel Bouteflika a donné ce surnom. Le rapport ne sera finalement pas d'une très grande utilité, car en décembre les choses étaient rentrées dans l'ordre. Les attentats de New York du 11 septembre ayant, comme on le verra plus loin, complètement bouleversé les relations entre clans au sein du pouvoir.

CHAPITRE III

Qu'arrive-t-il à Nezzar ?

L'exfiltration en toute dernière minute de Khaled Nezzar de France et les rapports reçus à Alger sur les réactions des autorités officielles et des ONG de différents pays à l'incident ont eu pour conséquences l'apparition de divisions dans les rangs des généraux et la recherche du bouc émissaire auquel seraient imputés les "malheurs" qui leur arrivent. Enragé par sa mésaventure, se sentant sacrifié par ses compagnons, Khaled Nezzar eut pour première réaction celle de rejeter sur quelqu'un d'autre la responsabilité de toute l'affaire. Il se mit à clamer, en privé, que le choix de Bouteflika par Tewfik Mediène en était la cause principale : *"Tu as joué un rôle fondamental dans la candidature de Bouteflika qui est aujourd'hui pour nous une catastrophe, car il veut nos têtes ... "* Puis s'accordant quelques mois de réflexion, Nezzar passa ensuite à l'attaque, monopolisant la scène médiatique durant tout l'été. On ne voyait plus que lui à la télévision, on entendait que son nom lors des bulletins d'informations; il ne s'écoulait pas un jour sans que l'on ne lise dans la presse ce qu'il avait déclaré ou ce que d'autres disaient de lui. Cela a commencé par une conférence de presse qu'il a tenue à la Maison de la presse dans laquelle il dit avoir porté plainte à Alger et à Paris contre Souaïdia et contre la chaine de télévision française, la Cinquième pour *"défendre son honneur et sa réputation"*. Sa plainte, dit-il, porte sur les propos tenus par Souaïdia lors d'une émission, en date du 27 mai au cours de laquelle celui-ci aurait déclaré que Nezzar était responsable de la mort de milliers de personnes. À l'issue de 3 à 4 mois de réflexion, il avait décidé d'enclencher une action en justice contre l'auteur de *La sale guerre* pour ses déclarations à la télévision et non pas pour le contenu du livre. Drôle de décision! Pourquoi un tel choix alors que le livre contient beaucoup plus de révélations sur les crimes, massacres, manipulations et autres exactions de l'armée qui ont causé ces milliers de morts ? Afin de rassurer les Janviéristes et leur montrer que l'affaire ne le concernait que lui personnellement, il affirmait, lors de cette même conférence de presse, qu'en tant que ministre de la Défense en poste en janvier 1992, il assumait toute la responsabilité de ce qu'il s'était passé et que si c'était à refaire, il le referait. Dans la même veine, il cherchait à s'attirer la sympathie et le soutien de ses compères en se lançant dans l'invective. Il accusait alors Souaïdia d'agir pour le compte du FIS, de l'Internationale Socialiste, du FFS, du MAOL (Mouvement algérien des officiers libres) et même d'Al Jazeera dans le cadre d'une opération de déstabilisation de l'Algérie et de son institution militaire! La réalité c'est que *La sale guerre* a causé une grosse fracture dans les rangs des Janviéristes. Leur raisonnement est beaucoup plus terre-à-terre; il relève du sauve-qui-peut. Ils craignent les suites que pourraient avoir les révélations de ce livre. C'est une bombe autrement plus puissante que les enquêtes des ONG, que les manifestations des mères et épouses de disparus, que l'agit-prop de certains partis politiques, c'est une bombe qui pourrait les amener devant le TPI. Aussi, pensent-ils qu'ils devraient plutôt faire le dos rond et éviter d'attirer l'attention de l'opinion publique nationale et internationale sur la guerre civile algérienne en la portant ainsi sur la scène médiatique. Il leur faut également trouver le bouc émissaire auquel imputer les horreurs qu'a connues l'Algérie depuis janvier 1992. Ce bouc émissaire, c'est lui, c'est Nezzar.

Dès le lendemain de sa conférence de presse, on assista à un déchainement de la presse - toute à la solde du DRS, rappelons-le - à un tir de barrage d'une violence inouïe contre celui dont la bêtise risque de porter devant les tribunaux français le débat sur la guerre menée depuis une dizaine d'années par les généraux algériens contre leur propre peuple. Le général-major a beau dire avoir informé les autorités civiles et militaires de sa démarche et à rassurer ceux parmi ses compagnons qui s'étonnent de sa décision, rien n'y fait. Quant au DRS, il l'accusait, lors d'une entrevue télévisée *"de l'avoir lâché, à partir du moment où ils sont allés chercher, il y a quelques mois, Chadli que lui avait destitué en 1992."* Remercions Nezzar au passage de livrer ainsi à l'opinion publique, dans la même phrase, deux vérités qui n'étaient connues que des spécialistes. En guise de réponse à cette avalanche de révélations, le quotidien l'*Expression* est celui qui lui a le mieux fait savoir ce que l'on pense de lui au sein du DRS, en écrivant que *"le plus grand service que Nezzar pourrait rendre au pays est celui de se taire"*.

CHAPITRE IV

Les attentats du 11 septembre et les relations Alger-Washington

Abdelaziz Bouteflika s'est rendu en juillet en visite à Washington, une visite dont le véritable but était plutôt flou. À défaut de communication officielle de la présidence de la République, la presse a évoqué plusieurs hypothèses; la plus courante est que c'est afin de compenser sa situation de faiblesse sur le plan intérieur que le président algérien a effectué ce voyage au cours duquel il aurait sollicité le soutien de son homologue américain. Il a cherché donc à mettre en place le lien qui l'attacherait au président américain, comme il l'envisageait de le faire depuis son arrivée au pouvoir. N'ayant rien de particulier à offrir aux Américains, il ne pouvait que céder à certaines demandes de George W. Bush. Lors des entretiens entre les deux hommes, la question du Sahara occidental a été évoquée; ce dernier a imposé le plan Baker à Bouteflika qui aurait donné son accord pour un règlement négocié entre le Maroc et le Front Polisario. Sur le plan de la coopération militaire, Bouteflika a fait part du désir des généraux algériens d'acquérir des équipements américains et demandé l'assistance de la NSA pour se protéger contre les écoutes. Imagine-t-il sérieusement que l'Algérie sera mieux protégée si elle confie au loup la garde de la bergerie ? Le président algérien s'est montré très enthousiaste pour l'initiative Eisenstat d'intégration économique américano-maghrébine et a demandé aux investisseurs américains de pénétrer d'autres secteurs économiques que celui des hydrocarbures, dont l'informatique, les télécommunications, les industries alimentaires et l'habitat notamment.

Deux mois plus tard, la scène politique algérienne était sens dessus dessous, marquée bien évidemment par les attentats de New York du 11 septembre. Après avoir présenté des condoléances officielles à George W. Bush, la première réaction d'Abdelaziz Bouteflika a été la panique. Pour lui, la riposte des États-Unis sera de mener des actions militaires contre tout pays arabe ou musulman dans lequel existe un puissant mouvement islamique. *"Ce sont les petits pays qui paieront"*, a-t-il dit en pensant à l'Algérie, et à lui-même, bien entendu. Il craignait l'internationalisation de la crise algérienne, que les différends algériens se retrouvent au menu d'une coalition mondiale et que la politique de la main tendue envers les islamistes qu'il prônait ne soit considérée par les Américains comme une sorte de *casus belli* à leur égard. Sa crainte s'est amplifiée suite à la déclaration de George W. Bush disant : *"On est avec nous, ou avec les terroristes."* C'est pourquoi l'idée du président américain de constituer une coalition internationale pour lutter contre le terrorisme représentait pour lui une bouée de sauvetage à laquelle il s'agrippa, affichant néanmoins une position mi-figue, mi-raisin. Il déclara que l'Algérie était disposée à faire partie d'une coalition antiterroriste à condition qu'elle ne soit dirigée ni contre un pays, ni contre un peuple, une religion ou une civilisation et à condition que cela se fasse sous l'égide des Nations Unies. Il sauvait ainsi la face, tout en sachant parfaitement qu'une telle coalition sera fatalement dirigée contre l'une ou l'autre de ces entités et que les États-Unis ne s'embarrasseront pas de solliciter la couverture de l'ONU. Il craignait, par ailleurs que les éradicateurs ne mettent à profit la situation créée par les attentats de New York pour remettre en cause la réconciliation nationale qu'il comptait instaurer.

Ces derniers semblaient avoir, en effet, nettement changé de position. Alors qu'ils étaient eux aussi opposés à toute internationalisation de la crise algérienne, les voilà qui se mettaient à pousser dans ce sens, satisfaits qu'ils fussent de la consécration par les États-Unis de la thèse du terrorisme fléau international. Dopés par les attentats du 11 septembre, ils déclaraient sur tous les toits que Bouteflika ramait à contresens et tant pis pour les Américains qui n'ont pas voulu les écouter durant 10 ans. Ils considéraient que les événements leur ont donné raison en démontrant la primauté absolue de la solution militaire sur le règlement politique de la crise qu'a traversée l'Algérie. Le DRS veut aller encore plus loin, nous dit la presse; il souhaiterait obtenir le feu vert de la communauté internationale pour frapper les groupes armés, sans se soucier des ONG qui défendent les droits de l'homme. Il nous apprenait par ailleurs, toujours par presse interposée, qu'il a déjà fourni aux Américains les gages nécessaires pour leur faire accepter un tel point de vue. Le quotidien londonien *El Hayat* qu'il utilise souvent pour informer l'opinion publique internationale (le correspondant du journal à Alger est un agent du DRS notoirement connu) nous révélait que les autorités algériennes auraient livré aux Américains une liste de 350 personnes, éparpillées à travers divers pays européens et les États-Unis, suspectées d'être proches des groupes armés et d'Oussama Ben Laden.

Dans cette atmosphère surchauffée, voilà que se manifestait le GSPC auquel ont été attribuées deux prises de position contradictoires. On nous a dit qu'il aurait publié, 3 à 4 jours après les attentats, un communiqué dans lequel il menaçait de *"frapper les intérêts américains et européens en Algérie si le harcèlement arbitraire des musulmans en Europe et en Amérique continue."* Puis, le 19 septembre, était diffusée sur un site web américain une déclaration du chef du GSPC Hassan Hattab qui démentait catégoriquement cette information, affirmant que *"les attentats ne sont pas admis d'un point de vue religieux, que l'opération n'est pas dans les moyens du frère Oussama Ben Laden et que sa lutte est contre le pouvoir algérien"*. Un tel cafouillage de l'information est une technique bien connue du DRS destinée à convoyer à l'opinion publique nationale et internationale une image dégradante des terroristes islamistes en imputant ainsi à sa propre créature la confusion qui règnerait dans ses rangs. Quant au FIS et au MSP, ils condamnaient les attentats et demandaient aux Occidentaux de la vigilance vis-à-vis de certains régimes arabes qui auraient tendance à profiter de la situation pour régler leurs comptes avec leur opposition islamiste. Les deux partis étaient également contre toute participation de l'Algérie à une coalition mondiale et contre toute frappe contre l'Afghanistan.

La rue, de son côté, a eu une réaction plutôt mitigée aux événements du 11 septembre. Elle ne condamnait qu'à demi-mot les attentats. Quant à ce que ressentaient les Américains au lendemain de l'attaque subie par leur pays, l'homme de la rue disait *"nous les Algériens, vivons dans l'indifférence la plus totale une telle situation depuis une dizaine d'années, au cours desquelles nous avons eu plus de 100 000 morts. Les Palestiniens tombent comme des mouches depuis 50 ans, tués par des armes américaines. Pourquoi devrions-nous nous émouvoir du sort des Américains aujourd'hui ?"*

Les Américains et les Européens ont pris note de ces différentes prises de position et ont fait part aux Algériens de ce que pourrait être l'apport de leur pays à la lutte contre le terrorisme. Les Britanniques pensaient que les renseignements que fourniraient les Algériens seraient précieux pour les opérations de la coalition en Afghanistan. En visite à Alger les 22 et 23 septembre, le secrétaire d'État aux Affaires étrangères de Grande-Bretagne, Ben Bradshaw a demandé la coopération de l'Algérie en matière de police et de renseignements. Il a, par ailleurs, promis que des modifications allaient intervenir dans la loi britannique pour y inclure la possibilité de poursuivre en justice même les personnes ayant des activités terroristes en dehors du territoire britannique. Abdelaziz Belkhadem qui l'a reçu lui a demandé que la Grande-Bretagne livre à l'Algérie les chefs islamistes qu'elle accueille sur son territoire. Le ministre espagnol des Affaires étrangères Piqué est venu lui aussi proposer aux Algériens que soit instaurée une coopération dans le domaine du renseignement entre les deux pays. En visite éclair en Tunisie, Algérie et Maroc, Hubert Védrine était venu, disait-il, écouter les analyses des dirigeants des 3 pays et leur faire part de l'évaluation des Européens des événements du 11 septembre. Nicolas Sarkozy s'est lui aussi rendu à Alger, en tant qu'émissaire de Jacques Chirac; il a été reçu par le président de l'APN, le président du Sénat, le Premier ministre, le ministre des Affaires étrangères avant de rencontrer durant 4 heures Abdelaziz Bouteflika. Résultat de ces nombreux contacts, les services de sécurité algériens auraient transmis à leurs homologues américains, anglais, français, allemands ou italiens les dossiers d'un millier d'activistes islamistes. C'est sur la base de ces renseignements que nombre d'Algériens ont été arrêtés ou livrés par un pays à un autre. Ce fut le cas notamment en Grande-

Bretagne, aux USA, en Bosnie et en Italie. De leur côté, les autorités françaises ont extradé vers l'Algérie, à deux reprises en moins de quinze jours, des membres de réseaux du GIA condamnés en France pour des actions menées sur le sol français, chose qui ne se faisait pas auparavant. Les Britanniques sont, quant à eux, devenus très réceptifs aux demandes algériennes de s'attaquer aux réseaux du GIA et du GSPC qui existeraient sur le sol britannique. Les Américains seraient prêts à céder des images prises par satellite des mouvements des groupes armés algériens. Du côté de l'Italie, c'est le chef d'état-major, le lieutenant général Rolando Mosca Moscini qui a rendu visite à son homologue algérien à la mi-octobre, le but officiel de la visite étant de développer et de renforcer les relations bilatérales.

La visite d'Abdelaziz Bouteflika dans le courant du mois de novembre et sa rencontre avec le président américain George W. Bush à la Maison-Blanche vont très certainement marquer profondément les relations algéro-américaines aux plans politique, économique et militaire. Le NEPAD (New Economic Program for African Development) a décidé de déléguer trois chefs d'États africains (le Nigerian, le Sud Africain et l'Algérien) pour représenter le continent au sommet des hommes d'affaires africains et américains tenu à Philadelphie au tout début de novembre. Bouteflika a mis à profit cette occasion pour rencontrer et s'entretenir avec les patrons des trois plus grands fournisseurs de l'armée américaine en matériel et équipements électroniques pour avions, missiles, sous-marins et autres engins de guerre. Ces trois firmes Lockheed, Northrop Grumman et Raytheon, constituent le coeur du complexe militaro-industriel américain. Lors de ces rencontres ainsi qu'au cours de ses prises de parole durant le sommet de Philadelphie, le président algérien a fait part à ses interlocuteurs du souhait de son pays de doter son armée en équipements militaires haut de gamme qui lui permettraient de faire face de manière plus efficace au terrorisme qu'elle avait affronté seule, dans l'indifférence générale durant les dix dernières années.

Abdelaziz Bouteflika rencontra ensuite George W. Bush le 5 novembre à la Maison-Blanche. Les enseignements tirés par les généraux putschistes des attentats du 11 septembre et des différentes annonces du président américain qui les ont suivis étaient que ces tragiques événements représentaient pour eux des bouées de sauvetage. Si l'Algérie réussissait à se placer dans l'axe du Bien prêché par George W. Bush, elle bénéficierait alors de la protection de la première puissance mondiale. En d'autres termes, si l'armée algérienne pouvait fournir à l'establishment américain, à son armée et à ses services de sécurité, les gages nécessaires pour faire partie de cet axe, alors eux, les Janviéristes, pourraient demander qu'en contrepartie leur soit accordée la protection des États-Unis d'Amérique contre toute poursuite judiciaire éventuelle par le TPI notamment pour les massacres, assassinats et exactions en tous genres dont ils se sont rendus coupables ou complices durant la décennie écoulée. C'est la mission dont ils ont chargé Bouteflika. L'idée de “génie” qu'ils eurent est qu'il devait proposer un deal à son homologue américain qui consisterait en la fourniture par l'Algérie de la masse d'informations concernant leurs ennemis numéro 1, à savoir les talibans et l'organisation d'Oussama Ben Laden, Al Qaïda, collectées par les taupes du DRS lors de leur séjour en Afghanistan dans les rangs des moudjahidines afghans. La contrepartie américaine serait de garantir aux généraux putschistes une totale immunité de la part de la communauté internationale. Ce à quoi George W. Bush a répondu : *"Banco !"*, exigeant en sus, que le contrôle total des hydrocarbures algériens soit transféré aux entreprises pétrolières américaines, une exigence acceptée par Abdelaziz Bouteflika.

CHAPITRE V

Alger sous les eaux – la France et l'UE face au deal de Washington

Quel lien peut-il y avoir entre les conséquences de la météo de la capitale algérienne et les réactions des pays membres de l'Union européenne au deal passé entre George W. Bush et Abdelaziz Bouteflika ? Nous verrons qu'il en existe certainement un pour ce qui est de la France; nous verrons comment Jacques Chirac a su mettre immédiatement à profit les aléas de la nature pour renforcer les relations algéro-françaises et faire en sorte que l'Algérie revienne dans le giron de la France. Il ouvrait ainsi également le chemin pour de nouvelles relations de l'Algérie avec l'UE.

Tout a commencé avec l'horreur qu'ont vécue les Algérois suite aux pluies diluviennes qui se sont abattues sur la ville d'Alger durant le mois de novembre. Ces précipitations ont causé des inondations sans précédent dans le quartier de Bab El Oued qui a été recouvert par des milliers de tonnes de boue charriées depuis les hauteurs de Bouzaréah et El Biar. Selon un premier bilan temporaire, il y aurait eu 750 morts, 170 disparus, 4 000 familles sinistrées et 4 300 immeubles qui risquent de s'effondrer. Le pire c'est que les deux hôpitaux situés dans la zone sinistrée, ceux de Beni Messous et Maillot ont été envahis par la boue; 80 médecins ont disparu, les corps de 40 d'entre eux ont été retrouvés. Les secours ont été défaillants durant les 3 ou 4 premiers jours, tandis que des dizaines de personnes ont été sauvées d'une mort certaine par des bénévoles (des jeunes surtout) qui ont été merveilleux de courage et d'abnégation. Les dons en nourriture, literie et vêtements ont été mal distribués. Le Croissant rouge, qui a centralisé le gros des dons, a reconnu dans une déclaration officielle avoir eu d'énormes difficultés à distribuer les aides en invoquant comme motifs la quantité de boue accumulée, le manque de véhicules et la multiplication des sites d'intervention. En dépit de la défaillance de l'organisme officiel, le pouvoir s'est empressé d'engager une procédure de dissolution contre l'Association islamique de bienfaisance de Belcourt qui est intervenu sur le terrain et distribué des dons qu'elle a collectés auprès de la population. C'est, bien entendu, la peur des islamistes qui a fait ainsi réagir le pouvoir qui invoque des motifs faux, de collecte de dons sans autorisation administrative. Quant à l'association en question, c'est l'une des plus importantes du pays; elle existe depuis plus d'une vingtaine d'années, a pour but de fournir soutien et aide aux nécessiteux, et est dirigée par le cheikh Chamseddine, une personnalité respectable en Algérie.

Bouteflika ne s'est rendu sur les lieux de la catastrophe que le 3e jour, si bien qu'il a été accueilli par des pierres et s'est fait huer. Il a fait une déclaration imputant la catastrophe à la volonté de Dieu contre laquelle *"rien ne peut être fait et se révolter contre cela ne sert à rien"*, a-t-il dit. La presse a relevé qu'il n'était venu qu'après l'ambassadeur de France et qu'ayant peur d'affronter la colère du peuple, il avait délégué Benflis et Zerhouni qui l'ont précédé sur le terrain. Tentant d'expliquer pourquoi des tonnes de boue ont dévalé les pentes des coteaux de Bouzaréah et El Biar vers Bab El Oued, le ministre de l'Intérieur a dit que l'ampleur de la catastrophe était due à l'exécutif communal, à majorité FIS, qui avait attribué des permis de construire à tort et à travers, d'où des constructions anarchiques. La réalité est toute autre. On a appris quelques jours plus tard qu'il avait été fait appel à des secouristes français, qui munis de plans de la ville d'Alger datant de l'époque coloniale, ont débouché la canalisation souterraine, d'une longueur de 3870 mètres, qui sert à évacuer eau et immondices depuis les hauteurs de la ville. Cette canalisation avait été cimentée par les autorités militaires, dans les années 1994/1995, afin que les terroristes ne puissent pas l'utiliser pour s'y abriter ou pour fuir, semble-t-il. À cela se rajoute le fait qu'à la même époque, afin d'empêcher les groupes armés de s'y réfugier, l'armée avait déraciné, brulé, coupé les arbres dans toutes les forêts du pays, voire arrosé d'acide les racines afin que les arbres ne repoussent plus. Cela a été le cas de la forêt de Baïnem qui se trouve à proximité. Ce sont ces tonnes de terre qui ont été emportées depuis cette forêt vers les zones sinistrées.

De passage à Alger après Tunis et avant Rabat, Jacques Chirac a, dit l'homme de la rue, *"délivré un visa d'entrée à Bab El Oued"* à Abdelaziz Bouteflika, qui l'accompagnait, le 1er décembre, pour la visite de ce quartier sinistré trois semaines auparavant. Il a été acclamé par la population qui l'a accueilli aux cris de *"Donnez-nous des visas"* exprimant ainsi, devant le chef d'État de l'ex-puissance occupante, son ras-le-bol et son rejet du pouvoir algérien. Quant au président algérien, il ne fut certes pas hué cette fois-ci, mais a néanmoins subi une humiliation sans précédent. Les bains de foule étaient pour Chirac, les applaudissements pour lui aussi, ainsi que les youyous ou les enfants qu'il embrassait; pour Bouteflika, c'étaient quelques très rares acclamations, certainement pas spontanées, de la part de personnes chargées par le pouvoir de chauffer les masses. Si la visite éclair du président français en Tunisie, en Algérie et au Maroc avait, comme on l'a dit, pour véritable but de collecter les voix des Maghrébins vivant en France en vue de la prochaine élection présidentielle, il a certainement fait le plein au sein de l'électorat algérien. L'autre aspect de la tournée de Jacques Chirac a été de voir comment les chefs d'État des 3 pays percevaient les attentats du 11 septembre et quels étaient leurs points de vue quant aux opérations militaires américaines en Afghanistan. Bouteflika, lui a-t-il fait part du deal qu'il a passé avec George W. Bush ? Qu'il l'ait fait ou non, le fait que Chirac ait annoncé que la France voudrait établir une relation privilégiée avec l'Algérie, laisse penser qu'il n'aimerait pas la voir basculer dans le clan américain.

Les craintes de Jacques Chirac sont, en effet, fondées. Quelques jours plus tard, les 9 et 10 décembre, Williams Burns, secrétaire d'État adjoint chargé du Moyen-Orient, arrivait à Alger où il était reçu par Bouteflika auquel il faisait part de la compassion du peuple américain aux Algériens, mais aussi et surtout pour donner suite à l'accord passé trois mois auparavant par les présidents algérien et américain. Au cours de la conférence de presse qui a suivi l'entretien, Burns faisait part de "*la volonté des États-Unis de renforcer le partenariat entre les deux pays dans la lutte antiterroriste, l'économie et la diplomatie* [et] *qu'après la signature récente d'un accord-cadre consignant le principe d'échanges commerciaux entre les deux pays, nous sommes prêts à aller au-delà et signer un traité*". Le diplomate américain s'est également permis de donner quelques "conseils" au pouvoir algérien sur le dossier extrêmement sensible du Sahara Occidental, "*la solution du problème sahraoui passe par les efforts déployés par James Baker*", a-t-il dit. Trois semaines plus tard, Abdelaziz Bouteflika, qui effectuait une visite en Belgique, pour prendre langue avec les dirigeants de l'Union européenne a répondu oui à cette sollicitation.

Au cours de cette visite, il a entamé des discussions avec l'OTAN et l'Union européenne en vue de l'établissement de relations plus étroites de l'Algérie avec ces deux entités. C'est un coup de billard à trois bandes auquel s'est livré Bouteflika. Il a cherché à échapper à la tutelle de Washington en se rapprochant de l'Union européenne, tout en se plaçant sous le parapluie américain à travers les relations plus étroites qu'il veut créer avec l'OTAN. Il a d'abord rencontré le secrétaire général de l'OTAN Lord Robertson dans le but de "redimensionner" le dialogue qui lie depuis 3 ans cette organisation à l'Algérie. La coopération avec l'OTAN aidera, dit-il, à la mise à jour de l'armée, à savoir, redéfinir son fonctionnement, ses missions et ses prérogatives. On constate donc que, dans ce domaine comme dans beaucoup d'autres, les attentats du 11 septembre ont accéléré le cours des événements. On se souvient qu'au lendemain de ces attentats, il avait fait état des craintes qu'il avait pour son régime, disant que les conséquences pour les petits pays allaient être terribles. Sa position a depuis nettement changé. Faisant allusion aux bavures américaines causées par les frappes aériennes en Afghanistan, le voici transformé en stratège militaire, qui affirme "*qu'il n'y a pas eu dans toute l'Histoire et il n'y aura pas de guerre propre.*" Le résultat concret de ces entretiens c'est le changement de statut qu'accorde l'organisation du Traité atlantique à l'Algérie. Celui-ci est le dernier des 7 pays concernés (Algérie - Tunisie - Maroc - Mauritanie - Égypte - Jordanie - Israël) à adhérer au dialogue OTAN-Méditerranée. Les choses ont beaucoup évolué durant l'année écoulée au cours de laquelle il y a eu des séminaires conjoints, des suivis de manoeuvres et des échanges de visites sur des sites militaires. Le niveau auquel a accédé l'Algérie suppose une participation plus active; c'est ce que l'on appelle le premier niveau de coopération. L'OTAN qui fait des menaces non militaires un axe prioritaire pour l'instauration de la paix en Méditerranée, va signer avec l'Algérie, comme elle l'a déjà fait avec les autres partenaires, un accord portant sur les procédures d'habilitation de son armée.

En parallèle, c'est un accord d'association avec l'Union européenne qui a été paraphé lors du séjour d'Abdelaziz Bouteflika à Bruxelles. Son objet est d'animer un dialogue politique, de développer la coopération économique, sociale, culturelle et financière et de fixer les conditions de libéralisation progressive des échanges de biens, capitaux et services. Le gouvernement en dit qu'il formalise la renaissance politique régionale de l'Algérie, tandis que les opposants affirment qu'il est très déséquilibré et que certains économistes considèrent qu'il est mortel pour la souveraineté économique nationale. La finalité du dialogue politique serait, dit-on, d'établir des liens de solidarité qui contribueraient à la prospérité, la stabilité et la sécurité en Méditerranée. L'explication de cette langue de bois diplomatique est fournie par un chapitre, spécifique à l'Algérie, que l'on ne trouve pas dans les accords similaires passés avec d'autres pays membres du processus de Barcelone, un chapitre qui traite de l'extradition, de l'immigration illégale, de la réadmission et de la coopération antiterroriste. Autant de fléaux donc qui menacent l'Union européenne, dont l'Algérie serait le bouclier qui garantirait sa prospérité, sa stabilité et sa sécurité. Pour ce qui est du chapitre sur la coopération économique, sociale, culturelle et financière, il traite de l'assistance technique fournie par l'UE à l'Algérie dans tous ces domaines. S'agissant des relations économiques tout particulièrement, l'accord prévoit la levée des barrières douanières sur les produits industriels originaires de l'UE lors de leur admission en Algérie. À signaler qu'au lendemain de la publication de cet accord, des intellectuels algériens et européens ont signé et adressé une pétition aux parlementaires européens dans laquelle ils leur demandent de ne pas ratifier l'accord considérant que *"la lutte légitime contre les criminels responsables du 11 septembre ne saurait en aucun cas justifier le soutien aux autocrates qui contribuent à les fabriquer."* Une telle pétition a peu de chances d'être entendue par les dirigeants européens alors que les opinions sont complètement acquises aux thèses selon lesquelles, mieux vaut une dictature que le péril vert.

ANNÉE 2002

CHAPITRE I

Que se passe-t-il en Kabylie ?

La Kabylie est un sujet dont on parle beaucoup ces temps-ci à Alger. Après avoir remis à la présidence de la République, en juillet 2001, un rapport préliminaire sur les événements de Kabylie, le rapport final de la commission présidée par Mohand Issaad a été transmis au général Larbi Belkheir au cours de la dernière semaine du mois de décembre 2001. Par une fuite, dont on ne connait pas l'auteur, il a été rendu public le même jour après diffusion par deux médias différents. Maitre Issaad se dit certain qu'aucun des 26 membres de la commission n'est à l'origine de la fuite. Cependant, un certain Ahmed Merah, assistant technique au sein de la commission, impute la fuite à une main spécialisée, étrangère à la commission. Cette main serait celle de ce *"lionceau caché à l'intérieur du pouvoir"*, dit-il. Ce rapport désignerait clairement les auteurs des manipulations des événements de Kabylie, selon Merah qui met Bouteflika au défi, soit d'exploiter les conclusions de la commission, soit de rentrer chez lui et laisser le peuple face au lionceau. On ne peut être plus clair pour désigner le DRS et son patron le général Mohamed Tewfik Mediène. Le professeur Mohand Issaad est lui un peu plus réservé. Les actions de la gendarmerie auraient été *"parasitées"*, dit-il, mais faute de preuves absolues, il préfère ne pas en parler. La commission a, en effet, constaté que les gendarmes, qui avaient été chargés du maintien de l'ordre, avaient tiré à balles réelles alors même que le commandant de la gendarmerie avait donné l'ordre de ne pas le faire. Ce serait la preuve qu'un organe extérieur, suffisamment puissant pour pouvoir imposer sa volonté aurait à dessein créé un tel dérapage.

Dans son rapport la commission souligne qu'elle a aidé à la révélation de faits graves et sans appel qui ont permis l'identification des responsables, comme l'a précisé la présidence de la République elle-même dans un communiqué publié le lendemain de la remise du rapport préliminaire. Elle considère donc n'avoir rien de plus à ajouter sur ce plan. Aussi se livre-t-elle dans ce rapport final à une exégèse des textes législatifs en vigueur, notamment ceux régissant l'état d'urgence, sous lequel vit le pays depuis le mois de janvier 1992. Il en ressort que des pouvoirs étendus ont été donnés à l'armée et que le pays est passé subrepticement de l'état d'urgence à l'état de siège. Cette évolution s'explique par l'enchevêtrement des compétences des autorités civiles et militaires, telles que définies par ces textes. C'est ainsi que les opérations de maintien, de préservation et de rétablissement de l'ordre public relèvent tantôt des attributions du ministre de l'Intérieur, tantôt de celles des commandants des régions militaires. Cela aboutit, sur le terrain, à des situations très complexes dans lesquelles il devient difficile, voire impossible, de situer les responsabilités de chacun et dans lesquelles l'autorité militaire demeure néanmoins l'acteur principal. À cela se rajoute, dit la commission, que *"le respect de la loi n'est pas encore entré dans la culture des responsables"*. Ce sont ces constatations qui l'ont amené à affirmer que l'Algérie vivait plutôt sous un état de siège. Cette conclusion a donné au rapport l'allure d'un réquisitoire politique; elle a aussi causé - c'est le moins qu'on puisse dire - un malaise au sein du pouvoir, où Bouteflika et la hiérarchie militaire se retrouvent encore une fois face à face. Ahmed Merah s'est empressé de dire que ce rapport démontre à Bouteflika que l'Algérie vit depuis une décennie sous le pouvoir totalitaire du commandement militaire, que ce constat dépasse le cadre de la Kabylie et explique sans équivoque que c'est là la cause fondamentale de la crise que traverse le pays depuis 1962.

Enfin, dernière remarque de la commission Issaad qui juge que *"l'émergence spontanée et rapide des aarchs doit attirer l'attention sur la nécessité d'une représentation réelle des populations"*. Pourquoi une telle recommandation ? Parce que le pouvoir profond - le DRS - n'a pas cherché à trouver une solution aux événements de Kabylie à travers une négociation avec le FFS et le RCD, tous deux bien implantés dans la région. Comme il le fait toujours en pareil cas, le DRS a suscité, par la création des aarchs (ou aarouchs) des clones des partis politiques auxquels ils se substitueraient. C'était là la première étape de la manipulation du mouvement de révolte. Il a, dans une seconde phase, noyauté les aarchs et provoqué une scission entre "dialoguistes" et "maximalistes". Sous des aspects d'intransigeance, les premiers n'expriment que des revendications acceptables, pour ne pas dire, suggérées par le pouvoir, dont ils sont l'émanation directe. C'est d'ailleurs avec cette frange que le pouvoir a enclenché des négociations dans le courant du mois de décembre 2001, des négociations qui ont, en bonne partie, occulté les demandes originelles du mouvement. En fin connaisseur du système, le professeur Mohand Issaad dit que les "dialoguistes" sont loin de représenter l'opinion de la Kabylie. Le noyautage des "maximalistes" a été de susciter dans leurs rangs une lutte pour le leadership et des tentatives de récupération du mouvement par différents canaux. Déjà par le nom qui leur a été donné par des médias à la solde du pouvoir, on a cherché à démontrer qu'il n'était pas possible de négocier quoi que ce soit avec cette frange des aarchs. Pour mettre fin à la crise, le régime semble vouloir accorder au Tamazight le statut de langue nationale. Les "dialoguistes", auxquels il ferait cette concession afin de marginaliser un peu plus les partis politiques dont le FFS tout particulièrement, lui rendent la monnaie en déclarant qu'en faire une langue officielle serait la condamner à demeurer dans le ghetto kabyle.

CHAPITRE II

Quid des relations avec l'étranger ?

Un sujet qui revient souvent depuis le début de cette année est celui de l'accord d'association Algérie-Union européenne, paraphé par Abdelaziz Bouteflika lors de sa visite à Bruxelles en toute fin du mois de décembre 2001, dont on se demande ce qu'il va devenir. L'encre n'avait pas encore séché que les services diplomatiques algériens refusaient un visa d'entrée à Chris Patten qui devait se rendre en Algérie, dans le cadre de l'European Initiative for Democracy and Human Rights (EIDHR). C'est une des clauses de l'accord qui était ainsi remis en cause. Il faut dire que cet accord est loin de faire l'unanimité en Algérie; les clauses économiques, tout particulièrement, sont rejetées par les patrons des secteurs privé et public, ainsi que par toutes les organisations syndicales, y compris l'UGTA. Lors de cette même visite à Bruxelles, Bouteflika avait rencontré le secrétaire général de l'OTAN, Lord Robertson, avec lequel il a procédé au "redimensionnement" du dialogue avec cette organisation, un euphémisme pour dire adhérer au dialogue OTAN - Méditerranée. L'Algérie est le dernier des sept pays concernés par ce dialogue. Elle y est venue petit à petit, avec une accélération des choses depuis le 11 septembre et les différentes visites de Bouteflika à Washington. Les relations algéro-américaines se sont, en effet, nettement réchauffées depuis.

L'autre gros souci de Bouteflika est celui du Sahara occidental. Le secrétaire général des Nations Unies Kofi Annan tente de régler définitivement le dossier, le mandat de la MINURSO venant bientôt à expiration. Son représentant pour la région, l'ex-secrétaire d'État américain James Baker a proposé au Conseil de sécurité du 23 février 4 solutions possibles. La solution n° 1 consiste en la mise en application du plan de règlement des Nations Unies, adopté par l'Assemblée générale et avalisé par le Conseil de sécurité après le cessez-le-feu de 1991. Ce plan prévoit l'organisation d'un référendum d'autodétermination au cours duquel la population sahraouie aurait à opter, soit pour l'indépendance, soit pour le rattachement au Maroc. La solution n° 2 est ce que l'on a appelé la troisième voie, dont l'idée avait été suggérée par James Baker et avait obtenu l'appui des États-Unis et de la France. Elle prévoit de rattacher le Sahara au Maroc pour une période de 5 ans, avec une large autonomie accordée aux Sahraouis pour la conduite de leurs affaires, à l'exception des attributions relatives à la défense, à la diplomatie, aux affaires intérieures et à l'enseignement. Un référendum d'autodétermination serait organisé à l'issue de cette période de transition. L'idée aurait été présentée au roi Mohamed VI par James Baker et l'émir Bandar Ben Soltane, ambassadeur saoudien à Washington. La solution n°3 consiste à partager le Sahara occidental en deux provinces, l'une au nord rattachée définitivement au Maroc, l'autre au sud érigée en État indépendant, qui serait attribué au Front Polisario. Cette solution n'est, en réalité, pas tout à fait nouvelle, puisqu'elle avait été déjà évoquée dans le courant des années 1977-1978, à un moment où Bouteflika était encore ministre des Affaires étrangères de l'Algérie sous la présidence du défunt Houari Boumediene. Elle avait fait alors l'objet de discussions avancées entre ce dernier et feu Hassan II, roi du Maroc. Elle avait également reçu l'aval de l'Espagne, l'ex-puissante occupante. Cette solution faisait l'affaire de l'Algérie qui voyait ainsi diminuer, à son profit, l'importance du Maroc en tant que puissance régionale et lui offrait aussi, de par ses relations privilégiées avec le Polisario, une ouverture vers l'Océan Atlantique, pour l'évacuation du minerai de fer de Gara Djebilet notamment. Enfin, la solution ultime du plan des Nations Unies envisage le retrait pur et simple de la MINURSO après 11 années de présence onusienne dans la région et après avoir dépensé environ un demi-milliard de dollars.

Dans l'esprit d'Abdelaziz Bouteflika, les solutions n°2 (la troisième voie) et n°3 sont identiques; elles offrent à l'Algérie les mêmes avantages que ceux dont elle aurait bénéficié 30 années auparavant, n'eût été le décès de Houari Boumediene qui est venu mettre fin aux négociations algéro-marocaines. C'est pourquoi, bien qu'officiellement rejetée par l'Algérie, Bouteflika a, à maintes reprises, déclaré - et pas uniquement en privé - être disposé à accepter la troisième voie qui a de plus l'avantage d'apparaitre plus respectueuse du droit des peuples à disposer d'eux-mêmes, en raison de la - fausse - autonomie durant 5 années qu'elle accorde au peuple sahraoui.

Il n'en reste pas moins que le règlement de la question du Sahara occidental n'interviendra probablement pas de sitôt, vu que chacune des trois parties concernées affiche officiellement son rejet de l'une ou l'autre des solutions proposées. Cependant (info ou intox?) l'hebdomadaire *Demain Magazine* croit savoir que le Maroc aurait élaboré une réponse secrète qu'il aurait transmise à l'ONU par laquelle il accepte la solution du partage du Sahara (solution n° 3), sous réserve de certaines conditions très acceptables pour l'Algérie également. Du côté algérien, le représentant permanent aux Nations Unies Abdellah Baali a adressé une lettre au secrétaire général dans laquelle il fait part de son avis sur chacune des solutions proposées. S'agissant de l'option de la division du territoire (solution n°3), il dit que l'Algérie est disposée à examiner toute proposition de solution rapide qui prendrait pleinement en charge les intérêts nationaux légitimes du peuple sahraoui. C'est un oui déguisé.

Abdelaziz Bouteflika a cherché à démontrer l'intérêt qu'il portait à la question en se rendant dans un camp de réfugiés dans la région de Tindouf, le jour où le mémorandum de Kofi Annan était en discussion à New York. Il n'a pas hésité non plus à faire un déplacement express à Tripoli, le jour de l'Aid El Adha, afin de s'entretenir avec le colonel Kadhafi. Est-ce là le signe d'un soutien réel des Algériens aux Sahraouis ? Absolument, pas. Le *statu quo* actuel arrange aussi bien les généraux que Bouteflika, qui veulent faire croire au monde que la situation de ni guerre ni paix laisse planer sur la région une menace d'affrontement entre le Maroc et l'Algérie, un affrontement qui n'aura certainement pas lieu, car il n'est dans l'intérêt de personne. Cette menace virtuelle justifierait, aux yeux des généraux, le renforcement de l'armée qui doit se préparer au pire, que le pouvoir doit donc rester entre ses mains. Avide de pouvoir, Abdelaziz Bouteflika les soutient totalement. Il souhaite lui aussi que les choses restent en l'état.Tout le reste, ses déplacements tous azimuts, l'agitation à laquelle il se livre ne sont que comédie et jeu de rôles.

CHAPITRE III

Les hydrocarbures et le deal George W. Bush-Bouteflika

Dans le secteur des hydrocarbures, c'est une lutte au couteau à laquelle on se livre au sein du pouvoir en ce début d'année 2002. On sait que l'UGTA oppose son veto au nouveau projet de loi sur les hydrocarbures dont il est beaucoup question, même si l'on ne sait pas grand-chose sur le contenu. Selon les bribes d'informations collectées par-ci, par-là, le ministre de l'Énergie Chakib Khelil s'orienterait vers la privatisation de Sonatrach, disent certains ou plus grave encore, envisagerait une ouverture totale du secteur pétrolier aux compagnies étrangères, disent d'autres. Il compte confier, dit-on, l'étude de la législation qui régirait un secteur vital pour l'Algérie aux services de son ancien employeur, la Banque Mondiale. En tant que responsable du département énergie de la banque pour l'Amérique latine, Chakib Khelil a déjà effectué une opération semblable en Argentine. Il imposa au gouvernement argentin de vendre la compagnie nationale des pétroles, Yacimientos Petroliferos Fiscales (YPF) afin de répondre aux exigences du Fonds Monétaire International. Noyé de dettes, le gouvernement obtempéra et céda l'une de ses principales sources de revenus à un prix anormalement bas; cette décision eut des conséquences économiques et sociales désastreuses pour le pays. Aujourd'hui c'est par conviction et pour obéir aux ordres de Washington qu'il cherche à imposer un schéma identique à l'Algérie. Dans le but de démontrer que les dirigeants de Sonatrach étaient d'accord sur cette orientation, il a demandé au PDG de l'entreprise nationale, Abdelhak Bouhafs, de donner son aval à l'avant-projet qu'il concocte. Ce que ce dernier refusa de faire, très probablement sur ordre de son véritable "patron", le général Mohamed Tewfik Mediène.

Le 24 février, lors d'une visite à Hassi Messaoud, Bouteflika déclara alors la guerre à l'UGTA et au DRS. Dans le discours qu'il prononça en cette occasion, s'adressant à l'UGTA, il déclarait : *"Vous devez défendre les droits des travailleurs et non vous prononcer sur des choix idéologiques."* S'adressant à Tewfik, il critiquait *"ceux qui, cigare à la bouche, ont émis des réserves sur ces réformes."*. Puis, au prétexte qu'Abdelhak Bouhafs avait rejeté les idées avancées par Chakib Khelil, il le limogeait, au moment où ce dernier fêtait, à

Hassi R'Mel, l'anniversaire de la nationalisation du secteur pétrolier. Le limogeage du PDG de la compagnie nationale des pétroles permettait à Bouteflika de prendre le contrôle total du secteur des hydrocarbures, après 2 années de lutte contre le clan du DRS. Membre du sérail de Tewfik, Bouhafs avait occupé le poste à deux reprises, durant les présidences de Chadli et de Zeroual. Grâce au soutien sans faille du DRS, il avait tenu tête à Belaid Abdesselam, Premier ministre en 1992–1993, refusant d'entamer, au nom de la Sonatrach, une procédure judiciaire dans l'énorme affaire de corruption du gazoduc sousmarin Algérie – Italie, révélée par un tribunal milanais. Belaïd Abdesselam a fait récemment une déclaration à ce sujet, disant que le Premier ministre italien de l'époque Giulio Andreotti y était mêlé avec une partie algérienne, par l'intermédiaire d'un homme d'affaires libyen, un certain Omar Yahia. Il dit également qu'en tant que Premier ministre, il a porté plainte en Algérie et s'est constitué partie civile en Italie, ce qui n'a pas plu au pouvoir militaire. Il a constitué des avocats, demandé la coopération de l'OCDE, mais a été empêché d'aller au-delà. Cette affaire est la cause de son limogeage, dit-il. En guise de réponse, le général Touati, parlant au nom de l'armée, affirme que c'est en raison de son incompétence que Belaïd Abdesselam a été limogé. Il en veut pour preuve le fait qu'il aurait consulté les autorités françaises sur le programme économique d'Abdesselam et que celles-ci ont émis des réserves sur ce programme. Comme quoi les dafistes s'affichent au grand jour; ils nous annoncent froidement que celui que l'on considère être le "cerveau" des Janviéristes, s'en est allé demander l'avis de l'ex-puissance colonisatrice sur la politique économique du Premier ministre algérien ! Il ne semble nullement gêné de confirmer les accusations émises par les Algériens qui considèrent les dafistes comme faisant parti d'une cinquième colonne française, infiltrée au sein du pouvoir.

CHAPITRE IV

Les prolégomènes d'un deuxième mandat ?

Abdelaziz Bouteflika tâtonne, il navigue à vue. Il ne sait pas quand procéder à la révision constitutionnelle qui inclurait le changement de statut du Tamazight : avant ou après les élections législatives et communales ? Les mandats de députés à l'APN expirent en juin, ceux des membres des APC et APW en octobre. Son dilemme est que s'il faisait la révision après les élections, il risquerait de voir les Kabyles s'abstenir massivement et que s'il y procédait avant, ce sont les autres régions du pays qui risquent de voter contre la proposition du Tamazight langue nationale et officielle. Or la question de la Kabylie est loin d'être réglée. Il a reporté pour la énième fois la rencontre qu'il s'était engagé à tenir avec les aarchs; tout comme, après avoir donné l'impression de rechercher le dialogue, le voilà qui hausse le ton. Pourquoi ce revirement ? À quel jeu joue-t-il ? Malgré le fait que, visiblement, ces élections ne règleront ni le problème de la Kabylie ni aucun des autres problèmes du pays, on a la nette impression qu'il tient absolument à ce qu'elles se déroulent à l'échéance prévue par la législation. Pourquoi est-il devenu tout d'un coup si légaliste ? Ce sont certes les premières élections qui se déroulent depuis qu'il chef de l'État. Mais est-ce là l'unique raison ? La réalité est qu'il a commencé à préparer le terrain pour 2004, une année qui verrait, espère-t-il, sa réélection pour un second mandat. Il veut faire des prochaines élections législatives un référendum pour ou contre Bouteflika et faire élire une chambre des représentants qui lui serait totalement acquise. Il s'est donc attelé à régler le problème de la Kabylie et à organiser dans la foulée les élections législatives, dont il va probablement fixer la date très bientôt.

Il a annoncé dans le courant du mois de mars une série de mesures destinées à ramener le calme en Kabylie. Ces mesures sont :

- la modification de la constitution rendant le Tamazight langue nationale,
- l'indemnisation des victimes et familles des victimes des événements qu'a connus la Kabylie depuis avril 2001,
- le déplacement de certaines brigades de gendarmerie, comme l'avalent demandé les aarchs dans ce qu'ils ont appelé la plateforme d'El Kseur.

Les grèves, les sit-in, les attaques de locaux administratifs, ceux des brigades de gendarmerie notamment, etc. n'ont pas cessé pour autant. Alors qu'elles avaient plus ou moins toléré jusque-là cette "effervescence", les autorités ont décidé de sévir. Des descentes de police dans les locaux des aarchs et des coordinations, suivies d'arrestations, ont eu lieu, ce qui n'a fait que rajouter de l'huile sur le feu et fourni des motifs supplémentaires aux irréductibles pour alimenter la révolte de la rue kabyle. De nouveaux affrontements ont eu lieu et entrainé la mort de 3 personnes et de nombreux blessés. Convoqué en réunion extraordinaire le 8 avril, pour examiner la modification à apporter à la constitution, le Parlement (APN et Conseil de la Nation réunis) adoptait par 482 voix et 2 abstentions sur un total de 514 votants, le texte soumis par le président de la République; un texte qui stipule notamment que "*Tamazight est également langue nationale. L'État oeuvre à sa promotion et à son développement dans toutes ses variations linguistiques en usage sur le territoire national.*" L'amendement de la constitution n'a cependant pas mis fin à la révolte sur le terrain; chaque fois que la gendarmerie a quitté des locaux quelque part, ceux-ci ont été attaqués et incendiés. Bouteflika a alors cherché à utiliser le prestige dont bénéficie Mohand Issaad au sein de la population pour lui confier dans le plus grand secret une mission de bons offices auprès des aarchs. Cette mission ayant échoué, il a confié, encore une fois dans le plus grand secret, une seconde mission à son conseiller en charge du dossier kabyle, Rachid Aïssat qui, accompagné des généraux Touati et Saïd Bey, a pris attache avec les chefs de tribus et tenté de les convaincre de participer aux élections, si importantes pour son maintien au pouvoir, en leur promettant des sièges de députés, voire des portefeuilles ministériels. Bouteflika a ainsi dévoilé ses batteries: la paix en Kabylie, le déplacement de certaines brigades de gendarmerie, les indemnisations attribuées aux victimes des événements et à leurs familles, l'introduction dans la constitution de la disposition concernant le Tamazight, sont autant de mesures destinées uniquement à garantir son maintien au pouvoir. En parallèle, jamais à court d'idées, le pouvoir s'est créé un interlocuteur "valable" en la personne du porte-parole des aarchs dialoguistes, un certain Belaïd Abrika qui est *"passé à la clandestinité"*, après avoir été informé par des guetteurs placés tout autour de chez lui que la police allait venir l'interpeller! Ce scénario à la James Bond s'est poursuivi à travers la campagne de presse qui a couvert ce *"passage à la clandestinité"*. Les journaux à la solde du régime ont décrit Abrika comme une personne ayant le charisme de Che Guevara, du sous-commandant Marcos du Chiapas, voire de Ben Laden; il a, disent-ils, le look de Jesus Christ et du Che réunis, il est d'un engagement total pour son terroir, la Kabylie, tout en n'étant membre ni du FFS, ni du RCD. On lui a donc fourni tous les attributs du leader incontesté du mouvement de protestation kabyle, de manière à le faire sortir demain de sa *"clandestinité"* et négocier avec lui l'arrangement final de la question kabyle, selon les termes fixés par le pouvoir.

CHAPITRE V

Les élections législatives : l'avant

Après une longue hésitation, Abdelaziz Bouteflika a finalement fixé au 30 mai prochain la date à laquelle se tiendraient les élections législatives. Il a, dans la foulée, donné des instructions aux deux partis politiques piliers du régime, le FLN et le RND, de lancer la campagne électorale et à l'administration de démarrer la préparation du scrutin. On a vu la classe politique se partager immédiatement en deux clans, les participationnistes et le front du refus. Parmi les participationnistes, on retrouve les partis membres de la coalition gouvernementale actuelle, à savoir le FLN, le RND, les partis d'obédience islamique, le MSP (anciennement Hamas), Ennahda et El Islah, auxquels viennent se rajouter le Parti des Travailleurs de Louisa Hanoune et des Indépendants.

La fronde règne dans les rangs du FLN et du RND. Les secrétaires généraux des deux partis, Ali Benflis pour le premier et Ahmed Ouyahia pour le second, ont établi des listes de candidats d'où sont systématiquement éliminés les prétendants qui ne leur sont pas dévoués corps et âme. Même parmi les candidats retenus, tous deux ont déjà choisi leurs futurs députés, un choix qui sera complété ou modifié par le trucage des résultats. Car si être élu à l'APN c'est décrocher une rente à vie fabuleuse assortie de nombreux privilèges annexes, pour le régime, qui lui distribue ces cadeaux fantastiques, l'Assemblée nationale n'est qu'une chambre d'enregistrement de textes législatifs qu'il concocte avec une seule idée en tête, renforcer et pérenniser son pouvoir. Il achète donc la docilité des élus à coup de millions, voire de milliards de dinars, avec la complicité des partis qui vont camoufler les manipulations auxquelles ils se livrent lors de la préparation des listes, derrière un semblant de compétition. Pour donner l'impression d'un affrontement loyal entre les candidats retenus, le FLN présente près de 3 859 candidats et le RND plus de 3 000 pour un nombre total de 389 sièges. Les militants connaissent ces micmacs. Ils savent que pour être élu, il faut être en tête de liste, d'où ces batailles épiques auxquelles ils se livrent lors de cette élection dans l'élection. C'est ainsi que pour mettre fin à de telles révoltes, Ahmed Ouyahia a été amené à geler les activités de 48 comités de wilayas de son parti, tandis qu'Ali Benflis est attaqué par des militants de base de son parti à travers tout le pays et que des dissidences ont été signalées dans une dizaine de villes, à Oran notamment.

Dans le camp des islamistes, le MSP fait profil bas dans l'espoir d'être favorisé, comme à l'habitude par le pouvoir et récolter un maximum de sièges. Le parti El Islah de Abdallah Djaballah est aujourd'hui celui qui, en l'absence du FIS et sauf manipulations plus que probables de la part du pouvoir, devrait remporter la plus grosse mise. En tant qu'ancien membre du Madjliss Echoura du parti dissous, il escomptait proposer certains des leaders de ce parti dans ses listes, une opération qui aurait probablement réussi, si la direction du FIS n'avait pas interdit à ses membres de se porter candidats. Quant au mouvement Ennahda de Lahbib Adami, il dit avoir subi des pressions de la part du ministère de l'Intérieur pour éliminer certaines personnes qui viennent d'un autre courant que le sien. Il s'agit, bien entendu, du FIS dans les rangs duquel il a essayé de piocher lui aussi. De son côté, Louisa Hanoune escompte récolter le petit quota de sièges auquel l'a habituée le pouvoir. Quant aux soi-disant Indépendants, c'est le joker dont dispose le pouvoir pour contrer les abstentionnistes, en Kabylie tout particulièrement.

Ceci nous amène à parler du front du refus. Le premier parti d'opposition à avoir pris une position officielle a été le FFS qui, par la voix de son secrétaire général Ahmed Djeddaï, a annoncé qu'il boycotterait les élections, après avoir, dit-il, consulté certaines personnalités politiques, dont Abdelhamid Mehri, Ahmed Taleb Ibrahimi, Mouloud Hamrouche et Rachid Benyellès. Ce n'était là qu'une partie de la décision prise par le président du parti, Hocine Aït Ahmed qui, dans une lettre adressée aux militants, prônait la désobéissance civile, à savoir empêcher le déroulement des élections par des gestes de refus de reconnaissance de l'autorité de l'État. L'appel d'Aït Ahmed s'adresse d'abord et avant tout au berceau du parti, la Kabylie. En réponse, le pouvoir tente d'amadouer le FFS en lui proposant un deal. Lors d'une rencontre entre Ahmed Djeddaï et la tête pensante de la nomenklatura janviériste le général Touati, ce dernier a promis à son interlocuteur un quota de 50 à 55 sièges dans la future Assemblée nationale, que lui garantirait le pouvoir, au cas où son parti venait à renoncer au boycott des élections. L'offre a été rejetée par le FFS qui, rappelons-le, ne détient que 16 sièges au sein de l'Assemblée actuelle. Quelque temps après, ce fut le tour du RCD de Saïd Sadi de lancer un appel au boycott, en Kabylie tout particulièrement. Dans le courant du mois d'avril, le FIS faisait savoir par la voix de son représentant à l'étranger, Rabah Kébir, qu'il boycotterait lui aussi les élections et démentait avoir passé un quelconque accord avec El Islah de Djaballah ou Ennahda de Lahbib Adami pour présenter des candidats sur des listes de leurs partis. Enfin, dernière tuile qui tombait sur la tête du pouvoir, les aarchs, aussi bien les dialoguistes que les maximalistes annonçaient qu'eux aussi recommandaient le boycott.

Face à ces divers "déboires" Bouteflika essaie de gagner du temps en reportant d'une semaine la date limite de dépôt des candidatures ou en retardant l'installation de la commission de contrôle du vote et la nomination de son président. Il tient cependant à ce que ces élections, si vitales pour lui, aient lieu à la date qu'il a arrêtée. L'administration de son ministre de l'Intérieur et ami, Yazid Zerhouni, se chargera de faire de la prochaine Assemblée une caisse de résonance du régime, même si elle sera incapable de masquer l'abstention importante qui s'annonce et que tout un chacun pourra constater de visu le 30 mai prochain.

CHAPITRE VI

Les élections législatives : l'après

Maintenant que les élections sont passées, les langues commencent à se délier; on ne parle que de l'abstention nettement plus importante que prévu, du million de bulletins nuls qui a été enregistré et de la fraude qui les a caractérisées. Après les chefs des partis islamistes, Mahfoud Nahnah pour le MSP, Abdallah Djaballah pour El Islah (MRN) et Lahbib Adami pour Ennahda, après les chefs des partis "kabyles", Ahmed Djeddaï pour le FFS et Saïd Sadi pour le RCD, qui avaient décidé le boycott, c'est au tour de Louisa Hanoune, la Pasionaria du régime, d'affirmer qu'il y a eu bourrage des urnes et que le vote des corps constitués a été détourné au profit d'un seul parti, le FLN, qui n'a malgré tout obtenu que 15% des voix. En dehors de ce parti et du RND, tout le monde considère que l'entêtement de Bouteflika à vouloir organiser ces élections, alors qu'un vent de rébellion souffle sur toute l'Algérie et qu'une région entière du pays, la Kabylie, n'est pas représentée, a pour seul but de s'assurer une Assemblée aux ordres. Il veut en faire un outil qui lui confectionnerait, pour un second mandat en 2004, l'habit présidentiel sur mesure dont il rêve, en apportant les modifications nécessaires à la constitution. Au plan international, ces élections ont conforté le pouvoir de Bouteflika. Les deux puissances qui comptent le plus pour l'Algérie, la France et les États-Unis, ont réagi de manière satisfaisante pour lui. Le Quai d'Orsay, contrôlé par un gouvernement particulièrement enclin à fermer les yeux sur les débordements du pouvoir algérien, n'a pas émis de commentaire négatif sur ces élections, tandis que l'administration de George W. Bush qui considère le régime d'Alger comme un allié dans sa guerre globale contre le terrorisme a exprimé son soutien *"au développement du processus démocratique en Algérie."* L'International Crisis Group (ICG) a cependant souligné dans son dernier rapport que *"le plus important des défis auquel devra faire face la nouvelle Assemblée populaire nationale (APN) est de convaincre les Algériens de son utilité et de sa crédibilité."*

Si l'on voulait établir un premier bilan de ces élections dans le cadre de la politique politicienne à l'algérienne, qui se limite à une lutte pour le pouvoir entre Bouteflika et l'armée, on dirait que le Président a atteint son objectif. Il a réussi à limiter sérieusement le pouvoir de nuisance du DRS au sein de la nouvelle Assemblée; même si elle a été mal élue, il y a néanmoins obtenu la majorité absolue pour son clan au détriment du poulain des services, Ouyahia et de son parti, le RND. Cela n'a cependant pas été suffisant pour en prendre le contrôle total ni pour avoir les mains libres lors de la constitution du nouveau gouvernement. Si le président de l'Assemblée est un élu FLN, il a fallu composer pour la répartition des vice-présidences et des postes de présidents des commissions. Il a fallu attendre 17 jours avant que ne soit connue la composition du nouveau gouvernement qui a fait l'objet d'une rude négociation avec les militaires. On y retrouve un certain nombre d'hommes du Président, dont ses amis, les inamovibles Yazid Zerhouni, Chakib Khelil et Abdelhamid Temmar, mais aussi une quinzaine de ministres imposés par l'armée, membres des *"partis du DRS"*, le RND et le MSP, mais aussi, pour certains, choisis dans les rangs du parti du Président, le FLN. Reste le cas particulier d'Ahmed Ouyahia qui occupait le poste de ministre de la Justice au sein du gouvernement précèdent, qui est nommé ministre d'État, représentant personnel du président de la République.

Depuis quelques mois, ont eu lieu dans plusieurs prisons à travers le pays, de nombreuses mutineries et incendies qui ont causé la mort de plus d'une centaine de détenus. Selon la rumeur propagée par le clan présidentiel, Abdelaziz Bouteflika envisageait de sanctionner durement le responsable direct des établissements pénitentiaires, Ahmed Ouyahia en l'occurrence. Ce dernier a certes perdu le poste de ministre de la Justice, mais grâce au soutien de ceux que l'on nomme aujourd'hui en Algérie, "les anges du Clément, Malaïkat Er Rahman", (il s'agit du DRS), il obtient le titre prestigieux de ministre d'État. Deux autres ministres seulement obtiennent la même distinction, Yazid Zerhouni, à l'Intérieur et Abdelaziz Belkhadem aux Affaires étrangères. L'intervention du DRS a été décisive aussi pour sauver son poulain face à la fronde qui régnait dans les rangs du RND, en raison de la débâcle de ce parti aux législatives, ce qui a poussé Ahmed Ouyahia à présenter sa démission du poste de secrétaire général. Il est revenu sur sa décision une semaine plus tard, lors d'une réunion extraordinaire du Conseil national du parti.

CHAPITRE VII

Quand la grande muette devient très bavarde

En ce début d'été, en l'espace d'une dizaine de jours, deux interviews, que l'on peut qualifier de fracassantes, ont été données par des officiers supérieurs de l'armée à des médias nationaux. La première, accordée au quotidien *Le Soir d'Algérie*, par une personne, dont l'identité n'a pas été révélée, se présentant néanmoins comme *"une source autorisée du ministère de la Défense Nationale"* a été publiée le 23 juin. La seconde, une conférence de presse du chef d'état-major, le général Mohamed Lamari, à laquelle étaient conviés tous les médias, a eu lieu le 3 juillet. Jamais on n'avait assisté à une telle prolixité de la part des représentants de l'armée algérienne. Par ailleurs, l'interview donnée par *"la source"* l'a été à un journal algérien, ce qui constitue une première. Autre bizarrerie, le journal qui, visiblement s'attendait qu'on lui fasse un coup, a déclaré qu'il révèlerait le nom de la source, s'il venait à être démenti. S'agissant d'une *"source autorisée"*, ce ne peut être que sur ordre de cette dernière que le journal a fait une telle déclaration. Ceci signifie que *"la source"* tenait absolument à faire passer un certain nombre de messages à destination d'un ou plusieurs centres de pouvoir, quitte à s'afficher au grand jour. Quels sont ces centres ? Pour démêler l'écheveau, voyons quelle a été la suite des événements. Deux jours après, les médias officiels, l'agence APS, la télévision et la radio d'État, le journal *El Moudjahid,* ainsi que des journaux proches du pouvoir, ont diffusé une troisième interview, sans grande importance, du général Lamari accordée un mois auparavant au journal libanais *El Mouchahed Essiyassi,* qu'ils ont présentée comme une réponse à la *"source"*. Ces médias n'auraient, bien entendu, jamais eu l'audace de travestir à ce point la vérité, s'ils n'avaient pas, eux aussi, reçu l'ordre du général de le faire. Le destinataire du message de la *"source"* était donc le chef d'état-major, qui y répondait ainsi, de manière précipitée dans une première étape. Quel est cet autre centre de pouvoir, à l'intérieur de l'institution militaire, qui peut se permettre de porter ainsi atteinte au pouvoir et au prestige du chef d'état-major, si ce n'est le DRS ? Au sein duquel, seuls deux hommes peuvent le faire, le patron Mohamed Tewfik Mediène ou son adjoint Smaïn Lamari. Tout le monde à Alger s'accorde à dire que ce serait ce dernier qui aurait décoché, via

Le Soir d'Algérie, un missile en direction du chef d'état-major, tout en écorchant au passage le président de la République et ministre de la Défense.

Quelle mouche a piqué Smaïn Lamari et le grand patron de l'armée, Mohamed Lamari et les pousse à s'affronter ainsi publiquement par médias interposés ? Pour quelles raisons se sont-ils livrés à un tel déballage ? Si l'on se reporte à leurs déclarations respectives, on constate qu'à quelques nuances près, tous deux ont développé les mêmes thèmes. Ils s'en prennent dès le début de leurs propos à Bouteflika et à ses manoeuvres, un point sur lequel ils sont sur la même longueur d'onde. *"L'incompétence de certains ne doit pas se cacher derrière des attaques répétées contre l'institution militaire"*, dit la source, tandis que Mohamed Lamari affirme que *"pour certains, tout le mal qu'a rencontré notre pays est imputable à l'armée"*. S'agissant des raisons qui ont poussé l'armée à choisir Abdelaziz Bouteflika comme candidat à l'élection présidentielle de 1999, on remarque déjà une certaine divergence; la source dit que *"le souhait de l'armée était alors le même que celui du peuple, à savoir choisir le moins mauvais parmi les candidats et non pas en soutenir un en particulier"*, tandis que Lamari est resté dans le vague en déclarant *"en 1992, nous avons ouvert une brèche dans un cercle que nous avons refermé avec les élections de 1999"*. On se rend par la suite très vite compte que c'est visiblement sur ce point, celui relatif aux relations armées - présidence, que porte le différend qui oppose le chef d'état-major au DRS. Ils ont, en effet, des points de vue différents sur le fait que Bouteflika cumule les fonctions de président de la République et de ministre de la Défense; les uns - la source - disent *"nous avons de tout temps espéré la nomination d'un ministre de la Défense"*, tandis que Lamari semble prendre la défense de Bouteflika en affirmant qu' *"il est du droit du Président de désigner un ministre de la Défense ou pas"*. La suite des deux interviews porte plus ou moins sur les mêmes points, sur lesquels les deux côtés semblent être d'accord. On ressent cependant nettement, au fur et à mesure que l'on avance dans la lecture des deux déclarations, qu'il y a une inversion des rôles. On constate une grosse gêne chez Mohamed Lamari qui est sur la défensive, face à un officier dont il est censé être le supérieur hiérarchique et dont le ton est nettement plus offensif. Les déclarations du chef d'état-major, qui interviennent dix jours après la publication de l'interview de la source, apparaissent comme une réponse aux accusations portées contre lui par des compagnons d'armes, qui lui reprochent en langage codé d'avoir baissé la garde face aux manoeuvres du président de la République. Le DRS lui fait savoir que la lutte entre le clan présidentiel et le leur ne doit laisser place à aucune résignation ni à aucun laxisme.

Tout le reste des deux interviews est du même acabit, divergences sur le fond, différences dans le ton. La différence est particulièrement nette sur le traitement réservé aux terroristes repentis par la loi sur la concorde nationale. La source nous dit *"il était clair pour nous, dès le départ que tout terroriste qui voulait se repentir n'avait pas la garantie qu'il échapperait à des poursuites judiciaires; et que, de toute manière pour qu'il y ait amnistie, il faut qu'il y ait d'abord condamnation"*; ce à quoi Lamari répond: *"j'ai appuyé la*

Concorde civile, car cela permettait à des jeunes coincés et menacés par leurs chefs de rentrer". À signaler enfin deux remarques importantes; la source qui dit que le nombre de morts enregistrés lors de la guerre n'excède pas 50 000, s'en prenant ainsi à Bouteflika qui, lui, avait avancé le chiffre de 200 000 victimes, sous-entendant par là que les généraux étaient en grande partie responsables d'un tel massacre. L'autre nouvelle nous vient de Lamari qui a évoqué pour la première fois son départ éventuel de l'armée.

CHAPITRE VIII

Un été chaud : l'élection présidentielle de 2004 en ligne de mire

Que signifie ce dialogue interne à l'armée par voie de presse ? Visiblement on a commencé, au sein de chaque camp, à fourbir les armes, à aiguiser les couteaux en vue de la prochaine élection présidentielle, prévue pour avril 2004. Qui fait quoi en vue de cette échéance ? Comment chacun des protagonistes s'y prépare-t-il ? Et tout d'abord, qui sont ces protagonistes ? Ils sont au nombre de trois : Abdelaziz Bouteflika et son clan, le clan de l'état-major piloté par le général Mohamed Lamari, soutenus par Khaled Nezzar notamment et enfin le "parti" le plus puissant en Algérie, le DRS, que l'on ne voit jamais, mais dont l'efficacité est redoutable.

Abdelaziz Bouteflika espère se débarrasser de la tutelle des généraux et devenir le Président à part entière dont il rêve depuis 1999. Aussi compte-t-il sur la société civile pour obtenir le 1/4 de pouvoir qui lui manque. Il essaie de créer des alliances avec les partis politiques qui pèsent un certain poids sur la scène politique, parmi lesquels les islamistes, aussi bien les partis légaux (MSP et El Islah) que le FIS, mais aussi le FFS sur lequel il cherche à s'appuyer pour drainer le vote kabyle. Si l'on rajoute à cela le fait que le FLN demeure le parti dominant au sein de toutes les instances politiques, Bouteflika contrôlera donc l'APN, le Sénat, les APW et les APC. Cette stratégie, mise au point et développée lors des deux scrutins, celui des élections législatives du 30 mai dernier et celui des élections locales (APC et APW) du 10 octobre, lui permettra bien entendu de faire adopter par ces assemblées tous les textes juridiques (lois, arrêtés, etc.) et toute autre disposition, nécessaires à la mise en application de sa politique. Il espère aussi et surtout que les élus locaux qu'il aura aidés à obtenir des postes de maires, d'adjoints ou de membres des assemblées populaires de wilayas, tout comme ceux qu'il aura aidés à devenir députés à l'Assemblée nationale ou sénateurs feront, le moment venu, sa campagne électorale et, de par les postes qu'ils occupent, pourront acheter des voix, frauder à loisir et faire porter le choix des électeurs sur son nom lors de l'élection présidentielle à venir. À signaler à ce propos que ce sont les élus locaux qui désigneront, en janvier prochain, 2/3 des sénateurs pour un nouveau mandat de six ans.

Du côté des militaires, il apparait de plus en plus nettement que Mohamed Lamari et son clan sont opposés à la réélection de Bouteflika pour un nouveau mandat. Le chef d'état-major a rappelé lors de sa conférence de presse de juillet dernier que l'armée avait refermé en 1999 la brèche qu'elle avait ouverte en 1992; comprendre par là que déjà en 1999, elle avait décidé de mettre fin à l'activisme politique dont elle avait fait preuve en 1992. L'armée ne compte donc pas, selon le chef d'état-major, jouer un quelconque rôle lors de l'élection présidentielle de 2004. Bizarre, non ? En1999, Khaled Nezzar avait été plus direct en affirmant que l'armée avait décidé de soutenir le moins mauvais des candidats. Son compagnon et ami Mohamed Lamari, lui, déclare aujourd'hui que l'armée ne soutiendra personne. Même pas Bouteflika ? Effectivement, même pas Bouteflika, du moins pour le chef d'état-major et son clan qui comptent non seulement ne pas le soutenir, mais s'opposent à sa réélection. La campagne qu'ils mènent actuellement contre lui est en tous points semblable à celle qu'avait menée le DRS en 1998 contre Mohamed Betchine, et par voie de conséquence contre Liamine Zeroual, jusqu'à le pousser à renoncer au poste de chef d'État.

Depuis le début du mois d'août, le journal *Le Matin* mène, à l'instigation de Mohamed Lamari et de ses acolytes, les généraux Khaled Nezzar et Abdelhamid Djouadi notamment, une campagne virulente contre Abdelaziz Bouteflika. Afin de situer les idées, rappelons-nous que Mohamed Benchicou, directeur du journal est un membre actif du PAGS, devenu aujourd'hui MDS et que *Le Matin* a pris la suite d'*Alger Républicain* qui était autrefois l'organe officiel de l'ancêtre du PAGS, le parti communiste algérien. Souvenons-nous également qu'à choisir entre les deux pôles militaires, le DRS et l'état-major, les pagsistes ont opté pour ce dernier, car ils ont subi dans l'Algérie indépendante les affres de la Sécurité militaire autrefois et du DRS aujourd'hui. À travers une vingtaine d'articles signés de Abla Chérif (Amel Boumediene de son vrai nom) sont invoquées les affaires juteuses que réalise la société Orascom Télécom en Algérie en raison des liens du président algérien avec le PDG de la firme Mohamed Ali Shorafa. Orascom Télécom est une filiale du groupe Orascom, un gros holding égyptien qui appartient à la famille Sawiris. Dans le secteur des télécommunications, le groupe Orascom intervient en Égypte, en Jordanie, en association avec la firme française Orange, ainsi qu'aux Émirats Arabes Unis (EAU). Orascom est également très actif dans le secteur du bâtiment et des travaux publics. Mohamed Ali Shorafa est citoyen des EAU; il a été directeur du protocole du cheikh Zayed Ibn Sultan Al Nahyane, président des EAU à la même époque - la décennie 1980 - où Abdelaziz Bouteflika effectuait sa traversée du désert et séjournait dans ce pays. Le futur président algérien a été durant cette période conseiller politique du cheikh Zayed. Il a donc établi des liens solides avec Mohamed Ali Shorafa qui a été le canal par lequel il devait passer pour tous ses contacts, professionnels et privés, avec le cheikh Zayed, durant la décennie qu'il a passée aux EAU. Le "coup de génie" de Nagib Sawiris a été de placer cet homme à la tête d'Orascom Télécom, dans l'espoir que les liens qu'il avait établis avec Abdelaziz Bouteflika permettraient au groupe de réaliser de bonnes affaires en Algérie. À travers les articles dédiés à l'affaire, *Le Matin* publie des "révélations" sur la manière dont le marché du deuxième réseau de téléphonie mobile algérien a été attribué à la société égyptienne. Il affirme que cette société n'avait pas les capacités financières de mener à bien l'installation de ce réseau et que sur ordre de Bouteflika, les données de l'appel d'offres qui avait été lancé ont été modifiées afin de la favoriser et que Mohamed Ali Shorafa est un "ami personnel" du président algérien qui lui serait redevable de l'avoir soutenu financièrement durant sa traversée du désert. Les accusations du journal vont encore plus loin; il dit que d'autres marchés, notamment le projet de réalisation du nouvel aéroport d'Alger et celui de la construction de logements auraient été attribués à Orascom ou à certaines de ses filiales grâce à l'appui de Bouteflika. Selon *Le Matin*, Mohamed Ali Shorafa bénéficie d'une sorte de procuration permanente de la part de Bouteflika pour attirer des investisseurs étrangers vers l'Algérie et a, de ce fait, la haute main sur une grande partie du programme de développement du pays. Enfin le bouquet; Bouteflika aurait été élu à la présidence de la République parce qu'il était, nous dit le journal, le candidat des émirs du Golfe qui lui ont apporté leur soutien à cette occasion.

La campagne médiatique du journal *Le Matin* n'est qu'un épisode de la lutte pour le pouvoir qui dure depuis 1999 entre Bouteflika et les généraux Janviéristes. Vont-ils le laisser accomplir un second mandat en 2004 ? Les choses ne sont pas claires encore. Il est cependant certain que s'ils le maintiennent en place, il ne sera encore une fois qu'un trois quarts de président. À ses tentatives de se libérer de leur tutelle, qu'il a initiées depuis 1999, eux ont répondu par des actions de déstabilisation. L'affrontement est devenu plus violent maintenant que l'on se rapproche de la date fatidique d'avril 2004; le summum a été atteint avec les manoeuvres de coulisses du DRS qui ont eu pour effet l'éclatement de la révolte en Kabylie. Puis il y eut le déroulement, à Paris, du procès intenté par le général Nezzar au sous-lieutenant Habib Souaïdia pour les révélations qu'il a faites dans son livre *La sale guerre*. Les généraux ont été pris à contrepied par le ton et le contenu des débats de ce procès. Ils ont été désarçonnés par le fait qu'au lieu de traiter d'une simple affaire de diffamation, le procès se soit transformé en un débat sur l'interruption du processus électoral en 1992 et donc en un procès du régime. Ils considèrent que ce changement dans la nature des débats arrange les affaires de Bouteflika et renforce son pouvoir ainsi que celui des partis islamistes, avec lesquels il flirte actuellement. Ce que veulent les commanditaires de la campagne médiatique du *Matin*, c'est faire en sorte qu'au travers des soupçons de corruption et d'alliance informelle et secrète du président algérien avec les mouvements islamistes, les opinions publiques nationale et internationale soient amenées à constater la faillite de sa politique, responsable à leurs yeux, du brusque retour de la violence dans le pays. Khaled Nezzar a clairement énoncé cette stratégie dans une déclaration faite au début de l'été : *"Tout a été dit et fait, ces trois dernières années, pour que le terrorisme revienne en force. Le peuple algérien s'en souviendra et demandera des comptes un jour."* En avril 2004 ?

Que pense Tewfik Mediène de ce tralala ? Il semble s'être recroquevillé dans sa coquille et accorder peu d'intérêt à ce déballage. Il y a d'ailleurs, dans cette affaire un indice qui ne trompe pas: le journal *El Watan*, si proche de lui, n'a repris aucune des accusations du *Matin* à son compte. Il y a visiblement une profonde divergence entre les deux pôles du camp des généraux; une divergence que l'on avait déjà constatée lors des échanges, par voie de presse entre la source et le général Mohamed Lamari, intervenus au tout début de l'été. Moins impulsif que Lamari ou Nezzar, plus rusé et plus manoeuvrier qu'eux, Mohamed Mediène cherche à exploiter les ambitions démesurées d'Abdelaziz Bouteflika. Il continue probablement de penser qu'il représente encore aujourd'hui le moins mauvais des candidats possibles, mais surtout qu'en raison de sa soif de pouvoir, il est prêt à faire tout ce que les Janviéristes pourraient exiger de lui et est en mesure de prendre les dispositions utiles pour les protéger contre toute action qui pourrait leur porter préjudice, tant au plan national qu'international. C'est la raison pour laquelle Tewfik Mediène se démarque complètement de ses deux ex-compagnons et est prêt à soutenir Bouteflika pour un second mandat, même s'il ne l'aime pas trop.

CHAPITRE IX

Zoom sur le groupe Khalifa

La règle d'or adoptée par Abdelaziz Bouteflika pour asseoir et renforcer son pouvoir face aux généraux Janviéristes qui l'ont placé à la tête du pays est de les corrompre, de leur permettre de gonfler au maximum leurs comptes bancaires en piochant à satiété dans la rente pétrolière du pays. Il pense pouvoir les neutraliser ainsi et espérer, à long terme inverser les rôles, les placer sous sa coupe et récupérer ainsi le 1/4 de pouvoir qui lui manque. La création du groupe Khalifa, au sein duquel sont présents les plus influents parmi les généraux putschistes, les milliards de dollars qui y sont brassés dans l'opacité la plus totale, jusqu'à en faire une énorme machine à blanchir l'argent sale qu'ils ont amassé est, avec Kellogg-Brown & Root (KBR), filiale de Sonatrach, l'une des deux armes fatales qu'il compte utiliser pour en faire des affidés.

Rafik Abdelmoumène Khalifa est né le 1er octobre 1966 à Bejaïa; il est donc aujourd'hui âgé de 36 ans. Après des études de pharmacie à l'université d'Alger, il a repris la gestion de l'officine de son père, Laroussi Khalifa, décédé en 1990, située à Chéraga. Il aurait obtenu son diplôme de pharmacien en 1990/1991. Le monopole de l'État sur l'importation de médicaments a été levé en 1991. Selon les dires de Rafik Khalifa, c'est déjà en 1992 qu'il aurait créé une société de fabrication de produits pharmaceutiques, KRG Pharma. Ceci n'est pas exact, puisque d'une part, cette société ne fabrique pas de médicaments, elle les importe; d'autre part, le nom même de KRG Pharma n'a été donné à la société qu'en 1995 lorsqu'elle s'est installée en France, à Poissy, à une trentaine de kilomètres de Paris. KRG est un sigle constitué des initiales des noms des trois associés, qui détiennent chacun un tiers des parts, Rafik Khalifa, Kassa Samy, son ami d'enfance et un citoyen français Raymond Gabriel.

Dès la création de l'entreprise qui s'est très vite transformée en un énorme groupe industriel, on a constaté un certain nombre de bizarreries:

1°/ - Rafik Khalifa réussit un tour de force qu'aucun grossiste algérien n'avait réalisé jusque-là; il n'importe pas de médicaments prêts à la consommation, mais des médicaments en vrac, dont il fait le conditionnement à Alger.

2°/ - La rapidité avec laquelle il s'est lancé dans le conditionnement et la distribution de produits pharmaceutiques, moins d'une année après avoir quitté les bancs de l'université, alors qu'il avait tout juste 25 ans.

3°/ - Il n'éprouve aucune difficulté à importer des produits en vrac, ce qui n'est pas le cas de bon nombre de grossistes, nettement plus expérimentés. Certains ont dû, de ce fait, cesser toute activité. Visiblement il a été chaperonné dès le départ.

Le premier gros "coup" du groupe a été la création, en 1997, de Khalifa Bank. Il est absolument impossible que la petite entreprise KRG Pharma, dont Rafik Khalifa ne détient que le tiers des actions, ait pu fournir les fonds nécessaires à la constitution du capital de la banque, comme il le clame sur tous les toits. Il était encore beaucoup plus difficile d'obtenir les licences et autorisations requises pour l'exercice du métier de banquier, vu qu'à cette date le circuit bancaire était totalement contrôlé par les banques d'État. Seul un groupe bancaire arabe s'était installé en Algérie; d'autres grands groupes internationaux ont tenté leur chance, mais ont dû renoncer à leurs projets devant les difficultés énormes auxquelles ils se sont heurtés. Quant aux capitaux privés algériens, ils n'ont même pas songé un instant se lancer dans l'aventure, car ils savent très bien qu'il faut pour cela posséder une sacrée expérience et surtout disposer de *"la baguette magique d'une fée"*, cette fée étant un groupe d'officiers supérieurs, du grade de général ou général-major.

En 1999, c'est au tour de Khalifa Airways de voir le jour. C'est une compagnie aérienne qui a démarré ses activités sur les chapeaux de roues avec une dizaine d'appareils Airbus pris en leasing dit-on, qui dessert 15 à 20 destinations à l'intérieur du pays et à l'étranger. Le capital déclaré de la société est de 150 000 000 de dinars. La compagnie a annoncé, il y a quelques mois, qu'elle passerait bientôt commande d'une cinquantaine d'appareils, des Boeing, des Airbus et des ATR.

Puis tout d'un coup, en 2001, on a enregistré une boulimie dans la création d'affaires. Le groupe a créé une société de location de voitures, Khalifa Rent A, car qui a entamé des activités en Algérie et en France. Il a racheté le groupe Holzmann, un géant allemand du bâtiment et des travaux publics. Holzmann est une entreprise plus que centenaire qui a déjà travaillé dans le courant des années 1860/1870 pour le compte de l'Empire ottoman à la construction de la gare de Damas. Elle va constituer le noyau de Khalifa Construction qui pourrait alors prétendre à la construction du très grand aéroport que l'État envisage de faire au sud de la ville d'Alger. Puis vint, toujours en 2001, la constitution de Khalifa Catering, une entreprise destinée à fournir des plateaux-repas et des produits hors taxes aux compagnies aériennes. Puis est née Khalifa Informatique dont le but est l'importation et la distribution de produits informatiques.

Khalifa a aussi racheté dans le courant de l'année 2001, la compagnie aérienne Antinéa et la société Go Fast. Antinéa desservait le réseau intérieur algérien, tandis que Go Fast était spécialisée dans le *"forwarding"*, c'est-à-dire le ramassage, l'emballage et le transport, tous modes confondus, du gros matériel pétrolier à partir de n'importe quel point dans le monde vers Hassi Messaoud, puis de là vers la base du client. Ces deux sociétés appartenaient à un homme d'affaires, Arezki Idjerouidène, qui a subi des pressions et des tracasseries qui l'ont poussé à abandonner ces deux activités, en principe très rentables. Il est fort probable que ces manoeuvres aient été orchestrées par des militaires, ayant des intérêts dans le groupe Khalifa.

Le groupe Khalifa est entré en négociations, dans le courant de l'année 2001, avec Rifaat El Assad, frère du président syrien décédé Hafedh El Assad pour le rachat de la chaine de télévision ANN (Arab News Network) qui lui appartient et qui émet depuis Londres. Ces négociations ayant apparemment échoué, le groupe a alors décidé de créer en 2002 sa propre chaine Khalifa TV (KTV) qui a commencé à émettre sans autorisation depuis Paris le 3 septembre 2002, à la suite de quoi le Conseil supérieur de l'audiovisuel français (CSA) lui a ordonné le 15 octobre de cesser ses émissions. Le groupe compte lancer une compagnie d'aviation d'affaires, Khalifa Jet Corporation, destinée à transporter les hommes d'affaires, les pétroliers notamment, vers Alger et Hassi Messaoud, tandis qu'une deuxième partie de la flotte serait affectée au transport du personnel depuis et vers les bases pétrolières au Sahara. Khalifa a déjà acquis un Boeing Business Jet et deux hélicoptères Bell pour ce faire. Khalifa sponsorise plusieurs équipes de football algériennes ainsi que depuis 2001 l'Olympique de Marseille, auquel il a accordé une subvention de 18 millions de francs pour les 5 années à venir, tout comme il s'est engagé pour un montant de 300 000 euros auprès du club de rugby de la ville de Bègles dans le sud-ouest de la France.

Khalifa Airways a transporté à plusieurs reprises, gratuitement bien entendu, des délégations qui ont accompagné Abdelaziz Bouteflika lors de déplacements officiels. Il a notamment transporté une délégation de plus d'une centaine de leaders économiques qui ont accompagné le président algérien à Philadelphie, à une réunion du NEPAD avec des représentants de l'administration et de firmes américaines. Il faut enfin noter que Khalifa a organisé, à l'occasion du 40e anniversaire de l'indépendance, le 5 juillet 2002 un match de football entre l'Olympique de Marseille et l'équipe nationale algérienne, suivi d'une très grande réception dans l'hôtel le plus chic de la côte algéroise, le Sheraton - Club des Pins. Le maître de céans de ces manifestations était le président Bouteflika; étaient présents les plus hauts responsables civils et militaires algériens, dont le général Belkheir, tout comme y ont été invités des stars du show-business mondial, dont notamment les acteurs français Gérard Depardieu et Catherine Deneuve.

À la lecture de ces lignes, on a l'impression de vivre un conte de fées; il suffit que Rafik Khalifa pense à une certaine activité pour qu'elle sorte de terre en un coup de baguette magique, qu'elle marche bien, le tout en un très court laps de temps. Il est évident qu'il faut énormément d'argent, probablement plusieurs centaines de millions de dollars, voire des milliards, pour lancer toutes ces opérations. Tout cela aurait été fait depuis l'arrière-boutique d'une officine à Chéraga ! Il est également clair qu'aucune activité ne peut dégager, en quelques mois, les fonds nécessaires qui permettraient le lancement de la suivante; ce qui signifie que l'argent était disponible longtemps avant le montage de chacune de ces affaires.

Il est tout aussi évident que, compte tenu de la manière dont se passent les choses en Algérie, il est nécessaire de disposer, pour réussir un tel exploit, d'un réseau constitué de très hautes personnalités dans de nombreux secteurs, tels que les banques, les douanes, les administrations locales, etc. qui assisteraient dans l'accomplissement des tâches et démarches. Ce réseau devrait être doublé d'un second maillage de personnalités politiques et militaires, disposées à intervenir à tout moment et à exercer l'influence ou la pression qu'il faut, là où il le faut. Ces personnalités ont aussi pour rôle de constituer un rideau de protection face à la justice, aux fonctionnaires pointilleux ou à l'opinion publique. Ces personnalités doivent notamment empêcher toute enquête, toute poursuite judiciaire - sur l'origine des fonds dont dispose le groupe, en premier lieu -, mais aussi pour étouffer tout scandale, toute magouille à laquelle se livre le groupe.

L'opacité est la principale caractéristique du groupe Khalifa. Évidemment personne ne croit la version propagée par Rafik Khalifa, selon laquelle c'est dans l'arrière-boutique de l'officine de son père que tout a démarré. Et pourtant beaucoup de personnes s'intéressent à la question, y compris des services de renseignements étrangers. On ne sait, cependant, pas de quelle somme d'argent dispose le groupe, ni quelle est l'origine de cet argent, ni qui sont les véritables actionnaires du groupe, car ceux-ci ont une culture terrifiante du secret. On est néanmoins certain qu'il s'agit de membres très influents de la nomenklatura. Ce que l'on sait aussi, c'est que cette culture du secret, ce réseau de personnes bien placées dans les différents rouages de l'État et ces énormes sommes d'argent, seule une organisation algérienne en dispose, le DRS, dont l'ancêtre était le MALG (Ministère de l'armement et des liaisons générales). Le MALG était dirigé durant la guerre de libération d'une main de fer par le colonel Abdelhafid Boussouf, qui avait pour collaborateur direct Laroussi Khalifa, père de Rafik. Ce dernier a donc baigné, dès son jeune âge dans ce milieu très opaque des services de renseignement; il a certainement bien assimilé leurs méthodes de travail, s'est bien imprégné des règles du jeu qui prévalent dans ce milieu, notamment la règle de base qui veut que tout doit se faire dans le plus grand secret, tout comme il a probablement connu bon nombre de dirigeants et d'agents de ces services. En tant que fils de quelqu'un de la maison, élevé dans la "famille", il était donc le candidat idéal qu'ont choisi les Larbi Belkheir, Mohamed Tewfik Mediène et consorts pour le mettre à la tête de cette énorme entreprise de blanchiment d'argent dans laquelle ils ont probablement investi une petite partie de leur fortune. Ils comptent très certainement démultiplier leurs mises en faisant appel à des capitaux publics qu'ils détourneront de leur objectif initial afin de les injecter dans les affaires du groupe. Car, ils n'ont nulle envie d'investir leurs capitaux propres dans l'économie nationale; étrangement ils n'ont aucune confiance dans le système qu'ils ont pourtant créé et dont ils sont les parrains.

Agacées par le fait que la façon cavalière de mener les affaires ait débordé sur la France, notamment le démarrage d'une chaîne de télévision sans autorisation, mais aussi par l'orientation proaméricaine du groupe, les autorités françaises ont fini par sortir de leur mutisme. Peut-être ne voulaient-elles pas non plus que l'année de l'Algérie ne devienne l'année de Khalifa en France ? On vit alors certains médias commencer à se poser des questions sur la percée foudroyante de ce Bill Gates algérien dans le monde des affaires et notamment sur l'origine des fonds du groupe. Ils comprirent très vite et le dirent que ce groupe n'était rien d'autre qu'une immense machine à blanchir l'argent des généraux, ce que savaient tous les Algériens plus ou moins bien informés. Mais le régime jugea qu'il fallait continuer à leur distiller le conte de fées qu'il leur avait servi jusque-là. La tâche fut confiée au journal *L'Expression* qui publia une série d'articles dithyrambiques sur Rafik Khalifa, allant jusqu'à le comparer au calife Abdelmoumène qui régna sur l'empire des Almohades au 12e siècle. Toute honte bue, le journal n'hésita pas à écrire que notre "calife" a lui aussi, pour second prénom, celui de Abdelmoumène, tout comme le calife almohade, que tout comme ce dernier qui avait entamé ses conquêtes militaires à l'âge de 37 ans, Rafik mène lui des conquêtes d'un autre genre à peu près au même âge; le tout mêlé à des *"accusations de racisme français qui n'admet pas qu'un bougnoule réussisse!"* Comme il faut aussi trouver un manipulateur derrière cette campagne, pour *l'Expression*, il est tout désigné, c'est le Maroc; ce sont donc le trône et les médias marocains qui manipulent l'opinion publique française !

ANNÉE 2003

CHAPITRE I

Y a-t-il une face cachée à la coopération militaire algéro-américaine ?

La coopération de l'Algérie et des États-Unis s'intensifie tous les jours un peu plus depuis l'allégeance faite par Abdelaziz Bouteflika à George W. Bush au lendemain des attentats du 11 septembre. Au mois de septembre 2002, le secrétaire d'État adjoint au Département du Commerce américain, Samuel W. Bodmann, en visite à Alger déclarait que *"l'ouverture du secteur énergétique algérien au capital étranger et aux entreprises pétrolières américaines en particulier, ouvrirait des perspectives de coopération plus importantes avec les États-Unis, y compris dans le domaine de la technologie militaire et de la défense."* En décembre, c'était au tour de Williams Joseph Burns, secrétaire d'État adjoint pour l'Afrique du Nord et le Moyen-Orient d'annoncer depuis Washington que *"les États-Unis étaient en train de peaufiner un accord de vente à l'Algérie d'équipements militaires de lutte contre le terrorisme."* Ceci montre bien qu'aux yeux des Américains il existe un lien entre l'assistance militaire et le développement de leurs intérêts économiques et de leurs investissements en Algérie qui doivent atteindre 8 milliards de dollars en 2005. Cette assistance n'est accordée par les États-Unis à l'Algérie que pour la défense de leurs intérêts vitaux après que cette dernière eût adhéré à la campagne d'après-11 septembre. L'administration Bush a fait savoir à plusieurs reprises que des éléments d'Al Qaïda se seraient propagés dans différentes régions de l'Afrique, dont la zone du Sahel, la Corne de l'Afrique et l'Afrique centrale. Pour endiguer ce danger, elle envisage *"d'ériger une barrière pour défendre la profondeur stratégique US face à de nouvelles frappes éventuelles, comparables à celles du 11 septembre."* Selon les responsables militaires américains, l'Algérie ferait partie de cette barrière, sans que l'on sache le rôle qu'ils comptent lui confier. D'autre part, la fourniture d'équipements militaires évoquée par Williams Burns tiendra compte certainement du rapport de forces existant entre les deux puissances régionales que sont l'Algérie et le Maroc et ne perturbera pas les équilibres stratégiques existants. Car n'oublions pas que pour les États-Unis le Maroc est un allié de longue date, dont le territoire abrite des centres d'écoute de la NSA et de la CIA et des aérodromes militaires utilisés par les forces aériennes américaines. C'est pourquoi les équipements que les Américains s'apprêtent à livrer aux Algériens seront des équipements légers, du genre matériel de vision nocturne. Les Algériens espèrent recevoir également des hélicoptères de combat du type Apache. Ils ont fait valoir auprès de leurs interlocuteurs que ce type de matériel augmenterait les capacités des unités antiterroristes lors de leurs combats nocturnes précisément, tout comme ils ont demandé la fourniture de chars et de pièces d'artillerie lourde; il n'est cependant pas certain que le Congrès donne son accord pour ce type de matériel, tout comme pour les hélicoptères d'ailleurs. Quel que soit le matériel fourni, la mise à disposition de l'armée algérienne aura lieu graduellement, en raison de l'opposition d'une partie de l'establishment américain qui voudrait tout d'abord voir ce qu'en feront les Algériens.

Il n'en reste pas moins que cette annonce indique un changement important des relations algéro-américaines qui cessent d'être purement économiques pour se transformer en relations géostratégiques et géoéconomiques, qui englobent depuis le 11 septembre 2001 la coopération dans le domaine de la sécurité et du renseignement. Les premiers contacts très médiatisés avaient eu lieu déjà en 1999 et 2000, quand les amiraux Lopez et Daniel Murphy de l'état-major de la 6e flotte étaient venus en Algérie, suivis par la visite, en juin 2002, du général Carlton adjoint au commandant des forces américaines en Europe. Le général Mohamed Lamari avait lui effectué, dans le courant de l'année 2001, une visite au siège de ces mêmes forces, tandis qu'Abdelaziz Bouteflika s'était rendu à deux reprises en 2001 et 2002 au siège de l'OTAN à Bruxelles pour des entretiens avec le secrétaire général de l'organisation Lord Robertson. D'autres événements intervenus dans la relation Alger - Washington démontrent cette évolution. Il y eut la décision de l'OTAN, prise en 1999, d'intégrer l'Algérie au processus de discussions atlantiques avec certains pays du sud de la Méditerranée, après qu'une première demande eût été rejetée en 1996. Il y eut aussi la nouvelle appréciation géostratégique du Département d'État qui accorde dorénavant à l'Algérie le statut d'état pivot, alors qu'elle était considérée jusque-là pays "source de danger" ou "pays source d'instabilité". Il faut noter par ailleurs le soutien américain au programme de modernisation de l'armée algérienne, l'encouragement à la professionnalisation par l'organisation de stages de formation dans certaines académies militaires US, ainsi que l'organisation de manoeuvres militaires conjointes et la préparation de l'Algérie à une collaboration pour le maintien de la paix en Afrique et dans le monde arabe.

On prévoit par ailleurs qu'au plan énergétique, les compagnies pétrolières américaines produiront en 2010 environ 30% du pétrole extrait en Algérie, que le gaz représentera 20% des importations américaines et que leurs investissements atteindront 8 milliards de dollars. Les Américains ne cachent pas que la coopération sur le plan de la sécurité, du renseignement ou de la fourniture d'armes sera conditionnée par la couverture de leurs besoins énergétiques. En parallèle, ils souhaiteraient voir l'armée algérienne devenir plus performante, plus professionnelle et moins politisée. Pour répondre à ce souhait, les Algériens ont récemment créé 26 postes d'officiers supérieurs des liaisons et communications, à raison de 2 pour chacune des 7 régions militaires, pour l'état-major, le ministère de la Défense nationale, la gendarmerie, les forces terrestres, les forces aériennes, la marine et la sécurité du territoire. La formation de ces officiers se fera en collaboration avec les US. Le but de l'opération est de créer des cellules de communication avec l'extérieur, les médias en particulier et de donner ainsi l'impression que l'armée est une armée républicaine et non une armée de coup d'État.

L'importance en hommes et l'importance en matériel de l'armée algérienne sont également des facteurs pris en compte par les USA pour l'attribution à l'Algérie du statut d'État pivot. Ils savent que le budget de la défense du pays est en hausse permanente depuis une vingtaine d'années, qu'il est passé de quelque 700 millions de dollars au début des années 1980 pour atteindre 2,1 milliards de dollars en 2002. Cette augmentation est due à l'amélioration de la situation financière du pays de 1999 à ce jour, en raison du niveau élevé du prix du pétrole durant cette période et à la levée, de fait, de l'embargo sur les armes qui était imposé à l'Algérie depuis quelques années. Pour ce qui est de la taille de l'armée, elle est de 270 000 hommes environ, dont 150 000 réservistes. Quant au matériel dont dispose l'armée algérienne, il est d'environ 2 000 véhicules et chars blindés, dont 120 chars russes T 72, pour ce qui est des forces terrestres, tandis que l'armée de l'air possède quelques 200 avions de combat (Sukhoi, Mig et Mirage), 150 hélicoptères (MI 8 et MI 24), des avions de transport du type Hercules C 130 et Antonov 70 et est armée de batteries de missiles Sam 6, Sam 7, Sam 8 et Smirkh 300 et 400.

Les Américains suivent minutieusement l'évolution du rapport de forces entre le Maroc et l'Algérie; le rapprochement avec cette dernière leur permet de mieux évaluer et contrôler la situation. Ils n'ont pas d'inquiétude particulière sur le sujet pour le moment, même si les dépenses militaires algériennes ont notablement augmenté depuis l'arrivée de Bouteflika au pouvoir et la mise en application de son programme de professionnalisation de l'armée. Les rapports stratégiques régionaux demeurent néanmoins inchangés, car les Marocains avaient eux aussi procédé à de gros achats de matériel militaire en 1997/1998.

La Russie a été et demeure le fournisseur traditionnel de matériel et d'équipements militaires à l'Algérie, dont la dette vis-à-vis de ce pays, qui date en grande partie de la période soviétique, s'élève à 4 milliards de dollars. En réponse aux acquisitions des Marocains, et en dehors des achats effectués auprès des Russes, les Algériens ont passé en 2000 et 2001, de nombreux autres contrats d'armement avec d'autres fournisseurs. Ils ont notamment acquis du matériel de vision nocturne à rayons infra rouges et des drones auprès d'une société sud-africaine, des hélicoptères MI 8 pour le transport de troupes et de matériel en Ukraine et en Biélorussie, ainsi que des blindés et des chars légers adaptés à la lutte contre la guérilla en Égypte et en Turquie. Lors de la visite à Alger du ministre chinois de la Défense, le général Shi Hao Siang en novembre 2001, les deux pays ont signé un contrat pour la fourniture d'avions et de fusées. Il y eut aussi en mai 2000, la fourniture par la société britannique, British Etherospace, de 500 appareils de vision nocturne fabriqués par Neal Kingston & Petronics. Bizarrement, ce contrat d'un montant de 7,5 millions de dollars fut pris en charge par le Qatar.

Les États-Unis s'accommodent parfaitement du fait que l'Algérie achète ailleurs son armement, car eux contrôlent plutôt l'orientation et la stratégie de l'armée algérienne. Aux Russes les armes, à eux les cerveaux, ce dont atteste la visite fin janvier à Alger de Peter W. Rodman, secrétaire d'État adjoint à la Défense. L'ambassade américaine à Alger a publié à l'occasion de l'entrevue qu'il a eue avec le président de la République, un communiqué dans lequel il est dit que *" ... elles [les discussions] porteront également sur la fourniture de matériel militaire américain et sur la formation d'officiers algériens aux USA."*

À l'issue de sa rencontre avec Abdelaziz Bouteflika, Peter Rodman a, de son côté, déclaré que *"les discussions franches que nous avons eues attestent de la profondeur de l'amitié entre nos deux pays."* L'Algérie obtiendra-t-elle pour autant, un jour, le statut de membre du Partenariat pour la paix accordé jusque-là par l'OTAN aux pays de l'ancien Pacte de Varsovie ? Cela est à coup sûr le désir profond de Bouteflika qui, lors de sa dernière visite au siège de l'organisation en décembre 2002, a plaidé pour une coopération qui irait au-delà du cadre standard du Dialogue méditerranéen. Il a invité, à cette occasion, le secrétaire général Lord Robertson à se rendre en 2003 en Algérie; divine surprise, l'invitation a été acceptée, ce qui est un fait rare.

CHAPITRE II

Menace de privatisation des hydrocarbures algériens

Depuis plusieurs mois déjà, le ministre de l'Énergie et des Mines Chakib Khelil fait un forcing effréné pour convaincre l'opinion publique, les partis politiques représentés au parlement et l'organisation syndicale UGTA que l'avant-projet de loi sur les hydrocarbures préparé par son département ministériel était une avancée positive pour l'Algérie. Il s'agit en réalité de la privatisation de tout le secteur pétrolier au profit des grandes multinationales. À ce jour, tous les efforts qu'il a engagés sont demeurés vains. L'UGTA est fermement opposée et menace de déclencher une grève générale pour s'opposer au texte de loi. Le RND est contre également, tandis que le Parti des Travailleurs considère qu'il s'agit d'un bradage des ressources du pays. À l'intérieur du FLN la situation est plus floue, mais il existe néanmoins des oppositions sérieuses; le Premier ministre, Ali Benflis, ne semble pas non plus très chaud pour faire adopter le texte par l'Assemblée nationale et le Sénat. La grande inconnue reste la position de Bouteflika qui ne s'est, jusqu'à présent, pas prononcé.

Le rôle des États-Unis est très important, si ce n'est décisif sur le dossier. L'élection de George W. Bush à la présidence a amené l'installation des pétroliers texans à la Maison-Blanche; les attentats du 11 septembre ont accéléré le mouvement pour une prise de contrôle de plus en plus importante par les compagnies américaines des richesses pétrolières un peu partout à travers le monde. L'Algérie est un des pays visés par la diplomatie américaine; elle constitue une proie d'autant plus facile que les luttes au sommet de l'État font que les protagonistes, le président de la République et son clan d'un côté, et la haute hiérarchie militaire de l'autre sont à la recherche d'alliances à l'intérieur et à l'extérieur du pays. Ils sont prêts à sacrifier les intérêts du pays au profit de leurs ambitions personnelles. On se souvient des visites en Algérie de Samuel W. Bodman et de Williams Joseph Burns dans le courant du dernier trimestre 2002. Après avoir flatté l'ego des Algériens en déclarant que *"les États-Unis avaient beaucoup à apprendre de l'Algérie en matière de lutte contre le terrorisme"*, ce dernier annonçait dès son retour à Washington que son pays mettait fin à l'embargo imposé de fait à l'Algérie depuis janvier

1992. À Alger, on a assimilé cette décision à un quitus accordé par l'administration américaine au pouvoir algérien pour la politique qu'il avait menée depuis cette date. Durant cette période ce sont pas moins de 5 présidents qui se sont relayés à la tête de l'État, tandis que la nomenklatura des généraux est restée la même; c'est pourquoi ils se sont empressés de s'attribuer ce blanc-seing. Quant à Samuel W. Bodman, il avait clairement indiqué quelle était la contrepartie qu'exigeaient les Américains pour le "traitement de faveur" qu'ils fournissaient à l'Algérie, à savoir l'ouverture du secteur énergétique algérien au capital étranger, aux entreprises pétrolières américaines tout particulièrement. De quel traitement de faveur parle-t-on ? La levée de l'embargo porterait sur la livraison d'armes légères et d'équipements de vision nocturne : la belle affaire ! L'ambassade des États-Unis à Alger faisait savoir par des fuites organisées à travers certains médias algériens que Washington soutiendrait et financerait le premier centre de lutte contre le terrorisme dont le principe avait été adopté lors de la conférence internationale sur le sujet, tenue à Alger courant novembre 2002. Les actions de formation qui seraient organisées par ce centre consisteraient à rendre plus performantes les forces de police algériennes et certaines unités du DRS, afin qu'elles protègent mieux, d'abord et avant tout, les intérêts américains dans la région, comme l'avait annoncé George W. Bush lui-même. Quel marché de dupes que tout cela !

Mais pas pour le pouvoir qui n'attendait que la voix de son maître pour agir. L'action du ministre de l'Énergie devint alors plus incisive. Il lança une grande opération de communication focalisée sur le projet de loi qu'il avait préparé, publia des articles publicitaires qu'il avait lui-même écrits, accorda des interviews à de nombreux journaux nationaux et étrangers, mit à profit la tenue à Alger de l'ALOGE (Algerian Oil and Gas Exhibition) pour y animer une conférence de presse au cours de laquelle il entretint les participants de son projet. Il fit même organiser par la Coordination des associations de soutien au programme du président de la République un forum spécial destiné à traiter de l'avant-projet de loi sur les hydrocarbures, qu'il présenta lors de la séance inaugurale. Il faisait ainsi endosser son idée par Abdelaziz Bouteflika lui-même, vu que ces associations n'agissaient que sur ordre du Président. On dit dans les rues d'Alger, ainsi que dans les couloirs du pouvoir que Chakib Khelil a été envoyé en mission en Algérie par le gouvernement américain et la Banque mondiale pour procéder à la privatisation du secteur pétrolier et, qu'une fois le travail terminé, il reviendrait à Washington où sa famille vit toujours.

Malgré cette offensive tous azimuts, le ministre de l'Énergie aura certainement de grosses difficultés à faire approuver son projet par le Parlement. En dehors du clan Bouteflika, ils ne sont pas nombreux à le soutenir. Parmi les partis politiques, le RND affirme par la voix de son secrétaire général Ahmed Ouyahia qu'il ne voterait pas cette loi. Connaissant les liens de ce dernier avec le DRS, on peut donc dire que les services de renseignement sont contre. Il existe une forte opposition au projet même au sein du FLN, le parti du Président. Il se murmure que le ministre de l'Intérieur et ami du Président, Yazid

Zerhouni est lui aussi contre ce projet. L'auteur de ces lignes s'honore d'avoir publié dans des journaux arabophones et francophones une étude approfondie de l'avant-projet, qui a permis d'attirer l'attention du lecteur sur les dangers qu'il causerait dans un secteur vital pour le pays et d'expliquer aussi la misère dans laquelle tomberait le peuple algérien si l'on devait lui arracher la propriété de ses hydrocarbures pour la transférer aux multinationales. L'étude rappelle que Chakib Khelil avait imposé à l'Argentine, lors de son passage à la Banque mondiale un traitement identique de ses richesses pétrolières, plongeant ainsi le peuple argentin dans une paupérisation extrême et causant de graves désordres sociaux dans le pays. La réaction de l'UGTA a été la plus violente et pratiquement la seule qui pourrait faire barrage à l'adoption de cette loi. Le secrétariat général de la centrale syndicale a tenu une série de réunions avec Abdelhamid Temmar, ministre des Privatisations au cours desquelles ce dernier a exposé son programme. Sonatrach ne figurait certes pas dans la liste des entreprises que le gouvernement envisage de privatiser, mais était dans tous les esprits. Le secrétariat général de l'organisation s'est présenté à ces réunions après la tenue d'une session extraordinaire de son conseil exécutif national qui l'a mandaté pour arrêter toutes les mesures qui permettraient de stopper ces réformes, y compris la grève générale. Au lendemain de ces réunions, le ministre annonçait une volte-face extraordinaire à savoir qu'il ne *"travaillait plus sur le programme de la Banque mondiale."*

L'importance de l'UGTA sur l'échiquier sociopolitique algérien n'est plus à démontrer; c'est un des piliers du régime. En 47 ans d'existence, elle n'a déclenché que 4 mouvements de grève, dont celui qui a eu lieu les 25 et 26 février dernier, ce qui en souligne l'extrême importance. C'est le 17 février, lors d'une réunion regroupant le secrétariat exécutif, les secrétaires de wilayas et les responsables des fédérations de la centrale syndicale que fut décidée cette grève générale qui concernait tout le territoire national. C'est tout l'appareil économique du pays qui a été à l'arrêt durant ces deux jours, à l'exception de trois secteurs d'activité, le secteur pétrolier, celui de la santé et le transport aérien; encore que pour ce dernier, seuls les avions destinés à ramener les pèlerins de La Mecque étaient autorisés à voler. Parmi les raisons officiellement invoquées par l'UGTA pour justifier la grève figurent le rejet du projet de loi sur les hydrocarbures et la confirmation de son retrait ainsi que le refus d'un programme de privatisation unilatéralement invoqué, deux questions qui, selon les termes mêmes des communiqués publiés par la centrale syndicale, relèvent du champ de compétences de *"ministres qui font partie du clan du Président"*. En réponse à la question d'un journaliste qui lui demandait si ce n'était pas le Président qui était visé par cette mise en cause, le secrétaire général Abdelmadjid Sidi Saïd a répondu oui et a rajouté que la politique que menaient ces ministres était mauvaise, car elle défend des intérêts autres que ceux de l'Algérie et que certains avaient les pieds à Alger et la tête à Washington, une allusion claire aux orientations que dicteraient l'administration américaine, la Banque mondiale et l'Organisation mondiale du commerce à Chakib Khelil et Abdelhamid Temmar. Il n'a, par contre, à aucun moment mis en cause l'action du Premier ministre Ali Benflis. Il a même laissé plutôt transparaitre à travers ses différentes déclarations qu'il le soutenait. Souvenons-nous, par ailleurs, qu'en avril 1999 l'UGTA avait fermement soutenu Abdelaziz Bouteflika et approuvé son programme qui prévoyait la privatisation des entreprises publiques. Le fait que le secrétaire général opère aujourd'hui un virage à 180° et met aussi nettement en cause le Président lui-même indique clairement qu'il a reçu des ordres de la part des généraux qui veulent faire comprendre à Bouteflika qu'ils ont choisi leur candidat pour l'élection présidentielle de 2004 et que ce candidat sera Ali Benflis. La rumeur tenace qui circule actuellement dans les rues d'Alger, qui a été reprise par une partie de la presse algérienne et même française, selon laquelle Bouteflika serait sur le point de limoger son Premier ministre, vient confirmer cela. Qui va sortir vainqueur du bras de fer qui oppose les deux clans du pouvoir ? Il est trop tôt pour le dire. Les généraux vont-ils aller jusqu'au bout de leur logique et s'opposer à un deuxième mandat de Bouteflika ? On ne le saura pas avant la fin de l'année au moins. D'autant plus que la réponse dépend de plusieurs facteurs et intervenants. Les Janviéristes ont décidé de confier les rênes de l'État à Bouteflika en avril 1999 parce qu'ils ont considéré qu'il était le plus apte à leur garantir l'impunité en obtenant entre autres la protection des grandes puissances, des États-Unis notamment, ce qu'il a obtenu en passant le deal honteux que l'on sait avec George W. Bush en novembre 2001. Pourquoi veulent-ils remettre en cause les termes de ce contrat aujourd'hui ? Parce que les clauses de la loi sur les hydrocarbures sont telles que le contrôle du secteur pétrolier passerait entre les mains des multinationales et du clan Bouteflika. Si cette loi entrait en vigueur, eux perdraient gros, tant au plan du pouvoir qu'au plan financier. Ils cesseraient d'être les faiseurs de rois, tout comme ils cesseraient de percevoir les commissions faramineuses que leur consentent ces mêmes multinationales. Ils jouent cependant gros en adoptant une telle conduite. Qu'adviendrait-il, en effet, si les Américains venaient, de leur côté, à revenir sur leurs engagements ? C'est pour éviter que cela ne se produise qu'ils devaient démontrer à ces derniers qu'ils étaient contraints et forcés à un tel revirement. Il leur fallait démontrer à leurs partenaires outre-Atlantique combien était sérieuse la menace de l'UGTA qui envisageait une grève générale pour faire plier le pouvoir et que les 4 millions de salariés qui s'étaient prononcés pour Bouteflika en avril 1999 risquaient de voter pour un autre candidat en 2004. Cette même menace était destinée à faire comprendre au président de la République également qu'il devait choisir entre le fauteuil présidentiel et une nouvelle traversée du désert. Cette manoeuvre machiavélique facilitait dans une certaine mesure la tâche de ce dernier, puisqu'elle lui fournissait un argument imparable à évoquer à ses interlocuteurs.

CHAPITRE III

La nouvelle stratégie de l'ANP et la guerre en Irak

Durant tout le mois de février, l'armée a beaucoup fait parler d'elle-même; elle a lancé une grande campagne de communication qui n'est probablement que le début de quelque chose de beaucoup plus important. C'est une nouvelle stratégie politique, élaborée dans le cadre d'un accord secret ou tacite avec les États-Unis, mais certainement en concordance avec ce que le pouvoir imagine être les intérêts américains dans la région, qui est en train de se mettre en place. Toutes les composantes du pouvoir (présidence de la République, État-major de l'armée, DRS) sont, pour des raisons propres à chacune d'entre elles, d'accord pour faire basculer plus ou moins complètement l'Algérie dans le giron américain.

Cela a commencé quand on vit pour la première fois l'ANP ouvrir ses portes au grand public. Le chef d'état-major le général Mohamed Lamari avait alors lancé des invitations à des journalistes et des parlementaires pour une visite de la base centrale logistique de l'armée (BCL) de Beni Mered. Cette base a été créée au début des années 1970 par la compagnie nationale des pétroles, Sonatrach et a, durant longtemps, servi à l'entretien du gros matériel pétrolier. L'armée y faisait entretenir ses hélicoptères et y faisait fabriquer certaines pièces de rechange pour ses avions et chars. Elle a été transférée par ordonnance présidentielle à l'armée en 1976. Ses activités sont aujourd'hui centrées sur l'entretien et la fabrication de matériels militaires et sur la fourniture de prestations identiques à des entreprises publiques. Jamais ni la presse, ni des parlementaires, ni une délégation commerciale quelconque, nationale ou étrangère, n'ont été autorisés à visiter cette base. Seule la télévision publique algérienne a eu le droit de filmer quelques images, à la demande de l'armée, pour des opérations de propagande. Ceci pour dire combien est importante cette visite inédite et qu'elle s'inscrit dans la nouvelle stratégie d'ouverture de l'armée sur le monde. À la tête de la délégation parlementaire qui a visité la base était le colonel Abdelhamid Latrèche, président de la commission de défense du Sénat. Le colonel Latrèche a été le créateur de cette activité au sein de l'armée, alors qu'il occupait le poste de secrétaire général du ministère de la Défense du temps où Houari Boumediene était président et ministre de la Défense. Pourquoi une telle visite ? Dans une allocution prononcée devant les journalistes, le colonel Latrèche a fait remarquer que *"la présence en ces lieux d'une délégation de parlementaires et de journalistes est un acte hautement symbolique et pédagogique"* et que *"cette incursion dans le champ de l'armée et de la Défense nationale témoigne de la marche résolue de l'institution militaire vers la modernité et sa disposition remarquable à l'établissement d'échanges et à la coopération."* Tout est dit à travers cette phrase. Souvenons-nous que le général Mohamed Lamari avait lancé cette politique d'ouverture de l'ANP sur le monde afin de rompre avec l'image de putschiste et d'antidémocratique qu'elle avait.

Une semaine plus tard, d'autres journalistes ont été conviés à visiter la base aérienne de Boufarik. Lors de la visite, le commandant de la base se contenta de lire aux journalistes présents l'ordre du jour aux troupes transmis par le commandant des forces aériennes, le général-major Mohamed Benslimane, dans lequel ce dernier soulignait *"qu'à terme l'armée algérienne participerait à des opérations de maintien de la paix et à des actions humanitaires en Afrique; que les capacités de l'ANP sont importantes au point même de dépasser celles de certains pays membres de l'OTAN et que des unités algériennes intégreraient celles de l'OTAN ... "* C'est une véritable offre de service que fait le commandant des forces aériennes au haut commandement de l'OTAN. En réalité, cette offre est adressée aux États-Unis, car il en est ainsi dans son esprit, comme dans celui de tous les généraux algériens d'ailleurs; quand ils disent OTAN, ils pensent États-Unis. D'autre part, le choix des mots utilisés (réforme, démocratie, modernisation, professionnalisme), inhabituels dans la bouche de militaires algériens, est là pour montrer le sérieux de l'offre et pour confirmer que des changements stratégiques profonds sont en cours à l'intérieur de l'armée.

Le troisième message que l'armée veut faire passer aux partenaires étrangers nous vient du DRS qui a lancé une campagne médiatique en faisant publier par *El Watan* trois articles au travers desquels le journal se pose la question *"Le DRS est-il le pouvoir ?"* Il conclut en se posant une autre question : *"Le retrait annoncé de l'ANP de la vie politique, le retour aux missions constitutionnelles, la professionnalisation des forces armées, vont-il imposer une reconfiguration du rôle du DRS ? Rien n'est encore sûr. Car tout le monde, classe politique comprise, semble installé dans le confort du statu quo. Et du blocage."* En d'autres termes, le DRS est pour le changement, mais ce sont les autres, les politiciens - comprendre Bouteflika et son clan - qui ne suivent pas.

L'appel du pied aux Américains a été réitéré lors d'une autre visite, début mars, à la base aérienne de Biskra. Le protocole suivi a été en tous points identique à celui auquel on eut droit à Boufarik un mois plus tôt, avec cependant une petite nouveauté; la conférence de presse de fin de visite fut, en effet, animée par le responsable de la cellule de communication de l'armée de l'air qui a repris le refrain que l'on entend souvent, à savoir que " *... toutes les* *armes de l'ANP seront professionnalisées afin de permettre demain l'intégration de l'armée algérienne dans des opérations de maintien de la paix sous l'égide de l'ONU, de l'Union africaine ou de l'OTAN."* Souvenons-nous que les responsables de ces cellules, au nombre de 26, ont été formés en collaboration avec l'armée américaine.

À entendre les différents responsables militaires, la professionnalisation de l'armée a donc pour seul but son intégration dans des opérations extérieures, encadrées par les Nations Unies ou l'OTAN. C'est bien la preuve qu'au sein du pouvoir, on souhaite ardemment que l'Algérie soit admise au groupe du "Partenariat pour la paix", dont font partie un certain nombre de pays de l'Est. Mais pourquoi insister autant sur ce sujet la veille de la guerre de George W. Bush contre l'Irak ?

Cette guerre que l'on savait imminente a été déclenchée le jeudi 20 mars. Elle a fait ressortir l'énorme fossé qui existe entre le peuple et le pouvoir. La position officielle algérienne a été présentée dans un communiqué du ministère des Affaires étrangères, dans lequel le gouvernement déplore, mais ne condamne pas, constate que le recours à la force n'a pas été autorisé par le Conseil de sécurité des Nations Unies et qu'il ne remplit pas les conditions de légalité et de légitimité que requiert le système de sécurité collective dont s'est dotée la communauté internationale. Il rappelle que cette guerre a des objectifs qui vont au-delà de la résolution 1441 du Conseil de sécurité. Plus loin il se contente de déplorer l'arrêt des efforts diplomatiques, d'appeler à la cessation immédiate des actes de guerre et au retour aux moyens pacifiques de règlement des conflits. Il souligne certes que l'indépendance, la souveraineté et l'intégrité territoriale de la République irakienne doivent être respectées, et que c'est là un précédent d'une gravité exceptionnelle, mais ne mentionne nulle part le nom de l'auteur de ce précédent. Face à la réaction du peuple qui exigeait une plus grande fermeté de la part de ses dirigeants, le gouvernement a fini par autoriser les marches de protestation dans 47 wilayas, mais pas à Alger, tandis que le ministre des Affaires étrangères reconnaissait la mollesse de la position de son gouvernement et faisait acte de contrition devant les députés : *"N'ayez pas honte de la position algérienne"*, leur dit-il.

La réaction des partis d'opposition et du peuple furent toutes autres. La plus violente vint du parti des Travailleurs et de sa secrétaire générale, Louisa Hanoune qui s'en alla jusqu'à faire part de sa crainte que l'Algérie ne fasse partie des 15 pays membres de la coalition, mentionnés par Colin Powell, qui ne se sont pas ouvertement déclarés. Les députés et ministres du MSP, d'El Islah et du PT organisèrent une marche de protestation en direction de l'ambassade des États-Unis. Face à la pression populaire, le président de l'Assemblée nationale rendit visite à l'ambassadeur d'Irak à Alger, en réponse à la demande américaine de renvoi des diplomates irakiens, sachant que c'est l'Algérie qui représente les intérêts irakiens aux États-Unis. Les journalistes présents lors de cette visite constatèrent que de nombreux citoyens étaient venus demander des visas d'entrée en Irak pour aller combattre aux côtés des forces irakiennes, bien que ne possédant pas tous les moyens de payer leur voyage.

À noter le cas de ce coiffeur oranais qui a vendu sa boutique pour payer son voyage. D'autres volontaires ont rejoint l'Irak via la Syrie où ils sont reçus par l'ambassade d'Irak à Damas qui, à partir de là, les prend en charge et les achemine par la route vers Bagdad. Il y aurait quelques médecins et ingénieurs parmi eux; le général à la retraite Khalifa Rahim, qui a déjà combattu lors de la guerre d'octobre 1973 auprès de l'armée égyptienne, s'est porté volontaire. Il y a lieu enfin de signaler les nombreuses marches et manifestations de solidarité organisées spontanément par des citoyens, qui toutes se terminent par des affrontements avec la police et au cours desquelles l'action de l'État est conspuée beaucoup plus que l'invasion américaine elle-même.

CHAPITRE IV

La dernière ligne droite avant la présidentielle de 2004

Quatre ans déjà, quatre ans qu'Abdelaziz Bouteflika est président de la République. Il veut bien entendu refaire un mandat à la tête de l'État. Quels arguments peut-il invoquer pour emporter l'adhésion des généraux Janviéristes et éventuellement celle des électeurs algériens ? Aura-t-il assez d'une année pour ce faire ? La période semble longue; néanmoins toute la classe politique ne parle que de cela, ne pense qu'à cela, n'agit qu'en fonction de cela, tout en affirmant officiellement ou face aux médias qu'il est encore tôt pour parler de l'élection présidentielle. Quant à Bouteflika, il est obnubilé par sa réélection; tous ses actes sont et seront de plus en plus dictés par cette échéance. Il est prêt à faire toute concession, toute entente - même avec ses plus grands ennemis - à écraser tout ce qui lui barrerait le chemin, à sacrifier les intérêts du pays au bénéfice de son ambition. Mohamed Chérif Messaadia, ne disait-il pas de lui que Bouteflika c'est d'El Mouradia à El Aalia ?

C'est lors de la visite de Jacques Chirac en Algérie, début mars, qu'interviewé par Jean-Pierre El Kabbach, il annonçait à mots couverts son intention de solliciter un second mandat en déclarant qu'il était prêt à servir uniquement son pays. Dans un entretien accordé plus tard au journal *Le Jeune Indépendant*, à l'occasion de son quatrième anniversaire à la tête de l'État, il confirmait et signait : *"Des étapes importantes ont été franchies. Beaucoup de travail reste à accomplir. Je veillerai à ce que l'action se poursuive jusqu'à son terme."* Dans un tout autre pays que l'Algérie, ç'aurait été les challengers éventuels qui se seraient les premiers lancés dans la bataille électorale. Ici on attend que le tenant du titre se prononce, avant de voir apparaître des "vrais" candidats, où que les faiseurs de rois propulsent des lièvres dans l'arène électorale.

Lors de la campagne pour la présidentielle d'avril 1999, Abdelaziz Bouteflika avait promis, qu'une fois élu il ramènerait la paix au pays, qu'il lutterait contre la corruption, la bureaucratie et l'enrichissement illicite, qu'il lancerait un programme de développement pour endiguer le chômage, qu'il replacerait l'Algérie dans le concert des nations et qu'il redonnerait sa fierté au citoyen algérien. Qu'en est-il quatre ans après ? Le premier chantier qu'il lança, dès son installation à la tête de l'État, fut celui de l'instauration de la paix. Il entreprit de donner une couverture politique à l'accord passé entre le DRS et l'AIS; c'était la loi sur la Concorde civile qui fut massivement votée par le Parlement, puis adoptée par référendum. Elle eut pour effet que quelque 5 000 maquisards de l'AIS déposèrent les armes et revinrent à la vie civile. Pour obtenir un tel résultat, il dut cependant faire deux entorses, à savoir prolonger l'application de la loi au-delà de la date limite et accorder la grâce présidentielle même à ceux qui avaient commis ou participé à des crimes de sang. De peur de s'aliéner la nomenklatura militaire, il n'osa cependant pas aller jusqu'au bout du processus, en ne mettant pas en application le volet politique de l'accord DRS-AIS qui prévoyait la libération des leaders du FIS et la réhabilitation, sous une forme à déterminer, du parti dissout. Le but affiché de la loi, celui de faire cesser les actions terroristes, ne fut cependant pas pleinement atteint, puisqu'il existe encore une certaine insécurité dans le pays : 11 000 personnes, en majorité des militaires, ont trouvé la mort lors des quatre dernières années.

Toujours sur le plan de la paix civile, il est un autre dossier que Bouteflika n'a pas été en mesure de régler, celui des disparus, dont on évalue le nombre, selon les sources, entre 7 000 et 12 000 et qui ont, en majorité, été enlevés puis tués par les services secrets. Il n'a pas été en mesure d'imposer à ces services de fournir aux familles l'information qu'elles requièrent, à savoir si leurs proches sont morts ou encore en vie et qu'on leur remette les corps. Quant à prendre des sanctions contre les auteurs de ces crimes ou à déclencher des enquêtes pour faire la lumière sur chaque cas, il n'en a jamais été question. À une vieille dame qui le harcelait de questions, lors d'une réunion publique, sur le sort de son fils disparu, Bouteflika dut avouer son impuissance: *"Cessez de m'interpeller sur ce sujet ! Ces disparus ne sont pas dans ma poche ! D'ailleurs, mon propre neveu a également disparu, nous n'avons pu récupérer que son passeport."*

Deux points positifs sont cependant à mettre à son crédit dans ce domaine. Le premier est qu'il a rendu l'Algérie plus "fréquentable" en ouvrant la porte du pays aux ONG chargées de la défense des droits de l'Homme; depuis quatre ans, Amnesty International, Human Rights Watch, la Fédération Internationale des Droits de l'Homme et d'autres encore ont effectué plusieurs visites en Algérie. Le second point est qu'il a réussi, grâce à des coups de boutoir répétés, à casser un tabou, celui de l'armée, dont il ne fallait jamais dire du mal. Aujourd'hui, les citoyens, les partis politiques ou la presse parlent plus librement des exactions qu'elle a commises et osent critiquer les méthodes qu'elle utilise, ce qui était impensable du temps de Zeroual.

Il y a quatre ans, Bouteflika avait promis qu'il lutterait contre la corruption. Était-il réellement sincère ? Quand on connait le personnage, son avidité pour le pouvoir et pour l'argent aussi, et quand on sait que la raison principale pour laquelle les Janviéristes cherchent à se maintenir au pouvoir, c'est la démultiplication de leurs fortunes, au point qu'ils n'ont pas hésité à assassiner un autre Président qui leur avait cherché "des poux dans la tête" à ce sujet, on pouvait se douter qu'il ferait le contraire de ce qu'il avait promis. C'est exactement ce qu'il s'est passé. L'enrichissement illicite a, en effet, atteint des sommets insoupçonnables depuis l'arrivée d'Abdelaziz Bouteflika au pouvoir, qui a fait de la corruption son outil pour gouverner.

On savait depuis longtemps que les généraux et certains barons de l'affairisme avaient vu leurs comptes en banque gonfler depuis l'avènement de la violence. On n'avait, cependant jamais noté une "réussite" aussi brillante que celle de ce jeune pharmacien Rafik Abdelmoumène Khalifa qui, depuis l'arrière-boutique de sa pharmacie à Chéraga, où il faisait du conditionnement de produits pharmaceutiques, avait constitué un empire financier, en très peu de temps. On découvre aujourd'hui que le groupe Khalifa a été une énorme machine à laver l'argent sale des généraux, qu'il était de fait dirigé par une mafia à la tête de laquelle se trouve le général Belkheir. C'était aussi une énorme cagnotte mise à disposition de tous ceux qui gravitent à l'intérieur et autour du pouvoir, à commencer par les frères du président de la République. Il est évident que cette réussite fulgurante n'est ni le fruit du hasard ni le résultat de l'intelligence hors norme d'un jeune entrepreneur englué dans le magma de la bureaucratie algérienne. Rafik Khalifa est certes le fils d'un "ex-malgache[4]" Laroussi Khalifa, mais ceci n'explique pas cela. On vient d'apprendre qu'un nouveau scandale est venu alourdir ce dossier; l'administrateur provisoire de la Khalifa Bank, Mohamed Djellab, désigné par le gouvernement a découvert que plusieurs sociétés ou organismes publics avaient déposé des fonds auprès de cette banque, des fonds donc perdus à jamais, suite à la faillite de la banque. Parmi ces organismes se trouvent la Caisse de sécurité sociale, l'OPGI (Organisme de promotion et de gestion immobilière), la mutuelle de l'agriculture, une compagnie d'assurance, des entreprises publiques et privées, etc. Ces fonds sont estimés entre 100 et 600 milliards de dinars (l'équivalent de 1,5 à 8 milliards de dollars). Ce sont donc les cotisations sociales de millions de salariés des secteurs agricole et industriel qui ont disparu, les dépôts effectués par des millions de salariés également qui rêvaient de devenir un jour propriétaires de leur toit, qui se sont évaporés. À la suite de quoi, Khalida Toumi, ministre de la Culture et de la Communication et porte-parole du gouvernement - dans les faits, porte-parole de Bouteflika - déclare : *"Qui a donné des injonctions aux responsables des entreprises publiques ? Peut-on recevoir des instructions verbales aussi graves ?"* Elle reconnait donc qu'il y a eu des instructions verbales et des injonctions. Que fait Bouteflika après cela? Rien. Il attend que l'affaire se tasse. Il va même chercher à l'étouffer, vu que ses propres frères y sont impliqués. L'important pour lui c'est, pense-t-il, qu'il ait piégé les généraux, et cela lui suffit. Il les a laissé tremper le doigt, voire plus, dans le pot de miel, il détient donc des preuves de leur participation à la razzia qu'ils ont opérée sur le bien public, des preuves qu'il pourrait leur jeter, un

[4] Les Algériens appellent "malgaches" tous ceux qui ont travaillé au sein du MALG, ancêtre de la Sécurité militaire et du DRS.

jour à la figure, si nécessaire. Que de pauvres bougres de salariés en aient fait les frais, il n'en a cure.

CHAPITRE V

Quid des réformes promises ?

C'est dans le domaine économique qu'Abdelaziz Bouteflika avait le plus de chances de réussir; le choix des hommes en charge des dossiers était très judicieux. Les trois technocrates qu'il avait retenus étaient bons chacun dans son domaine : Abdellatif Benachenhou pour les Finances, Abdelhamid Temmar pour le programme de privatisation et Chakib Khelil pour l'Énergie. Il a cependant échoué en raison de l'absence d'esprit décisionnel qui le caractérise et du fait qu'il jauge toute décision qu'il prend à l'aune du bénéfice personnel qu'il pense en tirer; les liens trop étroits que les trois ministres en question entretiennent avec les sphères dirigeantes américaines ou celles de la Banque mondiale, ainsi que leur méconnaissance totale du milieu politique algérien sont d'autres raisons qui expliquent l'échec. Au plan organisationnel, la propriété des entreprises publiques qui devait être transférée des holdings d'État vers ce que l'on a appelé les sociétés de gestion des participations (SGP), afin de faciliter le passage vers l'économie de marché, a eu pour résultat final l'inverse de ce que l'on en attendait, car les SGP ayant moins de marge de manoeuvre que les holdings, sont devenus plutôt des freins à la privatisation. De même, la modernisation du système bancaire qui devait faciliter l'investissement des nationaux ou des étrangers n'a pas eu lieu. Au point que le traitement très administratif et bureaucratique des demandes de crédit, auquel se sont rajoutés les énormes retards pris dans la création de zones industrielles ont fait que plus de 30 000 dossiers de création de petites et moyennes entreprises sont bloqués. Il faut noter aussi que l'opposition de la centrale syndicale UGTA à la politique de privatisation à la hussarde menée par Abdelhamid Temmar, qui a pour cette raison déclenché une grève nationale de 2 jours, a amené Bouteflika à faire marche arrière dans l'espoir d'amadouer les syndicalistes et qu'ils ne s'opposent pas au renouvellement de son mandat à la tête de l'État. C'est la parfaite illustration que toutes ses actions ont et auront de plus en plus pour seul objectif sa réélection. On a constaté le même état d'esprit lors du récent retrait en catimini de la loi sur les hydrocarbures qui est actuellement gelée. Par chance pour lui, l'invasion de l'Irak par les États-Unis a rendu la mainmise de ces derniers sur les richesses du sous-sol algérien moins urgente.

D'autres réformes, annoncées en 1999, sont également restées lettre morte. La réforme de la justice, dont l'étude avait été confiée à une commission présidée par le professeur Mohand Issaad, éminent juriste de renommée internationale. Cette commission créée et installée en fanfare en 2000 a terminé ses travaux et remis son rapport au président de la République au bout de six mois. Depuis, plus rien. La commission de réforme des missions et structures de l'État, présidée par Missoum Sbih directeur de l'École nationale d'administration, a elle aussi remis ses conclusions voilà deux ans. Depuis son rapport dort quelque part au fond d'un tiroir à la présidence de la République. Il y a enfin la réforme de l'enseignement, étudiée elle aussi par une commission présidée par Djamel Benzaghou, recteur de l'université d'Alger, dont l'application est reportée, depuis deux années, d'une rentrée scolaire à l'autre.

Le gros point positif du bilan de quatre années d'exercice du pouvoir par Abdelaziz Boouteflika est celui de l'habitat. Il a introduit dans la législation la notion de location-vente dans l'immobilier, une notion inconnue jusque-là en Algérie. Cette disposition a permis la construction par les services de l'État de logements dont les premières tranches seront livrées aux futurs propriétaires juste à temps, avant le scrutin de l'année prochaine. Les services de l'État et ses hérauts font un grand tapage médiatique sur la réussite enregistrée dans ce domaine et encense Bouteflika et son équipe pour le succès du plan de soutien à la relance économique (PSRE). Il s'agit d'une enveloppe financière de 525 milliards de dinars - l'équivalent de 7 milliards de dollars - destinée au lancement d'un plan triennal de développement, en vue de l'amélioration du cadre de vie dans les zones défavorisées et de l'amorce du développement économique du pays, par la mise en place d'un environnement propice aux investissements. Ils attribuent à ce plan la création en 15 mois (septembre 2001 à décembre 2002) de 457 431 emplois, dont 222 141 permanents et 233 290 temporaires. Ils disent également qu'il aurait contribué à atteindre un taux d'accroissement du PIB de 4,2% en 2002, contre 3% en 2001. La cause essentielle de la nette amélioration de la situation économique du pays reste cependant la bonne tenue des prix du pétrole et la très bonne production agricole, grâce à une pluviométrie record, enregistrées toutes deux depuis 1999.

CHAPITRE VI

La campagne électorale ne sera pas un long fleuve tranquille

Alors que l'on pensait que le scrutin de 2004 serait une pure formalité pour Bouteflika, voilà que de gros nuages s'accumulent au-dessus de sa tête; il lui faudra faire preuve de complète soumission aux généraux pour prétendre à ce second mandat dont il rêve. Il a devant lui deux gros os qui lui barrent le chemin qui mène au Palais d'El Mouradia, la Kabylie et l'apparition d'un sérieux outsider, le Premier ministre Ali Benflis.

La Kabylie, voilà un problème qui n'existait pas avant l'arrivée de Bouteflika au pouvoir. La revendication identitaire et la reconnaissance de la langue amazigh ont certes, de tout temps, fait partie des demandes de la population kabyle. Elles n'ont cependant jamais été exigées avec autant d'acuité que durant son quinquennat et n'ont surtout pas atteint un tel degré de violence et de pourrissement, une situation dont il est totalement responsable. C'est lui qui a excité les Kabyles et provoqué leur réaction en déclarant, lors d'une visite à Tizi Ouzou en 1999, que tant que lui sera là *"le tamazight ne sera jamais, jamais, jamais, reconnu comme langue nationale"*, avant de rajouter : *"J'ai toujours pensé que vous étiez des géants; en réalité vous n'êtes que des nains."* Ces deux affirmations, le ton péremptoire utilisé et la manière hautaine avec laquelle il a traité les populations locales ont provoqué le courroux et le désir de vengeance de ces populations. Le terrain était devenu favorable à l'explosion; l'assassinat d'un jeune citoyen, dans une gendarmerie, suite à une bavure, puis l'intervention du DRS qui a attisé encore plus le feu qui couvait, ont fait le reste. Il en est résulté des émeutes violentes qui durent depuis deux années et qui ont causé la mort de 159 personnes et fait plus d'un millier de blessés. Comment a-t-il géré cela ? De manière catastrophique. Il a jugé, comme il le fait souvent, que s'il laissait l'affaire pourrir elle disparaitrait d'elle-même, que les émeutiers se lasseraient et qu'ils seraient lâchés par la population. Hélas pour lui et pour le pays surtout, ces calculs se sont avérés erronés. Certes les émeutiers se sont fatigués, des fissures sont apparues dans le mouvement des aarouchs, mais leurs revendications sont toujours là; même si la population n'est pas toujours d'accord avec les manifestants, elle soutient quand même largement leurs demandes. La mauvaise appréciation de la situation de la part de Bouteflika, son aveuglement politique, ses calculs d'apothicaire et son entêtement ont créé une fissure et causé un gros traumatisme au sein du peuple. Ce qui est surtout beaucoup plus grave, c'est que l'on a vu apparaitre, pour la première fois en Kabylie, un mouvement séparatiste dont l'influence va grandissante. Si cela devait, un jour, déboucher sur une sécession de la Kabylie, il en serait le seul responsable devant l'Histoire.

Depuis la nomination par Abdelaziz Bouteflika d'Ali Benflis au poste de Premier ministre, les relations entre les deux hommes s'en sont allées de mal en pis. Elles se sont particulièrement détériorées ces derniers temps jusqu'à aboutir au limogeage du Premier ministre. Les choses se sont cristallisées à partir du moment où Benflis est sorti grand vainqueur du dernier congrès du FLN. C'est ce qu'il ressort en tous cas de la lettre ouverte adressée aux militants du parti par un homme du Président, le ministre de l'Agriculture Saïd Barkat, qui accuse Ali Benflis d'avoir lancé une OPA sur le FLN. Au même moment le clan présidentiel a propagé une rumeur selon laquelle ce dernier avait mis le parti en ordre de marche pour soutenir sa candidature à l'élection présidentielle de 2004. On a même entendu des membres des comités de soutien au programme du président de la République l'accuser de traitrise envers Bouteflika. La nervosité qui prévalait déjà depuis quelque temps dans les rangs du clan présidentiel s'affiche dorénavant sur la place publique. Le clan a, en effet, constaté que le secrétaire général de l'UGTA avait, en maintes occasions, fait l'éloge de Benflis, soutenu son action et tenté de le dissocier du chef de l'État, en imputant à ce dernier et à ses hommes, les mesures impopulaires telles que la loi sur les hydrocarbures et le programme de privatisation des entreprises publiques. Il a aussi enregistré que les militaires ont annoncé, par la bouche du chef d'état-major lui-même, suivi en cela par d'autres hauts responsables de l'armée, que celle-ci serait neutre lors du scrutin présidentiel. Bouteflika et son entourage ont compris que l'ANP ne le supporterait pas en 2004.

Puis est arrivée la guerre en Irak. Durant plusieurs jours le pouvoir est resté totalement muet sur la question, empêchant même toute expression populaire. Ce n'est qu'au bout d'une dizaine de jours qu'il a autorisé des marches de soutien - partout sauf à Alger -, dont celle d'Oran à laquelle a participé Benflis en sa qualité de secrétaire général du FLN. C'était la goutte qui allait faire déborder le vase. Particulièrement vexé que son Premier ministre ait ainsi manifesté publiquement son désaccord sur la position officielle, Bouteflika s'en est démarqué en faisant une déclaration très remarquée à la télévision sur les *"relations très privilégiées de l'Algérie avec les États-Unis d'Amérique et la Grande-Bretagne",* des relations qu'il comptait préserver coûte que coûte et défendre ainsi les intérêts du pays. On a alors compris que cet état de tension ne durerait pas encore longtemps et que le divorce n'était plus très loin. Il fut consommé quelques jours après lors d'une discussion orageuse entre les deux hommes au cours de laquelle il fut décidé que Benflis quitterait son poste dès son retour de Mauritanie, le 17 avril, après sa visite officielle à ce pays. Il a été envisagé que ce dernier présenterait sa démission aux alentours du 19/20 avril et que dans le cas où il ne le ferait pas, Bouteflika le relèverait de ses fonctions. La nouvelle s'est aussitôt propagée comme une trainée de poudre; puis Ali Benflis annonçait depuis Nouakchott, lors d'une longue conférence de presse, dédiée presque uniquement à cette question : *"Je n'ai pas l'intention de démissionner ... Je conduis un gouvernement qui applique le programme du président de la République qui a eu l'aval du Parlement."* Pourquoi nier ainsi ce qui était devenu un secret de Polichinelle ? Pourquoi Bouteflika est-il resté muet sur l'affaire ? Pourquoi n'a-t-il pas pris la décision qu'il était censé prendre instantanément, celle de limoger son Premier ministre ? Pour Benflis il aurait été, pour un tas de raisons, préférable qu'il soit limogé. Calculateur, rusé et manoeuvrier Bouteflika a compris qu'il ne fallait surtout pas se précipiter à prendre cette décision qui lui aurait créé beaucoup plus d'inconvénients que d'avantages. Il a jugé que s'il réussissait à priver Benflis de ses soutiens, ce dernier tomberait de lui-même comme un fruit mûr. Quels sont ces soutiens ? Le FLN et la nébuleuse qui gravite autour du chef d'état-major. Quant au secrétaire général de l'UGTA, il entrainera certainement son organisation dans le sens du vent.

Chez les militaires, le centre de décision est au DRS. Or, dans les rangs des Janviéristes, Larbi Belkheir, Tewfik Mediène et Mohamed Touati, dit El Mokh, ne sont absolument pas convaincus que le deal passé par Bouteflika avec George W. Bush au lendemain du 11 septembre continuerait à tenir avec Ali Benflis aux commandes. Tous les trois semblent penser que la réaction de Mohamed Lamari vis-à-vis de Bouteflika est plutôt épidermique. Ils ne comptent cependant pas lui donner pour autant leur feu vert pour un nouveau mandat sans contrepartie. Il n'a, quant à lui, pas d'autres issues que de se plier à toutes leurs exigences, s'il veut rester au pouvoir. Ce qu'il va certainement faire. Va-t-il tenter, par ailleurs, de creuser plus profondément le fossé qui sépare ces hommes du chef d'état-major ? Possible.

C'est finalement après une bonne vingtaine de jours de réflexion et de calculs que Bouteflika a décidé de crever l'abcès. Il a mis fin au vaudeville le 5 mai en recevant durant deux heures son Premier ministre et lui signifier qu'il était limogé. Moins de quatre heures après, il désignait Ahmed Ouyahia, leader du RND, chef du gouvernement, alors que ce parti n'a que 48 sièges à l'Assemblée nationale, contre 199 pour le FLN. Tout le monde sait qu'Ouyahia est l'homme des services et prétendant à la succession. Le fait qu'il ait accepté d'être à la tête d'un gouvernement, dont la durée de vie n'excédera pas la dizaine de mois qui nous sépare de l'élection présidentielle, signifie qu'un deal a été passé entre Tewfik et Bouteflika. Celui-ci a donc fait d'une pierre plusieurs coups: arracher le soutien du DRS à Benflis, créer un fossé entre le DRS et l'état-major et s'assurer le soutien du RND. Quant à la prise de contrôle du FLN, la tâche ne devrait pas être insurmontable. Pour le moment Benflis semble bien tenir les rênes du parti, sauf que les militants - ceux qui occupent des postes de responsabilité tout particulièrement - sont des opportunistes dans leur grande majorité. Ils retourneront très probablement leurs vestes dès que le clan présidentiel leur fera miroiter les privilèges qu'il leur concéderait. Ceci ne veut pas pour autant dire qu'Abdelaziz Bouteflika a gagné la partie. Les militaires lui mèneront certainement la vie dure jusqu'au bout. Ils ne lui renouvelleront leur "confiance" que s'il renonce à toute velléité de rébellion à leur encontre.

CHAPITRE VII

La saga du FLN

Une année avant l'élection présidentielle de 2004, le FLN, parti du pouvoir, est l'objet de toutes les convoitises des clans autrefois alliés au sein de la *cupola*. Bouteflika et Ali Benflis, son ex-Premier ministre, ex-directeur de campagne en 1999, s'affronteront lors du scrutin à venir. Ils s'arrachent le parti utilisant pour cela les moyens les plus illégaux, n'hésitant pas à donner aux citoyens algériens et au monde entier une image particulièrement laide de l'Algérie, d'eux-mêmes et de la manière dont ils gouverneront ce pays. Tout le monde sait qu'à l'image d'une confrérie ou d'une société secrète, le FLN a des représentants à tous les niveaux des structures gouvernementales, au sein de l'appareil économique, dans toutes les mosquées, d'où le combat de coqs auquel se livrent les deux hommes (l'expression est de Abdelhamid Mehri, ex-secrétaire général du FLN) pour le contrôle du parti, qui garantit à l'heureux bénéficiaire le poste de président de la République. C'est pourquoi le FLN a tenu, en cette année 2003, deux congrès, l'un en mars, un autre en octobre; il est fort possible qu'il en tienne même un troisième, si l'on en croit ce qui se murmure dans les instances du pouvoir.

Le premier, un congrès-surprise a eu lieu du 18 au 20 mars. Il était programmé depuis longtemps pour la fin juin. Puis sa date a été avancée dans le plus grand secret et annoncée tout juste cinq jours avant sa tenue. Il s'est, par ailleurs déroulé dans le black-out le plus complet. Les congressistes présents ont reçu pour consigne de ne fournir aucune information aux journalistes, de ne donner aucune interview; même le porte-parole du congrès, Abdelkrim Abada, avait pour consigne de ne répondre à aucune question des journalistes ne se rapportant pas aux points inscrits à l'ordre du jour des assises. L'ordre du jour lui-même était limité; aucune des grandes questions qui concernent le pays aujourd'hui n'a été étudiée. Rien sur les programmes politique, économique ou social du gouvernement, rien sur les réformes annoncées ou en cours, rien sur la Kabylie, rien sur l'élection présidentielle de 2004, rien sur la guerre en Irak. L'unique question discutée a été la réforme des statuts du parti, suivie de l'élection des nouveaux membres du comité central et de la réélection du secrétaire général. Il n'y a même pas eu, comme d'habitude, de réunion post-congrès du comité central pour l'élection des membres du bureau politique; ce sera, selon les nouveaux statuts, au secrétaire général de proposer une liste au comité central pour approbation. On a donc procédé à un toilettage des textes qui régissent le parti et à un très grand renforcement du rôle du secrétaire général. C'est une machine de guerre électorale qui a été mise en place et qui sera, le jour venu, à disposition du candidat retenu par le parti pour l'élection présidentielle. Le congrès a également désigné un chef incontesté, Ali Benflis. D'immenses pouvoirs lui ont été attribués; c'est lui qui nomme les représentants du parti au sein des différentes instances de l'État, c'est lui qui choisit les membres du bureau politique, il peut convoquer un congrès extraordinaire si cela s'avère nécessaire, il peut amender les statuts du parti, si la situation l'exige. Il a donc les pleins pouvoirs; il maîtrise tout l'appareil du FLN pour cinq ans. Il a été réélu à l'unanimité. Fait bizarre, sa candidature a été proposée par deux personnalités très proches d'Abdelaziz Bouteflika : Boualem Benhamouda, ex-secrétaire général du parti, qui a de très forts liens avec le président de la République, mais qui sait aussi être à l'écoute des généraux et El Hadi Khediri, son ami intime. Il faut enfin noter ce fait inattendu survenu lors du congrès, l'intervention très musclée du secrétaire général de l'UGTA, Abdelmadjid Sidi Saïd qui n'est pas allé par quatre chemins pour afficher son soutien total à Benflis et son rejet de Bouteflika. Du côté de ce dernier, on n'est évidemment pas resté les bras croisés, bien que la réaction soit pour l'instant plutôt timide, ce qui n'est pas du style de Bouteflika. Il attend certainement un moment plus favorable pour lancer ses troupes à l'assaut du FLN; il doit probablement aussi être à la recherche de la manière dont il évincerait Ali Benflis de la direction du parti. À l'heure qu'il est, c'est Yazid Zerhouni qu'il a chargé de la sale besogne. En sa qualité de ministre de l'Intérieur celui-ci menace de rejeter les résolutions du congrès. Comment peut-il le faire ? Il n'a légalement pas le droit d'intervenir dans les affaires internes d'un parti politique. Mais la légalité n'a jamais empêché le pouvoir de faire ce que bon lui semble. Dans l'attente des ordres de Bouteflika, Yazid Zerhouni a créé, au sein de son ministère, une commission spéciale chargée de la déstabilisation de Benflis et du FLN, dont il a confié la présidence à son secrétaire général, Moulay Guendil, un personnage au passé pas très net qui a été condamné et expulsé des États-Unis pour faux et usage de faux (il avait falsifié un dossier de demande de visa) et qui y est interdit d'entrée. Le fait important à signaler dans cet imbroglio, c'est cette directive fracassante de Zerhouni aux membres de la cellule anti-FLN : *"Je vous demande de ne plus faire confiance à Larbi Belkheir dans votre mission. Il était avec nous, mais je ne suis plus sûr qu'il le soit encore."*

Le second congrès, extraordinaire celui-là, s'est tenu le 3 octobre au siège du parti dans des conditions rocambolesques et a désigné Ali Benflis comme candidat à l'élection présidentielle de 2004. Bouteflika ne sait plus que faire pour empêcher cette candidature; aussi imagine-t-il des *scénarios* invraisemblables pour aboutir ses fins. Nous avons, en effet, assisté à une histoire abracadabrante. Il avait été prévu, à l'origine, que le parti réunirait son comité central et son congrès le 4 octobre; le ministre de l'Intérieur en personne avait autorisé la tenue des deux assises. Puis brusquement le mercredi 1er octobre, veille de week-end, le tribunal administratif d'Alger en décidait l'interdiction, à l'issue d'une réunion quasi secrète tenue tard dans la soirée et n'en informait pas le FLN. Mettant à profit cet imbroglio et l'illégalité de la mesure, dont la hiérarchie du FLN avait eu vent par des fuites, elle décidait la tenue de ces deux instances le 3 octobre. On a depuis appris que le juge qui avait prononcé l'interdiction avait commis un faux en écriture, en imitant la signature de son supérieur hiérarchique, qui a protesté auprès du ministre de la Justice contre l'utilisation de son nom et de sa signature; il n'était même pas présent à l'audience secrète au cours de laquelle a été prononcée l'interdiction. Rebondissant sur ces événements, le FLN a introduit une demande d'annulation de la procédure auprès du Conseil d'État, lequel a effectivement annulé la décision du tribunal administratif, portant interdiction de la tenue du congrès extraordinaire. Au vu de toutes ces péripéties, on aurait l'impression que la justice fonctionne normalement en Algérie. En réalité, si la plus haute instance judiciaire du pays a rendu, dans cette affaire, un arrêt conforme aux dispositions de la loi, assénant ainsi un coup très rude au mouvement de redressement du FLN, créé ne l'oublions pas à l'initiative de Bouteflika, c'est tout simplement parce qu'elle a obéi à la loi du plus fort, les militaires en l'occurrence. Le président de la République qui se trouvait à ce moment-là en visite officielle en Iran est, dit-on, entré dans une colère folle pour avoir perdu la face dans ce méli-mélo et envisagerait de remplacer son ministre des Affaires étrangères par quelqu'un de moins timoré à la tête du mouvement de redressement du FLN. Il aurait aussi demandé à ses partisans de poursuivre leur action de déstabilisation du FLN et d'Ali Benflis. Ceux-ci espèrent que l'autre action en justice qu'ils ont introduite, demandant l'invalidation du 8e congrès tenu en mars dernier aboutirait, dans le cas où ils seraient déboutés là aussi, ils réfléchissent d'ores et déjà comment soulever l'affaire devant la Cour constitutionnelle. Celle-ci est présidée par Mohamed Bedjaoui qui est, comme on le sait, parent et ami d'Abdelaziz Bouteflika. L'ultime arme que le clan présidentiel compte utiliser dans cette saga nous vient du ministre de l'Intérieur Yazid Zerhouni qui a menacé de déclarer irrecevable la candidature d'Ali Benflis à l'élection présidentielle, dans le cas où aucune de ces manoeuvres ne réussissait à le dissuader de se présenter !

CHAPITRE VIII

Un pays dans tous ses états

Des touristes européens enlevés et baladés à travers le Sahara, Abassi Madani et Ali Belhadj libérés, le séisme enregistré dans la région de Boumerdès, le livre-brûlot de Khaled Nezzar, sont autant d'événements résultant de manipulations ou ayant fait l'objet de manipulations. Pourquoi cela ? Parce qu'il y a une élection présidentielle dans un an !

Quel scénario hollywoodien que l'enlèvement, vers la fin du mois de mars, par des terroristes du GSPC de ces 32 touristes européens, en majorité Allemands, Suisses et Autrichiens, qui ont été trimballés par leurs ravisseurs à travers le désert saharien durant quelques deux mois, avant d'être libérés dans de drôles de conditions par l'armée. Le commando qui a procédé à cet enlèvement était dirigé par Abderrezak El Para, celui-là même qui avait proclamé le rattachement du GSPC à Al Qaïda voilà deux ans. Selon la version qui nous a été livrée par le pouvoir, cet individu est un dangereux terroriste, traqué par l'armée et les services de renseignements. Proclamé ennemi numéro 1 du régime, il jouirait d'une telle aura dans les rangs de son mouvement que le DRS l'a affublé du surnom de Ben Laden du désert. Cela sonnait tellement bien aux oreilles de tout le monde que la presse nationale a adopté ce surnom avant d'être suivie en cela par les médias internationaux. L'opinion publique a été, comme on le sait, tenue au courant quasi-journellement du déroulement des événements, informée en permanence du lieu où se trouvaient les otages et leurs ravisseurs, que les 32 touristes avaient été répartis en deux groupes, l'un de 15 et l'autre de 17 personnes et que l'une des otages était morte. On avait l'impression que les services de sécurité disposait, à la manière d'un média, d'un envoyé spécial sur place qui couvrait l'événement. Le Ben Laden du désert a même été interviewé par la presse internationale, dont le magazine *Paris Match* notamment. Comment expliquer qu'un simple journaliste ait pu avoir accès à la tanière où se terrait Abderrezak El Para, ait pu le photographier, s'entretenir avec lui durant plusieurs heures et que l'armée, malgré les matériels et équipements dont elle dispose, qu'il s'agisse d'armes ou de moyens de surveillance et de télécommunications, n'ait pas pu en faire autant ? Pourquoi n'a-t-elle pas été en mesure de mettre fin très vite à cette prise d'otages ? Bien au contraire, il fallait que cette mascarade dure le plus longtemps possible. Il fallait frapper les esprits, il fallait convaincre le monde entier que la région du Sahel était devenue extrêmement dangereuse, qu'Al Qaïda y était bel et bien présente et qu'elle pouvait y mener même des opérations de grande envergure du type de celle-là. Sinon comment expliquer qu'à l'issue d'un long périple de 52 jours à travers le Sahara, selon les témoignages des otages eux-mêmes, ils se soient retrouvés libres après avoir entendu durant toute une nuit un échange de coups de feu et que leurs ravisseurs se soient évaporés ? Quand ils sont sortis de la grotte dans laquelle ils avaient vécu ces 52 jours avec des *"terroristes avec lesquels ils étaient devenus presque des amis"*, des terroristes qui avaient même offert des fleurs à l'un d'entre eux pour son anniversaire (ceci se passe au coeur du désert, ne l'oublions pas), à la sortie de cette grotte donc, ils se sont retrouvés seuls et n'ont vu aucun cadavre. Dans les rangs des militaires qui sont arrivés plus tard, il y avait, disent-ils, 2 ou 3 blessés légers. N'est-ce pas là un film digne d'un studio hollywoodien ? Un film cependant avec quelques ratés, dans lequel certains figurants - les preneurs d'otages - n'ont pas joué leurs rôles de "méchants" correctement ? Mais, à propos, qui avait dit qu'après avoir été vaincue et chassée d'Afghanistan, Al Qaïda allait s'installer dans cette zone de non-droit, en forme de banane qui s'étale de la Mauritanie à l'ouest à l'Érythrée à l'est ? George W. Bush. Et que dans le cas où cela adviendrait, l'armée américaine devait la pourchasser, tout comme en Afghanistan, afin de protéger les intérêts stratégiques US dans la région. Car qu'il s'agisse du Nigéria ou de la Libye, de l'Algérie ou du Ghana, du Cameroun ou du Soudan, et depuis peu du Tchad également, on y trouve de gros intérêts américains. Il y a du pétrole dans tous ces pays, dans lesquels les compagnies pétrolières américaines sont présentes en masse. Au Niger, il y a de l'uranium qui n'est certes pas exploité par les Américains, mais c'est une matière première hautement stratégique, qui ne doit surtout pas tomber aux mains d'Al Qaïda. Le périple d'Abderrezak El Para, avec ses 32 touristes européens, la couverture médiatique que lui ont réservée les médias du monde entier est donc l'alibi rêvé qui justifie l'intervention, ou tout du moins l'installation de l'armée américaine dans le Sahel. Et qui a fourni cet alibi aux Américains ? Le DRS algérien qui contrôle le GSPC, tout comme il l'a fait avec le GIA, grâce aux agents qu'il a infiltrés dans ces deux mouvements. On savait déjà depuis longtemps qu'Abderrezak El Para était une taupe du DRS; on en a là la preuve formelle. Mais pourquoi le DRS a-t-il mis en branle maintenant précisément cette opération ? Parce qu'il fallait qu'il démontre à George W. Bush et aux pétroliers texans de la Maison-Blanche que c'est lui, le DRS, qui garantit aux États-Unis l'accès au pétrole algérien, voire au pétrole africain. Il lui fallait démontrer que la nouvelle loi algérienne sur les hydrocarbures que Bouteflika s'échine à mettre en place, ne peut permettre aux compagnies américaines de s'accaparer des richesses du sous-sol algérien sans l'action du DRS. En conséquence de quoi, Bouteflika ne peut s'attirer les bonnes grâces du président américain que si le DRS le veut. Le président de la République doit donc se soumettre au bon vouloir de Tewfik et des généraux Janviéristes s'il veut refaire un nouveau mandat à la tête de l'État.

Le 21 mai un séisme d'une magnitude de 6,8 sur l'échelle de Richter a frappé la région de Boumerdès. Il a causé environ 2 300 morts, un millier de disparus au moins, 10 000 blessés et des milliards de dinars de dégâts. Deux jours plus tard a eu lieu au Japon un autre séisme encore plus violent, d'une magnitude de 7 sur la même échelle, qui n'a causé qu'une vingtaine de blessés et très peu de dégâts matériels. La disproportion a été relevée par les citoyens; elle a causé une immense colère des populations concernées et a provoqué de violentes réactions et critiques à l'égard du régime, considéré comme responsable d'une telle amplification des pertes humaines et matérielles.

Les causes de la catastrophe sont très nombreuses, en majorité imputables au laxisme et au clientélisme de l'administration, rongée par la corruption. La gabegie qui règne dans le secteur de la construction est inouïe. Le fer à béton utilisé provient en grande partie de la région de Tchernobyl en Ukraine. Resté stocké durant très longtemps dans cette zone, car personne au monde (sauf la mafia algérienne) n'en voulait, vu qu'il était irradié, il a fini par se rouiller et devenir facilement cassable. Le plus grand importateur algérien de fer à béton en provenance de Tchernobyl est le général Mohamed Betchine, ancien patron des services et conseiller principal de Liamine Zeroual. Les entrepreneurs avides de gains, ont souvent utilisé du sable marin et de l'eau de mer pour la préparation du béton. Il leur suffisait de saupoudrer de dinars les responsables des services chargés du contrôle technique des chantiers de construction, pour faire accepter ce mélange. Il est clair que les immeubles ou maisons construits avec de tels matériaux n'étaient absolument pas conformes aux normes antisismiques. Le bricolage intérieur des appartements, dans lesquels pour gagner une pièce supplémentaire les occupants ont souvent abattu un mur porteur ou un pilier de soutènement, a été aussi la cause de la chute de certains immeubles.

La gabegie, la bureaucratie et la lourdeur de l'administration ont été également constatées lors de la distribution des secours. Bien que le nord de l'Algérie est situé dans une zone de haute séismicité, le pays manque totalement de moyens humains ou matériels pour traiter des catastrophes de ce genre; il n'y a pas de matériel d'intervention adéquat, pas de chiens renifleurs et le personnel de la protection civile n'est pas formé. Les secours étaient mal organisés; il a fallu six jours avant qu'on ne les voit fonctionner à peu près correctement. En l'absence de l'État, ce sont les aarouchs et les islamistes, mais aussi de simples citoyens qui ont pris en charge les besoins des sinistrés. La détresse humaine constatée lors du séisme n'a pas empêchée qu'il soit exploité par les deux clans du pouvoir qui ont tenté soit de se rejeter mutuellement la responsabilité de la catastrophe, soit de faire leur propre propagande. C'est ainsi que la télévision n'a cessé d'encenser de louanges Bouteflika, même s'il n'a passé que deux minutes en compagnie des sinistrés, tandis que l'armée de son côté a essayé de montrer que c'est grâce à sa présence sur le terrain que la distribution de l'aide humanitaire a pu avoir lieu, alors même que c'est le rôle de toutes les armées du monde en pareille situation.

Autre sujet, où en est le dossier de l'ex-FIS ? Ali Benhadj a finalement été libéré après avoir purgé une peine de 12 années de prison. Au même moment, le numéro 1 du FIS Abassi Madani a vu la mesure de mise en liberté surveillée, prise à son égard en 1997, levée. On se souvient qu'il avait été assigné à résidence pour avoir demandé par courrier au secrétaire général des Nations Unies de prendre une initiative qui mettrait fin à la crise algérienne. Beaucoup d'eau a coulé sous les ponts depuis la condamnation des deux hommes; cependant la première remarque que l'on peut faire au vu de ce que l'on a constaté depuis leur libération, c'est qu'ils demeurent les leaders incontestés de leur mouvement et que le FIS continue d'être un épouvantail aux yeux du pouvoir. On a aussi appris nombre de détails sur leur arrestation, sur les contacts qu'ils ont eus avec le pouvoir durant leur incarcération, sur les tentatives de libération anticipées qui leur ont été proposées et les raisons pour lesquelles elles ont échoué. On a ainsi appris qu'il y a eu négociation et accord entre le FIS et le pouvoir pour arrêter la grève de mai 1991. On a également eu la confirmation que l'armée avait mis tout le monde devant le fait accompli en délogeant par la force les manifestants qui avaient occupé la place du 1er mai. Les deux chouyoukhs ont annoncé que le FIS allait publier un livre révélant les coulisses de ce qu'il s'était passé avant, pendant et après le procès. On sait aujourd'hui qu'après leur arrestation, ils ont été battus, que leurs barbes ont été rasées de force, qu'on leur a supprimé la radio et la télévision et qu'ils ont été privés de sorties. Toutes leurs protestations auprès du ministre de la Justice, de Khaled Nezzar ou de Ali Kafi sont restées lettre morte. S'agissant du dialogue avec le pouvoir, Abassi Madani a déclaré qu'il n'a eu lieu que durant l'ère Zeroual, qu'ils ont tout de suite compris que ce dernier ne détenait pas les rênes du pouvoir et que le véritable décideur n'était ni désireux, ni sérieux, quant à trouver une solution à la crise avant qu'elle ne dégénère. Puis est arrivé Bouteflika avec la promesse d'une solution politique, un engagement sur la base duquel le FIS l'a soutenu. Cependant, une fois cette revendication légitimée par référendum, cette promesse s'est transformée en une solution sécuritaire qui a pris la place de la solution politique, qui était la seule mesure pour mettre fin à la crise de manière globale.

Tandis que l'on attendait le livre réquisitoire du général Khaled Nezzar contre Abdelaziz Bouteflika, on a eu droit, tout d'abord à ses déclarations à la presse. Dans une interview au journal *Le Soir d'Algérie*, il a annoncé, en prélude, qu'en raison de manoeuvres du clan présidentiel, deux maisons d'éditions algériennes ont refusé d'éditer son livre. Entrant dans le vif du sujet, il dit que Bouteflika voudrait transformer l'Algérie en une dynastie sur laquelle règnerait sa famille, qu'il faudrait constituer une commission indépendante qui enquêterait sur les malversations et détournements des membres de cette famille et l'accuse de vouloir exacerber les tendances régionalistes. S'agissant du FLN, Nezzar déclare que Bouteflika voudrait l'asservir pour en faire un outil au service de sa politique et que sa démarche relève de l'hystérie et de la psychopathie. À propos des élections de 2004, il affirme que Bouteflika a passé un accord avec les chefs du FIS. *"C'est un secret de Polichinelle"*, dit-il. S'il a désigné Abdelaziz Belkhadem à la tête du mouvement de redressement du FLN, c'est parce que celui-ci représente *"la tête de pont idéale pour le débarquement au pouvoir de ceux que la République a contraint au repli"*, rajoute-t-il. Quant à savoir s'il parle en son nom personnel ou au nom de l'armée, il répond qu'il n'engage que sa propre personne, mais que *"les professions de foi de ceux qui ont agi ensemble pour sauver la République sont toujours communément partagées"*.

Cette interview n'était qu'une mise en bouche, avant la parution du livre intitulé *"Bouteflika, l'homme, son bilan"* qui est d'une violence inouïe. D'entrée de jeu, il dit de lui qu'il est *"un enfant gâté, emporté, colérique, arrogant, méprisant, froid et cassant, dont les amitiés ne sont que des amitiés de circonstance, pour qui les hommes ne sont que des pantins qu'il meut selon son humeur"*. À propos de sa présence à la tête de l'État, il dit que ce dernier la considère comme une réappropriation d'un bien légitime et personnel, que *"des étrangers ont squatté depuis la mort de Houari Boumediene en décembre 1978"*. Maintenant qu'il a *"récupéré son bien"*, il veut reprendre sa saga personnelle là où elle s'est arrêtée, faire du pouvoir une affaire de famille, un sultanat pour satisfaire ses fantasmes et imiter les fastes entrevus à Ifrane ou à Rabat. Il est assisté en cela par son frère Saïd, *"le président bis, numéro deux de droit divin, qui diligente, régente, oriente, invective, menace ou récompense, selon son bon plaisir"*. Ce sont là des accusations dures et sévères, mais qui restent néanmoins pour quiconque connait Bouteflika, très exacts. Aux yeux de Nezzar celui-ci est la cause de tous les malheurs de l'Algérie. La Kabylie ? C'est lui; il a provoqué le pourrissement de la situation par *"ses outrances verbales, ses attitudes arrogantes, ses silences scandaleux et ses calculs politiciens"* qui ont fait que le problème n'est pas réglé jusqu'à ce jour. Le scandale Khalifa ? C'est lui. Il a *"tétanisé les services de sécurité"*, ce qui les a empêché d'agir, par ses égards vis-à-vis du golden boy et sa présence à ses côtés. En guise de réponse à ces accusations, le Premier ministre Ahmed Ouyahia et le ministre des Finances sont tous deux montés au créneau et demandé à Rafik Khalifa de parler et dire ce qu'il savait à ce sujet. Ce que l'intéressé s'est empressé de faire à travers deux communiqués. Dans le premier, très violent, il affirme que le scandale est *"à imputer exclusivement à Bouteflika et sa mafia, une bande d'escrocs qui ont organisé le plus grand hold-up administratif du siècle ... le truand Bouteflika, terminera tel un Milosevic, jugé dans le déshonneur ...* " Dans le second communiqué, il dévoile les termes du contrat d'un montant de 500 000 $ passé, à la demande de Bouteflika, entre son groupe et la société américaine de relations publiques, la Good Works International LLC et qu'il a signé au nom du gouvernement en présence de l'ambassadeur d'Algérie à Washington Driss Djazairi. La Good Works International LLC, dont l'activité principale est le lobbying, est la propriété d'un groupe d'hommes d'affaires noirs proches de Colin Powell. Aux termes de cet accord cette firme devait mettre en oeuvre tout son savoir et ses réseaux relationnels à tous les niveaux de l'administration US en vue de promouvoir l'image de l'Algérie. En réalité, c'est l'image de Bouteflika qu'elle était chargée de promouvoir, vu qu'il lui avait été demandé d'insister sur le rôle incontournable de l'Algérie sur la scène internationale depuis son arrivée au pouvoir et qu'elle avait été aussi chargée d'organiser des rencontres du président algérien avec des officiels américains. Enfin, dernière accusation et certainement la plus grave aux yeux de Nezzar, c'est le coup de poignard dans le dos de l'armée que veut lui donner le président de la République de par sa collusion avec les islamistes. Ce dernier aurait de tout temps voulu réhabiliter le FIS. Il a encouragé les assassins et leurs commanditaires, tout comme il a revitalisé, par des gestes forts, le moral de leurs chefs, ressoudé leurs rangs et désigné à leur vindicte ceux qui ont choisi de résister.

Ces accusations sont écrites noir sur blanc dans un livre; elles vont donc rester pour la postérité. Quand on sait que pour moins que ça, les Janviéristes ont fait assassiner Mohamed Boudiaf, on se demande quel sera le sort qu'ils réservent à Bouteflika. Mais ils connaissent très bien la grosse différence qui existe entre les deux hommes; l'actuel Président est un couard, avide de pouvoir, tandis que l'autre était un homme à principes, difficile à manipuler.

C'est à se demander jusqu'où ira la folie des hommes du pouvoir algérien que l'on voit utiliser les moyens les plus abjects dans leur affrontement. On voit, d'un côté, celui qui se prend pour un monarque auquel on a arraché en 1979 son trône, qui pour le récupérer est disposé à céder à la première puissance mondiale le contrôle de la ressource qui fait vivre tout un peuple; face à lui se trouve une horde de loups, hantés par les fleuves de sang qu'ils ont fait couler et qui voient en lui le sauveur qui leur évitera, de par les mesures à prendre qu'ils cherchent à lui imposer, le passage devant la justice nationale et internationale. Ceux-là n'hésitent pas à sacrifier les vies de centaines d'Algériens pour lui imposer leur volonté. À quel spectacle allons-nous assister durant les longs mois qui nous séparent de l'élection présidentielle ? Qui vivra, verra ...

CHAPITRE IX

La scène politique en ébullition

On se souvient que le DRS avait passé un accord avec l'AIS en septembre 1997, court-circuitant ainsi le président Liamine Zeroual et son conseiller Mohamed Betchine qui étaient en négociation avec les leaders du FIS, Abassi Madani et Ali Benhadj. La rivalité entre les deux clans du pouvoir avait eu pour conséquence les horribles massacres de Raïs, Bentalha et Beni Messous, officiellement attribués au GIA, mais dont les services de sécurité étaient les véritables commanditaires. Depuis le début de l'été, l'Algérie vit une situation similaire. Le journal *Le Matin* publie chaque jour une rubrique intitulée *"Vivement qu'on vote"* qui traite des turpitudes d'Abdelaziz Bouteflika, de ses frères Saïd et Abdelghani, de son ministre de l'Intérieur Noureddine Yazid Zerhouni, de son ministre de l'Énergie Chakib Khelil et de son chef du protocole Rachid Maarif. Le journal a révélé, avec force détails à l'appui, comment Abdelaziz Bouteflika aurait acquis à Abu Dhabi, sous le nom de son frère Saïd, une immense propriété de 10 hectares *"une luxueuse hacienda arabe"*, comment en association avec son frère Abdelghani, il aurait acheté un très grand appartement rue du Faubourg Saint Honoré, à Paris, à deux pas du palais de l'Élysée, pour 1,5 millions d'euros payés cash par Khalifa. Le journal rapporte également que les frères Bouteflika se seraient attribués, à Alger, une prestigieuse villa d'hôtes, propriété de l'État, que son chef du protocole se serait fait construire une superbe villa par le groupe Khalifa, tandis que son ministre de l'Énergie, Chakib Khelil, aurait fait acheter par Sonatrach à un promoteur immobilier proche du clan présidentiel, un immeuble à un prix trois fois supérieur au prix du marché.

Durant l'été 1998, le quotidien *El Watan* avait mené une campagne dans laquelle Mohamed Betchine, ancien patron des services secrets, était accusé d'avoir spolié Mohamed Benboualia, l'associé de son épouse. *Le Matin* publie aujourd'hui une histoire identique, ayant pour cible principale Noureddine Yazid Zerhouni, ministre de l'Intérieur et ancien patron de la Sécurité militaire. Il rapporte qu'un moudjahid, Mahfoud Saadaoui, affirme avoir été spolié, en 1971, de la librairie médicale qu'il exploitait dans l'une des rues les plus commerçantes de la ville d'Alger par madame Boualga Fatiha, épouse de

Yazid Zerhouni, pharmacienne de profession qui en aurait fait son officine. Elle aurait fait intervenir la police qui lui aurait fait évacuer les lieux par la force prétextant que la wilaya qui lui avait auparavant attribué ce bien vacant, avait changé d'avis et que cette dame était dorénavant attributaire du local. Ayant refusé de signer un désistement au profit de madame Zerhouni, Mahfoud Saadaoui aurait été sorti du lit un matin à trois heures et transporté dans les locaux de la Sécurité militaire, dont Yazid Zerhouni était alors le numéro 2, où il dit avoir été torturé, frappé, injurié, puis enfin libéré, après un mois de détention. Peut-on dire que l'histoire se répète et que l'on va assister au même scénario qu'en 1998 ? Va-t-on voir Bouteflika réagir tout comme Zeroual, quitter son poste, *"rentrer chez lui"*, comme il l'a souvent dit au début de son mandat ? Rien n'est moins sûr. Les deux hommes ont des caractères totalement différents. Zeroual est un homme à principes, ce qui n'est absolument pas le cas de Bouteflika qui est prêt à tous les compromis pour garder son poste. Il applique à la lettre les enseignements de son maitre à penser en la matière Mohamed Cherif Messaadia qui lui a appris que face aux militaires, il faut plier l'échine, avaler des couleuvres, mais ne pas quitter le pouvoir. Car évidemment ce sont les militaires qui sont derrière cette campagne médiatique. Le fait qu'elle ait duré tout l'été, sans qu'aucune mesure de rétorsion n'ait été prise à l'encontre du quotidien en est la preuve flagrante. Par ailleurs, la précision des détails fournis, le nombre de dossiers révélés qui concernent des hommes du Président uniquement et qui couvrent différents domaines, montrent à l'évidence qu'il ne s'agit pas d'un travail d'investigation de journaliste. C'est un informateur bien renseigné qui fournit du grain à moudre au journal, un informateur disposant d'un réseau étendu, dans plusieurs secteurs d'activités. Qui cela peut-il être si ce n'est le DRS ? Si ce sont les services de Tewfik qui fournissent le gros des informations, ce ne sont apparemment pas eux qui mènent cette cabale. Tous les regards se tournent plutôt vers le chef d'état-major, le général Mohamed Lamari qui, en plus de ses déclarations quant à la neutralité de l'armée lors de la prochaine présidentielle, évoque ça et là une solution à la turque qui permettrait une sortie de la crise.

Sur quoi va déboucher ce méli-mélo ? Bouteflika fait pour le moment le dos rond. Il se "rassure" en se disant qu'en bout de course, il se soumettrait aux desiderata des généraux, s'il ne trouve pas la riposte à leurs actions de déstabilisation; il obtiendrait ainsi, à coup sûr, leur feu vert pour un second mandat. Pour le moment, il essaie d'acheter les consciences des citoyens en démarrant très tôt sa campagne électorale au cours de laquelle il visiterait, dit-il, les 48 wilayas du pays. Ce que l'on a enregistré lors des premières visites, ce sont les énormes moyens mis en oeuvre pour la réussite de cette tournée. Ce sont plusieurs centaines, si ce n'est quelques milliers de personnes qui sont mobilisées par les autorités locales, transportées de force dans des bus ou taxis réquisitionnés, pour être placées sur le parcours qu'il doit emprunter, et auxquelles on fournit des drapeaux et des portraits du Président qu'ils doivent afficher ostensiblement de manière à ce qu'ils soient bien visibles à la télévision. On infiltre la foule de policiers en civil ou de membres de ses comités de soutien qui portent des banderoles demandant un deuxième mandat. On improvise pour l'occasion l'inauguration de réalisations de peu d'importance, mais l'instant le plus important de la visite arrive à la fin, quand le ministre de l'Intérieur qui l'accompagne partout, vient annoncer à la presse que le Président a décidé d'allouer plusieurs milliards de dinars à la réalisation d'un programme spécial de la wilaya, en sus de quelques centaines de millions attribués à un club sportif ou à une association de jeunesse.

Jusqu'à quand va durer ce cirque ? On ne le sait pas. On constate néanmoins que plus on se rapproche de l'élection présidentielle, plus s'exacerbe la guerre des clans. La scène politique s'est transformée en une arène dans laquelle s'affrontent ceux qui ne veulent, en aucun cas, d'un second mandat de Bouteflika et le clan présidentiel qui utilise tous les moyens, légaux et illégaux, pour assurer sa réélection; les coups-bas pleuvent, ils sont de plus en plus rudes et les invectives de plus en plus violentes. Dans toute campagne électorale, il y a bien sûr des affrontements, mais les candidats présentent également des programmes, confrontent leurs idées; mais là, on assiste à un combat de gladiateurs au cours duquel chacun cherche uniquement à détruire l'autre. Encore que pour le moment, on n'est qu'en phase de pré-campagne électorale, mais déjà au "combat de coqs" entre Bouteflika et Benflis sont venues s'ajouter la charge violente du général Khaled Nezzar contre le Président et son clan, la dénonciation des agissements "mafieux" d'Abdelaziz Bouteflika et les critiques des diverses autres chapelles. Qu'en sera-t-il alors en janvier ou février prochain ? Résumée en quelques mots, l'activité politique d'Abdelaziz Bouteflika, se limite à des tentatives de manipulation, de destruction ou de renforcement de tout ce qui peut, à son avis, s'opposer à sa réélection ou, au contraire, y contribuer. Qu'il s'agisse du gouvernement qu'il a remanié, du parti du FLN, dont il assume dorénavant officiellement la responsabilité de sa destruction, des ressources financières de l'État qu'il utilise, comme bon lui semble, pour les besoins de sa campagne électorale, de la presse qu'il manipule, attaque ou musèle, des lois et institutions étatiques qu'il ne respecte que si elles servent ses desseins, ou qu'il s'agisse des islamistes, dont il recherche plus que jamais l'alliance : tout et tous doivent être mis à son service.

Après avoir limogé Ali Benflis en mai, il a procédé en septembre à un remaniement ministériel partiel; il a exclu du gouvernement tous les ministres FLN fidèles à Benflis pour les remplacer par d'autres membres du FLN que l'on appelle les “putschistes”. Puis il est passé à la vitesse supérieure dans la destruction du FLN en nommant le ministre d'État, ministre des Affaires étrangères, Abdelaziz Belkhadem, à la tête du mouvement de dissidence qu'il a créé au sein de ce parti. Celui-ci est non seulement son homme de confiance, mais est aussi très proche du mouvement islamiste d'où le surnom de leader des "barbèfélènes" que lui ont donné les éradicateurs. Il a été un élève studieux de feu Mohamed Cherif Messaadia, qui était un intrigant hors pair, dont il était le principal adjoint. Les putschistes se sont donnés le nom de "mouvement de redressement du FLN" et ont procédé au même moment où avait lieu le remaniement ministériel, à l'installation d'une "Coordination du mouvement de redressement du FLN", composée des mêmes hommes qui mènent campagne depuis quelques temps déjà contre Ali Benflis; ils envisagent de faire invalider par le ministère de l'Intérieur ou celui de la Justice, le 8e congrès du FLN et faire retirer à ce parti le label FLN qui leur serait attribué.

Autre action de Bouteflika, c'est le rapprochement avec les islamistes. Il a autorisé Abassi Madani à se rendre "pour soins en Malaisie". Il s'agit en fait d'un subterfuge qui permettrait au chef du FIS de se rendre à l'étranger et à y mener une action politique qu'il ne peut entreprendre en Algérie. Il a d'ailleurs lui-même annoncé lors d'interviews accordées à Al Jazeera et Al Arabiya qu'il préparait une initiative en vue de ramener la paix en Algérie. S'il a choisi la Malaisie comme point d'attache, c'est parce qu'on y retrouve des membres importants de la tendance algérianiste du FIS, dont l'un de ses fils. Rappelons que le courant Djaz'ara a pris le contrôle du FIS lors du congrès de Bruxelles, au cours duquel a été élu un Madjliss Echoura provisoire qui compte en son sein d'autres personnalités éminentes de ce même courant, dont ses enfants. Lors de ces interviews, le leader de l'ex-FIS a clairement laisser apparaître une certaine complicité avec Bouteflika, cherchant à lui faciliter la tâche et à ne pas lui créer des problèmes avec les Janviéristes. C'est ainsi qu'intervenant sur des chaines de radio françaises, qui lui ont demandé s'il envisageait la réhabilitation du FIS, il a répondu que c'était là une question dépassée par le temps et que le problème de l'Algérie d'aujourd'hui était de retour de la paix au pays et non pas le problème d'un parti. C'est un langage nouveau dans la bouche du leader du FIS qui dénote qu'il n'est plus aussi intransigeant sur la question qu'il ne l'était autrefois.

Le DRS suit bien entendu tous les agissements d'Abdelaziz Bouteflika qu'il accuse à travers la presse de vouloir réhabiliter l'ex-FIS en vue d'acquérir les voix de l'électorat islamiste, car *"Bouteflika ne fonctionne que par l'intrigue et le complot. Il est trop imbu de sa personne ..."* Tout le monde sait que Bouteflika est effectivement un grand intrigant et comploteur. Il vient d'en fournir encore une fois, la preuve en ordonnant que soit mis en place ce qu'il a appelé le mécanisme *ad hoc* pour la prise en charge des disparus, c'est-à-dire les personnes arrêtées, enlevées ou tout simplement liquidées par le DRS. Il est dit dans le communiqué officiel qui annonce la nouvelle que *"l'État doit aujourd'hui assumer ses responsabilités avec sérénité et détermination dans ces disparitions".* La formule utilisée est ambigüe; elle permet par conséquent toutes les interprétations. Il est par contre clair que ces responsabilités sont celles de l'armée; c'est donc une menace déguisée que Bouteflika adresse aux généraux. D'autant plus que l'APS a fait suivre la dépêche annonçant la nouvelle d'une autre dépêche qui rappelle qu'en Argentine le président Nestor Kirchner a estimé, le 31 juillet 2003, que le congrès devait lever l'amnistie votée en 1980 pour les militaires qui ont torturé ou assassiné des opposants politiques pendant la période de dictature entre 1976 et 1983. Donc, à bon entendeur, salut !

Il ne pouvait, par ailleurs, rester les bras croisés devant la campagne médiatique de dénonciation de ses frasques et de celles de son proche entourage. Le Premier ministre Ahmed Ouyahia a actionné, sur ses instructions, les sociétés d'impression du centre, de l'est et de l'ouest qui appartiennent toutes trois à l'État, qui ont exigé du *Matin* et des journaux qui ont repris la saga de régler leurs dettes envers elles dans un délai de trois jours, faute de quoi elles cesseraient de les imprimer. Les sbires de Bouteflika ont poursuivi le harcèlement des fauteurs de troubles en leur faisant subir des contrôles des services des impôts, de l'inspection du travail et de la caisse de sécurité sociale dans l'espoir de dénicher des erreurs, voire des fraudes qu'ils leur feraient payer très cher.

Un certain nombre de remarques s'imposent cependant. Ouyahia joue le rôle de fer de lance dans la contre-attaque décidée par Bouteflika; ce dernier ne l'aurait jamais chargé de cette tâche s'il n'avait pas la certitude qu'il s'en acquitterait correctement compte tenu de ses liens avec le DRS. Peut-être même qu'il a consulté Tewfik avant de la lui confier. On a constaté aussi qu'aucune mesure coercitive n'a été prise contre *El Watan*. Ceci suppose donc, qu'à l'inverse du chef d'état-major, le DRS soutient le Président dans la perspective d'un renouvellement du mandat présidentiel. On notera également que seule la vérité blesse, comme le dit l'adage. Les sanctions prises contre *Le Matin* et contre les journaux qui ont repris à leur compte les scandales qu'il a révélés donnent à penser que ces révélations sont exactes. La violence des actions et contre actions menées par les deux clans, celui de l'armée et celui du Président, sans qu'aucun des deux ne semble vouloir y mettre un bémol, nous amène à croire que le pire reste encore à venir dans le courant des 5 à 6 mois qui nous séparent de l'élection présidentielle.

ANNÉE 2004

CHAPITRE I

Une campagne électorale qui ne dit pas son nom

Nous y voilà. L'élection présidentielle c'est dans 4 mois. À l'heure qu'il est l'Algérie est en congé sabbatique. La machine gouvernementale ronronne, les ministres nouvellement nommés prennent leurs marques; on n'en a vu aucun prendre une initiative qui ferait avancer son secteur. Ce n'est d'ailleurs pas ce qu'exige d'eux le pouvoir. Mais par contre, toutes les structures de l'exécutif sont mobilisées au service d'un seul homme, le président de la République. Il a décidé que la seule préoccupation de tout un peuple était sa réélection pour un second mandat et que par conséquent, toutes les autorités, nationales, régionales ou locales, ne doivent oeuvrer que dans ce sens. La campagne électorale officielle ne démarre que 15 jours avant le scrutin, mais dans l'Algérie de Bouteflika la loi s'applique pour les autres, pas pour lui. Lui, a lancé sa campagne depuis de longs mois déjà; c'était en avril 2003, au moment où il a limogé Ali Benflis. Il la poursuit aujourd'hui à très grande vitesse.

Par ailleurs, de par sa guerre contre l'Irak, George W. Bush a fait que le prix du baril de pétrole a atteint un niveau très élevé, toujours proche des 30 $ US. Le résultat en est que jamais l'Algérie n'a fait rentrer autant d'argent dans ses caisses que dans le courant de l'année 2003, 28 milliards de dollars. Scénario idéal pour Bouteflika qui pourra se présenter demain devant les électeurs et dire qu'il a réussi en 5 ans le tour de force que les recettes d'une année soient supérieures à la dette extérieure du pays. Profitant de cette manne financière, il poursuit actuellement, ce qu'il fait depuis quelques mois déjà, à savoir la tournée des wilayas au cours de laquelle il distribue de l'argent à tout-va - 500 à 600 milliards de dinars par wilaya - des sommes astronomiques qui ne correspondent à aucun programme précis, qui n'ont été ni prévues, ni budgétisées et dont la seule finalité est d'acheter les voix des électeurs.

Mais quel scénario catastrophe pour le pays que ces 5 dernières années ! Il n'y a jamais eu autant de misère en Algérie, jamais autant de chômage (l'État reconnait un taux de 30%) et jamais le vol et le banditisme n'ont été aussi florissants. La corruption a atteint des niveaux inimaginables; l'affaire Khalifa vient de démontrer que le fléau a envahi toutes les structures de l'État. Vous voulez une concession pétrolière ? Payez, vous l'aurez. Vous voulez un document administratif ? Payez, vous l'aurez. Vous voulez inscrire votre enfant à l'école ? Payez, il sera inscrit. Vous avez une affaire en justice ? Payez, vous obtiendrez gain de cause. Jamais le régionalisme n'a fait autant recette que durant les 5 dernières années. Si vous êtes originaire du triangle BTS (Batna - Tébessa - Souk Ahras), vous aurez des difficultés à percer. Si par contre vous avez des attaches avec le "sultanat" de Tlemcen (Tlemcen - Nédroma - Maghnia - mais aussi ... Oujda), le clan présidentiel est là pour vous aider. D'autres calamités constituent la toile de fond de la vie de l'Algérien sous Bouteflika. La propagation de la drogue; de pays de transit du haschich en provenance du Maroc, l'Algérie est en train de se transformer en pays consommateur, avec près de 5 millions de drogués. De même, la réapparition de maladies moyenâgeuses telles que la peste, le système hospitalier et sanitaire en dégradation permanente, l'absence quasi-totale de l'État lors des catastrophes naturelles qui ont frappé le pays (inondations de Bab El Oued et séisme de Boumerdès), le climat d'émeute que connait chaque ville ou village, ainsi que le phénomène *harraga*[5], sont autant de malheurs qui se sont abattus sur le pays; sans oublier la cherté de la vie, la crise du logement ou l'absence d'investissements productifs.

De tous ces problèmes, Bouteflika n'en a cure; une seule chose l'intéresse, garder le plus longtemps possible, à vie si possible, le fauteuil présidentiel qu'il considère être son bien personnel, qu'il a "récupéré" en avril 1999. Depuis cette date, il a géré le pays par la ruse, la menace, l'intrigue, la corruption ou l'argent. Il a réussi à diviser la classe politique, à casser les partis, à acheter les consciences, à créer un climat délétère dans lequel l'égoïsme et l'égocentrisme sont devenus des valeurs morales auxquelles on se rattache.

En dehors des sommes folles qu'il distribue à tort et à travers lors de ses déplacements à travers le pays, en quoi consiste sa campagne électorale ? Il continue de piloter l'opération de destruction du FLN dans l'espoir d'éliminer Ali Benflis de la course vers le palais d'El Mouradia. Après que le Conseil d'État eût débouté les "putschistes" pour la plainte qu'ils avaient introduite en vue d'interdire la tenue du congrès extraordinaire du FLN, ils ont introduit un nouveau recours auprès du tribunal administratif afin d'invalider le 8e congrès tenu en mars 2003, qui a intronisé Ali Benflis secrétaire général. Bouteflika a soutenu l'initiative en limogeant ou en mutant tous les magistrats qui ont débouté les putschistes lors de leur première démarche.

Il cherche à faire peur aux généraux en exploitant à fond l'affaire des disparus dans laquelle nombre d'entre eux sont impliqués. Il a fait dire récemment par maître Ksentini que le comité *ad hoc*, spécialement créé pour l'occasion, pourra étudier chacun des 7 000 à 12 000 dossiers de disparus, enquêter sur les conditions de ces disparitions, enregistrer les témoignages de ceux

[5] C'est la traversée de la Méditerranée sur des embarcations de fortune.

qui en sont responsables, déterrer les cadavres de ceux qui sont morts, procéder aux autopsies, aux analyses ADN et autres investigations médicales ou scientifiques qui permettraient de déterminer les conditions dans lesquelles ces personnes sont mortes; tout ceci sans qu'il n'y ait ni poursuites judiciaires, ni jugement au bout. Hormis cela, tout reste possible. On peut tout aussi bien enterrer définitivement ces dossiers, accorder des pensions ou indemnisations aux ayant-droits et on n'en parle plus, tout comme on peut mettre tous ces dossiers à disposition d'une instance judiciaire, nationale ou internationale et laisser la justice faire son travail. En d'autres termes, *"Soyez gentils avec moi, laissez moi faire un second mandat, sinon ... "* À son arrivée au pouvoir en 1999, Bouteflika avait déclaré, en parlant des généraux : *"J"avais pensé que c'étaient des lions, mais finalement ce ne sont que de gros chats*"; alors, aujourd'hui, va-t-il dompter des lions ou se faire manger par de gros chats ?

L'autre volet sur lequel il agit, c'est le rapprochement avec les islamistes du FIS. Il est définitivement confirmé que le déplacement de Abassi Madani pour l'étranger n'a rien à voir avec son état de santé, mais avait pour but de reprendre en mains son mouvement et d'annoncer depuis Kuala Lumpur en Malaisie que le FIS était partie prenante dans le plan qui se concocte actuellement dans les rangs du pouvoir. Abassi Madani a, en effet, repris à son compte le concept de "Concorde nationale" d'Abdelaziz Bouteflika dans l'initiative de paix qu'il propose, qui aboutirait à amnistier aussi bien les maquisards islamistes que les généraux pour les crimes et exactions qu'ils ont ordonnés ou couverts de 1992 à ce jour. On dit même que ce serait Bouteflika qui a fait dire par le leader du FIS ce que lui n'osait pas annoncer officiellement. Quoiqu'il en soit, il y a surtout lieu de noter que les trois protagonistes sont complices dans cette entourloupe, bien que chacun d'entre eux a ses propres calculs.

L'armée dément avoir été destinataire de l'initiative politique de Abassi Madani qui dit s'adresser à la présidence et à l'armée. Elle affirme aussi n'avoir eu aucun contact ni avec lui, ni avec son parti. Mais qui ne dit mot consent; le fait que les généraux se taisent, qu'ils n'aient pas condamné les propos du leader du FIS, qu'ils ne soient pas, non plus, opposés à son départ pour l'étranger, indique bien qu'ils sont intéressés au plus haut point par l'idée de concorde nationale. Ils s'en tiennent néanmoins - pour le moins officiellement - à la position qu'ils ont maintes fois réitérée, à savoir qu'ils n'interféreraient plus dans le champ politique et qu'ils ne soutiendraient aucun candidat en particulier lors de l'élection présidentielle. Quant à Bouteflika, il cherche à leur donner des gages en faisant dire par son entourage que s'agissant du rapprochement avec le FIS "tout est sous contrôle". Pourquoi ce "oui, mais" de la part des généraux ? Est-ce parce que l'idée d'instaurer la concorde nationale a été émise par le leader du FIS ? Ils savent pourtant très bien que Madani n'a fait qu'exécuter ce que Bouteflika lui a demandé de faire. Il est même fort probable que ce sont eux qui ont instruit le président de la République dans ce sens. Alors pourquoi restent-ils de marbre face à la proposition du leader du

FIS ? Il y a certes des tiraillements dans leurs rangs : il y a ceux qui sont d'accord pour un second mandat de Bouteflika et ceux qui sont contre, mais ils sont tous pour la Concorde nationale. Que ce soit Abassi Madani qui en fasse la proposition, c'est encore mieux puisqu'il apparait ainsi comme demandeur. Ce qui les dérange c'est qu'il ait focalisé son initiative de paix sur le seul point de l'amnistie générale; s'ils approuvaient la proposition telle que formulée, ils apparaitraient aux opinions publiques nationale et internationale, comme complices d'une magouille. Ils lui ont alors fait parvenir un message : reformuler sa proposition, ce qu'il a fait en publiant sur internet, quelques jours après, une nouvelle qu'il dit être plus complète que la première, qu'il a pompeusement intitulée Moubadara. À vrai dire, il n'y a pas de différence entre les deux versions, car le coeur de l'initiative reste toujours l'amnistie présidentielle générale, en contrepartie d'un arrêt des combats que Madani se fait fort d'obtenir des groupes armés et qui devrait intervenir le jour de l'Aid El Adha. Quant aux 3 ou 4 autres points qui y figurent, ils ne sont là que pour édulcorer l'ensemble. Mais plus que le fond, ce sont les conditions dans lesquelles a été émise cette initiative qui sont à remarquer. À propos d'abord de l'autorisation de quitter le territoire national dont a bénéficié Abassi Madani, c'est le journal *El Watan* qui, sous la plume de Salima Tlemçani, nous a informé que c'est à la demande d'un homme d'affaires saoudien, proche de la famille royale et lié à Abdelaziz Bouteflika, que ce dernier a autorisé ce départ. Sous prétexte d'effectuer le pèlerinage de La Mecque, Abassi Madani s'est donc rendu en Arabie Saoudite. Après l'accomplissement des rites religieux, il a été invité à la réception officielle offerte par le roi Fahd, dans son palais de Ryad, en l'honneur des chefs de délégations des hadjis et des personnalités musulmanes. Il a eu le privilège de se retrouver placé par le protocole royal aux côtés du ministre saoudien de l'Intérieur et de présenter ses voeux au monarque avant même le ministre algérien des Affaires religieuses. Abassi Madani, reçu avec les honneurs, au palais royal saoudien, le jour où sa Moubadara devait prendre forme par la proclamation d'un cessez-le-feu - ce que le régime saoudien ne pouvait ignorer - aurait constitué en d'autres temps un très grave incident diplomatique. Le ministre des Affaires étrangères Abdelaziz Belkhadem a certes convoqué l'ambassadeur d'Arabie Saoudite à Alger et lui a demandé des explications à ce sujet, mais l'affaire n'a pas été au-delà d'une protestation de pure forme. Les choses en sont restées là parce qu'en réalité c'est à la demande de Bouteflika, qui s'est fait assister par son ami homme d'affaires, qu'a eu lieu cet imbroglio. Quel était son objectif ? Cherchait-il à montrer aux généraux qu'il bénéficiait du soutien de l'Arabie Saoudite pour son projet de réconciliation nationale ? Quel intérêt avait le régime saoudien à donner suite à cette requête ? Est-ce de leur propre initiative que les Saoudiens ont accepté de s'imbriquer dans un tel méli-mélo ? À moins qu'ils n'aient eux-mêmes obéi aux ordres d'un "parrain", qui ne peut être que l'oncle Sam ? Quel que soit le but recherché, que le président de la République algérienne fasse intervenir une puissance étrangère dans les luttes intestines du pouvoir algérien est un acte très grave. Est-ce à dire que l'affrontement présidence - armée à atteint un niveau extrême qui le pousse à solliciter une telle intervention ? Quelle que soit la raison, il y a certainement derrière cette intervention intempestive des Saoudiens dans les affaires internes algériennes, de très, très gros intérêts.

Le poids de l'Arabie Saoudite n'a cependant pas empêché l'échafaudage mis en place par Abdelaziz Bouteflika et son allié de l'heure Abassi Madani de s'effondrer. Dans un communiqué attribué à Abderrezak El Para, publié par des médias très proches du DRS, cet homme, auquel on attribue comme on le sait, l'enlèvement des touristes européens dans le courant de l'année 2003, prône *"la poursuite de la lutte armée jusqu'à l'établissement d'un pouvoir islamique en Algérie"* et demande à ses troupes de *"ne pas tenir compte de toute proposition d'amnistie que pourraient avancer des politiciens"*. Pour ceux qui ne l'auraient pas compris, le journal *El Khabar* a explicité que cela signifie un rejet par le GSPC de la Moubadara de Madani. Puis il y eut, à la même date, l'annonce par l'état-major de l'ANP que des unités dirigées par le chef d'état-major de la 6e région militaire avaient intercepté et détruit un très important lot d'armes et de munitions, acheminées par une bande armée et destinées aux maquis du GSPC de Hassan Hattab au nord du pays. Dans le même communiqué l'état-major de l'ANP affirme que cet arsenal a été acquis grâce à l'argent de la rançon, estimée à 5 millions d'euros, versée par un pays occidental - dont le nom n'est pas cité, mais il s'agit de l'Allemagne - à Abderrezak El Para pour la libération du 2e groupe d'otages. S'auto-intronisant porte-parole des généraux, Khaled Nezzar y est allé lui aussi de son communiqué dans lequel il affirme *"qu'il n'est pas certain que d'autres convois ne soient pas déjà passés ou qu'il n'en passera pas dans le futur, que tout cela est de la faute de Bouteflika, que sa politique faite de laxisme et d'ambiguïté a fait que dix années d'efforts et de sacrifices de l'ANP, dix années de résistance de notre peuple ont été réduits à néant ... "* Les choses ont donc évolué, les Janviéristes rejettent la Moubadara de Abassi Madani et font savoir à Bouteflika qu'ils sont contre toute ambiguïté en la matière. La proposition d'amnistie générale doit émaner du Président en personne et faire l'objet d'une loi établie et adoptée en bonne et due forme.

Pourquoi un tel revirement de la part des Janviéristes ? Ils craignent que l'ingérence américaine dans la campagne électorale qu'a entrainée ce micmac à trois (Présidence - Armée - FIS) ne cause leur perte; d'où leur marche arrière. On se souvient que le secrétaire d'État Colin Powell était passé à Alger en décembre 2003, qu'il y avait rencontré le président de la République qui l'avait assuré qu'il donnerait des instructions pour que l'élection présidentielle se déroule dans la plus grande transparence. Il faut croire que l'Américain n'a pas été totalement convaincu, puisque contre toute attente, voilà que le secrétaire d'État adjoint à la Démocratie, aux droits de l'homme et au travail, Lorne Whitney Craner, a débarqué à Alger vers la fin janvier pour un séjour relativement long de 4 jours, au cours duquel il voulait se rendre compte par lui-même de ce qui se manigance au sein du pouvoir algérien. Il a demandé de ne rencontrer ni Bouteflika, ni le Premier ministre, ni un tout autre ministre, à l'exception de celui des Affaires étrangères, ce qui a particulièrement inquiété le président-candidat. Il a, par contre, rencontré durant trois heures le groupe anti-fraude, rendu visite aux deux ligues des droits de l'homme et a tenu une conférence de presse fracassante avant son départ. C'est un fait inédit dans les annales de l'Algérie. Jamais l'administration américaine n'y avait autant scruté la situation des droits de l'homme, l'établissement d'un état de droit ou l'application des principes démocratiques. La préparation et le déroulement de l'élection présidentielle ont été au centre des entretiens de l'envoyé américain et des recommandations qu'il a faites. Au cours de la conférence de presse qu'il a animée, Lorne W. Craner a recommandé la présence d'observateurs étrangers pour superviser l'élection, tout comme il a tenu des propos très incisifs et très directs sur l'honnêteté du scrutin, sur le harcèlement des journalistes, sur la levée de l'état d'urgence et sur le dossier des disparus, à propos duquel il a fait une comparaison avec l'Irak de Saddam Hussein. Il a même menacé le pouvoir en déclarant *"qu'un progrès continu dans les domaines des droits de l'homme et de la démocratie sera essentiel pour réaliser les potentialités que nous partageons pour élargir notre coopération bilatérale"*. La réaction de Bouteflika est arrivée une quinzaine de jours après. Cherchant à montrer aux USA qu'il avait bien compris la leçon, il a demandé aux secrétaires généraux des Nations Unies, de l'Union Africaine et de la Ligue Arabe, ainsi qu'au président de l'Union européenne de déléguer des observateurs pour suivre le déroulement de l'élection présidentielle. Pour prouver sa docilité, il a aussitôt informé de cette démarche George W. Bush et pour faire bonne mesure d'obséquiosité, il lui a rappelé qu'il avait déjà été bon élève en acceptant le plan de sortie de crise du Sahara Occidental de James Baker. Quant à l'utilité d'observateurs internationaux, convoqués ainsi au pied levé à la veille d'une élection capitale, sans que ni le nombre, ni la mission précise qui leur serait confiée ne soient spécifiés, elle reste très douteuse. Autant dire que Bouteflika tenait à démontrer, à peu de frais, sa bonne foi. À moins que tout cela ne soit qu'une mise en scène, élaborée d'un commun accord entre les parties, destinée à délivrer un certificat de bonne conduite au président algérien par la première puissance mondiale ? On est définitivement en droit de se poser la question quand on voit que l'ingérence américaine s'est manifestée aussi à travers cette bizarre réaction du National Democratic Institute (NDI) à un écrit du *Soir d'Algérie*. Rappelons tout d'abord que le NDI est cette ONG sulfureuse, financée par George Soros et dirigée par Madeleine Albright, qui a piloté les "révolutions de couleur" en Ukraine, en Géorgie et en Serbie notamment, qui ont fait basculer ces pays dans le giron américain. Selon cet écrit, le NDI aurait décliné une demande algérienne pour superviser l'opération électorale *"afin de ne pas servir de caution à une éventuelle fraude"*, car il estimait que le scrutin ne sera pas transparent. Usant de son droit de réponse, le NDI a adressé une lettre au journal dans laquelle il a formellement démenti ces affirmations et a proposé ses services pour la formation des représentants des candidats qui seront présents dans les bureaux de vote le jour du scrutin. Dans un long développement, il a indiqué quels sont les moments, les phases, les procédures et les documents auxquels ces observateurs doivent s'intéresser avant, pendant et après les élections. Les commentaires qui circulent au sein des état-majors des candidats et des partis politiques sont qu'en raison des dénis de droit auxquels s'est livré Abdelaziz Bouteflika, voilà l'Algérie transformée en république bananière. Ils rappellent également que c'était aussi pour "instaurer la démocratie" que les Américains étaient intervenus en Irak et se demandent ce que sera l'avenir du pays avec Bouteflika aux commandes.

CHAPITRE II

L'élection présidentielle

À la veille de l'élection présidentielle, l'armée est partagée en deux clans : celui de Mohamed Lamari qui est opposé à un second mandat de Bouteflika et celui de Tewfik Mediène qui lui le soutient. C'est dire l'importance de ce scrutin. Le premier tour de aura lieu le 8 avril; s'il y a un deuxième tour, il se déroulera le 22 du même mois. *"Vivement le vote !"* C'est en gros ce que se dit actuellement l'homme de la rue, qui en a marre des gesticulations inutiles des politiciens, celles de Bouteflika et de son entourage tout particulièrement, car il sait qu'en tout état de cause, ce ne sont pas les urnes qui choisiront le futur Président

Pourquoi une telle indifférence, pourquoi un tel pessimisme ? Parce que le citoyen a définitivement compris que le choix de l'homme qui régnera sur l'Algérie durant les cinq prochaines années se fera sur la base d'un compromis entre les Janviéristes et parce qu'il sait que même si c'était un autre candidat que choisiraient les généraux, il n'y aura pas un avant et un après 8 avril. L'énorme majorité de la population ne s'attend pas à des changements, aussi minimes soient-ils, dans sa vie de tous les jours. Elle sait que la vie sera toujours très chère, que l'avenir continuera d'être bouché, et que la difficulté de trouver du travail, de trouver un logement, de se soigner ou de se transporter continueront d'être la règle. Les Algériens, les jeunes en particulier, ont compris que les mots, démocratie ou élections, étaient vides de sens dans leur pays. Ils ont compris que la seule manière de faire entendre leurs voix, de voir leurs inquiétudes journalières prises en compte, était de lancer des cailloux sur les forces de l'ordre, de bruler des pneus, de mettre le feu à un édifice symbole de l'État ou de bloquer des routes.

Ils étaient neuf postulants à la candidature à l'élection présidentielle, ils ne sont restés que six après l'examen des dossiers par le Conseil constitutionnel. Ont été éliminés le Dr Ahmed Taleb Ibrahimi, Sid Ahmed Ghozali et Moussa Touati pour n'avoir pas obtenu, d'après le conseil, les 75 000 signatures de parrainage nécessaires. Sont restés en lice, Abdelaziz Bouteflika, Ali Benflis, Louisa Hanoune, Saïd Sadi, Abdallah Djaballah et Fewzi Rebaïne. L'élimination du Dr Ahmed Taleb Ibrahimi, considéré par tous comme le plus dangereux adversaire d'Abdelaziz Bouteflika, est une preuve supplémentaire que le président-candidat et son clan ont déjà commencé à frauder. La technique utilisée pour ce faire est digne de la plus burlesque des bouffonneries de Pantalone de la comédie italienne; on a volé des cartons contenant les parrainages du candidat après avoir forcé la porte de la salle dans laquelle étaient entreposés ces cartons. Comme le ridicule ne tue pas en Algérie, le président du Conseil constitutionnel, Mohamed Bedjaoui, éminent juriste et ex-président de la Cour Internationale de Justice de La Haye, a déclaré que *"c'était l'air marin qui avait rouillé le cadenas de cette porte, obligeant ainsi les équipes chargées du comptage à forcer la porte !"*

Plus on se rapprochait de la date fatidique du 8 avril, plus augmentait l'intensité de l'affrontement de l'armée et du clan présidentiel. Signalons, à titre indicatif que sur instigation de ce dernier, certains journaux ont rappelé cette déclaration, faite il y a quelques temps, par Bouteflika à Mary Robinson, présidente de la Commission des Droits de l'Homme des Nations Unies : *"Maintenant, je ne suis plus le protégé des généraux, c'est moi qui suis devenu leur protecteur. Je suis le seul à empêcher leur traduction devant le TPI. Mais les généraux ne sont pas non plus des enfants de choeur. Ils savent qu'il faut des dossiers solides pour poursuivre quelqu'un devant le TPI."* Quant aux militaires, ils ont vu leur position boostée par les derniers succès remportés par l'armée sur le terrain face au GSPC, par la collaboration de plus en plus étroite avec les services de sécurité américains, par le lancement de la Pan Sahel Initiative et par l'annonce par George W. Bush du projet Grand Moyen-Orient.

L'élection présidentielle algérienne intéresse visiblement beaucoup de monde à l'étranger. En France, elle est parasitée par des affaires judiciaires que l'on croyait définitivement enterrées qui réapparaissent à la surface. C'est ainsi que l'on a appris que la plainte pour enlèvement, séquestration et assassinat des moines de Tibhirine, déposée devant les tribunaux parisiens a été récemment confiée aux magistrats chargés de l'antiterrorisme. Le traitement de ce dossier en pleine campagne électorale a ravivé les luttes pour le pouvoir, chacune des parties prenantes essayant de tirer son épingle du jeu. Au même moment, rentré à Paris après une visite à Blida, le journaliste français Didier Contant, qui enquêtait depuis quelques années sur ce dossier et qui soutenait la thèse de l'assassinat des 7 moines par le GIA, s'est suicidé en se jetant du septième étage de son immeuble. La seconde affaire judiciaire algéro-française qui est venue se greffer sur le scrutin présidentiel est la convocation devant une cour de justice parisienne du général Khaled Nezzar, suite à une plainte en diffamation contre lui, déposée par Hichem Aboud, ex-officier du DRS.

Du côté américain, il y eut surtout la déclaration fracassante faite à Accra par le général Charles Wald, commandant des forces US en Europe, rapportée par l'agence Reuters, mettant en exergue la contribution de l'Algérie dans la lutte antiterroriste de son pays. Il y disait : *"Al Qaïda est opérationnelle en Afrique et donc nous essayons d'avoir des bases sur le continent noir ... Nous discutons avec les responsables civils et militaires d'Algérie, du Niger, d'Angola et d'Afrique du Sud de coopération, de manoeuvres militaires conjointes et d'accès des troupes US aux aérodromes de ces pays."* Cet énorme pavé jeté par le général Wald dans le marigot algérien a fait jaser durant plusieurs jours les politiciens de tous bords. Il réjouissait particulièrement les généraux Janviéristes qui considéraient cette déclaration comme un soutien de poids face aux frères ennemis du clan présidentiel à la veille de l'échéance du 8 avril.

Ouf ! On a finalement voté. Le Conseil constitutionnel a validé et annoncé, le 12 avril, les résultats définitifs de l'élection présidentielle. Le taux de participation a été de 58%; Abdelaziz Bouteflika a obtenu 8 651 723 voix, soit 85% des suffrages exprimés. Notons à titre de comparaison qu'il n'avait obtenu que 75% en 1999. Mouloud Hamrouche et Abdelhamid Mehri, tous deux fins connaisseurs du système politique algérien, ont souligné *"qu'il ne fallait pas s'attendre à un quelconque changement au cours des 5 prochaines années; le système a décidé de se perpétuer et a rappelé Bouteflika pour l'entretenir."*

C'est une dizaine de jours avant la date du scrutin que les généraux qui soutenaient depuis des mois Ali Benflis, ont pris cette décision. Bouteflika savait que le chef d'état-major, Mohamed Lamari, était contre lui, mais quid du DRS qui lui avait laissé croire que Tewfik Mediène et son adjoint n'étaient pas d'accord, l'un le soutenant, l'autre pas. La hantise des Janviéristes est de se voir trainés en justice pour les massacres qu'ils ont ordonnés ou laisser faire ou d'avoir à rendre des comptes sur le dossier des disparus. Ils savent cependant que Bouteflika n'est pas un homme à principes et que tout ce qui l'intéresse c'est être réélu; tout le reste n'est que du bluff. Il leur fallait donc surtout lui faire comprendre que sans le soutien du DRS, il n'avait aucune chance de rempiler. Ils ont alors fait monter les enchères dès le début de la campagne électorale, trois semaines avant la date du vote. On voyait alors de plus en plus de monde aux meetings de Benflis, on voyait des généraux en retraite rallier son camp, tout comme on le voyait être accueilli en héros en Kabylie aux cris de "Benflis président" alors que Bouteflika se faisait huer, caillasser et devait tenir un meeting à Tizi Ouzou, dans une salle fermée, protégée par une armada de policiers et gendarmes. Dans son équipe, un homme, Noureddine Yazid Zerhouni, connait bien la maison DRS; il a compris que, contrairement aux apparences, Smaïn Lamari est lui aussi contre un second mandat pour Bouteflika. Il prit alors attache de ce dernier et du parrain des Janviéristes le général Larbi Belkheir et à trois, ils mirent en place, une semaine avant la date du scrutin, un accord qui permet la réélection d'Abdelaziz Bouteflika, en contrepartie de quoi lui s'engage à s'opposer à ce qu'ils soient traduits devant le TPI, *"tout comme Kostunica en Serbie-Monténégro."* Il doit étouffer l'affaire des disparus et promulguer une loi d'amnistie générale. Ils acceptent qu'il autorise une nouvelle mouture du FIS à 2 conditions : pas de violence, pas de république islamique.

Au lendemain de l'élection présidentielle, Abdelaziz Bouteflika a procédé à un léger remaniement ministériel et constitué un nouveau gouvernement -

qui demeurera probablement en place jusqu'à la fin de l'année - à la suite de quoi, il s'est attelé à mettre à exécution les points de l'accord passé avec les généraux. Ce sont plusieurs chantiers auxquels il s'attaquait de front : la réconciliation nationale, la crise de Kabylie, la mise en place d'une nouvelle constitution et le réaménagement de la scène politique. La priorité des priorités dans ce fatras de dispositions est la promulgation d'une loi de réconciliation nationale. Mais c'est quoi la réconciliation nationale ? Tout le monde parle aujourd'hui de concorde nationale, de réconciliation nationale, de réconciliation globale sans trop savoir ce que recouvrent ces mots. Au sein de la classe politique, chacun explicite cette notion à sa façon, mais seuls les vrais décideurs savent parfaitement quelles sont les dispositions essentielles qu'elle couvrira.

Vingt-quatre heures après la mise en place du nouveau gouvernement, Abdelaziz Bouteflika réunissait un premier Conseil des ministres et assignait comme mission prioritaire au Premier ministre Ahmed Ouyahia et son équipe le parachèvement de la réconciliation nationale. C'est à dessein qu'il se refuse à définir de manière plus précise ce concept. Le communiqué publié à l'issue du Conseil des ministres veut laisser croire que le dossier réconciliation nationale qui est du seul ressort du gouvernement n'est qu'un appendice de la Concorde civile, c'est-à-dire une reddition pure et simple des groupes armés, déjà approuvée par référendum en 1999. Il y est dit que *"le programme du gouvernement devra viser à la consolidation des résultats de la Concorde civile par la promotion d'une véritable politique de réconciliation nationale."* Pourquoi une telle mise en scène ? Les termes du deal passé avec les chefs de l'armée, qui leur garantit l'impunité totale, à l'issue de 12 années de guerre civile, qui a entrainé la mort de 150 000 à 200 000 morts dont ils sont en bonne partie responsables, constitue un engagement tellement grave que Bouteflika fait tout et fera tout pour camoufler cet aspect des choses. Il sait parfaitement que les crimes commis par les unités de l'armée ou du GIA, sur ordre ou avec la complicité des généraux, sont assimilables pour le moins à des crimes de guerre; il sait aussi que c'est pour des faits moins graves que le général Pinochet ou les chefs de la junte militaire argentine ont été poursuivis par la justice de leurs pays ou par la justice internationale. S'il devait donc annoncer clairement que le véritable objectif de la réconciliation est de garantir l'impunité aux généraux cela reviendrait à avouer sa complicité dans les très graves exactions commises durant les 12 dernières années. Le Premier ministre Ahmed Ouyahia est lui aussi dans le secret des dieux. Cependant, au prétexte d'expliciter la tâche qui lui a été confiée, il a noyé un peu plus le poisson. Il parle d'un projet global qui ne concerne pas uniquement la fin du terrorisme et le retour dans leurs foyers des maquisards du GIA et du GSPC, mais qui est la solution à tous les problèmes du pays, qu'il s'agisse de la crise de Kabylie, des conflits sociaux qui naissent ici ou là et qui débouchent sur des émeutes, ou même des relations du gouvernement avec le monde du travail. Il mentionne également l'enseignement religieux, le rôle de la langue amazigh dans l'identité nationale, la lutte contre le crime et contre la fraude et bon nombre d'autres notions toutes aussi peu définies. On se demande alors : qu'est-ce que la concorde nationale ? Elle commence où et s'arrête où ? C'est d'ailleurs cela le commentaire fait par les députés après qu'il leur ait présenté son programme, durant plus de deux heures. On y trouve de tout, disent-ils, mais on ne voit ni le chemin que l'on veut suivre, ni le but que l'on veut atteindre. Un député a très bien défini l'impression générale en déclarant : *"On dirait que l'on veut nous cacher quelque chose. On nous a noyé de banalités et de concepts abstraits, puis on a introduit un mot magique, réconciliation nationale. Qu'est-ce que tout cela signifie?"*

On a commencé à voir un peu plus clair dans cette affaire après les déclarations de maître Farouk Ksentini, président de la Commission nationale consultative pour le promotion et la protection des droits de l'homme (CNCPPDH), qui a été chargé par le président de la République de préparer l'opinion publique et la population en général à encaisser le choc des dispositions qui seront arrêtées dans l'affaire des disparus. Les instructions qu'il a reçues ont pour but de faire passer trois messages essentiels. Le premier est que la majeure partie des disparus est décédée et d'en informer les familles, sans pour autant leur remettre les corps ou ce qu'il en reste, afin de ne pas leur fournir les éléments qui leur permettrait d'attaquer l'État en justice. Le second message est que l'État serait disposé à consentir aux familles concernées une indemnisation financière pour compenser la perte d'un être cher, en contrepartie de quoi elles s'engageraient à renoncer à toute poursuite judiciaire éventuelle contre l'État ou ses agents. Enfin, le troisième message est que les organismes de l'État ne sont nullement responsables de ces disparitions et qu'il faut donc les disculper d'emblée; si dépassement il y a eu, ce sont des agents de l'État qui en sont responsables à titre individuel.

On a, par ailleurs, appris, par certaines fuites vers certains journaux que des dispositions de loi identiques à celles de la Concorde civile devront être adoptées pour couvrir la situation des nouveaux repentis. Pourquoi donc édicter une nouvelle loi alors que les dispositions de la Concorde civile ont toujours cours ? Pour la simple raison que la loi de 1999 n'accorde l'immunité qu'aux terroristes alors qu'en vertu du deal Bouteflika - Janviéristes, ce sont ces derniers que l'on doit amnistier. La nouvelle loi est donc pour eux, mais on ne doit pas le dire.

CHAPITRE III

Le deal d'avril se met en place

Et voilà, c'est reparti pour cinq ans : Bouteflika est à nouveau Président jusqu'en 2009. Pour satisfaire une soif démesurée de pouvoir il a accepté de payer très cher le soutien des généraux. Il doit mettre en place les dispositions qui leur permettront de ne pas être poursuivis en justice pour crimes de guerre. Il a décidé que les victimes d'une guerre civile atroce qui a duré 10 années n'avaient jamais existé, que ces centaines de milliers de personnes devaient être tout simplement effacées de la mémoire des Algériens. Il veut faire adopter par le parlement ou par le peuple par référendum le concept de réconciliation nationale, c'est-à-dire accorder l'amnistie à ceux qui sont impliqués à des degrés divers dans l'assassinat de 200 000 personnes, qui ont torturé puis fait disparaitre 10 000 citoyens et qui ont brisé les vies de millions de personnes physiquement ou moralement. Comment qualifier une telle décision ? A-t-on le droit de sacrifier autant de vies humaines pour satisfaire l'ego d'un homme, fut-il président de la République ? Rarement dans l'histoire de l'humanité on a vu un chef d'État agir de la sorte. Faire avaler par le peuple algérien une aussi grave décision est chose facile pour le pouvoir; il lui suffira de truquer les résultats du référendum, comme il a l'habitude de le faire. Quant à convaincre les dirigeants des deux grandes puissances qui comptent en Algérie, la France et les États-Unis, c'est autrement plus difficile. Pour y aboutir, il devra faire d'énormes concessions.

C'est une lapalissade que de dire que le 11 septembre 2001 a constitué un tournant dans les relations des États-Unis avec l'Algérie. La coopération entre les deux pays, limitée jusque-là à l'exploitation du pétrole et du gaz algériens par des entreprises américaines a soudainement évolué vers le domaine militaire; on a vu alors les deux pays se rapprocher de plus en plus, durant les années 2002 et 2003 et l'Algérie devenir une république bananière sous tutelle américaine.

Après qu'Abdelaziz Bouteflika ait passé son deal avec George W. Bush l'armée algérienne annonçait avoir abattu un combattant yéménite, un certain Imad Abdelwahid Alwad, alias Abou Mohamed, émissaire personnel d'Oussama Ben Laden auprès des salafistes algériens. Voilà donc le lien du GSPC avec Al Qaïda ! C'était l'événement qui démontrait que la banana theory de l'administration de George W. Bush était exacte, que le Sahel était en effet devenu la zone dans laquelle s'était repliée Al Qaïda après avoir été vaincue en Afghanistan. Bien que sachant que ceci n'était que de la mise en scène, l'administration de George W. Bush mettait alors le GIA et le GSPC sur la liste des organisations terroristes internationales. La découverte de pétrole au Tchad par de grosses compagnies américaines étant venue confirmer que le Sahel était une zone très riche en hydrocarbures, dans laquelle sont présentes toutes les firmes américaines; les pétroliers texans de la Maison-Blanche lançaient alors la Pan Sahel Initiative (PSI) en s'appuyant notamment sur l'Algérie et son armée. Selon les textes officiels portant création de la PSI, l'assistance fournie par les Américains a pour but de protéger les intérêts liés à la sécurité nationale des États-Unis d'Amérique en Afrique dans deux domaines, la conduite de la guerre au terrorisme et le maintien de la paix et de la sécurité dans la région.*"C'est à ce titre qu'a été dépêchée en Algérie une unité opérationnelle spécialisée dans les écoutes et les télécommunications qui s'est installée dans la région de Tamanrasset."* C'est du moins ce que dit le pouvoir. C'est d'une manière anodine que les journaux ont annoncé, vers la mi-juin 2004, que le bureau d'études de la société Northrop Grumman venait d'entreprendre une étude pour le compte de l'Entreprise nationale de navigation aérienne (ENNA) pour *"l'installation au sud d'un centre de contrôle pour protéger les champs pétroliers."* Cette étude, nous a-t-on dit, a été entièrement financée par des fonds américains et a été remise au directeur général de l'ENNA, en présence du ministre des Transports et de l'ambassadeur US à Alger. N'est-ce pas bizarre de voir une société qui active presque uniquement dans le domaine militaire, l'un des plus importants contractants du Pentagone, une société qui entretient des liens très étroits avec le secrétaire d'État adjoint à la Défense Paul Wolfovitz, entreprendre une telle étude et l'offrir à l'Algérie ? En réalité, sous couvert d'installation d'un centre de contrôle pour protéger les champs pétroliers, ce sont 200 à 300 hommes qui posent actuellement les premiers jalons d'une base aérienne américaine dans le sud de l'Algérie. Le journal satyrique *Le Canard Enchainé* a rapporté dans sa livraison du 7 juillet 2004 qu'à la fin du mois de mars, l'ambassade de France à Alger a informé le palais de l'Élysée que l'ambassadeur de Russie, Mr Vladimir Titorenko avait révélé à son homologue français *"la présence d'au moins une bonne vingtaine d'experts militaires américains commandés par un général deux étoiles, cantonnés à quelques 350 kilomètres d'Alger avec pour mission de préparer d'éventuelles opérations d'appareils gros porteurs américains lors de missions militaires en Afrique et au Moyen-Orient."* Jamais la coopération militaire algéro-américaine n'avait atteint un tel niveau. L'Algérie a de tout temps prôné le non-alignement; elle a même été durant des années le leader du mouvement des non-alignés depuis sa création à Bandoeng en 1955. Voilà qu'aujourd'hui elle renie tous les engagements qu'elle a pris depuis 50 ans, afin d'éloigner définitivement le spectre de poursuites judiciaires à l'échelle internationale à l'encontre des généraux et pour satisfaire l'ego d'un homme. C'est cher payer le ticket d'entrée dans l'axe du Bien de George W. Bush.

Avec la France aussi il est prévu que l'on resserre très fort les liens. Plus on se rapprochera l'un de l'autre, plus il sera nécessaire de faire des compromis et donc de céder une partie de sa liberté d'action; sachant qu'au sein du couple France - Algérie le rapport de forces est en faveur de la France, ce sera donc l'Algérie qui fera le plus de concessions. Marquées par 132 années de colonialisme et une guerre qui a duré plus de sept ans et demi, les relations algéro-françaises ont, comme on le sait, connu des hauts et des bas, des moments où les deux pays ont semblé vouloir surmonter les tensions du passé et s'enflammer pour une nouvelle coopération, mais très rapidement la méfiance réciproque reprenait le dessus créant de nouvelles tensions. Le déclenchement de la guerre civile en janvier 1992 et la lutte des généraux contre les mouvements islamistes - violents ou pacifiques - ont eu pour conséquence une attitude souvent ambiguë de la part des autorités françaises. Une personnalité proche de Jacques Chirac a parfaitement résumé la situation en disant : *"Nous savons que les massacres en Algérie sont, dans leur grande majorité, imputables au clan des décideurs, le club des 10 généraux; mais nous préférons avoir affaire à ce clan plutôt qu'aux Talibans."* L'arrivée de Bouteflika au pouvoir a fait que la France pouvait dorénavant collaborer avec un régime qui, du moins en apparence, était devenu plus fréquentable. Depuis avril 1999, Abdelaziz Bouteflika a effectué pas moins de 8 visites en France, dont une visite d'État en 2000. Il a rencontré Jacques Chirac en de nombreuses autres occasions : sommet de la Francophonie à Beyrouth, sommets du G8 à Evian et Sea Island, Assemblée générale des Nations Unies à New York, etc. De son côté, Jacques Chirac s'est rendu à trois reprises en Algérie : visite de solidarité lors des inondations catastrophiques de Bab El Oued en 2002, visite d'État en 2003, puis nouvelle visite au lendemain de la réélection d'Abdelaziz Bouteflika en avril dernier. Il a proposé à son homologue algérien, lors de visite d'État de mars 2003, l'instauration entre les deux pays de rapports privilégiés et d'un partenariat d'exception ayant vocation à se poser comme modèle de coopération dans la région et dans les relations internationales. Cette proposition a été concrétisée par une déclaration commune des deux chefs d'État dite Déclaration d'Alger. Vint ensuite la réélection de Bouteflika. C'était l'occasion pour Jacques Chirac de lui adresser une très chaleureuse lettre de félicitations, puis de se rendre immédiatement à Alger, alors même que le Conseil constitutionnel n'avait pas encore officialisé les résultats du scrutin, pour lui exprimer de vive voix *"tout le plaisir qu'il avait ressenti après sa brillante réélection que personne de bonne foi ne pouvait contester."* C'est au cours de cette visite que le président français a proposé l'élaboration d'un traité bilatéral d'amitié et de coopération à conclure dans les meilleurs délais, un traité d'amitié identique à celui qui lie la France à l'Allemagne et qui inclurait un volet militaire. Quand on sait que le traité franco-allemand avait mis un point final à une rivalité de plus d'un siècle qui avait entrainé trois guerres, dont deux guerres mondiales qui ont causé la mort de plusieurs dizaines de millions de morts et la destruction de toute l'Europe, quand on sait aussi que ce traité a constitué le fondement de l'Union européenne, on imagine donc l'extrême importance de la proposition française. Au plan économique, la France s'engagerait, selon Jacques Chirac, à soutenir les projets de l'Algérie dans les secteurs de l'énergie, de l'eau, des transports et de l'espace. Au plan stratégique, il a annoncé que l'Algérie était totalement en phase avec la France sur tous les sujets qui fâchent les Américains, à savoir la manière de conduire la lutte contre le terrorisme international, l'Irak, le Proche Orient et l'avenir de la région dans son ensemble. Ceci signifie que les deux pays remettent en cause l'initiative américaine dite du Grand Moyen-Orient et le clament haut et fort au moment où l'Algérie devient membre du Conseil de sécurité des Nations Unies. Ce volet économique et financier considéré par les deux parties comme étant le démarrage d'un partenariat économique d'exception, engloberait aussi des actions de formation aux métiers de la banque par des experts français ainsi qu'une coopération accrue entre les administrations financières des deux pays. Il y eut beaucoup de visites ministérielles, dont une a été très médiatisée et a frappée l'opinion publique, celle de Michelle Alliot-Marie, ministre française de la Défense. La coopération militaire est un aspect inédit des relations algéro-françaises. En dehors de quelques accords de portée secondaire passés dans les années 1970, il n'existe aucun arrangement entre les deux pays dans ce domaine. Encore une fois, c'est *Le Canard Enchainé* qui nous a informé que c'est cette facilitée accordée secrètement à des militaires US - information fournie par l'ambassadeur de Russie à Alger à son homologue français - qui a sans doute provoqué une réflexion accélérée de l'Élysée sur un projet de coopération avec Alger. Les discussions ont porté sur un accord-cadre en matière de défense qui serait partie intégrante du traité d'amitié. Cet accord-cadre traiterait du statut des forces armées de chacun des deux pays présentes dans l'autre, ce qui signifie que des forces françaises seraient présentes en Algérie. Il traitera également de la formation d'officiers, des escales, des exercices militaires conjoints, de l'équipement et de la vente d'armements à l'Algérie. Ces armements devront être compatibles avec ceux utilisés par l'armée française de façon à assurer une interopérabilité entre les deux armées. Il est aussi prévu une plus grande coopération et un échange de renseignements en matière de lutte contre le terrorisme. Il est clair que l'objectif de Jacques Chirac est que l'Algérie ne tombe pas sous le joug américain. C'est dans cette optique que Michelle Alliot-Marie a avancé l'idée que la Méditerranée occidentale soit un domaine réservé de l'Europe en matière de défense. Elle a proposé d'organiser à Paris, à l'automne, des discussions sur un partenariat en matière de défense entre l'Union européenne et le Maghreb, lors d'une réunion dite des 4+3, à savoir 4 pays sud-européens (la France, l'Espagne, l'Italie et le Portugal) et 3 pays maghrébins (le Maroc, l'Algérie et la Tunisie). Abdelaziz Bouteflika a accepté cette proposition et a fait dire par son ministre des Affaires étrangères, Abdelaziz Belkhadem qu'il se réjouissait de l'ajout du segment de coopération militaire dans les relations entre l'Algérie et la France. Sachant que le lobby pro français, Hizb França, est très puissant en Algérie, que les DAF (Déserteurs de l'armée française) sont nombreux dans les rangs de l'armée, voilà un accord qui, même s'il ne débouche pas sur un traité, va permettre à ces deux vecteurs de s'affirmer encore plus puissamment. Jacques Chirac a donc réussi à replacer l'Algérie dans le giron de la France.

Bouteflika a acheté le silence des Américains et des Français en leur faisant d'énormes concessions. Il pouvait alors annoncer, au travers d'une adresse à la nation, prononcée la veille du 1er novembre, qu'il envisageait de décréter une amnistie générale pour mettre une fin définitive à la guerre civile qui ensanglante l'Algérie depuis janvier 1992. Il qualifie les événements vécus par le pays durant cette période de "tragédie nationale" et non pas de guerre civile, car à partir du moment où il n'y a pas eu de guerre, il ne peut y avoir de crimes de guerre et encore moins de crimes contre l'humanité. Au plan strictement juridique, on amnistie l'auteur d'un crime, ce qui n'est pas le cas ici. Il y a eu 200 000 morts durant les 12 années écoulées. La loi qu'il compte faire considérera que ces morts n'ont jamais eu lieu. Il a tenté de justifier sa position en citant l'exemple de l'Afrique du Sud, qui n'a eu recours à l'amnistie qu'après l'installation de commissions de vérité et de justice, qui ont identifié les auteurs des crimes commis, ce qui n'est pas le cas de ce qu'il envisage de faire.

CHAPITRE IV

L'infiltration du camp islamiste par le DRS

Le DRS est passé maitre en matière d'infiltration et de manipulation des mouvements islamistes. Il l'a démontré en plaçant ses propres pions jusqu'au sein du Madjliss Echoura du FIS - Rabah Kébir et Abdelkader Boukhamkham notamment - ainsi qu'à la tête de l'AIS, où l'on a Madani Mezrag et Ahmed Benaicha. On sait que le GIA est une création du DRS qui a nommé ses propres agents Djamel Zitouni et Antar Zouabri à la tête du groupe, avant de les éliminer quand ils sont devenus gênants. La tâche a été un plus ardue avec le GSPC, mais le DRS a fini par prendre le contrôle total du mouvement.

C'est vers la fin 1997 que le GSPC a vu le jour à l'initiative de certains dissidents du GIA qui avaient pris leurs distances avec cette organisation. Le DRS comprend alors qu'il a affaire à des groupes armés d'un type nouveau et n'aura de cesse que de tenter de leur appliquer la bonne vieille méthode de noyautage qui lui a si bien réussi jusque-là. Il compte sur trois taupes pour mener à bien cette opération : Abou Abdelaziz alias Okacha El Para, Abderrezak El Para et Nabil Sahraoui alias Abou Ibrahim Mustapha. Des trois le joker est Abderrezak El Para qui a été chargé de prendre en otages les 32 touristes européens. Ayant bien réussi cette mission, le DRS le fera nommer à la tête du mouvement après avoir éliminé, lors d'une embuscade tendue par l'armée le 18 juin 2004 dans la région d'El Kseur, le chef du GSPC et son adjoint, Nabil Sahraoui et Okacha El Para. Mais Abderrezak El Para a été fait prisonnier par le Mouvement démocratique de la jeunesse tchadienne (MDJT) qui a proposé de le remettre aux autorités algériennes. Alger a d'abord invoqué des raisons fallacieuses pour ne pas le récupérer, avant que le ministre de l'Intérieur, Noureddine Yazid Zerhouni ne déclare officiellement que Abderrezak El Para ne les intéressait pas, car dit-il *"cela fait longtemps qu'il a quitté l'Algérie et les renseignements qu'il pourrait fournir aujourd'hui sur les réseaux actifs du GSPC ne sont pas précieux."* Bien évidemment la raison officielle n'est pas celle-là; c'est plutôt le fait qu'il soit devenu chef du GSPC et que le pouvoir aimerait qu'il le demeure. Les Américains n'étaient cependant pas d'accord sur les manipulations du DRS. Ils le firent savoir par des déclarations de généraux de l'Euro Cent Com à Stuttgart, selon lesquelles il y aurait dans la région du Sahel des groupes terroristes, pas nécessairement liés à Al Qaïda, qui pourraient être nocifs aux intérêts américains, le GSPC étant l'un d'entre eux. Puis vers la mi-juin de cette année, le porte-parole officiel du Département d'État Richard Boucher déclarait carrément lors d'un point de presse qu'El Para et ses complices devraient être remis aux autorités algériennes, dans les meilleurs délais, afin d'être jugés sur la base des charges qui pèsent contre eux. Ce fut ensuite le général Charles Wald, commandant en chef adjoint des forces américaines en Europe qui a déclaré dans un entretien accordé à l'agence Reuters, que Abderrezak El Para devrait être présenté à la justice de préférence en Algérie. *"Quand cela arrivera, ce sera une nouvelle avancée importante dans la bonne direction. Nous en sommes tout près et je pense que cela se passera dans dans un futur proche"*, rajouta-t-il. La pression américaine était devenue trop forte; le DRS ne pouvait plus y résister. Il s'arrangea alors pour récupérer, par l'intermédiaire des Libyens, celui que l'on avait surnommé le Ben Laden du désert.

L'Algérie est, comme nous le savons, le pays de la rumeur et que c'est ainsi que le pouvoir communique avec le peuple. L'opacité du régime, les luttes intestines, la multiplicité des centres de décisions et bien d'autres raisons encore font que très souvent c'est par des *"on dit"* ou par l'intermédiaire de nouvelles en provenance de *"sources bien informées"*, mais jamais clairement identifiées, que les citoyens apprennent certaines nouvelles ou décisions qui vont affecter profondément le pays, leur vie de tous les jours ou leur avenir. C'est ce qu'il est arrivé récemment quand certaines sources nous ont appris que *"des membres fondateurs du Front Islamique du Salut dissout et d'autres cadres du parti sont sur le point de finir les procédures nécessaires à la création d'un nouveau parti politique."* 48 heures après, le ministre de l'Intérieur démentait sèchement l'information. C'est parce qu'il connaissait la source de la rumeur et la raison pour laquelle elle a été diffusée que l'on a senti un certain énervement dans son attitude lors de l'annonce. À la suite de quoi, il y eut une *"Lettre ouverte aux membres et sympathisants du FIS"* du responsable du bureau exécutif par intérim, le Dr Mourad Dhina, dans laquelle il faisait l'autocritique de son parti, rappelant notamment les infiltrations et manoeuvres du DRS, avant d'annoncer sa démission de son poste et la dissolution du bureau exécutif. À ses yeux, ce sont là les raisons qui ont fait perdre à l'action et aux positions du FIS l'efficacité escomptée. Il impute, par ailleurs, à la prédominance de l'esprit et du culte du cheikhisme et à l'existence de plusieurs chapelles tirant à hue et à dia de causer à terme la dislocation du mouvement. Il est vrai que tant que les deux leaders charismatiques du FIS, Abassi Madani et Ali Belhadj, étaient en liberté, ils pouvaient contrôler et modérer les ambitions de chacun. Leur emprisonnement qui a duré 12 ans, la disparition de l'autre figure emblématique, Abdelkader Hachani, les accords passés entre l'AIS et le DRS et les manipulations de ce dernier, sont autant de facteurs qui ont amené chacun des cheikhs à considérer qu'il était le seul à détenir la vérité du message politique initial.

L'ex-membre du Madjliss Echoura Abdelkader Boukhamkham, a lui aussi démenti l'information, disant qu'en ce qui concerne la direction historique du FIS, en Algérie et à l'étranger, il n'a jamais été question de recréer un parti et encore moins de faire de la surenchère politique dans le contexte actuel, car *"cette initiative pourrait jeter la confusion dans l'esprit des autorités ..."* Par ces termes, Abdelkader Boukhamkham indique clairement qu'il y a eu un accord avec les autorités qu'il n'est pas question de rompre. Quelle était la motivation du DRS quand il a lancé ce ballon d'essai concernant la création d'un nouveau parti politique par des membres fondateurs du FIS ? On ne le sait pas. Quelle qu'elle soit, elle a cependant démontré la redoutable efficacité du DRS qui a réussi à créer la zizanie dans les rangs du FIS par la propagation d'une simple rumeur.

CHAPITRE V

Le secteur bancaire, point de blocage de l'économie

Depuis son accession au pouvoir Abdelaziz Bouteflika n'a cessé de se présenter comme le grand réformateur, le chef d'État qui bouleverserait toutes les structures politiques, économiques et sociales du pays. Il a remis en cause, du moins par la parole, tout ce qu'ont fait ses prédécesseurs, qu'il a très souvent critiqués. Il s'en est allé jusqu'à utiliser des termes vulgaires pour qualifier Chadli Bendjedid et Liamine Zeroual. Parmi les promesses qu'il a faites, se trouvait la réforme du système bancaire.

Les banques publiques ont toujours bénéficié d'une sorte d'exception stratégique, qui les a mises à l'abri des expérimentations économiques. La première tentative de réforme du système bancaire a été entreprise par le gouvernement de Mouloud Hamrouche en 1990. Il s'agissait alors de soustraire les banques publiques de l'ingérence institutionnalisée de la sphère politique, une opération qui s'était heurtée à une levée de boucliers sans précédent au sein du système. La résistance avait été telle qu'il avait du faire marche arrière ; son projet n'était passé qu'à moitié. Il avait réussi à libérer la Banque d'Algérie de la tutelle du ministère des Finances - une réforme aujourd'hui invalidée par ordonnance d'Abdelaziz Bouteflika -, mais avait été mis en échec sur le volet de l'autonomie des banques publiques par rapport au pouvoir politique. En 1995, le secteur bancaire avait été exclu par ordonnance de la liste des secteurs à privatiser; l'année suivante, les banques publiques n'avaient pas non plus été intégrées dans les holdings d'État que l'on venait de créer. Aujourd'hui la pression en faveur du maintien du *statu quo* est telle que le ministre des Finances, Abdellatif Benhachenhou, pourtant un libéral convaincu, refuse obstinément de parler de privatisation. Il limite pour l'heure ses ambitions réformatrices à un prudent "assainissement" du secteur. Cette prudence est révélatrice des tensions qui règnent au sein du secteur bancaire, objet de la vigilance extrême des différents clans du régime. Si tout le monde est d'accord sur le constat de faillite des banques publiques, personne n'est en mesure de venir à bout des formidables forces d'inertie qui bloquent toute idée de réforme, des forces si puissantes qu'elles ont annihilées les maigres avances réalisées par la loi sur la monnaie et le crédit de 1990.

En fait, les banques publiques sont malades de leur appartenance à l'État qui les gère par injonctions et qui se substitue à leurs directions. Ce n'est un secret pour personne que les banques publiques ont toujours été et demeurent - aujourd'hui plus que jamais - le "garde-manger" du pouvoir, dans lequel les barons du régime se servent à volonté. Les crédits ne sont pas accordés sur la base des critères universels de garanties et de rentabilité, mais sur coup de fil, pour reprendre les termes du ministre des Finances. Les dirigeants des banques ne sont pas choisis sur la base de leurs compétences, mais en fonction de leur fidélité, au sens mafieux du terme. Le scandale Zahed, vite étouffé par le justice, est révélateur des pratiques du secteur. Cet opérateur a pu obtenir de la Banque algérienne de développement rural (BADR) un crédit de 500 millions de dollars sans aucune garantie. Au moment de rembourser, il s'est évanoui dans la nature avec la complicité de hauts responsables des services de sécurité.

Les créances irrécouvrables s'élèvent, pour les 5 banques d'État, à 350 milliards de dinars (4,66 milliards de dollars). Les plus gros débiteurs sont des entreprises privées appartenant aux dirigeants ou à leurs prête-noms. Le ministre des Finances, dont les mains sont de toute évidence liées, en appelle aux services de sécurité pour aider à leur recouvrement. On attendrait logiquement des responsables du secteur qu'ils mettent en branle les procédures légales de recouvrement par la saisine de la justice, mais curieusement cette option paraît exclue. Tout comme ses prédécesseurs, Abdellatif Benachenhou ne veut pas prendre le risque de provoquer les mauvais payeurs que sont les militaires ou les hommes politiques (anciens ministres, sénateurs RND ou députés FLN). Cette situation condamne les banques publiques au statu quo : elles donnent entière satisfaction aux clans rentiers qui pillent les ressources du pays. Seules les banques publiques algériennes peuvent transformer les détenteurs du pouvoir politique en milliardaires ; c'est leur principale mission qu'elles assument, il faut le reconnaître, avec une rare compétence.

Que comptent donc faire Bouteflika et son gouvernement de ces banques publiques ? Rien. Tout ce qui a été entrepris jusqu'à ce jour dans ce domaine a été de conforter le *statu quo*. Pourtant personne n'est satisfait de la situation actuelle et rarement secteur a réuni une telle unanimité contre lui, à l'intérieur du pays, comme parmi les partenaires étrangers. Analystes, investisseurs étrangers, opérateurs locaux, institutions financières internationales, partenaires commerciaux, etc. tous sont convaincus que les banques représentent l'un des plus gros obstacles à l'émancipation économique du pays. Sécurisées par l'absence de concurrence réelle, administrées plutôt que gérées, elles évoluent en décalage constant avec les besoins réels de l'économie. Au point que le premier responsable du secteur, le ministre des Finances déclare, devant les députés, que le système bancaire représente une menace pour la sécurité nationale. Contrairement à ce que pense le citoyen moyen, Abdelaziz Bouteflika se complaît dans ce système, qui lui permet de contrôler les mouvements financiers de ses affidés et celui de ses opposants, les Janviéristes notamment; il ne le modifiera donc certainement pas, car sa gestion des affaires n'a jamais été basée sur des données scientifiques, ni sur des techniques ayant normalement cours ailleurs dans le monde. Faire confiance à des spécialistes représente, à ses yeux, un danger pour son pouvoir. Les décisions qu'il prend relèvent plutôt de la politique politicienne, avec un fil rouge : tout faire pour renforcer son pouvoir.

ANNÉE 2005

Le premier mandat d'Abdelaziz Bouteflika à la présidence de la République s'était déroulé comme l'avaient souhaité les généraux Janviéristes. Il s'était parfaitement acquitté de la tâche qu'ils lui avaient assignée, celle de mettre en application l'accord passé avec l'AIS. Pour le second mandat, la mission dont ils l'ont chargée était de prendre, tant au plan intérieur qu'au plan international, les dispositions nécessaires qui leur garantiraient l'impunité pour les exactions qu'ils ont commises ou couvertes durant la décennie noire. 2005 devrait donc être l'année du référendum sur l'amnistie générale et la réconciliation nationale qu'il s'était engagé d'organiser. Il a fait tout d'abord procéder à la validation par le parlement de l'ordonnance présidentielle portant adoption de la loi sur les hydrocarbures.

CHAPITRE I

Les hydrocarbures algériens tombent dans l'escarcelle des Américains

Quand on évoque le pétrole au Moyen-Orient, on dit : *"Le pétrole est-il un bienfait ou un malheur ?"* La situation actuelle de l'Algérie, comme celle probablement de nombreux autres pays producteurs, ferait pencher la balance plutôt vers la seconde hypothèse.

En novembre 2002, Abdelaziz Bouteflika écrivait dans un article, publié dans le *Washington Times* du 22 de ce mois : *"L'Algérie ambitionne de devenir le premier producteur de pétrole du continent africain et ainsi assurer aux États-Unis la sécurité énergétique supplémentaire dont ils ont besoin."* L'offre ainsi faite par le président algérien dénotait clairement le désir qu'il avait de vouloir arrimer le wagon Algérie à la locomotive américaine. Il ne pouvait pas faire meilleur cadeau à l'Amérique dont le président George W. Bush, le vice-président Dick Cheyney, la responsable de la sécurité de l'époque, aujourd'hui secrétaire d'État, Condoleezza Rice et bien d'autres hauts fonctionnaires, dont James Baker chargé du suivi du dossier du Sahara Occidental, sont tous issus du milieu pétrolier. Ils savaient tous déjà que les réserves de pétrole les plus sûres de leur point de vue, celles de l'Alaska et de la mer du Nord, étaient en train de diminuer inexorablement, faute d'investissements énormes qui n'ont pas été faits à temps par les compagnies qui les exploitent. Ils savaient aussi que l'Arabie Saoudite, gros pourvoyeur, avait atteint son plafond de production avec une capacité de l'ordre de 9.5 millions de barils par jour, que l'autre gros fournisseur du marché américain, le Venezuela, sous la direction du président Hugo Chavez, échappait de plus en plus à leur contrôle, tout comme ils savaient que les pays du Moyen-Orient et les ex-républiques soviétiques d'Asie Centrale étaient politiquement instables. Ils savaient enfin que le géant chinois allait lui aussi devenir, à plus ou moins long terme, un gros consommateur de pétrole. Ils ne pouvaient donc qu'accueillir favorablement une telle offre. Par comparaison avec les autres pays producteurs, qu'ils soient ou non membres de l'OPEP, l'Algérie ne fournit aux USA qu'une partie infime de leur consommation. En quoi alors la proposition du président algérien constitue-t-elle une offre sans précédent ?

La loi algérienne sur les hydrocarbures

L'avant projet de loi sur les hydrocarbures qui s'est transformé en loi en mars de cette année, après sa ratification par le parlement, sur lequel s'appuyait alors Abdelaziz Bouteflika contient des dispositions qui représentent une véritable révolution dans les relations d'un pays producteur avec les compagnies pétrolières.

Le système qui régit à ce jour ces relations partout à travers le monde est celui du PSA (Production Sharing Agreement – Accord de partage de production). Il donne droit à toute entreprise de participer à la production d'un gisement pétrolier, dans un pays donné, en association avec la compagnie nationale qui demeure majoritaire dans la joint-venture les liant. Tous comptes faits, l'entreprise disposera cependant d'un quota de production supérieur à son pourcentage de participation, du fait des subtilités de ce type d'accord. Dans la grande majorité des cas, la compagnie pétrolière étrangère a engagé des travaux de prospection en sole risk (avec ses propres deniers) qui seront suivis, en cas de découverte, d'investissements de développement, pour lesquels elle sera associée à la société nationale du pays concerné ; viendra ensuite la phase production. En vertu des dispositions du contrat PSA, la société nationale prend à sa charge les obligations fiscales du partenaire étranger qui lui se contente de prendre livraison, généralement au port de chargement, de ce que l'on appelle le "cost oil", c'est-à-dire les quantités de pétrole nécessaires au remboursement de ses coûts d'investissements et d'exploitation et de ce que l'on appelle le "profit oil", c'est-à-dire les quantités qui correspondent à son bénéfice. Aussi bien le "cost oil" que le "profit oil" sont exonérés de toutes taxes et impôts. La nouvelle loi algérienne sur les hydrocarbures inverse les rôles, puisque dorénavant le partenaire étranger détiendra la majorité au sein de l'association ; il proposera à la compagnie nationale une participation n'excédant pas 30%. Autre différence fondamentale avec la situation actuelle : il obtient le droit d'exploiter les réserves qu'il a découvertes ou qui ont été mises à sa disposition pendant 25 ou 30 ans, selon le cas. À partir du moment où il détient la majorité de la participation financière, il exploitera le gisement au rythme qui répond à ses intérêts ; il fera les investissements qu'il voudra, comme il le voudra, quand il le voudra, tout comme il emploiera qui il voudra - pas nécessairement des nationaux. En un mot, c'est son affaire, il la gère comme il l'entend. Il cherchera, bien entendu, à tirer le maximum de pétrole durant les 25 à 30 années de droit d'exploiter qui lui auront été concédées. Or souvent l'intérêt du pays hôte voudrait que l'on produise à un rythme moindre, durant une plus longue période, pour deux raisons essentielles :

- Eviter de causer des dommages irréversibles au gisement par un rythme de production trop élevé,

- L'État est pérenne et se doit donc de préserver des ressources pour les générations futures, dans un pays où le pétrole est quasiment la seule source de rentrées financières.

La nouvelle loi prévoit certes la création d'un organisme de contrôle dont les attributions ne sont que très vaguement définies et qui ne dispose d'aucun moyen coercitif lui permettant d'imposer au partenaire étranger une politique d'exploitation plus conforme aux intérêts nationaux. L'État ne pourra même pas imposer une augmentation ou une diminution de la production, pour se mettre en conformité avec une décision à laquelle il aurait auparavant participé, à l'intérieur de l'OPEP. En résumé, c'est le pouvoir régalien de disposer des ressources naturelles du pays qui sera transféré aux entreprises exploitantes. Sachant que ces entreprises seront dans la majorité des cas des compagnies américaines, qui disposeront comme de tout temps de l'appui de l'administration en place, ce qui les rendra pratiquement intouchables, c'est donc sur une voie sans retour que le président algérien vient d'engager son pays. Car, n'oublions pas que le pétrole est une marchandise stratégique, dont le contrôle a souvent été la cause d'événements très graves. Qu'il s'agisse de l'avènement des Talibans au pouvoir en Afghanistan, de l'invasion de l'Irak par l'armée américaine ou de la tentative de déstabilisation du président Chavez au Venezuela, le pétrole est toujours là, présent à l'arrière-plan. C'est aussi parce qu'il est une denrée stratégique que tous les pays développés disposent, sur leur propre territoire, de réserves équivalentes à un minimum de 90 jours de consommation. Les États-Unis possèdent même des gisements, placés sous le contrôle direct du Pentagone, inexploités en temps de paix, qui ne seraient mis en production qu'en cas de guerre mondiale ou dans le cas où l'approvisionnement du pays venait à être gravement menacé. On a souvent vu les compagnies américaines importer d'énormes quantités de pétrole de l'étranger, non pour les mettre sur le marché, mais pour les réinjecter dans des gisements abandonnés situés sur le sol américain; une manière de les stocker en prévision de tensions éventuelles sur le plan mondial. Le pétrole est aussi une marchandise vitale. Il est le sang qui irrigue le corps, la sève qui donne vie aux végétaux. Sans pétrole, aucun avion, aucun navire, aucun camion, presque aucun train ne pourraient se déplacer ; une très forte proportion de l'énergie consommée à travers le monde par l'industrie, les ménages, l'agriculture ou toute autre activité humaine, est produite à partir de dérivés du pétrole et du gaz. L'industrie pétrochimique utilise ces mêmes dérivés comme matières premières.

Lors d'un discours prononcé devant les militants de l'UGTA, le 23 février dernier, Abdelaziz Bouteflika a vanté les mérites de sa loi afin d'éviter que la centrale syndicale ne s'y oppose, comme elle l'avait fait début 2003 par une grève nationale de 48 heures. Il avait, entre autres, déclaré que l'Algérie pourrait toujours faire marche arrière, s'il devait apparaître qu'elle avait fait fausse route en adoptant ces nouvelles dispositions. De telles paroles dans la bouche du président algérien donnent à penser qu'il est totalement inconscient de l'énorme importance du pétrole et du gaz dans la stratégie politique, économique et sécuritaire des États-Unis. Revenir en arrière signifierait reprendre à des compagnies comme Exxon/Mobil ou Texaco/Chevron, par exemple, des réserves pétrolières qui leur auraient été concédées auparavant. Dans le monde où nous vivons, ce serait une grave atteinte aux intérêts suprêmes des États-Unis, une véritable déclaration de guerre de la part de l'Algérie qui connaîtrait alors un sort pire que celui de l'Irak.

La stratégie pétrolière américaine de 1973 à nos jours

Quelle est cette stratégie pétrolière à laquelle l'Algérie vient d'adhérer ? Durant des décennies et jusqu'au début des années 70, le pétrole était en abondance sur le marché, l'offre nettement supérieure à la demande et les compagnies pétrolières internationales contrôlaient la quasi-totalité de la production. Le prix du baril oscillait entre 1.20/1.25 $ et 1.80/1.90 $. La politique avant-gardiste du Shah d'Iran Mohamed Reza Pahlevi et l'arrivée au pouvoir du colonel Muammar Kadhafi en Libye allaient modifier la donne et amener les pays membres de l'OPEP à prendre leurs destinées pétrolières en mains. Au même moment, aux États-Unis, l'administration du président Richard Nixon mettait en place la doctrine Kissinger. Tirant la leçon du premier choc pétrolier provoqué par la guerre du Moyen-Orient d'octobre 1973, Henry Kissinger s'était fixé un double objectif : celui de rendre les USA moins dépendants du pétrole du Moyen-Orient et celui de neutraliser toutes les initiatives que pourrait prendre l'OPEP. Des moyens colossaux furent mis à disposition des compagnies pétrolières anglo-saxonnes pour mettre en exploitation les immenses réserves de la mer du Nord et de l'Alaska. Dans les pays traditionnellement fournisseurs des États-Unis, des consignes furent données aux compagnies exploitantes pour pomper et transporter le maximum de pétrole hors de ces pays. De très gros investissements furent alors consentis pour fabriquer et lancer une nouvelle génération de tankers, les VLCC (Very large crude carriers) et les ULCC (Ultra large crude carriers) avec des capacités allant de 250 000 à 500 000 tonnes. Comme autre mesure coercitive, l'administration Nixon décidait de mettre fin à l'accord de Bretton Woods fixant la parité-or du dollar, ce qui eut pour conséquence l'affaiblissement du pouvoir financier des pays producteurs de pétrole. Ce ne sont là que les mesures les plus spectaculaires qui furent alors mises en branle et qui aboutirent une dizaine d'années plus tard à renverser la tendance dans les relations pays producteurs – compagnies pétrolières. L'Arabian Light (le pétrole léger d'Arabie Saoudite), qui servait de brut de référence, était remplacé par le Brent de la mer du Nord, tandis que les compagnies imposaient aux pays producteurs les contrats de type PSA (Production sharing agreement) qui leur garantissaient la disponibilité du pétrole qu'elles avaient contribué à découvrir et les mettaient à l'abri de toute nationalisation éventuelle. À travers ces contrats, elles devenaient aussi indépendantes du système fiscal des pays hôtes, puisque leurs obligations vis-à-vis des impôts étaient prises en charge par leurs partenaires, en l'occurrence les compagnies nationales des pays dans lesquels elles opéraient. Vers le milieu des années 1980, le pétrole de la mer du Nord était devenu plus cher, car des investissements de plus en plus lourds étaient nécessaires pour aller y découvrir de nouveaux gisements à des profondeurs d'eau de plus en plus grandes. Ce nouveau choc pétrolier amenait alors d'autres administrations républicaines, celle de Ronald Reagan et celle de George Bush père, à développer une autre stratégie, avec le même but que celui fixé par Henry Kissinger, à savoir diversifier au maximum les sources d'approvisionnement des USA. C'est la période où les compagnies américaines se sont lancées à la conquête des réserves pétrolières de l'ex-URSS, avant et après son éclatement, en passant d'abord des contrats de services, puis des contrats de type PSA avec les entreprises russes ou celles originaires des républiques d'Asie Centrale. L'exemple le plus frappant est celui du contrat passé par Union Oil of California (UNOCAL) – aujourd'hui rachetée par Texaco/Chevron - avec le Turkménistan pour la production de gaz, son transport par gazoduc à travers l'Afghanistan, puis son évacuation par le Pakistan. Pour sa mise en place, ce projet nécessitait la stabilité politique de l'Afghanistan ; l'administration américaine n'hésita pas alors à soutenir les Talibans jusqu'à les amener au pouvoir, car les autres chefs de guerre n'étaient pas en mesure de garantir cette stabilité. Les conséquences de cette funeste décision ne sont hélas que trop connues : ce sont les attentats du 11 septembre 2001, ce sont l'émergence et le renforcement d'Al Qaïda et c'est la prolifération des actes terroristes à travers le monde. Elles illustrent cependant parfaitement le rôle primordial joué par les hydrocarbures dans la politique américaine et leur impact sur la paix mondiale. Depuis maintenant une bonne quinzaine d'années, les compagnies pétrolières américaines sont présentes partout à travers le monde. Elles ont engrangé durant cette période des bénéfices records en raison de la hausse des prix du pétrole, en raison aussi du peu d'investissements qu'elles ont consentis dans le secteur de l'exploration – production, mais également parce qu'elles ont pompé au maximum les champs sur lesquels elles ont opéré. Au jour d'aujourd'hui, le surplus de production éventuellement mobilisable par rapport à la consommation mondiale atteint à peine un million de barils par jour alors qu'il était d'une dizaine de millions au début de la décennie 90. Pour répondre à la progression de la demande en énergie, il y aurait lieu d'investir, d'après les récentes études de l'Agence internationale de l'énergie (AIE), 6 000 milliards de dollars environ durant les 25 prochaines années. C'est dire si la situation est plutôt critique.

Les composantes de la stratégie américaine

La situation est critique aussi en raison de la spectaculaire croissance économique chinoise qui a rendu la Chine gros importateur de pétrole brut. D'autosuffisante jusque là, elle est devenue importatrice depuis une douzaine d'années, sa consommation ayant plus que doublé dans l'intervalle. Elle est passée de quelques 100 millions de tonnes au début de la période à 220 millions de tonnes environ en 2003, dont 80 millions sont importés. Pour les compagnies américaines la China National Petroleum Corporation (CNPC) est devenue un très sérieux concurrent. D'autre part, les études entreprises par l'agence de cotation Standard & Poor's démontrent que les réserves pétrolières contrôlées par les "majors" (les 7 à 8 plus grosses compagnies pétrolières mondiales) ont atteint un seuil limite par comparaison à l'évolution de la demande. Pour juger de la capacité d'une entreprise à faire face à ses propres prévisions de fourniture de pétrole brut au marché, Standard & Poor's utilise un ratio qu'elle appelle "la durée de vie des réserves". Cette durée de vie, exprimée en années, résulte de la division des réserves prouvées, contrôlées par la société, par ses engagements commerciaux. Pour les 6 plus grosses compagnies mondiales, elle est de :

- 13 ans pour Exxon/Mobil
- 14 ans pour Royal Dutch/Shell
- 13 ans pour BP
- 12 ans pour Chevron/Texaco
- 16 ans pour Phillips Petroleum Company
- 13 ans pour Continental Oil Company.

Ceci signifie que, pour une compagnie comme Exxon/Mobil par exemple, si les réserves prouvées qu'elle contrôle devaient ne pas augmenter par rapport à ce qu'elles sont actuellement, elle ne pourrait faire face à ses engagements de fourniture au marché que durant 13 ans. En réalité, cette durée serait nettement inférieure (plutôt de l'ordre de 5 à 6 ans), car les réserves prouvées ne sont pas toutes susceptibles d'être produites, le taux de récupération dépassant rarement les 50% des réserves prouvées. Cette durée de vie reste cependant théorique étant donné que l'on a considéré, au début du raisonnement, que les réserves prouvées restaient figées. Pour avoir une idée plus exacte de la réalité, l'agence de cotation Standard & Poor's prend en considération un autre facteur, statistique celui-là, qui est le taux de remplacement des réserves. C'est le rapport des quantités de pétrole produites, donc vendues durant une certaine période, aux quantités découvertes durant la même période. Pour les 6 compagnies citées plus haut, le taux moyen annuel était, au 31 décembre 2003, de :

- 90% pour Exxon/Mobil
- 109% pour Royal Dutch/Shell
- 198% pour BP
- 134% pour Chevron/Texaco
- 84% pour Phillips Petroleum Company
- 118% pour Continental Oil Company

Ce qui signifie qu'à l'exception de BP et de Chevron/Texaco à un degré moindre, ces compagnies arrivaient tout juste à découvrir, à la fin de 2001, des réserves équivalentes à celles qu'elles avaient commercialisées durant l'année. La situation s'est dégradée depuis vu le déséquilibre toujours plus grand entre l'offre et la demande constaté durant les 2 ou 3 dernières années. On peut donc dire, en résumé, que les plus grosses compagnies pétrolières mondiales disposent aujourd'hui de quantités de pétrole qui couvriraient tout juste leurs engagements d'approvisionnement du marché pendant une dizaine d'années. Ceci explique le cri d'alarme lancé par l'AIE, dont nous avons parlé plus haut, tout comme on comprend aussi pourquoi le cours du baril de pétrole est en hausse permanente depuis 3 ans. On comprend également pourquoi le président George Bush "a fait l'honneur" au prince héritier d'Arabie Saoudite, Abdellah Ibn Abdelaziz, de le recevoir dans son ranch de Crawford au Texas, le 25 avril dernier, et lui a demandé de rendre très vite opérationnelles certaines installations pétrolières saoudiennes – donc investir des sommes conséquentes – et ainsi mettre, dans les meilleurs délais, sur le marché des quantités additionnelles de pétrole de l'ordre de 1.3 à 1.4 millions de barils par jour.

L'administration de George W. Bush savait depuis longtemps que le monde s'orientait vers une situation de crise dans le domaine des hydrocarbures. Il fallait donc instaurer une politique qui permettrait aux compagnies pétrolières américaines de disposer de réserves encore plus importantes que celles qu'elles détiennent actuellement, d'où l'idée de revenir au système de concessions qui avait prévalu jusqu'à la fin des années soixante. En vertu de ce système, le pays producteur attribue à la société concessionnaire la totalité des droits de propriété sur le pétrole qu'elle a contribué à découvrir sur le périmètre d'exploitation qui lui a été concédé. Cependant à l'inverse de ce qui se passait autrefois, les pays producteurs possèdent tous aujourd'hui une entreprise nationale, d'où l'introduction d'une variante dans le système, selon laquelle la compagnie titulaire de la concession peut prendre cette entreprise comme partenaire minoritaire.

Dans le cas de la nouvelle loi algérienne sur les hydrocarbures, la durée de la concession a été fixée à 25 ou 30 ans renouvelables, selon qu'il s'agit de gisement de pétrole ou de gaz. Le concessionnaire propose à la société nationale un pourcentage d'intéressement qui ne peut dépasser 30%, que celle-ci peut accepter ou refuser. Ainsi donc le partenaire étranger verra sa part dans la production passer du maximum possible de 49% dans les contrats de type PSA, à 70, voire 80,90 ou 100%, avec en bonus le fait qu'étant titulaire des droits d'exploitation, il se trouve à l'abri de toute tentative de réappropriation par l'État. En tant que partenaire majoritaire, il est seul maître à bord pour décider de la politique d'exploitation du gisement ; il peut même, si tel est son intérêt, amener la société nationale à renoncer à tout ou partie de son intéressement par la mise en route de techniques d'exploitation dont cette dernière ne dispose pas, qu'il facturerait à des prix élevés. On touche là au cœur même de la nouvelle stratégie américaine pour l'exploitation des hydrocarbures. Une entreprise pétrolière peut augmenter le volume des réserves qu'elle contrôle, soit en se lançant dans l'aventure de l'exploration qui sera suivie d'une mise en production en cas de découverte, soit par acquisition. Les statistiques de l'agence de cotation Standard & Poor's montrent que le coût moyen du baril de pétrole produit dans le premier cas (exploration/production) est de 8.0 $ environ, alors qu'il n'est que de 4.8 à 5.0 $ en cas d'acquisition. D'autre part, ce coût, toutes méthodes confondues, varie entre 2.25 $ le baril en Amérique latine, à 3.0 $ le baril en Afrique/Moyen-Orient et Asie/Pacifique, pour atteindre 8.00 $ le baril aux États-Unis. La conclusion s'impose d'elle-même : il vaut mieux produire du pétrole à partir de parcelles que l'on acquiert, tout comme il vaut mieux exploiter le pétrole en Amérique latine, en Afrique, au Moyen-Orient, en Indonésie ou en mer de Chine, plutôt que sur le territoire des États-Unis d'Amérique.

Voyons maintenant ce que l'on appelle "acquisitions" et en quoi cette notion est-elle au cœur de la nouvelle stratégie américaine. Tout gisement pétrolier voit sa production augmenter durant les premières années d'exploitation, avant d'atteindre un plateau qui dure très longtemps, puis ensuite chuter jusqu'à l'abandon de l'exploitation. Ceci n'est cependant pas la fin de la vie du gisement dont on n'a pas encore extrait la totalité des réserves récupérables. Au moment de l'abandon de l'exploitation d'un gisement selon les méthodes traditionnelles, il y reste encore entre 50 et 70% des réserves disponibles à l'origine. C'est alors que démarre la seconde phase de vie du gisement dont on extraira le pétrole par des techniques dites de récupération secondaire ou tertiaire. Ces techniques permettent d'augmenter la récupération finale de 15 à 20% environ et sont aujourd'hui connues et utilisées par presque toutes les compagnies pétrolières à travers le monde. Par la combinaison de ces différents procédés, on peut donc, en principe, arriver à produire entre 50 et 60% des réserves disponibles au début de l'exploitation de tout gisement. Il n'en reste pas moins qu'à la fin, des quantités énormes demeurent enfouies dans la terre et sont donc perdues à jamais.

Les compagnies pétrolières américaines produisant des hydrocarbures non-conventionnels ont beaucoup amélioré la technique du forage dévié, qui pénètre horizontalement dans les couches pétrolifères et suit donc l'étalement de ces couches. L'utilisation de cette technique, qui coûte cher, permet d'accroître la récupération finale de pétrole dans les gisements conventionnels de quelques pour-cent supplémentaires (jusqu'à 10%). Elles proposent aujourd'hui aux pays producteurs de mettre en application ces méthodes chez eux, sur des gisements découverts et exploités depuis plusieurs dizaines d'années; ce qu'elles offrent c'est que les quantités supplémentaires produites au-delà du niveau atteint jusque là leur reviennent en totalité. Elles augmentent ainsi les réserves qu'elles contrôlent, sans prendre le risque de l'exploration, puisqu'elles entrent de plein pied sur un champ en cours d'exploitation ; c'est cela l'augmentation des réserves par acquisition. De plus, elles utilisent leur matériel qu'elles perfectionnent, elles améliorent leurs techniques et font travailler leur personnel. Le seul engagement qu'elles prennent vis-à-vis du pays hôte est celui de payer les impôts et taxes sur le pétrole produit ; auparavant elles se seront acquittées d'un droit d'entrée plus ou moins important selon le nombre de concurrents présents. Dans le cas particulier de l'Algérie, c'est Hassi Messaoud, le plus grand champ pétrolier du pays qui aurait été promis à Exxon/Mobil pour exploitation selon ce schéma. Cette promesse, secrète pour le moment, sera officialisée une fois que la loi sur les hydrocarbures sera entrée en vigueur. Pour donner l'impression de transparence, l'accord passé entre l'équipe de Abdelaziz Bouteflika et le département américain de l'Énergie ne sera rendu public que dans quelques temps et on procèdera à ce moment à un appel d'offres biaisé qui permettrait à Exxon/Mobil d'arracher officiellement et publiquement l'affaire.

Conséquences et dangers

Nous ne sommes actuellement qu'au début de la mise en application de la nouvelle politique américaine en matière d'hydrocarbures, pour laquelle l'Algérie sera le champ d'expérimentation. Il est clair que le pouvoir algérien actuel est totalement consentant dans cette affaire. La raison principale à ce consentement réside dans la structure même de ce pouvoir, au sein duquel on retrouve, d'un côté, un président qui rêve de demeurer à vie au poste où il est, et qui n'a pas trouvé de meilleur moyen de réaliser ce rêve que celui de devenir le protégé de la superpuissance américaine. De l'autre côté, on a une nomenklatura militaire qui, de crainte des conséquences judiciaires des crimes qu'elle a commis ou couverts durant la dernière décennie, cherche elle aussi à se mettre sous l'aile protectrice de l'Amérique et est toute aussi disposée que Bouteflika à sacrifier pour cela les intérêts les plus fondamentaux du pays. Il est évident, qu'une fois mise en œuvre, cette loi sur les hydrocarbures va attirer les compagnies pétrolières vers l'Algérie. C'est alors qu'un autre danger qui guette les pays producteurs de pétrole se révèlera. Il s'installera fatalement une certaine concurrence entre eux, qui pourrait se transformer en une fuite en avant, chacun essayant de plaire plus que l'autre au "grand frère" américain. Il y aura ceux qui n'ont pas encore osé sauter le pas, qui le feront d'autant plus aisément qu'un précédent aura été créé. D'autre part, l'administration et les compagnies américaines pourront plus facilement convaincre les pays réticents, soit en leur faisant miroiter les "bienfaits" de la nouvelle politique, soit en exerçant des pressions sur eux qui peuvent aller jusqu'au boycott, sachant que ce jour-là elles disposeront de quantités excédentaires de pétrole qui leur permettront de faire la fine bouche. Ce sera alors la réalisation du rêve de Henry Kissinger, c'est-à-dire la fin de l'OPEP, une organisation qui, quoiqu'on en dise, aura été d'une grande utilité tant pour les pays producteurs que pour les consommateurs, puisqu'elle a permis durant de très nombreuses années de garantir l'approvisionnement en pétrole du monde entier.

CHAPITRE II

La mise en place de la toile de fond de la charte

Le mois de mai de cette année a été très fertile en événements. Abdelaziz Bouteflika s'est d'abord attelé à mettre en place les équipes civiles et militaires sur lesquelles il compte s'appuyer pour faire avaliser par le peuple les textes législatifs qui permettraient l'amnistie des généraux. Au plan international, il s'attache à poursuivre le renforcement des liens avec les États-Unis afin d'assurer définitivement la couverture du régime par l'administration de George W. Bush. Tout comme il va poursuivre ses discussions avec le président français Jacques Chirac en vue de la mise en place du dispositif qui aboutirait à protéger les généraux contre toute poursuite judiciaire éventuelle devant les tribunaux français. Il a effectué le 1er mai un remaniement ministériel, suivi le 4 par des nominations au sein de l'ANP. En parallèle à ces activités présidentielles, une délégation militaire officielle dirigée par le général-major Ahmed Senhadji, a été reçue le 9 mai au Pentagone à Washington ; c'est la première fois qu'une telle visite a lieu dans l'histoire de l'Algérie indépendante. Pour acquérir l'adhésion la plus grande possible du peuple à l'amnistie qu'il compte accorder aux généraux putschistes, et justifier ainsi leur présence au pouvoir, il lui fallait démontrer aux Algériens que leur pays était menacé. Il a, pour ce faire, créé une tension qui n'avait pas lieu d'être avec le régime marocain et cherché à provoquer une réaction la plus violente possible de la part de Rabat. C'est pourquoi il a fait le 21 mai dernier, c'est-à-dire à quelques jours du sommet de l'UMA, prévu pour les 25 et 26 à Tripoli (Libye), une déclaration fracassante à propos du Sahara Occidental, qui a entraîné le report de cette réunion.

Le remaniement ministériel

Voici une décision que l'on l'attendait depuis un certain temps déjà, mais qui restait tributaire d'un accord entre les différentes factions du pouvoir. De par son ampleur, de par les postes - tous régaliens - sur lesquels il a porté, ce remaniement constitue la première pièce du schéma imaginé par la *cupola* qui règne sur l'Algérie qui garantirait l'impunité aux généraux et la pérennité au sommet de l'État à Bouteflika. Quelles sont les modifications apportées à l'équipe gouvernementale en ce 1er mai 2005 ? Elles portent sur la création d'un portefeuille de ministre délégué auprès du ministre de la Défense nationale auquel a été nommé l'ex-général, ex-janviériste, Abdelmalek Guenaïzia, anciennement ambassadeur à Berne. On note aussi le retour de Abdelhamid Temmar au poste de ministre des Participations et de la Promotion de l'investissement, en clair, ministre chargé des privatisations. Abdellatif Benachenhou lui quitte le ministère des Finances où il a été remplacé par Mourad Medelci, tandis que Mohamed Bedjaoui est nommé ministre d'État, ministre des Affaires étrangères. Le leader du MSP, Boudjerra Soltani, a été lui aussi nommé ministre d'État. Comment interpréter chacune de ces nominations ?

Un ministre de la Défense? Oui, mais ... Visiblement Abdelaziz Bouteflika ne compte pas renoncer au poste que lui-même occupe depuis son arrivée à la tête de l'État. La création d'un poste de ministre délégué auprès du ministre de la Défense s'explique par plusieurs facteurs. L'armée algérienne est engagée depuis quelques années déjà dans un processus de professionnalisation. Ce processus a été mené pendant longtemps par l'ex-chef d'état-major Mohamed Lamari, en parallèle avec un rapprochement avec l'armée américaine. Aujourd'hui en Algérie, professionnalisation de l'armée signifie essentiellement mise en application de méthodes et techniques américaines à l'intérieur de l'ANP. Une telle tâche doit être gérée au plus haut niveau et conduite par un professionnel de la chose militaire. Bouteflika, ministre de la Défense, n'a ni la compétence technique, ni la persévérance nécessaire pour suivre une telle affaire, d'où la création du poste de ministre délégué auprès du ministre de la Défense. Il sait par ailleurs que l'armée algérienne sera sollicitée par les stratèges du Pentagone dans le cadre de l'initiative du Grand Moyen-Orient de George W. Bush, il est donc nécessaire que leur interlocuteur algérien soit bien au fait des questions militaires. Mais, *"Chassez le naturel, il revient au galop"* dit l'adage; le naturel dans cette affaire c'est le caractère extrêmement méfiant de Bouteflika, qui ne fait confiance à personne. Il n'accorde donc pas à celui qu'il vient de choisir tous les pouvoirs normalement dévolus à un ministre de la Défense, d'où la nomination en qualité de ministre délégué. Pourquoi son choix s'est-il porté sur Abdelmalek Guenaïzia ? Qui d'autre aurait-il pu nommer ? La logique aurait voulu qu'il choisisse l'actuel chef d'état-major, le général-major Ahmed Gaid Salah. Sauf qu'il ne le connait pas suffisamment; aussi craint-il de renforcer ses pouvoirs et d'en faire un nouveau Lamari. Bouteflika sait très bien ce que c'est qu'un coup d'État, il en a déjà fait deux. Il laisse cependant entendre que la raison officielle de l'élimination c'est l'âge avancé de l'intéressé et le fait qu'il n'a pas les compétences requises pour occuper une si haute fonction. Pourquoi alors ne pas avoir désigné le général-major Ahmed Senhadji, actuel secrétaire général du ministère de la Défense ? Il est pourtant beaucoup plus proche de Bouteflika que ne l'est Abdelmalek Guenaïzia, car il est tout comme lui, originaire de la région ouest du pays, un facteur important aux yeux du président algérien. Mais le caractère extrêmement méfiant de Bouteflika lui trouve un certain nombre de "tares" qui le disqualifient Au poste de secrétaire général du ministère de la Défense qu'il occupe actuellement, Ahmed Senhadji a une responsabilité purement administrative, la plus importante de ses tâches étant la gestion du personnel. Il est, de ce fait, plutôt à la disposition des autres et connait tous les cadres supérieurs du secteur. On dit aussi de lui qu'il est honnête et droit. Les bons rapports qu'il entretient avec tout le monde et son intégrité font qu'il accepterait difficilement d'être mouillé dans toute magouille de Bouteflika, et partant il constitue un "danger" aux yeux de ce dernier. D'autant plus que Senhadji est un proche parent de Sid Ahmed Ghozali, ex-Premier ministre et opposant notoire du Président et qu'il est aussi un ancien de la Sécurité militaire, dont il a été longtemps le représentant à Paris, en qualité d'attaché militaire; il reste par conséquent très proche de l'équipe du DRS. Autant de faits qui plaident en sa défaveur. Abdelmalek Guenaïzia a un caractère beaucoup plus faible ; il sera plus facilement dominé par Bouteflika et exécutera plus docilement tout ordre émanant de lui. D'autres critères ont motivé cette nomination. Il est professionnellement bon, dit-on. Il a fait l'académie militaire de Frounze en Union Soviétique, tout comme il a fait ses preuves sur le terrain au sein des régions militaires qu'il a eues à diriger, à l'état-major, ainsi que durant la guerre d'octobre 1973 à laquelle il a participé. Son orientation politique, plutôt proaméricaine, en fait un candidat acceptable pour les Américains. L'autre facteur qui a joué en sa faveur est que Guenaïzia est originaire de Souk Ahras, dont est également originaire l'ex-président du Sénat, décédé il n'y a pas très longtemps, Mohamed Chérif Messaadia, ami et maître en techniques de manipulation d'Abdelaziz Bouteflika. Les Messaadia sont une grande fratrie; ils sont très solidaires les uns des autres. Bouteflika qui a maintenu le contact avec eux, même après le décès de son ami, a dû certainement les consulter au moment de prendre sa décision, tout comme il a probablement demandé et obtenu la garantie du clan quant à la fidélité de l'intéressé. Le choix de Guenaïzia s'explique enfin par les liens d'amitié qu'il a noués, alors qu'il était ambassadeur à Berne, avec le beau frère de Bouteflika, établi en Suisse, qui l'a recommandé. Il n'a bien entendu été retenu qu'après consultation de l'éminence grise et parrain de la nomenklatura militaire, Larbi Belkheir, sans l'accord duquel il n'avait aucune chance d'obtenir le poste. Que peut-on dire d'autre au sujet d'Abdelmalek Guenaïzia ? C'est un Janviériste, ce qui lui vaut aujourd'hui le grade de général-major. Il a fait partie du groupe des Khaled Nezzar, Fodhil Chérif, Mohamed Touati, Abbès Ghezaiel, Larbi Belkheir, Mohamed Lamari, Tewfik Mediène et Smaïn Lamari – pour ne citer que les plus importants – le groupe qui a procédé à la mise à l'écart du président Chadli Bendjedid et à l'arrêt du processus électoral, en janvier 1992. Il était à l'époque chef d'état-major, un poste dont il a démissionné quelques mois plus tard. Aucune raison officielle n'a été évoquée à ce jour pour expliquer ce départ. Il aurait, selon certaines sources, prit peur de continuer "l'aventure" avec ce groupe après l'assassinat du président Mohamed Boudiaf. Il ne pensait pas que ses collègues généraux étaient capables d'aller jusqu'au crime politique pour se maintenir au pouvoir. C'est pourquoi il s'est retiré de l'équipe, puis a demandé et obtenu sa nomination au poste d'ambassadeur en Suisse, ce qui a représenté, pour lui, une sinécure de douze années. C'est la première fois que Bouteflika cède une partie de ses attributions de ministre de la Défense. Connaissant son caractère ombrageux et l'obsession du pouvoir qui l'habite, on est tenté de se demander s'il ne va pas essayer de mettre Guenaïzia et Senhadji en concurrence l'un avec l'autre.

La description du poste de ministre délégué auprès du ministre de la Défense n'est pas connue, vu que la fonction n'existait pas auparavant. On imagine cependant que Guenaïzia devrait donc avoir à se prononcer sur tout ce qui concerne la politique de professionnalisation de l'armée, probablement intervenir sur les questions de choix des matériels et équipements que l'armée aura à acquérir, ainsi que sur les sources et pays fournisseurs et gérer d'autres questions purement militaires ; autant de tâches qu'il ne pourra accomplir qu'avec l'accord et sous la supervision directe de Bouteflika. Il aura à le représenter dans tout forum auquel doit normalement assister le ministre de la Défense, tout comme il sera chargé d'accueillir les hautes personnalités militaires étrangères en visite en Algérie. Mais ce ne sont là que des supputations; il est d'ailleurs fort probable que ses attributions ne seront pas définies de manière précise, car Bouteflika aime bien laisser ce genre de choses dans le flou, de manière à pouvoir agir à sa guise et déléguer, au coup par coup, les pouvoirs qu'il voudra bien donner à l'intéressé.

La nomination d'Abdelhamid Temmar au poste de ministre chargé des privatisations laisse à penser que Bouteflika veut aller vite sur ce dossier et veut le contrôler lui-même. Temmar vient en remplacement de Yahia Hamlaoui, membre du RND, très proche d'Ahmed Ouyahia. Il avait déjà occupé le poste jusqu'en 2002, mais son style cassant lui avait valu des ennuis avec la centrale syndicale UGTA, qui n'était pas d'accord sur son programme de privatisations à la hussarde. Beaucoup de choses ont changé depuis. Les syndicats ont donné leur accord au ministre sortant Yahia Hamlaoui pour la liquidation de plus de 1 200 entreprises d'État – locales ou nationales – tout comme ils ont accepté la privatisation du secteur pétrolier en ne s'opposant pas à l'adoption de la loi sur les hydrocarbures. L'accord passé entre Bouteflika et les chefs de l'armée est venu aussi calmer les ardeurs des chefs syndicalistes qui ne peuvent plus compter sur le soutien des militaires pour s'opposer au président de la République. Abdelhamid Temmar qui fait partie du clan "américain" des ministres et conseillers de Bouteflika aura à négocier aux côtés de son ami, Chakib Khellil ministre de l'Énergie, les contrats à passer avec les compagnies pétrolières désireuses de s'installer en Algérie.

Le départ d'Abdellatif Benachenhou du ministère des Finances constitue, dans une certaine mesure, une surprise. C'est un excellent technicien de la finance, un puriste au sens plein du terme. Il est pour une ouverture totale de l'économie algérienne, pour une complète libéralisation. Il n'a jamais accepté que le secteur financier fasse l'objet d'une déviation quelconque, qu'il y soit appliqué autre chose que des règles strictes qu'il n'a jamais contournées. Or

Bouteflika est très fluctuant dans ce domaine ; il est, selon le cas, tantôt ultra-libéral, tantôt ultra-dirigiste. Abdellatif Benachenhou n'était pas d'accord que le Président lance un programme de réalisations de 55 milliards de dollars, entièrement à la charge de l'État, à consommer d'ici 2010. Il considérait que l'économie algérienne n'était pas en mesure d'absorber des crédits aussi colossaux en un si court laps de temps, mais aussi que nombre de projets devraient être laissés à la charge du secteur privé et qu'en réalité il s'agissait là d'un programme populiste du Président. Il ne s'est pas gêné pour le dire ; Bouteflika l'a donc relevé de ses fonctions pour le nommer conseiller à la présidence. Benachenhou fait lui aussi partie du clan "américain" et en est, tout comme Temmar, à son deuxième aller-retour entre le poste de ministre et celui de conseiller. Il a été remplacé par Mourad Medelci, qui fait lui aussi son deuxième va-et-vient entre un ministère et la présidence, qui a la même orientation proaméricaine, mais qui est moins regardant sur la rigidité des principes. Il exécutera plus facilement les décisions de Bouteflika, qui seront certainement beaucoup plus d'ordre politique.

En désignant Mohamed Bedjaoui au poste de ministre des Affaires étrangères, Abdelaziz Bouteflika a voulu d'abord libérer Abdelaziz Belkhadem de cette responsabilité et lui permettre de se consacrer entièrement à la gestion du FLN, dont il est le secrétaire général. Bouteflika a aujourd'hui besoin de l'appareil de ce parti pour mener à bien son initiative de réconciliation nationale, pour mettre en place la loi sur l'amnistie générale, pour conduire la campagne pour la modification de la constitution avant de mener une nouvelle campagne électorale en 2009, qui aboutirait à sa réélection à un troisième mandat présidentiel. Il compte beaucoup sur Abdelaziz Belkhadem, qui est un homme de peu d'envergure, pas trop ambitieux, donc pas dangereux pour lui, pour mener à bien toutes ces tâches. Celui-ci devra aussi calmer les ardeurs des anciens "redresseurs" qui considèrent que le Président ne les a pas récompensés pour avoir cassé la mécanique mise en place par son ex-Premier ministre et concurrent à l'élection présidentielle passée, Ali Benflis, qui avait réussi à prendre en mains le parti. Il devra aussi juguler les tentatives de débordements des partisans de celui-ci, qui continuent à être très actifs et qui cherchent à se débarrasser de la tutelle du pouvoir. L'homme que Bouteflika a nommé ministre des Affaires étrangères est un vieillard ; il a plus de 75 ans dans un pays où les ¾ de la population ont moins de 25 ans. Eminent juriste, il a entamé sa carrière professionnelle au sein de ce secteur dans les années 1960, alors que Bouteflika en était le ministre ; c'est dire si les deux hommes se connaissent depuis longtemps. Il a occupé plusieurs postes d'ambassadeur, à Paris et Washington entre autres, avant de passer à l'UNESCO, puis à la Cour Internationale de Justice de La Haye, dont il a été l'un des magistrats avant d'en devenir le président. Mohamed Bedjaoui était à la retraite depuis quelques temps déjà quand il a repris du service à l'arrivée de Bouteflika au pouvoir en 1999, au poste de président du Conseil constitutionnel. Il l'a alors énormément aidé en éliminant lors du scrutin présidentiel de 2004, son plus dangereux concurrent, Ahmed Taleb Ibrahimi. Il l'a aussi aidé en validant sa candidature alors même que Bouteflika avait maquillé la vérité dans sa déclaration de candidature, mais aussi en rejetant tous les recours pour fraude, formulés après le scrutin. Compte tenu de son expérience passée et des liens d'amitié qu'il entretient à l'étranger, il sera d'une grande assistance à Bouteflika et le déchargera du fardeau des Affaires étrangères, s'il le laisse faire. Toujours dans le cadre de ce remaniement, le président algérien a promu le leader du MSP, Boudjerra Soltani, au poste de ministre d'État, sans affectation précise. Il a voulu ainsi mettre définitivement ce parti de son côté, un parti créé à l'origine par le DRS, mais qui ne s'empêchait pas de critiquer, très timidement, les décisions du gouvernement, alors qu'il en a toujours fait partie. Cette promotion laisse à penser que Bouteflika a voulu aligner les chefs des trois partis de l'alliance présidentielle (Ahmed Ouyahia pour le RND, Abdelaziz Belkhadem pour le FLN et Boudjerra Soltani pour le MSP) sur le même grade de ministre d'État.

Parmi les autres nominations intéressantes de ce remaniement, il y a lieu de noter le passage d'El Hachemi Djaaboub du ministère de l'Industrie à celui du Commerce, en remplacement de Noureddine Boukrouh. La tâche principale qui lui a été confiée est celle de mener à bien l'adhésion de l'Algérie à l'OMC, une adhésion qui aurait pris du retard aux yeux de Bouteflika et à ceux de l'ambassadeur américain à Alger, qui a proposé les services de son pays pour aider dans les négociations d'adhésion. La nomination de El Hachemi Djaaboub à ce poste répond à un critère important : c'est un libéral, au plan économique, tout comme l'est d'ailleurs la ligne de son parti le MSP ; il sera donc un bon interlocuteur pour les Américains et l'OMC. Enfin, le retour de Yahia Guidoum au gouvernement au poste de ministre de la Jeunesse et des Sports relève d'un calcul particulier. Il avait déjà été ministre de la Santé, alors même qu'Ahmed Ouyahia était Premier ministre sous la présidence de Liamine Zeroual. Cette nomination est intéressante du fait que Guidoum est membre du RND, le parti concurrent du parti du Président, mais surtout parce qu'il s'agit d'un proche du général Mohamed Betchine, anciennement éminence grise de Zeroual. Bouteflika a voulu, par ce geste, créer un pont pour l'établissement de relations avec Betchine et Zeroual et amadouer ainsi le clan des politiciens originaires de l'Est du pays, très affectés par le traitement infligé à Ali Benflis, lui-même originaire de Batna. Pour conclure sur ce chapitre du remaniement ministériel, disons que le trait commun à toutes les nominations, c'est l'arrivée aux affaires de personnalités très pro-américaines. Il en a été de même pour les promotions auxquelles a procédé Abdelaziz Bouteflika, au sein de l'armée dans le courant de ce mois de mai.

Nouvelles nominations au sein de l'ANP

À l'instigation de Gaïd Salah, Bouteflika a changé, depuis le départ de l'ex-chef d'état-major le général-major Mohamed Lamari en 2004, pratiquement toute la haute hiérarchie de l'armée. Le but de la manœuvre était de se débarrasser de tous les anciens protégés de ce dernier. La professionnalisation se faisait et continue de se faire en collaboration avec l'armée US qui intervient de plus en plus dans la formation des cadres supérieurs, auxquels sont inculquées les méthodes et techniques américaines. Les nominations intervenues depuis juillet 2004 à ce jour se présentent ainsi :

- le général-major Ahmed Gaïd Salah, nommé donc chef d'état-major en remplacement du général-major Mohamed Lamari,
- le général Lahbib Chentouf, nommé chef de la 1ère région militaire en remplacement du général Fodhil Chérif,
- le général-major Ahcène Tafer, nommé commandant des forces terrestres en remplacement d'Ahmed Gaïd Salah,
- le général Abderrezak Chérif, nommé chef de la 4e région militaire en remplacement du général-major Abdelmadjid Saheb,
- le général Mostefa Smaali, nommé adjoint du commandant de la 2e région militaire en remplacement du général Abderrezak Chérif,
- le général-major Saïd Bey, ex-commandant de la 5e région, nommé commandant de la 2e région,
- le général Abdelkader Lounès, nommé commandant des forces aériennes, en remplacement du général-major Mohamed Bouslimani,
- le colonel Mohamed Hammadi, nommé chef d'état-major des forces aériennes, en remplacement du général Abdelkader Lounès,
- le général-major Mohamed Baaziz, nommé commandant des forces de défense aérienne du territoire en remplacement du général-major Achour Laoudi,
- le général-major Ben Ali Ben Ali, nommé commandant de la 5e région militaire, en remplacement du général-major Abderrahmane Kamel,
- le général Ammar Athmania, nommé commandant de la 6e région militaire, en remplacement du général-major Ben Ali Ben Ali,
- le général Mohamed Tlemçani, nommé adjoint au commandant de la 4e région militaire en remplacement du général Amar Amrani,
- le général Mohamed Bergham, nommé adjoint au commandant de la 5e région militaire en remplacement du général Mohamed Tlemçani,
- le général Abdelghani Malti, nommé commandant de l'Académie militaire interarmes de Cherchell en remplacement du général-major Abdelhamid Abdou.

À noter le cas particulier du général-major Kamel Abderrahmane, passé, en un court laps de temps, du poste de commandant de la 2e région militaire, à celui de commandant de la 5e région, avant qu'il ne soit mis fin définitivement à ses fonctions. Cette "mésaventure" lui arrive, car son nom a été cité dans un scandale immobilier par Bachir Frik, ancien wali d'Oran, condamné à 8 années de prison, mais surtout parce qu'il avait eu "la mauvaise idée" de soutenir Ali Benflis contre Bouteflika lors du scrutin présidentiel de l'année dernière. Bachir Frik a impliqué beaucoup de hautes personnalités, dont Kamel Abderrahmane qui dit-il, du temps où il était en poste à Oran, l'avait obligé à céder à bas prix à un de ses proches, un terrain de sports propriété de l'État. Il faut savoir que ce général avait passé une grande partie de sa carrière au sein du DRS avant de devenir chef de région militaire. Bouteflika n'a, de ce fait, pas osé – et la justice encore moins – enclencher une action judiciaire quelconque contre lui. La seule mesure que le Président a pu prendre est celle de le mettre à la retraite.

Le renforcement des liens avec les États-Unis

Les initiatives américaines vers l'Algérie dans les secteurs économique et militaire sont si nombreuses ces derniers temps, qu'il est devenu presque difficile de les suivre toutes. Depuis le 11 septembre 2001, les États-Unis ont décidé de protéger leur territoire et leurs intérêts à l'étranger en déployant un dispositif antiterroriste gigantesque à l'échelle de toute la planète. Les interventions armées qu'ils ont menées en Afghanistan et en Irak ont eu, dans les mondes arabe et musulman, un résultat contraire à celui escompté. Elles ont provoqué une haine grandissante de l'Amérique et donc une menace terroriste plus importante pour les intérêts américains dans la région MENA. La politique va-t-en-guerre de George W. Bush se décline aujourd'hui d'une façon différente à celle qu'il prônait en 2001 : primo, il est préférable de stopper les initiatives terroristes loin du territoire américain ; secundo, il faut essayer de sous-traiter au maximum la tâche aux pays arabes et musulmans qui acceptent de jouer le jeu. C'est le cas de l'Algérie, dont l'armée bascule de plus en plus du côté des Américains, qui la sollicitent sur plusieurs théâtres d'opérations, dans le cadre notamment de la Pan Sahel initiative. Dotée au départ d'un budget de 7 millions de dollars, cette initiative est passée à 125 millions de dollars étalés sur 5 ans. Dorénavant intitulée TSCTI (Trans Saharian Counter Terrorist Initiative) elle englobe, en sus du Mali, du Niger, du Tchad et de la Mauritanie, les armées algérienne, marocaine, tunisienne, sénégalaise et nigériane. Il y a lieu de signaler au passage que parmi ces 9 pays, seuls deux d'entre eux (le Maroc et le Sénégal) ne recèlent pas de grosses réserves pétrolières, ce qui montre bien quel est le véritable enjeu de cette initiative. L'ambassadeur américain à Alger Richard W. Erdman vient d'annoncer, au cours d'une récente conférence de presse tenue à l'occasion de l'ouverture de la Foire internationale d'Alger, que des manœuvres militaires, avec la participation des armées de ces 9 pays et en collaboration avec l'armée américaine, se déroulaient actuellement le long d'une bande de territoire du Sahara qui s'étale du nord du Tchad au nord du Mali, en passant par le Niger et le Sud algérien. Il y a donc bien des troupes aéroportées américaines dans la région de Tamanrasset, qui devraient, dit-on, rester à demeure. Ceci prouve si besoin était qu'une base aérienne y est déjà installée ou est en cours d'installation, même si l'ambassadeur américain s'est senti obligé de démentir encore une fois son existence.

Il n'a fait en réalité que confirmer qu'il n'y a pas de fumée sans feu. On a appris, par ailleurs, que le commandant suprême des forces alliées en Europe, le général James L. Jones, chargé de la supervision des manoeuvres citées plus haut, a entamé depuis le début du mois de juin une tournée des capitales de certains des pays qui y participent, en commençant par Alger.

Le renforcement des liens avec les Américains se manifeste également par une implication de plus en plus grande de la marine algérienne dans des opérations en mer. Elle devrait participer très prochainement à des exercices de l'OTAN en Méditerranée intitulés Active Endeavour. De même, pour la première fois dans les relations algéro-américaines, un navire des gardes côtes de la marine américaine (les US Coast Guard) doit se rendre en Algérie pour des manœuvres communes avec les forces navales algériennes. Le rapprochement militaire algéro-américain s'exprime aussi par une intégration de plus en plus importante de l'Algérie au sein des dispositifs politique et militaire de l'OTAN. Le chef d'état-major de l'ANP, le général-major Ahmed Gaïd Salah a participé, au début du mois de mai, à une réunion du comité militaire des chefs d'état-majors des pays de l'OTAN avec ceux des pays du dialogue euro-méditerranéen. De même qu'au plan politique, une délégation parlementaire algérienne, dirigée par le président de la Commission de défense du Sénat, a participé, en qualité de membre associé, à l'Assemblée parlementaire de l'OTAN. Ceci est une première, le statut de l'Algérie au sein de l'organisation étant passé de celui d'observateur à celui de membre associé. Je rappelle avoir déjà signalé une prise en mains progressive par les Américains des différents rouages de l'armée algérienne par le biais de programmes de formation et par l'initiation à l'utilisation de certains matériels et techniques américains. Le nombre d'officiers algériens en formation dans des écoles et académies militaires américaines est si important qu'il a nécessité la création d'un organisme spécial destiné aux Algériens à l'intérieur du ministère de la Défense américain. La coopération la plus intense reste cependant celle des organes de sécurité des deux pays. Des deux côtés, algérien et américain, on reste toujours très discret sur ces questions; on sait cependant que les visites d'officiers supérieurs du DRS aux États-Unis et de responsables de la CIA, de la NSA ou autres organes de sécurité américains en Algérie sont très fréquentes. Un signe qui ne trompe pas, c'est le nombre de plus en plus grand de maisons louées par l'ambassade américaine à Alger pour servir de lieux de résidence passagère à ces responsables.

En arrière-plan de ces actions purement militaires, l'autre secteur dans lequel la coopération algéro-américaine est très importante est celui des hydrocarbures. La part des compagnies américaines dans la production pétrolière de l'Algérie s'élève à 30%. Pour ce qui est du gaz, l'ambassadeur américain a annoncé, lors de la conférence de presse citée plus haut, que 17 à 19% des besoins des États-Unis en gaz sont couverts par des fournitures algériennes. C'est un chiffre énorme. À un auditoire composé de chefs d'entreprises, de responsables politiques et de journalistes, ce même ambassadeur a dit : "*Pour la première fois de votre existence en tant que pays indépendant, nous partageons une vision commune politique et économique."* Dans la bouche d'un diplomate américain une telle sentence est très lourde de sens ; elle constitue également un compliment adressé à l'auteur du changement d'orientation de la politique algérienne, le président de la République Abdelaziz Bouteflika. L'ambassadeur s'est même permis d'être cynique quand, parlant de la nouvelle loi sur les hydrocarbures, il a déclaré que *"c'était un choix de l'Algérie qui veut demeurer compétitive dans ce domaine, d'autant qu'elle fait face de plus en plus à de nouveaux concurrents, tels que la Libye."* Monsieur Erdman sait parfaitement que le choix est un choix américain et que la demande de pétrole est tellement plus grande que l'offre, que la Libye ne concurrence nullement l'Algérie, mais à partir du moment où c'est le représentant de la superpuissance américaine qui le dit, il faut le croire ! On retrouve ce même cynisme dans les propos de l'ex-coordinateur du bureau du contre-terrorisme au département d'État, Cofer Black qui lui affirme que l'initiative Pan Sahel a pour but d'aider les pays de la région à mieux contrôler leurs frontières communes. Face au rouleau compresseur américain, que va devenir l'idée du président Jacques Chirac, d'un pacte d'amitié qui lieraient l'Algérie et la France ? Dans les cercles du pouvoir algérien, peu de personnes parient aujourd'hui sur la signature de ce pacte dans les délais prévus.

Le Sahara occidental

Bouteflika aurait voulu saboter le sommet des chefs d'Etats du Maghreb, prévu pour se tenir à Tripoli (Libye) les 25 et 26 mai, qu'il ne se serait pas pris autrement. Au cours d'une longue tournée en Amérique du Sud, il n'a pas cessé de parler à la presse du Sahara Occidental. Il voulait visiblement provoquer le pouvoir marocain et le pousser à la faute. Or, ni le Palais, ni le gouvernement marocain n'ont réagi à ses déclarations ; seule la presse marocaine a réagi et critiqué le président algérien. A peine rentré à Alger, Bouteflika s'est empressé d'adresser, quelques jours avant le sommet de Tripoli, un message de félicitations au président sahraoui, à l'occasion du 32e anniversaire de la création du Front Polisario. Dans ce message, il ne s'est pas contenté d'exprimer le traditionnel soutien de l'Algérie à la cause du peuple sahraoui et à son droit à l'autodétermination, comme le prévoient toutes les résolutions des Nations Unies. Il a intentionnellement provoqué la colère du roi du Maroc, à travers deux affirmations, la première étant *"qu'il se rendait à Tripoli, engagé et fidèle à ses promesses envers le peuple sahraoui."* Dans la seconde, il a affirmé que *"conformément à la charte des Nations Unies, l'Algérie soutenait le peuple sahraoui, ainsi que tous les peuples à recouvrer leur liberté et leur indépendance."* À travers la première affirmation, Bouteflika a clairement voulu faire le lien entre la réunion de Tripoli et la question du Sahara Occidental, faire comme si ce sommet avait été convoqué spécialement pour traiter de ce dossier. Ceci alors même qu'un mois plus tôt, en marge du sommet arabe d'Alger, le président algérien s'était entendu avec le roi du Maroc pour déconnecter la question du Sahara du fonctionnement de l'UMA ; c'est ce qui avait précisément permis aux Libyens d'aller de l'avant et organiser le sommet maghrébin. La prise de position de Bouteflika sur *"la liberté et l'indépendance du peuple sahraoui"* va au-delà de toutes les résolutions des Nations Unies. Elle n'est certainement pas due à une erreur malencontreuse ou à un dérapage malheureux; c'est bien avec la ferme intention de provoquer le genre de réaction qu'a eue le roi du Maroc, qu'il a rédigé son message. La réaction de Rabat n'a effectivement pas tardé ; le roi Mohamed VI a décidé de ne pas assister à la réunion de Tripoli. Ceci étant dit, quelle mouche l'a piqué ? Quel but recherche-t-il ? Bouteflika semble ne pas avoir avalé la gifle qu'il avait reçue l'année dernière quand, voulant organiser un autre sommet de l'UMA à Alger, il avait essuyé des refus de participer de la part du Maroc, de la Libye et de la Mauritanie. Il avait dû alors se dessaisir de la présidence tournante de l'Union au profit de la Libye, après que l'Algérie l'eût assumée durant une dizaine d'années sans aucun résultat tangible. On a comme l'impression qu'il a voulu se venger du colonel Kadhafi, tout en faisant officiellement endosser au roi du Maroc la responsabilité du report du sommet. Il espère démontrer ainsi, aux yeux du monde entier, de ceux des Américains et des Français notamment, qui aimeraient bien voir cette UMA enfin exister et fonctionner, que si leur vœu n'est pas exaucé la faute en incombe à leur grand allié de la région, le Maroc. En visite officielle au Portugal, il a cherché à dramatiser encore un peu plus la question en déclarant devant le Parlement de ce pays que *"l'intérêt de l'Algérie n'a de justification que notre souci de préserver notre sécurité à nos frontières*." Si les mots ont un sens cela voudrait dire que le Maroc serait sur le point de déclencher une guerre contre l'Algérie. C'est tout simplement ridicule !

CHAPITRE III

Amnistie ou réconciliation nationale ?

Après avoir passé le premier semestre 2005 à planter le décor, Bouteflika a programmé de consacrer la seconde moitié de l'année à la concrétisation effective du concept de réconciliation nationale, conformément au deal passé avec les généraux janviéristes, qui a permis sa réélection en avril 2004. La composante principale de cette réconciliation, la loi sur l'amnistie, semblait devoir être adoptée sans anicroches, jusqu'au moment où les organisations internationales de défense des droits de l'homme se sont mises à interférer dans l'affaire. Cela a commencé par un communiqué commun, en date du 17 avril d'Amnesty International, de Human Rights Watch et de la FIDH. Dans ce communiqué les 3 ONG rappelaient au gouvernement algérien qu'il ne pouvait se soustraire à ses obligations internationales par une législation interne qui garantirait l'impunité à des auteurs de crimes contre l'humanité et que de tels crimes étaient, de toutes les manières, imprescriptibles. On a alors observé chez le président algérien, une temporisation dans sa marche à grands pas vers l'adoption de la loi sur l'amnistie. Depuis la question a pris des proportions encore plus grandes et a développé des ramifications dans plusieurs secteurs de la vie politique algérienne. Sur le plan intérieur, elle a causé de graves tensions au sein du pouvoir; elle a eu également des conséquences dans le traitement du dossier du terrorisme. Au plan international, ce sont les relations algéro-américaines et algéro-françaises qui s'en sont trouvées affectées.

Les visites des ONG et le traitement du dossier du terrorisme

Après Amnesty International en mai, vint le tour, en juin et juillet, de Human Rights Watch et de la FIDH de visiter l'Algérie et d'y enquêter sur la situation des droits de l'homme. Les trois délégations y rencontrèrent des représentants d'associations des familles de disparus, des familles des victimes du terrorisme, des organisations de défense des droits de l'homme, des juristes, des journalistes et quelques fonctionnaires subalternes du ministère de la Justice ; par contre, malgré des demandes de rendez-vous formulées longtemps à l'avance, elles ne furent reçues par aucun haut responsable, civil ou militaire. Toutes trois firent des conférences de presse et publièrent des comptes-rendus de leurs visites. A peu de choses près, leurs conclusions étaient les mêmes. "*Pour aboutir à une véritable réconciliation nationale, le gouvernement doit enquêter sérieusement sur les crimes atroces commis ces quinze dernières années ...toute opération qui aurait pour finalité de prescrire de tels crimes contre l'humanité est contraire au droit international; l'État algérien ne peut se soustraire par ce biais à ses obligations internationales ... de tels crimes sont, en tout état de cause, imprescriptibles",* disent elles. Devant cette suite de prises de position, Bouteflika et son équipe ont tenté, tout d'abord, de démontrer que l'amnistie ne concernait que les terroristes et que la lumière avait été faite sur les crimes qu'ils avaient commis, à partir du moment où leurs chefs les plus emblématiques avaient été traduits en justice ; la loi en préparation viendrait donc éventuellement gracier des individus reconnus coupables, jugés puis condamnés, comme le demandaient les ONG. C'est ainsi que l'on a assisté, ces derniers mois, à des procès en série de plusieurs émirs du GSPC, dont les trois, affichés par le pouvoir comme les plus importants, Hassan Hattab, Abderrezak El Para et Mokhtar Belmokhtar.

Le pouvoir a souvent donné Hassan Hattab pour mort. Il nous a été également dit qu'il avait été mis à l'écart par son entourage, tandis que l'on nous a fait savoir, en certaines occasions, qu'il avait été jugé et condamné par un tribunal interne au Madjliss Echoura du GSPC. Selon la toute nouvelle version livrée par le gouvernement, il est ressuscité physiquement et politiquement. Il a été jugé, dans le courant du mois de juin, par contumace par différents tribunaux d'Alger, Tizi Ouzou, Biskra, Bouira et Boumerdès pour différentes affaires et a écopé de peines d'emprisonnement s'échelonnant de 20 ans à la perpétuité. On apprend également qu'il vient de publier des communiqués dans lesquels il demande aux troupes du GSPC de déposer les armes afin de bénéficier des dispositions de la loi d'amnistie. Mokhtar Belmokhtar a, lui, été jugé courant juin, par contumace également, par le tribunal criminel près la cour d'Alger, pour appartenance à un groupe terroriste armé. Au cours du même procès, 15 autres membres du GSPC ont fait l'objet de la même inculpation dont 5 ont été, tout comme lui, jugés par contumace, parmi lesquels Nabil Sahraoui, dont on nous avait dit, il y a quelques mois, qu'il avait été abattu par une unité de l'armée lors d'une embuscade. Par ailleurs, le DRS nous fait savoir par le canal habituel de la rumeur, que d'après certains membres de sa famille, Belmokhtar serait prêt lui aussi à se rendre aux autorités afin de bénéficier des dispositions de la loi d'amnistie. Ce sont ainsi deux grands chefs terroristes qui nous prouvent, par leurs déclarations, que la loi d'amnistie est bien faite pour eux. S'ils le disent, nous devons donc les croire !

Le cas d'Abderrezak El Para est certainement le plus anecdotique. Selon la version officielle, qui nous a été servie en son temps de la manière la plus officielle qui soit, par le ministre de l'Intérieur en personne, il aurait été livré, en octobre 2004, par le MDJT (Mouvement Démocratique de la Jeunesse Tchadienne) aux autorités libyennes, qui l'auraient à leur tour, remis aux autorités algériennes. On se souvient de Yazid Zerhouni déclarant d'une voix péremptoire "*Nous tenons El Para ...*" ; on aurait dit le proconsul américain en Irak, parlant de Saddam Hussein et disant "*We got him ...*" Il serait donc aux mains des autorités judiciaires. Or ne voilà-t-il pas qu'il vient d'être condamné .... par contumace lui aussi, courant juin, à une peine de prison à perpétuité pour "*appartenance à un groupe terroriste visant à semer la mort et la terreur parmi la population ?*" Aussi incroyable que cela puisse paraître, celui dont on nous a dit qu'il était le numéro 2 du GSPC et qui avait procédé au ralliement du GSPC à Al Qaïda, celui que l'on nous a présenté comme étant le Ben Laden du désert, cet ennemi public n° 1 responsable entre autres de l'enlèvement de 32 touristes européens, cet individu semble s'être donc volatilisé. Ce n'est pas tout. En réponse à la question d'un avocat, le juge en charge du dossier a dit qu'il était dans l'incapacité de fixer le statut d'Amara Saïfi (véritable nom d'Abderrezak El Para), qui "*n'est ni en fuite, ni arrêté, ni recherché*", mais que "*pour le tribunal, il est absent et par conséquent il sera jugé par contumace.*" Ce n'est finalement qu'une confirmation supplémentaire qu'Abderrezak El Para est bel et bien un agent du DRS dont la comparution devant la justice pourrait déboucher sur des révélations que les hauts responsables de l'armée, tout comme le président de la République d'ailleurs, craignent au plus haut point. Pour éviter qu'il ne dévoile les secrets de l'enlèvement et de la libération des touristes européens, ceux relatifs à la "libération" de 1 000 prisonniers de la prison de Tazoult ou encore ceux concernant les fausses livraisons d'armes, il vaut mieux encore organiser un procès à la Kafka. Qui sait, si le Ben Laden du désert, maintenu sous la très haute surveillance de la redoutable Sécurité militaire, n'a pas été tout simplement liquidé ? A moins qu'il ne coule des jours heureux dans quelque belle résidence d'État, dans un des complexes réservés à la nomenklatura des généraux et généraux-majors ? Pour le pouvoir, Abderrezak El Para entre parfaitement dans le cadre du concept de la loi d'amnistie faite pour les terroristes, mais à la différence de Hassan Hattab et de Mokhtar Belmokhtar, on ne nous dit pas qu'il recommande à ses collègues du GSPC de se rendre, puisque lui-même ne l'a pas fait. On espère cependant à l'intérieur du DRS, que les puissances étrangères, dont des ressortissants ont fait partie du groupe d'otages, ne s'avisent pas de demander son extradition en vue d'un procès éventuel dans leur pays. Ceci compliquerait sérieusement la tâche du gouvernement qui ne peut donc pas lui accorder l'amnistie; il trouvera néanmoins un autre moyen de le récompenser pour services rendus, tout en comptant sur le temps pour provoquer l'amnésie. Le pouvoir doit également fournir une réponse aux arguments invoqués par les ONG à propos de la traduction en justice des criminels de guerre avant que ne leur soit accordée l'amnistie. Pour ce faire, le DRS et Bouteflika ont mis à contribution des juristes qui propagent la position officielle, qui nous disent que ce raisonnement n'est valable que dans le cas de guerre civile, ce qui d'après eux, n'est pas le cas de l'Algérie. Abdelaziz Bouteflika le dit à sa façon ; il a déclaré dans le discours prononcé devant les officiers supérieurs, lors des festivités de la fête nationale, le 5 juillet que : "*La tâche de nos soldats et de nos services de sécurité n'a pas été facile ; il leur a été nécessaire d'utiliser la violence pour combattre la violence et affronter un adversaire sans scrupule et sans moralité.*"

Tensions au sein du pouvoir

Alors, amnistie ou réconciliation nationale ? Ou les deux à la fois ? Comment faire pour honorer l'engagement pris par Abdelaziz Bouteflika le 31 octobre 2004 qui, à la veille du 50e anniversaire du déclenchement de la Révolution, avait promis d'organiser un référendum sur l'amnistie et la réconciliation nationale ? Tous ses justificatifs et toutes ses belles paroles n'ont pas suffi pour modifier le cours des choses ; les ONG maintiennent *mordicus* que ce sont bien des crimes de guerre qui ont été commis en Algérie et que ces crimes sont imprescriptibles. Il s'est donc vu contraint de faire marche arrière et de stopper, jusqu'à nouvel ordre, l'avancée de son projet d'amnistie. La Commission nationale pour l'amnistie générale (CNAG), dont la marginalisation avait été déjà enclenchée au mois de mai par un discours du Premier ministre, s'est vue notifier une interdiction formelle de poursuivre ses activités. Son président, Abderrezak Smaïl a avoué avoir obéi à "*des ordres venus d'en haut*" de geler les activités de sa commission. Dans cet environnement trouble, l'ex-président de la République Ahmed Benbella, qui a été pressenti – et qui a refusé – pour parrainer l'initiative d'amnistie générale, est venu rajouter de l'huile sur le feu en déclarant sur Al Jazeera, que le FIS devait être réhabilité. Il n'a fait que dévoiler ce qui est de plus en plus un secret de Polichinelle, mais les généraux sont convaincus que c'est à la demande expresse de Bouteflika qu'il a fait cette déclaration. C'était le foulard rouge qu'il ne fallait pas agiter devant eux, il leur fallait donc réagir. Et leur réaction a été plutôt violente. Une réunion secrète, très houleuse, a regroupé durant les derniers jours du mois de juin, Abdelaziz Bouteflika, Yazid Zerhouni, Mohamed Lamari, Khaled Nezzar, Larbi Belkheir et Tewfik Mediène. Au cours d'échanges très vifs, les généraux ont fait part au Président de leur mécontentement sur ce qu'ils considèrent être un reniement de sa parole et l'ont menacé d'annuler l'engagement pris par eux, lors du deal qui a permis sa réélection. Ils s'étaient engagés, rappelons-le, de lui permettre de demeurer Président à vie, en modifiant la disposition constitutionnelle qui limite à deux le nombre de mandats présidentiels. Les échanges ont été si violents, dit-on, que Bouteflika a brusquement quitté la salle en disant : "*Débrouillez-vous, moi je vous laisse !*" Auparavant, il avait essayé, mais sans succès de les convaincre qu'il ne voulait pas faire marche arrière, qu'il faisait face à des difficultés passagères dues à l'offensive des ONG et qu'il envisageait toujours de tenir un référendum avant la fin de l'année pour faire avaliser par le peuple son projet de réconciliation nationale. Mais eux ne lui font pas confiance. Ils savent combien il est manipulateur, combien il est rusé. Ils savent aussi qu'il est peureux et que pour sauver sa tête ou pour ses ambitions personnelles, il est capable de les sacrifier. Ils le soupçonnent de vouloir les marginaliser l'un après l'autre, de tout faire pour les éliminer définitivement et même de les livrer à la justice internationale, s'il devait en ressentir le besoin ; ils pensent qu'il serait même capable d'alimenter le TPI en informations, renseignements et accusations contre eux. Les relations entre les deux clans, présidence et armée, s'est dégradée à un point tel que Larbi Belkheir a démissionné de son poste de directeur de cabinet. Est-ce une véritable démission ou est-ce un coup de bluff ? À moins que ce soit un limogeage ? On ne le sait pas pour le moment. Ce que l'on sait par contre, c'est qu'il a quitté son bureau à la présidence, mais qu'il y passe de temps à autre pour récupérer son courrier. Il ne tient pas de séances de travail avec le Président, mais il profite de ses passages à la présidence pour s'entretenir avec les membres de son entourage .... et pour assister au Conseil des ministres ! Dans le monde opaque du pouvoir algérien, de telles bizarreries sont courantes. Quoiqu'il en soit, connaissant le personnage, il est certain que Larbi Belkheir ne brûlera pas tous ses vaisseaux, qu'il ne rompra pas tous les ponts avec Bouteflika, tout en restant solidaire de ses compagnons d'armes. Comment les Janviéristes vont-ils réagir après le violent clash du mois de juin ? Chaque fois que de gros nuages se sont manifestés dans les relations Président – Armée, on a constaté que le terrorisme revenait très fort sur le devant de la scène, que l'armée réussissait, tout d'un coup, des opérations spectaculaires; tout comme on a souvent assisté à la survenue d'un tout autre événement d'envergure permettant de réaffirmer l'omniprésence des généraux. Ce fut le cas cette fois-ci aussi; ce fut ce grand "nettoyage" au sein de l'entreprise nationale des pétroles, Sonatrach. Le quotidien *El Watan*, toujours bien informé par les services de sécurité, annonçait avec moult détails, dans deux éditions successives en date des 25 et 26 juin, le limogeage de 164 cadres supérieurs et cadres dirigeants de l'entreprise, opéré à la demande du DRS. Pourquoi un tel limogeage ? Officiellement ces 164 agents sont accusés de non respect des procédures de passation des marchés et de corruption passive. L'action du DRS semble s'inscrire dans le cadre de la campagne anti-corruption lancée il y a quelques temps à l'initiative de Bouteflika lui-même; une campagne qui n'est en réalité qu'un trompe-l'œil auquel personne ne croit, car si la corruption fait effectivement des ravages dans le pays, ceux qui mènent cette campagne sont les plus corrompus. Le véritable but recherché est de déstabiliser le pouvoir de Bouteflika en le touchant là où ça fait mal, c'est-à-dire au secteur qui fournit quelques 98% des recettes en devises de l'Algérie et qui fait vivre 30 millions d'Algériens. Pour atteindre cet objectif, le DRS n'a pas hésité à décapiter les secteurs raffinage, liquéfaction du gaz et pétrochimie de la compagnie, à démobiliser les cadres supérieurs de l'entreprise qui vont dorénavant refuser de prendre toute initiative, à casser les ressorts du secteur pétrolier, le tout afin de pousser Bouteflika à faire ce qu'il doit faire pour que les têtes de quelques généraux soient préservées. La tentative de déstabilisation vise également le ministre de l'Énergie, ami d'enfance du Président. *El Watan* nous dit, en effet, que les cadres limogés sont victimes des procédures de passation des marchés imposées par le ministre, viciées à un point tel qu'en les respectant, on risque de mettre en danger la vie des gens qui habitent à proximité des zones pétrolières. Les Janviéristes rappellent aussi à Bouteflika que c'est grâce à eux qu'il est en poste et qu'il pourra obtenir le soutien qu'il ne cesse de solliciter auprès du président George W. Bush. Les médias aux ordres nous ont rapporté avec beaucoup de détails, le déroulement d'une opération qui aurait permis l'interception, au-delà même des frontières, d'un convoi d'armes pour le GSPC qui allait du Mali vers l'Algérie. L'information rappelle aussi pour qui l'aurait oublié que cette opération a eu lieu au moment même où des unités spéciales de l'ANP participaient à des manœuvres, en collaboration avec l'armée US et celles d'autres pays du Sahel, des manoeuvres intitulées Flintlock 05. S'il fallait prouver la nécessité de l'initiative Pan Sahel, voilà qui est fait.

La réaction de Bouteflika - Le recours à l'étranger

Même s'il l'a envisagé à un moment, Abdelaziz Bouteflika ne peut ignorer ces rappels à l'ordre des chefs militaires et continuer à mettre un frein au processus qui doit mener à l'amnistie générale. L'attraction du pouvoir est beaucoup trop forte; il ne peut certainement pas faire marche arrière quant à l'engagement qu'il a pris vis-à-vis d'eux en avril 2004. Sauf que la situation est aujourd'hui plus compliquée qu'elle ne l'était à cette date. L'intervention des ONG l'a convaincu, et eux aussi apparemment, qu'en vertu du droit international, les crimes qu'ils ont commis ou couverts sont imprescriptibles et que, quelques soient les dispositions qu'il pourrait prendre au plan interne, cellesci ne les disculperaient pas devant la justice internationale. Dans une première étape, il a essayé de ressouder les rangs, notamment en faisant comme si Larbi Belkheir n'avait pas démissionné. Ce personnage est beaucoup trop important sur l'échiquier algérien, il ne peut donc pas se permettre de s'en faire un ennemi. Le langage officiel a changé. Bouteflika ne parle plus d'amnistie, mais uniquement de réconciliation nationale. Bien que n'ayant fourni aucune indication quant à la date de ce référendum, l'utilisation du terme "bientôt" lui permet de calmer les ardeurs des généraux et leur confirmer qu'il s'en tient toujours aux termes du deal passé l'année dernière.

Reste à résoudre la partie la plus difficile du casse-tête : comment dépasser la difficulté de l'imprescriptibilité des crimes contre l'humanité ? S'il arrive à décrocher la couverture et le soutien des États-Unis et de la France, il aura réglé son problème. C'est la nouvelle tâche qu'il s'est assignée. Côté américain, les relations sont au beau fixe depuis novembre 2001. Le pouvoir algérien a honoré les termes du deal passé par Bouteflika à cette date avec George W. Bush et l'Algérie s'est d'autre part résolument engagée aux côtés des

États-Unis dans la guerre contre Al Qaïda; elle est du côté de l'axe du Bien. Le régime s'est ainsi assuré la couverture et le soutien du président américain; toute poursuite judiciaire à l'encontre des Janviéristes devant le TPI ne peut donc aboutir; elle se heurterait à un veto américain, même si les crimes dont ils seraient accusés sont imprescriptibles. L'Algérie doit donc non seulement se maintenir dans l'axe du Bien, mais aussi renforcer au maximum les relations avec les USA. Il ne faut donc pas changer la méthode qui a si bien réussi jusqu'à présent. Sur le plan militaire, il faut continuer à collaborer avec les États-Unis dans la Pan Sahel Initiative, continuer à mettre à leur disposition tous les aérodromes du pays, leur accorder la possibilité de maintenir une base dans l'extrême sud et fournir à la CIA et aux autres services de sécurité américains tous les renseignements dont dispose le DRS sur les mouvements islamistes algériens ou ceux d'autres pays. Au plan politique, la collaboration continue plus que jamais dans le cadre de l'autre initiative, celle du MEPI (Middle East Partnership Initiative). Le National Democratic Institute (NDI) a organisé vers la mi juillet un important séminaire à Alger, sur la promotion de la femme, auquel ont participé plusieurs ministres, des membres de la direction des partis FLN, RND et MSP, des journalistes et des hauts fonctionnaires. Au plan économique, l'alliance avec les États-Unis va s'affirmer encore plus que par le passé. Le plus beau cadeau que l'Algérie pouvait offrir à l'Amérique de George W. Bush est celui de lui servir le secteur pétrolier algérien sur un plateau, ce qui fut fait par l'adoption de la loi sur les hydrocarbures.

Reste à voir comment faire pour "neutraliser" la machine judiciaire française contre toute action en justice qu'entreprendraient des citoyens algériens résidant en France. En outre, si le régime parvenait à empêcher la justice française de *"venir chercher des poux dans la tête des généraux"*, il y a de fortes chances que les autres pays européens s'aligneraient sur les Français, ce qui serait un bonus supplémentaire dans l'exécution du deal d'avril 2004. La boucle sera donc bouclée dès qu'interviendra la signature du traité d'amitié algéro-français. En apposant sa signature au bas de ce traité, le président Jacques Chirac reconnaîtra, au nom de la France, que le régime algérien est un régime fréquentable, un régime avec lequel la France peut établir un partenariat stratégique, soucieux des intérêts français. Par voie de conséquence, tous les dirigeants de ce régime, civils et militaires, sont des gens fréquentables, des gens "bien." Comment pourrait alors, dans ces conditions, la justice française donner suite à une plainte quelconque contre l'un de ces dirigeants ? Jacques Chirac a cependant fait comprendre à son homologue algérien que le référendum sur l'amnistie était un préalable à la signature du traité. Il faut que le peuple algérien accorde son absolution aux généraux avant que la France ne les considère comme des partenaires fréquentables. Côté français, on s'est dit aussi que tant qu'à faire, puisque les Algériens vont accorder un certificat de bonne conduite à leurs généraux, ce serait le moment d'en faire autant dans l'Hexagone et effacer tous les crimes commis par la colonisation. C'est ainsi que la loi votée par le parlement français le 23 février 2005, qui vante les mérites du régime colonial, notamment en Afrique du Nord, est passée comme l'ont prévu les autorités françaises, totalement inaperçue en Algérie. Le hic est que deux professeurs d'université français sont venus perturber ces calculs; ils ont été les premiers à protester contre une loi qui devait modifier les programmes d'histoire pour y inclure une apologie des crimes commis durant la colonisation. C'est alors que du côté algérien, on se sentit obligé de réagir également ... quatre mois après ! Le secrétaire général du FLN, Abdelaziz Belkhadem, fut chargé de déclencher la première salve. Il éleva une protestation, puis fut suivi par des députés de son parti qui proposèrent à l'Assemblée nationale, une déclaration fustigeant les nouvelles dispositions françaises. La résolution fut, bien entendu, adoptée à l'unanimité. Les sénateurs en firent de même quelques jours après. C'était donc, en apparence un gros grain de sable qui se mettait en travers de la machination mise en place par Bouteflika qui ne pouvait pas faire autrement que de prendre la tête du "mouvement de révolte", afin de le contrôler. Il prononça alors deux violents discours, dans le courant d'une seule semaine fin juin – début juillet, dans lesquels il parla de génocide et de cécité mentale de la part des Français durant 132 années de colonialisme. D'après ce que l'on dit dans son entourage, il aurait pris la précaution d'informer auparavant Jacques Chirac que les déclarations qu'il allait faire étaient destinées à la consommation intérieure. Le président français a joué le jeu, au point que même la comparaison, par Bouteflika, des méthodes françaises aux méthodes hitlériennes ne souleva aucune vague ni dans les rangs du gouvernement français, ni dans ceux du parti chiraquien, l'UMP. En parallèle, le président algérien instruisit son nouveau ministre des Affaires étrangères, Mohamed Bedjaoui, de calmer le jeu, ce que ce dernier fit en traitant d'affaire franco-française la loi du 23 février. Il demanda aussi à Larbi Belkheir d'actionner de son côté ses réseaux français, afin qu'ils agitent encore une fois le torchon rouge de la menace islamiste sur la France. Ce fut fait notamment par le journal *Le Monde*, dans son édition du 26 juin, à travers une série d'articles inspirés par le général lui-même. Bouteflika pouvait alors mettre un point final à toute cette agitation et remettre les pendules à l'heure par un message très chaleureux adressé à son homologue français à l'occasion du 14 juillet. Il y parlait "*d'une dynamique de rapprochement sans précédent, de partenariat exemplaire, d'un traité d'amitié qui, une fois signé, relancera les relations algéro-françaises sur des bases nouvelles.*" Les choses étant ainsi remises sur les rails, on pronostique que le traité sera signé quelque part vers la fin de l'année en cours. Auparavant, probablement vers septembre/octobre, aura lieu le vote du parlement, suivi du référendum sur la réconciliation nationale, qui inclura de façon subliminale l'amnistie générale. Le timing semble un peu serré pour Bouteflika qui est pris par le temps, car il lui faudra ensuite passer à l'étape suivante, celle de remettre le FIS en selle, avant de pouvoir se consacrer à la révision constitutionnelle et à la préparation d'un troisième mandat.

Comment amnistier sans le dire

À vouloir trop calculer comment mettre en application le deal d'avril 2004 qui a permis sa réélection, Bouteflika s'est dirigé, petit à petit, vers une sorte de cul-de-sac; il se trouve aujourd'hui à la croisée des chemins, face à deux exigences antinomiques. Celle des généraux qui ont permis sa réélection et qui y avaient mis une condition : faire le nécessaire pour leur éviter des poursuites judiciaires, tout en se prononçant pour la réhabilitation du FIS, qui interviendrait dans une seconde phase. De leur côté, les chefs du FIS ont approuvé ce plan et accepté de mener campagne pour lui. Fort de ce consensus, Bouteflika a conçu un schéma comportant deux initiatives parallèles : celle de l'amnistie générale qui doit répondre aux impératifs des généraux et celle de la réconciliation nationale, destinée à réintroduire le FIS dans le jeu politique. Mais ce scénario s'est trouvé perturbé, comme on le sait, depuis le mois d'avril dernier, par l'irruption des ONG dans le débat qui ont proclamé que les crimes commis durant la décennie écoulée étaient imprescriptibles et qui ont causé ainsi de grosses dissensions dans la relation armée – présidence. Les choses ont encore empiré depuis, si bien que le régime aujourd'hui hésite quant à la voie à suivre, bien qu'en façade il veut apparaître serein. Faut-il continuer à parler d'amnistie ? Faut-il privilégier la réconciliation nationale ? Comment contrer les ONG ? Comment satisfaire les généraux qui commencent à perdre patience ? Comment répondre aux attentes des islamistes ? Comment amnistier les généraux, sans le dire, sachant que c'est là aussi une condition *sine qua non* pour la signature du traité d'amitié avec la France ? Toutes ces questions n'auraient peut-être pas été posées, si le président algérien avait agi plus rapidement et plus clairement sur ce dossier ; sa tendance à temporiser de peur de prendre des décisions néfastes pour son pouvoir, l'a mis dans une situation d'où il lui était difficile de sortir sans perdre des plumes au passage.

Le pêché originel vient de ce qu'il avait annoncé, par le passé, une initiative unique portant réconciliation nationale et amnistie générale, tout en autorisant l'activité tapageuse de la Commission nationale pour l'amnistie générale (CNAG), ce qui a donné l'impression qu'il privilégiait la piste de l'amnistie. Cette façon d'aborder la mise en place du deal d'avril 2004 a provoqué la levée de boucliers des ONG internationales. Sa seconde erreur a été la manière maladroite avec laquelle il a cherché à camoufler la véritable nature du projet d'amnistie envisagé, à savoir que cette initiative n'était pas destinée uniquement aux terroristes, tout en reconnaissant à demi-mots la responsabilité de l'État dans l'affaire des disparus, en mettant en place un comité *ad hoc*, en charge de ce dossier et dirigé par maître Farouk Ksentini. Les nombreuses interventions - souvent malencontreuses - et explications officielles fournies par ce dernier – toutes faites à la demande et avec la bénédiction du Président - ont fini par irriter les familles de disparus des deux bords. Elles ont provoqué la colère des représentants des familles des victimes du terrorisme qui, exaspérés par les méthodes de maître Ksentini, ont déclaré que eux aussi avaient des disparus, qui n'avaient pas été pris en considération, qui étaient les oubliés du régime. De leur côté, les familles de disparus (ceux enlevés puis éliminés par les services de police et de l'armée) ont exigé que soient révélées les circonstances dans lesquelles leurs proches ont disparu, que soient jugés et condamnés les responsables de ces disparitions, et rejettent l'idée de compensation financière tout en martelant que le régime veut acheter leur silence. Ayant pris conscience que le fait d'insister sur la notion d'amnistie générale avait des conséquences néfastes pour son régime, tant au plan national qu'international, Abdelaziz Bouteflika a cessé d'en parler et privilégie plutôt l'idée de réconciliation nationale. Après avoir gelé, voici quelques mois déjà, l'activité de la CNAG il vient de faire un pas supplémentaire dans cette direction en décidant de geler, jusqu'à nouvel ordre, les activités du comité *ad hoc* de maître Ksentini. Une manière comme une autre d'enterrer ces deux organismes. Ce faisant il s'est heurté aux généraux qui n'apprécient pas du tout une telle approche, bien qu'ils se trouvent eux-mêmes face au même dilemme, car pour eux l'amnistie est primordiale, mais comment la faire sans le dire, sachant que par ailleurs, la réconciliation nationale est une bonne couverture politique. Mais comment la mettre en application, sans lui accorder la priorité ? Cela, pensent-ils, est son problème et c'est à lui de trouver la solution au dilemme. "*Après tout, c'est parce qu'il est plus rusé, plus roublard et plus manipulateur, que nous l'avons préféré à Benflis*", disent-ils en privé.

Ces cogitations du Président et des responsables de l'armée ont rendu l'atmosphère de leurs relations encore plus délétère qu'elle ne l'était après le clash qui a marqué leur rencontre de juin dernier. À force d'insister sur la question des disparus et sur l'amnistie qui devait être accordée aux responsables de ces disparitions - on se souvient de maître Ksentini déclarant que l'État était responsable, mais pas coupable – cette mesure a fini par apparaître comme une auto-amnistie de l'État par lui-même. D'autant plus qu'au même moment, d'autres hauts responsables politiques, dont le ministre de l'Intérieur en personne, répétaient qu'il ne restait plus que quelques dizaines, voire quelques centaines de terroristes dans les maquis. Parler alors de réconciliation avec une poignée de terroristes apparaissait plutôt comme une idée saugrenue. Cherchant, comme dit l'adage algérien, à "*cacher le soleil derrière un tamis*", Abdelaziz Belkhadem, secrétaire général du FLN, agissant en qualité de porte-parole officieux de Bouteflika, enfonçait encore un peu plus le régime dans ses contradictions et disait, en paraphrasant le Président que le peuple devait se réconcilier avec lui-même. Pour tout observateur averti, il apparaissait de plus en plus clairement que par de telles déclarations, le régime voulait en réalité justifier l'injustifiable. On se demandait alors comment et pourquoi réconcilier 30 millions d'Algériens avec quelques dizaines d'individus égarés auxquels l'amnistie était déjà accordée par la loi sur la Concorde civile ? La réponse la plus plausible à une telle question était donc que la réconciliation concernait une autre catégorie de citoyens, à savoir la nébuleuse islamiste encore absente de la scène politique, le FIS. Dans le cadre du deal d'avril 2004, les deux clans, celui de Bouteflika et celui des Janviéristes avaient, en effet, prévu d'amnistier les généraux sans le dire et de réhabiliter le FIS sans l'avouer, sans pour autant décider du degré de priorité à accorder à chacune de ces deux actions. Leurs relations atteignirent alors un niveau de violence inédit quand, tout en maintenant le flou sur ses idées, Bouteflika décidait, début juillet, la tenue dans un très bref délai, d'un référendum sur la question de la réconciliation nationale. À la suite de quoi, les généraux ont vu rouge et ont interprété, à tort ou à raison, une telle démarche comme une dérive à l'accord passé en avril 2004. Pour eux cela signifiait que Bouteflika privilégiait le retour du FIS sur la scène politique au détriment de la question qui les intéressait au plus haut point, celle de leur amnistie. L'été fut alors marqué par une série d'événements qui ont empoisonné l'atmosphère, jusqu'à créer des cassures dans les rangs des généraux, qui finiront néanmoins par prendre le dessus; le noeud gordien sera finalement tranché en septembre.

Quels sont ces événements qui ont pourri les mois de juillet et août 2005 ? Il y eut d'abord cette polémique, entre la présidence et les généraux, née à la suite de l'enlèvement, puis de l'assassinat de deux diplomates algériens en poste à Bagdad. Les deux fonctionnaires ont été enlevés, à moins de 100 mètres de l'ambassade d'Algérie, par un groupe dont on a dit qu'il était proche d'Abou Mossaab Al Zarqaoui, avant d'être décapités quelques cinq jours après, sans qu'aucune revendication, ni politique, ni financière ne soit avancée. C'est, semble-t-il, par un hasard du calendrier que, durant leur détention, Abdelaziz Bouteflika avait adressé un message de soutien au Premier ministre britannique Tony Blair dans lequel il proposait l'assistance de l'Algérie dans l'enquête sur les attentats de Londres. Au même moment, on a imputé au GSPC la publication, les 23 et 25 juillet, de deux communiqués ; dans le premier il approuvait l'enlèvement, tandis que dans le second, il justifiait cet enlèvement par des accusations contre les deux diplomates, l'un d'entre eux ayant même, d'après ce communiqué, participé aux massacres de Raïs et Bentalha en 1997. Au vu des termes utilisés dans ces communiqués, de l'exploitation qu'en ont fait les services de sécurité et connaissant la manière d'agir de ces derniers, il est fort probable qu'ils sont l'oeuvre du DRS. De son côté, Ali Belhadj félicitait, dans une interview accordée à la chaine satellitaire Al Jazeera, "le lion About Mossaab Al Zarquaoui" pour l'action qu'il menait contre les Américains; on dit que la chaine qatarie aurait coupé la partie de l'intervention dans laquelle il demandait à ce dernier de libérer les deux Algériens. Il n'en fallait pas plus au DRS pour faire porter à Bouteflika la responsabilité de l'issue fatale de l'affaire; celui-ci, disent-ils, aurait, par souci de s'attacher encore plus les faveurs de George W. Bush, pratiquement condamné à mort les deux otages par sa proposition d'assistance à Tony Blair. En parallèle, le DRS n'a cessé de faire savoir, par l'intermédiaire de ses canaux de communication habituels que, lui de son côté, avait entrepris diverses démarches pour entrer en contact avec les ravisseurs, en mettant à profit les liens privilégiés qu'il entretenait avec certains réseaux islamiques ou terroristes au Moyen-Orient. Il est allé jusqu'à affirmer qu'Abou Mossaab Al Zarqaoui était disposé à libérer les deux diplomates par crainte des représailles des services secrets algériens contre ses réseaux en Europe ou au Moyen-Orient, n'eût été l'intervention intempestive d'Abdelaziz Bouteflika. En parallèle à cette accusation d'une gravité absolue, le DRS mettait à profit l'émotion provoquée par l'événement pour attaquer tous azimuts la politique de réconciliation nationale prônée par le président algérien, "*une politique qui n'a plus de raison d'être.*" Le leitmotiv martelé un peu partout était : comment se réconcilier avec des gens qui cautionnent le lâche assassinat de fonctionnaires algériens en poste à l'étranger qui viennent, par leurs communiqués, de prouver leur attachement à Al Qaïda ? A titre d'exemple, le journal *El Watan*, exposait dans son édition du 7 août le point de vue du DRS : "*Le grand paradoxe de l'Algérie officielle* - celle de Bouteflika s'entend - *est qu'elle ambitionne, au plan international, une place de choix dans la lutte antiterroriste, mais en même temps continue de cultiver le terreau intégriste .... Les intégristes ont considéré la Concorde civile comme un aveu de faiblesse de la part de l'État et une victoire pour eux. Ils sont allés jusqu'à dire que le président de la République était leur allié et qu'ils peuvent, par conséquent, tout se permettre ....*" À noter enfin pour compléter ce tableau, qu'Ali Belhadj a été arrêté suite à la déclaration qu'il avait faite, tandis qu'Abassi Madani a, de son côté, confirmé l'hypothèse de l'implication du DRS dans l'affaire des diplomates assassinés ; il a déclaré sur les ondes d'une chaîne de télévision arabe basée à Londres que ce qui a été exécuté en Irak a été planifié en Algérie.

Les départs à la retraite de certains généraux récemment intervenus constituent un signe qui ne trompe pas de la tension persistante entre Abdelaziz Bouteflika et le clan des généraux. Parmi ces mouvements, le plus emblématique est celui concernant le secrétaire général du ministère de la défense le général-major Ahmed Senhadji, dont le départ serait intervenu, dit-on, à sa demande. Réputé proche de Bouteflika, très légaliste – il s'était opposé au putsch de 1992, ce qui lui avait coûté une longue mise à l'écart – croyant fermement que la solution de la crise algérienne est beaucoup plus politique que sécuritaire, il a fini par jeter l'éponge. L'événement a fait beaucoup de bruit à Alger et frappé de stupeur bon nombre d'observateurs. On a dit que la raison en serait qu'il n'a pas accepté la nomination d'Abdelmalek Guenaïzia au poste de ministre délégué à la Défense. En vérité, cette nomination n'a fait que le persuader un peu plus qu'il y avait de la combine dans l'air, que sous couvert de réconciliation nationale, Abdelaziz Bouteflika était en train de s'aligner sur les positions du clan extrémiste de l'armée et de s'en faire le complice. Ne voulant pas être entraîné dans les magouilles du Président et du "cabinet noir des généraux", Ahmed Senhadji a préféré quitter son poste. Sa démission apparait donc comme un acte de défiance à l'égard du Président, qui vient ainsi de perdre un fidèle lieutenant. Le départ à la retraite du général-major Mohamed Touati, conseiller à la présidence constitue, lui aussi, pour des raisons totalement opposées à celles de Ahmed Senhadji, un acte de défiance à l'égard de la politique suivie par Bouteflika. Mohamed Touati est considéré comme étant le théoricien du groupe des Janviéristes (on le surnomme le cerveau), celui qui a inspiré le coup d'État contre Chadli Bendjedid et l'arrêt du processus électoral en 1992. Il est de la même trempe que les Khaled Nezzar, Mohamed Lamari, Brahim Fodhil Chérif, Smaïn Lamari et autres qui ont, de tout temps, pensé que la solution du problème algérien passait par l'élimination physique de tout l'électorat islamiste. On se souvient de la déclaration de Smaïn Lamari : *"S'il faut éliminer trois millions et demi d'Algériens pour régler l'affaire, je suis prêt à le faire"*, 3.5 millions étant le nombre de voix remportées par le FIS aux élections de 1991. Au poste de conseiller à la présidence, le général-major Mohamed Touati était chargé de veiller à ce que Abdelaziz Bouteflika ne franchisse pas les lignes rouges et ne sorte pas de la voie que lui ont tracée les généraux. Il s'est de tout temps méfié de la notion de réconciliation nationale qui, de son point de vue, est une idée beaucoup trop floue qui risque de remettre en cause la philosophie en laquelle il a crue durant les quinze dernières années et d'annuler les résultats positifs, selon lui, obtenus par l'armée. C'est parce qu'il a pensé que Bouteflika était en train de *"faire un enfant dans le dos"* aux généraux en privilégiant la réconciliation nationale au détriment de l'amnistie, qu'il a préféré se retirer lui aussi de la scène politique, ce qui n'est rien d'autre qu'un coup de tonnerre dans un ciel déjà très orageux.

Le summum du manque de confiance existant entre le clan présidentiel et celui des généraux, la démonstration que la crise a atteint une intensité rarement égalée est représentée par le retrait à petits pas de Larbi Belkheir de la vie politique algérienne. L'éminence grise de tous les régimes des 30 dernières années, celui que l'on considérait comme indéboulonnable, le général dont on retrouve le nom derrière tous les coups fourrés depuis l'élimination des partisans de Houari Boumediene jusqu'à l'affaire Khalifa, l'ami de tous les cabinets qui se sont relayés au palais de l'Elysée de François Mitterand à Jacques Chirac, le véritable patron de la Sécurité militaire algérienne depuis une trentaine d'années, a fini, lui aussi, par abandonner le poste de vigie qu'il occupait depuis si longtemps. Son départ constitue un sérieux coup de canif dans la toile tissée entre le Président et les généraux. N'oublions pas que c'est à Larbi Belkheir que Bouteflika doit sa désignation, déjà en 1999, comme candidat de l'armée et sa réélection en 2004. Il a été la courroie de transmission entre ce dernier et ses collègues généraux, mais aussi son bouclier face à leurs tentatives de déstabilisation. On attribue son départ au président de la République qui, dit-on, ne pouvait plus supporter sa tutelle. On dit aussi que c'est pour ne pas le perdre totalement que celui-ci l'a nommé en qualité d'ambassadeur extraordinaire et plénipotentiaire à Rabat, ce qui signifie qu'il a le pouvoir d'engager le gouvernement dans le cadre de son activité; ils ne sont, d'ailleurs, que deux ou trois à avoir ce grade au sein du corps diplomatique algérien. La rapidité avec laquelle cette nomination est devenue effective - il a suffi de quelques heures pour que le gouvernement marocain donne son agrément à cette nomination - signifie que des puissances étrangères, les États-Unis, la France et le Maroc interférent dans les relations armée – présidence. Larbi Belkheir n'a cependant pas totalement rompu avec Bouteflika; il reste disposé à mettre à sa disposition ses talents de manipulateur et d'intrigant, ainsi que ses réseaux à l'extérieur pour l'aider à régler, s'il le souhaite, la question du Sahara Occidental avec pour corollaire, le rétablissement de relations normales entre l'Algérie et le Maroc. Deux autres nominations sont intervenues ces derniers temps ; il s'agit de celle du général Layachi Grid au poste de commandant de la garde républicaine, en remplacement du général-major Ali Jemaï et celle du général Malek Necib, en qualité de commandant des forces navales, en remplacement du général Mohand Tahar Yala. En procédant à la nomination de jeunes généraux, inconnus du grand public, à deux postes sensibles, en particulier celui de commandant de la garde républicaine, Bouteflika et le chef d'état-major ont visiblement voulu prendre leurs précautions face au danger potentiel que pouvaient représenter deux généraux bien installés à des postes de responsabilité depuis de longues années.

Si l'on venait à faire le bilan de tous les départs à la retraite, démissions et nominations intervenus au sein de l'armée depuis une année, on a l'impression que Abdelaziz Bouteflika a définitivement pris le contrôle de l'armée, qu'il a récupéré le quart de pouvoir qui lui manquait et qu'il a dorénavant les mains libres pour gouverner à sa guise. Bien qu'ayant été sérieusement secoué, le clan des généraux continue de détenir un pouvoir de nocivité très appréciable. Bouteflika compte gouverner sans eux, il ne peut cependant pas le faire contre eux. Comment peuvent-ils encore exercer cette nocivité ? D'abord parce que les deux plus puissants généraux sont encore en place. Il s'agit bien entendu de Tewfik Mediène et de Smaïn Lamari, les deux patrons du DRS qui constitue la véritable charpente osseuse du régime. C'est d'ailleurs en utilisant l'outil bien rodé de la Sécurité militaire que Tewfik Mediène, Smaïn Lamari et les autres généraux décideurs - officiellement retraités - viennent d'exercer une pression supplémentaire sur Abdelaziz Bouteflika en activant leurs réseaux au sein des deux partis politiques qui le soutiennent, le FLN et le RND.

On assiste à l'heure actuelle à une rébellion publiquement déclarée vis-à-vis d'Abdelaziz Belkhadem, secrétaire général du FLN, par différentes tendances du parti présidentiel, toutes manipulées en sous-mains par les équipes du DRS. Ceci perturbe énormément le fonctionnement de l'appareil du parti, qui se trouve plongé dans une situation de crise, qui l'amène à tenter de régler les faux problèmes organisationnels créés par cette rébellion, plutôt que de se consacrer à la campagne de vulgarisation et d'explication de la politique présidentielle de réconciliation nationale. C'est bien sûr un handicap pour Bouteflika qui se voit obligé de mener en personne cette campagne. Du côté du RND, c'est le secrétaire général du parti et Premier ministre Ahmed Ouyahia, considéré depuis longtemps comme le poulain des généraux pour succéder à Bouteflika, qui déclare le plus officiellement du monde que la révision de la constitution n'est pas la priorité de l'heure et que l'actuelle constitution confère au président de la République de larges prérogatives. C'était encore à l'occasion de la tenue fin juillet d'une session ordinaire de son parti qu'Ahmed Ouyahia avait fait cette déclaration, contredisant ainsi Abdelaziz Belkhadem qui avait voulu lancer, quelques jours auparavant, à l'instigation de Bouteflika, un débat national sur cette question. Dans la même déclaration, Ahmed

Ouyahia a même soupçonné le Président, sans le nommer, d'avoir voulu "*malencontreusement ou délibérément jeter un flacon d'encre sur une page d'histoire.*" Il sous entendait par là, qu'en faisant de la loi française du 23 février 2005 qui fait l'apologie du colonialisme un point de fixation, le Président aurait voulu créer une difficulté artificielle devant la signature du traité d'amitié avec la France, ce traité qui constitue, aux yeux des généraux, la couverture internationale nécessaire à la loi algérienne d'amnistie générale. Bouteflika a reçu 5 sur 5 tous ces messages; il a bien compris que la couverture française était d'une importance absolue pour les généraux. Très vite après qu'il se soit retrouvé seul maître à bord du vaisseau Algérie, il s'est vu obligé de réagir dans la précipitation, soucieux qu'il était de mettre immédiatement en application ce corollaire de base afin de démontrer aux généraux qu'il n'envisageait pas de gouverner contre eux. Il a donc décidé d'organiser très rapidement, pour le 29 septembre prochain, un référendum sur la réconciliation nationale. Pour en faire l'annonce, il a convoqué, dans un délai de 5 jours, une conférence des cadres de la nation qui s'est tenue le 14 août, en pleine période de vacances. Un très grand nombre de responsables politiques et économiques ont dû interrompre leurs congés pour répondre à cette convocation, ce qui prouve qu'il y avait urgence.

Sur quel texte les Algériens auront-ils à se prononcer le 29 septembre ? Ils auront à dire oui ou non à un "Projet de charte pour la réconciliation nationale." Le texte lui-même a été rendu public avec une rare célérité, puisque 24 heures à peine après l'annonce de la tenue du référendum, il était déjà publié au journal officiel. L'impression principale que l'on retient du déroulement de ces événements est que Bouteflika a agi comme s'il avait une date limite à respecter qui serait celle de fin septembre, que quelqu'un ou quelque chose étaient venus brusquement le lui rappeler, sachant que de par la loi, un délai minimum de 45 jours doit être respecté entre l'annonce du scrutin et sa tenue elle-même. Est-ce Jacques Chirac qui lui aurait rappelé qu'il fallait qu'il se hâte à faire approuver par les Algériens le blanchiment des généraux ? L'autre raison qui donne l'impression de précipitation est que le texte de la Charte n'a été soumis à l'examen ni du gouvernement, ni du parlement, comme si Bouteflika craignait que cela ne traîne en longueur, voire que des critiques de certains opposants viennent dévoiler qu'il y a anguille sous roche. Les Algériens sont hélas habitués que leur Président ne tienne pas compte de leurs avis, mais de là à ce qu'il ignore aussi celui des ministres, des députés et des sénateurs sur un sujet aussi fondamental, est quand même un comportement peu habituel qui dénote de la fébrilité et une crainte sérieuse quant à l'avenir des institutions républicaines. Sur le plan de la forme, on constate une première concession de taille faite aux généraux, à savoir que le référendum ne concerne que la réconciliation nationale, laquelle constitue le paravent derrière lequel se cache l'amnistie générale, alors que jusque là Bouteflika avait opté pour un scrutin unique qui engloberait également la révision de la constitution. Ceci signifie que la population sera appelée à nouveau aux urnes, probablement dans le courant de 2007, pour se prononcer sur la modification de la constitution qui permettrait l'élection d'un président pour plus de deux mandats. Ceci signifie aussi qu'il "n'obtiendra l'autorisation" d'organiser cette nouvelle consultation électorale, qu'une fois qu'il aura fait le nécessaire pour garantir l'impunité aux généraux.

Quelles sont les dispositions principales de cette Charte et quelles en seront les conséquences pratiques ? C'est un texte de sept pages, constitué d'une longue introduction qui vante les mérites de la politique menée par Bouteflika depuis 1999, suivie de cinq chapitres principaux sur lesquels les Algériens devront se prononcer par oui ou par non, sans possibilité de les disséquer. C'est donc un chèque en blanc que le Président sollicite, d'autant que les textes d'application (lois, décrets, etc.) seront uniquement de son ressort et qu'il sera explicitement mandaté pour ce faire, comme cela est dit en conclusion du "Projet de charte". S'agissant du fond, la première remarque qui s'impose est qu'il s'agit d'une démarche d'où la notion d'amnistie générale est apparemment exclue. On se souvient que le 31 octobre 2004, à la veille du 50e anniversaire du déclenchement de la guerre de libération nationale, Abdelaziz Bouteflika avait promis d'organiser un référendum sur l'amnistie générale et la réconciliation nationale. Face au tollé soulevé par les ONG sur la question de l'amnistie, il a supprimé toute allusion claire à cette notion dans le texte de la Charte. Est-ce un véritable renoncement ou simplement une ruse sémantique ? C'est plutôt une ruse, car il ne pouvait, en aucun cas, renoncer à ce principe qui constitue le fondement même du deal tripartite d'avril 2004. C'est pourquoi en vue d'amnistier les généraux, mais sans le dire, le texte proposé par le président algérien fait endosser par le peuple, dès son premier chapitre, la responsabilité de toutes les actions menées par les forces de l'ordre à travers ce qui est intitulé *"Reconnaissance du peuple algérien envers les artisans de la sauvegarde de la République Algérienne Démocratique et Populaire".* Il y est clairement souligné que "*Le peuple algérien tient à rendre un vibrant hommage à l'armée nationale populaire, aux services de sécurité ainsi qu'à tous les patriotes et citoyens anonymes qui les ont aidés, pour leur engagement patriotique et leurs sacrifices qui ont permis de sauver l'Algérie et de préserver les acquis et les institutions de la République. En adoptant souverainement cette Charte, le peuple algérien affirme que nul, en Algérie ou à l'étranger, n'est habilité à utiliser ou instrumentaliser les blessures de la tragédie nationale pour porter atteinte aux institutions de la RADP, fragiliser l'État, nuire à l'honorabilité de tous les agents qui l'ont dignement servie ou ternir l'image de l'Algérie sur le plan international."* Par cette déclaration, le peuple aura dénié à quiconque le droit de critiquer la manière dont l'État a géré le pays durant les 15 dernières années ou à s'en prendre, y compris au plan judiciaire, à ses agents. Sur le dossier des disparus, dont traite le chapitre IV de la Charte, il y est tout aussi clairement dit que "*... le drame des personnes disparus est l'une des conséquences du fléau du terrorisme qui s'est abattu sur l'Algérie .... que le peuple algérien considère que les actes répréhensibles des agents de l'État, qui ont été sanctionnés par la justice chaque fois qu'ils ont été établis, ne sauraient servir de prétexte pour jeter le discrédit sur l'ensemble des* *forces de l'ordre qui ont accompli leur devoir, avec l'appui des citoyens et au service de la patrie."* On retrouve là les paroles de maître Farouk Ksentini (*l'État est responsable, mais pas coupable*), mais de plus, par leur appui, les citoyens deviennent complices des agissements des forces de l'ordre. Par ces affirmations et de nombreuses autres que l'on rencontre tout le long du texte, Abdelaziz Bouteflika a été au maximum de ce qu'il était en son pouvoir dans le blanchiment des actes des forces de l'ordre, de l'armée, des services de sécurité et de leurs milices privées ; le tout sera officialisé par la victoire du oui qui ne fait aucun doute. De plus, le Président se réserve le droit d'aller encore plus loin, si le besoin s'en faisait sentir, en se faisant mandater par avance pour prendre toutes les mesures visant à concrétiser ces dispositions. Toujours dans le souci d'échapper aux critiques des ONG, il propose, dans le chapitre II de la Charte, d'exclure des poursuites judiciaires, tous les terroristes impliqués dans les massacres collectifs, les viols et les attentats à l'explosif dans les lieux publics. On remarquera tout d'abord que, pour ne pas choquer il ne parle plus d'amnistie, mais d'extinction des poursuites judiciaires. D'autre part, il donne l'apparence de se conformer aux desiderata des ONG, puisqu'il exclut de cette amnistie, qui ne dit pas son nom, tous ceux qui ont commis des crimes qui s'apparenteraient à des crimes contre l'humanité. Cette exclusion est, en réalité, fictive puisque jamais aucune enquête, aucune recherche de criminels, ni investigation, n'ont été menées sur les crimes perpétrés durant la décennie noire. Comment donc savoir qui pourrait et qui ne pourrait pas bénéficier de cette disposition ? Le chapitre III de la Charte interdit, en termes alambiqués, l'exercice de l'activité politique à tous ceux qui ont instrumentalisé la religion et provoqué ainsi des dérives ; en termes plus clairs, la porte est fermée face à une réhabilitation du FIS. Par ces termes et par la rhétorique utilisée dans son discours de présentation devant les cadres de la nation, Bouteflika semble s'être aligné totalement sur les positions des généraux les plus éradicateurs. Visiblement les coups de semonce qu'ils lui ont adressés ont eu l'impact qu'ils recherchaient. Il a été obligé de faire marche arrière publiquement et n'a plus la superbe qu'il affichait jusqu'aux premiers jours de juillet, quand il semblait vouloir se passer de l'avis de la nomenklatura militaire dans la conception et l'élaboration de sa vision de la réconciliation nationale. De la même manière qu'ils l'avaient amené à céder à leurs exigences à la veille du scrutin présidentiel d'avril 2004, les généraux, par leur chantage, l'ont poussé, encore une fois publiquement, à accepter leurs conditions. Mais une fois de plus, le pouvoir nous joue une pièce de théâtre dans laquelle l'hypocrisie domine chez tous les partenaires. En effet, le chantage en question cessera d'exister dès que cette Charte sera entrée en vigueur, avec les décrets et lois d'application nécessaires. Pour ce faire, Bouteflika s'est ménagé une voie de sortie en prévoyant que l'interdiction de l'exercice d'une activité politique n'était valable que pour ceux "*qui refusent de reconnaître leur responsabilité dans la conception et la mise en œuvre d'une politique prônant le pseudo-djihad contre la nation.*" En d'autres termes, de la même manière qu'il suffira de se repentir et de déposer les armes pour bénéficier d'une amnistie totale, de même il suffira à tout membre du FIS, voire du GIA ou du GSPC, de reconnaître sa responsabilité dans le pseudo-djihad, pour que l'exercice d'une activité politique lui soit permis. Les généraux ont, bien entendu, compris ces finesses de langage, mais ils n'en ont cure. Ils savent que le jour où cela interviendra, beaucoup d'eau aura coulé sous les ponts, l'important pour eux était d'obliger le président algérien à s'aligner aujourd'hui sur leur point de vue. D'ailleurs, Abdelaziz Belkhadem a même clairement affirmé, au cours d'une émission télévisée, que tous les membres de la direction du FIS ne seront pas interdits d'activité politique. Pour rendre la chose encore plus officielle, il a ajouté que cela représentait le point de vue du président de la République. De leur côté, les leaders du FIS, en particulier les bouteflikistes tels que Boukhamkham, Rabah Kébir, les chefs de l'AIS et même Abassi Madani, ont compris la manœuvre et se réjouissent du texte de la Charte tel que présenté. Ils disent que ce n'est là qu'un premier pas qui sera suivi d'autres, que ce qu'ils n'ont pas obtenu aujourd'hui, ils l'auront demain une fois le texte approuvé, qu'ils font confiance à Bouteflika pour continuer à avancer sur le chemin de la paix, etc. Même Aboudjerra Soltani, le président du MSP parle d'avant-dernière étape, que ce qui n'est pas réalisé aujourd'hui pourra être acquis à travers des textes d'exécution ou des lois qui viendront en annexe à la Charte, une fois votée. Du côté du pouvoir, on entend maître Farouk Ksentini, l'un des concepteurs du texte, lancer un appel aux chefs du FIS, en les citant par leurs noms et en leur demandant de s'impliquer officiellement dans la réussite du projet de réconciliation nationale. Il est clair que si Abassi Madani, Ali Belhadj et Abdelhak Layada, un des premiers chefs du GIA, actuellement en prison, venaient à entrer dans le jeu, ce n'est pas sans contrepartie qu'ils le feraient ; d'autant que ce qui leur est demandé, c'est simplement d'intervenir auprès de ceux qui sont encore dans les maquis afin qu'ils déposent les armes, ce qui est une démarche peu compromettante pour eux, mais qui, au même moment, équivaudrait à un repentir. Il faut enfin noter que Bouteflika lui-même reconnaît que le texte présenté est perfectible. N'a-t-il pas très clairement reconnu, dans son discours face aux cadres de la nation que "*la réconciliation nationale que je vous propose est le seul compromis autorisé par les équilibres nationaux ... qui ramènera la sérénité dans les esprits et dans les cœurs ... et qui balisera le chemin pour les solutions définitives de demain.*" Il y a donc bien des solutions définitives.

CHAPITRE IV

Les Algériens ont dit « oui » à la charte pour la paix et la réconciliation. Quid de l'avenir ?

Les résultats

Le référendum sur la Charte pour la paix et la réconciliation nationale s'est tenu le 29 septembre. Le peuple algérien était appelé à répondre par Oui ou par Non à la question suivante : "Êtes-vous d'accord sur le projet de Charte pour la paix et la réconciliation nationale qui vous est proposé ?"

Les résultats officiels, tels qu'annoncés par le ministère de l'Intérieur indiquent un taux de participation de 79,76%. Ces résultats sont cependant sujets à caution. Tous les observateurs présents sur place ont pu constater la faible participation des citoyens. Selon les chiffres annoncés par le ministère de l'Intérieur, le pourcentage de votants tournait autour des 40% à 15 heures, soit 4 heures avant la fermeture des bureaux de vote. Afin de donner un air de crédibilité au taux de participation de près de 80%, fixé à l'avance, les pouvoirs publics ont décidé, à cet instant, de retarder d'une heure la fermeture des bureaux. Cependant, d'après les journalistes présents à travers les grands centres urbains, on n'a pas constaté, en fin de journée, le rush auquel le gouvernement voulait faire croire en retardant la fermeture. La situation était identique dans les petites villes de l'intérieur, car à l'inverse des fois précédentes, la toute puissante Sécurité militaire n'a pas obligé, cette fois-ci, les citoyens à se rendre aux urnes. La correspondante du journal français *Le Monde* a pu se rendre compte, en visitant plusieurs centres de la région algéroise de la Mitidja, que le taux de participation n'avait pas dépassé les 25%. Certains journalistes se sont lancés dans de savants calculs pour démontrer qu'il aurait fallu un flot continu de 2 votants toutes les 3 minutes en moyenne, pour atteindre les chiffres annoncés par le gouvernement. D'autres ont, sournoisement, fait remarquer que le pourcentage de Oui annoncé (97,36%) correspondait exactement au degré de couverture du soleil par la lune, lors de l'éclipse solaire intervenue 24 heures après le référendum ! Un moyen comme un autre de fixer, par avance, les résultats ! Enfin, le correspondant de l'agence Reuters a pu constater qu'à Blida – ville dans laquelle les bandes du GIA ont commis des atrocités – des dizaines de familles de victimes du terrorisme se sont rendues, ce jour-là, au cimetière de la ville pour y enterrer leurs cartes d'électeurs.

Pourquoi une telle désaffection de la part des citoyens à l'égard de ce référendum ? D'abord et avant tout, parce que le DRS n'a pas exercé de pressions sur la population. Suite au clash intervenu entre les hauts responsables de l'armée et Bouteflika, celui-ci s'était résolu, dans la précipitation à organiser ce référendum sur une Charte, dont chacun des mots a été pesé afin d'aboutir au but principal recherché, celui de faire délivrer par la population un quitus aux généraux pour les crimes qu'ils ont commis ou couverts depuis 1992. Il ne fallait pas que la manoeuvre soit trop voyante, d'où le fait que le DRS soit resté discret durant la campagne et pendant le déroulement du scrutin. Ce qui ne signifie cependant pas qu'il soit resté inactif dans cette affaire. Des rencontres de mise au point du scénario retenu ont eu lieu durant les 45 jours qui se sont écoulés depuis l'annonce par Bouteflika de la date du référendum. Ces rencontres ont regroupé, autour du Président, le ministre de l'Intérieur et les patrons du DRS ; il fallait se mettre d'accord sur l'ordre de grandeur du taux de participation et du pourcentage de Oui à atteindre. Celui-ci devait être légèrement inférieur à celui enregistré lors du précédent référendum, de septembre 1999, par lequel avait été approuvée la loi sur la Concorde civile (98,63%). Afin d'apparaître crédible, il devait être supérieur à celui enregistré lors de la réélection de Bouteflika en avril 2004, car il s'agissait de voter cette fois-ci pour la paix et la réconciliation et non pas pour un homme, tout en restant inférieur à celui constaté lors du référendum de septembre 1999, afin de justifier une certaine "lassitude" du corps électoral. Ce sont de bien savants calculs qui ont été élaborés à l'intérieur des arcanes du pouvoir algérien, des calculs qui font partie de ce que Bouteflika a appelé, dans un de ses discours prononcés au cours de la campagne, *"les équilibres à respecter dans le contexte politique actuel."* Le ministre de l'Intérieur Noureddine Yazid Zerhouni, qui avait la charge d'organiser le scrutin sans "l'assistance" du DRS, s'est donc bien acquitté de sa tâche.

Ceci pour la partie officielle. Qu'en est-il de la réalité ? D'après les fuites colportées par des agents du DRS, le taux réel de participation a été quatre fois inférieur à celui annoncé, c'est-à-dire 20%. Un tel taux élevé d'abstention s'explique notamment par la consigne véhiculée par les partisans du FIS, qui d'une manière générale rejette la Charte. Il en est de même des deux partis d'obédience kabyle, le FFS et le RCD, qui ont aussi donné pour consigne l'abstention ou le Non. Les deux wilayas de Kabylie (Bejaïa, et Tizi Ouzou) se sont illustrées par un taux d'abstention très élevé et un pourcentage de Oui nettement inférieur à la moyenne nationale. Les résultats officiels enregistrés y sont de 88,47% d'abstentions pour Bejaïa, et de 88,49% pour Tizi Ouzou. En plus des consignes du FFS et du RCD, l'autre raison de ce boycott est que la situation de la Kabylie, entrée en rébellion contre l'État en 2001, n'est toujours pas stabilisée. De plus, Bouteflika a annoncé durant la campagne qu'il n'envisageait pas de rendre le Tamazight langue officielle, contrairement à l'engagement pris par son Premier ministre, lors des négociations menées avec les délégations des aarouchs. La désaffection pour ce scrutin s'explique aussi par le fait que les familles de disparus et celles des victimes du terrorisme ont, elles aussi, recommandé le vote négatif, bien que leurs motivations sont à l'opposé l'une de l'autre. La première catégorie considère que la Charte fait fi de leurs droits à connaître la vérité sur le sort de leurs parents disparus et qu'elle constitue un déni de justice puisqu'elle exempt les militaires de toute poursuite judiciaire. Ils savent qu'une fois approuvée "massivement" par le peuple, cette Charte rendra leur combat illégal. De leur côté, les familles des victimes du terrorisme considèrent, pour des raisons identiques, que la Charte fait la part belle aux terroristes qui se trouvent de facto blanchis de tous les crimes, massacres ou autres exactions qu'ils ont pu commettre. Tout le chapitre II de la Charte intitulé "Mesures destinées à consolider la paix" est consacré à l'extinction des poursuites judiciaires à l'encontre de cette catégorie d'individus. Une partie importante de la population s'est abstenue parce qu'elle ne s'est pas sentie concernée par le processus prévu par cette Charte. Ainsi, le jour du scrutin on a entendu des remarques du genre : "*Nous avons déjà voté une amnistie en 1999, la loi sur la Concorde civile. Est-ce que cela nous a ramené la paix ? Non*", ou encore "*L'État veut nous imposer une sorte de match nul entre les terroristes et l'armée. Moi, qui ne suis ni pour les uns, ni pour les autres, je n'ai pas à voter. D'ailleurs, nous savons tous que cela ne sert à rien, car chez nous le Président ne peut pas perdre.*"

Le déroulement de la campagne et les réactions

Le FLN

Seuls les partis membres de l'alliance présidentielle (FLN – RND – MSP) qui ont mené campagne pour le Oui ont pu faire campagne sans encombre. Ils ont bénéficié de facilités pour organiser leurs rencontres et meetings : autorisations de l'administration pour la tenue de réunions électorales, mises à disposition de salles, possibilités d'intervenir sur la chaîne de télévision nationale et sur les radios, etc. Le parti du Président, le FLN, avait pour mission d'essayer d'attirer à lui l'électorat du FIS. En sa qualité de ministre d'État, représentant personnel du président de la République, le secrétaire général a été chargé d'entrer en contact avec tous les dirigeants du FIS et d'entamer des discussions avec eux. Le message qu'il devait leur convier était que "*Le président Bouteflika est conscient que la tendance islamiste est mal représentée ... et que l'influence du Front du Salut est déterminante sur une large frange de la population. Il s'est engagé à vous rétablir dans vos droits. Sa priorité numéro 1 est cependant de voir cette Charte adoptée massivement par le peuple ...*" Pour mener à bien sa mission, Abdelaziz Belkhadem a commencé par prendre attache des membres du Madjliss Echoura du FIS présents à Alger, représentant les diverses tendances. Il a rencontré Abdelkader Boukhamkham, Ali Djeddi, Kamel Guemazi et les "parias" Ahmed Merani et Yahia

Bouklikha, qui ont, de leur côté, tenu informé d'autres responsables, en l'occurrence Omar Abdelkader, Noureddine Chigara, Abdelkader Moghni, Mohamed Kerrar et Hachemi Sahnouni et probablement d'autres encore de rang moindre. En parallèle, Belkhadem a dépêché deux émissaires aux États-Unis pour y rencontrer Anwar Haddam, représentant de la délégation parlementaire du FIS. Il a d'ailleurs dévoilé publiquement l'information lors d'une intervention télévisée. Auparavant, Bouteflika lui-même avait lancé un appel aux chefs du FIS, présents à l'étranger pour rentrer au pays : *"Je serai l'homme le plus heureux si le peuple algérien les recevait avec du lait et des dattes"* a-t-il dit. D'autres émissaires dépêchés depuis une ambassade en Extrême Orient ont pris contact avec Abassi Madani, actuellement en Malaisie et avec Ahmed Zaoui en Nouvelle Zélande. Abdelaziz Belkhadem a, par ailleurs, entrepris une tournée en Europe au cours de laquelle il a rencontré d'autres leaders du FIS en exil dont Rabah Kébir, Abdelkrim Ould Adda, Kamreddine Kherbane, Djaafar El Houari, Abdellah Anis et Mustapha Habes. Il a aussi rencontré une autre personnalité algérienne importante lors de son séjour à Londres, Abdelhamid Brahimi, ex-Premier ministre de Chadli Bendjedid de 1980 à 1988, qui a été à cette époque membre du comité central du FLN avant d'épouser totalement les thèses du FIS. Abdelhamid Brahimi qui vit à Londres depuis une quinzaine d'années est connu pour avoir dévoilé des détournements de fonds d'un montant de 28 milliards de dollars enregistrés entre 1975 et 1985; parmi les personnes accusées de détournements, se trouvent le général Larbi Belkheir et Abdelaziz Bouteflika.

Durant les nombreux meetings qu'il a animés à travers le territoire algérien, Belkhadem était souvent accompagné par l'ex-chef de l'AIS Madani Mezrag, qui n'a cessé de clamer qu'il était motivé dans son action par le bien-être du pays et non pas par une réhabilitation de son parti d'origine, le FIS. Quant à la thématique développée par le secrétaire général du FLN durant la campagne, elle était très empreinte de mysticisme, pleine de citations coraniques, de rappels que l'Islam recommande à tout croyant de savoir pardonner et de comparaisons de mauvais goût du genre *"la Charte est bâtie sur cinq piliers tout comme l'Islam."* Bouteflika a, lui aussi, développé un argumentaire très centré sur la religion et a activé, comme à son habitude, les zaouïas. Il a, lui aussi, fait des comparaisons très déplacées *"Si je suis au poste où je suis, ce n'est pas moi qui l'ai voulu, c'est Dieu qui m'a choisi"*, a-t-il dit tout comme il a cherché à maquiller la vérité en disant *"Je ne suis qu'un être faible, je ne peux donc pas faire une amnistie. Seul Dieu peut amnistier."*

Le FIS

En plus des appels pressants lancés aux dirigeants islamistes Bouteflika a, pour la première fois, parlé du deal passé avec les Janviéristes lors d'un meeting à Bechar, quand il a dit à peu près ceci : *"Certains ont parlé d'un deal que j'aurai passé avec les militaires. Libre à eux de le croire s'ils le veulent."*

Le sujet n'est d'ailleurs plus tabou, comme on a pu s'en rendre compte tout au long de la campagne référendaire. Comment ont réagi tous ceux qui comptent à l'intérieur du FIS ? Abassi Madani en a rejeté les termes sur un ton modéré, mais de manière ferme et catégorique quant au fond. Il n'a pas admis qu'elle fasse supporter au seul FIS la responsabilité de la crise. La réconciliation n'interviendra, a-t-il dit, que si le FIS était rétabli dans ses droits et participait au règlement de la crise. Il a terminé son appel en demandant aux Algériens d'assumer leur responsabilité, en vue d'un véritable changement qui doit intervenir par la voie pacifique. Ali Benhadj actuellement incarcéré, n'a pas pu s'exprimer sur le contenu de la Charte. Il demeure incontestablement le leader islamiste le plus populaire, celui que le pouvoir craint le plus. Tous les responsables islamistes qui se sont prononcés, qu'ils soient du FIS, de l'AIS, du MSP ou d'El Islah, ont plaidé pour sa remise en liberté. Ils reconnaissent tous qu'il est le seul dont la voix porte auprès des membres du GSPC, le seul qui pourrait les convaincre de renoncer à la violence et de déposer les armes.

Rabah Kébir représentant dû FIS à l'étranger, qui réside en Allemagne, considère que l'orientation politique suivie par Bouteflika est bonne et lui apporte tout son soutien. Par calcul ou par ambition, il a néanmoins regretté que la Charte interdise toute activité politique aux partisans du FIS, que l'on dit être à l'origine de la crise. Sa vision de la Charte est qu'elle constitue un premier pas dans la bonne direction, car elle va entraîner à plus ou moins long terme le retrait des généraux putschistes de la scène politique. D'après la presse, il serait soutenu dans sa prise de position par les fonctionnaires de son instance exécutive à l'étranger, Abdelkrim Ould Adda, Hocine Ben Abderrahmane, Abdelkrim Guemati, Ferhat Mechouek et Larbi Noui.

Les trois chouyoukhs, résidant en Algérie, tous membres du Madjliss Echourra, Ali Djeddi, Kamel Guemazi et Abdelkader Boukhamkham, ont pris une position beaucoup plus tranchée qu'ils ont rendue publique dans un communiqué commun. Ils y ont affiché un complet accord avec Abassi Madani et ont re-situé en termes très durs, les responsabilités de chacun dans la crise affirmant que "*nul ne peut effacer la responsabilité de ceux qui se sont emparés du pouvoir par la force et ont engagé l'Algérie dans le cycle terrorisme – contre-terrorisme ... derrière le slogan de la paix et de la réconciliation, cette Charte accorde l'immunité à ceux qui craignent la vérité et la justice ...*" Ils rejettent la Charte, mais se déclarent néanmoins prêts à renoncer à leur droit à l'exercice de toute activité politique, si cela devait ramener la paix au pays. Ils terminent leur communiqué en recommandant à la population de s'abstenir lors du référendum. Parmi ceux qui ont adopté la même position, on trouve 3 autres membres du Madjliss Echourra, résidant à Alger, Noureddine Chigara, Omar Abdelkader et Abdelkader Moghni. On trouve aussi, résidant tous à l'étranger, Kamreddine Kherbane, ex-parlementaire, Abdallah Anis ex-élu, Djaafar El Houari, ex-membre de la représentation du FIS en France, Mustapha Habès, ex-membre du Madjliss Echoura, Brahim Younsi, ex-élu, Mhamed Boudjelkha, membre de la représentation du FIS à l'étranger, ainsi que les fils Madani : Oussama, Salman, Iqbal, Oqba et Ahmed. À noter la position particulière de Mourad Dhina, président démissionnaire du comité de direction provisoire adopté au lendemain du congrès de Belgique d'août 2003, en résidence à Genève, qui s'est fait remarquer par un communiqué publié quelques jours avant la tenue du référendum. Il y déclare qu'il a refusé de répondre à l'invitation de se rencontrer que lui a adressée Abdelaziz Belkhadem lors de sa tournée européenne. Il justifie ce rejet en disant qu'une telle rencontre ne servirait à rien, le texte de la Charte n'étant pas amendable et qu'il ne veut pas non plus servir de faire valoir à l'envoyé spécial de Bouteflika. Il reprend, par ailleurs, les mêmes arguments que ceux développés par Abassi Madani et les 3 chouyoukhs Djeddi, Guemazi, Boukhamkham et demande lui aussi la libération de Ali Benhadj. Le groupe de la représentation Amérique du FIS, composé de Anwar Haddam, ex-président du groupe parlementaire, de Merzouk Khencheli et de Rachid Ziani Cherif, qui résident tous trois aux USA et Ahmed Zaoui, ex-président de la commission exécutive, qui lui se trouve en Nouvelle Zélande, ont eux aussi déploré, qu'encore une fois, le régime algérien a prouvé qu'il ne voulait pas aboutir à une solution définitive de la crise, en refusant d'y associer le FIS. Quatre autres personnalités, qui se disent être toujours membres du FIS, ont également fait des déclarations à l'occasion de ce référendum. Il s'agit de Mohamed Kerrar, Ahmed Merani, Hachemi Sahnouni et Yahia Bouklikha. Tous les quatre ont déserté les rangs du FIS au moment de l'arrestation des leaders du mouvement en mai 1991. Est-ce pour effacer la tâche de collaborateurs qui leur colle à la peau qu'ils ont, tous les quatre, adopté des positions très dures sur le texte de la Charte ?

Le FFS - Le RCD

Les partis qui ont mené la campagne la plus virulente pour le boycott du scrutin sont le Front des Forces Socialistes (FFS) d'abord et, à un degré moindre, le Rassemblement pour la Culture et la Démocratie (RCD). C'est un grand mot de dire "qu'ils ont mené campagne", car le pouvoir a utilisé tous les moyens légaux et surtout illégaux pour empêcher toute velléité de s'opposer à son projet. L'administration a systématiquement refusé à ces partis les autorisations nécessaires pour tenir des meetings électoraux ; les rares fois où on leur a délivré ces autorisations, ce sont les salles qui leur ont été refusées au prétexte qu'elles étaient déjà attribuées. À aucun moment de la campagne, les leaders de l'opposition n'ont pu intervenir sur les chaînes de radio. Quant à la chaîne de télévision nationale, l'Unique, elle avait pour consigne de ne même pas citer les déclarations faites ici ou là par Hocine Ait Ahmed ou par Saïd Sadi. Enfin, les militants du FFS et du RCD ont été traqués par la police, certains ont même été arrêtés pour avoir distribué des tracts appelant à l'abstention ou au vote négatif. Malgré ces difficultés, les deux partis ont réussi à faire passer leurs consignes de vote, par le bouche à oreille, en Kabylie. L'impact du FFS s'est exercé même en dehors de la Kabylie, dans les wilayas d'Alger, de Boumerdès et de Bouira, en particulier. Une bonne partie des Algériens de l'étranger s'est elle aussi abstenue à la suite du mot d'ordre du FFS. Le leader du FFS Hocine Ait Ahmed qui avait pronostiqué, avant le scrutin, que le pouvoir annoncerait probablement un score nord coréen, a déclaré au lendemain du 29 septembre que *"... cette affaire aura été une farce de bout en bout ... un tsunami totalitaire qui a totalement évacué toute expression des contestataires ..."* Il a aussi fustigé l'attitude du gouvernement français qui, pour des raisons de realpolitik, a salué une consultation démocratique, mais qui aurait dû avoir la décence de ne pas manifester autant d'enthousiasme pour une telle farce électorale.

Les autres partis islamistes

À travers les déclarations faites ici et là par les représentants des deux seuls partis islamiques légaux, Bouguerra Soltani pour le MSP et Abdellah Djaballah pour El Islah, il apparaît qu'ils ont des points de vue très proches sur la question. Ils considèrent tous deux que cette Charte n'est pas parfaite, mais qu'elle constitue un premier pas positif en vue du règlement du problème algérien. Abdallah Djaballah est un peu plus critique en ce sens qu'il pense que la responsabilité de ce qu'il s'est passé ces 15 dernières années, est partagée alors même que la Charte l'impute à une seule partie. Sa position reste néanmoins plus modérée que prévue, espérant qu'une telle approche lui vaudra la reconnaissance de Bouteflika, qui donnerait un coup de pouce à son parti lors des prochaines élections législatives ou locales; il veut profiter au maximum de l'absence du FIS de la scène politique pour occuper la place. Bouguerra Soltani, dont le parti est membre de l'alliance présidentielle est comme à l'habitude, plus enclin à pencher du côté du pouvoir. Il demeure ainsi en accord avec la politique qui a été, de tout temps, défendue par son mouvement, y compris du vivant de feu Mahfoud Nahnah, celle de vouloir "manger à tous les râteliers", être au pouvoir et dans l'opposition en même temps.

L'Armée Islamique du Salut (AIS)

Les anciens émirs de l'AIS ont participé à la campagne référendaire, pour certains, ou exprimé leur point de vue sur la Charte, pour d'autres. Le plus actif a été l'ex-chef de l'AIS, Madani Mezrag qui a participé aux meetings et réunions d'explication d'Abdelaziz Belkhadem. Sa position sur la Charte est que, certes, celle-ci impute toute la responsabilité de la crise au seul FIS, mais que néanmoins il faut soutenir l'initiative de Bouteflika, pour lequel il ne tarit pas d'éloges. *"Nous aurons l'occasion de corriger les choses plus tard",* dit-il. Comment pense-t-il modifier des dispositions qui ont été, selon les chiffres officiels, approuvées à 97% par le peuple ? À en croire ses propos, les maquis se videront totalement, une fois que les décrets et lois d'application auront été publiés. Un autre émir de l'AIS de la région de Médéa, aujourd'hui revenu à la vie civile, Ali Benhadjar ne croit pas que la Charte ramènera la paix en

Algérie. Il explique son point de vue en disant que la réconciliation doit intervenir entre les deux parties qui étaient en conflit, l'armée et les islamistes du FIS et de l'AIS. Or la Charte fait supporter tous les torts à ces derniers et blanchit complètement la nomenklatura militaire, ce qui est inacceptable à son avis. Il se déclare également déçu par la manière dont la loi sur la Concorde civile a été mise en application. Il dit que le pouvoir n'a pas tenu les engagements pris dans le cadre de l'accord passé entre l'AIS et le DRS en 1997, ce qui rendra sceptiques ceux qui seraient tentés de déposer les armes aujourd'hui. Il considère que la solution à la crise est plus politique que sécuritaire. Il affirme avoir été approché par le pouvoir pour lancer un appel à la reddition aux groupes encore en activité, mais que n'étant pas convaincu par ce projet, il a refusé. Il déclare enfin que Madani Mezrag ne représente plus l'AIS aujourd'hui et que toutes les actions qu'il mène n'engagent que sa personne. Il faut rappeler que Ali Benhadjar s'était rendu célèbre par des déclarations fracassantes à la presse, il y a un peu plus de deux ans, dans lesquelles il avait raconté en détails comment Djamel Zitouni ex-chef du GIA et agent du DRS avait, sur ordre des patrons de la Sécurité militaire, enlevé les moines de Tibhirine. Il avait expliqué comment ils ont été exécutés par un autre groupe du GIA, que le DRS connaît tous les détails de l'affaire et que Djamel Zitouni a été finalement liquidé par ses mandants, car il en savait trop et était devenu, à ce titre, dangereux pour eux. Ces affirmations n'ont jamais été démentis par quiconque, y compris le DRS. La plainte déposée auprès de la justice française par la famille de l'un des prêtres se base, entre autres, sur ces déclarations. Notons enfin que Mustapha Kertali, ex-émir de la région de Larbaa juge, tout comme Madani Mezrag, que cette Charte n'est certes pas la panacée, mais l'approuve, laissant à l'Histoire le soin de dire qui sont les véritables responsables de la crise algérienne.

Le GSPC

Selon la version officielle, les différentes dispositions contenues dans la Charte sont destinées à absoudre les terroristes de leurs actes, puis de les réintégrer dans la société, dans leurs foyers, dans leurs postes de travail, dans leurs droits civiques, le peuple leur ayant accordé son pardon par son approbation du texte soumis à référendum. Pour que ces mesures soient appliquées, il faudrait qu'au préalable ceux qui sont encore dans les maquis, des membres du GSPC essentiellement, déposent leurs armes et se rendent aux autorités. Or cette condition *sine qua non* de ce scénario est loin d'être acquise.

Depuis l'annonce du référendum à la mi-août les experts, spécialistes et autres connaisseurs de la mouvance islamique - en réalité tous des laudateurs du régime - se sont multipliés en Algérie. Si l'on en croit leurs pronostics, on pourrait presque voir les maquis se vider. Le Premier ministre, Ahmed Ouyahia prévoit qu'ils seraient un millier de combattants du GSPC à avoir été convaincus de déposer les armes par les vertus de la Charte. Comme il estime, par ailleurs, le nombre total de djihadistes à 1 000 environ, soit plus que les 500 à 700 annoncés par le ministre de l'Intérieur, c'est donc la totalité qui se rendrait. Madani Mezrag, l'ex-chef de l'AIS qui s'est intronisé spécialiste en affaires du GSPC annonce, de son côté, que 80% de ceux qui sont dans les maquis reviendront. Les journalistes d'*El Moudjahid* sont tout aussi euphoriques. Pour eux "*... la braise sera éteinte, le président Bouteflika a réussi à ancrer une merveilleuse culture de paix et d'entente ...*" Les journalistes indépendants, plus sceptiques, ne pensent pas que les terroristes du GSPC vont se bousculer pour faire acte de reddition. Cependant, par leurs analyses du phénomène, ils accréditent la thèse que la Charte s'adresse uniquement aux terroristes, alors qu'en réalité, pour bénéficier d'une exemption de peines et d'une réinsertion dans la société, les membres du GSPC et autres groupes salafistes n'avaient pas besoin de cela. Il leur suffisait de se rendre aux autorités, à tout moment depuis l'entrée en vigueur de la loi sur la Concorde civile de 1999, pour bénéficier du même traitement que les 6 000 autres maquisards (selon les chiffres officiels) de l'AIS ou du GIA qui ont déposé les armes cette fois-ci.

Les véritables spécialistes de la question, ceux qui savent à coup sûr ce qui va se passer dans les semaines et les mois qui viennent, à savoir les services du DRS, se taisent. Il y a quelques deux mois, ils avaient fait courir la rumeur qu'ils étaient en négociations avec Hassan Hattab pour une reddition de son groupe et que celui-ci aurait lancé un appel à ses compagnons en ce sens. Aujourd'hui ils ont mis en sourdine cette propagande ; ils annoncent à nouveau et pour la énième fois que Hassan Hattab est mort depuis longtemps, liquidé par les siens. L'est-il ou ne l'est-il pas ? Mystère. Vont-ils le ressusciter pour expliquer certaines redditions sur commande ? Possible. En effet, les observateurs politiques au fait des techniques de manipulation à l'algérienne, pensent que le régime va provoquer des redditions. Il y a suffisamment d'agents doubles, de taupes du DRS infiltrées au sein des groupes armés, que l'on peut activer à tout moment et les amener à se rendre de manière spectaculaire. En tout état de cause, le régime algérien est suffisamment opaque et peut donc éviter tout contrôle éventuel de certaines "redditions." On a bien vu, après la loi sur la Concorde civile, comment les comités de probation qui y étaient prévus ne se sont jamais réunis; ils n'ont probablement jamais existé. Des chiffres fantaisistes de maquisards ayant rendu les armes ont déjà commencé à circuler, car le régime doit absolument prouver qu'il a réussi à ramener la paix et à instaurer la réconciliation. Il est très habile pour manipuler l'information comme il veut, quand il le veut. Mais ce sera probablement plus difficile qu'en 1999/2000, car le DRS n'est pas dans le coup cette fois-ci, mais aussi parce que le GSPC semble avoir rejeté toute idée de mettre fin à ses actions. Il est enfin curieux de noter que l'on ne parle pas du tout d'Abderrezak El Para, alors même que ses services seraient aujourd'hui très utiles pour convaincre les siens de se rendre.

Autres réactions

Il est une autre réaction intéressante à noter parce que inhabituelle, c'est celle de l'Église catholique. Intervenant pour la première fois dans le débat politique algérien. Monseigneur Tessier, archevêque d'Alger a eu des termes qui ont déplu au pouvoir. Il s'est démarqué par rapport à l'unanimisme imposé par ce dernier en rappelant que Chrétiens et Musulmans partageaient la même foi en Dieu et que "*... cette foi nous engage à considérer que la démarche de réconciliation va jusqu'au pardon personnellement consenti, qui est un acte personnel exigeant et qui demande du temps. Aucune loi ne peut imposer le pardon et le pardon ne peut se substituer à la justice ... on ne peut pas donner de consignes de vote, mais la question doit être prise au sérieux, car il s'agit d'un problème sérieux.*" Est-ce à dire que quelqu'un lui a demandé de donner des consignes de vote ? L''archevêque d'Alger reprend, en utilisant d'autres termes, le même raisonnement que celui qui est clamé depuis longtemps par les ONG de défense des droits de l'homme, à savoir que la loi ne peut imposer le pardon qui lui-même ne peut pas se substituer à la justice. Il considère que ce référendum est inutile et précipité. L'opposition, dans son ensemble, et une bonne partie de la population, notamment les familles de disparus et celles des victimes du terrorisme, ont eu une position identique quand elles affirment que seuls ceux qui ont perdu des proches au cours de la guerre, qu'ils aient été assassinés par les terroristes ou par les forces de l'ordre, ont le droit d'offrir le pardon à leurs bourreaux ; l'État ne peut pas l'imposer par une loi.

Dans quelle mesure la prise de position de l'Église catholique d'Algérie est-elle cautionnée par le Vatican ? Mystère. Ce que l'on sait par contre à coup sûr, c'est qu'en sa qualité d'archevêque Mgr Tessier est en relation constante avec la Curie pontificale romaine ; s'agissant d'une question suprêmement importante pour l'Algérie, il n'a pas pu prendre une telle position sans avoir – pour le moins – consulté le gouvernement papal. D'autant plus que rien ne l'obligeait à faire une quelconque déclaration, sauf si on lui aurait effectivement demandé de donner des consignes de vote. Ce que l'on sait également, c'est que Bouteflika a été extrêmement contrarié par ces déclarations ; il aurait affiché ses sentiments, en privé, avec une certaine vulgarité, en disant : "*Qu'est-ce qu'il nous emm..... celui-là. De quoi se mêle-t-il ?*" Il soupçonne même l'État français d'avoir fait dire par Mgr Tessier ce que lui ne pouvait déclarer publiquement, tout comme il soupçonne certains dans l'appareil sécuritaire de lui avoir fait un enfant dans le dos. Est-il vraiment sincère ou bien joue-t-il la comédie, pour éloigner tout soupçon de lui-même et de son camp ? Toute cette affaire reste un mystère.

Pour clore ce chapitre sur les perceptions de ce scrutin par différents acteurs, il y lieu de signaler que le gouvernement français a "*salué cette consultation démocratique à laquelle ont participé les Algériens.*" Le gouvernement américain a, quant à lui, été plus critique quand il a déclaré, par la voix du porte-parole du Département d'État, Sean Mac Cormack : "*À notre avis, il aurait été important que tous les points de vue sur la question vitale de la réconciliation s'expriment publiquement."*

CHAPITRE V

Hassan Hattab au secours du régime

Maintenant qu'elle a été votée, cette Charte apportera-t-elle vraiment la paix et la réconciliation en Algérie ? Bouteflika, a-t-il répondu à la crainte principale des militaires, celle d'échapper à la justice ? La Charte, va-t-elle mettre fin aux luttes pour le pouvoir, au sommet de l'État ? Si cette "bague de Suleyman" règlera tous les problèmes de l'Algérie, pourquoi le régime a-t-il du faire appel à l'assistance de Hassan Hattab ?

Il est clair que le terme paix qui a été rajouté dans l'intitulé de la Charte ne sert qu'à enjoliver le "paquet-cadeau" du régime au peuple. La paix est de fait revenue dès le lendemain du référendum de 1999. L'AIS a cessé d'exister à cette date. Quant au GSPC, il est aujourd'hui de notoriété publique que, tout comme le GIA avant lui, il a été infiltré par le DRS. Le pouvoir se devait cependant de donner le change; c'est pourquoi il a fait publier ce communiqué, attribué au GSPC, dans lequel ce dernier rejetait la Charte dont les principales dispositions lui sont, en principe, destinées. Afin de donner plus de poids à ce rejet, le pouvoir a fait augmenter sensiblement le nombre d'attentats et d'embuscades durant la campagne référendaire. Tout comme il s'est empressé d'annoncer que quelques 6 000 combattants (il les appelle les égarés) ont déposé les armes, afin de démontrer que la paix sera effectivement rétablie. Il est de notoriété publique que ces "combattants" sont, dans leur énorme majorité des taupes du DRS, infiltrées dans les rangs du GSPC. Sinon, pourquoi, n'ont-ils pas déposé les armes depuis bien longtemps, sachant que la loi sur la Concorde civile de 1999 leur promettait la même immunité que la Charte ? Malgré le retour de la paix, le régime n'envisage cependant pas de lever l'état d'urgence. Le ministre de l'Intérieur Yazid Zerhouni a même annoncé que tant qu'il restera un seul terroriste en activité, celui-ci restera en vigueur. Ce n'est, en réalité, qu'un instrument supplémentaire aux mains du Président pour brimer encore plus les libertés et les possibilités d'action de l'opposition.

Pour ce qui est du volet "réconciliation nationale", la seule mesure que prône le régime c'est l'oubli. C'est parce qu'il est conscient des limites de la Charte que Bouteflika a nettement réorienté son discours, lors des derniers meetings qu'il a animés, en affirmant des choses, à la limite du cynisme, comme : "*Celui qui a perdu son honneur, qu'il l'oublie, celui qui a perdu un proche, qu'il prie pour lui*", ou comme "*Pour ne pas ressusciter les blessures, mieux vaut oublier*", ou encore "*Je sais que vous souffrez. Que voulez-vous que je fasse ? Tournez vous vers Dieu.*" C'est donc Dieu ou l'oubli qui ramèneront la paix dans les cœurs et non la Charte.

La véritable réconciliation nationale suppose le règlement du problème de fond qui nécessite de dialoguer avec toute l'opposition, que ce soit celle des islamistes du FIS ou celle des démocrates ou modernistes et d'élaborer avec eux une solution. Or, Abdelaziz Bouteflika donne aujourd'hui l'impression de faire marche arrière sur le dossier du FIS et poursuit sa politique d'exclusion de l'opposition du FFS, du RCD, ou des partis auxquels il refuse l'agrément, comme Wafa de Ahmed Taleb Ibrahimi ou le Front Démocratique de Sid Ahmed Ghozali. Quels sont alors les problèmes que la Charte va réellement régler ? Pratiquement aucun, en dehors de l'amnistie des généraux, celle des responsables des services de sécurité et éventuellement celle de certains terroristes, tentés beaucoup plus par les avantages matériels et les privilèges qu'ils pourraient retirer de leur reddition. Les familles des disparus et celles des victimes du terrorisme obtiendront des compensations financières, s'ils veulent bien les accepter en échange de leur silence. Il apparaît néanmoins que cela n'est pas certain puisque l'association des familles des disparus a déjà menacé de porter plainte à l'étranger contre les services de sécurité qui ont enlevé les leurs, sachant que la Charte leur a pratiquement enlevé toute possibilité de le faire en Algérie. Si ces menaces venaient à être mises à exécution, la Charte n'aura même pas réussi à mettre la nomenklatura militaire à l'abri. Les luttes au sommet n'ont, elles non plus, pas cessé et ne cesseront pas de sitôt. Finalement le seul avantage que Bouteflika semble avoir retiré de ce scrutin, est d'avoir garanti la pérennité de son pouvoir. Il a visiblement obtenu l'accord de la nomenklatura militaire pour modifier comme bon lui semblera la constitution afin de pouvoir prétendre à un troisième mandat. Certains, dont Abdelaziz Belkhadem, proclament déjà que ce serait un septennat et non plus un quinquennat. D'aucuns ont dit que c'était "une monarchie présidentielle" que Bouteflika envisage d'instaurer, identique à celle de son voisin, le président tunisien Zine El Abidine Ben Ali qu'il a pris pour modèle. Il a d'ailleurs déjà commencé à jeter les fondements du nouveau régime qu'il cherche à mettre en place en mettant de côté un gros pactole dans lequel il piochera autant qu'il voudra sans avoir à rendre de comptes à quiconque. Pour constituer ce pactole, il a fait préparer par son ministre des Finances le budget de l'État pour l'année 2006 en prenant comme base de calcul des recettes de l'État, un baril de pétrole à 19 $ US. Quand on sait que le prix oscille actuellement aux alentours des 60 à 65 $ et qu'il est appelé encore à augmenter, c'est donc un montant de l'ordre de 25 milliards de dollars qui va "disparaître" des ressources de l'État en 2006. Avec cet argent, il compte acheter les consciences, acheter des opposants, associer peut-être certains chefs islamistes ou terroristes à la rente pétrolière, le tout pour faire taire toute velléité d'opposition ou de contestation du pouvoir personnel qu'il envisage d'instaurer. Il compte certainement aussi financer certains lobbys, voire des partis politiques en France et aux États-Unis pour s'assurer également des soutiens dans ces deux pays.

L'interview accordée par Hassan Hattab au correspondant à Alger du quotidien *Al Sharq Al Awsat*, paraissant à Londres, publiée dans l'édition du 15 octobre dernier, prouve si besoin était, que "l'opération Charte" a un tout autre sens que celui que le régime veut lui donner. On apprend, mine de rien au passage, que le fondateur du GSPC est encore en vie. Cette interview s'est déroulée dans une maisonnette située à une centaine de kilomètres à l'est d'Alger. A moins que ce ne soit un pseudonyme, les nom et prénom du journaliste, Boualem Ghamrassa sont algériens. Il est impossible à tout journaliste de quelque nationalité qu'il soit et *a fortiori* un Algérien de rencontrer Hassan Hattab, sans que le DRS ne le sache; ce sont probablement les services de sécurité qui ont organisé la rencontre. Les points importants développés par Hassan Hattab sont que, lui et bon nombre de ses compagnons sont disposés à déposer les armes, à trois conditions : "*1/Que les autorités cessent d'appeler terroristes ceux qui ont rejoint les maquis en réaction au coup d'État de 1992, qu'elles traitent sur un même pied d'égalité tout le monde et n'utilisent pas deux poids et deux mesures dans le règlement des affaires, 2/Qu'elles libèrent Ali Benhadj et lui permettent d'agir dans le cadre de la réconciliation nationale et 3/Que le FIS soit à nouveau autorisé à activer sur le plan politique et que ne lui soit pas imputée la responsabilité de la crise sanguinaire.*" Hattab déclare que la maisonnette dans laquelle s'est déroulée l'entrevue sert de lieu de rencontre avec ses partisans qui l'ont suivi depuis qu'il a quitté volontairement la direction du GSPC en septembre 2003. Le journaliste présente un *curriculum vitae* de Hassan Hattab qui serait âgé de 38 ans, né en 1967 à Beni Mered dans la région de Boufarik - Blida, qu'il se serait marié au maquis, qu'il aurait des enfants et qu'il transporte tout le temps avec lui un ordinateur portable. Hassan Hattab raconte qu'il a créé le GSPC en 1998, après avoir quitté le GIA qui avait dévié par rapport au djihad légitime. Il dit que s'il a poursuivi la lutte armée depuis 12 ans, c'est parce que "*le pouvoir nous y a poussé en ne respectant pas les engagements pris*" et que s'il a décidé aujourd'hui d'arrêter cette lutte, c'est "*en raison de l'appel que les sages de la nation ont adressé aux frères pour déposer les armes et rassembler les cœurs des citoyens algériens ...*" Il prétend qu'une bonne partie des membres du GSPC désire se joindre à la dynamique créée par la réconciliation nationale, mais que leur retour des maquis est conditionné par les demandes qu'ils ont formulées. Il dit aussi que "*pour convaincre les combattants de déposer les armes, il faut que nous coopérions*" ; il ne dit pas avec qui doit s'établir cette coopération; avec les autorités, bien entendu, mais lesquelles ? Enfin, il dément que le GSPC ait fait allégeance à Al Qaïda, du moins tant que lui le dirigeait. Bien que cela ne soit pas dit clairement, le commentaire fait par le journaliste sur ce point pousse le lecteur à penser que les choses seraient différentes aujourd'hui et donc que le GSPC est bien membre de l'organisation d'Oussama Ben Laden.

Que dire de cette interview si ce n'est qu'elle sent la manipulation à fond ? Peu importe le fond de l'interview; le fait que le régime ait fait en sorte qu'elle ait lieu démontre que Hassan Hattab a bel et bien été retourné et que le pouvoir peut compter sur lui à l'avenir. Ceci étant est-ce le vrai Hassan Hattab que ce journaliste a rencontré, vu qu'il a été maintes fois annoncé comme mort puis ressuscité ? Parmi les autres détails évoqués dans l'interview, Hassan Hattab parle de son successeur à la tête du GSPC, Nabil Sahraoui qui a été, selon l'une des versions annoncées par le pouvoir, liquidé par l'armée en compagnie de plusieurs membres de la direction du mouvement dans le courant de l'été 2004. Il évoque également Abderrezak El Para. La manière dont il parle des deux hommes laisse croire qu'ils sont tous deux des djihadistes sincères, fidèles à la ligne de leur mouvement, alors que tout le monde sait que tous deux sont des agents du DRS. Encore une fois, le DRS démontre à quel point il maitrise l'art de la manipulation : il a fait délivrer à ces deux personnages, par la bouche de leur patron, des "certificats de véritables djihadistes"; mais aussi, Hassan Hattab s'est parfaitement acquitté de la tâche qui lui a été confiée, à savoir pousser le maximum de partisans du GSPC à déposer les armes, tout en dévalorisant le mouvement aux yeux de ceux qui y croient.

CHAPITRE VI

La charte est adoptée. Et après ?

Depuis qu'il a annoncé le référendum sur la Charte pour la paix et la réconciliation nationale à la mi-août et jusqu'à la tenue du scrutin le 29 septembre, Bouteflika a parcouru l'Algérie en long et en large pour propager la bonne parole et pour vendre cette potion magique qui devrait ramener la paix, restaurer la confiance, installer la réconciliation des Algériens avec eux-mêmes et avec leur histoire et ouvrir les portes du pays aux investisseurs étrangers. Selon les chiffres officiels publiés, elle a été approuvée à 97% par le corps électoral et près de 80% des électeurs ont voté, nous dit-on. Il a fait de ce projet le cœur de son 2e mandat, le sésame qui devrait lui ouvrir les portes du 3e ; il s'est donné pour cela les moyens, en y incluant un article qui lui accorde la possibilité de mettre en place toute disposition nécessaire à la mise en place des termes de la Charte. Il a également fait prendre par le secrétaire général du FLN, Abdelaziz Belkhadem, des contacts avec tous les leaders du FIS tant en Algérie qu'à l'étranger, qui devraient, selon ses dires, participer, au sein du FLN dans une première étape, au retour du pays à la vie normale. Or voilà que deux mois après le référendum, aucun texte d'application, aucun décret n'ont paru, aucune suite n'a été donnée au grand tapage annoncé ; le big bang qui devait bouleverser la vie du pays n'a toujours pas eu lieu. On n'a pas enregistré de reddition de groupes terroristes, il n'y a pas eu de repentis. Hassan Hattab, dont on avait annoncé à grand bruit l'appel à la cessation de toute activité terroriste semble avoir de nouveau disparu dans la nature. Le président de l'ex-délégation parlementaire du FIS à l'étranger Anwar Haddam, qui vit aux États-Unis, qui devait rentrer au pays sur invitation d'Abdelaziz Belkhadem, a renoncé à le faire à la demande des autorités elles-mêmes, semble-t-il. Visiblement la "machine réconciliation" est bloquée. De leur côté, tous les responsables de l'État semblent ne pas savoir quoi faire. Le Premier ministre dit qu'il faudrait probablement attendre plusieurs mois avant la parution des décrets d'application. Pour justifier cela, il dit que les choses sont plus compliquées que ce que l'on avait pensé. Le ministre de la Justice qui, de par sa fonction, est précisément chargé de la mise au point de ces décrets n'est au courant de rien ; il annonce simplement que l'on travaille probablement là-dessus. D'autres ministres consultés, dont celui chargé de la Solidarité nationale, disent que seul Bouteflika est en mesure de parler de cette question et de décider quoi que ce soit. Même certains chefs de partis de l'opposition qui avaient approuvé le projet commencent à s'inquiéter. Abdallah Djaballah demande que l'on accélère les procédures juridiques.

Pourquoi ce retard ? Pourquoi ce cafouillage ? Deux dossiers en seraient apparemment la raison: celui du FIS et celui des relations algéro-françaises, tandis que la machine officielle nous présente des arguments qui restent cependant peu convaincants. Qu'il s'agisse de l'agence officielle d'informations (APS), des journaux du pouvoir (*El Moudjahid*, entre autres) ou de Maître Ksentini, président du CNCPPDH, tous disent plus ou moins la même chose, à savoir qu'il faut être prudent et s'assurer de bien séparer les vrais terroristes du reste des combattants. Ils se posent la question de savoir comment reconnaître celui qui a participé à des massacres collectifs, qui n'est pas amnistiable selon la Charte, ou comment faire pour éviter de tomber dans le piège de l'imprescriptibilité de certains crimes aux yeux de la loi internationale. Cette manière de présenter les choses par les canaux de communication officiels laisse cependant perplexe. De deux choses l'une : soit que l'on n'a pas pensé à toutes ces questions avant que l'on ait concocté la politique de réconciliation nationale et rédigé la Charte, ce qui dénoterait une incompétence totale du pouvoir et son inconscience à s'engager et à engager le peuple par son vote sur une voie dangereuse, soit alors tout cela ne serait que de l'esbroufe destinée à camoufler des tensions au sein du pouvoir. Ce serait plutôt cela la réalité, car la loi sur la Concorde civile de 1999 avait déjà amnistié les combattants islamistes.

S'agissant du dossier France, on se souvient que Bouteflika avait fait, il n'y a pas très longtemps, une poussée de fièvre nationaliste qui l'avait amené à demander à l'État français de présenter des excuses pour les crimes perpétrés en Algérie durant la période coloniale. Était-il réellement confiant au point de penser que Jacques Chirac donnerait une suite positive à sa requête - tout au moins en partie - avant la signature du traité d'amitié Algérie–France prévue pour la fin de l'année en cours ? Visiblement, non. Je dirais même qu'il était plutôt convaincu que le gouvernement français n'était pas disposé à faire ce geste, sachant que la majorité gouvernementale dont dispose ce dernier à l'Assemblée Nationale s'opposerait formellement à la demande et que du coup, la signature du traité serait pour le moins reportée à beaucoup plus tard. Je rappelle que ce traité est, tout comme le deal passé avec George W. Bush, considéré comme étant la parade absolue qui protégerait les généraux contre toute action en justice en France ou devant le TPI. Ses calculs se sont d'ailleurs avérés exacts puisque le seul geste que l'on semble disposé à faire du côté français, est celui de revenir sur la disposition la plus controversée de la loi de février 2005 qui glorifie les bienfaits de la colonisation française. Quant aux relations avec les États-Unis, apparemment tout baigne.

Qu'en est-il du dossier du FIS ?

Pour la énième fois, on entend la même litanie à Alger. Déjà le président Boudiaf, puis ensuite Zeroual avaient déclaré que le dossier du FIS était définitivement clos. Aujourd'hui, Bouteflika à son tour dit la même chose; il admet donc que jusque-là il était plutôt ouvert. A-t-il décidé de refermer définitivement ce dossier parce qu'il considère que le FIS est complètement marginalisé ou veut-il le faire en raison de pressions qu'exerceraient sur lui les généraux ? Si l'on se rapporte à ce qu'il est advenu des clôtures précédentes, est-on en droit de penser que ce dossier restera clos jusqu'à ce qu'on l'ouvre de nouveau ? Le FIS va-t-il réellement jouer un rôle quelconque dans un avenir plus ou moins lointain ou est-ce le régime qui le voit plus important qu'il ne l'est en réalité ? Lors de son accession au pouvoir en 1999, Abdelaziz Bouteflika avait déclaré que l'interruption du processus électoral était la première des violences ; son amour du pouvoir a fait qu'il est ensuite devenu complice des auteurs de cette interruption. Il se rend compte de plus en plus que rien n'a vraiment changé après 13 années de guerre en Algérie et que malgré les nombreux coups qui lui ont été portés, le FIS reste encore une force importante de la scène politique algérienne. À titre personnel, il a, par ailleurs, besoin des voix de l'électorat du FIS pour la prochaine échéance électorale, celle de la modification de la constitution et de l'ouverture qu'il en attend vers un troisième mandat. Il ne veut pas non plus tomber dans l'autre travers, celui de devenir l'otage dû FIS. Il a, en effet, compris au travers des différentes prises de position exprimées par les leaders de ce parti, avant et après le référendum, que l'appui qu'ils lui ont fourni était conditionnel et que leur but était de négocier le soutien qu'ils lui accorderaient dans le futur. Il cherche donc à neutraliser le FIS, sans perdre pour autant de vue que la société algérienne reste très attachée à l'Islam. De par son milieu familial et de par son éducation, Bouteflika est très mystique. C'est pourquoi, mais par calcul politique également, la religion était présente dans tous les discours qu'il a prononcés lors de la campagne référendaire. Afin d'échapper à l'emprise du FIS, mais aussi par conviction personnelle, il s'en est allé chercher le soutien d'une autre frange du mouvement islamiste, celle des zaouïas, auxquelles il accorde beaucoup de moyens financiers et matériels et auxquelles il rend de fréquentes visites. Encore récemment il a délégué trois ministres pour assister aux funérailles du chef de la confrérie de la Tidjania à Ghardaïa. Bouteflika sait par ailleurs que sa "victoire" au référendum est une victoire à la Pyrrhus, que le score de 97% de Oui ne représente pas la réalité de la situation. Le DRS n'a d'ailleurs pas manqué de le lui rappeler en portant à la connaissance de l'opinion publique, par des fuites organisées comme à l'habitude à travers certains organes de presse, que le véritable taux de participation était plutôt de l'ordre de 20% et non de 79,76% comme annoncé officiellement. Aujourd'hui, deux mois après le scrutin, les langues se délient. Le journal *El Watan* dont on connaît les attaches avec les services de sécurité écrivait récemment que "..."*Tout -le monde sait que le score annoncé est loin de correspondre à l'idée que se fait réellement l'opinion publique de la réconciliation.*" Les généraux veulent faire comprendre encore une fois au chef de l'État que ce scrutin n'était pas un référendum pour ou contre Bouteflika et que le véritable but de l'opération est et reste l'amnistie. Tant qu'ils n'auront pas obtenu les garanties d'impunité qu'ils recherchent, ils ne se sentiront pas à l'aise. Leur inconfort a même augmenté depuis qu'ils ont constaté des réticences de la part du gouvernement français à signer, dans un avenir relativement proche, le traité d'amitié qui devait tout de suite suivre le référendum algérien. Ils ne se sentent pas non plus confortés par l'attitude adoptée par les États-Unis lors des élections législatives égyptiennes, qui ont à cette occasion, exercé de très fortes pressions sur Hosni Moubarak pour le pousser à tolérer, à défaut de reconnaître, les Frères Musulmans. Ils suivent également avec inquiétude les déplacements de Condoleezza Rice, qui ne cesse de sillonner le monde arabe ces derniers temps pour y prêcher l'instauration d'une plus grande démocratie dans tous les pays de la région, en Tunisie notamment comme cela a été dit clairement lors du forum mondial sur la communication, tenu à Tunis vers la fin novembre. La plus grande crainte des Janviéristes est donc bien le retour du FIS aux affaires qui serait à leurs yeux la cause de leur perte définitive. Leur crainte a été particulièrement avivée par la nouvelle tactique adoptée par ce parti qui, face à l'intransigeance du pouvoir a changé de leitmotiv. Ce que les leaders de ce parti exigent aujourd'hui ce n'est plus le retour de leur mouvement sur la scène politique, mais plutôt le retrait total des généraux de l'arène politique, car, d'après eux, ces derniers sont à l'origine de tous les malheurs du pays. En émettant une telle exigence, les leaders du FIS viennent de signer l'arrêt de mort de leur mouvement qui probablement ne sera jamais réhabilité.

Où en sont les relations France - Algérie ?

Elles se sont bien améliorées sur les plans économique et diplomatique, mais on fait du sur-place sur la question du traité d'amitié. S'agissant du volet économique, à noter la visite du ministre français de l'Économie, des Finances et de l'Industrie, Thierry Breton à Alger qui a abouti à la signature d'un contrat pour la gestion et la distribution de l'eau dans la ville d'Alger pendant cinq ans ; c'est un contrat de 120 millions d'euros, le bénéficiaire étant la compagnie Suez Environnement. Il est déjà question de l'étendre aux villes de Constantine et Annaba. Il a de même été question, durant cette visite, de convertir une partie de la dette algérienne vis-à-vis de la France en participations dans des entreprises nationales à privatiser ; une première tranche de 61 millions d'euros fera l'objet de conversion. Pour ce qui est du gaz, Gaz de France pourrait être intéressé par le transport et la distribution du gaz en Algérie, en plus de l'achat éventuel de nouvelles quantités pour le marché français. Une concession de recherche d'hydrocarbures lui a été d'ores et déjà attribuée. L'autre nouveauté évoquée par Thierry Breton a été de lancer des investissements productifs en partenariat entre des entreprises des deux pays.

Jusqu'à ce jour, les sociétés françaises s'étaient concentrées plutôt sur le commerce avec l'Algérie ou sur l'ouverture de bureaux de représentation ; rares sont celles qui ont réellement investi dans le pays. Les entreprises françaises qui se lanceront dans de telles associations vont se heurter à des monopoles de fait qui existent en Algérie et qui sont dominés par ce que l'on appelle la mafia politico-financière. Ce sont, en général, les hauts gradés de l'armée associés à de gros hommes d'affaires qui dominent l'économie et qui généralement préfèrent importer des marchandises de l'étranger plutôt que de les fabriquer sur place. Pour donner toutes ses chances à une telle initiative de réussir, on a proposé, du côté français, la création d'un comité stratégique de suivi de ce type d'investissement. L'idée a été acceptée par les Algériens.

La seconde avancée notable, intervenue dans le domaine diplomatique est celle de la nomination d'un nouvel ambassadeur algérien à Paris. Il s'agit de Missoum Sbih qui avait été chargé, il y a quelques années, de présider la commission dont le but était d'étudier et de proposer des réformes de structures et de procédures de l'État. Visiblement Sbih a échoué dans cette mission, car on n'a vu aucune application sur le terrain d'aucune des réformes proposées, si tant est qu'il y ait eu des propositions de réformes. Missoum Sbih est âgé de 80 ans, c'est un ami intime de Abdelaziz Bouteflika. Il a été voici plus d'une trentaine d'années secrétaire général du ministère des Affaires Étrangères, du temps où Bouteflika en était le ministre. Dans le courant des années 1980, il a été directeur général de l'Ecole nationale d'administration, avant d'être mis à la retraite voici 15 à 20 ans. Il a été rappelé aux affaires vers 2001 par le président de la République qui lui avait confié la charge de la commission mentionnée plus haut. La mission dont il a été investi dans le cadre de sa nomination à Paris est celle d'essayer d'arrondir les angles avec les interlocuteurs français et rétablir des relations plus chaleureuses avec le gouvernement français, après que celles-ci se soient rafraîchies en raison des attaques virulentes de Bouteflika contre la France et sa politique coloniale. Quarante huit heures à peine après avoir débarqué à Paris, Missoum Sbih a présidé la réception offerte par l'ambassade lors de la célébration de la fête nationale algérienne, le 1er novembre. On a noté, en cette occasion, une nouveauté par rapport au passé et par rapport aux mœurs diplomatiques en général ; le ministre des Affaires Étrangères, Philippe Douste- Blazy et la ministre des Affaires Européennes, Catherine Colonna, ont assisté à la cérémonie. Ce geste très important du gouvernement français a été très apprécié à Alger qui a considéré qu'il était de bonne augure pour la signature prochaine du traité d'amitié. Avant le 31 décembre de cette année ? Pas sûr du tout, même si certains à Alger continuent d'en rêver. Le récent rejet par l'Assemblée nationale française d'un amendement à la loi de février dernier, qui avait mis le feu aux poudres dans les relations algéro-françaises, ne peut d'ailleurs qu'augmenter les craintes de voir cette signature reportée à beaucoup plus tard. Il y a enfin cette douche froide provoquée par la déclaration de Rédha Malek, une déclaration sur ce traité d'amitié qui n'a pas beaucoup plu à Alger et qui semble refléter ce que l'on en pense à Paris. Rédha Malek est à l'heure actuelle à la tête d'un minuscule parti politique; il a été membre de la délégation algérienne aux pourparlers d'Evian en 1962, c'est un ex-ami de Bouteflika, ex-ambassadeur à Paris, ex-Premier ministre qui connaît bien les milieux politiques français et qui est même considéré par beaucoup comme étant un porte voix de la droite française. Il a dit qu'il n'était ni réaliste, ni faisable de demander à la France de présenter des excuses pour son passé colonial et qu'il était encore trop tôt de parler de traité d'amitié.

Retour sur les relations Algérie - États-Unis

Elles demeurent essentielles pour la pérennité du pouvoir algérien. Elles se sont intensifiées notamment dans le cadre de l'OTAN. Le chef d'état-major Gaïd Salah a participé vers la fin de l'été à la réunion des chefs d'état-major des pays membres avec ceux du DM (Dialogue Méditerranéen) qui regroupe la Mauritanie, le Maroc, l'Algérie, la Tunisie, l'Égypte, la Jordanie et Israël. Il faut noter que depuis le sommet de l'OTAN d'Istanbul de juin 2004, l'Algérie bénéficie du statut dit de "Partenariat", ce qui lui offre la possibilité de disposer de certains programmes de recherche scientifique de l'organisation. Les intérêts recherchés par les deux parties par ce renforcement des liens sont nombreux. Pour l'OTAN, il s'agit de collecter auprès des Algériens les renseignements précieux dont ces derniers disposent dans le cadre de la lutte antiterroriste, et faire de l'Algérie une sorte de bouclier avancé de l'organisation en Afrique. Empêcher et contrôler la fabrication et le transport d'armes de destruction massive, ainsi que contrôler le transport maritime de matières frauduleuses ou illicites, constituent d'autres objectifs importants pour l'OTAN. Pour ce qui est des Algériens, ils ont deux objectifs. Un premier politique : en acquérant des programmes d'interopérabilité avec les forces armées de l'OTAN, le pouvoir espère se rendre indispensable à l'organisation et à la puissance dominante, les USA. Le second est technologique : les Algériens espèrent bénéficier de programmes scientifiques et de technologie moderne qui leur sont indispensables pour la professionnalisation de l'armée. On a vu également une délégation parlementaire algérienne participer à la 51e session parlementaire de l'OTAN à Copenhague. De son côté l'INESG (Institut national d'études et de stratégies globales) a organisé, en partenariat avec la Division diplomatique publique de l'OTAN, le 8 novembre à Alger, un séminaire intitulé "Coopération entre l'Algérie et l'OTAN - Évaluations et perspectives" auquel ont participé des personnalités de haut rang. Du côté algérien, étaient présents le ministre des Affaires Étrangères Mohamed Bedjaoui, le ministre délégué à la Défense Abdelmalek Guenaïzia, le secrétaire général de la Défense Ahmed Senhadji (sa "démission" du mois d'août n'était donc que du bluff, le voilà revenu à de meilleurs sentiments, il ne boude plus), Halim Benatallah, ambassadeur à Bruxelles et le colonel Ramdane, chargé du suivi du dialogue avec l'OTAN. On a noté, du côté de l'OTAN, la présence du secrétaire général-adjoint pour la diplomatie publique Jean Fournet, du chef de la section du Dialogue Méditerranéen Nicolas de Santis, du vice-secrétaire général-adjoint Patrick Hardouin et celle du représentant permanent de l'Italie à l'OTAN Maurizio Moreno. Les Algériens louent certes cette coopération renforcée avec l'OTAN, mais craignent néanmoins les visées stratégiques américaines. C'est pourquoi Bouteflika a exigé du haut commandement de l'armée d'être personnellement informé, dans le détail et par avance, de tous les tenants et aboutissants de chacun des programmes d'assistance. Cette crainte des visées américaines a amené les Algériens à faire part à leurs homologues européens qu'ils souhaiteraient que le dialogue méditerranéen se transforme en un volet du processus de Barcelone rejoignant en cela la position française exprimée il y a quelques mois déjà par Michèle Alliot Marie. La coopération bilatérale s'est elle aussi renforcée par l'installation, dans le cadre du MEPI (Middle East Partnership Initiative), du Centre américain des études maghrébines à l'université d'Es Sénia, près d'Oran. Ce centre ferait des recherches et études en sciences sociales et humaines et emploierait des chercheurs maghrébins qui y travailleraient en collaboration avec des experts américains. La création de ce centre permettra au gouvernement US de disposer, dans une région importante du monde arabe, d'un *think tank* qui étudierait la problématique des mouvements sociaux maghrébins, qui analyserait les besoins, les sentiments et les tendances islamisantes de la jeunesse maghrébine. Ce centre pourra aussi contrôler et éventuellement orienter les mouvements de cette jeunesse. Enfin, il constituerait un point d'ancrage pour la mise en application de la politique du Grand Moyen-Orient et une tête de pont de la CIA.

CHAPITRE VII

Novembre 2005 : Bouteflika malade

Coup de tonnerre dans une atmosphère déjà délétère, Bouteflika est évacué en urgence d'Alger et hospitalisé depuis le 26 novembre à l'Hôpital du Val-de-Grâce à Paris. Selon l'unique bulletin médical publié par les services de la présidence de la République et signé du professeur Messaoud Zitouni, il aurait été opéré d'un ulcère hémorragique au niveau de l'estomac. Il aurait eu auparavant à son domicile une hémorragie interne qui a montré qu'il souffrait d'un sérieux problème à l'estomac, à la suite de quoi il a été transporté à l'hôpital militaire d'Ain Naadja près d'Alger où il aurait été examiné par des médecins. Ce serait son frère, médecin lui-même qui aurait décidé de le faire évacuer vers la France. Pour quelle raison ? Est-ce parce qu'il doute de la compétence des médecins algériens ou est-ce par ce qu'il craint qu'il ne soit attenté à la vie de son frère à cette occasion ? Le régime algérien est tellement opaque que toutes les supputations sont possibles. Dans les rues d'Alger, on se demande quelle est la véritable maladie dont souffre le chef de l'État. "*C'est certainement beaucoup plus grave qu'on veut bien nous le dire, s'il a fallu le faire opérer en urgence à Paris*", disent les citoyens. D'autant plus que de l'autre côté de la Méditerranée, la presse française évoque plutôt un cancer de l'estomac. Afin de mettre fin aux "*rumeurs et à l'imagination de certains médias étrangers*", le régime a déclenché une série de mesures. Il a fait témoigner, tour à tour, le chef du gouvernement Ahmed Ouyahia, le ministre des Affaires Étrangères Mohamed Bedjaoui et même le chanteur de rai Cheb Mami, qui tous affirment avoir vu Abdelaziz Bouteflika, qu'il est en bonne santé et qu'il va bientôt rentrer à Alger. On le fit finalement apparaitre à la télévision le 17 décembre en compagnie du professeur Zitouni; visiblement fatigué, il s'est adressé au peuple algérien : "*Vous n'avez pas à être inquiets*", a-t-il dit. Il devrait rentrer au pays le 31 décembre juste à temps pour signer la loi de finances. Cette maladie a été un gros os pour le pouvoir des généraux algériens, qui avaient tout prévu, sauf la maladie du principal intéressé. Leur stratégie de sortie de crise, qui inclut d'abord et avant tout l'impunité à laquelle ils aspirent, a été bâtie sur sa présence à la tête de l'État au moins jusqu'à la fin du mandat actuel en 2009. Le scénario qu'il avait mis au point semblait bien se dérouler ; il avait fait adopter la Charte pour la paix et la réconciliation nationale et s'apprêtait à signer dans un délai raisonnable le traité d'amitié avec la France. Quant aux Janviéristes, il leur faudra réagir à l'événement dans la précipitation et essayer de trouver la réponse adéquate à chacune des nombreuses questions qui sont apparues depuis son admission à l'hôpital. À noter que pendant l'absence du président de la République, Tewfik Mediène a joué le rôle de garde-chiourme du régime, tandis qu'Ahmed Ouyahia était mis en avant afin de donner une apparence de légalité au fonctionnement des rouages de l'État. On peut dire que tous deux se sont bien acquittés de leurs tâches respectives. Que va-t-il se passer en Algérie et au sein du pouvoir après le retour de Bouteflika aux affaires ? On ne devrait pas tarder à le savoir.

CHAPITRE VIII

Dégradation de la situation sociale, banditisme et terrorisme

10 000 émeutes par an, pourquoi ?

Depuis quelques années déjà, l'émeute est devenue le seul moyen d'expression de la population en Algérie. Ceci a été particulièrement vrai en 2005. Pour un oui, pour un non, on brûle des pneus, on bloque la circulation automobile, on saccage des biens publics ou on lance des pierres en direction des forces de l'ordre. Celles-ci, de leur côté, répondent d'une manière violente, elles maltraitent les manifestants, les tabassent, procèdent systématiquement à des arrestations, des jeunes tout particulièrement qui sont traduits immédiatement en justice et souvent condamnés à de lourdes peines de prison; c'est la violence qui prime des deux côtés. L'absence d'un cadre légal et organisé pour exprimer toute revendication est la cause d'une telle situation. À l'exception des trois partis membres de l'alliance présidentielle (FLN, RND, MSP), aucun autre parti n'est autorisé à organiser des manifestations revendicatives quelconques. L'opposition, ne dispose que d'un seul moyen de communiquer ses doléances au pouvoir, c'est l'écrit qu'elle va envoyer au président de la République ou au ministre concerné, avec une très faible probabilité qu'il soit suivi d'effet. Il n'est en général même pas lu. Elle n'a aucune chance non plus de voir cette correspondance reproduite par la presse écrite, ce qui permettrait au moins d'étaler au grand jour les tares du régime. Seule la presse privée est susceptible de dévoiler certains scandales, mais elle craint les représailles du pouvoir. Quand elle ose publier quelques bribes d'informations qui déplaisent au régime, celles-ci sont étouffées par le brouhaha du reste de l'actualité. Quant aux moyens audiovisuels de communication, entièrement aux mains de l'État, l'opposition n'y a aucun accès. Il n'existe donc aucun moyen de pression que la population peut utiliser pour faire connaître son ras-le-bol, si ce n'est l'émeute.

Il y a aussi, dans le monde du travail, beaucoup de revendications qui n'arrivent pas non plus aux oreilles des décideurs. Le canal normal, à travers lequel s'expriment les travailleurs partout dans le monde, est celui des syndicats. En Algérie, il n'existe qu'une seule centrale syndicale officielle, c'est l'Union générale des travailleurs algériens (UGTA). Bouteflika, lui-même, a déclaré le 23 février 2005, alors même qu'il préparait le terrain pour faire adopter la nouvelle loi sur les hydrocarbures, qu'il ne reconnaissait qu'un seul syndicat, l'UGTA. Cette centrale, soutenue et financée par l'État, ne joue pas le rôle de défenseur des intérêts des travailleurs ; elle est plutôt le porte-parole du pouvoir auprès de ceux-ci. De ce fait, les revendications des travailleurs ne sont que rarement endossées par l'appareil syndical. Il s'en est suivi, depuis une quinzaine d'années, beaucoup de tentatives de création de syndicats autonomes dans plusieurs branches d'activité économique. Aucun d'entre eux n'est cependant reconnu officiellement par les autorités, qui agissent dans ce domaine de la même manière qu'elles le font dans celui de la politique où, en violation de la loi, elles refusent d'accorder l'agrément à toute nouvelle formation politique. Ainsi donc, toute action revendicative menée par les syndicats autonomes est considérée comme illégale et traitée comme telle. L'exemple le plus typique est celui des syndicats autonomes de l'enseignement, qui font l'objet, de la part de leur ministre de tutelle, de harcèlements continus. Visiblement cette politique répressive du dit ministre semble recueillir l'approbation d'Abdelaziz Bouteflika, puisqu'il le maintient en poste contre vents et marées. Les travailleurs sont alors acculés à déclencher très souvent des grèves sauvages, tandis que leurs leaders sont soumis à diverses actions répressives : mises à pied, licenciements, tracasseries au poste de travail, voire poursuites judiciaires. L'année 2005 a été particulièrement marquée par des grèves de ce type, dont les motivations sont symptomatiques de la déliquescence du tissu social et de la collusion entre les pouvoirs publics et la centrale syndicale UGTA. Recenser toutes les motivations serait fastidieux; on pourrait néanmoins citer : les revendications salariales, la protection du libre exercice du droit syndical et du droit de grève ou le refus, par les autorités, de reconnaître la représentation syndicale d'autres organisations que l'UGTA. À noter, tout particulièrement la série de grèves qui devait être déclenchée au cours de ce mois de novembre. Devaient être en grève les dockers qui s'opposaient au diktat imposé par le ministère des Transports aux organes de gestion des ports, les étudiants qui dénonçaient la situation déplorable des cités universitaires, les douaniers qui protestaient contre le licenciement par l'administration des douanes d'agents qui avaient osé braver les directives de l'UGTA, les chauffeurs de taxis légaux qui possèdent une licence, mais sont néanmoins harcelés de contrôles, tandis que les chauffeurs de taxis clandestins, bénéficiant de la permissivité des autorités exercent en toute illégalité, moyennant bakchich et ne paient donc pas d'impôts. Ces quelques exemples de mouvements revendicatifs ne sont qu'un échantillon de la situation qui prévaut à l'intérieur du monde du travail. Le front social s'était quelque peu apaisé lors de l'hospitalisation de Bouteflika, à la demande de la centrale syndicale qui avait décrété une trêve sociale *"par esprit de solidarité nationale et de sympathie à l'endroit du président de la République."* Le secrétaire général, Abdelmadjid Sidi Saïd avait menacé de sanctions quiconque ne respecterait pas cette directive. Certains journalistes, au courant probablement de l'imbroglio auquel sont mêlés Abdelmoumène Khalifa, Abdelmadjid Sidi Saïd, le général Larbi Belkheir et le PDG de la compagnie d'aviation Aigle Azur, Arezki Idjeroudène ont bien insisté sur le fait que cette trêve était la trêve de Sidi Saïd et non celle du secrétariat de l'UGTA. L'intéressé a, comme on le sait, de bonnes raisons de rechercher les bonnes grâces de Bouteflika. Il n'a certainement pris cette décision qu'après avoir consulté les patrons du DRS lesquels ont insisté pour qu'il fasse tout pour éviter tout mouvement social au moment où eux-mêmes ne voulaient pas que la moindre vague vienne perturber la scène politique. Ils lui ont fait valoir ce qu'il savait déjà, à savoir que de toutes façons aucune revendication ne pouvait aboutir hors la présence de Bouteflika, qui est seul à décider de tout, y compris de l'amélioration des conditions de travail de telle ou telle catégorie de travailleurs ou de l'augmentation des salaires à l'intérieur de telle ou telle branche d'activités.

Parmi les causes à l'origine de ces grèves et émeutes, il y a d'abord le pouvoir d'achat des citoyens qui ne cesse de chuter. On a coutume de dire que l'Algérie est un pays riche, mais que les Algériens sont pauvres. Alors même que le Trésor public a engrangé des réserves financières jamais atteintes - quelques 60 milliards de dollars dorment dans les caisses de l'État – les statistiques publiées par le Conseil national économique et social (CNES) indiquent que 18% des Algériens, soit 5.5 millions de personnes vivent en dessous du seuil de pauvreté. Dans certaines régions, dont celle des Hauts Plateaux en particulier, sont apparus des foyers de tuberculose, causés par la sous-alimentation. Le salaire minimum garanti est de 16 000 DA, soit l'équivalent de 165 $, alors que les études effectuées sur la base du système du "panier de la ménagère" démontrent que le budget mensuel minimum nécessaire pour le chapitre nourriture uniquement est de 28 000 DA environ, pour une famille de 4 personnes ; en réalité, la famille moyenne algérienne est beaucoup plus nombreuse. Si l'on rajoute à ce budget les autres postes, c'est une somme de l'ordre de 40 000 DA dont cette famille devrait disposer. Encore que tout le monde n'a pas un salaire, fût-il le SMIG. La détérioration du niveau de vie des citoyens a fait apparaître un phénomène très rare en terre d'Islam, celui du suicide. Ce sont généralement des hommes mûrs, pères de familles qui mettent fin à leurs jours, parce qu'ils ne peuvent plus assurer le minimum vital à leurs enfants, par suite de la perte de leur emploi ou du fait de la chute de leurs revenus. Le nombre des suicides est en hausse permanente depuis la mise en application de la politique de privatisation, inspirée par la Banque mondiale et menée tambour battant par Abdelhamid Temmar, le ministre en charge du dossier.

L'autre facteur qui participe à l'installation d'un ras-le-bol général, c'est la crise de logements. Les familles algériennes sont des familles nombreuses ; le déficit en logements est estimé entre 2 et 3 millions. L'offre à la location est infime et les loyers exorbitants. Bouteflika avait annoncé à la veille de sa réélection en 2004 qu'il lancerait un programme de construction d'un million de logements durant les 5 années de son second mandat. Quand on sait que l'Algérie réalise péniblement entre 30 000 et 40 000 logements par an, on a vite compris que c'est là un programme chimérique destiné plutôt à recueillir des voix. Faute de logement, les jeunes se marient de plus en plus tard ; ils continuent à vivre longtemps chez leurs parents. Pour aider les citoyens à devenir propriétaires de leurs logements, l'État a lancé des programmes de location-vente par le biais d'organismes publics. La demande énorme, la bureaucratie envahissante et la corruption qui règne font que si l'on ne paye pas des pots-de-vin conséquents, on risque d'attendre des années le bien convoité, peut-être même ne l'aura-t-on jamais. Pour activer la réalisation des programmes de construction, le gouvernement a fait appel à des entreprises du bâtiment chinoises qui sont venues, avec armes et bagages, s'installer en Algérie. Ils sont aujourd'hui plusieurs milliers d'ouvriers chinois qui travaillent à plusieurs équipes, 24 heures sur 24 sur de nombreux chantiers. Malgré les dérogations qui leur ont été accordées qui leur permettent de ne pas dépendre du marché local, tant pour les matériaux de construction que pour l'embauche de personnel, elles se heurtent quand même à l'inertie du système et aux différents blocages des réseaux administratifs et bancaires. Ainsi par exemple, les retards de paiement des factures de la part des partenaires algériens ont causé, au cours du printemps dernier, sur un gros chantier de la région de Tiaret, des retards dans le paiement des salaires des ouvriers chinois et une rupture d'approvisionnement en produits alimentaires des cantines de chantier. La situation était devenue tellement critique que l'on a vu les ouvriers chinois se mettre en grève et manifester leur colère auprès du wali. C'était un phénomène tellement inédit que le Conseil des ministres s'en est lui-même saisi.

Le chômage est l'autre gros problème de l'Algérie. D'après les chiffres du ministère de l'Économie, il touche 22% de la population active, le Conseil national économique et social l'estime à 35%, tandis que les syndicats revendiquent des chiffres encore plus importants. Ce sont environ 500 000 emplois qui ont disparu depuis la mise en application d'une politique économique ultralibérale en l'an 2000. Cette politique, imposée par la Banque mondiale et menée au pas de charge par Abdelhamid Temmar, qui détenait alors le portefeuille de ministre de la Privatisation, a abouti à la destruction complète du tissu industriel qui appartenait dans sa quasi-totalité à l'État. De fait, il n'y a pas eu de privatisation au sens propre du terme, à savoir cession des entreprises concernées au secteur privé, mais plutôt une liquidation de ces entreprises qui, il est vrai perdaient beaucoup d'argent. Une seule entreprise a fait exception à la règle ; il s'agit de la Société nationale de sidérurgie, dont le gros complexe de Annaba a été racheté par une holding indienne ISPAT ; ce rachat a cependant causé le licenciement de 12 000 travailleurs, soit les 2/3 du personnel.

La conséquence de cet ensemble de faits est l'augmentation notable et permanente de jeunes sans emplois, qui se transforment, à leur tour, en commerçants, en vendeurs à la sauvette, en trafiquants, si ce n'est en voleurs ou contrebandiers. Les frontières sont de véritables passoires et ont chacune sa spécialité pour ce qui est des marchandises de contrebande qui les traversent. À la frontière ouest, la contrebande se fait entre les villes d'Oujda d'un côté et Maghnia de l'autre ; les contrebandiers algériens envoient du carburant (essence et bouteilles de gaz), à leurs correspondants marocains qui, à leur tour, expédient des vêtements et des chaussures, principalement. À la frontière algéro-tunisienne, ce sont les villes de Souk Ahras et Tebessa en Algérie et Gafsa en Tunisie, qui sont les têtes de ponts ; les Algériens "exportent" des moutons sur pattes, des résidus ferreux et non-ferreux et reçoivent du matériel pour voitures. Il est fréquent que, sous couvert d'actions terroristes, des câbles téléphoniques ou électriques aient été démontés. En réalité, il s'agissait de les récupérer pour ensuite les revendre comme métal brut, le cuivre étant particulièrement recherché par les artisans tunisiens qui l'utilisent pour la fabrication de produits artisanaux (théières, plateaux, etc.) La frontière sud est de loin la plus perméable, Tamanrasset étant le centre du trafic qui englobe "l'importation" de matériels électroniques, d'alcools, de cigarettes et d'armes. Le journal *El Watan* a récemment publié les résultats des actions menées par les services des douanes qui montrent que 800 000 produits contrefaits ont été saisis en 2004 ; il s'agit de pièces de rechange de véhicules, de produits cosmétiques, d'articles scolaires et même de produits alimentaires. De son côté le journal *Liberté* a lui aussi publié une enquête sur la contrebande le long de la frontière algéro-marocaine et a noté que l'importation de haschisch depuis le Maroc prenait des proportions de plus en plus grandes. Le journal cite le chiffre de 500 kilos de résine de cannabis saisis en une quinzaine de jours. Quant aux services des douanes, ils affirment qu'ils ne réussissent à bloquer qu'une infime partie de ce trafic. Il faut dire que ce corps de fonctionnaires est particulièrement contaminé par le phénomène de la corruption. Les postes de douaniers dans les aéroports internationaux, au port d'Alger et à Tamanrasset sont très recherchés, car ils sont source de grands profits. Il est arrivé que des affectations à ces postes aient été achetées, ce qui suppose que le supérieur hiérarchique en charge de ces affectations était lui aussi corrompu ; comme tant d'autres, il monnaye le pouvoir de nomination qu'il détient. Très peu de sanctions sont prises contre les contrevenants, ce qui ne fait qu'étaler encore plus le phénomène. Pire. Il est arrivé, dans le courant de l'année 2003, que l'on ait sanctionné des douaniers intègres qui ont dénoncé certains de leurs collègues mêlés à un scandale relatif à des fausses déclarations de marchandises que l'importateur avait tenté de faire passer comme marchandises en provenance de Tunisie, car les accords commerciaux entre les deux pays prévoient des droits de douanes peu élevés.

Pouvoir, AIS : même combat

La déliquescence de la situation sociale a, en réalité, démarré dès l'entrée en vigueur de la Concorde civile fin 1999/début 2000. Pour acheter les consciences des repentis et le silence des agents du DRS, infiltrés dans les maquis et qui sont revenus à la vie civile à cette occasion, le pouvoir a permis un grand nombre de dérives. Il a encouragé ces individus à créer des commerces illicites ou à acquérir des terrains agricoles qu'ils ont rarement utilisés pour y faire de l'agriculture ; la crise du logement aidant, ils ont beaucoup plus souvent transformé ces terres en terrains constructibles. Aujourd'hui le béton a largement envahi la plaine la plus fertile d'Algérie, la Mitidja. L'exemple le plus emblématique parmi ces profiteurs est celui de l'ex-chef de l'AIS, Madani Mezrag, qui de chef de guerre s'est transformé en businessman "respectable"; il s'est lui aussi lancé dans le commerce, au point qu'il se trouve aujourd'hui à la tête d'une fortune appréciable, tout en avouant, comme il l'a fait récemment à un magazine français, qu'il ne regrettait pas un instant son passé de djihadiste. S'agissant du sort réservé aux terres agricoles, l'exemple le plus frappant est celui du plus grand domaine d'Algérie, le plus fertile et le mieux aménagé également, celui que l'on continue d'appeler "domaine Borgeaud", du nom de la famille de colons français qui l'ont exploité durant quelques générations et à partir duquel ils ont bâti un empire financier. Ce domaine qui couvre plusieurs milliers d'hectares a été découpé en parcelles qui ont été attribuées, en majorité, aux membres des familles de généraux et à quelques heureux qui gravitent autour de la nomenklatura militaire. La wilaya de Béchar, au sud-ouest, à la porte du désert, est une des plus pauvres d'Algérie et la vie des habitants y est extrêmement dure ; 90% des terres agricoles – déjà peu nombreuses - qui s'y trouvent ont été dilapidées. Au même titre que les autres wilayas du sud, elle a bénéficié, en l'espace de trois ans, de deux programmes spéciaux de développement d'un montant global de 50 milliards de dinars environ. Elle est cependant une de celles qui ont connu les émeutes les plus sanglantes en 2005 ; les jeunes qui sont sortis dans les rues crier leur ras-le-bol, disent que ces milliards de dinars n'ont amené aucun changement dans leur quotidien. Ils sont allés plutôt garnir les poches des hauts responsables. Il n'y a même pas d'éclairage public dans une grande partie de la ville de Béchar et le ramassage des ordures y est rare. Ces jeunes ont également dénoncé la gabegie et la dilapidation des deniers publics, quand, sous couvert d'amélioration du cadre de vie, on a fait et refait les mêmes travaux, dans les lieux publics, tel que le carrelage des trottoirs autour du siège de la wilaya que l'on reprend tous les six mois. Il ne s'agit ni plus ni moins que de contrats-bidon que les autorités locales attribuent aux mêmes entrepreneurs avec lesquels elles partagent les gains. Ces quelques exemples sont là pour prouver que ce que recherchent les deux partenaires de la guerre civile que connait le pays depuis plusieurs années, c'est bien de s'accaparer de ses richesses. Chacun des deux bords utilise pour ce faire les moyens dont il dispose pour obtenir la plus grande part possible. Si, donc le terrorisme a baissé d'intensité, c'est par contre le banditisme et la violence qui en découle, qui ont pris le relais. Les Algériens vous diront : “*Autrefois, nous avions peur de nous hasarder en dehors des villes ; aujourd'hui nous avons peur en restant chez soi.*” L'ex-président de la République Ahmed Benbella qui se plait actuellement à adopter une attitude de “médiateur de la République” juge que la situation du citoyen algérien s'est détériorée à un point tel qu'une explosion générale n'est plus très loin.

CHAPITRE IX

Les profiteurs de guerre et la corruption

La guerre civile que connaît le pays depuis plus d'une décade a fait apparaitre une nouvelle classe de gens extrêmement riches, celle des "profiteurs de guerre", constituée au départ des hauts gradés de l'armée, auxquels sont venus s'ajouter des responsables politiques, des hauts cadres administratifs qui ont usé et abusé de leurs pouvoirs, ainsi qu'une nuée d'hommes d'affaires tous plus mafieux les uns que les autres ; cet agglomérat de personnes a accumulé des fortunes considérables. Le chiffre le plus communément cité est de 5 000 milliardaires, parmi lesquels quelques-uns le sont en dollars. La conséquence de cette situation est que l'on voit, aujourd'hui en Algérie, des très riches, d'un côté et des très pauvres, de l'autre. Ces nouveaux riches ont tendance à vouloir étaler leur richesse aux yeux du monde, ce qui engendre de grandes frustrations chez la population. C'est ainsi qu'il est commun de voir dans les rues d'Alger, les enfants de cette frange de nouveaux riches au volant de voitures luxueuses, haut de gamme et dernier cri. Ces jeunes sont quasiment tous armés et n'hésitent pas à exhiber le pistolet qu'ils ont dans la boîte à gants. Ils écument les boites de nuit huppées, dans lesquelles l'alcool coule à flot. L'autre fait notoire que l'on constate au sein de cette caste est que l'on peut plus facilement décrocher un billet d'avion en classe économique qu'en première classe, qui affiche tout le temps complet, car cette nouvelle frange de la population ne voyage – et elle voyage beaucoup – qu'en première classe, éventuellement en classe affaires. L'injustice sociale ressentie par la grande majorité de la population est aussi due à l'extension galopante de la corruption, qui s'est installée petit à petit au sein de tous les organismes d'État et des entreprises publiques. Elle gangrène toute la société et est favorisée par le pouvoir qui exploite la cupidité des citoyens à des fins de domination, en en faisant des complices de la razzia générale de la rente pétrolière à laquelle il se livre. Aujourd'hui en Algérie, suivant que l'on se trouve au sommet ou à la base de la pyramide sociale, on monnaye son pouvoir contre des millions de dollars ou plus modestement contre quelques centaines de dinars. Au classement de l'organisation Transparency International pour l'année 2005, qui évalue le taux de corruption dans 159 pays, l'Algérie arrive au 97e rang avec un indice de confiance de 2.8 sur 10. L'ouverture du marché algérien au monde extérieur et la levée des contraintes à l'importation ont vu fleurir les sociétés d'export – import, qui ne font en réalité que de l'importation et qui ont transformé le pays en un énorme bazar. Car, plutôt que d'investir dans la production de biens localement, les détenteurs de capitaux privés se sont lancés dans des activités d'importation de tout et n'importe quoi depuis l'étranger, des activités peu créatrices d'emplois. Cet état de fait s'explique par des raisons objectives, telles que l'absence de tradition manufacturière chez les nouveaux riches pour qui il est plus simple d'acheter et de revendre, plutôt que de fabriquer le produit qu'ils commercialisent. Ou encore la bureaucratic qui rend l'aventure industrielle périlleuse, car les lois qui régissent ce secteur sont trop rigides et le nombre d'interlocuteurs auxquels doit s'adresser le producteur de biens ou services est trop grand ; il en résulte des possibilités de blocage importantes qui effraient les investisseurs. La corruption et l'avidité des nouveaux hommes d'affaires sont les deux vraies raisons qui expliquent pourquoi l'Algérie importe quasiment tout ce qu'elle consomme. Il est de notoriété publique que pratiquement tous les importateurs algériens exigent de leurs fournisseurs qu'ils leur facturent les produits achetés à des prix supérieurs aux prix réels. Cela leur permet de procéder à des transferts illégaux vers leurs propres comptes à l'étranger et effectuer ainsi un change illégal de dinars contre une devise étrangère. Une nouvelle disposition réglementaire est entrée en vigueur à la fin du mois de décembre, selon laquelle seules les sociétés disposant d'un capital équivalent à 250 000 euros, entièrement libéré, seraient dorénavant autorisées à faire de l'importation. Le gouvernement a justifié cette mesure en disant qu'il pourra contrôler plus aisément le secteur, éviter les faillites frauduleuses, les surfacturations, les locations de registres de commerce par des sociétés fantômes et autres magouilles de ce genre. Cette mesure a entraîné la disparition d'un million de commerçants qui se sont retrouvés, du jour au lendemain, sans instrument légal permettant l'exercice du métier d'importateur. Elle favorisera certainement les gros importateurs, ceux qui disposent des 250 000 euros de capital exigé, qui vont profiter du vide ainsi créé pour s'enrichir encore plus. Tout comme elle renforcera les monopoles de fait qui se sont créés au lendemain de la libéralisation du commerce extérieur. Enfin, elle ne supprimera pas le commerce informel ou illégal, puisque ce genre d'activité n'a nullement besoin de registre officiel pour exister.

Il est vrai que l'injustice sociale, la paupérisation, le ras-le-bol d'une vie sans avenir visible ont souvent poussé des jeunes, soit à rallier les maquis de mouvements armés, soit à rejoindre des groupes de bandits de grands chemins. On a souvent eu connaissance d'assassinats, d'embuscades tendues à des unités militaires qui ressemblent à s'y méprendre à des actions terroristes, alors qu'il ne s'agissait que d'actes de banditisme ayant pour but la rapine ou la collecte d'armes qui seront utilisées par les malfaiteurs ou revendues à des groupes terroristes. Cependant, le vrai, le grand banditisme c'est cette mise en coupe réglée de l'économie nationale par ce que l'on appelle la mafia politico-financière; le pays est assimilé par les gouvernants et ceux qui gravitent autour d'eux à un énorme gâteau dont chacun veut avoir une part, dont la taille varie en fonction du pouvoir que l'on détient. Parmi ces “bandits de grands chemins”, il y avait au début les généraux, puis sont arrivés les membres du sérail, puis les enfants de généraux ; aujourd'hui, les cols blancs se sont mis de la partie. Sur ce plan, la situation de l'Algérie est très semblable à celle de la Russie au lendemain de l'éclatement de l'ex-URSS Après la disparition des monopoles de l'État sur de larges pans du commerce extérieur, au tout début de la présidence de Chadli Bendjedid, les membres de la nomenklatura militaire se les sont distribués entre eux. À son arrivée au pouvoir en 1999, Bouteflika avait d'ailleurs dénoncé “ces 14 généraux” qui s'en étaient accaparés. Il a depuis “viré sa cuti” jusqu'à devenir complice de ceux qu'il condamnait et à les pousser à faire plus.

Parmi les membres du sérail qui se sont à leur tour intégré au système de partage de la rente, la figure la plus emblématique est celle d'Abdelmoumène Khalifa, fils de Laroussi Khalifa, un des fondateurs de la Sécurité militaire, qui a bâti un empire financier en partant de presque rien, dans un pays où il est extrêmement difficile de monter le moindre business. Il a, pour cela, servi de prête-nom aux Larbi Belkheir et consorts et a su obtenir la couverture de Bouteflika lui-même. La recette était simple : faire bénéficier le président de la République de ses largesses et mettre à sa disposition la vitrine du groupe Khalifa. C'est Abdelmoumène Khalifa qui a financé la campagne de lobbying menée aux États-Unis, pour le compte du président algérien, par un grand cabinet américain de relations publiques. On se souvient aussi que ce jeune “prodige” a su et pu organiser de grandes opérations de communication en y invitant des stars du show business françaises et américaines à de somptueuses réceptions ou rencontres sportives de gala, en présence du président de la République Algérienne, dont il a su s'attirer la sympathie de la famille en prenant le frère comme avocat du groupe, tout comme il a su acheter la complicité de membres du sérail en mettant à leur disposition des cartes gold d'American Express, grassement approvisionnées.

Quant aux fils et filles de généraux qui ont pris la suite de leurs pères, on trouve parmi eux le fils de Khaled Nezzar dans l'informatique, celui du général Ghenim, ex-secrétaire général du ministère de la Défense, dans l'importation et la distribution de médicaments, celui de Tewfik Mediène dans l'importation de voitures et dans la représentation de grands groupes industriels asiatiques, ou le fils de Mohamed Lamari dans l'importation de boissons alcoolisées, tandis que la fille de Larbi Belkheir s'est spécialisée dans l'introduction, moyennant un pourcentage sur les bénéfices, des groupes hôteliers américains (Sheraton) ou français (Accor). Les généraux ont gardé pour eux-mêmes les affaires pétrolières et les très gros contrats (Anadarko, Lavallin, etc.) Pour ce qui est des bandits en cols blancs, il ne s'écoule pratiquement pas une semaine sans que l'on ne découvre un nouveau scandale de corruption sur tel ou tel chantier ou contrat, dans telle ou telle wilaya. Le ministre des Finances Mourad Medelci a récemment dévoilé des détournements de quelques 50 milliards de dinars, l'équivalent de 700 millions de dollars, qui ont touché la Banque nationale d'Algérie (BNA), la Banque algérienne pour le développement rural (BADR) et la Banque de développement local (BDL). Ces banques ne constituent pas des exceptions, toutes les autres ont fait et font encore l'objet de détournements. Les techniques utilisées sont nombreuses : obtention par complaisance de prêts qui ne sont jamais remboursés, prêts accordés à des sociétés fantômes, transfert de devises vers l'étranger pour l'achat de marchandises qui ne sont jamais livrées, surfacturations, émissions de fausses factures, etc. De fait, la corruption s'étend comme des métastases cancéreuses à travers tout l'appareil politique et économique. Tout s'achète aujourd'hui en Algérie, qu'il s'agisse du silence des juges, de la convoitise du douanier, de la bienveillance intéressée du chef de service ou de l'agent de guichet de la banque qui vont fermer les yeux sur tel ou tel dossier frauduleux. On achète même la voix d'un député, qui avait lui-même acheté les voix des citoyens qui lui ont permis d'être élu ! Aucune trace écrite ne doit rester de ces malversations, dans lesquelles sont quasiment toujours impliqués de très hauts responsables de l'État (ministres, walis, généraux et officiers supérieurs de l'armée et du DRS). Tout se passe généralement par téléphone. Il suffit que l'un de ces personnages ordonne à tel ou tel directeur de banque ou chef d'agence bancaire, de procéder à telle ou telle opération, aussi frauduleuse soit-elle, pour que ce dernier s'exécute et trouve l'astuce nécessaire pour la camoufler sous forme d'opération légale. L'absence de contrôle, la complicité des organes supérieurs de la hiérarchie font que même si l'on subodore qu'il y a eu malversation, le pot aux roses est rarement dévoilé. S'il arrive qu'il le soit un jour, il suffira là aussi d'une injonction verbale au juge chargé de l'affaire pour que celle-ci soit mise sous le boisseau. D'ailleurs, avant même d'enclencher toute procédure judiciaire sur une affaire de détournement, les juges essayent de savoir qui se trouve derrière l'accusé, qui le protège, de crainte que le dossier ne se retourne contre eux. Elle est restée fameuse dans les annales de la justice algérienne la phrase de ce juge, qui au moment de la cabale montée par Bouteflika contre Ali Benflis, avait déclaré : "*Nous travaillons pour gagner le pain de nos enfants.*" Dans un tel environnement, rendre la justice devient donc secondaire.

L'exemple qui illustre le mieux le phénomène des injonctions verbales données par les puissants du régime, est celui du secrétaire général de l'UGTA, Abdelmadjid Sidi Saïd, à qui Larbi Belkheir a demandé de déposer les fonds des affaires sociales de la centrale syndicale à la banque Khalifa, ce qu'il fit. Tout comme le voleur qui met le feu à la maison pour camoufler son vol, le pouvoir a, par la suite, provoqué la faillite de la banque pour éviter que des curieux éventuels ne viennent fourrer leurs nez dans cette affaire ou dans maintes autres de ce genre. La conséquence ? Ce sont des milliards de dinars de cotisations sociales de plusieurs années, de milliers de travailleurs qui se sont évaporées dans la nature. À ce jour, près de quatre années après les faits, aucune personne n'a été ni inculpée, ni jugée et encore moins condamnée pour cet énorme scandale. On a évoqué, lors de la campagne présidentielle de 2004, l'éventualité qu'une demande d'extradition de Abdelmoumène Khalifa soit présentée par l'Algérie à la Grande-Bretagne, ce qui a été fait apparemment ;

la motivation étant d'ordre plus politique que juridique – l'intéressé avait alors pris fait et cause pour Benflis – il n'est pas certain que les Britanniques y donneront suite. L'implication d'Abdelmadjid Sidi Saïd dans l'affaire Khalifa a, plus tard, été exploitée par Abdelaziz Bouteflika lui-même qui en a fait une épée de Damocles planant au-dessus de la tête du secrétaire général de l'UGTA. Il l'a menacé de traduction en justice pour malversation, s'il ne prenait pas les dispositions nécessaires pour éviter que les travailleurs se mettent en grève ou manifestent d'une manière ou d'une autre leur opposition à l'entrée en vigueur de la loi sur les hydrocarbures. Ceci se passait en février 2005 quand cette loi fut adoptée comme une lettre à la poste, alors même que Sidi Saïd avait mené une fronde, en novembre 2002, contre cette même loi et avait déclenché une grève nationale de 48 heures.

Au début de son "règne", Bouteflika avait proclamé qu'il instaurerait une politique de transparence pour ce qui est des fortunes des hauts responsables de l'État (ministres, députés, sénateurs, etc.) Ceux-ci devaient rendre publics, à leur prise de fonctions, leurs biens dans le pays et à l'étranger, ainsi que ceux de leurs conjoints. Ils devaient en faire de même en quittant leurs postes, afin de démontrer qu'ils ne s'étaient pas enrichis illégalement durant la période. L'initiative a été très peu appliquée avant de tomber complètement en désuétude. En effet, dans la culture politique algérienne, l'objectif même de toute prise de nouvelles fonctions est précisément l'enrichissement personnel. L'organisation Transparency International, qui a récemment publié le rapport dont il a été question plus haut, a titillé le régime au point que celui-ci s'est vu dans l'obligation de donner l'impression de vouloir effectivement lutter contre la corruption. Un projet de loi en ce sens a été déposé, il y a quelques mois, sur le bureau de l'Assemblée nationale ; les députés et les sénateurs qui l'ont examiné, ces derniers temps, en ont rejeté la disposition principale qui était précisément celle de déclarer leurs fortunes.

ANNEXE

Lettre ouverte à Monsieur le président de la République

En 2003, vous avez gelé ce qui n'était encore qu'un avant projet de loi sur les hydrocarbures.Vous avez mené récemment campagne auprès "des travailleurs et de l'élite", pour les convaincre de la nécessité d'adopter la nouvelle loi sur les hydrocarbures. Que s'est-il passé entre ces deux dates ? Comme probablement beaucoup d'Algériens, j'avais espéré que votre geste de 2003 n'était pas qu'une mesure dictée par les nécessités de la campagne électorale présidentielle qui venait de démarrer. Vous venez de nous dire que, si vous avez été amené à changer de position, c'est parce que *"la nouvelle superpuissance mondiale le veut et que quiconque ne se soumet pas à sa volonté risque de connaître le sort de l'Irak."*

Je me permets de vous interpeller à propos de cette loi, car, au moment où vous étiez, comme vous l'avez déclaré dernièrement, réunis autour du président Boumediene, en compagnie de Belaïd Abdesslam et d'autres personnes, pour mener la bataille des nationalisations de février 1971, j'étais personnellement en première ligne, sur le terrain, en charge de la mise en application des décisions que vous preniez. J'étais responsable, entre autres, des champs de Hassi Messaoud et Hassi R'Mel et je sais combien il a été difficile d'imposer aux sociétés pétrolières étrangères les mesures que vous décidiez, au moment où ces sociétés nous disaient : *"Ceci est notre pétrole, ceci est notre gisement, vous n'avez de droit de propriété ni sur l'un, ni sur l'autre; vos mesures sont illégales; vous nous avez purement et simplement volé nos réserves pétrolières."* Je sais aussi combien il a été difficile d'assurer la continuité de la production pétrolière, quand je me suis retrouvé, dans la nuit du 30 avril au 1er mai 1971, chargé d'assurer la relève des ingénieurs et techniciens étrangers qui ont abandonné, en moins de 24 heures, la direction des opérations sur le champ de Hassi Messaoud. C'est grâce aux actions héroïques de tout le personnel algérien présent sur place, dont le courage avait compensé le manque d'expérience, que nous avions pu relever le défi, faire en sorte que le pétrole ne s'arrête pas de couler un seul instant, car cela aurait signifié, comme vous le savez, Monsieur le président de la République, la chute du régime en place et la recolonisation, pour le moins économique, de l'Algérie.

Monsieur le président de la République,

Je vous lance, aujourd'hui, ce cri d'alarme, car je considère que la mesure que vous êtes sur le point de prendre est gravissime, qu'elle hypothèque l'avenir du pays, celui de plusieurs générations et que les arguments que l'on vous a avancés pour l'adopter sont tous faux. Je ne veux viser personne, je n'ai de comptes à régler avec personne, je ne fais que reprendre ce que j'ai pu lire dans la presse.

On vous a dit que les potentialités de l'Algérie en hydrocarbures étaient immenses, que les efforts de recherche entrepris à ce jour étaient insuffisants - preuve en est que la moyenne des puits forés était plus de 12 fois inférieure à la moyenne mondiale - que cette nouvelle loi allait attirer les compagnies étrangères et qu'en conséquence l'argent et le pétrole allaient couler à flots. Ces affirmations sont, en grande partie, inexactes.

S'il est exact que le potentiel algérien en hydrocarbures est très grand, ce ne sont certainement pas les lois en vigueur qui ont empêché les compagnies d'aller chercher du pétrole dans la région de Béchar, de Constantine ou au large des côtes algériennes, plutôt que de se ruer, comme elles l'ont toujours fait, vers le bassin de Hassi Messaoud, de Hassi Berkine ou le plateau du Tinhert. Ce sont des raisons purement géologiques qui leur font préférer certaines zones à d'autres. Ce sont ces mêmes raisons géologiques qui font que ces mêmes sociétés, sous le même régime du "production sharing agreement" (partage de production), préfèrent se ruer sur la région est de l'Arabie Saoudite, celle de Dhahran, plutôt que d'aller chercher, d'une manière plus aléatoire, du pétrole dans la région de Ryad ou de Djeddah. Quant au nombre de puits forés au kilomètre carré, il est certes plus de 12 fois inférieur, en Algérie, à la moyenne américaine, mais il reste cependant tout à fait comparable aux moyennes saoudienne, nigériane ou libyenne.
On vous a dit que cette loi, une fois mise en vigueur, allait faire augmenter les recettes du pays. Je ne vois pas comment, en ramenant la part de la société nationale de 51% ou plus à 30%, voire 0%, on pourrait augmenter les recettes.

Plus flagrant est l'exemple de l'association avec des partenaires étrangers sur des champs déjà en exploitation. Comme vous le savez, Monsieur le président de la République, il est prévu de passer des accords avec des compagnies pétrolières sur bon nombre de gisements algériens dont ceux, entre autres, de Hassi Messaoud et de Zarzaïtine. Ces compagnies disent aux Algériens : *"Vous avez atteint un plafond de production sur ces gisements, un plafond qui déclinera avec le temps. Nous sommes, nous, en mesure, par des techniques spéciales, de forages orientés, d'injection de fluides divers, de combustion in situ et autres méthodes, d'augmenter la production de ces champs. L'accord que nous vous proposons est que vous conserviez votre production jusqu'à concurrence du plafond arrêté et que nous récupérions l'excédent"*. Ce raisonnement est bâti sur des études entreprises par les sociétés, donc a priori sujettes à discussion, une discussion qui ne peut avoir lieu, puisque la Sonatrach ne possède précisément pas la super-technique proposée par le partenaire étranger.

Question : Comment peut-on augmenter les recettes algériennes, à partir du moment où l'excédent de production est entièrement récupéré par l'entreprise étrangère ? Elle paiera l'impôt, bien entendu, un impôt fonction de coûts d'exploitation forcément plus élevés, puisque nous avons affaire à une supertechnique, mais la part de la société nationale qui aurait été de 51%, aux conditions actuelles, est ramenée à 0%.

On vous a dit, Monsieur le président de la République, que la nouvelle loi ne dessaisit pas l'Algérie de la propriété des réserves découvertes ou déjà existantes et qu'il ne s'agit pas de réinstaurer le régime de la concession. Évidemment, les choses ne sont pas dites aussi crûment dans le texte de loi, mais le résultat est néanmoins le même.

La loi prévoit une durée de 32 ans minimum pour les contrats de recherche et d'exploitation, voire de 37 ans pour les champs de gaz; elle sera de 25 ans pour les champs déjà découverts. Durant 25, 32 ou 37 ans, la compagnie étrangère exploitante sera seule maîtresse à bord, elle décidera de la politique d'exploitation qui répondra à ses seuls intérêts propres, elle produira au rythme qu'elle voudra, les quantités qu'elle voudra, sans tenir compte nécessairement des desiderata de l'Algérie. Elle subira, certes, le contrôle administratif de l'ALNAFT. Nous avons connu, par le passé, l'impuissance de la Direction de l'énergie et des carburants à imposer les décisions de l'État, nous voyons aujourd'hui, les limites de l'ART dans le domaine des télécommunications. Évidemment, la Texas Railways Commission, l'équivalent de l'ALNAFT au Texas, dispose de moyens autrement plus puissants, plus performants et plus coercitifs pour imposer les mesures qu'elle arrête et c'est bien entendu une erreur que de vouloir comparer des situations non comparables.

Une fois passée la période de jouissance de 25, 32 ou 37 ans, celle durant laquelle aura été effectivement consentie la propriété des réserves découvertes à l'entreprise exploitante, et ce quelque soit le maquillage juridique mis en place, celle-ci pourra demander la prorogation de son contrat. Elle ne le fera probablement que dans peu de cas, car que restera-t-il de Hassi Messaoud ou de Zarzaïtine, dans 25 ans, quand Exxon-Mobil, Texaco-Chevron ou d'autres auront pressé ces gisements comme des citrons afin d'en extraire le maximum de jus possible ? Elles renonceront, ce jour-là, sans états d'âme à la propriété que l'État leur aura consentie sur ces réserves pétrolières. Le même raisonnement, en mieux, est valable pour toute nouvelle découverte éventuelle, puisque, dans ce cas, la période d'exploitation sera supérieure à 25 ans du fait que l'on y rajoutera la période dite de rétention

Monsieur le président de la République,

On vous a dit que dorénavant, la concurrence entre pays producteurs, pour attirer les compagnies étrangères, sera rude. Cet argument est également inexact.

La preuve en est - la Sonatrach est bien placée pour le savoir - que le gouvernement libyen a octroyé, tout récemment, une quinzaine de permis d'exploration, suite à un appel d'offres auquel ont participé une centaine de compagnies et consortiums étrangers, essentiellement américains, dans le cadre juridique de l'exploration and production sharing agreement. La Sonatrach, qui a décroché un permis parmi les 15 attribués, sait parfaitement que ce cadre juridique est le même que celui qui est encore en vigueur dans notre pays.

L'exemple de la Libye apparaît d'autant plus frappant, quand on connaît le profond désir qu'avait le gouvernement libyen de voir les compagnies américaines débarquer chez lui, après une absence de près de 20 ans et après l'embargo imposé par le gouvernement US à ce pays. On se serait attendu que le colonel Kadhafi qui, Dieu sait s'il avait "des choses à se faire pardonner" par les Américains, cède à la nouvelle tendance de l'administration US à remettre en cause le contrôle des pays producteurs sur leurs richesses pétrolières. Il ne l'a cependant pas fait. D'ailleurs, aucun des autres pays de l'OPEP n'envisage, pour le moment, de modifier sa législation dans ce domaine. Vous avez d'ailleurs pu constater, par vous-même, Monsieur le président de la République, l'hébétude des délégués africains présents au congrès d'Alger, le 20 février dernier, quand vous avez évoqué devant eux la nécessité de se soumettre aux nouvelles conditions de la super-puissance américaine. Aucun n'avait l'air d'être au courant de pressions insoutenables exercées sur son pays.

On vous a dit que les bouleversements politiques, engendrés par l'arrivée au pouvoir aux USA, en l'an 2000, d'une équipe ultra-conservatrice, convaincue d'être investie d'une mission quasi mystique pour changer la face du monde et qui plus est, s'est trouvée confortée dans ses certitudes par les tragiques événements du 11 septembre, que ces bouleversements avaient donc pour conséquence que quiconque ne se soumettrait pas à ses vœux, subirait le sort de l'Irak. Si tel était le cas, cette administration aurait recherché, pour la mise en application de sa nouvelle doctrine pétrolière, de créer d'abord des précédents en forçant la main, en priorité à ses alliés, afin d'entrouvrir une brèche dans le front des pays producteurs de pétrole. Elle ne l'a pas fait en Arabie Saoudite, dont 14 de ses ressortissants ont fait partie des commandos du 11 septembre, elle ne l'a pas fait au Qatar où est stationné le quartier général des forces opérationnelles en Irak, elle ne l'a pas fait au Mexique non plus, son voisin immédiat. Pourquoi exercerait-elle ses représailles d'abord sur l'Algérie, un pays qui est, de plus connu pour être très sourcilleux sur sa souveraineté et son indépendance ? On vous a, enfin, dit, Monsieur le président de la République, qu'en tout état de cause, l'Algérie pourrait toujours faire marche arrière, si elle venait à se rendre compte que la voie choisie n'était pas la bonne. Faire marche arrière signifie renationaliser ce qui a été auparavant dénationalisé.

Monsieur le président de la République,

Imaginez-vous qu'il sera possible à l'État algérien de nationaliser demain Exxon-Mobil, par exemple ? Après avoir accédé à l'OMC, après avoir adhéré à la nouvelle doctrine - j'allais dire religion - qui consiste à mettre entre les mains d'entreprises privées, étrangères de surcroît, une richesse aussi stratégique et aussi vitale que ses réserves pétrolières, l'Algérie pourra-t-elle un jour dire : *"Pouce! Je ne joue plus à ce jeu-là"*. C'est alors qu'elle connaîtra un sort pire que celui de l'Irak.

Aussi, je vous en conjure, Monsieur le président de la République, faites marche arrière tant qu'il est encore temps. Vous seul pouvez modifier le cours des choses en n'endossant pas de votre signature un texte élaboré par un bureau d'études new-yorkais avec la bénédiction de la Banque Mondiale, car je me fais peu d'illusions quant à la position qui sera adoptée par le Conseil de la Nation. Nous avons déjà vu nos députés approuver massivement ce texte, sans l'avoir ni lu, ni compris, ni évalué pour ce qui est des conséquences qu'il entraînerait pour le pays, pour leurs propres enfants d'ailleurs. En rejetant aujourd'hui cette loi, vous sauverez, Monsieur le président de la République le pays de malheurs encore largement imprévisibles. Vous avez, en d'autres temps, démontré que vous aviez suffisamment de courage, pour prendre les armes contre le colonialisme. Faites preuve, aujourd'hui, du même courage en vous opposant à un colonialisme autrement plus dominateur et autrement plus dévastateur.

Vous avez déclaré, le 23 février dernier, devant les militants de l'UGTA que *"s'il est une personne qui se sent malheureuse en adoptant ces nouvelles dispositions, c'est l'être faible qui est devant vous"*. Alors, Monsieur le président de la République, agissez en fonction de vos convictions profondes. Par votre geste, vous sauverez également les autres pays producteurs de pétrole de désastres à venir, car la véritable surenchère, dévastatrice pour tout le monde, démarrera le jour où l'un d'entre eux aura brisé le front uni qu'ils ont opposé jusqu'à ce jour, au retour de méthodes qui ont démontré leur nocivité par le passé.

Sachez enfin, Monsieur le président de la République, que si l'OPEP devait se lancer sur la voie tracée par cette loi, elle cédera aux grandes compagnies pétrolières mondiales, le contrôle de la production après leur avoir concédé celui des prix. C'est alors tout le monde qui sera perdant ce jour-là. Quant aux milliards de dollars que l'on nous fait miroiter aujourd'hui, ils partiront à jamais en fumée.

Hocine Malti - 30 mars 2005

P.S. Ceci est une ouverte lettre que j'ai adressée au président de la République après que ce dernier eût fait approuver la loi sur les hydrocarbures qu'il avait "gelée" en 2003 afin d'assurer sa réélection pour un second mandat

ANNÉE 2006

Cette année s'annonce très mal après ce coup de tonnerre qui a éclaté, dans le courant du dernier mois de 2005, dans un ciel algérien déjà pas mal encombré. L'Algérie a la gueule de bois en ce début d'année 2006. Le président de la République vient de rentrer à Alger après un séjour de plus d'un mois à l'hôpital du Val-de-Grâce à Paris. Les images de l'unique chaine de télévision montre un homme visiblement très fatigué et au regard hagard en train de signer la loi de finances. Pendant qu'il accomplit cette tâche protocolaire, entouré de l'ensemble du gouvernement, il donne l'impression de se demander où il est et de ce qu'il fait là.

CHAPITRE I

Une bien curieuse maladie

La première semaine

C'est le 26 novembre au soir, pendant la diffusion d'une émission de variétés, que l'unique chaîne de télévision algérienne interrompait ses programmes pour diffuser un flash spécial de la présidence de la République dans lequel elle annonçait, qu'après avoir subi des premiers examens à l'hôpital militaire de Ain Naadja à Alger, le président Abdelaziz Bouteflika avait été évacué vers Paris pour y subir un bilan médical plus approfondi pour des troubles au niveau de l'appareil digestif. Le communiqué était très vague ; il ne spécifiait ni le mal dont souffrait Bouteflika, ni l'hôpital vers lequel il avait été transporté. Ce sont les journalistes français qui, les premiers, ont annoncé qu'il s'agissait de l'hôpital du Val-de-Grâce, avant que le porte-parole du ministère français de la Défense ne confirme deux jours après, le 28 novembre, que *"le président algérien était hospitalisé au Val-de-Grâce et y subissait des examens dans le cadre du bilan approfondi annoncé par les autorités algériennes et qu'aucune date de sortie n'était connue pour le moment."* La première question que l'on se pose est celle de pourquoi avoir choisi la France et cet hôpital précisément, alors que Bouteflika avait plutôt pour habitude de se faire traiter en Suisse. Les observateurs sont unanimes pour dire que c'était la certitude que le secret médical serait bien gardé – comme ce fut le cas pour Arafat – qui avait motivé le choix. C'est là une première indication que le mal dont souffre le président algérien est grave, bien qu'officiellement, si dorénavant on connait le lieu où il se trouve, on ne sait encore rien sur la maladie. Le même jour, c'est le président Jacques Chirac qui déclarait à Lisbonne, où il assistait au sommet euro-méditerranéen, qu'il avait le sentiment – un sentiment purement personnel, précisait-il – que les choses se passaient bien au Val-de-Grâce. De son côté, le porte-parole officiel du Quai d'Orsay indiquait à l'AFP *"qu'il revenait aux autorités algériennes de communiquer toute information ou commentaire sur l'état de santé de Bouteflika."* On apprit plus tard que c'était à la demande des Algériens que les autorités françaises avaient décidé un black out total sur tout ce qui concernait l'hospitalisation du président algérien. Rien donc sur son état de santé, mais rien non plus sur ses activités journalières ; aucun paparazzi n'a pu prendre la moindre photo de lui, non plus. De leur côté, les autorités algériennes – le Premier ministre Ahmed Ouyahia, en particulier – ne cessaient de publier des communiqués mensongers selon lesquels l'état de santé de Abdelaziz Bouteflika était en constante amélioration, qu'il ne présentait aucun motif d'inquiétude et que son retour à Alger se ferait dans les tous prochains jours. De telles annonces ont été faites le 29 novembre, le 1er décembre puis le 3 décembre. Elles sont mensongères en ce sens qu'à ces dates, Ahmed Ouyahia ne savait absolument rien sur la situation réelle dans laquelle se trouvait le Président. Il ne faisait qu'agir sur ordre du frère, Saïd Bouteflika qui, au téléphone depuis Paris, lui disait que tout allait bien et l'autorisait, au nom du Président disait-il, à publier un communiqué rassurant. Il obéissait également, ce faisant, aux directives du DRS qui ne veut pas dramatiser la situation. Comment réagissait, pendant ce temps-là, la population algérienne ? C'est la rumeur qui envahissait la rue. *"Il est mort ... Il a un cancer ... S'ils ont annoncé son transfert vers l'étranger, c'est que c'est très grave ...* " La manière dramatique dont avait été annoncé ce transfert et le fait que le communiqué officiel avait parlé de troubles digestifs sans plus de détails, l'autre réaction plus alarmiste de l'homme de la rue était qu'il avait été empoisonné. On a pu constater ce type de réaction même chez des personnes, généralement bien informées, qui savent que le président algérien ne mange que la cuisine de sa mère. Ces personnes se posent néanmoins la question de savoir s'il ne lui arrivait pas des fois de boire un verre d'eau, un café, ou une quelconque boisson qui lui seraient présentées par une autre personne. L'Algérien n'a réellement aucune confiance dans toute information en provenance du pouvoir ! Il n'est pas jusqu'au très sérieux *Quotidien d'Oran* qui, dès le 28 novembre, expliquait que l'on ne transférait pas quelqu'un à Paris pour une simple crise d'estomac et que *"la moitié du peuple cherchait déjà le rideau et qui était derrière, tandis que l'autre moitié savait que le communiqué de la présidence cachait quelque chose d'autre, comme tous les communiqués qu'avait publiés officiellement le pays depuis son indépendance."* Le journal concluait même son analyse en affirmant que la maladie de Bouteflika, tout comme celle de Houari Boumediene en 1978 ou celles de tous les chefs d'États arabes, posaient la question de *"la succession jamais préparée à l'avance, sujette à des troubles graves au moindre rhume et l'État bâti sur une seule personne qui n'a pas offert au pays le meilleur des cadeaux, celui de la passation sereine."* De son côté *El Watan,* proche comme on le sait du DRS, cherche à enfoncer Bouteflika et son équipe en parlant des gens qui se rabattent sur les rumeurs les plus folles et les plus alarmantes devant l'absence de communication des autorités. Il s'en prend aux chefs des partis FLN et MSP (Belkhadem et Soltani) qui jouent aux médecins, mais pas à Ouyahia, le poulain du DRS, pour le cas où il devait prendre la suite. Il raille ces dirigeants qui, d'habitude, voient la main de l'étranger partout, mais pas cette fois-ci, alors que le Président est en soins à l'étranger. Il s'attaque même au

Parlement qui est, selon la constitution, l'organe chargé de constater l'absence de longue durée ou la vacance du pouvoir et d'agir en fonction. *"Les soi-disant représentants du peuple se taisent"*, écrit-il, alors qu'il sait parfaitement que ce genre de décision, voire de constatation sont des sujets tabous en Algérie.

Si la rumeur a été, durant cette première semaine, le seul moyen de transmission de l'information, c'est aussi parce que les journalistes français qui ont, en général, de bonnes sources d'information dans les milieux gouvernementaux, les milieux médicaux, voire auprès des services de renseignements indiquaient, de leur côté, que l'état de santé de Bouteflika était beaucoup plus préoccupant que ne voulaient l'avouer les autorités algériennes. Comble de l'ironie ou de la maladresse, deux hommes très proches du président, Abdelaziz Belkhadem et Mohamed Bedjaoui profitaient d'escales à Paris, les 29 novembre et 3 décembre pour tenter de lui rendre visite à l'hôpital. En bons chiens de garde, ses deux frères Saïd et Mustapha les en empêchaient. L'information est restée secrète les deux fois, mais "de bonnes âmes" – du DRS probablement – l'ont distillée au sein du sérail.

La deuxième semaine

Devant cette avalanche de bruits de couloirs et de rumeurs en tous genres qui se colportaient à travers toute l'Algérie, le pouvoir s'est vu dans l'obligation de faire publier, le 5 décembre, un premier bulletin de santé, signé de la main du professeur Messaoud Zitouni, éminent chirurgien et anciennement ministre de la Santé, dans les années 1989/1990. Bien que proche des gens du pouvoir, le professeur Zitouni n'a pas été consulté au moment où s'est déclarée la maladie de Bouteflika ; c'est le frère du Président, Mustapha médecin ORL qui a pris les choses en mains. Une telle manière d'agir est symptomatique des coutumes du régime. Abdelaziz Bouteflika a rejeté des caillots de sang dans le courant de la nuit du 25 au 26 novembre. Son frère médecin, mais non spécialiste des problèmes gastriques, a compris que la situation était grave, tant pour le Président que pour le clan familial. Il fallait donc l'évacuer en toute urgence vers un lieu sûr du point de vue sécuritaire, ainsi que du point de vue de la discrétion quant au mal dont il souffrait. Il ne fallait surtout pas donner l'occasion aux rivaux au sein du pouvoir de se rendre compte de la gravité de la situation, sachant que cela peut déboucher sur une procédure d'empêchement. Il n'est d'ailleurs nullement certain que Bouteflika ait été transporté dans une première étape à l'hôpital algérois de Ain Naadja. C'est donc dans le courant de la deuxième semaine, quand il a fallu donner une apparence de sérieux au communiqué qui allait être publié, que l'on a fait appel aux services du professeur Zitouni. On apprenait ainsi, après dix jours de black-out, que ce dont souffrait Bouteflika était un ulcère hémorragique au niveau de l'estomac, dont il avait été opéré au Val-de-Grâce, que l'intervention chirurgicale s'était déroulée dans d'excellentes conditions et que son état de santé n'inspirait aucune inquiétude. À ce stade aucune date de sortie de l'hôpital n'était indiquée, le communiqué était trop sec, contenait trop d'inconnues et laissait planer un doute quant à la suite des événements. Échaudés par les nombreuses fois où on leur avait raconté des histoires, les Algériens voulaient en savoir plus. C'est ainsi que toute personne, ayant parmi ses relations un médecin, s'en est allé quérir auprès de lui un complément d'information. Les avis des spécialistes venaient confirmer la gravité de l'état de santé de Bouteflika. Dans tous les cas de figures, l'ulcère devait être enlevé. Suivant l'importance de l'hémorragie, on procéderait à une ablation plus ou moins grande de la poche stomacale.

La troisième et la quatrième semaine

Après le communiqué du 5 décembre, un nouveau black-out de l'information s'abattait sur le pays et allait durer deux longues semaines. En raison de l'omerta qui prévalait plus que jamais à l'intérieur du pouvoir, les rumeurs reprenaient de plus belle, sauf que cette fois-ci, elles étaient étayées par des faits et des avis autorisés. Les chaînes de radios, la télévision, les journaux n'ont cessé de reprendre les déclarations d'Ahmed Ouyahia qui, comme un roquet, annonçait tous les deux-trois jours que *"le Président rentrerait dans les tous prochains jours"*; tout comme ils annonçaient comment il gérait de loin les affaires du pays, adressait et recevait des messages à d'autres chefs d'États, etc. Tout ce qu'avaient à dire les plus hardis parmi les journalistes était de s'étonner que l'hospitalisation soit aussi longue et de se demander pourquoi Bouteflika avait préféré aller se faire soigner en France plutôt qu'en Suisse, comme il le faisait d'habitude. Tout comme ils constataient qu'aucun officiel français ne lui avait rendu visite et, pour échapper aux représailles du pouvoir, ils se contentaient de reproduire les commentaires et analyses des journaux français. Au sein de la population, la critique était par contre très acerbe. Dans la rue, on a entendu des choses comme : *"Avec ce que nous subissons comme stress depuis plus de dix ans, nous avons tous des ulcères. Nos médecins et chirurgiens en ont tellement traités qu'ils sont devenus champions de la spécialité ; il aurait très bien pu se faire soigner ici. Oui, mais qui sait si, dans ce cas-là, il serait ressorti vivant de la salle d'opérations ! Sport et Musique*[6] *est présente partout."* Quant au choix d'un hôpital français, on a entendu dire : *"Il y a encore un mois, il insultait les Français et voilà qu'aujourd'hui il va se faire soigner chez eux"*. Devant le vide sur le plan de l'information, les Algériens se tournaient encore une fois vers la France ; c'est de là qu'allaient tomber les informations crédibles. Interrogé par l'agence France Presse, 15 jours après l'admission de Bouteflika au Val-de-Grâce, un chirurgien parisien trouvait que c'était là une longue hospitalisation, que l'ulcère gastrique se traitait en France par voie médicamenteuse, que les interventions

[6] Les Algériens disent en langage codé Sport et Musique pour Sécurité Militaire.

chirurgicales étaient devenues rares et qu'en cas d'hémorragie massive on ouvrait puis on enlevait la partie de l'estomac qui saignait. Quelques jours plus tard, vers le 20e jour, le professeur Bernard Debré, chef du service d'urologie de l'hôpital Cochin à Paris, le médecin qui a soigné François Mitterrand pour son cancer de la prostate, venait contredire la version officielle algérienne en affirmant que le président algérien souffrait vraisemblablement d'un cancer de l'estomac. *"S'il est vrai que cela a commencé par une hémorragie digestive, il est vraisemblable qu'il s'agit d'un cancer de l'estomac"*, a-t-il affirmé sur les ondes de France Inter et d'expliquer que si derrière il fallait faire une chimiothérapie, les choses deviendraient plus compliquées, sachant que Bouteflika souffre, par ailleurs et depuis longtemps, de troubles rénaux. Venant de la part d'un éminent professeur, mondialement connu, l'information, qui s'est propagée à la vitesse de la lumière à travers toute l'Algérie, était ravageuse pour le clan Bouteflika. Il fallait donc réagir très rapidement. La réaction allait prendre plusieurs formes et reflétait toute la panique dans laquelle baignait le système.

Le Premier ministre Ahmed Ouyahia a été le premier à ouvrir le bal des déclarations destinées à rassurer les Algériens et apparaître ainsi comme un fidèle du chef de l'État. Dans une dépêche de l'APS, il a tenu *"à démentir fermement les rumeurs insensées, véhiculées par certaines sources étrangères sur l'état de santé du président de la République."* Il y affirmait, encore une fois, que celui-ci allait bien et tentait de justifier le mutisme du pouvoir par le fait que l'unique communiqué médical publié jusque là contenait toutes les informations nécessaires et qu'il n'y avait rien à y rajouter. Une réaction somme toute normale : en tant que principal candidat du DRS à une succession éventuelle, il ne fallait surtout pas qu'il donne l'impression d'être impatient. Il est là, à attendre son heure, et pour le moment, navigue parfaitement bien à travers les relations très ambiguës qui existent entre toutes les parties du pouvoir. Le correspondant du journal *Al Hayat* à Alger, Anis Rahmani, Mohamed Moqueddem de son vrai nom, agent du DRS, annonçait dans un article publié par le quotidien londonien dans son édition du 16 décembre qu'une source bien informée à la présidence de la République l'avait informé que *"le président Abdelaziz Bouteflika était sorti de l'hôpital du Val-de-Grâce le mercredi 14 décembre en fin d'après midi."* C'était une autre manière – mais fausse - d'essayer de rassurer sur l'état de santé de l'illustre malade. Ce même journaliste se mêlait les pinceaux en expliquant dans le numéro du 18 décembre que Bouteflika avait quitté, une première fois, l'hôpital le mercredi pour y revenir le jeudi avant d'en sortir définitivement le samedi 17 décembre ! La plus grande preuve de la panique dans laquelle était plongé le clan Bouteflika a été fournie par l'appel au secours lancé au chanteur de raï Cheb Mami qui, selon ses dires, avait été inquiété par les rumeurs qui circulaient au sujet du Président et avait alors décidé de lui-même d'aller lui rendre visite. Et là – ô miracle – il réussissait à faire ce que d'autres personnes, autrement plus importantes et plus illustres que lui, n'avaient pas réussi à faire : il fut autorisé à le voir sans difficultés, dit-il. Il serait resté une dizaine de minutes auprès de lui, le temps de constater que c'est le Président en personne qui lui avait ouvert la porte de sa chambre, qu'il était en forme et souriant, normal comme d'habitude, pas du tout fatigué et qu'il allait quitter l'hôpital dans les 3 à 4 jours. À vouloir trop en faire, c'est le résultat inverse qui fut obtenu. Cette visite a créé beaucoup plus de troubles qu'elle n'a apporté d'assurance. Quel était le but recherché par ceux qui ont décidé de faire appel au témoignage d'un chanteur de raï et de lui faire dire ce qu'il a déclaré aux organes de presse français ? Ce que l'on sait avec certitude c'est que cette décision émane de ses deux frères. Ont-ils considéré que l'opinion publique serait plus réceptive aux affirmations d'une star de la chanson, considérée à ce titre comme plus crédible parce que non impliquée dans les luttes intestines au pouvoir ? Ou bien est-ce la seule personne connue de toute l'Algérie – et en France aussi – qu'ils ont eue sous la main à ce moment-là ? Toujours est-il que par cet acte ils sont devenus la risée de tout un peuple. On a entendu dire dans les cafés ou dans les rues d'Alger ou d'ailleurs : *"Pourquoi n'ont-ils pas fait appel à Cheikha Rimiti, la créatrice du raï ?"* Quant aux journaux, ils ont dans leur grande majorité, ironisé sur *"la désignation de Cheb Mami en qualité de porte-parole officiel du gouvernement."* Certains y ont vu un état de déliquescence avancé de l'État qui avait ainsi mis la crédibilité de ses institutions en question.

Visiblement le gouvernement français a été lui aussi mis à contribution pour participer à l'extinction du feu déclenché par la déclaration du professeur Bernard Debré. Dans son édition du 16 décembre, le quotidien français *Le Figaro*, proche comme on le sait de la droite et du gouvernement, écrivait : *"Contactée par Le Figaro, une source proche des milieux sécuritaires explique que comme tous les chefs d'Etats – Mitterrand et son cancer de la prostate, le shah d'Iran et sa leucémie, Pompidou et son cancer du sang – le secret absolu doit être maintenu sur son état de santé."* Malgré ces annonces, censées calmer le jeu et provenant de différents côtés, l'interview du professeur Debré était sur le point d'être amplifiée. De nombreux médias français avaient programmé pour le week-end du 17/18 décembre, des forums de discussions, des interviews de médecins, d'hommes politiques ou de chroniqueurs avec pour sujet la maladie de Bouteflika et ses répercussions sur le pouvoir en Algérie, sur les relations algéro-françaises et les relations algéro-américaines. Informé du bouillonnement médiatique qui se préparait et ne sachant pas quelles conséquences imprévisibles cela déclencherait dans la société algérienne et au sein du sérail, le pouvoir a alors pris la décision extrême, celle qui devait mettre fin à toutes les spéculations : il décidait de montrer Bouteflika à la télévision. Dans la journée du samedi 17 décembre, l'APS publiait une dépêche dans laquelle elle annonçait la sortie du Président de l'hôpital du Val-de-Grâce le matin même, accompagnée d'un bulletin médical laconique. Pour désamorcer les bombes médiatiques qui se préparaient un peu partout, l'agence faisait une entorse aux us et coutumes du pouvoir algérien et annonçait, 24 heures à l'avance, qu'il s'adresserait à ses compatriotes le lendemain soir. Qu'avons-nous vu à la télé ? Un Bouteflika à la démarche lente, le regard vague, le visage blafard, visiblement très fatigué. Les quelques mots qu'il a prononcés étaient quasiment inaudibles. Durant les 12 minutes qu'a duré la séquence, il a porté à quatre reprises un verre d'eau à sa bouche. Il a autorisé (le mot est de lui) le professeur Messaoud Zitouni qui l'accompagnait à parler à sa place. Celui-ci a repris les termes du communiqué médical publié la veille en l'étoffant un peu plus et a cherché à détruire le diagnostic du professeur Debré en déclarant : *"Quant au reste, ce sont des spéculations qui n'ont ni base scientifique, ni éthique."* Juste après cela, la télévision nous a montré des scènes de liesse populaire de jeunes sortis, drapeaux à la main, klaxonner à tue-tête dans les rues de plusieurs villes et crier leur joie d'avoir revu leur Président vivant. Pour bon nombre de ces jeunes la bonne nouvelle les avait certainement rasséréné. Quant aux manifestations elles-mêmes, elles n'étaient pas du tout spontanées ; le FLN et le DRS avaient fait du bon travail.

La cinquième semaine

Est-ce que tous ces efforts étaient suffisants pour faire taire les rumeurs et empêcher les complots éventuels à commencer à se tramer ? À cet instant du feuilleton, les choses semblaient s'être calmées et on a eu droit, encore une fois, à ce que des journalistes ont appelé un silence de cathédrale. On a été informé par la machine officielle que Bouteflika était en convalescence dans une résidence de la banlieue parisienne (en réalité, il était à l'hôtel Meurice) et qu'il rentrerait à Alger le 31 décembre, juste à temps pour signer la loi de finances 2006. Puis il y eut le retour en Algérie à la date prévue avec un accueil "triomphal", mis en scène et orchestré par le FLN. Des centaines de bus furent mis à disposition des wilayas, chacune d'entre elles s'étant vue fixer un quota de participants à l'accueil. Ces "volontaires" furent entièrement pris en charge (transport, hébergement et nourriture) pour se rendre à Alger et être placés sur le parcours du cortège présidentiel depuis l'aéroport jusqu'au palais. Tout ce qui leur était demandé, c'était de manifester leur joie, de crier Vive Bouteflika ! et aux femmes de pousser des youyous. Tout a été programmé, depuis les deux fillettes en habits traditionnels venues l'accueillir au pied de l'avion, jusqu'à l'arrêt à un endroit déterminé du parcours pour qu'il fasse une dizaine de mètres à pied et au bain de foule parmi un groupe de personnes sélectionnées par avance. Dans toutes les mosquées d'Algérie, le ministère des Affaires religieuses avait donné des consignes pour que des prières soient dites pour la guérison du chef de l'État et des couscous furent organisés auxquels un bon million de personnes furent conviées. C'était comme une sorte de plébiscite que l'on a tenu à organiser. Pourquoi le régime s'est-il senti obligé de démontrer une telle allégeance du peuple à son président ? Pourquoi avoir dépensé des sommes faramineuses pour mettre en scène un tel show ? Sachant qu'aucun danger ne plane sur le régime, qui voulait-on convaincre que le peuple entier voulait ainsi manifester sa joie à son "bien aimé président" ?

Et pendant ce temps-là ...

Une fois les lampions de la fête éteints, il faudra bien affronter les réalités. Tout d'abord, qu'en est-il de l'état de santé réel de Bouteflika ? C'est le secret le mieux gardé actuellement. Ils ne doivent pas être plus de 4 à 5 personnes qui savent ce qu'il en est réellement. Ce que dit l'homme de la rue, c'est que si l'on a érigé un mur de protection autour de cette affaire, c'est qu'il y a précisément des choses à cacher. Tout le monde pense que sa santé est devenue très fragile, voire très préoccupante. Les gens sont unanimes à considérer que s'il ne s'était vraiment agi que d'un simple ulcère à extirper, cela n'aurait pas nécessité cinq semaines de soins médicaux. En tout état de cause, le facteur “santé du Président” fait dorénavant partie du paysage politique algérien. Il sera certainement pris en compte aussi bien par lui, dans ses activités journalières, que par tout le sérail, qu'il s'agisse des laudateurs ou des opposants. Dans l'immédiat, il apparaît qu'il va poursuivre sa convalescence, d'abord en se rendant en pèlerinage à La Mecque, accompagné de sa mère et d'une importante délégation. Parmi les personnes qui vont l'accompagner, se trouve un groupe de citoyens, triés sur le volet, auxquels il offre, sur les deniers de l'État s'entend, le voyage et le séjour en Terre Sainte. Ce geste démontre également que les rapports médicaux sur son état de santé sont plutôt alarmants puisque comme tout bon musulman croyant, il désire aller à la Mecque au moment où il sent sa fin approcher. Nous savons depuis toujours que la spiritualité a toujours été très présente dans l'action politique de Bouteflika. Après le coup dur qu'il vient de subir, il semble être devenu plus mystique qu'il ne l'était jusque-là; il n'est qu'à voir le nombre de références à Dieu et à Sa Volonté qu'il y avait dans son adresse à la nation pour s'en convaincre. On raconte à Alger que pour prouver que les choses sont définitivement rentrées dans l'ordre, il pense faire des visites à certaines wilayas. En dehors de gestes spectaculaires de ce type, on ne s'attend pas à ce qu'il prenne des initiatives importantes, tout au moins pas à court terme. Durant ces cinq semaines d'absence, ce sont les frères de Bouteflika, Saïd conseiller spécial qui fait la pluie et le beau temps à la présidence et Mustapha médecin de toute la famille, qui ont géré sa maladie et donc interféré dans les affaires de l'État. Ce sont eux qui ont créé l'atmosphère mystérieuse qui a prévalu durant la période, ce sont eux qui ont empêché quiconque de lui rendre visite. Les observateurs sont unanimes à considérer que cette gestion a été calamiteuse, qu'elle a desservi le pays et qu'elle a même été plutôt nocive pour lui. Pour dédouaner ses frères, Abdelaziz Bouteflika a déclaré, après son retour, qu'il n'avait cessé de suivre les affaires de la nation depuis son lit d'hôpital. Une telle déclaration était essentiellement destinée aux chefs du DRS qui n'admettraient pas que Saïd Bouteflika se mette à jouer au vice-président; ils sont et entendent rester les véritables détenteurs du pouvoir.

Il s'est dit, durant ces cinq semaines, que Khaled Nezzar et Mohamed Lamari se seraient rendus à Rabat pour y rencontrer Larbi Belkheir, nouvel ambassadeur d'Algérie auprès du royaume du Maroc. La nouvelle n'a pas été confirmée par les canaux officiels; elle n'en n'est pas moins très plausible, car un tel événement est tout à fait dans la logique du système. Larbi Belkheir est lui par contre bel et bien venu à Alger. Le but de sa venue était de s'enquérir sur place de la situation en prenant attache des services de la Présidence, dont il reste plus ou moins le patron malgré l'éloignement, vu les nombreuses attaches qu'il y a. Il a exigé des responsables qu'il a rencontrés (protocole, administration et sécurité) qu'ils continuent à mener leurs affaires normalement, comme si le Président était présent. Il a également rencontré les généraux Tewfik Mediène et Smaïn Lamari avec lesquels il aurait analysé la situation pour aboutir à une conclusion fondamentale : il ne faut surtout pas profiter de l'absence de Bouteflika pour faire des vagues. Au contraire tout doit être fait pour ne pas toucher à un cheveu de l'édifice du pouvoir, car Bouteflika est encore extrêmement important pour les généraux, vu qu'il n'a pas encore totalement accompli la tâche qui lui a été assignée, à savoir dissiper les nuages qui assombrissent leur avenir, et ce même si la signature du traité d'amitié algéro-français qui les arrange est reportée à plus tard. Il a si véhémentement protesté contre la loi française du 23 février 2005 portant sur le rôle positif de la colonisation, qu'il a mis en marche un engrenage infernal qui échappe aujourd'hui totalement à son contrôle. Peut-être était-ce là l'objectif qu'il visait ? Une partie de la droite française s'est en effet engouffré dans la brèche ; elle s'en prend aux propos belliqueux du président algérien, certains députés de l'UMP s'en allant jusqu'à se poser la question : qui va régler ses frais d'hospitalisation ? À ce contretemps est venue s'ajouter sa maladie. C'est parce qu'ils se doutent probablement qu'il y a anguille sous roche que Larbi Belkheir et ses protégés du DRS ont convenu qu'il fallait laisser le temps faire son œuvre et que les esprits s'apaisent, d'autant plus qu'ils n'ont pas, dans l'immédiat, de candidat pour le remplacer, la maladie les ayant pris de court. Cette maladie a aussi démontré que l'armée reste plus que jamais le véritable détenteur du pouvoir en Algérie. Aucun organe civil, qu'il s'agisse de l'Assemblée nationale, du Sénat, du Conseil constitutionnel, ni même les partis de l'alliance présidentielle (FLN, RND et à un moindre degré le MSP), n'a évoqué, ne serait-ce qu'à travers des "réflexions à haute voix" la suite des choses, pour le cas où … bien que la constitution contient les dispositions à mettre en place en pareil cas. L'armée n'ayant pas jugé utile de siffler la fin de la partie, pour les raisons indiquées plus haut, rien ne s'est passé. Il est, par contre, certain qu'au sein de l'armée, on va se mettre sérieusement à réfléchir à la question de savoir quoi faire en cas d'imprévu ; c'est en fonction des indications qui transperceront de leurs cogitations que les civils orienteront leurs actions. Au plan international, on peut dire que la maladie de Bouteflika et son hospitalisation en France est tout bénéfice pour ce pays ; elle va certainement renforcer les liens algéro-français au détriment de ceux avec les États-Unis. Le gouvernement français et Jacques Chirac ont su saisir au bond l'opportunité qui leur était offerte par le séjour du président algérien dans l'Hexagone. Ils on joué à fond la carte de la compassion, du bon traitement médical qui lui a été fourni ainsi que celle du secret dont ils ont su envelopper sa maladie. Bouteflika et son entourage ont beaucoup apprécié ces gestes ainsi que la discrétion du président Chirac qui n'a, à aucun moment, cherché à imposer sa "tutelle" sur la maladie du président algérien. Celui-ci a paradoxalement considéré le fait que Jacques Chirac n'ait pas tenté de briser le mur de secret érigé autour de lui et n'ait pas cherché à le voir – s'il l'a fait, ça n'a pas été annoncé – comme un geste de grande compréhension, un geste à mettre sur le compte des bonnes relations entre les deux pays. Il n'est qu'à lire le message de remerciements qu'il a adressé au président français au lendemain de son retour à Alger pour se convaincre que quelque chose de fondamental est intervenu dans ces relations. Il y dit que, de son séjour en France il a retenu des gestes d'autant plus symboliques et forts qu'ils ont été faits en de telles circonstances et qu'ils contribueront à *"approfondir davantage les liens d'amitié et de coopération qui unissent nos deux pays et nos deux peuples"*. Jacques Chirac s'est empressé de lui renvoyer l'ascenseur, en déclarant lors de la présentation de ses vœux de nouvel an à la presse, le 4 janvier, que l'article 4 de la fameuse loi du 23 février 2005 ferait l'objet d'une modification, car ce n'est pas au législateur d'écrire l'Histoire. Il est certain que si Bouteflika avait été aux USA pour le même type de soins, il aurait été très bien traité au plan médical, mais au plan sociopolitique, il n'aurait été qu'un VIP parmi tant d'autres. Et puis qui sait quel type de gaffe George W. Bush aurait commise ? Quant aux médias américains, vu la liberté d'opinion dont ils disposent, ils n'auraient pas hésité à relater tous genres de détails dont ils auraient pu avoir connaissance.

Au plan intérieur, Bouteflika ne s'est pas encore adressé *de visu* à son peuple ; il l'a fait par le biais d'un message écrit, diffusé par la présidence de la République, dans lequel il a annoncé qu'il allait poursuivre ses efforts et se consacrer dorénavant à trois tâches, primordiales à ses yeux, la réforme des structures de l'État, la réforme de la justice et la réforme du système éducatif. Ce sont ces mêmes trois réformes qu'il avait entamées dès son arrivée au pouvoir en 1999 et qui, six années après, sont toujours en chantier. Pas un mot, par contre, dans ce message, sur la réconciliation nationale. Pourquoi ? On n'en sait rien, bien que l'on se doute que quelque chose est venue perturber la marche en avant forcée qu'il avait imprimée, durant des mois, à ce dossier. Qui dit réconciliation nationale, dit amnistie des généraux. Voilà donc l'arme dont dispose Bouteflika pour arracher leur accord pour un troisième mandat, d'où ce freinage que l'on avait déjà constaté ces derniers temps. Ce qui explique aussi les violentes attaques d'Abdelaziz Bouteflika contre le colonialisme français, car si le traité d'amitié avec la France devait être signé bientôt, les généraux auront obtenu ce qu'ils voulaient et échapperont donc à tout chantage de sa part. Le fait qu'il n'ait pas non plus évoqué la révision de la constitution qui lui permettrait de briguer un troisième mandat, vient confirmer que les négociations sur la question achoppent sur un obstacle. D'ailleurs, même le FLN qui en avait fait un leitmotiv ces derniers temps, semble avoir mis la question sous le boisseau.

CHAPITRE II

La maladie de Bouteflika et le pouvoir

Panique dans les rangs des Janviéristes

De par sa gravité et parce qu'elle était inattendue, la maladie de Bouteflika représente un gros os pour le pouvoir des généraux algériens. Leur stratégie de sortie de crise, qui inclut d'abord et avant tout l'impunité à laquelle ils aspirent, a été bâtie sur sa présence à la tête de l'État au moins jusqu'à la fin du mandat actuel en 2009. Le scénario mis au point semblait bien se dérouler ; il avait fait adopter la Charte pour la paix et la réconciliation nationale et s'apprêtait à signer dans un délai raisonnable le traité d'amitié avec la France. Les généraux, de leur côté, avaient commencé à se retirer un à un du pouvoir politique ; comme prévu, seuls Tewfik Mediène et Smaïn Lamari restaient en place pour garantir la bonne exécution du plan concocté. La maladie du principal intéressé les a fait réagir dans la précipitation et essayer de trouver la réponse adéquate à chacune des nombreuses questions qui sont apparues depuis son admission à l'hôpital. Le fil rouge de leurs réflexions est toujours le même: comment sauver leurs têtes si la maladie venait à emporter Bouteflika. Ils ne sont cependant pas les seuls à envisager une telle situation. Toutes les parties concernées par le pouvoir algérien, au plan national et international sont à la recherche de la solution qui leur permettrait d'atteindre leurs objectifs dans les plus brefs délais, avant que la volonté divine ne vienne bouleverser les *scénarios* que chacun dans son coin avait élaborés. Dans le nouveau puzzle qui se met en place, bien que très inquiets, les généraux restent cependant les meneurs de jeu. La première tâche qu'ils se sont assignée est de donner l'impression que rien n'a changé sous le ciel d'Algérie, que les rouages de l'État continuent de fonctionner normalement; ce qui explique la fébrilité avec laquelle ils traitent tous les problèmes du quotidien, grands et petits. Il se confirme chaque jour un peu plus que pendant le séjour d'Abdelaziz Bouteflika en France, c'est bien Tewfik Mediène qui a été en charge de la gestion des affaires du pays durant 40 jours. Sa stratégie a consisté à mettre en avant Ahmed Ouyahia pour donner une apparence de légalité à l'opération, mais aussi pour parer à toute surprise éventuelle de tentative d'appropriation du pouvoir par un membre de l'entourage présidentiel. Il est le seul à avoir rendu visite au Président à l'hôpital. Cette décision "d'assurer l'intérim" a été prise de concert avec les autres membres du directoire des décideurs, Larbi Belkheir, Smaïn Lamari, Mohamed Lamari et Khaled Nezzar. On peut dire qu'il s'est bien acquitté de cette tâche, puisque rien ni personne n'ont bougé durant la période. On n'a pas entendu un haut responsable quelconque (président du Conseil constitutionnel, président de l'Assemblée nationale, président du Sénat, chefs de partis de l'alliance présidentielle) réfléchir à haute voix et se demander à partir de quelle durée ou de quel niveau de gravité de la maladie du Président, on pouvait commencer à parler de vacance du pouvoir. Les consignes du DRS ont été fermes et claires : il n'y aura vacance du pouvoir que si et quand nous le déciderons. Jusque là, tout doit rester calme, en place et tout sera fait pour *"sauver le soldat Bouteflika"*; l'Elysée, informé de cette décision, y a donné son feu vert. Une fois revenu en Algérie, le président algérien a décidé de se rendre en pèlerinage à La Mecque. Il y aurait été l'invité du roi Abdallah d'Arabie Saoudite, ce qui ne lui aurait quand même pas évité d'accomplir le rituel qui reste très fatigant, pour une personne de son âge. C'est à la demande de sa famille, et surtout de celle des patrons du DRS, qu'il a dû y renoncer. Compte tenu de son état de santé, ceux-ci ont réellement craint qu'il ne décède durant son séjour en Terre Sainte. La méfiance qui, déjà en temps normal, prévaut dans les rangs du pouvoir s'est amplifiée avec la maladie de Bouteflika. Sa famille, ses frères notamment, tous les responsables qui constituent l'ossature de son clan, mais aussi tous les carriéristes qui gravitent dans sa galaxie sont inquiets. La peur du lendemain qui les a envahis les amènent à se demander comment va réagir l'armée. Ils n'ont plus confiance ni en Belkheir, ni en Nezzar, ni en Tewfik. Il en est de même du côté de l'armée. Les généraux craignent que la peur qui a saisi les membres du clan présidentiel ne pousse certains, au sein de la fratrie Bouteflika en particulier, à chercher à leur jouer un tour. Ce manque de confiance de l'un en l'autre, auquel s'est rajoutée la précipitation avec laquelle ils ont réagi à l'événement, ont fait qu'ils ont commis d'énormes bourdes durant le séjour du chef de l'État en France. La plus visible, celle que tout le monde a remarquée est l'oeuvre de Saïd. C'est cette intrusion incongrue d'un chanteur de raï devenu tout d'un coup porte-parole officiel de l'État cherchant à rassurer l'opinion publique sur l'état de santé du Président. C'est parce qu'ils ont compris que l'Algérie était devenue la risée du monde, que les chefs du DRS ont décidé, dès la reprise de fonctions de Bouteflika, de prendre les devants dans la conduite des affaires de l'État, notamment dans la gestion de l'agenda des activités présidentielles. Ils savent que dorénavant chacun de ses gestes, chacune de ses apparitions, feront l'objet d'analyses minutieuses de tous les observateurs. Aussi, pour éviter toute spéculation, on a vu le journal *El Watan* annoncer dès le 6 février, le programme officiel des apparitions de Bouteflika jusqu'à la fin du mois de mars. Le journal nous faisait savoir que *"des sources sûres confient que le Président a décidé de limiter ses activités à l'essentiel de sorte à préserver un peu sa santé bien qu'il soit officiellement guéri"* ; de même, il nous informait des apparitions officielles de Bouteflika jusqu'à la fin du mois de mars. C'est une première dans les mœurs politiques de l'Algérie, où l'on n'a jamais annoncé à l'avance le programme des activités du Président. C'est ainsi que l'on a appris la visite, les 8 et 9 février, du président brésilien Lula Da Silva, celle du président russe Vladimir Poutine, dans le courant de la première quinzaine de mars, suivie de celle du président sud-coréen Roh Moo Huyy, dans le courant de la deuxième quinzaine du même mois. On a aussi appris que Bouteflika sera contraint de prendre l'avion pour Khartoum, où il présiderait le sommet de la Ligue Arabe, les 25 et 26 mars. Au plan national enfin, le journal nous dit qu'il avait instruit le Premier ministre de préparer un dossier spécial sur le programme de développement des Hauts Plateaux, qui sera examiné en Conseil des ministres début mars. Cet agenda n'englobait pas la mise en application de la Charte pour la paix et la réconciliation nationale, avant qu'elle ne devienne brusquement, quinze jours après, l'urgence numéro 1. On a vu comment le gouvernement semblait découvrir, tout d'un coup, qu'il y avait une suite à donner au référendum de septembre 2005 et que des textes d'application devaient être mis au point, puis publiés. Un conseil de gouvernement s'est réuni dans la plus grande précipitation, le 21 février, pour examiner et approuver une ordonnance portant mise en œuvre de la Charte et trois décrets qui doivent être soumis à la signature du Président. Cet acte, devenu urgentissime ne l'était pas le 18 février quand maître Farouk Ksentini, le principal intéressé par les dispositions de la Charte de par ses fonctions de président de la CNPPDH, nous déclarait qu'il fallait attendre encore longtemps les textes d'application, car, du point de vue juridique, les choses étaient plus compliquées qu'on ne l'avait pensé ! Que trois jours plus tard – avec un week-end au milieu, qui plus est – les choses aient si brusquement changé, montre bien *"qu'il y avait le feu à la maison"*. Une telle précipitation est révélatrice de la perception que l'on a au sein du pouvoir de l'état de santé d'Abdelaziz Bouteflika, devenu un facteur qui va dorénavant peser lourd sur la scène politique algérienne. On se souvient qu'il avait annoncé aux députés, dans un discours prononcé devant eux en septembre 2005, qu'ils seraient associés à l'élaboration des textes d'application de la Charte. Or voilà, qu'à la demande des chefs du DRS il décide de court-circuiter le Parlement par une ordonnance qu'il signerait tout de suite. Ceci prouve, encore une fois, que l'activité présidentielle ne se planifie pas sur des mois, ni même des semaines, mais se gère en terme de jours. En effet, le Parlement sera en vacances à compter du début du mois de mars ; il faut donc profiter de ces vacances pour légiférer par ordonnance, car les députés et sénateurs ne seront à nouveau en vacances qu'à l'été prochain. Pour les décideurs algériens, vu l'état de santé de Bouteflika, l'été est une date lointaine. Par ailleurs, le fait de légiférer par ordonnance fournit un avantage supplémentaire ; au DRS, on est ainsi sûr que le texte mis au point sera approuvé sans modification aucune et sans aucun commentaire, ce qui aurait pu être éventuellement le cas s'il était soumis à l'examen des parlementaires.

Il semblerait que du côté français on cherche également à faire vite pour ce qui est de la signature du traité d'amitié, pour plusieurs raisons. À l'Elysée, on doit prendre en considération non seulement l'état de santé de Bouteflika, mais aussi les exigences de la politique intérieure française. Tout report, vers l'été, de la mise en application de la Charte algérienne signifie qu'il n'y aurait pas de signature du traité d'amitié avant au moins la rentrée de septembre prochain. Or à cette date la France sera déjà entrée en campagne électorale pour l'élection présidentielle de mai 2007, ce qui risque d'empêcher la signature du dit traité.

En dehors de la notion de temps, quelle importance a ce traité aux yeux des différents partenaires ? L'effervescence que l'on constate du côté français s'explique par le fait que l'on veut faire revenir l'Algérie dans le giron de la France. Nous savons qu'en vertu du deal Bush - Bouteflika de 2001, le secteur pétrolier algérien est aujourd'hui dominé par les compagnies étasuniennes. Sentant que l'Algérie échappait petit à petit à la "tutelle" française, Jacques Chirac a lancé cette initiative de signature d'un pacte d'amitié qui lierait les deux pays de manière plus forte et plus formelle. Les généraux algériens ont saisi au vol cette bouée de sauvetage que leur lançait le président français et ont chargé Bouteflika d'y donner une suite positive dans les plus brefs délais, avant que les résultats du scrutin présidentiel français ne viennent bouleverser leurs plans. Afin de lier solidement et pour longtemps le destin des deux pays, Jacques Chirac a proposé que ce pacte soit aussi important que celui passé entre le général De Gaulle et le chancelier Adenauer dans les années 1950. Jamais l'Europe n'a connu une période de paix aussi longue que celle vécue depuis la signature de ce pacte qui a, par ailleurs, donné naissance à l'Union européenne. En proposant à l'Algérie de signer un pacte similaire à celui-ci, la France, grand pays démocratique, le pays des Droits de l'Homme, accorde donc à l'Algérie un statut identique à celui de l'Allemagne d'aujourd'hui. Les généraux Janviéristes y ont vu un "certificat de bonne conduite" délivré par la France aux responsables politiques et militaires algériens, devenus ainsi des gens "fréquentables". Ce pacte signifie pour eux la fin de leur cauchemar. La couverture morale, politique et juridique que leur fournit ainsi le gouvernement français, qui vient s'ajouter à celle déjà obtenue de la part des États-Unis leur garantit l'immunité devant toute instance internationale, dont ils rêvent depuis longtemps. La maladie et le séjour en hôpital d'Abdelaziz Bouteflika sont venus bouleverser tous leurs plans et les ont amené à saisir à bras-le-corps la question dès le retour du Président à Alger. Quant à Bouteflika, il a toujours pensé que le seul levier d'action qu'il détenait face aux généraux était ce traité, dont il a essayé de retarder la signature autant que faire se peut. Il n'envisageait de leur faire ce "cadeau" qu'à partir du moment où il obtiendrait leur accord pour un troisième mandat. Ils prirent donc le taureau par les cornes dès sa sortie d'hôpital, le poussèrent à activer la démarche pour la mise en application de la Charte, tout en lui signifiant leur accord pour un troisième mandat. C'est donc la voie vers une présidence à vie qui s'ouvre devant Bouteflika, qui se voit tout comme Houari Boumediene, mourir sur le fauteuil présidentiel. Il peut dorénavant dormir sur ses deux oreilles, ce qui ne signifie pas pour autant qu'il échappera au contrôle permanent de ses tuteurs qui l'empêcheront de dévier de la ligne politique qu'ils ont arrêtée.

Dans le deal d'avril 2004, il y avait un troisième partenaire, le FIS, dont la complicité était nécessaire pour faire croire que l'amnistie prévue dans le cadre de la Charte ne concernait que les terroristes islamistes, alors qu'elle est, en réalité, destinée à effacer les exactions commises par les généraux. Cette complicité fournissait à Bouteflika un double avantage: l'apport des voix des Islamistes qui lui assurait un score confortable à l'élection présidentielle, mais aussi, la remise en selle du FIS en faisait cet épouvantail qu'il agiterait à la face aux généraux chaque fois que le besoin s'en ferait sentir. Conscients de leur force, les généraux avaient laissé faire, tout en prenant leurs dispositions pour éviter le retour au pouvoir de certaines figures charismatiques de ce mouvement. D'où le fait d'inclure dans le texte de la Charte, et probablement dans celui de l'ordonnance en cours de préparation, d'une disposition particulière qui interdit l'activité politique à *"toute personne responsable de l'instrumentalisation de la religion ayant conduit à la tragédie nationale"*. Comme ils ne peuvent cependant pas ignorer la réalité du pays, ils ont pris des engagements avec l'AIS qui n'interdiraient l'exercice d'une activité politique qu'à *"toute personne qui, ayant participé à des actions terroristes, refuse toujours de reconnaître sa responsabilité dans la conception et la mise en œuvre d'une politique prônant la violence contre la nation et les institutions de l'État"*. En vertu de cette disposition, ceux qui ont pris les armes, comme Madani Mezrag, Ahmed Benaïcha, voire Hassan Hattab, pourront demain exercer une action politique s'ils reconnaissent leur responsabilité dans les actes de violence qu'ils ont commis, tandis que Abassi Madani ou tout autre leader islamiste qui n'a fait qu'exercer une fonction au sein d'un parti d'obédience islamiste, ne pourront pas mener une telle activité. Cette politique d'exclusion du FIS continuera d'avoir cours tant que les généraux ne se sentiront pas totalement à l'abri de poursuites judiciaires, c'est-à-dire au moins jusqu'à l'entrée en vigueur du traité d'amitié avec la France vers la fin de 2007. Les islamistes ont bien compris le manège; le plus actif parmi eux est actuellement l'ex-chef de l'AIS, Madani Mezrag qui intervient de plus en plus sur la scène politique. Après avoir mené campagne pour l'adoption de la Charte durant l'été 2005, le voici qui demande qu'elle soit mise en application dans les plus brefs délais et qui ne cesse de proclamer qu'il est pour une révision de la constitution qui permettrait à Abdelaziz Bouteflika de briguer un troisième mandat et d'instaurer le régime présidentiel dont il rêve, mais qui prévoirait néanmoins la création d'un poste de vice-président. Madani Mezrag envisage, par ailleurs, *"la création d'une formation politique dont le programme sera basé sur la démocratie dans le cadre des valeurs de l'Islam et de la morale, car nos militants* - ceux du FIS, bien entendu - *existent toujours, ainsi que nos instances politiques (Majliss Echoura)"*. Il est probable que dans son esprit, le poste de vice-président reviendrait à un islamiste. Lui-même, peut-être ? C'est exactement ce que dit le secrétaire général du FLN Abdelaziz Belkhadem qui doit probablement penser lui aussi qu'il est le plus apte à occuper ce poste. L'identité complète des positions de ces deux personnages laisse à penser que derrière la façade, il n'y a qu'un seul et unique chef d'orchestre, Abdelaziz Bouteflika. La maladie l'a fragilisé physiquement, mais aussi politiquement ; son pouvoir n'est plus aussi absolu qu'il apparaissait il y a encore quelques mois. Aussi semble-t-il se rattacher à un schéma qui lui permettrait de négocier avec le "dauphin" (le vice-président) son propre retrait définitif de la scène politique et sauver en même temps les têtes de certains parmi ses proches, à savoir les membres de la famille et quelques ministres. Car Bouteflika est un couard ; chaque fois qu'il a eu à affronter des situations graves, il a fui. Si les choses devaient aujourd'hui tourner mal pour lui, il quitterait le pays un peu à la manière de l'ex-président du Pérou Fujimori. Il en a fourni la preuve en 1979 quand il s'est sauvé d'Algérie après la mort de son mentor Houari Boumediene de peur de se retrouver en position de rendre des comptes sur sa gestion passée. Ce premier exil avait duré une quinzaine d'années. En 1994, la crainte de rencontrer le général Larbi Belkheir et lui dire les yeux dans les yeux qu'il rejetait l'offre des généraux qui lui proposaient le poste de président de la République, lui a fait encore une fois fuir le pays et prendre l'avion pour Genève à l'heure même du rendez-vous fixé pour l'entretien ! Il s'était déjà comporté de la même manière durant la guerre de libération; il avait quitté Oujda pour aller, en principe, combattre en Algérie, puis sous prétexte de maladie, il est allé se cacher pour une très longue période au Mali.

Quid de l'avenir ?

La constitution prévoit qu'en cas de décès du Président ou de son empêchement d'exercer ses fonctions, il y a vacance du pouvoir. Cette vacance est constatée par le président du Conseil constitutionnel. C'est le président du Conseil de la nation qui est alors désigné président intérimaire pour une durée maximum de 45 jours. Une élection présidentielle à deux tours a lieu à l'issue de cette période pour le choix du nouveau président de la République. Le flou du terme empêchement et le fait que ce soit un des piliers du régime qui constate la vacance du pouvoir ne sont que deux parmi beaucoup d'autres facteurs qui font que les choses ne sont pas aussi simples dans la réalité qu'elles semblent l'être en théorie.

Le régime algérien est un régime militaire enrobé dans un vernis civil, en apparence démocratique. De l'indépendance en 1962 à ce jour, tous les présidents ont été choisis par l'armée. Toutes les élections présidentielles ont été truquées et on a accordé au président choisi le pourcentage de "Oui" agréé auparavant. Dans la situation actuelle, vu la menace qui plane au dessus des têtes des généraux, nonobstant l'adoption par référendum de la Charte pour la paix et la réconciliation nationale, ils sont plus que jamais ceux qui décideront du schéma de succession et du nom du successeur. Les chevilles ouvrières du choix qui sera fait sont les trois généraux les plus emblématiques, Larbi Belkheir, Tewfik Mediène et Smaïn Lamari ; ce sont eux qui suggèreront le ou les candidat(s) potentiel(s) à la succession. Ils soumettront leur choix à la dizaine d'autres généraux qui constituent le cabinet noir, ainsi qu'aux chefs de régions et aux directeurs centraux du ministère de la Défense. L'homme qu'ils choisiront devra répondre à certains critères préétablis. Il doit être avant tout docile, prêt à exécuter tout ordre qu'ils donneront. Par faiblesse de caractère ou par ambition, il doit être disposé à se soumettre à leur volonté. Ce n'était pas le cas de Zeroual, d'où sa démission, c'est par contre le cas de Bouteflika. Le candidat retenu doit connaître les règles du jeu du sérail et accepter de s'y soumettre. Ces règles incluent, entre autres, le fait que pour toute décision qui concerne directement ou indirectement l'armée – y compris les promotions – il devra s'en remettre à eux, bien qu'il est chef des armées. Les règles du sérail prévoient également que les relations avec les puissances étrangères, les États-Unis et la France notamment, doivent tenir compte d'abord et avant tout des intérêts du groupe des généraux, qui priment sur ceux de l'État. Parmi les règles non écrites du sérail, on trouve aussi la protection de leurs intérêts financiers ; l'homme choisi ne doit pas s'y attaquer, ni dénoncer les irrégularités qu'il serait amené à connaître. Bouteflika a su parfaitement respecter cette disposition, comme cela s'est passé dans l'affaire Khalifa. L'homme choisi doit accepter de renoncer à une partie importante de ses prérogatives en matière de nominations de certains cadres supérieurs de l'État, telles que le choix du ministre de l'Intérieur, du ministre des Finances, du ministre des Affaires Étrangères, du gouverneur de la Banque Centrale, du PDG de l'entreprise nationale des hydrocarbures Sonatrach et bien entendu des nominations au sein de l'armée. Les règles du sérail incluent aussi la connaissance des équilibres internes du pouvoir. Cet homme doit respecter ces équilibres et en tenir compte dans la gestion des affaires de l'État. Il ne doit, en aucun cas, s'attaquer à l'un quelconque des centres de pouvoir, sauf si eux décident de sacrifier l'un des leurs pour toute raison qui leur incombe à eux seuls. Le postulant devra être suffisamment rusé, roublard, menteur quand il le faut, capable de manipuler l'opinion publique et le peuple afin d'obtenir de lui les approbations qu'il faut, quand il le faut. Bouteflika a été parfait dans ce rôle. L'heureux candidat devra être acceptable pour les deux puissances qui comptent en Algérie, la France et les États-Unis; le choix de Bouteflika, a été soumis à l'approbation de ces deux puissances tant en 1999 qu'en 2004. Il doit donner l'impression à l'étranger d'être respectueux des règles démocratiques. Ceci semble être devenu un facteur important aux yeux des Américains. L'homme retenu devra enfin être un civil ou éventuellement un ancien officier de l'armée, reconverti en homme politique.

Cela fait beaucoup de critères, le choix devient très difficile d'autant que les candidats – connus tout au moins – sont peu nombreux. Ces critères permettent d'éliminer certains parmi ceux dont les noms ont été avancés. Lakhdar Brahimi, dont il a été question, ici ou là, comme candidat potentiel ne devrait pas être retenu, bien qu'il remplisse bon nombre des critères retenus, mais son passé de diplomate reconnu par les plus hautes autorités des Nations Unies pour son intégrité, ne plaide pas en sa faveur. Il semblerait aussi que son âge avancé – il a dépassé les 75 ans – soit un facteur défavorable également. Ali Benflis, candidat malheureux lors de la dernière élection présidentielle, aurait pu être un bon candidat aux yeux des généraux. Sa formation de juriste et son passé de défenseur des droits de l'homme sont des facteurs qui jouent contre lui, vu qu'ils pourraient le pousser à dévier des règles tortueuses qu'ils veulent imprimer au pouvoir. Il serait donc éliminé. Les autres candidats dont les noms circulent sont, par ordre de priorité : Mouloud Hamrouche, Abdelaziz Belkhadem, Ahmed Ouyahia et Sid Ahmed Ghozali. A priori, Mouloud Hamrouche apparaît comme le candidat idéal. Il connaît bien le système - il dit lui-même qu'il est un enfant du système – il a été très proche de Houari Boumediene dont il a appris énormément de choses, quant à la manière de naviguer entre les différents centres de pouvoir. Il connaît tous les hommes forts du régime actuel. Il a su se faire très discret durant les années Bouteflika. Il serait certainement jugé très acceptable par les Américains, vu ses idées libérales tant sur le plan politique qu'économique. Son désavantage est qu'il est un homme à principes, qui n'accepterait pas de se faire guider aveuglément. Sont-ils prêts à accepter cet "inconvénient", majeur à leurs yeux ? Abdelaziz Belkhadem pourrait être, de leur point de vue, un bon candidat. S'il répond à nombre de critères importants pour eux, celui de la docilité en particulier, son manque total de charisme et son incompétence en matière de gestion des affaires de l'État, ne plaident pas en sa faveur. Il présente un autre avantage, par contre, à savoir qu'il est très proche des islamistes, ceux du FIS en particulier, qui le considèrent presque comme un des leurs. Ahmed Ouyahia pourrait être un autre candidat potentiel. Ses deux plus grands handicaps sont : son origine ethnique – il est kabyle – et le fait qu'il est haï par le peuple, pour avoir souvent été comme il le dit lui-même l'exécuteur des basses œuvres (retenues sur salaires pour renflouer les caisses de l'État, gestion des émeutes de Kabylie, etc.) Sid Ahmed Ghozali pourrait répondre à certains des critères énoncés ; son nom reste cependant associé à sa tentative d'introduire le FIS sur la scène politique du pays, ce qui a été la cause de l'interruption du processus électoral en 1992, avec les conséquences que l'on sait. Ceci étant dit, le choix final dépendra des circonstances qui prévaudront à ce moment, notamment de l'urgence. Si la maladie dont est atteint Bouteflika devait causer sa mort, ils se verront obligés de trancher dans l'urgence, auquel cas le président choisi ne serait qu'un bouche-trou pour une transition vers une solution définitive. Si par contre, ils disposeraient de plus de temps pour choisir, il est possible alors qu'ils retiennent un candidat inconnu du grand public, sachant que ce dernier aurait à gérer une période qui s'étendrait au-delà de leur retrait définitif de la scène politique.

CHAPITRE III

Bouteflika malade, les Américains à la manœuvre

Les officiels américains se bousculent au portillon de l'Algérie

Les 17 et 18 décembre 2005, c'est le commandant suprême des Forces alliées et commandant en chef des Forces américaines en Europe, le général d'armée James C. Jones, qui est venu pour la première fois à Alger. C'est un événement extrêmement important dans les relations entre les deux pays. Le but de sa visite apparaît clairement à travers les termes de la lettre qu'il a adressée en cette occasion à Abdelaziz Bouteflika, qui se trouvait alors à l'hôpital à Paris. *"Je tiens à vous féliciter pour les succès engrangés par l'Algérie dans la guerre planétaire contre le terrorisme et pour l'engagement indéfectible aux côtés de l'OTAN dans le cadre du dialogue méditerranéen"*, lui disait-il dans sa missive. Cette phrase situe bien le débat auquel l'Algérie est invitée dans le cadre de son embrigadement au sein de l'OTAN. En janvier 2006, ce sont les assistants des parlementaires américains, les "staffers" qui accomplirent une visite également, visite au cours de laquelle ils rencontrèrent le président de l'Assemblée nationale, des parlementaires et le secrétaire général du ministère des Affaires Étrangères. Les "staffers" sont, comme on le sait, des secrétaires particuliers – des sortes de chefs de cabinet – des membres du Sénat et de la Chambre des représentants, chargés de la tenue et de la préparation des dossiers de ces derniers. Ils sont venus, disent-ils, examiner avec leurs interlocuteurs la situation au Moyen-Orient, le dossier nucléaire iranien et le processus de démocratisation dans le monde arabe. De même, ont-ils dit, ils étaient disposés à prendre note des perspectives de coopération algéro-américaine dans tous les domaines souhaités par les Algériens. Le 6 février dernier, c'était au tour du général Charles F. Wald, adjoint au commandant en chef des Forces américaines en Europe, de se rendre en Algérie, avec pour objectif annoncé celui de s'entretenir avec les responsables militaires de coopération dans la lutte contre le terrorisme international. Ce fut ensuite, les 8 et 9 février, le directeur du FBI Robert Mueller, qui vint lui aussi pour la première fois en Algérie. Quel était le but officiel affiché de sa visite ? La lutte contre le terrorisme, encore une fois. Récemment, c'est le secrétaire d'État adjoint, David C. Welch qui est venu lui aussi en visite à Alger, une visite programmée pour le mois de décembre 2005, reportée en raison de la maladie de Bouteflika. Les questions les plus importantes qu'il a évoquées avec ses interlocuteurs algériens se rapportaient au Sahara Occidental et au dossier nucléaire iranien. David C. Welch s'est aussi intéressé aux relations algéro-russes et bien entendu à la lutte contre le terrorisme.

Le même refrain s'est fait entendre au cours d'une autre visite, nettement plus importante que toutes celles dont il a été question jusque là. Le 12 février, c'était le bouquet ; le secrétaire d'État à la Défense, Donald Rumsfeld, arrivait lui aussi pour la première fois à Alger pour y passer quelques heures. Si l'on a considéré que la visite du général James C. Jones était un événement extrêmement important, on peut dire que celle de Donald Rumsfeld est historique. Il fut d'ailleurs le seul, de tous les officiels américains qui ont fait le voyage d'Alger, à être reçu par le président Bouteflika. Il s'était entretenu auparavant avec le Premier ministre Ahmed Ouyahia et avec le ministre délégué à la Défense, Abdelmalek Guenaïzia. À l'issue de son entrevue avec le président de la République, il a annoncé, lui aussi, qu'il avait évoqué avec les responsables algériens les relations militaires et la coopération dans la lutte antiterroriste. On retrouve le terme de coopération dans la lutte antiterroriste dans la bouche des officiels américains, chaque fois qu'ils évoquent les relations entre les États-Unis et l'Algérie. Plus tard, dans l'avion qui le transportait d'Alger vers Rabat, Donald Rumsfeld annonçait qu'il avait aussi discuté avec ses interlocuteurs de la possibilité de ventes d'armes à l'Algérie, en spécifiant bien cependant que ces armes devaient servir dans le cadre de la lutte antiterroriste. Les collaborateurs du secrétaire d'État ont été plus bavards. Il ressort des différentes déclarations qu'ils ont faites, depuis Taormina en Sicile jusqu'à Rabat, via Tunis et Alger, qu'ils savaient que l'Algérie voulait renouveler sa flotte aérienne militaire qui avait pris de l'âge et qu'elle comptait acheter chez les Russes d'autres équipements militaires, dont des chars. Ils ont aussi annoncé, pèle-mêle, que l'Algérie avait de grandes ambitions au plan géostratégique, que les États-Unis étaient disposés à coopérer beaucoup plus avec elle et avec le Maroc et enfin, que le gouvernement algérien étudiait les garanties exigées par les USA concernant la non-réexportation de la technologie militaire américaine. Cette précision donne, déjà par elle-même, une indication assez précise sur le type de matériels qui feraient l'objet de contrats de vente entre les deux pays.

L'état de santé de Bouteflika et l'Algérie dans l'OTAN

Il est clair que le gouvernement américain accorde, à ce moment précis, un très grand intérêt à la coopération militaire avec l'Algérie dans le cadre de sa lutte globale contre le terrorisme. En quoi le rôle de l'Algérie est-il devenu aussi important dans cette "guerre planétaire contre le terrorisme" ? Et pourquoi maintenant ? La réponse à la seconde question est simple; les Américains craignent une aggravation de l'état de santé de Bouteflika, voire son décès. Il faut donc faire vite et enclencher un processus de non-retour tant qu'il est temps. Car ils sont sur le point de déclencher des opérations, auxquelles les Algériens seront associés, directement ou indirectement et de façon plus ou moins active. Ils veulent donc connaître quelle sera, sur le plan du principe, la réceptivité des Algériens et jusqu'à quel point ceux-ci sont prêts à s'engager. Ils veulent aussi connaître les hommes auxquels ils auront affaire et sur quel type de matériels ils peuvent compter. L'intérêt manifesté par les"staffers" aux questions relatives à la situation au Moyen-Orient, au dossier nucléaire iranien et à l'évolution de la situation des droits de l'homme, laisse penser que le Congrès veut, lui aussi, avoir son "intelligence report" relatif à l'état d'esprit des responsables politiques algériens sur ces questions. Répondre à la première est par contre beaucoup plus complexe, sachant que la coopération algéro-américaine en matière de lutte contre le terrorisme est basée sur un énorme malentendu. Chacune des deux parties a ses intérêts propres, qui n'ont rien à voir avec la lutte contre le terrorisme, qu'elle poursuit dans le cadre de cette coopération; les uns - les Américains - cherchent à renforcer leur hégémonie et à protéger leurs intérêts matériels, essentiellement pétroliers, tandis que les autres - les Algériens - cherchent à être consacrés puissance régionale, et recherchent aussi une protection contre la justice internationale. C'est pour atteindre cet objectif que le DRS avait manipulé l'affaire des touristes européens enlevés au Sahara, avait attribué cet enlèvement au GSPC et avait assuré dur comme fer qu'Abderrezak El Para avait fait acte d'allégeance à Al Qaïda. Le but de la manœuvre était de fournir aux Américains l'alibi qu'ils recherchaient pour s'installer dans la région, justifiant ainsi le lancement de la Pan Sahel Initiative (PSI) et de la Trans Saharian Counter Terrorism Initiative (TSCTI), tout en laissant croire au monde entier que les deux pays avaient un ennemi commun, Al Qaïda qui était en train de s'installer dans la région, sous couvert du GSPC. Les Américains qui ont d'énormes intérêts pétroliers tout autour de la zone du Sahel ont repris l'argument à leur compte, un argument qui venait confirmer leur Banana Theory, selon laquelle cette zone constituait, après leur défaite en Afghanistan, l'endroit idéal où viendraient se terrer les troupes terroristes d'Al Qaïda. Ils ont trouvé en le régime algérien, un complice parfait, qui leur a apporté l'assistance nécessaire pour leur installation.

La série de visites récentes de hauts responsables américains s'inscrit dans cette perspective et donne à penser que les États-Unis ont un agenda qui comprend bon nombre d'opérations en Afrique et au Moyen-Orient, dans le cadre de ce qu'ils appellent la lutte contre le terrorisme international, et dans lesquelles ils s'appuieraient sur certains pays de la région, dont l'Algérie. Le secrétaire d'État à la Défense ne se déplace pas pour des motifs "futiles", dirions-nous. Il n'est pas venu à Alger pour discuter de coopération en matière de lutte anti-terroriste, ni pour recevoir les demandes d'achats éventuels de matériel militaire. Il a suffisamment de collaborateurs, qui ont déjà rencontré à maintes reprises les hauts gradés de l'armée algérienne, avec lesquels ils ont établi depuis longtemps les voies de communication nécessaires pour l'instauration et le renforcement de la coopération dont il est question. Il dispose aussi de task forces, à l'intérieur de Northrop Grumman, de Raytheon et autres fabricants de matériels militaires, qui sont en mesure d'examiner, étudier, jauger et répondre aux demandes algériennes. Il n'a d'ailleurs passé que 5 heures sur le sol algérien, durant lesquelles il a rencontré, d'abord pendant une heure, le chef du gouvernement, puis passé moins de trente minutes avec le ministre délégué à la Défense avant d'être reçu pendant une heure également par Abdelaziz Bouteflika. D'ailleurs, compte tenu du rôle que les Américains envisagent de faire jouer à l'Algérie dans le cadre de leur stratégie sécuritaire globale, on ne peut même pas parler de demandes algériennes, mais plutôt d'affectation de la part de l'administration US des matériels et équipements nécessaires à l'armée algérienne, pour accomplir les tâches qui lui seront fixées. Les événements survenus ces derniers temps, nous démontrent que les Américains comptent s'appuyer sur l'Algérie, non seulement dans un cadre de relations bilatérales, mais envisagent de l'associer aussi à certaines opérations menées dans le cadre plus large de l'OTAN. Avant d'entamer sa tournée nord-africaine, Donald Rumsfeld avait participé, à Taormina en Sicile, à une réunion des ministres de la Défense de l'OTAN à laquelle ont été invités leurs homologues des pays du Dialogue méditerranéen (Maroc, Algérie, Tunisie, Égypte, Jordanie, Israël). L'ordre du jour de cette réunion était l'examen de la situation en Afghanistan et la mise sur pied d'une force de réaction rapide, qui devrait être opérationnelle avant la fin de l'année en cours. La question qui vient de suite à l'esprit est celle de savoir pourquoi faire participer les ministres de la Défense des pays du Dialogue méditerranéen à une telle réunion, si ce n'est pour les associer au maintien de la paix en Afghanistan ou à la constitution de cette force de réaction rapide qui, de par sa nature même, pourrait intervenir sur tout champ d'action qui serait décidé par les pays membres de l'OTAN. C'est là un premier indice qui permet de comprendre l'initiative que veulent engager les Américains. À Taormina également, le secrétaire général de l'OTAN a annoncé la tenue prochaine d'une réunion des chefs d'état-major pour débattre de la participation permanente de certains pays à l'opération Active Endeavour, une opération destinée à combattre le terrorisme en mer. Pour bien faire comprendre à ceux qui ne l'auraient pas encore saisi, quels sont les intérêts qu'il s'agit de protéger en Méditerranée, il suffit de se référer à la déclaration de Donald Rumsfeld qui a justifié l'initiative par le commentaire suivant : *"Nous devons renforcer la sécurité atlantique au-delà de nos frontières"*. Il s'agit, bien entendu des frontières américaines et européennes. Du côté algérien, on a feint d'ignorer les sous-entendus. Bien au contraire, Abdelmalek Guenaïzia, présent à Taormina, s'est empressé de déclarer que l'Algérie était prête à participer activement à l'opération Active Endeavour. Il faut enfin noter un dernier paramètre qui permet de mieux comprendre la voie sur laquelle est en train de s'engager l'Algérie avec l'OTAN et les États-Unis. Elle jouit dans son association avec l'organisation du statut ICI, celui qui découle de l'initiative d'Istanbul. Elle peut, à ce titre, bénéficier d'activités pratiques en vue de l'interopérabilité de ses forces armées avec celles des pays de l'OTAN, afin de participer à des opérations dirigées par celles-ci. Cette assistance débouche fatalement sur une ingérence dans les affaires du pays, puisqu'elle englobe ce que l'OTAN appelle la réforme de la défense, c'est-à-dire la refonte éventuelle des structures de l'armée, une révision des techniques d'établissement des budgets militaires, une nouvelle planification des objectifs de la défense, ainsi qu'un examen des relations entre le pouvoir civil et le pouvoir militaire. L'enthousiasme affiché par le ministre délégué à la Défense quant à la participation à l'opération Active Endeavour signifie donc que l'armée algérienne se soumettra volontiers à ces exigences.

L'état de santé de Bouteflika et l'agenda américain

La maladie de Bouteflika semble avoir accéléré le rythme de la coopération militaire algéro-américaine. On est convaincu au sein du pouvoir que, dans un délai plus ou moins rapproché, les forces américaines vont se retirer d'Irak pour laisser la place à une force arabe d'interposition. La participation éventuelle de troupes algériennes à cette force est une des questions qui auraient été soulevées par Donald Rumsfeld avec ses interlocuteurs, lors de sa présence à Alger. Compte tenu des rares informations qui ont filtré des entretiens qu'il a eus avec ses interlocuteurs algériens, il semblerait que les Américains voudraient qu'à terme (2/3 ans ?), leurs intérêts pétroliers dans la zone du Sahel soient protégés, sans qu'ils n'aient à déployer de troupes. Ils sous-traiteraient la tâche à une force africaine, au sein de laquelle les Algériens souhaiteraient jouer un rôle très actif. Cette question aussi aurait été soulevée par Rumsfeld lors de ses entretiens à Alger. Il a d'ailleurs légèrement levé le voile sur ce désir des Algériens, en déclarant aux journalistes et de façon liminaire comme à son habitude, que l'Algérie avait de grandes ambitions géostratégiques. Au sein du pouvoir, on craint que la participation de plus en plus grande des forces navales à des opérations de l'OTAN ne lui joue un mauvais tour. Il est vrai que la marine a été beaucoup plus sollicitée par l'Organisation que les forces aériennes ou terrestres, ces deux ou trois dernières années. Vu que l'on s'attend que les Américains engagent des opérations de représailles contre l'Iran et/ou la Syrie, auxquelles les forces navales disponibles en Méditerranée seraient amenées à participer d'une manière ou d'une autre, la crainte du régime est donc que les forces navales algériennes ne soient sollicitées, même de manière très indirecte. Il aurait, dans ce cas-là, à faire face à de sérieux problèmes, non seulement avec les Iraniens ou les Syriens, mais aussi avec les Russes notamment. Ce serait pour éviter de tomber dans ce piège que les responsables politiques et militaires auraient fait comprendre à Donald Rumsfeld qu'ils seraient plutôt intéressés par une participation active de l'Algérie à la force africaine qu'envisagent de mettre sur pied les Américains. Ils pensent que le champ d'action de cette force ne s'étendrait pas au-delà de la Corne de l'Afrique à l'est. On pense au sein du pouvoir que les États-Unis seraient favorables à cette idée de voir l'armée algérienne jouer un rôle important en Afrique. C'est pour cette raison, qu'ils auraient accepté de lui vendre du matériel de transmission, de télécommunication, de vision nocturne, des hélicoptères de combat et du matériel léger pour commandos. Ces équipements étant assez sensibles de par leur conception, les Américains ont donc exigé que leur soient fournies des garanties de non-transmission de leur technologie à des tierces parties. Ce serait d'ailleurs pour bien afficher sa volonté de participation à cette force, que le pouvoir aurait décidé la passation immédiate d'un énorme contrat d'achat de matériels et équipements militaires russes, d'un montant annoncé de 7,5 milliards de dollars, auxquels viendraient s'ajouter d'autres achats estimés par les Russes à 2 ou 3 milliards de dollars supplémentaires. Cette volonté politique aurait été bien perçue, voire appréciée par Donald Rumsfeld. Les Américains savaient que les Algériens étaient sur le point de passer "le contrat du siècle" avec les Russes et n'y ont fait aucune objection. D'abord parce qu'ils savent que quelques 85% de l'armement militaire algérien est de fabrication russe ou soviétique et que les Algériens ne peuvent pas, du jour au lendemain, passer à un autre type de matériels que eux ne leur auraient de toutes façons pas vendus, car, il ne faut pas oublier, que le premier allié des États-Unis au Maghreb reste le Maroc. Les collaborateurs du secrétaire d'État ne s'en sont pas caché en soulignant, à propos de la vente de matériel militaire à l'Algérie, que le souci premier de l'administration Bush était de ne pas effrayer ni les Marocains, ni le Congrès, par des ventes d'armes à un pays qui est loin d'être un modèle en matière de respect des droits de l'homme. La question des droits de l'homme a d'ailleurs fait l'objet d'investigation de la part des "staffers" qui se sont également intéressés aux questions relatives à la situation au Moyen-Orient et au dossier nucléaire iranien, ce qui confirme que quelque chose se prépare à Washington dans ce domaine. Donald Rumsfeld a rencontré Ahmed Ouyahia également lors de sa visite, même très brève à Alger. C'est un fait inédit dans les coutumes politiques algériennes. C'est la première fois que le Premier ministre est associé de manière aussi ostensible à la gestion d'un dossier très sensible, qui relève strictement des prérogatives du chef de l'État. Qui a décidé de la rencontre Rumsfeld – Ouyahia ? Les Américains ? Les Algériens ? Est-ce le Secrétaire d'État à la Défense américain qui tenait à savoir quel était le point de vue du Premier ministre algérien sur les relations politiques et militaires de son pays avec la première puissance mondiale ? Que pensent les "décideurs" qui ont très probablement donné leur feu vert pour une telle rencontre ? Autant de questions qui restent pour le moment sans réponse.

L'état de santé de Bouteflika et le rouleau compresseur américain

Pendant que Donald Rumsfeld rendait visite aux pays du Maghreb, Condoleezza Rice, de son côté, effectuait une tournée au Moyen-Orient avec pour objectif de demander aux pays de la région de ne pas aider le Hamas palestinien et de les rallier à la position américaine sur le programme nucléaire iranien. On a noté que lors de son passage au Liban elle a apporté un soutien ostensible au clan anti-syrien. Ce remue-ménage laisse croire que les USA envisagent de lancer une action importante (politique? militaire?) contre l'Iran et/ou la Syrie à laquelle seraient mis à contribution, d'une manière ou d'une autre, les pays du Maghreb. On a compris lors de la visite de Donald Rumsfeld que si les États-Unis s'accommodaient des achats massifs de l'armée algérienne de matériels lourds russes, c'est aussi parce que leur emprise sur l'appareil militaire algérien était tout aussi importante, voire plus que celle des Russes. La coopération militaire algéro-étasunienne porte essentiellement sur la formation, en matière d'organisation, en management des unités, ainsi que la formation sur certaines techniques qui rendent leurs partenaires très dépendants d'eux. Eux ont pris en mains le software, y compris les cerveaux des individus, plutôt que le hardware. Ils viennent d'ailleurs de fournir une nouvelle preuve de l'emprise qu'ils comptent imposer à l'Algérie et à travers elle aux pays du Sahel, en organisant à Alger un séminaire, dont le but serait d'aider les pays africains à mettre en place les structures et les équipements et moyens matériels pour lutter contre le terrorisme. C'est dans ce cadre que le Centre d'études stratégiques sur l'Afrique (CESA), un organisme qui relève du Pentagone vient de démarrer une "assistance technique" - comprendre noyautage - au CAERT (Centre africain d'études et de recherche sur le terrorisme), dont le siège se trouve à Alger et dont le véritable but est de protéger d'abord et avant tout les intérêts américains dans cette région du monde. À ce séminaire ont participé les représentants de l'Algérie, de la Libye, du Mali, du Niger, du Nigéria, du Sénégal, du Tchad et la Tunisie, ainsi que des participants venus de Grande-Bretagne, de France, du Danemark et du Portugal.

Le rouleau compresseur américain progresse encore et toujours. La Pan Sahel Initiative (PSI) se développe ; son budget a été encore augmenté. Il vient de passer à 500 millions de dollars aujourd'hui, contre 125 au départ. Les opérations qui sont menées dans ce cadre consistent à s'organiser pour l'interception de bandes "terroristes", disent les Américains, ce qui suppose le renforcement des activités liées au renseignement par la mise en place de moyens électroniques d'interception de messages audio, vidéo, via internet, via des satellites de communication, etc. Cette initiative qui englobe presque tous les pays riverains du Sahara nécessite donc des moyens de communication transfrontaliers importants entièrement pris en charge par les troupes américaines. C'est cela la principale activité de la base que les Américains ont installée au sud de l'Algérie, dans la région de Tamanrasset. Cette initiative nécessite aussi la disponibilité de troupes légères à déploiement rapide. Du côté algérien, ce sont surtout des unités de parachutistes, celles de Biskra en particulier, qui sont mobilisées et entraînées en vue d'interventions éventuelles. Ce sont aussi les escadrons d'hélicoptères de combat basés à Chlef, apparemment bien formés et bien équipés qui sont généralement mobilisés pour ce type d'interventions.

Malgré la brièveté de sa visite, Donald Rumsfeld a effleuré lors de son entretien avec Bouteflika la question du Sahara Occidental. Les Américains aimeraient bien voir cette affaire réglée et les relations algéro-marocaines normalisées, ce qui rendrait leurs relations avec les deux pays plus fluides et plus simples à gérer. Cela permettrait également la mise en oeuvre de la doctrine Eizenstat (création d'une zone maghrébine de libre échange avec les USA), qui reste toujours à l'ordre du jour dans l'agenda américain. On a noté que Larbi Belkheir, nouvel ambassadeur d'Algérie à Rabat, était présent à Alger au même moment que Rumsfeld et qu'il a tout de suite rejoint son poste pour suivre le dossier, dans le cas où il serait traité avec le roi Mohamed VI.

CHAPITRE IV

Bouteflika nomme un nouveau Premier ministre

Après de longues tergiversations, Bouteflika a finalement mis fin aux fonctions du Premier ministre Ahmed Ouyahia, le 24 mai dernier. Selon la version officielle de l'événement telle qu'annoncée par la présidence de la République, c'est ce dernier qui aurait plutôt démissionné de son poste. Ce qui n'est pas vrai : il n'est pas dans la culture de la classe politique algérienne, constituée dans son énorme majorité d'opportunistes, de démissionner. Il s'agit bel et bien d'un limogeage pur et simple. S'il en fallait une preuve, on la trouvera dans la déclaration de l'intéressé lui-même qui affirme dans une lettre publiée à l'occasion : "*Pour ma part, j'ai exprimé au président de la République mon soutien total pour la politique qu'il a imprimée, notamment au sujet de la réconciliation nationale, du renforcement de la sécurité et de l'édification économique. Cela découle d'abord de mes convictions personnelles et ensuite du fait que j'ai pleinement pris part à ce processus durant ces trois années.*" À l'en croire donc, l'harmonie la plus parfaite règne entre les deux hommes.

Pourquoi alors démissionner ?

Bouteflika ne nous avait pas habitué à un tel désordre dans les rangs de son clan. Il contrôle généralement bien ses troupes. Mais là, depuis l'annonce du limogeage d'Ouyahia on assiste à un florilège d'annonces, toutes plus fantaisistes les unes que les autres, émanant de personnes de son plus proche entourage, qui se sont tellement empêtrées dans leurs contradictions, que l'on ne peut que se demander : pourquoi un tel cirque ? Ce départ est plutôt un non-événement qui ne va rien changer, ni dans la vie de l'Algérien moyen, ni dans la ligne politique du pays; il n'y a qu'un seul décideur, le président de la République et le Premier ministre n'est qu'un exécutant de cette politique. Cela faisait déjà quelques temps qu'un vent de fronde soufflait à l'intérieur de ce mélange hétéroclite que l'on appelle l'alliance présidentielle ; aussi bien le FLN que le MSP étaient "en révolte" contre le Premier ministre. Pourquoi ? La constitution prévoit que ce dernier présente une fois l'an une déclaration de politique générale devant les députés. Par tradition, cette présentation a lieu lors de la séance de printemps de l'Assemblée nationale. C'est ce que comptait faire Ahmed Ouyahia, dans le courant de ce mois de mai. Puis voilà que le FLN se mit à clamer qu'il empêcherait le Premier ministre de se présenter devant la représentation nationale, allant jusqu'à faire bloquer par le président de l'APN Amar Saïdani lui-même membre du FLN, la demande de programmation de la séance prévue à cet effet. Seule explication fournie par Abdelaziz Belkhadem pour expliquer l'opposition de son parti : *"Le contexte actuel n'est pas propice pour ce faire."* Qu'entend-il par là ? Ce que l'on sait c'est que, sur instructions de Bouteflika, le FLN prépare une nouvelle mouture de la Constitution qui accorderait des pouvoirs exorbitants au président de la République. Selon cette nouvelle doctrine, il n'y a qu'un seul programme politique dans le pays, celui du président de la République, tandis que le Premier ministre n'est lui chargé que de sa mise en application sur le terrain. Ainsi, selon Bouteflika, ce programme ayant été plébiscité par le peuple lors de l'élection présidentielle, l'Assemblée nationale n'a plus à en discuter. Sachant qu'ils ne pouvaient pas continuer à s'opposer à la présentation de la déclaration de politique générale, qui reste jusqu'à nouvel ordre une obligation constitutionnelle, les représentants du FLN ont alors adopté une nouvelle position ; ils se mirent à dire que si Ouyahia venait quand même à se présenter devant l'Assemblée nationale, ils voteraient une motion de défiance au Premier ministre et à son gouvernement. Une telle position est illogique et ridicule; elle signifie qu'ils feraient chuter un gouvernement, à l'action duquel le FLN a participé dans le cadre de l'alliance présidentielle et au sein duquel plus de la moitié des ministres sont membres de ce parti. On a aussi dit, dans les rangs du FLN, que la raison de l'opposition à Ouyahia résidait dans sa position de refuser toute révision des salaires, alors même que les caisses du pays regorgent d'argent. Ce ne sont là aussi que des fadaises puisque Bouteflika lui-même avait, il y a quelques mois, soutenu publiquement son Premier ministre sur ce chapitre. On a également clamé ici et là que l'on ne voudrait pas voir Ouyahia continuer à occuper le poste, car lui et son parti pourraient falsifier les résultats des élections législatives prévues pour l'an prochain. C'est vraiment se moquer des gens que de dire cela, sachant que le FLN et le RND ne sont que des clones l'un de l'autre, que tous deux trichent lors des élections et que le ministre de l'Intérieur, celui-là même qui organise les scrutins électoraux est un homme lige d'Abdelaziz Bouteflika et est un expert en matière de manipulation des urnes. Quand on apprend enfin qu'aucun changement n'est intervenu dans la nouvelle équipe gouvernementale, que tous les ministres ont été maintenus à leurs postes par Belkhadem, on ne peut donc que conclure que la raison du départ d'Ouyahia est manifestement ailleurs. La constitution prévoit que le Président désigne et met fin aux fonctions du Premier ministre. Pourquoi alors cette mise en scène de révolte des autres partis de la coalition gouvernementale qui dure depuis un bon mois, alors que la décision de limoger Ouyahia aurait été prise par Bouteflika, il y a de cela quelques mois déjà ? Ce sont là les petits calculs politiciens qui font partie de son ADN. Il cherche à donner l'impression qu'on lui a forcé la main pour prendre une telle décision. Il veut laisser croire qu'il obéit à une certaine logique : à partir du moment où les membres de l'alliance présidentielle se chamaillent, il est de son devoir d'intervenir pour mettre fin à la brouille en sacrifiant son Premier ministre. Il avait agi de la même manière avec Benflis ; il avait fait faire "le sale boulot" par les "redresseurs" du FLN qui s'étaient tout d'un coup soulevés contre celui qui était alors secrétaire général de leur parti, avant de l'éjecter de cette position par divers moyens peu démocratiques. Il en est toujours ainsi avec Bouteflika : il est toujours le gentil, les méchants ce sont les autres.

Les calculs d'un président mystique

La grave maladie de Bouteflika a rendu urgente la mise en place du nouveau paysage politique algérien. Dès son retour à Alger, après un séjour de deux mois dans un hôpital parisien, les généraux Janviéristes se sont empressés de lui donner leur accord pour un troisième mandat; en contrepartie, lui s'est engagé à prendre immédiatement les dispositions juridiques nécessaires pour la mise en application de la Charte pour la paix et la réconciliation nationale. Il s'est de même attelé à faire activer la signature du traité d'amitié avec la France. Les islamistes sont, comme on le sait, partie prenante de ce scénario. Abdelaziz Belkhadem, au nom du FLN et Madani Mezrag, au nom de l'AIS, se sont tous deux prononcés pour l'adoption d'une nouvelle constitution qui permettrait à Bouteflika d'effectuer un troisième mandat et qu'il serait flanqué d'un vice-président. C'est exactement ce schéma qui est en train de se mettre en place ; la nomination de Abdelaziz Belkhadem en lieu et place d'Ahmed Ouyahia en est la première phase. En choisissant le secrétaire général du FLN comme Premier ministre, le président algérien en a fait, en réalité, son successeur. C'est un acte extrêmement pathétique qu'il vient de faire. Il craint une mort prochaine, aussi prend-il les dispositions qui prévaudront au-delà de sa disparition. Lors de son séjour à l'hôpital du Val-de-Grâce, il a découvert que le cancer dont il souffrait pourrait lui être fatal. Cela l'a rendu acariâtre, très pieux, lui a donné une conscience plus grande des tâches qu'il aurait à accomplir et un désir de vengeance contre le monde qui l'entoure. Il s'est mis notamment à réprimander ses ministres en public, ou à s'en prendre violemment à la France et par ricochet aux généraux, ce qu'il n'avait pas osé faire aussi franchement jusque-là. En l'espace de quelques mois, Dieu et la religion sont devenus une obsession permanente de sa vie de tous les jours. Il y a de plus en plus chez lui une sorte de crainte de faire du mal, une tendance à chercher à éviter de commettre des actes contraires à la volonté et la justice divines, dont la politique de complaisance vis-à-vis des généraux, qu'il a menée jusque là. Bouteflika mystique pense qu'il est temps de faire repentance et de rechercher la clémence divine, tandis que Bouteflika, homme politique craint que cette complaisance n'ait plus tard des conséquences extrêmement graves sur ses proches ; c'est pourquoi, en désignant Belkhadem comme successeur, par ailleurs lui-même très pieux et *"qui craint la justice de Dieu (dixit Bouteflika)"*, il a voulu se prémunir, et prémunir les membres de sa famille tout particulièrement, de toute poursuite ou harcèlement. Il compte sur lui pour être le bouclier qui protégerait les membres de son clan. C'est en cela que la situation du Président et ce choix en particulier sont pathétiques ; il vient de mettre entre les mains du nouveau Premier ministre plus qu'un testament, c'est son destin et celui de sa famille qu'il lui a confié. Il lui aurait demandé, de s'engager vis-à-vis de lui et devant Dieu qu'il ferait tout ce qui est en son pouvoir pour protéger tout ce monde.

Il a aussi fait preuve d'une certaine fébrilité dans cette affaire; il l'a démontré en s'empressant de limoger Ouyahia, dont il connait pourtant la position depuis longtemps déjà. Ce dernier n'a cessé effectivement de répéter qu'il n'était pas d'accord pour une modification en profondeur de la constitution, mais que par contre, il soutenait l'idée de faire adopter par le parlement un amendement qui permettrait à Bouteflika de briguer un troisième mandat. Ouyahia ne semble pas animé de sentiments de revanche contre le Président; quand bien même il nourrirait un ressentiment quelconque, il est suffisamment rusé pour ne pas laisser apparaître ses sentiments. On a de tout temps dit qu'il était le candidat des "services" à la succession. Cependant, en parfait homme du sérail, il sait que Bouteflika n'a décidé de le faire remplacer par Belkhadem qu'après avoir obtenu l'accord des chefs du DRS, qui se sont empressés de lui donner leur feu vert pour le troisième mandat dès son retour de France. Sauf événement extraordinaire, Ouyahia va donc rentrer dans le rang et tout faire pour raffermir son contrôle sur son parti, le RND. Car il sait qu'Abdelaziz Belkhadem est très proche des milieux islamistes et que sa nomination au poste de Premier ministre peut rapporter gros à Bouteflika, mais aux généraux également.

Des élections législatives sont prévues pour 2007. Une collaboration étroite de Belkhadem avec la tendance "bouteflikienne" du FIS lors de ces élections est en train de prendre forme. Elle comprend, en plus des anciens de l'AIS, Boukhamkham et sa nébuleuse, Rabah Kébir et l'équipe présente en Allemagne, auxquels viennent s'ajouter aujourd'hui Anwar Haddam et ses soutiens de l'ex-représentation parlementaire à l'étranger. Il est probable d'ailleurs que d'ici la tenue de ces élections d'autres responsables du FIS viendront soutenir ce nouveau noyau commun aux deux partis. Belkhadem souhaiterait voir Abassi Madani en personne se rallier à lui, ce qui est une possibilité à ne pas exclure. Il envisage de présenter des listes arborant l'étiquette FLN, qui comprendront des représentants officiellement déclarés ou camouflés du FIS. On aurait alors une Assemblée nationale au sein de laquelle le FLN détiendrait la majorité absolue, mais dont la tendance politique sera nettement islamisante, puisqu'elle comprendra ce patchwork auquel viendront s'ajouter les élus d'El Islah d'Abdallah Djaballah et ceux du MSP. Un remaniement ministériel est prévu d'ici la fin de l'année. Dans l'immédiat, le gouvernement Ouyahia a été maintenu dans son intégralité, car l'urgence pour le tandem Bouteflika – Belkhadem est ailleurs. Il est très probable que le changement de gouvernement interviendra au lendemain du référendum.

Belkhadem vs les généraux: une cohabitation pas très simple

Que pensent les généraux de ce méli-mélo ? Ils semblent se désintéresser totalement des modifications qui s'annoncent à plus ou moins long terme et acceptent sans rechigner la désignation au poste de Premier ministre et de dauphin à la succession de Bouteflika, l'homme qu'ils avaient éliminé de la scène politique en 1992, par une entourloupette. Aujourd'hui les choses sont différentes. Tout président, de quelque couleur politique qu'il soit ne pourrait revenir sur les dispositions de la Charte adoptée par référendum. Aussi acceptent-ils de voir Belkhadem devenir éventuellement chef de l'État, même s'ils ne l'aiment pas. Ils auront néanmoins des difficultés à le piloter. Belkhadem est un nationaliste ombrageux, jaloux de l'arabité du pays et fervent défenseur de l'Islam comme religion d'État, même s'il reste relativement tolérant. Il fait, par ailleurs, partie de ces caciques du FLN dont la mentalité a très peu évolué depuis la guerre de libération nationale et qui n'arrivent que difficilement à changer leurs perceptions des relations algéro-françaises. La coopération entre l'Algérie et la France risque d'avoir des ratés avec Belkhadem aux commandes du pays. Dans sa vision des choses, toute initiative politique qui émane du gouvernement français est suspectée d'arrières pensées néo-colonialistes et par conséquent toute coopération devient assimilable à de la collaboration. Du côté français, on est conscient de cela ; on sent à travers les commentaires de la presse française que, de l'autre côté de la Méditerranée, on n'est pas très heureux de cette nomination. Une telle situation n'arrange évidemment pas les affaires des Janviéristes qui ne souhaiteraient pas créer une entrave supplémentaire à la signature du traité d'amitié entre l'Algérie et la France, déjà très compromise par l'état de santé de Bouteflika et par l'approche de l'élection présidentielle française. Si l'avènement de Belkhadem risque de créer des problèmes dans les relations algéro-françaises, cela ne devrait pas pour autant réjouir les États-Unis. L'individu lui-même n'est pas particulièrement américanophile, il n'a qu'une très faible connaissance des deux domaines qui intéressent tout particulièrement les Américains, les questions militaires et les hydrocarbures. Il ne prendra certainement aucune décision qui favoriserait les Américains au détriment des Français, car sa jalousie pour toute atteinte à la "souveraineté" de l'Algérie fera que sur ces deux plans, la situation n'évoluera probablement pas au-delà des concessions faites par Bouteflika. Ceci est particulièrement vrai pour le secteur des hydrocarbures dont le ministre actuel Chakib Khelil, véritable agent américain introduit dans le pouvoir et ami d'enfance de Bouteflika, quittera immédiatement son poste et le pays, si ce dernier venait à disparaître de la scène politique. Les relations de l'Algérie avec certains pays arabes et musulmans vont certainement devenir plus intenses avec l'arrivée de Abdelaziz Belkhadem à l'avant dernière marche du pouvoir. Ce sera notamment le cas des relations avec l'Iran qui s'amélioreront très certainement, ce que les Janviéristes ne voient pas d'un très bon oeil non plus. Ce n'est donc pas un changement anodin qui vient d'intervenir en Algérie. Peut-on pour autant dire que l'on assiste là à un passage de témoins ? Difficile à dire, sachant que Bouteflika est un véritable caméléon qui peut changer d'avis à tout moment, maintenant que son rêve de présidence à vie est devenue réalité.

CHAPITRE V

Des lendemains qui ne chantent pas trop pour Bouteflika

Les ratés de la Charte pour la réconciliation nationale

Voilà près de neuf mois qu'a été adoptée, par référendum, la "Charte pour la paix et la réconciliation nationale" suivie de la publication de l'ordonnance, portant application des dispositions de cette Charte, dont le but était de faire taire les armes, par une reddition massive des maquisards. On constate aujourd'hui que, non seulement la paix n'est pas revenue, mais qu'il y a même une nette reprise de la violence armée : une embuscade tragique qui a coûté la vie à une vingtaine de douaniers, des attentats à l'explosif dans la ville de Boumerdès et surtout une opération militaire d'envergure menée par l'armée dans les monts de Seddat dans la région de Jijel. Au cours de cette opération, qui a duré deux mois (mars à mai), une trentaine de membres du GSPC ont été abattus, dont des femmes et des enfants, et au cours de laquelle, selon des témoignages très crédibles, l'armée aurait utilisé des gaz toxiques pour venir à bout de la résistance des combattants terrés dans une grotte. Si l'information venait à être confirmée - elle ne peut l'être que par une enquête menée par une commission internationale ou avec le temps quand les langues se délieront - ce serait une affaire extrêmement grave. Elle l'est d'autant plus que l'on a appris que l'ambassadeur des États-Unis s'est rendu dans la région, en compagnie du chef d'état-major, le général Gaïd Salah, à la même date.

Bien que le régime communique très peu sur les résultats obtenus depuis la mise en application de la Charte, la presse annonce qu'il n'y aurait eu, à ce jour, que très peu de repentis et que si aucun chiffre officiel n'a été publié, c'est précisément parce que le nombre est minime, probablement moins d'une centaine. En parallèle, il y aurait eu la libération de 2 000 prisonniers, qui devraient bénéficier de la grâce présidentielle et des autres mesures d'accompagnement, parmi lesquels se trouvent des agents du DRS déguisés en terroristes ; quant aux autres, ce sont plutôt des prisonniers politiques sympathisants du FIS, ou des suspects contre lesquels ne pèsent que des charges très légères "d'activités terroristes", car les véritables membres des GIA ou du

GSPC arrêtés par les forces de l'ordre ont, dans leur quasi-totalité, été exécutés ou torturés à mort. On a, par contre, fait beaucoup de tapage sur la libération de Abdelhak Layada, un des dirigeants historiques du GIA ou de celle de Ali Benhadj. À propos de la réintégration à leurs anciens postes de travail de ceux qui, pour des faits liés à la tragédie nationale, ont fait l'objet de mesures administratives de licenciement, très peu, voire aucun ne l'a été à ce jour. Les chefs d'entreprises ne savent, en effet, pas trop comment manipuler ces dossiers, craignent des sanctions éventuelles qui seraient prises contre eux et se tournent, pour avis et chaque fois qu'ils en ont l'occasion, vers le représentant du DRS à l'intérieur de l'entreprise ou vers un agent des "services" qu'ils connaissent. Quant aux intéressés eux-mêmes, ils sont dans l'expectative, soit parce qu'ils préfèrent bénéficier d'indemnités plutôt que de revenir à leurs anciens postes de travail (la loi offre les deux possibilités), soit parce qu'ils ont reçu des réponses négatives ou pour le moins évasives à leurs demandes de réintégration. Le gouvernement lui-même ne sait pas trop comment mettre en application cette disposition qu'il vient de compléter par une nouvelle mesure administrative qui interdit le retour à leurs anciennes fonctions des enseignants, des agents du culte et de tous ceux qui exercent dans des secteurs sensibles ou stratégiques, sans que ne soient définis avec plus de précision ces deux termes. C'est donc le flou total dans ce volet de la Charte qui prévoit également que *"les familles démunies éprouvées par l'implication d'un de leurs proches dans le terrorisme bénéficient d'une aide de l'État, au titre de la solidarité nationale"*. Cette mesure n'a, elle non plus, pas encore vu un début d'application. Elle fait cependant déjà l'objet de trafics et magouilles en tous genres, car le statut de terroriste est aujourd'hui synonyme de rente à vie. Ce sont des milliers de personnes qui se sont, tout d'un coup, déclarées avoir été des terroristes, quand ce ne sont pas les familles qui ont "dénoncé" certains des leurs comme tels. Les agents du ministère de la Solidarité nationale, chargés de la mise en application de cette disposition, font l'objet de tentatives de corruption ; certains parmi eux fournissent des fausses attestations, qui se vendent à prix d'or ; quiconque a, dans ses relations, des anciens du FIS, du GIA ou du GSPC cherche à obtenir le précieux sésame qui donne droit à une pension à vie de 16 000 dinars par mois, alors que le salaire minimum est à peine un peu plus que la moitié de cela.

Une troisième disposition importante de la Charte n'a pas encore vu un début d'application, celle relative aux disparus. Il existe deux catégories de disparus : ceux qui ont été enlevés et tués par les groupes islamistes et ceux enlevés par les forces de sécurité, dont les familles n'ont plus eu de nouvelles. Dans la réalité, ce sont surtout ces derniers qui sont considérés comme disparus, les premiers étant plus généralement assimilés à des "victimes de la tragédie nationale". S'agissant de cette catégorie, les journalistes ont constaté que leurs ayants droits faisaient face à de très grandes lourdeurs bureaucratiques, en raison de l'absence de clarté des textes d'application qui confondent acte de décès et procès verbal de disparition. Quant aux véritables disparus, l'objectif du pouvoir est de voir les familles renoncer à toute procédure judiciaire moyennant le versement d'une indemnité et l'établissement d'un certificat de décès. Or, une bonne partie des ayants droits de cette catégorie de citoyens exige que les corps leur soient remis, ce que les autorités refusent de faire, en évoquant différents prétextes. Ils craignent, en effet, que les corps ne démontrent que les intéressés ont été soit torturés avant d'être exécutés, soit purement et simplement abattus, ce qui laisserait la porte ouverte à d'éventuelles poursuites judiciaires; indépendamment du fait que les services de sécurité eux-mêmes n'ont pas toujours gardé une trace du passage de l'individu entre leurs mains. Finalement la seule disposition de la Charte, applicable immédiatement est celle qui met les services de sécurité à l'abri de toute poursuite. Deux articles ont été spécialement introduits dans les décrets d'application ; le premier qui affirme, sans ambages, qu'aucune poursuite ne peut être engagée à titre individuel ou collectif à l'encontre des forces de défense et de sécurité, toutes composantes confondues et que toute dénonciation ou plainte doit être déclarée irrecevable par les autorités judiciaires. Le second article autorise des poursuites pénales d'office, avec de lourdes peines de prison et d'amendes à la clé, contre quiconque porterait atteinte aux institutions ou aux agents de l'État, y compris par une simple déclaration. Malgré le tollé provoqué, tant en Algérie qu'à l'étranger par des dispositions aussi iniques, le pouvoir n'est pas disposé à faire marche arrière. Les familles de disparus et la Ligue de défense des droits de l'homme ne baissent cependant pas les bras. Elles manifestent de différentes façons leur mécontentement, tout en espérant, qu'un jour, un nouveau pouvoir, annulera ces articles de loi, comme cela s'est passé au Chili ou en Argentine, et qu'il ne faudra pas attendre une trentaine d'années comme cela a été le cas dans ces deux pays. Ces réflexions des familles de disparus sont plutôt utopiques. Le DRS craint néanmoins que l'impossible ne devienne un jour réalité : il est en train de prendre les dispositions nécessaires pour ne pas être éventuellement piégé, ni se voir rattrapé par les événements ou par l'Histoire. Il a lancé durant ces deux derniers mois une action de démantèlement des CTRI. Ces centres territoriaux, des casernes du DRS, sont les centres de tortures par lesquels ont transité des milliers de présumés coupables d'activités terroristes. Les chambres de torture et les instruments utilisés pour une telle activité sont en cours de disparition. Le personnel qui y a travaillé a été dispersé à travers d'autres unités de l'armée ou plus simplement reversé dans le civil. Afin que nul ne s'avise de divulguer, un jour, les secrets des séances de torture auxquelles il a participé, le DRS a pris la précaution de filmer toutes les activités de tous ceux qui y ont participé de près ou de loin. Ce sont des milliers de cassettes-vidéo qui ont été enregistrées qui montrent les tortionnaires en activité, mais pas les chefs bien entendu. Ceux-ci disposent ainsi de moyens de chantage à l'encontre de ceux qui pourraient être effectivement tentés de parler un jour de ce qu'ils ont vu ou de ce à quoi ils ont participé ; ceci en plus des menaces qui leur ont été signifiées explicitement ou indirectement, des menaces de mort proférées à leur encontre ou contre des membres de leurs familles. Quant aux ordres reçus, ils ont toujours été verbaux uniquement ou formulés en termes généraux, comme ces paroles funestes attribuées au général Smaïn Lamari : *"Je ne veux pas de prisonniers, je ne veux que des morts"*, ou encore *"Pas de corps, mais des têtes seulement"*. C'est dans cette atmosphère délétère, que la maladie vient compliquer encore un peu plus, que Bouteflika essaye de redonner vie au concept de réconciliation nationale sur lequel il avait bâti son deuxième mandat. Il était convaincu que grâce aux moyens financiers énormes actuels du Trésor public, il achèterait les consciences de ceux qui s'étaient rangés aux côtés des islamistes et qu'il obligerait ainsi leurs leaders, ceux du FIS en particulier, à le soutenir dans son action. Hélas pour lui, ces calculs n'ont pas fonctionné comme il l'aurait voulu. Il était tout aussi convaincu, qu'avec l'appui de Madani Mezrag, qui avait promis que tous les maquisards allaient se rendre grâce à son action personnelle et que suite aux assertions de maître Ksentini qui lui avait laissé croire que le dossier des disparus serait réglé grâce à des montagnes d'argent, il sortirait grand vainqueur de ce maelström. La signature du traité d'amitié avec la France aurait été la cerise sur le gâteau qui allait faire de lui un président historique. Or de tout cela, rien n'a fonctionné. Il est donc obligé de revoir sa stratégie, dans des conditions plus difficiles qu'auparavant, puisque la maladie l'a rendu encore plus fragile.

Pour essayer d'attirer vers lui les islamistes il a, dans une première étape, chargé le président du MSP, Aboudjerra Soltani de rencontrer ceux que l'on appelle "le groupe de Londres" du FIS. Les leaders de ce groupe sont Abdallah Anas, Kamreddine Kherbane, Djaafar Houari et Mohamed Denideni. Ces personnages sont moins médiatisés que Rabah Kebir, Anwar Haddam ou Mourad Dhina, mais ont cependant un poids important au sein de la nébuleuse du FIS, compte tenu du très grand nombre de "fissistes" présents dans la capitale britannique, mais aussi en raison de la plus grande ancienneté de certains dans la mouvance islamique. D'après ce que l'on sait, les personnes que Soltani a rencontrées ont demandé des concessions supplémentaires, notamment une nouvelle formulation de certains aspects de la Charte qui, dans sa version actuelle, fait supporter la responsabilité du drame algérien aux seuls islamistes. Ce groupe a une position assez proche de celle de Ali Benhadj, Mourad Dhina, Abbas Aroua, Rachid Mesli, Habbes et Filali (les vainqueurs du congrès de Bruxelles), qui de plus affirment qu'il ne peut y avoir de réconciliation sans justice, ni vérité sur les événements passés. Finalement, seul le groupe de Bonn dirigé par Rabah Kebir, qui affirme parler au nom de Abdelkrim Ghemati et de Abdelkrim Ould Adda, trouve des aspects positifs à la Charte. Ce sont les mêmes qui, aux côtés de Boukhamkham et Madani Mezrag avaient approuvé et fait campagne pour le document avant même son approbation lors du référendum. Rabah Kebir annonce aujourd'hui qu'il va rentrer à Alger en juillet, que ses deux autres compagnons vont probablement en faire autant, mais laisse entendre qu'il n'est pas question qu'il s'y installe, au prétexte qu'il a sa vie en Allemagne et que ses enfants y vont à l'école. De son côté Anwar Haddam avait, dans une première étape, rejeté la Charte en même temps qu'Ahmed Zaoui; sans avoir totalement renoncé à cette position, il annonce qu'il compte se rendre bientôt à Alger pour prendre la température avant de décider quoi faire.

On peut donc dire que sur le plan de la perception des événements par les leaders du FIS, Abdelaziz Bouteflika a engrangé un demi succès. Pour transformer l'essai, il compte sur les relations cordiales qu'entretient le nouveau premier ministre Abdelaziz Belkhadem avec les islamistes. Dès sa nomination, ce dernier a pris contact avec les leaders du FIS qu'il se propose d'associer à la gestion des affaires du pays, à travers le FLN. Il espère réussir à convaincre certains d'entre eux à se présenter aux élections législatives prévues pour 2007 sous l'étiquette du FLN, tout comme il prévoit d'accorder des portefeuilles ministériels à certains. Est-ce en réponse à ces avances que Ali Benhadj vient d'annoncer qu'il serait disposé d'intercéder auprès des maquisards du GSPC et les amener à déposer les armes, si le pouvoir le lui demandait ? Si cela intervenait, on pourra alors dire que Belkhadem aura été d'un apport très précieux pour la réussite du plan de Bouteflika, mais aussi que des concessions sérieuses auront été consenties au FIS. Un autre accroc, imprévu celui-là, est venu perturber la mise en application de la Charte. Il s'agit de la demande formulée par l'Union européenne auprès des autorités algériennes, leur demandant de lui communiquer la liste des repentis. Le motif officiel de la démarche est de disposer de la liste de ceux à qui des visas d'entrée sur le territoire de l'Union seraient automatiquement refusés. Or, il se trouve que parmi ceux qui ont été récemment libérés des prisons algériennes, il y a beaucoup d'agents du DRS, déguisés en islamistes et emprisonnés afin de noyauter les véritables membres des mouvements armés. Communiquer à l'U.E. les listes qu'elle demande, c'est donc mettre à sa disposition la liste des taupes du DRS, camouflées sous l'étiquette de repentis et donc permettre aux autorités sécuritaires de l'Union de suivre les activités de ces "repentis" sur son territoire. C'est le casse-tête que le pouvoir n'a pas encore résolu, vu qu'il s'est par ailleurs engagé à collaborer totalement avec les autorités européennes dans la lutte antiterroriste.

Bouteflika escompte ramener la paix au pays en inondant de largesses financières tous ceux qui ont été touchés, à un titre ou à un autre, par ce qu'il a appelé la tragédie nationale. Mais ce plan va coûter très cher au pays. Il y est, en effet, prévu :

- le versement d'un capital décès pour les ayants droits des victimes de la tragédie nationale d'un montant égal à 120 fois la somme versée à titre de pension mensuelle aux familles des victimes du terrorisme, elle-même égale à 16 000 DA. Bouteflika lui-même avait à plusieurs reprises estimé le nombre de ces victimes à 200 000 ce qui est, peut-être, exagéré. Pour 150 000 victimes ce capital décès s'élèverait à 288 milliards de dinars, soit plus de 3 milliards de dollars,
- le versement d'un capital décès de 1 000 000 de dinars pour la famille de chaque disparu, dont le nombre varie, selon les sources, entre 7 800 et 20 000 ; pour un chiffre moyen de 12 000 disparus ce serait une

somme de 12 milliards de dinars (125 millions de dollars) qu'il faudrait prévoir pour ce chapitre,

- le versement de pensions aux ayants droits des terroristes tués durant la guerre, d'un montant de 10 000 dinars par mois ; le nombre estimé de familles qui tombent sous cette appellation est estimé à 21 000, soit une dépense globale mensuelle de 210 millions de dinars (près de 2.5 millions de dollars),
- le versement d'une pension mensuelle aux familles des victimes du terrorisme ; leur nombre est d'environ 150 000 tandis que la pension est de 16 000 DA/mois, soit un total mensuel de 2.4 milliards de dinars (28 à 30 millions de dollars environ).

Les "Patriotes", dont le cas n'a pas été prévu par la Charte, exigent d'être traités de la même manière que les familles de victimes du terrorisme ; ils prétendent avoir droit à une pension mensuelle du même montant, pour "services rendus à la nation". Le gouvernement qui dit qu'il va étudier leur cas ne peut cependant que réserver une suite positive à leur demande. Les associations qui les regroupent assurent qu'ils sont au nombre de 80 000. Dans ce cas, cela coûterait 1.28 milliards de dinars par mois au Trésor public, soit une quinzaine de millions de dollars supplémentaires.

Au total, ce serait donc une somme globale de 15 milliards de dollars environ que l'État aurait à débourser durant une vingtaine d'années. Bien sur, l'État algérien est en mesure de faire face à ces dépenses, puisque ses réserves financières se montent actuellement à quelques 60 milliards de dollars. Il n'en reste pas moins que ce sont là des sommes faramineuses, auxquelles viendraient s'ajouter quelques 150 millions de dollars pour la construction de logements pour les familles des victimes du terrorisme. À partir du moment où cette catégorie d'ayants droits aura obtenu un droit au logement, il faut s'attendre que les Patriotes, les familles de disparus et d'autres encore exigent un traitement similaire. La note finale sera donc très lourde.

Les ratés du traité d'amitié algéro–français

L'idée de ce traité est comme on le sait née au mois de mars 2003, lors de la visite du président Jacques Chirac à Alger. Il a fallu attendre la réélection d'Abdelaziz Bouteflika un an plus tard, puis le référendum sur la Charte pour la paix et la réconciliation nationale avant d'envisager de passer à sa concrétisation. Durant ces deux années et demie, la configuration de la scène politique algérienne, et dans une certaine mesure celle de la scène politique française, ont évolué au point de rendre la signature du traité impossible. Que s'est-il passé dans l'intervalle ?

Au début de l'été 2005, Bouteflika avait décidé de faire approuver la Charte par référendum, qui est, comme on le sait, d'abord et avant tout une loi d'amnistie destinée à mettre à l'abri les généraux de toutes poursuites éventuelles en Algérie, tant dans l'immédiat que dans un avenir lointain. Le fait même d'organiser le référendum lui faisait donc perdre le dernier atout dont il disposait pour négocier éventuellement avec eux un troisième mandat. Le traité d'amitié avec la France devait apporter la couverture internationale nécessaire à la protection définitive recherchée par la nomenklatura militaire. Le calcul de Bouteflika a alors consisté à essayer de torpiller ce traité dont l'idée lui avait tellement plu au départ. C'est avec quelques quatre mois de retard qu'il découvrit que le Parlement français avait adopté le 23 février 2005, une loi qui faisait l'éloge de la colonisation française en Afrique du nord et en vantait les mérites. Il se mit alors à critiquer de plus en plus violemment et à chaque occasion cette loi, dans l'espoir que ces attaques répétées amèneraient une riposte de l'extrême droite française qui réussirait à gêner suffisamment le président Chirac, jusqu'à l'amener à renoncer à la signature du traité; il conserverait ainsi, pensait-il, la main haute sur la destinée des généraux. Jusqu'à la fin de l'année 2005, ces calculs ne réussirent qu'à moitié, puisque ils ne provoquèrent pas la réaction espérée du côté français. Le seul changement intervenu a porté sur le retrait par Jacques Chirac de la disposition la plus controversée, suite à des manifestations de mécontentement qui ont eu lieu dans les DOM – TOM français et non à la suite des coups de boutoir du président algérien. En Algérie même, les généraux ont exercé suffisamment de pressions sur Bouteflika et sur son entourage, jusqu'à amener tour à tour, le ministre des Affaires étrangères, Mohamed Bedjaoui et le représentant personnel du Président, Abdelaziz Belkhadem, à atténuer chaque fois les propos de ce dernier. Bouteflika lui-même dut se dédire à deux reprises et déclarer que nonobstant toutes les critiques, la signature du traité restait à l'ordre du jour. Puis vint la maladie qui bouleversa totalement la donne. On assista depuis le début de l'année en cours, à une offensive politico-militaire américaine en direction de l'Algérie qui a rendu caduc l'idée de pacte avec la France. Il est certain que pour les généraux algériens, la couverture américaine est de loin meilleure et plus efficace que celle de l'ancienne puissante occupante. Il y eut durant cette période, en plus de la série de visites à Alger de très hauts responsables américains, celle du ministre algérien des Affaires étrangères à Washington, au cours de laquelle Condoleezza Rice a tenu, à dessein à provoquer les Français en offrant, de manière ostentatoire, à Mohamed Bedjaoui un fac-similé du traité d'amitié passé entre l'Algérie et les États-Unis en 1795. Les généraux sont aujourd'hui conscients que les Américains veulent et vont prendre l'Algérie sous leur coupe ; leur immunité sera donc garantie par la première puissance mondiale et ce aussi longtemps que "le risque terroriste d'Al Qaïda" sera présent dans les esprits outre Atlantique, c'est-à-dire pour de nombreuses années encore. Ils n'insistent donc plus sur le traité d'amitié algéro–français ; s'il se fait, c'est bien, s'il ne se fait pas, ce n'est pas une catastrophe. Le président algérien a compris ce manège, mais il continue quand même à fustiger de plus en plus violemment l'État français. Il ne se satisfait plus d'accusations de *"génocide culturel"*, il parle maintenant de *"génocide de l'identité, de l'histoire, de la langue et des traditions algériennes durant la colonisation".* La violence des termes qu'il a utilisés a fini par agacer les autorités françaises qui ont répondu par la bouche du ministre des Affaires étrangères Philippe Douste-Blazy qui a déclaré que Bouteflika ne connaissait pas le sens du mot "génocide" qu'il était en train de galvauder en l'utilisant à tort et à travers. L'extrême droite française s'est également saisie de l'affaire et brocarde le Président en disant que s'il n'aime pas la France, pourquoi fréquente-t-il alors ses hôpitaux ? Côté français, la fièvre électorale pour la présidentielle de 2007 a déjà saisi tout le microcosme politique. Jacques Chirac n'est, de ce fait, plus en mesure de signer ce fameux traité, qui ne verra probablement jamais le jour.

Qu'est-ce qui fait alors courir Abdelaziz Bouteflika, qui vient de rajouter encore un obstacle supplémentaire empêchant ainsi définitivement la moindre lueur d'apparaître sur ce dossier ? En sus des accusations diverses et variées, il exige maintenant que la France présente des excuses au peuple algérien pour tous les "malheurs" qu'elle lui a causé durant 132 années de colonisation. Cet acharnement n'a plus rien à voir avec les querelles intestines algéro-algériennes ; c'est probablement son état de santé qui serait la cause d'un tel comportement. Espère-t-il un miracle, à savoir que l'État français se plierait à son exigence, et auquel cas il apparaîtrait devant l'Histoire comme le président algérien qui aura amené l'ex-occupant à céder et à reconnaître ses torts ? Il a mis les enchères si haut dans cette affaire qu'il ne peut plus faire marche arrière. Cette tactique du "Après moi le déluge" vis-à-vis des Français est cependant très positive pour ce qui est des intérêts américains.

Imperturbables, les Américains prennent possession du terrain

Au prétexte de lutte contre le terrorisme dans la bande du Sahel, les États-Unis ont lancé une nouvelle initiative, The Trans Saharan Counter-Terrorism Initiative – TSCTI – dont la mise en application sur le terrain est intervenue au mois de juin de l'année passée, en parallèle avec l'exercice intitulé Flintlock 2005. Elle fait suite à la Pan Sahel Initiative qui était orientée vers quatre pays en particulier, le Mali, la Mauritanie, le Niger et le Tchad. La TSCTI reprend les mêmes objectifs qu'elle compte développer beaucoup plus, car elle englobera de nouveaux secteurs d'intervention, couvrira dix pays et non pas quatre seulement et disposera d'un budget nettement plus conséquent. Les dix pays concernés par cette nouvelle initiative sont, en plus des quatre déjà mentionnés, l'Algérie, le Maroc, la Tunisie, le Sénégal, le Ghana et le Nigeria. Il est probable que la Libye y sera également associée un peu plus tard. Le budget prévu par le gouvernement américain pour cette initiative est de 100 millions de dollars par an durant les cinq prochaines années. Au plan militaire, les objectifs assignés à la TSCTI reprendront ceux de la PSI au sein d'un sous-groupe appelé Operation Enduring Freedom – Trans Sahara (OEF–TS). Rappelons que ces objectifs étaient d'assister les pays partenaires de l'opération à contrôler leurs frontières contre les trafics en tous genres et à coordonner leurs efforts en matière de lutte contre le terrorisme ; ceux de la OEF-TS sont plus ambitieux. Placés sous le contrôle direct du US EUCOM, toutes les actions de ce sous-groupe entrent dans le cadre de la “Guerre globale contre le terrorisme” et les pays partenaires sont *de facto* membres de la coalition en charge de cette guerre globale contre le terrorisme. Ainsi donc les dix pays mentionnés plus haut deviennent automatiquement des alliés des États-Unis et relèvent de leur sphère d’influence. Grâce à l’assistance américaine fournie dans le cadre de l’opération OEF–TS ces pays doivent être en mesure de détecter, d’exploiter, découvrir, saisir, vaincre ou détruire tout entreprise terroriste dans la zone géographique affectée à la TSCTI. Si au plan militaire les objectifs des deux initiatives sont identiques, la TSCTI se distingue de la PSI par des actions complémentaires qui seront conduites par d’autres agences du gouvernement américain. L’Agence pour le développement international (US AID) va entreprendre des actions dans le secteur de l’éducation, le Département d’État s’occupera de la sécurité des aéroports, tandis que le Département du Trésor sera chargé de mener des actions destinées à contrôler plus sévèrement les mouvements monétaires de la région. La TSCTI représente le pendant à l’ouest de l’autre initiative, la East Africa Counterterrorism Initiative (EACTI) qui a les mêmes objectifs pour six autres pays de la Corne de l’Afrique : Djibouti, l’Érythrée, l’Éthiopie, la Tanzanie, l’Ouganda et le Kenya. Le pouvoir politique, l’armée et le DRS tout particulièrement semblent satisfaits de faire partie de cet ensemble, à l’intérieur duquel ils espèrent occuper une place de choix. Souvenons-nous que c’est le DRS qui avait fourni aux Américains l’alibi qui leur a permis de s’installer durablement dans le Sahel. Les militaires algériens considèrent être les co-géniteurs des actions entreprises aujourd’hui par les États-Unis, d’où leur ambition de jouer un rôle de supplétifs de l’armée américaine; un rôle que cette dernière est disposée à leur confier vu l’importance du contrôle qu’exerce le DRS sur les différents réseaux de trafiquants de la région et sur les groupes armés, dont nombre d’entre eux sont pilotés depuis Alger. La mainmise américaine sur les dix pays concernés par la TSCTI, auxquels s’ajoutent ceux inclus dans la EACTI permettra aux États-Unis d’assurer la sécurité des zones pétrolières de la région dans lesquelles les majors et les indépendants américains sont présents en masse et d’éviter autant que faire se peut que d’autres grandes puissances, la Chine notamment, n’en prennent le contrôle.

Un autre fait notable, intervenu ces derniers temps, démontre l’influence de plus en plus importante des États-Unis sur le pouvoir algérien qui semble se complaire dans ce statut de pion entre leurs mains. Il s’agit de la tournée énigmatique de l’ambassadeur américain à Alger, M. Richard Erdman, dans la région de Jijel, en compagnie du chef d’état-major Gaïd Salah. Cette visite a eu lieu au moment où l’armée menait une opération de grande envergure qui a duré deux mois, dans les monts de Seddat dans la région. Cette opération se serait terminée par le gazage, dans une grotte, de membres du GSPC, dit-on. Que diable venait faire l’ambassadeur des États-Unis en zone de guerre ? Le fait qu'il se soit rendu dans la région en compagnie du chef d'état-major indique bien que le but de sa visite était d'ordre militaire. L'événement est d'autant plus bizarre que les gens de la région, qui probablement doivent savoir de quoi il retourne, ne veulent pas en parler; comme s'ils craignaient une réaction violente du régime, qui aurait quelque chose d'extrêmement grave ou d'important à cacher. Il faut dire aussi que Mr Richard Erdman, en poste à Alger depuis octobre 2003, qui doit être remplacé en juillet prochain par Robert S. Ford, semble avoir particulièrement réussi la mission qui lui a été confiée par son gouvernement. Durant son séjour il a créé beaucoup de liens avec tous les responsables algériens dans tous les domaines, qu'ils soient politiques, militaires, journalistiques ou autres au point qu'il était mieux informé des coulisses du pouvoir algérien que les protagonistes eux-mêmes. Il se dit dans le microcosme algérois que les ministres viennent aux nouvelles chez lui.

CHAPITRE VI

La descente aux enfers s'accélère

L'impact de la maladie de Bouteflika sur le fonctionnement de l'État

Le ministre français de l'Intérieur Nicolas Sarkozy vient d'effectuer une visite en Algérie. Ce serait pour infliger un démenti aux observateurs de la scène politique algérienne qui ont remarqué une nette baisse de régime de ses activités depuis la déclaration de sa maladie, qu'Abdelaziz Bouteflika aurait décidé de le recevoir durant trois heures. Pour faire bonne mesure, il a profité de la présence de la presse internationale pour répondre à la question d'une journaliste sur son état de santé : *"Vous faites une tartine de ce qui n'existe pas ; j'ai été malade, j'ai été très malade, je m'en suis sorti de manière fabuleuse. Il faut cesser de parler de ma santé, je suis un homme absolument comme tout le monde."* Puis se ravisant, il a rajouté : *"Il est tout à fait clair que si j'ai des problèmes de santé, je rentre définitivement chez moi."*

Le Président pense avoir ainsi mis fin aux spéculations selon lesquelles il n'est plus en mesure, physiquement s'entend, d'assumer les charges de sa fonction. La réalité est toute autre; la presse elle même est restée très dubitative. Elle s'est, entre autres, demandé pourquoi s'est-il senti obligé de mentionner qu'il rentrerait définitivement chez lui, s'il avait des problèmes de santé. Bouteflika ne fonctionne plus que par à-coups ; il alterne des phases de travail, très médiatisées, qui durent quelques jours avec des phases de repos durant lesquelles il disparaît totalement, pendant quelques semaines. Ce que l'on constate également, c'est qu'il rate des rendez-vous importants. Il en a été ainsi, par exemple, de la séance d'ouverture de l'année judiciaire qui se traduit par une réunion du Conseil supérieur de la magistrature qui, de par la constitution, doit être présidée par le chef de l'État. On constate aussi que même présent à certaines séances de travail, il en est absent de par son comportement ; tous ceux qui l'ont approché récemment rapportent comment il est apparu complètement "éteint" en de nombreuses circonstances. Tel a été notamment le cas lors du sommet des non-alignés de La Havane, auquel il a récemment participé. Non seulement, il était tout le temps plongé dans une sorte de torpeur durant les séances de travail, mais socialement il n'était pas non plus dans son assiette. Un ex-ambassadeur du Venezuela à Alger, très bon ami à lui qui l'avait très bien connu dans les années 1970 s'en est approché, pour bavarder et rigoler avec lui, comme ils avaient l'habitude de le faire autrefois ; cet ambassadeur raconte comment il a trouvé Bouteflika plongé dans une sorte d'hébétude et nullement en forme. Puis, le Président s'étant absenté plus d'un mois, des rumeurs en tous genres se sont mises à circuler à travers tout le pays, tant et si bien que le Premier ministre Abdelaziz Belkhadem s'est vu obligé de déclarer à la presse que *"le Président était, comme tout le monde, en congé"*. À vrai dire, il s'était rendu dans l'intervalle à une visite de contrôle auprès des médecins français qui le suivent, avant de retourner à Alger au chevet de sa mère gravement malade. Cette absence a eu pour conséquence que tout l'appareil de l'État s'est retrouvé pratiquement à l'arrêt, à un moment où une décision importante doit être prise : faut-il oui ou non prolonger le délai accordé aux combattants se trouvant dans les maquis pour déposer les armes ? Cette importante disposition de la Charte pour la réconciliation nationale vient à expiration le 28 août prochain ; seul le Président est habilité à se prononcer sur la question en vertu du pouvoir qu'il s'est fait attribuer par référendum.

Ces disparitions fréquentes ont également causé une sérieuse dégradation de la situation intérieure du pouvoir durant les deux ou trois derniers mois. Des scandales éclatent de partout, ce qui n'est pas nouveau, vu que le pouvoir est dans son ensemble bâti sur la corruption et les pots-de-vin. La nouveauté, par rapport au passé, c'est que ces scandales sont maintenant étalés sur la place publique. La presse fait actuellement des choux gras d'une affaire gravissime, qui dure depuis quelques années déjà, qui laisse croire qu'il existe des lutes de clans à l'intérieur de l'armée. On a appris qu'il y avait un trafic de drogue, de haschisch en provenance du Maroc, dans lequel sont impliquées de très hautes personnalités, civiles et militaires, qui se seraient associés aux chefs des groupes terroristes du GIA et du GSPC pour mener à bien l'opération. Si les soupçons émis s'avéraient vrais, l'Algérie connaitrait donc une situation kafkaïenne dans laquelle ces hauts responsables, qui sont censés combattre le GIA et le GSPC, leur fournissent les fonds nécessaires pour acheter des armes et du matériel militaire qu'ils utilisent ensuite contre eux ! Abdelaziz Bouteflika laisse faire, craignant peut-être qu'il risque de lui arriver ce qui est arrivé à Mohamed Boudiaf, assassiné par les généraux en juin 1992, parce qu'il avait cherché à enquêter sur les affaires louches de certains d'entre eux.

On a également noté une très sérieuse reprise des activités terroristes ces derniers temps, ce qui donne l'impression que l'on est revenu une quinzaine d'années en arrière. D'ailleurs, le DRS semble avoir repris la technique qui lui a si bien réussi par le passé, à savoir propager des rumeurs à destination des dirigeants européens et américains. Le message qu'il veut transmettre est le suivant : si nous partons, c'est le chaos qui prévaudra en Algérie ; c'est nous votre bouclier contre l'émigration sauvage et contre Al Qaïda et consorts. Il rend la peur du "péril vert" encore plus grande en dénonçant une collusion d'intérêts possible entre la contestation sociale et la contestation islamiste.

Cette atmosphère très lourde est venue se rajouter à la maladie. Bouteflika semble avoir gelé toute son activité; il a donné des instructions pour que soient arrêtés tous les chantiers de réformes qu'il avait initiés, pour certains, depuis quelques années déjà. Pour le moment le gouvernement ne fait que gérer les affaires courantes.

La drogue source de financement de la guerre civile

Le 5 juillet dernier, Ahmed Zendjabil, grand baron de la drogue, surnommé le Pablo Escobar algérien s'est livré à la justice. Il l'a fait en se constituant prisonnier auprès du parquet de Blida et non pas auprès de celui d'Oran, qui avait entamé l'action judiciaire dans laquelle il est impliqué. De plus, il a demandé lors de sa reddition de bénéficier des dispositions de la Charte pour la paix et la réconciliation nationale. S'il a agi ainsi c'est parce qu'il craignait d'être assassiné, aussi bien s'il était resté en liberté que s'il s'était rendu auprès du tribunal d'Oran, convaincu qu'il aurait été mis entre les mains de ses anciens comparses qui l'auraient exécuté. Cet individu avait été arrêté, une première fois, en 1997 au Maroc, suite à un mandat d'arrêt international qui avait été lancé contre lui, avant qu'il ne profite d'un séjour en hôpital pour traitement pour s'évader, grâce à certaines complicités. Il avait réussi la même opération, plus tard en Algérie, parvenant cette fois-là à échapper à ses gardes au moment où il était conduit dans un fourgon cellulaire au tribunal d'Oran pour y être inculpé. Le pouvoir avait alors déclenché une énorme opération d'intoxication, laissant croire qu'il s'agissait d'un petit dealer, un voyou qui, par chance, avait réussi à échapper à la justice. Puis l'histoire était tombée aux oubliettes. C'est en 2005, lors du procès de l'ex-wali d'Oran, Bachir Frik, condamné à huit ans de prison ferme pour avoir cédé à des proches quelques logements et terres agricoles, que l'on a commencé à entendre parler de lui à nouveau. Qu'un wali accorde quelques largesses à certains de ses proches est un comportement tellement fréquent en Algérie que l'on a été étonné que celui-ci ait écopé d'une peine aussi lourde. La véritable raison d'une telle condamnation est venue de l'intéressé lui-même qui avait déclaré, lors d'une séance publique du tribunal, avoir soutenu l'action de son ex-directeur de l'action sociale, un certain Kada Hziel; celui-ci, dit-il, avait été traduit en justice pour avoir dénoncé dès 2001, les connivences de certains trafiquants de drogue, dont Ahmed Zendjabil, avec de très hauts responsables militaires et civils. Mais jusque là, cette révélation sensationnelle n'avait pas été portée à la connaissance de l'opinion publique. C'est maintenant seulement, après que ce fameux trafiquant se soit rendu à la justice que l'on a appris, qu'il avait fait l'objet d'un mandat d'arrêt international, qu'il s'était réfugié après son évasion pour quelques années au Maroc, que ni le gouvernement algérien, ni le gouvernement marocain n'avaient levé le petit doigt pour lui mettre la main dessus et que le trafic de drogue dont il est question est une immense opération. Ce sont des quantités énormes – de l'ordre de 200 à 300 tonnes de cannabis par an – en provenance du Maroc qui arrivent en Algérie, depuis 1996, pour être en grande partie réexportées vers l'Europe. Ces livraisons se sont faites par des autocars de voyageurs qui circulaient entre les deux pays, tant que la frontière terrestre était ouverte. Après que celle-ci eût été fermée, les livraisons se sont faites par camions via des chemins que les trafiquants connaissent parfaitement et qu'ils ont sécurisés en mettant à profit la situation de guerre civile qui prévaut en Algérie. On a aussi appris qu'Ahmed Zendjabil n'était qu'un instrument entre les mains de puissants du régime, qui sont les véritables parrains de ce réseau. Il a livré les noms de ses commanditaires, ce qu'avait déjà fait auparavant l'ex-directeur de l'action sociale Kada Hziel tant devant le tribunal lors de son procès, que dans de très nombreuses lettres qu'il avait adressées à Abdelaziz Bouteflika, directement ou par l'intermédiaire d'un sénateur, ami du Président. Qui sont ces commanditaires ? Il s'agit du chef de la deuxième région militaire, le général-major Kamel Abderrahmane, du chef de la sureté de la wilaya, le commissaire Mokhtar Mokrane et du wali de l'époque Mustapha Kouadri. Ces trois personnages ne sont plus en fonction à l'heure qu'il est, mais n'ont fait l'objet d'aucune poursuite judiciaire, malgré les très graves accusations portées contre eux. On retiendra également que malgré l'énormité de ces accusations, ils n'ont pas jugé utile d'intenter une quelconque action en diffamation, ce qui confirme leur culpabilité. Le réseau dénoncé par Zendjabil est beaucoup plus important ; en dehors de ces trois chefs, il comprend également des officiers supérieurs de l'armée et de la gendarmerie, des gardes frontières, des hauts responsables de la douane, des magistrats, des policiers et même des directeurs de journaux. Quant aux faits eux-mêmes, ils ont été rapportés par Zendjabil au juge d'instruction qui l'a auditionné; il les a aussi consignés dans un *"testament"* qu'il aurait laissé en lieu sûr, pour le cas dit-il, où *"il aurait été suicidé en prison"*. On a également appris aujourd'hui que des instructions avaient été données pour que les déclarations de l'ex-sali et de son collaborateur ne figurent pas au procès verbal de leurs auditions. Il est clair que si certains journaux ont commencé à dévoiler quelques détails de cet énorme scandale, c'est parce que le pouvoir a permis que soient mises sur la place publique des accusations aussi graves contre de très hauts responsables; ce ne peut être que parce qu'il y a du rififi dans les hautes sphères de l'État. Visiblement c'est le DRS qui règle ses comptes avec un autre centre de pouvoir.

Les détails révélés par la presse sont sidérants. Les livraisons de cannabis depuis le Maroc étaient escortés par des unités de l'armée algérienne, Zendjabil servait de courroie de transmission entre ses commanditaires et les émirs des bandes armées du GSPC et du GIA; il leur remettait, avec l'approbation de ses chefs, de grosses sommes d'argent pour acheter leur mansuétude, tant et si bien que jamais un convoi de transport de cannabis n'a été attaqué par ces bandes armées. On a également appris que Zendjabil et ses hommes de mains se rendaient librement au Maroc pour y rencontrer leurs homologues trafiquants et que dans ce pays aussi tout ce beau monde disposait de complicités de très hauts responsables de la police et des services de sécurité. Il est certain que le chef d'état-major, les patrons du DRS et le président de la République, ne pouvaient en aucun cas ignorer ce qui se tramait à Oran. Quelles sont les conséquences de cette monstrueuse affaire sur le pouvoir ? Si l'Algérie était un état de droit, l'ex-chef d'état-major de l'armée, le général-major Mohamed Lamari, les patrons du DRS, les généraux Tewfik Mediène et Smaïn Lamari, voire le président de la République en personne, auraient fait l'objet de poursuites judiciaires ; en plus bien sûr du chef de la deuxième région militaire et de ses acolytes civils. Souvenons-nous cependant que c'est - entre autres - parce qu'il avait entamé une enquête sur les agissements, dans le sud algérien d'un trafiquant notoire, Hadj Bettou, qui contrôlait avec la complicité de hauts responsables militaires un vaste réseau de trafic en tous genres que l'ex-président Mohamed Boudiaf avait été assassiné. Bouteflika le sait bien entendu et a peur. Il sait que les trafics auxquels avait osé s'attaquer Mohamed Boudiaf étaient de moindre envergure et nettement moins compromettants pour leurs auteurs, que ceux auxquels il se trouve lui-même mêlé aujourd'hui ; il n'ose par conséquent pas déclencher et ne déclenchera pas non plus une enquête quelconque pour découvrir la vérité dans cette affaire. Il sait que ce qui serait découvert lui coûterait la vie et mettrait en danger l'unité de l'armée elle-même. Indépendamment de ces conséquences, ces toutes premières révélations sur ce vaste trafic de drogue, attestent que le niveau d'immoralité, la corruption et la rapacité des hommes du pouvoir ont atteint un point de non-retour et causé des dommages irréparables à la population et au pays. Où et quand s'arrêtera la descente aux enfers de l'Algérie ?

CHAPITRE VII

La maladie de Bouteflika, le pétrole, et la succession

Bouteflika revoit sa copie

C'est le 24 février 2005 que Bouteflika annonçait l'introduction d'une nouvelle loi sur les hydrocarbures ; il en faisait adopter le texte par le Parlement au mois d'avril suivant, avant qu'elle ne soit publiée au journal officiel dans le courant du mois de juillet. Depuis plus rien ; aucun des décrets d'application n'a été mis en place. Il n'en reste pas moins que l'entreprise pétrolière nationale avait déjà préparé, pour le compte du ministère de l'Énergie et des Mines, un appel d'offres international, le septième, en vue de l'attribution dans le cadre de cette loi, de parcelles d'exploration. Elle avait aussi entamé de sérieuses négociations avec des partenaires étrangers pour l'exploitation commune de certains gisements, avec pour règle de partage des participations celle qui découle de cette loi. Il y eut, en particulier, des discussions qui ont duré près d'une année avec British Petroleum (BP) pour sa participation à concurrence de 75% sur 21 gisements de gaz, un contrat de 3.0 milliards de dollars. Ce contrat était prêt pour signature, on n'attendait plus que la parution des décrets d'application. Puis, tout d'un coup, patatras ! Alors que plus personne n'imaginait que cela fût possible, voilà que Bouteflika fit marche arrière. Il donna ordre au Premier ministre de réunir le Conseil de gouvernement, ce qui fut fait le 4 juin dernier, réunion à l'issue de laquelle il fut annoncé timidement que des amendements avaient été apportés à la loi sur les hydrocarbures. Le communiqué publié à la suite de ce conseil parle *"d'amendements qui visent à rationaliser l'exploitation des ressources en hydrocarbures afin de répondre d'une part aux besoins induits par le développement national et de préserver d'autre part les richesses naturelles de notre pays au profit des générations futures"*. Le virage à 180° a été confirmé lors du Conseil des ministres du 9 juillet. Deux dispositions essentielles de la loi furent remises en cause, la première étant celle qui accordait une participation de 70% à 100% à toute entreprise étrangère sur tout gisement de pétrole ou de gaz qu'elle désirait exploiter, ne laissant donc que 30% au maximum à la compagnie nationale; on revenait ainsi au système antérieur, selon lequel cette dernière devait détenir au minimum 51% de participations dans chaque joint-venture. La seconde disposition, remise en cause, portait sur la fiscalité ; il était créé une super taxe sur les profits des sociétés pétrolières, qui serait exigée chaque fois que le prix de vente du baril de pétrole dépasserait les 30.0 dollars. Il faut savoir qu'une telle disposition existe déjà chez de nombreux pays producteurs.

Pourquoi ce revirement ?

Il faut croire que les raisons qui ont poussé Abdelaziz Bouteflika à un tel revirement sont extrêmement importantes, voire vitales pour lui, pour qu'il se hasarde à narguer ainsi les États-Unis. On se souvient qu'il avait déclaré, le 23 février 2005, que *"l'Algérie risquait de subir le sort de l'Irak"*, si elle ne faisait pas siennes les nouvelles règles du jeu pétrolier, dictées par les Américains qui, de fait, la dépossédaient de la propriété de ses richesses en hydrocarbures. Le président de la République avait alors essuyé beaucoup de critiques et subi énormément de pressions. Il y eut d'abord les avis des experts pétroliers, dont l'auteur de ces lignes, publiés dans la presse, qui le mirent très mal à l'aise et auxquels il répondit, *"qu'il n'avait de leçons de patriotisme à recevoir de quiconque"*. Des arguments identiques furent ensuite repris par des formations politiques, dont le FFS et le PT. De son côté, la centrale syndicale UGTA qui dispose de moyens de pression très forts avait, dans un premier temps, menacé de déclencher une grève générale dans le cas où il ne reviendrait pas sur sa décision, avant de renoncer à se battre suite aux menaces de Bouteflika de dévoiler le comportement mafieux du secrétaire général de la centrale dans l'affaire Khalifa. On sait que même dans son entourage, son homme de confiance et ministre de l'Intérieur Noureddine Yazid Zerhouni, s'était fermement opposé à l'adoption de cette loi. Il y eut même des chefs d'États qui tentèrent, à leur tour, d'attirer son attention sur la nocivité d'une telle loi pour l'ensemble des pays pétroliers, qui ouvrait une brèche dans le front de l'OPEP. Ce fut notamment le cas du président vénézuélien Hugo Chavez qui, lors d'un récent passage à Alger, avait tenté de faire revenir le président algérien sur sa décision. Il y eut également dans l'intervalle, l'exemple fourni au monde entier, par le nouveau président bolivien Evo Morales qui, au lendemain de son élection, décidait la nationalisation du gaz, c'est-à-dire l'exact opposé de ce que s'apprêtait à faire Bouteflika. Il y eut, bien sur, l'exemple fourni par le gouvernement américain lui-même, qui décidait de s'opposer à la vente aux Chinois d'une compagnie pétrolière américaine, au motif qu'il s'agissait d'un secteur stratégique dans lequel on ne pouvait céder une participation, même mineure, à la Chine. Il y eut aussi ce commentaire du ministre saoudien des pétroles qui disait à son collègue algérien lors d'un Conseil des ministres de l'OPEP, que l'Algérie était devenue l'exécuteur des basses œuvres américaines en matière pétrolière, alors que les Algériens avaient jusque là accusé l'Arabie Saoudite d'être le valet de l'Amérique.

À toutes ces critiques et pressions, tant à l'intérieur qu'à l'extérieur du pays, est venue s'ajouter une autre raison du revirement de Bouteflika. Dans cette affaire, comme dans beaucoup d'autres, c'est encore une fois le rapport de forces à l'intérieur du régime qui explique cette marche arrière. Abdelaziz Bouteflika savait parfaitement que les États-Unis n'ont à aucun moment envisagé *"de faire subir à l'Algérie le sort de l'Irak"* si elle n'adoptait pas cette loi. Il l'a, en effet, gelée quand cela l'arrangeait, puis l'a ressortie du frigidaire quand cela faisait ses affaires, sans que cela ne perturbe particulièrement les Américains. S'il a décidé d'apporter des amendements fondamentaux à cette loi, c'est parce qu'il cherche à contrecarrer l'action des généraux, les pousser à lui accorder la possibilité d'accomplir un troisième mandat, en donnant l'impression qu'il remettait en cause le deal qu'il a passé avec George W. Bush au lendemain des attentats du 11 septembre. C'est, comme on le sait, à leur demande qu'il avait cherché et obtenu ce soutien. Ce virage à 180°s'explique par le fait qu'il sent que les putschistes veulent le laisser tomber, maintenant qu'il est gravement malade. C'est pour cette même raison qu'il a changé complètement d'attitude vis-à-vis de la France également. La révision de cette loi n'est d'ailleurs pas l'unique action qu'il a entreprise, ces derniers temps, dans le domaine des hydrocarbures.

Les copains et les coquins à l'oeuvre, l'affaire BRC

Cela fait deux à trois mois que l'on parle d'une enquête ordonnée par le président algérien sur les activités de la société Brown & Root – Condor (BRC). BRC est une société de services, créée voici une dizaine d'années en association entre Condor Engineering, qui en détient 51% des actions et Brown & Root, qui en détient les 49% restants. Condor Engineering elle-même est une filiale de la compagnie nationale des pétroles Sonatrach, spécialisée dans les études d'engineering et de construction d'installations pétrolières et gazières. Brown & Root est elle une filiale de Haliburton, dont le vice-président américain Dick Cheyney a été le *Chief Executive Officer (CEO)* durant de nombreuses années avant sa venue à la Maison-Blanche. Elle est également spécialisée dans la réalisation de projets pétroliers. Quant à Haliburton, c'est probablement la plus grande compagnie de services pétroliers au monde ; elle a raflé pratiquement tous les contrats de construction d'installations pétrolières irakiennes depuis l'occupation américaine. Elle travaille aussi beaucoup, dans le domaine militaire, avec l'armée américaine et avec tous les sous-traitants du Pentagone. Elle a, entre autres, construit une base américaine au Kosovo, la plus grande au monde.

Depuis sa création, la société BRC a constitué une voie de pénétration unique en Algérie pour toutes les entreprises de services américaines dans le domaine pétrolier ainsi que dans d'autres secteurs, dont celui du génie civil et de la défense. On dit d'elle dans les milieux pétroliers algériens qu'elle est les yeux, les oreilles et les mains de la CIA. Chose rare dans le pays, le directeur général de BRC, Abdelmoumen Ould Kaddour, est resté en poste depuis la création de la société en 1994. Coopté par les services de sécurité, il a été nommé à la tête de la société après avoir été pendant de nombreuses années, directeur général de la société mère Condor Engineering. Le secret de sa longévité au poste réside dans le fait qu'il agit aux ordres du DRS, mais aussi parce qu'il a su se mettre au service de Bouteflika, depuis l'arrivée de ce dernier au pouvoir. Si pour les Américains la société BRC est une tête de pont de la CIA, pour les hommes du pouvoir algérien, elle constitue un "pot de miel" dans lequel tous ont trempé leurs doigts : il n'y a certainement aucune affaire, traitée par BRC, dans laquelle un ou plusieurs hommes du régime n'ont pas perçu de commissions. Bouteflika s'est joint à ceux qui avaient bénéficié des largesses de cette société, en confiant le rôle de parrain de l'entreprise à son frère Abdelghani. Comme pour le groupe Khalifa, Abdelghani Bouteflika y occupe un poste fictif d'avocat-conseil ; en réalité, il est Monsieur X% pour la quasi-totalité des affaires que traite la société. Autre particularité de la société BRC, elle est la seule qui ait conduit toutes les affaires qui lui ont été confiées, en choisissant des sous-traitants par gré à gré et non par appels d'offres, comme l'y oblige la réglementation en vigueur. Pour un tel non-respect de la réglementation, le responsable de toute entreprise publique ou semi publique algérienne, s'expose à des poursuites judiciaires, ce qui n'est pas le cas de Ould Kaddour qui lui bénéficie de la protection des puissants du régime. C'est là qu'intervient Abdelghani Bouteflika qui joue le rôle d'intermédiaire entre BRC et le sous-traitant choisi qui se trouve être toujours, pour la partie la plus importante du contrat concerné, une société américaine. L'associé américain, Brown & Root est évidemment au courant de ces magouilles, qu'il favorise probablement. Outre Bouteflika, Tewfik Mediène et Larbi Belkheir sont eux aussi des parrains de BRC. Depuis sa création en 1994 à ce jour, la société BRC a réalisé un chiffre d'affaires de 13,50 milliards de dollars, alors qu'en réalité, elle n'est qu'un intermédiaire entre le maître d'œuvre, une entreprise publique ou un organisme d'État, et la société américaine retenue pour la réalisation des travaux. Parmi les contrats attribués à BRC se trouvent de nombreuses réalisations de la Sonatrach ou de ses filiales ainsi que des installations de la société Anadarko, une société introduite en Algérie grâce à l'entregent de Tewfik Mediène. Toujours dans le secteur des hydrocarbures, BRC a été chargée de la réalisation du nouveau siège du ministère de l'Énergie ; c'est un projet qui a beaucoup fait jaser le microcosme algérois, car l'immeuble en question est très luxueux et a donc coûté excessivement cher. BRC a également travaillé pour le compte de la police nationale (réalisation d'un immeuble de bureaux pour l'installation du fichier central) et beaucoup aussi pour le compte du ministère de la Défense nationale. L'hôpital militaire d'Oran dont la réalisation a été confiée à cette entreprise a été facturé 1.0 milliard de dollars, alors que d'après certains entrepreneurs, il n'aurait pas du coûter plus de 230 à 250 millions de dollars. Toujours pour le compte du ministère de la Défense, BRC a construit un centre hospitalo-universitaire à Constantine. Le plus gros scandale reste cependant la livraison à l'armée, via cette société, de valisettes dites “mallettes de commandement” fabriquées par Raytheon. Ces mallettes n’ont été attribuées qu’à un cercle restreint de très hauts responsables de l’armée qui l’utilisent pour échanger des renseignements sur leurs activités journalières. Les ordres, les planifications des mouvements militaires, la coordination de ces mouvements, l’état, les quantités, l’utilisation et autres paramètres relatifs aux matériels, équipements et armements militaires, les dossiers du personnel et bien d’autres données ou secrets de l’armée transitent par ces mallettes. Les Américains qui avaient placé dans ces valisettes des puces, que les Algériens ont été incapables de détecter, ont pu suivre journellement toutes les activités de l’armée algérienne. Plusieurs mois se sont écoulés avant que les Russes n’attirent l’attention des chefs militaires algériens sur l’espionnage dont ils étaient l’objet. Cet événement a mis un coup de projecteur sur les affaires traitées par BRC et a été à l’origine de l’enquête déclenchée par Abdelaziz Bouteflika. Il ne faut cependant pas se tromper ; il ne s’agissait pas pour lui de chercher à savoir qui était à l’origine de cette grosse affaire d’espionnage, ni de déclencher des poursuites judiciaires contre les très hauts responsables de l’armée qui y ont participé et encore moins de demander des comptes aux Américains sur ce que l’on peut considérer comme étant probablement le plus gros scandale qu’ait jamais connu l’armée algérienne. Il ne peut d’ailleurs le faire, puisqu’il a été lui-même complice des malversations et autres actions en eaux troubles de cette entreprise, de par le rôle joué par son frère Abdelghani. Le but de ces investigations est de répondre à l’enquête déclenchée par le DRS sur les énormes surfacturations de BRC sur les projets qui lui ont été confiés par Sonatrach et ses filiales et dont ont profité de nombreuses personnes du clan présidentiel. Dans l’immédiat, il est fort probable qu’il mettra fin aux fonctions du directeur général de BRC Ould Kaddour, car il faut bien qu’il y ait un bouc émissaire à sacrifier.

L’impact sur les relations avec les USA

Cet imbroglio qui touche un secteur extrêmement important pour les États-Unis n’aura probablement pas de répercussions immédiates sur les relations algéro-américaines. Au lendemain du Conseil des ministres qui a officialisé le changement de cap de la loi sur les hydrocarbures, le ministre de l’Énergie Chakib Khelil a tenu une conférence de presse au cours de laquelle il a tenté de faire contre mauvaise fortune, bon cœur. C’est en effet un gros échec pour lui, vu que la politique qu’il a menée depuis sa nomination a été inspirée, si ce n’est dictée par les stratèges de Washington et par le lobby pétrolier texan. Il n’a pas pu s’empêcher de reconnaître que ces nouvelles dispositions ne plairont certainement pas aux multinationales ; les journalistes présents à la conférence de presse affirment tous qu’il s’est comporté comme s’il était le porte-parole de ces compagnies dont il craint les foudres sur trois points en particulier : elles ne vont pas aimer la super taxation pour les ventes de brut à un prix supérieur à 30 dollars le baril, tout comme elles n'aimeront pas que soit maintenue la double-imposition, dont il leur avait promis la suppression ; enfin, a-t-il dit, les compagnies auxquelles avaient été garantis des pourcentages de participations supérieurs à 49%, au cas où elles s'associeraient à la compagnie nationale ne vont pas, non plus, apprécier ce revirement. Quid de la position du gouvernement américain ? Pour l'administration Bush, il s'agissait de créer un précédent dans les relations entre les groupes pétroliers américains et les pays producteurs de pétrole. La loi algérienne, telle qu'adoptée en 2005, leur accordait le contrôle absolu de l'exploitation de tout gisement pétrolier ou gazier qui leur aurait été attribué; elles devenaient propriétaires des réserves pétrolières qu'elles mettraient à jour ou qu'elles acquerraient. Si cette loi était restée en vigueur, l'administration américaine se serait prévalue de cet antécédent pour tenter d'imposer la même chose à d'autres pays de l'OPEP. Certains parmi eux, prédisposés à accepter une telle mainmise, auraient pris prétexte de l'acceptation par l'Algérie de ces nouvelles règles du jeu pour s'y plier également ; quant à ceux qui auraient eu tendance à s'opposer, la pression sur eux aurait été énorme. Petit à petit, après l'ouverture d'une telle brèche dans les rangs de l'OPEP l'objectif visé par l'administration américaine, à savoir la prise de contrôle de l'immense majorité des réserves pétrolières de la planète, aurait été atteint.

Malgré ce revers, les relations algéro-américaines demeurent néanmoins bonnes, vu que le domaine qui intéresse au plus haut point les Américains, celui de leur présence au Sahel n'a pas été touché. Il est certain que si Bouteflika a osé prendre une telle mesure, c'est parce qu'il sait que les Américains sont dans une large mesure dépendants de la collaboration de l'armée algérienne pour leur présence au Sahel et donc le changement de cap de l'Algérie dans le secteur pétrolier ne remet pas en cause ce deal qui garantit l'impunité aux généraux algériens.

La rente pétrolière, un gâteau que l'on se partage

Pourquoi ce va-et-vient sur la loi sur les hydrocarbures ? Pour saisir tous les tenants et aboutissants des relations avec les États-Unis, si l'on veut comprendre pourquoi le régime se trouve plongé de temps à autre dans des situations kafkaïennes, que les membres de la *cupola* qui gouverne aujourd'hui l'Algérie ont souvent un comportement machiavélique et pourquoi cette *cupola* ne veut pas céder le pouvoir à son propriétaire légitime, le peuple, il faut hélas ! se convaincre que le pétrole et le gaz qui auraient du faire le bonheur du peuple algérien, sont devenus la source de tous ses malheurs. Ceci parce que les hommes qui gouvernent le pays ont décidé une bonne fois pour toutes que la rente pétrolière était leur bien, un gâteau qu'ils se partagent et qui leur a permis de constituer des fortunes colossales.En 2005 l'Algérie a produit 60 718 000 tonnes de pétrole brut et 151 775 000 000 mètres cubes de gaz.

Elle a aussi produit 16 392 000 tonnes de condensat (on l'appelle aussi gasoline) qui est un hydrocarbure liquide que l'on trouve en gouttelettes dans le gaz, dont on l'extrait par condensation. C'est un produit léger qui ne nécessite pratiquement pas de raffinage ; il peut être utilisé tel quel comme carburant, d'où sa grande valeur marchande. Les recettes engrangées par le pays lors de cette même année ont été de 45.6 milliards de dollars, dont 25.6 milliards pour le pétrole brut et le condensat réunis, 16.0 milliards pour le gaz et 4.0 milliards pour la vente des produits raffinés. La part de l'entreprise nationale Sonatrach a été de 100% pour le gaz et les produits raffinés ; elle a été de 46.2% de la production de pétrole brut, soit 28 000 000 de tonnes environ et de 82.3% de la production de gasoline, soit 13 500 000 tonnes environ. Ces quelques chiffres étaient nécessaires pour situer les sommes d'argent en jeu et pour comprendre aussi les raisons d'un certain nombre d'événements survenus durant les 15 années qui viennent de s'écouler. Ils nous permettront de comprendre pourquoi cette lutte acharnée pour le pouvoir à laquelle on assiste depuis janvier 1992, et de saisir pourquoi le cartel des généraux qui ont fait un coup d'État à cette date, les Janviéristes, ont non seulement destitué un président de la République, mais aussi mis fin à un processus électoral au cours duquel le peuple avait, à leurs yeux, "mal voté." On comprendra également pourquoi ils n'ont pas hésité à organiser l'assassinat d'un autre président de la République au cours du mois de juin de cette même année 1992. On saisira aussi les raisons de leur opposition permanente aux deux présidents de la République qui l'ont suivi, Liamine Zeroual et Abdelaziz Bouteflika. Car le contrôle du pouvoir ne signifie pas, pour eux, uniquement la mainmise sur tout l'appareil politique du pays avec les honneurs et les privilèges qui en découlent, pas plus qu'il ne signifie que la satisfaction de leurs désirs de domination de tout un peuple. Pour les Janviéristes le contrôle du pouvoir a eu et a encore à ce jour pour objectif essentiel l'accaparement de cette unique et immense richesse de l'Algérie que représentent le pétrole et le gaz. Ce sont trois généraux, Khaled Nezzar, Larbi Belkheir et Mohamed Tewfik Mediène, qui ont pris en mains le secteur des hydrocarbures depuis l'arrivée de Chadli Bendjedid au pouvoir. Durant les 25 dernières années, aucune transaction dans ce domaine ne s'est faite sans qu'ils ne perçoivent une commission sur l'affaire. Contrairement aux apparences, Abdelaziz Bouteflika s'est joint à eux dans le partage de la rente, depuis qu'il occupe le poste de président de la République.

En 1991, le gouvernement a adopté une nouvelle loi sur les hydrocarbures par laquelle l'Algérie faisait sien le système dit de partage de production entre l'entreprise nationale et les partenaires étrangers. Ces nouvelles conditions d'accès au pétrole algérien plus favorables que celles qui avaient cours jusque là, avaient entraîné la venue en Algérie de bon nombre de sociétés pétrolières, américaines en particulier. C'est à compter de cette date que les généraux algériens se sont rués sur le secteur pétrolier et se sont érigés en parrains de toute entreprise pétrolière qui souhaitait venir travailler dans le pays. La recherche pétrolière est une activité à risques ; ce sont plusieurs millions de dollars qu'il y a lieu d'investir dans l'exploration sans garantie que l'on découvre quoi que ce soit. Si par contre, on trouve du pétrole ce sont des centaines de millions, voire des milliards de dollars, que l'on percevra. Il existe cependant des paramètres techniques, des indices qui font que l'on sait que telle parcelle de terrain est plus prometteuse que telle autre. Il existe d'ailleurs, un peu partout dans le monde, un marché pour l'achat de ces données. Mais le tout n'est pas d'acquérir ces informations ; encore faut-il être en mesure d'acquérir le droit d'explorer ces parcelles prometteuses, puis d'y exploiter dans de bonnes conditions financières le pétrole éventuellement découvert. Parmi ces conditions financières, l'impôt perçu par le pays hôte est un facteur important, négociable jusqu'à un certain point. Toutes les sociétés pétrolières qui se sont installées en Algérie depuis cette date ont conclu des accords, secrets bien entendu, avec les généraux algériens afin d'accéder aux "zones chaudes". Parmi ces sociétés, il en est une en particulier, qui a tiré le gros lot. Il s'agit de la société américaine Anadarko, qui était jusqu'à cette date une petite compagnie pétrolière sans grande envergure, ni grande expérience au plan international, qui a obtenu le "parrainage" de Mohamed Tewfik Mediène. Grâce à la couverture de celui qui était déjà patron du Département du renseignement et de la sécurité, elle a obtenu le droit de travailler dans le périmètre de Berkine, qui est une zone extrêmement riche en pétrole, qui était déjà connue à l'époque. Anadarko produit actuellement, bon an mal an, 6 à 7 millions de tonnes de pétrole. Quant à Khaled Nezzar, sa spécialité c'est la commercialisation du pétrole algérien. Tout nouveau client qui souhaiterait acheter du pétrole algérien, qui prendrait attache des services commerciaux de Sonatrach à Alger, recevra généralement une réponse négative de la part de ces services. Il sera néanmoins orienté vers tel ou tel *trader*, voire vers une représentation de la compagnie nationale à l'étranger auprès desquels il pourra acquérir, lui dira-t-on, du pétrole algérien. Il entre ainsi dans un labyrinthe à l'intérieur duquel il finira par dénicher le partenaire qui lui fournira les quantités désirées. Il faudra évidemment payer pour arriver à ses fins. Payer non seulement le prix du pétrole acheté, mais verser aussi une commission à celui qui a permis la réalisation de la transaction, qui n'est en réalité qu'un intermédiaire agissant pour le compte d'un haut responsable politique ou militaire algérien. Il arrive même que le pétrole objet de la transaction soit vendu par une firme appartenant en totalité ou partiellement à ce responsable. Le nom de Khaled Nezzar est souvent cité dans ce genre d'opérations.

CHAPITRE VIII

La saison des grandes manipulations

Manipulations tous azimuts

Le délai accordé aux combattants du GSPC par la Charte pour la paix et la réconciliation nationale est arrivé à expiration le 28 août dernier. Hormis quelques rares éléments, essentiellement des agents du DRS infiltrés dans les rangs islamistes, peu de redditions ont été enregistrées. Alors et pour la énième fois, le pouvoir a annoncé qu'une opération militaire de grande envergure allait être lancée pour "nettoyer" tous les maquis, liquider les dernières poches de résistance. Cette rengaine, que l'on a souvent entendue par le passé, nous a été servie à nouveau dans le courant des mois de septembre et d'octobre : cette fois-ci c'est la bonne, nous a-t-on dit, le dernier quart d'heure est arrivé, on va liquider les derniers terroristes encore en action.

Mais au fait, combien sont-ils ces terroristes qui réussissent à tenir en échec une armée bien équipée et bien aguerrie par près de quinze années de guerre civile ? Selon les chiffres officiellement annoncés par le ministre de l'Intérieur Yazid Zerhouni, ils seraient de l'ordre de 500 à 700, éparpillés à travers la Kabylie et l'Est du pays, par petits groupes de 20 à 30 individus. Comment 20 à 30 maquisards, mal armés, vivant dans des conditions extrêmement difficiles, traqués sans cesse comme des bêtes, infiltrés et manipulés par le DRS, se déplaçant en permanence, peuvent-ils être aussi nuisibles qu'on le dit ? Comment peut-on prétendre que 500 à 700 terroristes, dont une bonne moitié certainement ne sont que des agents du DRS déguisés, nécessitent tellement de moyens humains et matériels pour leur éradication d'autant plus que ces chiffres de 500 à 700 n'ont pas varié depuis quelques années et que les restants, les vrais djihadistes, devraient avoir été liquidés depuis longtemps déjà, vu que régulièrement on nous annonce que des membres du GSPC ont été éliminés lors d'accrochages avec l'armée.

Mais qui a intérêt à manipuler ainsi l'opinion publique ? Al Qaïda ? Le DRS ? Le gouvernement américain ? Si depuis des années déjà c'est le DRS qui a toujours été le grand manipulateur de la tragédie algérienne, aujourd'hui Al Qaïda et l'administration Bush sont également entrés dans la danse. Aux alentours du 10 septembre dernier, le numéro 2 et idéologue d'Al Qaïda, Ayman Al Zawahiri, proclamait d'une manière ambiguë, dans un message vidéo, une sorte de reconnaissance de l'action du GSPC laquelle s'inscrivait, disait-il, dans le cadre de la lutte mondiale menée par Al Qaïda. Quel but recherchait-il ? On a dit un peu partout qu'Al Qaïda était en perte de vitesse et qu'elle avait donc besoin de nouvelles troupes, tout comme elle avait besoin d'affirmer sa présence dans de nouveaux territoires qu'elle ne contrôlait pas jusque là. Cela peut effectivement être une des raisons qui ont poussé Al Zawahiri à prendre une telle position, puisque d'après les informations rapportées par la presse mondiale, les dernières grandes opérations terroristes, celles de Londres et Madrid en particulier, semblent avoir été l'œuvre de groupes locaux, imprégnés certes de la philosophie d'Al Qaïda, mais sans aucun lien organique avec elle. On a dit aussi que la raison qui explique une telle position du plus proche compagnon d'Oussama Ben Laden, c'est son désir de menacer la France de représailles éventuelles en raison de certaines actions du gouvernement français, qu'il considère être hostiles à l'Islam et aux musulmans. C'est une explication possible, bien que tirée un peu par les cheveux. On sait, en effet, que toutes les opérations menées jusqu'à ce jour par le GSPC l'ont été en Algérie uniquement. Si le but de l'annonce d'Ayman Al Zawahiri était effectivement de menacer la France de représailles, ceci supposerait que le GSPC aurait les capacités pour monter des opérations terroristes sur le territoire français; ce que ce mouvement ne semble pas en mesure de faire, à moins qu'il ne se fasse "assister" par les services de sécurité algériens, à l'instar du GIA pour les attentats de 1995. D'ailleurs, l'ex-représentant du FIS à l'étranger, Rabah Kébir, que l'on suppose quand même bien informé, a déclaré lors d'une conférence de presse qu'il a donnée lors de son retour en Algérie, qu'il ne croyait pas que le GSPC avait un lien organique quelconque avec le mouvement d'Oussama Ben Laden. En théorie, il est cependant possible que la couverture ainsi fournie par le numéro 2 d'Al Qaïda puisse donner des idées à certains excités qui s'en prévaudraient. Dès que fut connue la déclaration d'Ayman Al Zawahiri, le DRS a mis en marche sa machine médiatique et manipulatrice pour l'exploitation du divin cadeau qui lui était ainsi offert. Immédiatement, on a vu fleurir un peu partout des affirmations du genre : "*Ne vous l'avait-on pas dit depuis longtemps déjà ?*" Mettant à contribution tous ses canaux de communication, le DRS ressortait de ses cartons l'histoire tellement ressassée de ce soi-disant yéménite, envoyé par Oussama Ben Laden en personne, qui serait venu en Algérie en 2001 pour prendre attache avec Abderrezak El Para et établir avec lui des liens formels entre Al Qaïda et le GSPC. Le DRS a également rappelé à quiconque voulait l'entendre sa théorie, selon laquelle l'assassinat l'an dernier en Irak de deux diplomates algériens démontrait le lien qui existait entre les deux organisations. Il n'a pas raté non plus l'occasion pour servir, encore une fois à l'opinion publique, l'histoire selon laquelle le GSPC (AQMI aujourd'hui) était présent depuis longtemps déjà dans le Sud de l'Algérie et dans le Sahel. L'intérêt du DRS a toujours été de mener une telle propagande afin d'attirer les Américains dans la zone, et de bénéficier chemin faisant de leur protection par l'intégration de l'armée algérienne et de ses services de sécurité dans les opérations du Pentagone dans la région. Aujourd'hui, c'est carrément une offre de service qu'il fait aux Américains qui semblent d'ailleurs la solliciter. En plusieurs occasions, de très hauts responsables du Pentagone, dont Donald Rumsfeld lui-même, mais aussi des responsables politiques, ont encensé les services de sécurité algériens, disant d'eux qu'ils étaient très efficaces et que les Américains avaient beaucoup à apprendre d'eux quant à la manière de combattre le terrorisme. Que peuvent apprendre les Américains des Algériens, alors qu'ils possèdent les moyens technologiques d'écoute, de surveillance électronique, de télétransmission et autres les plus sophistiqués au monde, et qu'ils possèdent aussi des armadas de spécialistes en tous genres ? Il est une seule chose que le DRS possède et que la CIA ou le FBI maîtrisent apparemment moins bien, c'est la technique de manipulation de l'islamisme politique. Les stratèges du Pentagone considèrent les généraux algériens comme étant les plus performants du monde arabe, très fiables et sur lesquels il pourrait s'appuyer dans la lutte contre le terrorisme islamiste mondial, personnifié par Al Qaïda. Ce désir des Américains à chercher à renforcer les liens avec les services de sécurité algériens était connu depuis quelque temps déjà ; la nouveauté c'est ce jugement que portent les services de renseignements américains sur le GSPC. Au lendemain de la diffusion de l'enregistrement vidéo par lequel Ayman Al Zawahiri décernait une bonne note à ce mouvement, les experts du renseignement américains attribuaient de leur côté, des capacités d'action au GSPC nettement au-delà de celles qu'ils lui accordaient jusque là. Pour la première fois, un rapport établi par ces experts affirmait que des groupes extrémistes maghrébins, parmi lesquels le GSPC est de loin le plus important, étaient en mesure de mener d'importantes attaques terroristes contre les intérêts américains et ce bien en dehors de leurs zones traditionnelles d'actions. Il était dit dans ce même rapport que les djihadistes considèrent l'Europe comme la région sur laquelle ils vont focaliser leurs attaques. On se souvient qu'il y a un peu plus d'un an, le DRS avait attribué au GSPC la responsabilité de l'attaque contre la caserne militaire mauritanienne de Lemghity. Quelques jours plus tard, c'est le général Charles Wald en personne qui, depuis son QG de Stuttgart, démentait l'information en disant que le GSPC ne possédait pas la capacité d'intervention qui lui permettait d'agir aussi loin de ses bases. Par quel miracle le GSPC qui n'avait pas, il y a un an, les moyens de mener une action contre une caserne dans une région que l'on aurait pu considérer comme étant sa zone traditionnelle d'opérations, a-t-il acquis ces moyens et s'est-il transformé en un danger pour l'Europe ? N'est-ce pas là plutôt un souhait que les faucons du Pentagone voudraient voir exaucé ? N'est-ce pas là plutôt un appel du pied discret des stratèges du Pentagone au GSPC pour le lancement de telles opérations ? Quand on sait qui se trouve derrière le GSPC, on ne peut que craindre le pire et imaginer que, de leur côté, les stratèges du DRS pourraient être tentés de donner suite à une telle demande. Au même moment, des officiers de l'armée américaine étaient en visite à la base de parachutistes de l'ANP à Biskra où leur ont été exposées les méthodes de lutte antiterroriste de l'armée algérienne. Le général Amrani qui les a accueillis et qui leur a présenté ces méthodes leur déclarait que la mission de l'armée algérienne était d'éradiquer le terrorisme à l'intérieur et à l'extérieur et que l'ANP était disposée de fournir des renseignements à ses partenaires et *"à les inspirer à travers sa propre stratégie."* Que faut-il comprendre de ce langage codé entre les deux partenaires ? Les échecs sanglants subis par l'armée américaine en Irak et en Afghanistan, les scandales à répétition sur le traitement des prisonniers dans la prison d'Abou Ghraieb, les exécutions sommaires de citoyens irakiens par les GI américains, mais aussi le retournement des masses arabes contre les États-Unis à la suite des échecs cuisants, militaires et politiques essuyés par son plus grand allié Israël, au Liban et en Palestine, montrent bien que la politique du président Bush est rejetée par les opinions publiques américaine et occidentale. Les néo-cons de l'administration américaine et les faucons du Pentagone en sont à se demander ce qui pourrait amener un retournement de la situation en faveur de leur politique guerrière à outrance. Au sein de la haute hiérarchie politique et militaire algérienne, on connaît bien le cynisme dont peuvent faire preuve les chefs de guerre de l'entourage de Donald Rumsfeld ; c'est pourquoi une certaine frange du pouvoir algérien est convaincue qu'au Pentagone, certains ne sont pas loin de souhaiter qu'un attentat spectaculaire soit commis, quelque part dans le monde, par Al Qaïda ou une de ses représentations de façon à les remettre en selle. Ces éléments, mis bout à bout, amènent les connaisseurs de la scène politico-militaire algérienne à penser qu'il ne serait nullement étonnant que l'on ne suggère au GSPC et qu'on ne lui fournisse les moyens de mener une telle opération. Qui est ce "On" qui suggérerait et qui dispenserait les moyens, si ce n'est le DRS ? Ces mêmes spécialistes pensent que la cible probable pourrait être la France, vu la diatribe de Ayman Al Zawahiri contre elle.

Évidemment tout cela n'est que supputations, qui restent cependant très crédibles quand on connait le cynisme de certains hauts responsables, algériens et américains et le peu de crédit qu'ils accordent à la vie humaine. Les autorités françaises sont certainement conscientes de ce danger, car elles savent parfaitement de quoi sont capables les chefs du DRS. L'expérience de 1995 a servi de leçon.

Nouvelle offensive américaine

Le jeu du *"Je te tiens, tu me tiens par la barbichette"* entre Bouteflika et le DRS continue de plus belle à l'intérieur de BRC (Brown & Root Condor). Chaque jour qui passe la presse dévoile un nouveau scandale dans lequel est impliqué l'un des deux clans. Comment va se terminer cette saga, on ne le sait pas. Mais on sait, par contre que la règle d'or qui prévaut au sein du régime algérien, c'est qu'il existe des lignes rouges qu'aucun des deux ne franchira. Un "cessez-le-feu" sera alors proclamé et on fera le nécessaire pour étouffer l'affaire. Le règlement final nécessitera cependant l'approbation pour ne pas dire la complicité du troisième partenaire, les pétroliers texans de la Maison-Blanche, tout autant impliqués dans ces scandales et qui donc ne franchiront pas non plus ces lignes. Pour le moment, aucune réaction n'a été enregistrée du côté américain, comme si cela n'intéressait ni Halliburton, ni l'administration américaine. Peut-être même a-t-on mis une croix sur BRC de l'autre côté de l'Atlantique. On ne reste cependant pas les bras croisés à Washington, qui cherche à étendre l'influence US au sein de la société civile algérienne. On a, en effet, constaté une offensive incisive dans plusieurs directions. Le MEPI (Middle East Partnership Initiative) prend de l'extension. Après les institutions financières, les juges et les journalistes pour lesquels des séminaires de formation avaient été organisés en 2005 et durant les premiers mois de 2006, ce sont maintenant les assistants parlementaires du Conseil de la nation (le Sénat) et de l'Assemblée nationale qui ont reçu une formation accélérée sur le suivi des activités des députés et sénateurs et sur la gestion des dossiers législatifs soumis aux deux assemblées. Autre nouveauté de taille, le National Democratic Institute (NDI) intervient de manière plus directe dans la vie politique algérienne en lançant un programme de formation de “démocratie à l'américaine”, officiellement pour inculquer aux cadres des partis politiques les techniques de militantisme version US. Cette initiative ne fait pas l'unanimité auprès de ces cadres qui voient mal comment la conduite des affaires d'un parti politique peut se faire à coups de millions de dinars, comme elle se fait avec des millions de dollars aux États-Unis. La question qui se pose alors est celle de savoir ce qui se cache derrière cette initiative. Au sein du microcosme politique algérois, certains pensent qu'il s'agit de repérer parmi les cadres politiques ceux qui seraient plus facilement influençables par leurs formateurs, tandis que d'autres affirment que le NDI cherche à localiser les leaders islamistes ou islamisants à marginaliser.

Cette offensive tous azimuts de l'administration américaine semble avoir beaucoup déplu au président algérien qui ne digère pas le fait que cette dernière semble considérer qu'il est hors-jeu et cherche déjà à se situer dans l'après-Bouteflika. Aussi exprime-t-il depuis quelques mois, avec beaucoup de véhémence, son opposition à la politique américaine qu'il s'agisse de l'Irak, de l'intervention israélienne au Liban, ou au projet du Grand Moyen-Orient. Son opposition s'est également manifestée par son absence très remarquée à l'ouverture de l'Assemblée générale des Nations Unies, préférant au voyage de New York une présence très médiatisée au sommet des non-alignés de La Havane où il a exprimé un soutien très franc au président cubain Fidel Castro et à son régime. Jusqu'où ira cette tempête dans les relations algéro-américaines ? Nul ne peut le prédire actuellement, vu que c'est un nouveau puzzle qui fait le bonheur de la France, qui se met en place. Pour la première fois de son histoire, l'Algérie a assisté en tant que membre de plein droit au sommet de la Francophonie qui s'est tenu à Bucarest à la fin du mois de septembre. Bien qu'ayant été absent, Abdelaziz Bouteflika y a dépêché son ministre des Affaires étrangères Mohamed Bedjaoui et a tenu à ce que ce dernier y annonce de façon théâtrale que l'Algérie allait adhérer à l'OIF *"par amitié de Bouteflika pour Chirac".*

Le FIS à nouveau à l'ordre du jour

On a assisté il y a un peu plus d'un mois au retour triomphal à Alger du représentant du FIS à l'étranger Rabah Kébir, accompagné de deux de ses proches collaborateurs Abdelkrim Ould Adda et Abdelkrim Ghemati. Les autorités ont tout fait pour que ce retour prenne les allures du retour de l'enfant prodige au pays, ceci bien entendu dans le but de démontrer que la politique de réconciliation nationale était en train de porter ses fruits. Tout y était, l'accueil au salon d'honneur de l'aéroport d'Alger, la télévision, les dizaines de journalistes, la présence de représentants de la présidence de la République et du chef du gouvernement, l'autorisation accordée même au plus craint des membres de la direction du FIS, Ali Benhadj, d'assister à la réception. Les instructions de Bouteflika étaient de permettre à Rabah Kébir d'accorder des interviews aux journalistes présents, en dépit des dispositions de la Charte pour la paix et la réconciliation nationale qui interdit aux membres du FIS toute activité politique. Rabah Kébir a tenu une conférence de presse à laquelle étaient présents les deux autres ex-réfugiés de Bonn ainsi que les représentants de l'AIS Madani Mezrag et Mustapha Kartali, qui ont également pris la parole, tout comme Ali Benhadj d'ailleurs. Si le régime a marqué un point à cette occasion, a-t-il réussi pour autant à créer des divisions dans les rangs du FIS ? Le ralliement de Rabah Kébir à la politique de Bouteflika ne date pas d'aujourd'hui; cela fait au moins deux années que l'ex-représentant du FIS à l'étranger avait exprimé son soutien à Bouteflika en s'alignant sur ses collègues de l'AIS, qui eux-mêmes avaient mené campagne pour le Oui lors du référendum sur la Charte. On avait assisté à des ralliements identiques déjà dans les années 1993/1994, quand pour diviser les rangs du FIS, le pouvoir de l'époque avait nommé à des postes de ministres des dissidents à la ligne Abassi Madani/Ali Benhadj. C'est au même scénario que l'on assiste aujourd'hui, puisque dès le lendemain de cet accueil en fanfare, le régime a tenté, comme dans les années 1990, de faire de Rabah Kébir le leader du FIS nouvelle mouture dans l'espoir que les autres membres du Majliss Al Choura se rallieront à cette nouvelle ligne. De son côté, le FLN lui fait les yeux doux et lui propose de le présenter à la députation à l'Assemblée nationale sur une de ses listes. Pour le moment aucun autre ancien du FIS n'a suivi cette même voie et apparemment il ne semble pas que d'autres la suivront de sitôt. On assiste au contraire à un rejet de la part de tous les autres cadres supérieurs du mouvement de cette option. Qu'il s'agisse de Abassi Madani, de Ali Benhadj, de Mourad Dhina ou d'Anwar Haddam, pour ne citer que ces quatre là, tous ont fait part de leur désapprobation quant au choix de Kébir. Le régime a d'ailleurs bien compris que la tendance la plus représentative de l'électorat du FIS était celle qui continuait à exprimer son opposition à la Charte; aussi est-ce sur celle-ci qu'il exerce des pressions. Sur Ali Benhadj dont le fils a disparu et que l'on accuse d'avoir rejoint le maquis, ou sur Mourad Dhina dont on a fait publier par la presse des propos qu'il a tenus lors d'une interview donnée à un quotidien genevois, en les déformant. La saga du FIS est loin d'être terminée.

ANNÉE 2007

CHAPITRE I

Terrorisme, corruption et manipulations

Un début d'année sanglant

Sept attentats ont eu lieu en Algérie dans la nuit du 13 au 14 février dernier. Ils ont été perpétrés quasi simultanément, entre 4 heures et 4 heures trente, dans plusieurs petites localités des wilayas de Boumerdès et Tizi Ouzou. Les cibles visées étaient des commissariats de police, des casernes de gendarmerie et des logements de gendarmes. Ils ont causé la mort de six personnes, dont 4 civils et 2 membres des services de sécurité et fait 10 blessés dans les rangs des services de sécurité et 3 parmi la population civile, nous dit le communiqué officiel publié par le ministère de l'Intérieur. Les agences de presse ont annoncé, de leur côté, que ce sont des voitures piégées qui ont été utilisées. Tous les journaux algériens et même bon nombre de journaux étrangers annonçaient le lendemain une reprise spectaculaire des activités terroristes en Algérie. Vingt-quatre heures plus tard, on apprenait que l'action avait été revendiquée par le GSPC, désormais appelé Al Qaïda au Maghreb Islamique, par un appel téléphonique passé depuis Rabat à la chaîne Al Jazeera. La revendication a été confirmée par la publication d'un communiqué sur un site internet *"habituellement attribué à Al Qaïda"* selon la presse qui précisait néanmoins que ce communiqué n'avait pas été authentifié.

La nature des cibles visées n'a fait que renforcer la conviction du lecteur qu'il s'agissait bien d'attentats du GSPC. L'utilisation de voitures piégées – une nouveauté pour le GSPC - et la simultanéité des attentats, l'amènent aussi à conclure que depuis qu'il a fait allégeance à Al Qaïda en septembre dernier, le groupe salafiste a bien assimilé les techniques utilisées par cette dernière et a atteint un plus haut degré d'organisation et "d'excellence" dans l'exécution de ses funestes tâches. Or l'historique passé du terrorisme en Algérie nous a appris que les choses n'y sont jamais aussi simples et qu'il faut se méfier de tout ce qui semble évident ; des événements de cette nature nécessitent toujours une relecture et un replacement dans le cadre plus vaste des relations entre les différents clans du pouvoir et de celles de l'Algérie avec l'étranger, les États-Unis en particulier. Aujourd'hui les rares observateurs bien avertis des rouages du pouvoir ne sont plus les seuls à penser que ces attentats font partie d'une grande opération de manipulation orchestrée en sous-main par le DRS ; une partie de la presse algérienne le pense et des chefs de partis politiques le pensent également. Il n'est pas jusqu'à certaines personnalités politiques de très haut rang, proches du président Bouteflika, dont le ministre de l'Intérieur Yazid Zerhouni et son collègue le ministre délégué aux Collectivités locales Daho Ould Kablia qui ont mis en doute la capacité du GSPC à organiser des opérations de grande envergure de ce type. S'agissant des journaux, quasiment tous ont émis un doute quant à l'authenticité du communiqué attribué au GSPC. Certains ont fait un lien entre ces attentats et le déroulement du jugement de l'affaire Khalifa qui commence à dévoiler les nombreuses complicités dont a bénéficié Abdelmoumène Khalifa dans la création de son empire. Ces journaux considèrent que ces attentats ont pour but de détourner l'attention des Algériens et se demandent si le terrorisme n'est pas venu au secours de la corruption. D'autres s'interrogent si le pouvoir veut réellement en finir avec le terrorisme résiduel; ne cherche-t-il pas plutôt à l'entretenir afin de maintenir le *statu quo* actuel ? Il y a aussi ceux qui ont relevé la simultanéité de ces attentats avec la réunion de Dakar des chefs d'état-major de neuf pays du Maghreb et du Sahel avec des responsables du Pentagone et pensent que ces attentats contribuent *"à relancer, avec plus de vigueur, l'idée d'une présence lourde de l'armée US en Afrique, dans la région du Sahel et de l'Afrique du Nord plus précisément"*. Il y a enfin ceux qui voient un lien entre ces attentats et l'annonce par les États-Unis de la prochaine création d'un commandement régional pour l'Afrique chargé, entre autres, de la lutte antiterroriste contre le GSPC dans les pays du Maghreb et du Sahel. Il y a lieu de noter que même certains journaux français ont remarqué que ce n'était pas la première fois que la Kabylie servait de terrain de jeu ensanglanté pour des règlements de comptes au sommet du pouvoir algérien et qui considèrent que les menaces sous-jacentes aux attentats ont un lien direct avec le contrôle que chaque clan tente d'imposer par la force, l'intimidation ou la persuasion aux compagnies pétrolières étrangères.

Parmi les partis politiques, le Front des forces socialistes et le Parti des travailleurs ont mis en doute la version officielle. Le FFS a relevé que ces attentats ont été trop bien menés pour pouvoir être imputés au GSPC, dont on ne cesse par ailleurs de dire qu'il est en voie de disparition. Louisa Hanoune, porte-parole du PT, se demande "*qui a intérêt à déstabiliser l'Algérie et pourquoi est-ce la Kabylie qui est ciblée, juste après le retour de la gendarmerie dans la région ?*" Elle conclut que le but des auteurs de ces opérations est de "*mettre l'Algérie sous tutelle américaine*". Sans les citer, ce sont bien les services du DRS qu'elle vise, dont tout le monde sait combien ils sont habiles en matière de manipulation des mouvements islamistes. S'agissant des ministres cités plus haut, il y a lieu de noter la très importante déclaration de Daho Ould Kablia, ministre délégué auprès du ministre de l'Intérieur, faite lors d'une réunion des ministres arabes de l'Intérieur tenue à Tunis, au début du mois de février : "*Le GSPC est en voie d'être mis hors d'état de nuire en Algérie et ne constitue pas véritablement un danger pour les pays du Maghreb, ni pour la France ... Mis à part des messages de soutien verbal, il n'y a jamais eu, à notre connaissance d'aide directe d'Al Qaïda aux Algériens, ni sur le plan financier, ni logistique ou matériel."* C'est clair, net et précis. Cette déclaration est intervenue avant les derniers attentats, mais après ceux de Réghaïa et Dergana d'octobre 2006, après celui de Bouchaoui contre un bus de transport de personnel de la compagnie pétrolière algéro-américaine BRC de décembre 2006 et surtout après les attaques terroristes survenues en Tunisie dans le courant du mois de janvier de cette année 2007; autant d'événements violents attribués au GSPC dont on ne cesse de dire qu'il est devenu encore plus dangereux depuis qu'il est passé sous la bannière d'Al Qaïda. Quant au ministre de l'Intérieur, il avait déjà affirmé au lendemain de l'attentat de Bouchaoui qu'il doutait qu'il ait été l'œuvre du GSPC, allant jusqu'à répondre à un journaliste qui lui faisait remarquer que celui-ci l'avait revendiqué, qu'il ne s'agissait là que d'une simple déclaration. Il a aussi dit, quelques jours avant ces derniers attentats, que le GSPC avait été décimé, qu'il ne pouvait plus mener que quelques coups d'éclat sans lendemain et que son affiliation à Al Qaïda – si elle est avérée – ne change nullement cette donne. Enfin, pour la première fois depuis 15 ans, l'ambassadeur de la Fédération de Russie s'est invité dans le débat intérieur algérien. Interviewé par le journal *l'Expression*, le Dr Vladimir Titorenko a fait une déclaration fracassante : "*Je ne suis pas de ceux qui dramatisent les choses et amplifient le danger terroriste en Algérie. Ceux qui amplifient la menace terroriste contre l'Algérie ont des intérêts à défendre et veulent justifier l'idée de faire appel à la protection armée."* En une seule phrase, l'ambassadeur russe a jeté un énorme pavé dans la mare des États-Unis ... et dans celle du DRS.

Pourquoi un tel ramdam ?

Comment interpréter ce semblant de réveil du terrorisme attribué au GSPC qui en l'espace de quatre mois s'est manifesté à trois reprises ? Il semble que le régime voulait absolument redonner vie au GSPC et démontrer qu'il demeurait extrêmement dangereux pour l'Algérie, et par delà pour les intérêts américains dans la région. Mais le régime algérien, c'est qui aujourd'hui ? C'est plus que jamais l'armée avec le DRS à sa tête ! La maladie de Bouteflika pèse, en effet, d'un poids très lourd dans la vie politique du pays. Les Américains semblent d'ailleurs, avoir décidé de traiter dorénavant directement avec les militaires qui leur garantissent les deux secteurs qui les intéressent le plus, la coopération sécuritaire et les hydrocarbures. Voici ce que dit aujourd'hui la revue *The Economist Intelligence Unit*, considérée comme une sorte de porte-parole des services secrets américains, au sujet de l'Algérie : " ... *A number of figures in Algeria's opaque power structure consider the shift to a system of enhanced presidential power to be too dangerous owing the lack of an ef-*

fective legislature that could provide checks and balance. Theses figures presumed to include serving and former members of the military hierarchy, are said to be anxious about the effects of Mr. Bouteflika's Charter for peace and national reconciliation ... The concern among the secular-military elite seems to be that Mr. Bouteflika, enfeebled and operating largely alone, having exiled his closest political adviser, Larbi Belkheir, to Morocco last year, will open the way for an islamist takeover of the Algerian state." ("... Un certain nombre de responsables de la structure opaque du pouvoir en Algérie considèrent dangereux le virage vers un système qui renforcerait les pouvoirs du Président; ceci en raison de l'absence d'un pouvoir législatif effectif qui servirait d'outil de contrôle et de contre-pouvoir. Parmi ces responsables se trouvent des membres de la hiérarchie militaire en retraite ou encore en service qui sont inquiets des effets qu'entrainerait la Charte de M. Bouteflika pour la paix et la réconciliation nationale ... Ce qui tracasse cette élite militaire laïque semble être le fait que M. Bouteflika, affaibli, qui veut être le seul à gouverner, ait exilé son conseiller politique le plus proche, Larbi Belkheir, au Maroc l'année dernière, ce qui ouvre la voie à une prise de pouvoir de l'État algérien par les islamistes ...", Traduction de l'auteur.) Le président algérien qui met des bâtons dans les roues aux Américains les inquiète effectivement. La mesure la plus spectaculaire qu'il a prise, c'est la marche arrière qu'il a faite dans le secteur pétrolier en remettant en cause les avantages exorbitants accordés aux compagnies pétrolières par la loi sur les hydrocarbures. Dans une première phase, cette mesure n'a pas semblé créer de grosses perturbations dans les relations algéro-américaines, ce qui a poussé Abdelaziz Bouteflika à vouloir aller encore plus loin ; il a alors ordonné l'ouverture d'une enquête sur la gestion de la société Brown and Root – Condor (BRC), par le biais de laquelle les Américains avaient infiltré l'armée algérienne, en lui livrant les fameuses mallettes de commandement; le but de l'opération était d'incriminer Tewfik Mediène, qui avait, de son côté, fait entreprendre par ses services une enquête qui avait révélé que des membres du clan présidentiel, dont ses propres frères, avaient constitué des fortunes en percevant de très grosses commissions sur tous les contrats de BRC. La différence fondamentale entre ces deux enquêtes est que celle du DRS ne s'attaquait pas aux intérêts supérieurs des États-Unis. Par ailleurs, en déclenchant une telle action Bouteflika franchissait une ligne rouge; ce que le DRS ne pouvait laisser "impuni". Il organisait alors l'attentat de Bouchaoui contre un bus de transport du personnel de BRC. La zone de Bouchaoui se trouve à l'entrée de la zone ultra-protégée du Club des Pins où loge toute la nomenklatura politico-militaire du régime. La route d'accès à l'autoroute où a eu lieu l'attentat est très large, la vue y est dégagée et est sécurisée, de jour et de nuit, par la présence de gendarmes placés en quinconce à raison d'un tous les vingt mètres. Il est donc impossible de planter dans la chaussée un engin explosif à déclenchement à distance, tout comme il n'est pas possible à un commando armé d'y monter une embuscade. Seul le chauffeur du bus a été tué au cours de la fusillade qui se serait engagée avec le commando du GSPC qui aurait organisé l'attaque, tandis que du côté des assaillants, il n'y a eu ni morts ni blessés. C'est à se demander qu'est-ce que ces terroristes qui ne tirent que sur l'avant du bus et tuent le seul Algérien qui s'y trouvait (le chauffeur), alors qu'ils étaient censés s'attaquer aux passagers américains placés plutôt derrière ? Il est clair donc qu'en montant une telle opération, le DRS voulait faire peur aux Américains, leur démontrer que le retour à la paix claironné par le Président et son équipe n'était pas encore là, qu'Al Qaïda était définitivement présente en Algérie et que lutter contre elle nécessitait plus que jamais une alliance entre l'armée américaine et l'armée algérienne.

Le Front des forces socialistes, le Parti des travailleurs et certains journaux voient plutôt un lien entre le terrorisme et la corruption. Comment expliquent-ils cela ? Au début du mois de janvier 2007 démarrait le jugement tant attendu de l'affaire Khalifa. Le fil rouge suivi par la présidente du tribunal, Madame Brahimi, que les journaux nous ont présentée comme étant extrêmement compétente a été qu'à aucun moment, cette dame ne s'est intéressée à la disparition des quelques 4 milliards de dollars qui se trouvaient en dépôt à la banque, ni essayé de savoir qui en a bénéficié. Or le scandale de l'affaire Khalifa réside précisément là ; ces sommes d'argent faramineuses qui ont été déposées dans cette banque par des caisses de retraite, sur ordres du groupe de généraux qui sont au cœur du pouvoir algérien depuis une quinzaine d'années, ont par la suite été détournées à leur profit et à celui de leur sphère d'influence. On sait aujourd'hui avec certitude que le général Larbi Belkheir a été le grand ordonnateur de l'empire Khalifa, lui qui avait annoncé, il y a quelques années que l'Algérie se devait de constituer un grand ensemble industriel, financier et médiatique, à l'image des chaebols coréens. Son nom et ceux d'autres généraux circulent d'ailleurs parmi les journalistes et les avocats qui n'osent ni les publier ni les annoncer à haute voix. Lors du procès lui-même, chaque fois que l'un des inculpés ou des avocats a, par ses réponses aux questions ou par ses interventions, entrainé la discussion sur le sujet des ordonnateurs ou des bénéficiaires des sommes d'argent volatilisées, madame Brahimi s'est retranchée derrière des arguties selon lesquelles le dossier d'instruction ne contenait aucun élément sur ce point. Visiblement, elle a reçu des instructions pour ne pas laisser les débats déborder au-delà de certaines limites fixées à l'avance. Elle l'a d'ailleurs clairement avoué en reprenant un avocat qui s'était aventuré à soulever des questions taboues, en lui disant qu'il était *"en train de franchir des lignes rouges"*. Néanmoins, malgré toutes les précautions prises, il y eut quelques dérapages, quelques propos gênants pour les hommes du pouvoir et quelques bouts d'iceberg qui ont été dévoilés. La presse, qui relate depuis plus d'un mois tous les détails de ce procès, devenu un feuilleton que les Algériens suivent avec attention, a relevé ces quelques bribes de vérité en les accompagnant parfois de commentaires acides. Les patrons du DRS qui restent encore les seuls généraux en poste, chargés précisément par leurs autres collègues du cabinet noir de veiller au grain, ont donc, selon le FFS et le PT, jugé qu'il y avait lieu de détourner l'attention des citoyens en organisant en une seule nuit sept attentats bien ficelés, bien organisés, bien coordonnés, qu'il leur était facile d'imputer au GSPC, devenu Al Qaïda au Maghreb Islamique (AQMI).

Le DRS au service des États-Unis

La réunion des chefs d'état-major des armés de neuf pays africains avec le commandant adjoint des forces américaines en Europe, s'est tenue à Dakar le 7 février dernier, tout juste après que le président George W. Bush eût annoncé la création d'un nouveau commandement de l'armée américaine, Africom, U.S. Africa Command, qui aurait la responsabilité de tout le continent africain, à l'exception de l'Égypte. C'est une énorme machine dont le siège actuel est à Stuttgart et serait éventuellement transféré plus tard en Afrique, à Djibouti ou Dakar, dit-on. Le continent africain relevait jusque-là de trois commandements différents, le U.S. Central Command qui couvre l'Égypte, le Soudan, l'Érythrée, l'Éthiopie, Djibouti, la Somalie et le Kenya, le U.S. European Command, en charge du reste des pays du continent africain et le U.S. Pacific Command qui a sous sa responsabilité Madagascar, les Seychelles et la côte africaine de l'océan Indien. Selon la déclaration officielle du président américain, l'Africom serait chargé de renforcer la coopération sécuritaire avec l'Afrique et créer de nouvelles opportunités pour rehausser les capacités des nations africaines. *"Au travers de l'Africa Command, nous devrons redoubler d'efforts pour amener la paix et la sécurité aux peuples d'Afrique et pour promouvoir nos objectifs communs dans les domaines de la santé, de l'éducation, du développement, de la démocratie et de la croissance économique en Afrique"*, a-t-il dit. Le Département de la Défense a précisé que, dès le départ, le nouveau commandement sera chargé de coordonner et superviser toutes les actions engagées par les différentes agences responsables actuellement de la lutte contre le terrorisme. Il a aussi indiqué que d'autres départements ministériels, tels que le Département d'État, le Trésor ou le FBI seraient représentés au sein du nouveau commandement. Ce sont donc toutes les attributions actuelles de la TSCTI et du MEPI qui se trouvent englobées à l'intérieur du nouveau commandement avec des moyens humains et matériels qui seront certainement nettement plus importants, puisque d'après le secrétaire d'État à la Défense, Robert Gates, il pourrait mener, si nécessaire, des opérations militaires. De grosses infrastructures seront installées sur le territoire africain : aérodromes militaires, dépôts de carburant, hangars de matériels, bases d'émissions et réception pour satellites, etc. Ce commandement deviendra opérationnel d'ici à septembre 2008. Les Américains craignent bien sûr des attaques du GSPC, mais évoquent encore neuf ans après, les attentats contre leurs ambassades en Tanzanie et au Kenya pour expliquer la raison de leur brusque intérêt pour l'Afrique, dont la véritable raison est de faire main basse sur les richesses du sous-sol africain. Les approvisionnements en pétrole africain représentent aujourd'hui 16% de la consommation américaine; ce pourcentage devrait passer à 25% en 2015. Par ailleurs, la Chine étend de plus en plus son influence sur le continent africain et recherche, elle aussi, de nouvelles sources d'approvisionnement en pétrole auprès des nations africaines. La création de l'Africom répond donc aussi au souci de contrer l'action chinoise dans cette partie du monde.

À la réunion de Dakar étaient conviés les chefs d'état-major d'Algérie, de Tunisie, du Maroc, de Mauritanie, du Tchad, du Niger, du Mali, du Sénégal et du Nigeria. Le but de la réunion convoquée dans le cadre de la TSCTI était de fournir aux Africains les premiers éléments d'information sur la nouvelle initiative américaine. En raison des luttes intestines au régime, Abdelaziz Bouteflika s'est opposé à la participation du chef d'état-major algérien à la réunion. Après avoir, durant les cinq dernières années, fourni de très nombreux gages de fidélité aux États-Unis dans leur "lutte globale contre le terrorisme", les Janviéristes considèrent qu'ils ne font toujours pas partie du premier cercle des amis de l'Amérique. Ils en sont à se demander pourquoi celle-ci préfère s'appuyer sur les Marocains, les Tunisiens, les Égyptiens, les Jordaniens et les pays du Golfe qui, à leurs yeux, ont moins aidé les Américains qu'ils ne l'ont fait eux. Ils ne comprennent pas non plus pourquoi les entreprises pétrolières américaines préfèrent traiter même avec la Libye plutôt qu'avec l'Algérie. Pour eux, la réponse est simple : c'est la politique menée par Bouteflika vis-à-vis des islamistes et celle concernant le secteur des hydrocarbures qui sont la cause de la crainte des US à s'engager plus avant avec l'Algérie.

S'agissant des islamistes, ils pensent que Bouteflika est trop laxiste envers eux, en ce sens que les anciens de l'AIS, ceux qui ont rendu les armes, sont beaucoup trop libres de leurs mouvements ; de ce fait, disent-ils, les autres – les repentis ou ceux qui sont sortis de prison – se sont vus pousser des ailes. Pour ce qui est des hydrocarbures, ils accusent Bouteflika d'avoir cherché à détériorer les relations avec les États-Unis en annulant la fameuse loi de 2005 qui attribuait des avantages très importants aux compagnies pétrolières étrangères. Ils lui reprochent surtout d'avoir procédé à la révision de cette loi au lendemain de ses entretiens avec le président vénézuélien Hugo Chavez et d'avoir ainsi donné l'impression de s'aligner sur l'une des plus grosses bêtes noires de l'Amérique. Pour toutes ces raisons, les patrons du DRS ont décidé de démontrer que la Charte pour la paix et la réconciliation nationale dont Bouteflika est si fière est loin d'atteindre le but officiel qui lui a été assigné et que les groupes terroristes sont encore plus puissants et mieux organisés que par le passé, maintenant qu'ils sont affiliés à Al Qaïda. Ils ont donc déclenché cette série d'attentats qui ont secoué la Kabylie, dont la date coïncidait avec celle de la réunion de Dakar. Et qui peut donc le mieux combattre le GSPC/Al Qaïda, en Algérie, en Tunisie et en Mauritanie, si ce n'est l'armée algérienne sous la houlette du DRS ? Ce que les Américains savent depuis bien longtemps déjà, mais il était bon de le leur rappeler. Vont-ils pour autant promouvoir l'armée algérienne au rang de premier allié en Afrique, maintenant qu'ils ont décidé que la lutte antiterroriste n'était plus limitée à la bande du Sahel, mais s'étendrait dorénavant à tout le continent ?

CHAPITRE II

Politique gazière et terrorisme

Y'aura-t-il une OPEP du gaz ?

L'Algérie a des potentialités en gaz beaucoup plus importantes que celles en pétrole. Cependant, le gaz a toujours été considéré comme le parent pauvre de l'industrie des hydrocarbures ; tous les contrats de vente de gaz, passés à ce jour, obéissent aux lois du marché. L'unique fois où l'Algérie a essayé de conditionner ses ventes à des contingences politiques, elle l'a amèrement regretté ; c'était au tout début des années 1980 et cela lui a coûté l'annulation, par des clients américains, de tous les fabuleux contrats signés avec eux à cette époque. Voilà qu'aujourd'hui la politique fait, de nouveau, irruption dans le secteur gazier : il y a des tensions dans les relations commerciales de l'Union européenne avec l'Algérie dans ce domaine.

Il avait été décidé, en mars 2006, lors de la visite du président russe, Vladimir Poutine, à Alger, la création d'une commission mixte algéro-russe destinée à dynamiser les relations économiques entre les deux pays. Cela ne représentait, pour les Algériens, qu'une disposition standard qu'ils ont coutume d'inclure dans toutes leurs relations diplomatiques. De tout temps et à chaque réunion au sommet entre un président algérien et son homologue d'un autre pays, on a vu naître une commission mixte de ce type, tant et si bien qu'il en existe une bonne cinquantaine qui dort dans les cartons du ministère des Affaires Étrangères. Pour les Russes par contre, il n'est pas question de créer une commission mixte pour des raisons purement protocolaires ; si l'on enfante d'un outil de ce genre, on doit alors le faire vivre et l'aider à grandir. Le ministre algérien de l'Énergie et des Mines, en visite à Moscou au mois d'août 2006, l'a appris à ses dépens. Il n'est d'ailleurs pas le seul, c'est l'ensemble du gouvernement algérien, y compris le président de la République, qui s'est alors rendu compte que l'engagement pris, quelques mois auparavant, avait une grande importance aux yeux des Russes. Ces derniers ont demandé à mettre en application, dans le secteur de l'énergie, le désir de coopération des deux pays envisagé dans le cadre de la commission mixte. Or, il se trouve que, pour les raisons que nous savons, le pouvoir algérien s'est nettement engagé au côté des Américains. C'est pourquoi le ministre de l'Énergie a pensé, lors du voyage à Moscou, qu'il serait moins contraignant pour la partie algérienne que toute coopération algéro-russe se fasse au niveau des entreprises nationales, plutôt qu'au niveau des États. C'est ainsi que fut signé le 03 août 2006, entre l'entreprise algérienne Sonatrach et le géant russe du gaz Gazprom, un mémorandum fixant les grandes lignes de l'action commune que les deux entreprises seraient amenées à conduire dans les champs d'application suivants : l'exploration, la production et le transport du gaz, son traitement et sa commercialisation en Algérie, en Russie et dans des pays tiers, ainsi que le développement de réseaux de distribution. Cet accord aurait pu rester lettre morte – aux yeux des Algériens, en tous cas – n'eût été la réaction imprévue des Européens, des Italiens en particulier. Échaudés par les conséquences de la brouille intervenue entre la Russie et l'Ukraine dans le courant de l'hiver 2005/2006, une brouille qui avait causé de sérieuses perturbations dans les livraisons de gaz naturel russe à l'Europe occidentale, les Italiens ont été les premiers à considérer que cet accord constituait une "*jonction préoccupante*" entre les deux principaux fournisseurs de gaz à l'Europe. Ce début de panique s'est amplifié lorsque différents experts ont vu dans cette affaire les premiers pas vers la constitution d'une OPEP du gaz. Les Russes ont lancé un ambitieux programme de réalisation de gazoducs vers l'Allemagne et l'Italie. Ils ont également acquis des participations dans des gazoducs en Allemagne, aux Pays-Bas, ainsi que dans des stockages souterrains et cherchent à atteindre la Grande-Bretagne. Leur objectif est de distribuer du gaz naturel en direct au consommateur sur tous les continents, à commencer par l'Europe, dont les besoins en gaz naturel sont couverts à concurrence de 25% par la Russie, 17% par la Norvège et 10% par l'Algérie. Pour réussir ce pari, ils ont besoin de l'union des principaux pays exportateurs de gaz, parmi lesquels l'Algérie. Aussi, quand au lendemain de la visite du président vénézuélien Hugo Chavez en Iran en décembre 2006, l'ayatollah Khamenei a lancé l'idée de la création éventuelle d'une OPEP du gaz, les Russes ne pouvaient que soutenir une telle initiative. Le 1er février dernier, Vladimir Poutine déclarait qu'il trouvait *"la notion de créer un groupe de pays producteurs de gaz intéressante, mais pas de cartel."*

Quelle est la politique de l'Algérie en matière de gaz ? Sonatrach avait passé, il y a quelques années déjà, deux contrats de livraison de gaz en direct avec Gas Natural en Espagne et avec Gaz de France. Ces livraisons doivent se faire depuis le champ de Hassi R'Mel à travers un nouveau gazoduc d'un millier de kilomètres environ, dont une partie est sous-marine, qui doit relier la petite ville côtière de Béni Saf en Algérie à Almeria en Espagne. Aujourd'hui Sonatrach est l'actionnaire majoritaire avec 36% de participation dans ce gazoduc appelé Medgaz. Les quatre autres actionnaires sont trois entreprises espagnoles, Cepsa (20%), Iberdrola (20%) et Endesa (12%) en plus de Gaz de France (12%). Au mois de décembre 2006 a été signé à Alger, en présence du ministre français des Finances Thierry Breton, un accord portant révision des prix du gaz livré par la compagnie nationale algérienne à Gaz de France à travers un autre gazoduc, le Gazoduc Maghreb Europe (GME) qui part également de Hassi R'Mel et traverse le Maroc et le détroit de Gibraltar. À la suite de cette renégociation de prix avec les Français, les Algériens ont engagé avec les Espagnols des discussions du même genre pour le gaz livré à travers le GME et ont sollicité une licence pour fournir un milliard de mètres cubes de gaz par an en direct aux consommateurs espagnols. Ils avaient auparavant demandé ce même type de licence pour la France, l'Italie et le Royaume-Uni. La demande de renégociation du prix formulée par les Algériens s'est heurtée à une très forte opposition de la compagnie Gas Natural pour deux raisons tout à fait compréhensibles. Gas Natural est l'acheteur, il est donc normal qu'une augmentation de prix ne lui fasse pas plaisir ; en tant que distributeur de gaz en Espagne, il voit aussi d'un mauvais œil l'arrivée d'un concurrent sur ce terrain.

Le rapprochement Gazprom/Sonatrach donne l'impression aux Européens qu'ils sont pris en tenaille, par les Algériens d'un côté et les Russes de l'autre ; c'est pourquoi Gas Natural a réagi à la demande algérienne d'entrer en négociations sur le prix, qu'à condition que Sonatrach ne soit autorisé à distribuer qu'une quantité d'un milliard de mètres cubes de gaz par an sur le marché espagnol et que cette dernière lui cède 10% sur les 36% qu'elle détient dans le Medgaz. C'est cette situation très complexe ainsi créée autour de l'approvisionnement de l'Europe en gaz qui a fait dire à Gas Natural qu'il y avait une menace de création d'un cartel des pays exportateurs de gaz. En réponse, le ministre algérien de l'Énergie et des Mines a annoncé lors d'un forum spécialement organisé à cet effet qu'il n'en était nullement question, tout en fournissant moult arguments pour étayer sa position, prédisant même que cela n'interviendrait certainement pas avant 30 ou 35 ans; c'est-à-dire à un moment où il n'y aurait même plus de gaz dans certains pays ! On aurait pu penser que l'affaire allait en rester là, sachant que ce ministre est très proche du président de la République et que sa position reflète, en principe, totalement celle de ce dernier. Puis, tout d'un coup, stupeur ! Moins de vingt-quatre heures plus tard, le roi d'Espagne Juan Carlos arrivait en visite en Algérie ; à cette occasion, le grand quotidien espagnol *El Pais* publiait une interview d'Abdelaziz Bouteflika. À la question de savoir ce qu'il pensait de la création d'une OPEP du gaz, proposée par l'Iran, il répondait : *"La suggestion iranienne entre tout à fait dans les tendances introduites par la mondialisation qui conduisent les producteurs à se solidariser pour la défense de leurs intérêts. L'idée n'est pas à rejeter a priori."* Alors, lequel des deux exprime la véritable position de l'Algérie ? *A priori*, c'est le Président, même s'il faut se poser la question de savoir quelle est la part de vérité et la part de bluff dans cette affirmation. Autre question que l'on doit aussi se poser est celle de savoir si l'attentat commis à la mi-février contre des employés de la société russe Stroytransgaz, au cours duquel ont été tués cinq Algériens et un Russe, n'avait pas pour but d'empêcher le rapprochement avec Gasprom. Cet attentat était intervenu à la même date que ceux commis contre des commissariats de police, des casernes de gendarmerie et des logements de gendarmes dans les wilayas de Boumerdès et Tizi Ouzou. On se souvient que l'ambassadeur de Russie à Alger avait déclaré dans une interview accordée au journal *l'Expression* que *"...ceux qui amplifient la menace terroriste contre l'Algérie ont des intérêts à défendre et veulent justifier l'idée de faire appel à la protection armée."* Il avait aussi anticipé ce qu'allait déclarer son président peu de temps après en rajoutant : *"Si l'Union européenne a le droit de mettre en place une instance de protection des pays consommateurs de gaz, pourquoi priver les pays producteurs d'en faire autant ?"* Y a-t-il un lien de cause à effet entre cette affaire d'OPEP du gaz et l'attentat ? A-t-on voulu donner un avertissement aux Russes et aux Algériens pour leur rapprochement ? On a dit que le GSPC en avait revendiqué la paternité et avait prétendu l'avoir organisé par solidarité avec les Tchétchènes. Depuis quand le GSPC s'intéresse-t-il au sort des Tchétchènes ? Cela sent la manipulation, tant la concordance des événements est troublante.

L'art de la manipulation du terrorisme par les Algériens (... et par les Américains aussi)

On parle beaucoup de terrorisme et de terroristes ces derniers temps. L'ambassade des États-Unis à Alger a diffusé un *"travel warning"* à destination des citoyens américains, auxquels il est demandé d'être très vigilants lors de leurs déplacements vers et à l'intérieur de l'Algérie. "*Il y a des informations indiquant que des extrémistes pourraient être en train de préparer une attaque contre un avion commercial transportant des travailleurs occidentaux en Algérie ...* ", indique le communiqué. Or, les seuls avions qui transportent des "travailleurs occidentaux" vers l'Algérie sont des vols charters qui partent de Londres, Paris ou Houston, en rotation directe vers Hassi Messaoud. Ces avions sont affrétés par les compagnies pétrolières étrangères pour le transport de leur personnel expatrié, sont contrôlés au départ et à l'arrivée par les services de sécurité occidentaux et transportent à leur bord des responsables de la sécurité armés. Sachant que l'information émane des services de sécurité américains, on est en droit de se demander si l'on ne cherche pas à nous convaincre que depuis son "affiliation" à Al Qaïda, le GSPC est devenu si puissant qu'il constitue une menace pour la CIA elle-même, alors qu'il n'a jamais organisé, à ce jour, le moindre attentat contre les installations pétrolières. Comme si l'on voulait, à tout prix, voir le GSPC "jouer dans la cour des grands." Pourquoi les Américains font-ils cela ? Est-ce pour justifier leur présence au Sahel ou pour soutenir les actions du DRS ?

D'autre part, dans un récent article, le journal *Liberté*, s'appuyant sur des sources sécuritaires, a publié des informations extrêmement précises sur les maquis du GSPC en Kabylie. Il nous a révélé le nombre de katibate (escadrons) qui existent dans chaque région de Kabylie, le nombre de sections qui constituent chaque katiba, combien d'hommes compte chacune d'entre elles, le nom des chefs de chacune de ces entités, les lieux où elles campent, les chemins qu'elles arpentent, la stratégie de camouflage qu'elles utilisent. Malgré tous ces détails extrêmement précis, l'auteur de l'article nous fait savoir que les services de sécurité ne disposent pas de statistiques précises, mais estiment néanmoins *"qu'au total le GSPC dispose d'une cinquantaine d'hommes dans cette région qui sert de rampe de lancement, de repli et de PC occasionnel pour la direction du GSPC et de lieu de rencontre des groupes qui remontent du Sud ou qui viennent de l'Est."* Comment se fait-il alors que les services de sécurité qui disposent de tous ces renseignements sur ces unités du GSPC, qui ne comptent qu'une cinquantaine d'hommes, n'arrivent pas à les neutraliser ? De deux choses l'une : ou ils les laissent faire, ou ils les managent, ce qui en dernier ressort revient au même ; ils sont pour le moins complices des attentats et assassinats commis par ces groupes.

On a enfin appris par la presse que le tribunal de Batna avait condamné à mort, par contumace, 27 terroristes parmi lesquels le fondateur du GSPC, Hassan Hattab et que le procès d'Abderrezak El Para, le "Ben Laden du désert", qui devait avoir lieu ces jours-ci a été reporté à mai ou juin prochain. Si l'on en croit les différentes annonces faites, depuis quelques années, par le DRS, Hassan Hattab est mort déjà cinq ou six fois et a été ressuscité autant de fois. On nous avait également dit, dans le courant de l'année dernière, à l'occasion de la promulgation de la Charte pour la paix et la réconciliation nationale, que des contacts avaient été initiés par les services de sécurité avec lui, qu'il avait décidé de se rendre afin de bénéficier des dispositions de la Charte et qu'il cherchait à convaincre ses compagnons de maquis de l'imiter. Quant à Abderrezak El Para, on se souvient dans quelles conditions rocambolesques il avait été livré par le MDJT tchadien aux Algériens, qu'il avait été absent lors de sa première comparution devant le tribunal, que le juge en charge de l'affaire avait déclaré qu'il ne savait pas où il se trouvait et qu'il serait donc jugé par contumace. Pourquoi crée-t-on un tel imbroglio autour de ces deux hommes ? Les voilà maintenant transformés en fantômes. On ne sait plus où ils se trouvent, après avoir négocié avec eux ou les avoir mis sous les verrous !

Le seul commentaire qu'inspirent ces informations se résume en quelques mots : de qui se moquent les Américains et les Algériens du DRS ? Abdelaziz Bouteflika lui-même reconnait qu'Américains et Algériens manipulent le phénomène terroriste à tour de bras. Dans l'interview au journal espagnol *El Pais*, déjà mentionnée plus haut, il affirme que les actes "terroristes" commis de temps en temps sont le fait du banditisme et n'ont rien d'idéologique. Décodé, cela signifie, il n'y a plus ni GSPC, ni Al Qaïda. À la question de savoir si le Sahel est en train de devenir un territoire incontrôlé où les hommes d'Al Qaïda s'entraînent et se déplacent à leur guise, il répond : *"En tous cas, pas en Algérie."* Il souligne enfin très clairement qu'il ne faut pas se fier à tout ce qui se dit à propos du terrorisme et des terroristes quand le journaliste lui demande : *"Le GSPC est devenu, paraît-il, Al Qaïda au Maghreb et affiche sur internet ses ambitions régionales. Avons-nous, nous Européens, quelque chose de plus à craindre ? Leurs menaces sont-elles à prendre au sérieux ?"*; il déclare alors : *"Il faut faire la part des choses entre la réalité et la propagande et restituer les choses dans leur juste proportion. Et les Européens le savent, eux qui sont très bien renseignés sur ces questions."*

CHAPITRE III

Un mois d'avril sanglant

Et voilà que ça reprend de plus belle. On constate encore une fois que : soit l'ex-GSPC est devenu nettement plus dangereux depuis qu'il se serait affilié à Al Qaïda ou alors une main invisible cherche à nous en convaincre. Le 11 avril 2007 restera à coup sûr une date très importante dans l'évolution de l'activité terroriste en Algérie. Ce jour-là et à quelques minutes d'intervalle deux attentats spectaculaires ont eu lieu à Alger et dans sa très proche banlieue. Tous deux sont des attentats à la voiture piégée, exécutés par des voitures conduites par des kamikazes qui ont touché, pour le premier, le Palais du gouvernement et pour le second, dans lequel deux voitures ont été utilisées, un poste de police et un poste de gendarmerie à Bab Ezzouar. Immédiatement, ces deux attentats ont été revendiqués par Al Qaïda au pays du Maghreb islamique (l'ex-GSPC), par le moyen d'une cassette vidéo préenregistrée envoyée à la chaîne de télévision Al Jazeera et qui montre trois individus armés, deux cagoulés, le troisième au visage découvert. Ces attentats ont fait une trentaine de morts et quelque 300 blessés, en plus de dégâts matériels importants. De ces deux attentats, le plus spectaculaire et le plus médiatique est celui qui a touché le Palais du gouvernement, c'est-à-dire le cœur même de l'appareil de l'État. En apparence, c'est clair, c'est net. Six mois après avoir changé d'appellation, et tout juste trois mois après avoir réitéré son adhésion aux buts poursuivis par Al Qaïda, le GSPC a réussi une formidable opération. Il a touché le symbole même du pouvoir algérien, il a adopté les mêmes méthodes – la voiture piégée, le kamikaze - que celles généralement utilisées par Al Qaïda de par le monde, tout comme il a revendiqué, comme le fait généralement cette organisation, ces opérations via des cassettes vidéo préenregistrées. La messe est donc dite ; en Algérie et ailleurs de par le monde, on en conclut que c'est bien le GSPC qui est l'auteur de ces attentats tout comme on admet que ce mouvement fait bien partie dorénavant de l'organisation d'Oussama Ben Laden, puisqu'il en a adopté le modus operandi dans les moindres détails. La vérité n'est cependant pas aussi simple.

Le doute commence à s'installer

Dès le lendemain des attentats, le DRS a fait savoir au monde, par des communiqués publiés par l'APS et par tous les journaux du pays, cette version des faits. Il nous a également fourni des renseignements sur le kamikaze, son identité, son profil, une petite frappe, devenu très croyant depuis six mois et qui a subi, au sein du GSPC, un endoctrinement religieux poussé basé sur le sacrifice, alors même qu'il n'avait aucune prédisposition d'islamiste convaincu et militant. Mais en parallèle, le DRS cherche à nous convaincre, toujours par l'intermédiaire des journaux, qu'il y a bien manipulation en la matière, mais qu'il n'en est pas l'auteur. Il affirme, en effet, que c'est bien l'ex-GSPC qui a exécuté ces attentats et que les États-Unis en sont le véritable commanditaire. Ainsi certains quotidiens disent que depuis son allégeance à Oussama Ben Laden, le GSPC peut aussi servir de bras armé pour des puissances mondiales qui instrumentalisent Al Qaïda; d'autres rajoutent que les États-Unis veulent s'occuper de l'Afrique, y créer un commandement militaire de type nouveau et confier aux pays maghrébins un rôle dans cette stratégie; l'option américaine devient "légitime" si le terrorisme d'Al Qaïda se répand. *El Watan* est beaucoup plus clair; il se demande si le Maghreb est sur le point de faire les frais de luttes géopolitiques que se livrent les USA et la France au moyen du terrorisme islamique. Il dit *"qu'amplifier les actions terroristes dans la région pour faire accroire à leur dangerosité pour la sécurité du monde et par conséquent à une nécessaire intervention américaine semble être le jeu auquel s'adonnent depuis ces dernières années les forces américaines. À ce jeu sournois semble parfaitement s'accommoder le réseau Al Qaïda qui, en réalité travaille, consciemment ou pas, pour les intérêts géopolitiques américains.*" Voilà donc le DRS qui pousse un cri d'orfraie : oui, ce sont bien les Américains les commanditaires des attentats. Nous n'y sommes pour rien; ils ont traité directement avec Al Qaïda.

Tout comme pour tous les attentats commis ces derniers mois, le ministre de l'Intérieur Noureddine Yazid Zerhouni s'est montré cette fois-ci également très circonspect quant aux auteurs présumés, n'accordant aucun crédit aux revendications faites au nom d'Al Qaïda. Pour lui, *"Il ne faut pas exclure qu'il y ait d'autres intérêts qui ne veulent pas voir l'État algérien se ressaisir, se restructurer et fonctionner de manière plus efficace"*. Endossant son nouvel habit de porte-parole quasi officiel du DRS, le chef du GSPC Hassan Hattab est venu confirmer la version de ce dernier. Si l'on en croit l'information diffusée par certains journaux, il pense que les auteurs de ces attentats auraient reçu leurs ordres de l'étranger. S'il apparaît, en effet, que les services américains sont les commanditaires de ces attentats, que les exécutants sont des jeunes sans véritable penchant pour l'islamisme, il y fort à parier que ce sont les services du DRS qui ont endoctriné et manipulé ces jeunes pour en faire de faux kamikazes, ce qui démontre encore une fois qu'il y a collusion d'intérêts entre les Américains et les patrons du DRS.

Le DRS à l'écoute de la voix de son maître

Nous n'avons pas tardé à en avoir la confirmation. Vingt-quatre heures plus tard, on apprenait que les équipes de déminage avaient réussi à désamorcer trois bombes de 550 kilos d'explosifs, qui se trouvaient à bord d'une voiture Mercedes stationnée à 300 mètres du domicile de Larbi Belkheir, à 120 mètres de celui du directeur général de la sûreté nationale (DGSN) et à 50 mètres du siège de l'ambassade du Danemark. On a également appris que les services de sécurité auraient reçu un appel téléphonique anonyme les informant de la présence d'une voiture piégée à Hydra et que si cette quantité d'explosifs avait explosé elle aurait provoqué des dégâts sur un rayon de 500 mètres. Le GSPC n'a jamais été l'IRA ou l'ETA ; il n'a jamais téléphoné aux services de sécurité pour les informer de l'imminence d'un attentat qu'il s'apprêtait à commettre. Le voilà qui, alors même qu'il avait le domicile du Cardinal et celui du patron de la police "à portée de la main", renonce à une opération encore plus spectaculaire que celle du Palais du gouvernement. Quant à souffler l'ambassade du Danemark, située à 50 mètres de là, c'eut été du point de vue d'Al Qaïda, un haut fait héroïque quand on se souvient des menaces proférées et des désordres survenus à travers le monde lors de la publication des caricatures du prophète Mohamed par un journal danois. Pour information, le domicile de Larbi Belkheir se trouve dans une rue en cul-de-sac fermée à toute circulation par d'énormes blocs de pierre placés en quinconce à quelque deux cents à trois cents mètres de la maison elle-même. On sait, par ailleurs, qu'elle est entourée de gadgets électroniques ultra-sophistiqués, de détecteurs de métaux et d'explosifs, de caméras de surveillance et que des dizaines de policiers en tenue et en civil quadrillent la zone environnante, au point que toute présence humaine serait détectée à l'instant même où elle s'y présenterait, que serait-ce une voiture bourrée d'explosifs. Il apparaît donc clairement que cette histoire de Mercedes piégée n'est qu'un coup fourré de plus du DRS, qui tient absolument à prouver que, depuis son allégeance présumée à Al Qaïda, le GSPC est devenu extrêmement redoutable au point de pouvoir s'attaquer aussi facilement au parrain de tous les généraux algériens. Cette vision des faits arrange bien les intérêts américains également.

Ce micmac est devenu plus clair quand le ministre de l'Intérieur Yazid Zerhouni nous a donné la version officielle des attentats du 11 avril. Il nous a appris que les auteurs ne sont pas des kamikazes, car visiblement ce ne sont pas eux qui ont déclenché les explosions des véhicules dans lesquels ils se trouvaient. La police scientifique, dit-il, aurait retrouvé ailleurs les téléphones portables qui ont servi de détonateurs, ce qui l'amène à penser que ce sont une ou plusieurs tierces personnes qui ont appuyé sur le bouton fatidique et que les trois jeunes en question ne savaient probablement pas ce qui allait leur arriver ; peut-être ne savaient-ils même pas qu'ils transportaient des explosifs. Il est, en tous cas, convaincu qu'il y a eu manipulation dans cette affaire. Le chef du gouvernement Abdelaziz Belkhadem est du même avis puisque lui aussi a annoncé de façon péremptoire que ce ne sont peut-être pas des kamikazes qui ont fait ça. Qui a donc manipulé ces jeunes ? C'est Abdelaziz Bouteflika en personne qui nous donnera la réponse lors de sa visite aux blessés, en déclarant qu'il fallait que le peuple bouge. Qu'entend-il par là ? Comment le peuple peut-il bouger alors que le pays est sous état d'urgence et que toute manifestation est interdite en Algérie ? Quand bien même le peuple bougerait, comment pourrait-il s'opposer par des slogans à un terrorisme que l'armée elle-même, malgré les moyens considérables dont elle dispose, n'a pas pu terrasser depuis quinze ans ? Nous avons compris quelques jours plus tard ce que signifiait cette recommandation bizarre de la part du chef de l'État quand nous avons vu qu'étaient autorisés pour la première fois depuis quinze ans une manifestation de rue et un grand meeting populaire – tous deux bien encadrés - au cours desquels le leitmotiv était de clamer l'appui du peuple à la politique de réconciliation nationale du Président. Ce message n'était bien entendu pas destiné au GSPC qui refuse depuis le début d'accepter les termes de la Charte pour la paix et la réconciliation nationale, alors même que selon les chiffres officiels, ce n'est pas loin de 100% du peuple qui s'est prononcé pour cette Charte. Ce ne sont donc pas ces quelques milliers de personnes qui vont à nouveau clamer leur soutien à cette politique qui changeront quoi que ce soit à cet état de fait. Le message est donc adressé au DRS auquel Bouteflika et le FLN, principal organisateur de ces manifestations, veulent rappeler que le peuple qui a opté pour cette politique rejette les manipulations de Tewfik Mediène, Smaïn Lamari et consorts. S'il y a la paix en Algérie, il n'y a plus de GSPC, ni Al Qaïda. Ceci n'arrange pas les affaires du DRS et risque aussi de remettre en cause la politique de lutte antiterroriste américaine dans le Sahel, voire ailleurs dans le monde. Si l'opportunité et la nécessité de la Pan Sahel Initiative, de la TSCTI et celle de l'Africom, qui ont pour fondement l'existence de "foyers terroristes" dans le Sahel, venaient à être mises en doute, qu'est-ce qui empêcherait de douter de la pertinence de la politique américaine en matière de lutte antiterroriste dans d'autres régions du monde ? Au vu de tout cela, il apparait que la collusion d'intérêts entre les patrons du DRS et l'administration américaine n'a plus pour unique raison la recherche de la couverture américaine contre d'éventuelles poursuites judiciaires ni le partage du "gâteau" que procurent les hydrocarbures algériens. Elle a atteint un stade idéologique. Tout comme le président américain, les chefs du DRS voient la main d'Al Qaïda partout; quand elle n'existe pas, on la crée. George W. Bush prétend se battre contre l'organisation d'Oussama Ben Laden en Irak, le DRS dit la même chose pour ce qui est de l'Algérie, tandis que tous deux la voient présente dans le Sahel.

Les relations entre l'administration américaine et le clan Bouteflika se tendent

À quel jeu se livre l'administration de George W. Bush ? On semble considérer outre-Atlantique que le DRS est le seul interlocuteur auquel on doit s'adresser en Algérie; Abdelaziz Bouteflika et son clan sont devenus quantité négligeable. Le 15 avril l'ambassade des États-Unis à Alger publiait sur son site internet un bulletin d'information, basé sur des sources concordantes non authentifiées dit-elle, de l'imminence de deux attentats qui interviendraient dans le courant de la journée devant la grande poste d'Alger et devant le siège de l'unique chaîne de télévision. L'information a immédiatement été reprise et diffusée en boucle par i-Télé et Al Jazeera, deux chaînes de télévision très regardées en Algérie. Venant après les attentats du 11 avril, l'information a suscité la panique dans la ville et provoqué des encombrements monstres, car les automobilistes ont essayé d'éviter les deux lieux nommément désignés. L'ambassade, qui n'avait pas informé auparavant les autorités algériennes que ledit communiqué serait rendu public, a déclaré avoir pour obligation, selon la loi américaine et selon la politique du Département d'État, de partager toute information jugée crédible sur un danger potentiel pouvant porter atteinte à la vie et à la propriété des ressortissants américains en Algérie. Elle a aussi affirmé que le but était uniquement de porter à la connaissance des citoyens américains l'information sans plus, mais n'a pas pour autant exprimé de regrets, ni présenté des excuses, feignant d'ignorer que le fait d'avoir diffusé via internet ce communiqué en faisait une information publique. C'était la deuxième fois en l'espace d'un mois que l'ambassade publiait un *"travel warning"*. Dans les deux cas, l'information s'est avérée fausse. À l'unanimité, le gouvernement, les partis politiques et les médias ont condamné la manière cavalière dont a agi l'ambassade américaine. Le ministère des Affaires étrangères a convoqué le chargé d'affaires de l'ambassade auquel a été transmise une ferme mise au point, dans laquelle lui était rappelée *"l'obligation du respect scrupuleux de la souveraineté du pays d'accréditation et du principe de non-ingérence dans ses affaires intérieures"*. De leur côté, les partis politiques ont publié des communiqués aux termes très durs dénonçant le peu d'égards de l'administration américaine vis-à-vis de l'État algérien. Les journaux ont, dans leur ensemble, attaqué le gouvernement américain, ainsi que l'ambassadeur qu'ils ont accusé de se comporter comme il le faisait auparavant en Irak où il était en poste et où il ne respectait ni les autorités ni le peuple. Certains sont allés jusqu'à railler les Américains qui, par leur méconnaissance de la géographie, avaient confondu Alger et Casablanca ; ils faisaient allusion par là au fait que les services américains de sécurité n'avaient pas prévu les attentats, réels ceux-là, qui s'étaient produits le même jour à Casablanca. D'autres sont allés plus loin, accusant les autorités américaines d'avoir des arrière-pensées et d'être animées d'une volonté délibérée de nuire. La réaction la plus violente est finalement venue du ministre de l'Intérieur Yazid Zerhouni qui, depuis quelque temps, ne cesse de mettre en doute la parole unique que tous les autres acteurs du drame algérien (DRS, États-Unis, Al Qaïda) voudraient voir propagée. Pour la énième fois, il a déclaré que l'affirmation selon laquelle tous les attentats commis dans le pays étaient l'œuvre du seul GSPC, était inexacte, il a martelé que l'affiliation de ce dernier à Al Qaïda n'était pas le fait acquis que l'on veut faire croire, et n'a cessé de faire des allusions au double jeu des Américains et à leur complicité avec les services de sécurité algériens. Alors qu'il accompagnait Abdelaziz Bouteflika en visite dans les hôpitaux, il a déclaré, à propos du communiqué de l'ambassade US *"qu'il a semé la panique"*. Puis se retournant vers les journalistes, il leur a demandé d'analyser la situation, de s'interroger qui avait intérêt à semer la panique et de démontrer que ce communiqué n'était qu'une manœuvre. *"C'est à vous de leur répondre, vous avez des plumes, écrivez. Ils nous prennent tous pour des canards sauvages"*, leur a-t-il lancé. C'est le ministre de l'Intérieur qui parle, l'homme de confiance du président de la République, la personne qui gère depuis huit ans le dossier du terrorisme en Algérie, et qui connaît donc le mieux tous les acteurs de ce dossier. Il faut se souvenir que Zerhouni a occupé durant une vingtaine d'années de très hautes responsabilités au sein de la Sécurité militaire et qu'il l'a même dirigée au début des années 1980. C'est donc quelqu'un qui connaît parfaitement tous les rouages du système et qui sait de quoi est capable chaque intervenant. Il sait notamment que la seule chose qui intéresse les Américains c'est l'accaparement des richesses pétrolières que recèle la région du Sahel et que pour atteindre ces objectifs, l'administration US brandit en permanence la menace que représenterait Al Qaïda et la crée quand il le faut; le triptyque est simple : les États-Unis planifient les opérations, le DRS manipule les djihadistes, puis l'ex-GSPC, devenu Al Qaïda exécute. C'est ce qu'a dit plus ou moins clairement toute la presse algérienne, qui a mentionné ces forces internes et externes qui manipulent les terrorismes en Algérie. Dans un article consacré aux attentats du 11 avril, au titre très évocateur *"USA – Al Qaïda : le couple infernal"* l'hebdomadaire *Les Débats* est celui qui a le mieux résumé la situation; il dit : *"Si Al Qaïda est, incontestablement, une menace pour la paix, la politique américaine n'est pas moins une source importante de trouble dans le monde. Pour justifier ses actes, la première a besoin des exactions américaines. Et pour justifier sa domination par la création de bases militaires, les États-Unis ont besoin eux aussi de faire croire que deux enturbannés, cachés dans des tavernes de Tora Bora en Afghanistan, sont en mesure de menacer le monde entier."*

CHAPITRE IV

Les contre-pouvoirs au régime de Bouteflika

Peut-on réellement dire qu'il existe des contre-pouvoirs au régime d'Abdelaziz Bouteflika ? On a, de temps à autre, des campagnes médiatiques menées par quelques journaux ou des rébellions contre telle ou telle mesure proposée par le gouvernement pour approbation des députés, qui donnent l'impression que le pouvoir législatif ou la presse sont des contrepoids au pouvoir présidentiel. Ce ne sont là, en réalité, que des tempêtes passagères pilotées par les généraux Janviéristes qui constituent le véritable moteur du système algérien, qui lui rappellent par la plume d'un journaliste ou par le vote des élus du peuple qu'il est en train de franchir la limite du champ de compétences qu'ils lui ont fixée dès le départ de leur collaboration en avril 1999.

L'Assemblée nationale

Le 17 mai prochain auront lieu les élections législatives pour le renouvellement des mandats de 389 députés à l'Assemblée nationale. On peut d'ores et déjà prévoir que le FLN remportera la majorité des sièges, que le RND arrivera en deuxième position, qu'il sera suivi du MSP et que le reste, c'est-à-dire des miettes, seront laissées aux autres partis et aux indépendants. Les élections ont été de tout temps truquées en Algérie ; il n'y a aucune raison qu'elles ne le soient pas cette fois-ci également. On sait que les quotas attribués à chaque parti sont fixés à l'avance et qu'ils résultent de la négociation entre les différents centres de pouvoir. Plus que jamais, plus que par le passé, c'est un marchandage de bazar qui a lieu ces jours-ci, à l'intérieur et autour du FLN. Car pour avoir de grandes chances d'être élu, il faut être coopté sur une liste du FLN, ou éventuellement sur une liste RND dans les régions où le pouvoir a décidé de laisser un peu de place à ce parti. C'est une lapalissade que de dire que les élections à l'algérienne ne sont pas une affaire de programme politique ni de militantisme et que les discours politiques ne servent qu'à habiller un choix préalable de candidats entièrement dévoués au pouvoir. S'il fallait un exemple, je rappellerais simplement que lors de la législature écoulée, aucune des propositions de loi présentées par le gouvernement n'a été rejetée par l'Assemblée nationale, ni même sérieusement amendée. Une loi aussi importante pour l'avenir de plusieurs générations d'Algériens, telle que la loi sur les hydrocarbures a été adoptée en l'espace de quelques heures, sans aucun amendement. Il a fallu que le président de la République change d'avis quelques mois plus tard pour que des amendements portant sur les aspects les plus nocifs de cette loi soient proposés par le gouvernement, donc par Bouteflika, puis adoptés sans aucune discussion également. Bon nombre de députés ont publiquement admis qu'ils n'avaient même pas lu le texte de loi qui leur était proposé, aussi bien lors du premier que lors du second passage.

Être coopté ne garantit pas d'être élu, car pour donner le change et laisser croire qu'un choix réel est proposé à l'approbation des électeurs, les listes contiennent un nombre de candidats supérieur au nombre de sièges. Il faut donc se retrouver en tête de liste pour avoir une chance d'être élu. C'est pour la conquête de ces places, très chères, qu'ont lieu toutes les magouilles auxquelles on assiste ces temps-ci. Les candidats-députés paient des sommes faramineuses, de l'ordre de plusieurs centaines de milliers de dinars à des parrains qui leur garantissent d'être parmi les 4 ou 5 premiers sur la liste du FLN de leur circonscription. Les ministres eux-mêmes se battent pour être en tête de liste, car la pérennité du poste de ministre dépend du bon vouloir de Bouteflika, alors que le poste de député est assuré pour cinq ans. On a même de fortes chances d'être réélu pour peu que l'on ait été docile vis-à-vis du pouvoir lors du premier mandat. Pourquoi une lutte aussi acharnée pour la cooptation ? Un député a un revenu élevé par rapport à l'énorme majorité de la population. Il perçoit un salaire de base auquel s'ajoutent des primes diverses (logement, restauration, déplacement, etc.) Il a droit à un véhicule de service avec chauffeur, à un téléphone portable dont toutes les communications sont payées, tandis que son téléphone au domicile est pris en charge par l'État. Il a aussi droit à un ordinateur portable, dont rares sont ceux qui savent s'en servir, vu que certains députés sont même illettrés. Une fois le mandat terminé, un député voit ces avantages maintenus pendant cinq ans. À cela s'ajoute des privilèges, tels que bénéficier d'un passeport diplomatique, d'une indemnité pour vacances ou pour pèlerinage, des facilités pour obtenir des visas pour voyages à l'étranger. Un député a automatiquement droit à un prêt bancaire à bas taux pour la construction d'une maison, pour son ameublement ou pour l'achat d'une voiture. Le revenu mensuel global d'un député est de l'ordre de 400 000 dinars. Mais le véritable gain est ailleurs ; il est dans tous les passe-droits dont tous les députés usent et abusent. Ils vont pratiquement tous acheter auprès des organismes d'État plusieurs terrains à bâtir à très bas prix, voire des fois à des prix symboliques, qu'ils vont mettre au nom de leurs enfants ou parents, si ce n'est les revendre à plusieurs fois le prix d'achat. Ils sollicitent les banques pour l'obtention de prêts, les services de douanes pour des facilités d'importation ou les services des communes ou de wilayas pour des permis de construire. Certains profiteront eux-mêmes de ces avantages, tandis que d'autres les céderont à des tiers moyennant versement de commissions. Nombreux sont les députés qui ont entamé leur députation avec des revenus relativement modestes et qui les ont terminés en millionnaires. Le pouvoir a besoin d'une Assemblée aux ordres, une chambre d'enregistrement, qu'il saupoudrera de quelques députés d'opposition; il favorisera donc ce type de comportements, car la complicité du plus grand nombre est pour lui la plus haute garantie pour le maintien au sommet de la hiérarchie.

Si l'on s'intéresse quelque peu au semblant de joutes politiques qui ont lieu actuellement sur le terrain, on constate qu'à côté de ces vraies batailles pour une bonne place sur les listes de candidats, il y a quelques escarmouches qui attirent très peu l'attention des citoyens et auxquelles seuls les journaux accordent quelque importance. C'est ainsi que l'on assiste à quelques gesticulations de la part de Madani Mezrag qui dit vouloir participer aux élections, un acte qui représente à ses yeux *"un droit consacré par la constitution et contenu dans le décret de janvier 2000 qui exclut toute poursuite contre les éléments de l'ex-AIS"*. Le ministère de l'Intérieur affirme que ces derniers ne participeront pas aux élections, car ils sont exclus de l'activité politique, en vertu des dispositions de la Charte pour la paix et la réconciliation nationale. On sait, par ailleurs, que le FFS compte boycotter les élections, car il pense – ce en quoi il n'a pas tort - que le pouvoir va, comme par le passé, tout faire pour empêcher toute velléité d'opposition. Par contre, bon nombre de partis lilliputiens, des partis dont on n'entend parler qu'à l'occasion des élections tous les cinq ans, vont présenter des candidats, qui avec l'appui de parrains bien placés vont s'assurer des revenus confortables pour les dix prochaines années. À défaut, ils profiteront des fonds mis à disposition par l'État pour la conduite de la campagne électorale, qu'ils utiliseront pour monter de juteuses affaires.

En somme, un scrutin pour rien. D'énormes dépenses inutiles. Une nouvelle Assemblée nationale, de nouveaux députés, autant de nouveaux clients pour le pouvoir, de nouveaux rentiers dont l'Algérie pourrait faire l'économie. Encore une fois, la démocratie ne sera pas au rendez-vous le 17 mai prochain. On assistera plutôt à une énorme farce sous couvert de constitution d'un contre-pouvoir.

La presse

C'est Mouloud Hamrouche qui, du temps où il était Premier ministre, a permis l'ouverture du champ médiatique algérien. Il avait fait adopter une mesure permettant à tout journaliste ou groupe de journalistes de bénéficier d'une aide conséquente de l'État pour créer sa propre publication. C'est ainsi que sont nés les premiers journaux privés algériens. Après le départ de Hamrouche de la chefferie du gouvernement et l'arrivée d'autres équipes ministérielles au pouvoir, le DRS a instauré son autorité sur cette nouvelle presse en utilisant différents moyens de pression. Depuis le début de l'aventure journalistique, tous les journaux étaient imprimés sur des rotatives appartenant à l'État; c'est encore le cas pour la quasi-totalité de la presse, puisque seuls *El Watan* et *El Khabar* possèdent leurs propres rotatives. D'autre part, quasiment tous n'ont vécu, voire survécu pour certains, que grâce à la manne publicitaire que leur ont fournie les entreprises d'État. Ainsi donc les moyens d'impression et la publicité ont de tout temps constitué des leviers de pression puissants exercés contre la liberté d'expression. Par ailleurs et pendant de nombreuses années, le DRS avait des fonctionnaires, appelés lecteurs, officiellement affectés auprès des imprimeries de l'État qui autorisaient ou interdisaient la publication de tel ou tel article, selon qu'il plaisait ou déplaisait à la direction de l'information du DRS dont ils dépendaient. Ce moyen brutal et direct de censure n'existe plus aujourd'hui; il a été remplacé par un moyen plus pernicieux, officiellement autorisé par la loi qui s'exprime par des poursuites judiciaires entamées, souvent pour des motifs futiles, contre les éditeurs de journaux et les journalistes qui déplaisent au pouvoir du Président ou à celui des généraux. On dit de la presse algérienne qu'elle est la plus libre du monde arabe, car elle se permet de brocarder des responsables. Ceci est vrai dans la mesure où, en Algérie, on peut tout critiquer sauf les généraux et leurs agissements. On ne critique pas non plus le président de la République, sauf si l'on a le feu vert des chefs militaires, auquel cas on peut s'attaquer à sa politique ou même à sa personne, comme ce fut le cas avec Zeroual en 1998 ou avec Bouteflika en 2003/2004; comme quoi il y a des lignes qui sont moins rouges que d'autres. Les journalistes connaissent les règles du jeu; certains y adhèrent totalement. Ceci étant, même dans le cas où il n'y a pas de pression directe ou indirecte exercée contre eux, tous s'autocensureront par crainte de représailles. Aussi peut-on dire de la presse qu'elle est bien bridée par le pouvoir, quand elle n'est pas carrément à son service. Il existe effectivement une gradation du degré de servitude des journaux au pouvoir. On constate qu'il y a des leaders, des sortes de têtes de gondole tant parmi les arabophones que les francophones. Ce sont ceux que le régime a choisis pour être ses porte-paroles. On y retrouve généralement les meilleurs journalistes, ce sont ceux qui ont les plus forts tirages du secteur, leur situation financière est bonne et ils ont droit à un traitement de faveur de la part du DRS qui leur permet une plus grande liberté de parole; ils donnent ainsi l'impression de ne pas être totalement à la solde du pouvoir pour ce qui de la couverture médiatique du pays. C'est donc à eux que s'adresseront les médias occidentaux pour leur collecte d'informations chaque fois qu'ils traiteront de l'Algérie. C'est également aux directeurs de la publication ou aux rédacteurs en chef de ces journaux que font appel les chaînes de télévision, françaises en particulier, pour les tables rondes relatives à l'Algérie qu'elles organisent. C'est exactement cela le but recherché par le pouvoir qui propage par ce biais sa version des faits qui se déroulent chez nous depuis 1992. Quant aux autres journaux, il y a les plus royalistes que le roi, ceux qui soutiennent à fond le point de vue du clan des éradicateurs, qui penchent donc généralement du côté de la nomenklatura militaire et sont de ce fait contre Bouteflika, tout comme il y a - ils sont plutôt rares - ceux qui ont choisi le clan présidentiel; il y a enfin ceux qui cherchent à garder leurs distances par rapport aux luttes intestines au régime, au point qu'il leur est souvent arrivé de ne publier certaines informations qu'avec un retard de 24 heures, si ce n'est de plusieurs jours, de peur d'être taxés de pro-DRS ou pro-Bouteflika.

Nous savons par ailleurs que le DRS a manipulé la sphère islamiste au point qu'il a créé des partis politiques qui relèvent de cette sphère, tout comme il a infiltré les mouvements armés GIA et GSPC. Il en a fait de même pour ce qui est de l'information destinée à cette frange de la population algérienne que certains journaux arabophones ont pris pour cible, car le régime considère que les islamistes ne lisent pas les journaux francophones. Aussi l'information telle que fournie par ces journaux fait-elle souvent appel à des critères religieux, l'objectif étant de créer chez le lecteur un terrain favorable à la propagation de la "bonne parole", telle que la voit le DRS. Aux côtés de ces journaux privés, existe toujours celui qui a été, durant plus d'une cinquantaine d'années le seul quotidien disponible sur la scène médiatique algérienne. Il s'agit bien entendu d'*El Moudjahid* qui après avoir été le porte-parole de la Révolution s'est transformé depuis 1962 en la *Pravda* algérienne. Sans orientation politique particulière, c'est le journal qui défendra sans état d'âme le régime du moment, encensera l'équipe au pouvoir, quitte à prendre le contre-pied des thèses qu'il a défendues auparavant. Le grand avantage que l'on a à lire *El Moudjahid*, c'est que l'on y retrouvera, en intégralité et souvent sur plusieurs pages, tous les discours d'Abdelaziz Bouteflika, toutes les déclarations des ministres, les reportages sur les rencontres officielles avec les dignitaires étrangers, ainsi que l'exposé de la position de l'État sur tel ou tel problème de politique internationale. Il ne reste plus au lecteur qu'à essayer de déchiffrer la langue de bois utilisée s'il veut comprendre ce que sous-entendent les écrits de ce quotidien.

CHAPITRE V

Les Américains en Algérie : pétrole, magouilles et terrorisme

Depuis son arrivée au pouvoir Abdelaziz Bouteflika a insufflé une dynamique nouvelle à la diplomatie algérienne. Les relations politiques avec de nombreux pays ont été revigorées ; celles avec les États-Unis en particulier qui ont connu deux phases :

- la première qui a duré d'avril 1999 à la fin de l'année 2005 a été celle d'un rapprochement permanent, qui s'est intensifiée au lendemain des attentats du 11 septembre. Les deux pôles du pouvoir algérien, le Président et le clan des généraux étaient en phase et recherchaient tous deux un rapprochement et une coopération de plus en plus étroite avec les Américains ;
- la seconde a démarré avec la maladie de Bouteflika. Depuis janvier 2006, son attitude vis-à-vis des Américains a complètement changé ; on a senti qu'il ne voulait plus de cette coopération. Il a rejeté toutes leurs avances, remis en cause les fabuleux privilèges qu'il leur avait accordés, renoué des relations avec leurs bêtes noires et multiplié les déclarations pernicieuses quant au rôle qu'ils jouent dans la réactivation du terrorisme en Algérie. Le clan des généraux n'est pas d'accord sur cette nouvelle orientation ; il souhaiterait poursuivre, voire approfondir la coopération avec les USA. Où va-t-on maintenant ? Vers une déstabilisation du régime algérien, par tous les moyens, y compris les plus violents ?

La lune de miel

On se souvient qu'à l'occasion de sa première visite aux États-Unis, en septembre 1999 lors de la réunion annuelle de l'Assemblée générale des Nations Unies, Abdelaziz Bouteflika avait pris contact avec son ami d'enfance, celui avec lequel il avait usé ses fonds de culotte sur les bancs de l'école à

Oujda, Chakib Khelil, et lui avait proposé de rejoindre l'équipe gouvernementale qu'il était en train de constituer. Il l'avait alors nommé conseiller à la présidence avant de le désigner ministre de l'Énergie et des Mines au début de l'année 2000, un poste qu'il occupe encore aujourd'hui. Entre autres raisons qui avaient motivé ce choix, il y avait le fait que l'intéressé avait passé, à cette date, quelque 30 années aux USA. Il y avait fait ses études universitaires, avait travaillé durant quelques années dans une société-conseil ayant pignon sur rue à Dallas (Texas), avant de rejoindre la Banque Mondiale à Washington vers la fin des années 1970, où il a été en charge des études et évaluations pétrolières pour la zone Amérique latine. Lors de ces longues années passées aux États-Unis, Chakib Khelil avait noué de profondes relations avec les pétroliers texans, dont certains occupèrent plus tard des fonctions éminentes dans l'administration Clinton et dans celle de George W. Bush. C'était donc pour le président algérien le candidat idéal pour le poste de ministre en charge du secteur pétrolier, compte tenu des relations qu'il envisageait, déjà à cette date, d'entretenir avec les Américains.

Abdelaziz Bouteflika sortait, comme on le sait, d'une longue traversée du désert au cours de laquelle il avait vu le monde changer par rapport à ce qu'il était durant les années 1960 et 1970 quand il avait été l'un des plus proches collaborateurs du président Houari Boumediene : le bloc soviétique n'existait plus, le non-alignement était devenu une notion désuète et il n'y avait plus qu'une seule super puissance, les États-Unis. Ces facteurs, auxquels s'ajoute son désir probable d'échapper autant que faire se peut à l'influence de l'autre grande puissance qui compte en Algérie, la France, ainsi que son ambition de voir les Américains lui accorder un traitement au moins égal à celui réservé aux deux autres leaders du monde arabe, le roi Fahd et le président Hosni Moubarak, sont autant d'éléments – parmi d'autres – qui l'avaient amené à vouloir entretenir une relation privilégiée avec l'administration américaine. N'oublions pas non plus que lors de l'élection présidentielle d'avril 1999, Abdelaziz Bouteflika s'était retrouvé seul en course à la veille du scrutin, que les autres candidats s'étaient retirés en dernière minute, considérant que les dés étaient pipés et que l'armée avait décidé de soutenir le "candidat indépendant" Bouteflika. C'est donc un président mal élu qui était arrivé à la tête de l'État. Bénéficier dans ces conditions du soutien du président de la plus grande puissance mondiale lui permettait d'acquérir la légitimité qu'il n'avait pas eue par les urnes, de s'imposer face à ceux qui l'avaient choisi pour remplacer Liamine Zeroual et ainsi ne pas être un "trois-quarts de président" comme il ne cessait de le répéter. À cette date, il n'existait qu'un seul moyen pour acquérir les bonnes grâces de l'administration américaine, l'intéresser au secteur pétrolier algérien. Ceci se vérifiera tout particulièrement avec l'arrivée à la Maison-Blanche de l'équipe de pétroliers texans emmenée par George W. Bush.

Si le choix de Chakib Khelil correspond bien à la politique de rapprochement que Bouteflika envisageait d'instaurer avec les États-Unis, elle remplissait d'aise les Américains aussi. Lors de la trentaine d'années qu'il a passées en Amérique, Chakib Khelil a acquis la nationalité américaine et a appris à connaître ce pays mieux qu'il ne connaît celui de ses parents. Il est devenu un ardent défenseur de la politique ultralibérale prônée au sein de la Banque Mondiale, tout comme il est aussi devenu un fervent partisan de la politique "d'ouverture" des lobbys pétroliers américains. Si l'on rajoute à cela les relations étroites qu'il a tissées au pays de l'oncle Sam, il représentait donc bien un jackpot pour les États-Unis. Ils sont d'ailleurs nombreux en Algérie, y compris au sein de la classe politique et au sein de l'équipe dirigeante elle-même, à considérer qu'il est un cheval de Troie US placé au point le plus névralgique du pouvoir algérien. On s'est rendu compte avec l'arrivée de George W. Bush et son équipe à la Maison-Blanche, puis au lendemain des attentats du 11 septembre, combien il était important pour l'administration US d'avoir un interlocuteur si bien disposé à son égard et si haut placé dans la hiérarchie gouvernementale algérienne.

Moins de quinze jours après sa prise de fonctions, George W. Bush mettait sur pied un groupe de réflexion dénommé NEPD Group (National Energy Policy Development Group), présidé par le vice-président Dick Cheyney. La tâche assignée à ce groupe de travail était d'étudier et proposer une politique nationale énergétique destinée à aider le secteur privé, mais aussi l'État fédéral et les collectivités locales à promouvoir pour l'avenir, la production et la distribution d'une énergie sûre, d'un coût abordable et respectueuse de l'environnement. Le rapport présenté au président américain constatait que les États-Unis faisaient face à un sérieux déficit énergétique, le plus grave enregistré depuis les embargos des années 1970. Il constatait aussi que si le rythme de production d'énergie devait rester jusqu'en 2020, le même que celui enregistré durant la décennie 1990 – 2000, ce déficit serait encore plus important. *"Si les choses restaient en l'état, ce déficit détruirait indubitablement notre économie, minerait notre standard de vie et porterait atteinte à notre sécurité nationale"*, y est-il dit. Rien que cela, l'économie, le standard de vie et la sécurité nationale étaient en jeu. Le groupe de réflexion remarquait aussi que les États-Unis produisaient 39% moins de pétrole qu'ils n'en produisaient en 1970 et que dans les 20 années à venir ils importeraient deux barils sur trois, ce qui représenterait une dépendance encore plus grande des puissances étrangères. La première grande conclusion que tirait le groupe de travail de ces constatations est qu'il fallait augmenter la sécurité énergétique des États-Unis en prenant un certain nombre de mesures au plan intérieur. Il n'en reste pas moins que 52% des besoins en pétrole et 15% à 16% de la consommation de gaz continueraient à venir de l'étranger. *"Il nous faut donc renforcer notre sécurité énergétique en coopérant avec certains pays clés. Nous devons renforcer nos alliances commerciales, approfondir notre dialogue avec certains pays producteurs de pétrole et faire en sorte d'augmenter la production de pétrole dans les pays occidentaux, en Afrique, dans la région de la mer Caspienne et dans d'autres régions du monde ayant des ressources en huile abondantes"* dit le rapport. Aussi le NEPD Group recommandait-il au Président de faire de la sécurité énergétique des États-Unis une priorité des relations commerciales et politiques avec l'étranger. Parmi les pays clés cités dans le rapport se trouve l'Algérie qui, au même titre que le Koweït, Oman, Qatar, l'Arabie Saoudite, les Émirats Arabes Unis et le Yémen ont tous, jusqu'à un certain point, ouvert leurs secteurs pétroliers à l'investissement international, ce qui constitue une importante opportunité à encourager. À l'issue de ce constat, le NEPD Group recommandait au Président d'apporter le soutien des États-Unis à ces pays dans leurs efforts d'ouverture de leurs secteurs de l'énergie à l'investissement étranger.

Plus loin encore, le groupe de travail recommandait au Président d'instruire le secrétaire d'État, le secrétaire au Commerce et le secrétaire à l'Énergie de fournir aux compagnies pétrolières américaines l'aide nécessaire pour la conquête des marchés étrangers. Le Président devait également demander à ces mêmes secrétaires d'agir, dans le cadre des organisations internationales et dans le cadre des relations bilatérales avec d'autres pays, dans le sens de l'instauration de règles et procédures pour l'investissement étranger qui soient claires, sans entraves et transparentes ; ils devaient également préparer le terrain pour les compagnies pétrolières américaines travaillant à l'étranger et s'attacher à réduire les barrières au commerce et à l'investissement. Le rapport recommandait aussi qu'un nouveau système de sanctions, qui tiendrait compte de la sécurité énergétique des États-Unis, soit mis en place et devienne un outil important de la politique étrangère américaine. Le rapport constatait enfin que l'Afrique subsaharienne recèle 7% des réserves pétrolières mondiales, que le pétrole africain est de très haute qualité, qu'il contient peu de soufre et qu'il répond aux critères les plus rigoureux de raffinage ; il est par conséquent destiné à prendre une part de plus en plus importante dans les centres de raffinage de la côte Est des États-Unis. Le Nigeria, l'Angola, le Tchad, le Gabon et le Congo Brazzaville sont considérés comme étant les pays africains appelés à fournir à l'avenir des quantités de plus en plus importantes de pétrole et de gaz au marché américain. *Last but not least*, c'est dans le chapitre sur la Russie que le groupe de réflexion faisait une autre recommandation extrêmement importante ; il faut réformer les contrats de partage de production (Production sharing agreement – PSA) qui lient les compagnies pétrolières aux pays producteurs.

Que se passe-t-il pendant ce temps en Algérie ? Comment réagissent les différents centres de pouvoir à cette option tout pétrole de l'administration Bush et comment évoluent les relations pétrolières et politiques algéro-américaines ? Le groupe de réflexion du NEPD en était encore à ses toutes premières séances de travail quand le ministre de l'Énergie Chakib Khelil passait, le 3 mars 2001, un contrat avec la firme new-yorkaise Pleasant and Associates pour *"Assistance à l'élaboration de la nouvelle loi sur les hydrocarbures"*. Un second contrat passé avec la même firme était signé en février 2002 sous l'intitulé de finalisation de la nouvelle loi. Il s'agissait en réalité de propositions faites par ce bureau d'études quant à la manière de présenter à l'opinion publique algérienne, aux cadres supérieurs de la Sonatrach, aux syndicalistes de l'UGTA et aux milieux politiques, les dispositions de la nouvelle loi qui allaient être complètement à contre-courant de la politique suivie jusque-là par l'Algérie. D'autres bureaux d'études américains ont également participé à l'élaboration d'autres paramètres annexes de la nouvelle loi, dont les paramètres fiscaux. La firme Ernst & Young a été chargée, en décembre 2002, d'étudier et proposer les statuts et l'organisation d'Alnaft. Tous ces contrats ont fait l'objet d'un financement par la Banque Mondiale dans le cadre de l'accord de prêt intitulé "Energy and mining technical assistance loan" (EMTAL). J'ai eu personnellement plusieurs fois par le passé l'occasion de m'étendre sur les principales dispositions de cette loi et de dire à quel point elle allait à l'encontre des intérêts de l'Algérie. J'ai maintes fois répété qu'au final elle aboutissait à transférer entre les mains d'entreprises étrangères le contrôle des ressources naturelles du pays et partant de sa souveraineté. Il ne pouvait en être autrement vu que cette loi n'était que la mise en application des dispositions contenues dans le rapport du NEPD Group. Les deux documents ont été élaborés en parallèle, à Washington, à la même période et sous le contrôle de la Maison-Blanche; côté algérien le ministre de l'Énergie était totalement acquis aux thèses washingtoniennes et donc prédisposé à les mettre en application.

On se souvient que Chakib Khelil a fait, durant quatre longues années, feu de tous bois pour prêcher la bonne parole jusqu'à ce que le président Bouteflika promulgue, par ordonnance, la nouvelle loi au début de 2005. À cette date, ce dernier était également très favorable à un plus grand rapprochement avec les États-Unis. Il n'était d'ailleurs pas le seul à vouloir ce rapprochement, la haute hiérarchie de l'armée le voulait aussi. Bouteflika avait entrepris en novembre 2001 une grande tournée aux USA à la tête d'une importante délégation, dont son ministre de l'Énergie, au cours de laquelle il rencontra le président George W. Bush, des hommes politiques, des représentants du monde pétrolier et des patrons de sociétés spécialisées dans la fabrication de matériel de défense. C'est à compter de cette date que des liens de plus en plus puissants allaient être tissés entre la CIA et le Département du renseignement et de la sécurité algérien (DRS). C'est aussi à compter de cette date que tous les hauts responsables américains, président compris, se mirent à déclarer qu'ils avaient beaucoup à apprendre des Algériens, ce qui signifiait donc que les méthodes utilisées par ces derniers dans leur lutte contre le terrorisme étaient bonnes. L'administration américaine qui leur délivrait ainsi un "certificat de bonne conduite" rendait du même coup un service énorme à certains membres de la haute hiérarchie de l'armée algérienne qui craignaient de subir un jour le sort d'Augusto Pinochet ou du président serbe Slobodan Milosevic. Dans le domaine pétrolier, il avait, lors du même voyage, rencontré les représentants de grosses compagnies auxquelles il avait demandé de venir en Algérie et *"... d'être nos partenaires dans la production, la commercialisation et le transport du gaz et du pétrole dans le monde. Le secteur pétrolier algérien n'est, pour le moment, pas privatisable ; il n'en offre pas moins toutes les garanties d'un partenariat durable avec un immense partage des gisements algériens."*

Le 22 novembre 2002, Bouteflika faisait allégeance totale aux Américains; il publiait dans le *Washington Times*, un article écrit de sa propre main dans lequel il disait : *"L'Algérie ambitionne de devenir le premier producteur de pétrole du continent africain et ainsi assurer aux États-Unis la sécurité énergétique supplémentaire dont ils ont besoin."* Les événements l'ont cependant obligé de geler, dans une première phase, ce qui n'était alors qu'un avant projet de loi sur les hydrocarbures. Il reportait ainsi à plus tard la décision finale, car il craignait que la fronde de l'UGTA et la grève nationale qu'elle avait décrétée ne lui coûtent sa réélection en 2004; il craignait aussi les foudres de Washington dans le cas contraire.

Ceci se passait en 2003, une année marquée en Algérie par un événement important, aux conséquences incalculables sur la scène politique intérieure et sur les relations avec les États-Unis, l'enlèvement des 32 touristes européens par Amara Saïfi alias Abderrezak El Para et sa cavale à travers le Sahara algérien, le Mali et le Tchad. Y'avait-il connivence entre les services secrets américains et algériens dans cette énorme opération de mystification, comme le disent certains ? C'est fort probable. Il faut noter que l'objectif visé, celui du prétexte que recherchaient les Américains pour s'installer durablement dans le Sahel, a été atteint. C'est, en effet, dans le courant de cette année 2003 qu'a été lancée la Pan Sahel Initiative (PSI) destinée officiellement à assister le Mali, le Niger, le Tchad et la Mauritanie dans la détection et le monitoring des mouvements suspects des personnes et de biens à travers et à l'intérieur de leurs frontières, l'objectif final étant, selon les textes du Département d'État *"de protéger les intérêts liés à la sécurité nationale des États-Unis d'Amérique en Afrique, dans deux domaines : la conduite de la guerre au terrorisme et le maintien de la paix et de la sécurité dans la région."* Il s'agissait bien de protéger les intérêts liés à la sécurité nationale des États-Unis; rien à voir donc avec les intérêts des pays bénéficiaires de l'assistance. De quels intérêts s'agissait-il ? Le NEPD Group nous a annoncé dans son rapport final qu'il fallait protéger les nombreuses installations pétrolières de la région exploitées par les compagnies américaines ou qui livrent du pétrole et du gaz aux États-Unis qui y sont d'ailleurs listées. Ce sont :

- Le Nigeria qui a exporté en 2000 une moyenne de 900 000 barils par jour à destination des États-Unis sur une production totale de 2 100 000 barils par jour. Durant la décade suivante, la production du Nigeria devrait atteindre 5 millions de barils par jour,
- L'Angola qui a exporté en 2000 vers les États-Unis une quantité moyenne de 300 000 barils par jour sur une production totale de 750 000 barils ; cette quantité doublerait durant les 10 années suivantes,
- Un consortium international qui inclut Chevron–Texaco et Exxon–Mobil qui a investi 3,5 milliards de dollars dans la construction du pipeline Tchad – Cameroun par lequel doivent transiter 250 000 barils de pétrole par jour. C'est la plus importante infrastructure réalisée à ce jour en Afrique. Ce pipeline est entré en fonctionnement dans le courant de l'année 2003 ; la totalité du pétrole qu'il charrie part vers les US,

- L'USAID (U. S. Agency for International Development) qui a fourni l'assistance technique nécessaire à la mise sur pied d'un pool énergétique pour l'Afrique de l'Ouest, à la construction d'un gazoduc dans lequel sont impliquées de nombreuses entreprises américaines, dont Halliburton et à la création d'une agence de régulation, le tout devant permettre au Nigeria et au Ghana de devenir exportateurs de gaz et d'électricité,
- Le gazoduc ouest-africain, terrestre et sous-marin, d'un millier de kilomètres de long, qui doit relier le Nigeria, le Togo, le Bénin et le Ghana. Il est construit par des entreprises américaines avec financement de l'Export Import Bank.

Après cette énumération, les auteurs du rapport recommandaient au Président de charger le secrétaire d'État, le secrétaire à l'Énergie et le secrétaire au Commerce de réactiver le forum de coopération économique et commerciale États-Unis - Afrique et de dynamiser le dialogue dans le domaine de l'énergie, avec pour finalité de promouvoir un environnement plus réceptif aux initiatives américaines, qu'il s'agisse de commerce, d'investissements ou d'exploitation. Ils doivent, à cet effet, prendre les initiatives nécessaires pour aider les pays africains producteurs de pétrole à augmenter la stabilité et la sécurité des livraisons de pétrole et des investissements réalisés. Tout est dit à travers ces quelques lignes, la PSI, la TSCTI et l'Africom sont justifiés par avance ; rappelons encore une fois que ce rapport date de février/mars 2001 et qu'il est donc bien antérieur au lancement de ces actions militaires. Pour compléter le tableau, rappelons enfin que les compagnies pétrolières américaines sont aussi présentes en masse en Algérie et en Libye où elles contrôlent une très grande partie de la production. Aujourd'hui la TSCTI est en voie de disparition pour laisser la place à une structure pérenne nettement plus importante, celle d'un commandement particulier pour l'Afrique, l'Africom. Pour tout cela, merci qui ? Merci le DRS algérien qui a fourni le motif de départ à l'installation permanente de forces américaines au Sahel et même au-delà.

L'alliance algéro-américaine a atteint son zénith en février 2005 quand Abdelaziz Bouteflika a décidé par ordonnance l'entrée en vigueur de la loi sur les hydrocarbures qu'il avait gelée deux années auparavant. Cette loi contenait, comme on le sait, deux dispositions extrêmement importantes. La première accordait à toute entreprise pétrolière étrangère le droit de posséder entre 70% et 100% des réserves et de la production de tout gisement qu'elle exploitait en association avec la compagnie nationale. De même, cette loi prévoyait que le rôle d'opérateur soit systématiquement accordé au partenaire étranger. Ces deux dispositions et de nombreuses autres, moins fondamentales, mais néanmoins importantes, avaient pour conséquence que la propriété des réserves contenues dans les gisements algériens, le rythme auquel elles seraient produites, la masse des investissements engagés et la maîtrise de l'outil de production étaient ainsi transférée à des compagnies pétrolières étrangères, des américaines en particulier. C'est donc une part importante de la souveraineté nationale qui était concédée à des intérêts américains. L'autre conséquence très importante de cette loi est qu'elle remettait en cause la structure des relations en vigueur jusque là entre les pays producteurs et les compagnies pétrolières, celle du partage de production (Production sharing agreement – PSA). Elle remplaçait ce type de contrat par des contrats de concessions qui avaient cours jusque dans les années 1960 et contre lesquels les pays producteurs avaient mené des batailles épiques avant d'en obtenir la suppression. En somme, cette loi remettait en selle le système qui avait permis le pillage des richesses pétrolières des pays producteurs par les grandes multinationales et créait une brèche dans les rangs de l'OPEP.

À cette date, la lune de miel avec les États-Unis était telle que l'ambassadeur américain à Alger, M. Richard Erdmann, déclarait à la presse que pour la première fois depuis qu'elle était indépendante, l'Algérie partageait avec son pays une même vision politique et économique.

Le retour de manivelle

Puis, vint la maladie de Bouteflika qui allait tout remettre en cause. Dans les jours qui ont suivi son séjour à l'hôpital, on assista à un défilé de hauts responsables américains à Alger venus tous s'enquérir de la nouvelle situation qui s'était ainsi créée, dont le plus fameux était le ministre de la Défense Donald Rumsfeld. La conclusion à laquelle ils aboutirent était que le règne d'Abdelaziz Bouteflika était terminé. Était-ce le résultat d'analyses politiques de la diplomatie et des services secrets américains ou était-ce une "suggestion" des services algériens ? On ne le sait pas. Ce que l'on sait par contre, c'est qu'à compter de cette date les Américains décidèrent de passer par-dessus la tête du président algérien et de traiter directement avec les patrons du DRS. Du côté de ces derniers, on était évidemment heureux d'une telle approche qui les renforçait dans leur pouvoir et dans leurs convictions ; ils sortaient finalement vainqueurs d'une lutte feutrée, féroce et souvent violente, qui les avait opposés à celui qu'ils avaient mis à la tête de l'État afin qu'il les protège et qu'il applique fidèlement leur politique.

Abdelaziz Bouteflika semblait être très affecté moralement par sa maladie. Il était devenu très mystique et moins pugnace qu'auparavant. Il ne parlait plus de référendum pour une révision de la constitution qui lui aurait permis de postuler pour un troisième mandat ni de désigner un vice-président qui aurait été un successeur potentiel et qui lui aurait servi de couverture face aux mauvaises intentions éventuelles des uns et des autres. S'agissant cependant des relations avec ceux qui l'avaient fait roi, il semblait se dire que s'il devait, un jour et d'une manière ou d'une autre, quitter le pouvoir, il ne faudrait pas que cela profite aux généraux Janviéristes. Il se mit alors à détruire tout le tissu de bonnes relations qu'il avait établies avec la France et les États-Unis afin de les priver du "certificat de bonne conduite" que constituait à leurs yeux le traité d'amitié avec la France et de la couverture internationale contre toute poursuite judiciaire éventuelle que leur fournissait l'alliance avec les États-Unis.

La nouvelle tactique qu'il a adoptée vis-à-vis des Américains depuis maintenant deux années a consisté à remettre en cause tous les privilèges qu'il leur avait accordés auparavant dans le domaine qui les intéresse au plus haut point, celui des hydrocarbures. Il a révisé la loi sur les hydrocarbures, mis fin à certains contrats très juteux qui avaient été attribués à des firmes pétrolières américaines et a dissout la société mixte algéro-américaine créée il y a une douzaine d'années en association avec une filiale de Halliburton ; il a également revu à la hausse les impôts que payaient les sociétés pétrolières en Algérie. L'annulation en juillet 2006 des principales dispositions de la loi sur les hydrocarbures adoptée une année et demie auparavant a fait que l'on est revenu au système PSA, avec pour corollaire le fait que l'État algérien redevenait propriétaire des réserves de pétrole et de gaz du pays. Il reprenait également le contrôle des opérations, le niveau et le rythme des investissements, le taux de production, donc toute la politique d'exploitation des gisements.

L'autre décision importante prise par Bouteflika a été la dissolution de la société BRC (Brown & Root – Condor) en janvier 2007. Suite aux deux enquêtes ouvertes par lui et par Tewfik Mediène portant sur différents aspects de la gestion de l'entreprise, on a tout d'un coup appris que, sur ordre du président de la République, le conseil d'administration de la société s'était réuni en catimini pour prononcer sa dissolution. Comme on le sait, la raison pour laquelle Abdelaziz Bouteflika a déclenché son enquête était de dévoiler une "collaboration avec une puissance étrangère". Le directeur général de l'entreprise, Abdelamoumen Ould Kaddour, en a fait les frais; il est actuellement sous les verrous. Ce n'est pas ce personnage qui se trouvait dans le collimateur du Président, mais plutôt ses complices et commanditaires au sein de l'armée. Bouteflika voulait révéler au grand jour l'énorme défaillance des services de sécurité, voire la connivence de certains chefs militaires avec des membres du lobby militaro-industriel américain, tous motivés par l'appât du gain. Il n'en reste pas moins, cependant que c'est là une affaire extrêmement sensible au travers de laquelle il s'est attaqué à d'énormes intérêts, tant du côté américain, qu'algérien. Il a tari une source importante de renseignements de la CIA, en mettant fin aux activités de son outil de contrôle principal des secteurs économique et militaire algériens; BRC était aussi la source financière qui alimentait les comptes des uns et des autres.

Un autre dossier sensible et très juteux pour ceux qui en auraient été les bénéficiaires, est le contrat d'El Merk qu'il a annulé. Ce projet consiste en la construction d'un centre de traitement de pétrole et de gaz sur le bloc 208, situé à une centaine de kilomètres du champ de Hassi Berkine sud qui appartient à Sonatrach et à Anadarko qui l'exploitent en partenariat. Il s'agissait de construire le centre de production, les terminaux d'expédition du pétrole brut, du condensat et des GPL ainsi que l'infrastructure d'accompagnement. En plus des productions de Sonatrach et d'Anadarko, cet énorme hub devait traiter aussi celles de l'Eni, de Maersk Olie, de Burlington Resources, de Talisman et de Teikoku oil. Anadarko aurait ainsi eu un droit de regard sur les activités de ces entreprises et la possibilité de moduler leurs productions respectives, si elle le jugeait utile. Le contrat d'engineering et construction avait été attribué dans une première phase par Anadarko, avec l'accord de Sonatrach, à BRC en mars 2006 avant d'être annulé par Abdelaziz Bouteflika une année plus tard. Il est quasi certain que le projet, estimé à environ 3,5 milliards de dollars, aurait fait l'objet de surfacturation et de versements d'énormes commissions aux mêmes partenaires, complices dans le scandale BRC.

En même temps qu'il annulait la loi sur les hydrocarbures au début de l'été 2006, Bouteflika a décidé de revoir le barème de l'impôt payé par les compagnies pétrolières. L'impôt sur les bénéfices commerciaux devrait dorénavant tenir compte de la hausse vertigineuse des prix du pétrole brut qui ont atteint aujourd'hui les 65 à 70 dollars le baril. Le principe retenu prévoit que les entreprises pétrolières auraient à payer à l'avenir un impôt de 100% sur la tranche du prix de vente supérieure à 30 dollars le baril. Cette décision a eu l'effet d'un violent coup de tonnerre dans le ciel déjà bien perturbé des relations avec les compagnies pétrolières américaines. Celles-ci furent bizarrement les seules à protester violemment contre ces nouvelles dispositions, allant même pour certaines, jusqu'à menacer de mettre fin à leurs activités en Algérie, alors qu'elles y sont installées depuis très longtemps et qu'elles y ont investi des dizaines de milliards de dollars. On voit donc qu'en quelques mois, Abdelaziz Bouteflika a annulé les concessions qu'il avait faites durant les 7 années précédentes au clan des pétroliers installés au pouvoir aux USA. Il s'en est suivi une nette détérioration des relations avec les États-Unis. Ses nouvelles amitiés avec des gens considérés par l'administration américaine comme "pas fréquentables" ont augmenté l'irritation de la Maison-Blanche. Il est évident que le fait qu'il ait reçu Hugo Chavez, le président vénézuélien que les Américains considèrent être le nouveau Castro, que ce dernier l'ait convaincu du tort qu'il allait causer à son propre pays et aux autres membres de l'OPEP et l'ait amené à changer d'avis ne peut qu'avoir augmenté l'inimitié de George W. Bush et son équipe.

On se souvient aussi que durant des mois, avant, pendant et après l'invasion de l'Irak, la diplomatie algérienne, pilotée par Abdelaziz Bouteflika n'avait que très mollement réagi à l'événement. Or voilà qu'aujourd'hui, au moment où les Américains évoquent de plus en plus clairement une action militaire éventuelle contre l'Iran, on le voit recevoir à Alger leur nouvelle bête noire, le président iranien Mahmoud Ahmadinedjad et s'exprimer sur ce que l'on appelle "l'affaire du nucléaire iranien", réconfortant la position de ce dernier et condamnant *a contrario* celle des Américains.

On a assisté également au cours des 18 derniers mois à d'autres changements d'attitude de la part du président algérien vis-à-vis des États-Unis dans l'autre domaine qui les intéresse au plus haut point, celui de la coopération militaire. Au mois de mai 2006, la chaîne de télévision américaine *abc* diffusait une série de reportages réalisés dans la région de Tamanrasset dans lesquels elle montrait des GI's en action avec des militaires algériens auxquels ils fournissaient, nous disait-on, une certaine assistance technique. Elle confirmait ainsi, images à l'appui, l'information rapportée deux ans auparavant par le journal satyrique *Le Canard enchaîné*, selon laquelle l'ambassadeur de Russie à Alger, M. Vladimir Titorenko, avait informé son collègue français de *"la présence d'au moins une bonne vingtaine d'experts militaires américains, commandés par un général deux étoiles et cantonnés à quel que 350 kilomètres d'Alger avec pour mission de préparer d'éventuelles opérations d'appareils gros porteurs américains, lors de missions militaires en Afrique et au Moyen-Orient"*. Cette émission confirmait aussi, en partie, les rumeurs qui avaient circulé dans la presse quant à la présence d'une base américaine au Sahara. Il y eut à l'époque plusieurs démentis plutôt mous sur la question, mais ces derniers mois le niet algérien est devenu plus fort et plus net : il n'y a pas et il n'y aura pas de base américaine au Sahara, nous dit-on. On peut imaginer que sur ce point aussi la déception américaine a été grande, tant l'affaire semblait être dans le sac.

Et puis, il y a eu la question du siège de l'Africom qui a aussi constitué un gros point de friction. Les Américains auraient souhaité, semble-t-il, qu'il soit situé en Algérie, car le pays par lui-même leur offre un certain nombre d'avantages de par sa situation géographique et par le fait que l'armée algérienne a acquis une grande expérience dans la lutte antiterroriste. Enfin, les Américains savent que le sort du clan des Janviéristes dépend de la couverture qu'ils pourraient leur fournir et que par conséquent ceux-ci seront pour eux des alliés fidèles. Or Bouteflika fait savoir depuis quelques mois déjà que l'Algérie n'accueillera pas le siège de l'Africom. Il a même exprimé ostensiblement sa désapprobation quant à la création de ce nouveau commandement américain en déléguant à la réunion des chefs d'état-major des pays de la TSCTI de Dakar, au cours de laquelle les Américains ont annoncé la nouvelle, quelqu'un d'autre que leur *alter ego* algérien.

La réaction des Américains

Quelle a été la réaction américaine à cette avalanche de mauvaises nouvelles ? Y a-t-il eu des signes avant-coureurs qui laissaient croire que les Américains en arriveraient jusqu'à tenter d'assassiner le président algérien ? La CIA n'en serait d'ailleurs ni à sa première ni à sa dernière tentative d'intimidation, voire d'assassinat d'un dignitaire étranger. On a tous devant les yeux ce qui est arrivé au président chilien, Salvador Allende en 1973 ou à Manuel Noriega au Panama en 1990. À noter que c'est George W. H. Bush, le père de l'actuel président qui avait décidé l'invasion du Panama, qui avait débouché sur l'arrestation de Manuel Noriega, puis son transfert aux États-Unis. On dira que ces deux événements se passaient dans l'arrière-cour des États-Unis, ce qui n'est pas le cas de l'Algérie. Sauf qu'à la date de la rédaction du rapport du NEPD, le déficit énergétique des États-Unis portait atteinte, ne l'oublions pas, à la sécurité nationale du pays. En 2003, alors qu'il se débattait pour faire adopter sa loi sur les hydrocarbures, Abdelaziz Bouteflika semblait - à tort ou à raison - convaincu que George W. Bush, dont il avait acheté la complicité en 2001, chercherait à imiter son père et lui ferait subir un traitement équivalent à celui de Noriega. Pour mettre la main sur le pétrole irakien, George Bush fils avait même été au-delà, puisqu'il avait, comme on le sait, envahi l'Irak et fait assassiner Saddam Hussein au faux prétexte qu'il détenait des armes de destruction massive. Cependant, l'ambition de Bouteflika de faire un second mandat avait été plus forte que la crainte de représailles, ce qui l'amena à reporter d'une année l'entrée en vigueur de la loi. Il est certain qu'il n'a pris cette décision qu'après en avoir informé George W. Bush.

Cinq années plus tard, les choses avaient changé. Les Américains s'étaient accaparés des richesses pétrolières irakiennes; il n'y avait donc plus urgence à s'approprier le pétrole algérien. Il fallait néanmoins punir ce "malotru" qui avait commis un tel crime de lèse-majesté. Indépendamment des réactions des compagnies pétrolières, cette année 2007 a été marquée par les très graves attentats de février et d'avril, déjà mentionnés, suivis ensuite de l'attaque d'une caserne de l'armée qui a provoqué une dizaine de morts, avant que le GSPC n'en arrive, nous dit-on, jusqu'à tenter de porter atteinte à la vie du président algérien, lors d'une visite à Batna en septembre. La tentative d'assassinat a certes échoué, mais a néanmoins causé une vingtaine de morts au sein de la foule qui attendait son passage. En cette année 2007, le GSPC aurait donc porté un premier coup à la région la plus sensible d'Algérie, la Kabylie, avant de s'attaquer à des symboles de l'État : le Palais du gouvernement, un commissariat de police, l'armée, puis le symbole suprême, le président de la République. Que dire à ce propos, si ce n'est qu'il n'était pas nécessaire d'être super devin pour penser que ces attentats sont l'oeuvre d'une main étrangère ? On a même l'impression que cette main - c'est clair qu'il s'agit d'une main américaine - voulait être identifiée; elle voulait que Bouteflika sache qui étaient les concepteurs de ces attaques - les services de sécurité américains- et qui en étaient les exécutants - le DRS. Il y avait eu avant ces attentats de nombreuses situations au cours desquelles les Américains affichèrent leur rejet du président de la République Algérienne. À noter, par exemple, cette réaction plutôt bizarre de la secrétaire d'État Condoleezza Rice lors de la visite du ministre des Affaires étrangères algérien, Mohamed Bedjaoui à Washington. Elle lui offrit, de manière ostentatoire, devant une forêt de caméras, un facsimilé du traité d'amitié algéro-américain de 1795. La secrétaire d'État américaine cherchait visiblement à provoquer son collègue et à dispenser, à travers lui, une leçon de real politik à Abdelaziz Bouteflika, comme si elle voulait lui rappelait une tranche de l'histoire de son pays. *"Par le passé"*, lui disait-elle, *"les États-Unis et l'Algérie ont été liés par un traité d'amitié, tandis que la France a colonisé votre pays."* C'était un geste extrêmement vexant - du moins du point de vue du président algérien - qui l'a très mal accepté. Les Américains, souvent arrogants vis-à-vis de ceux qu'ils prennent pour des faibles, ont continué sur la même lancée. Considérant que c'en était dorénavant fini avec Bouteflika, qu'ils pouvaient le traiter comme quantité négligeable, ils firent deux propositions en direction des militaires algériens, convaincus que le DRS aurait suffisamment de poids pour les faire accepter par le gouvernement. Leurs calculs s'avérèrent cependant erronés, car la bête qu'ils pensaient avoir tuée réagissait toujours. La première proposition était une demande officielle présentée au gouvernement algérien pour abriter une base militaire sur son territoire. L'arrangement officieux qui avait consisté à mettre à disposition de l'armée américaine des facilités dans la région de Tamanrasset aurait pu évoluer, petit à petit, vers une solution définitive, c'est-à-dire une véritable base, si cela s'était fait de manière plus discrète et dans une situation de moindre tension. Dans le cas présent, il est clair que Bouteflika ne pouvait que dire non à cette demande. Vu les circonstances dans lesquelles la demande a été introduite, même les patrons du DRS n'y étaient pas favorables ; on peut même dire qu'ils étaient plutôt heureux de se défausser sur Bouteflika et lui laisser la décision d'opposer son veto. La seconde proposition concernait le siège de l'Africom que les Américains auraient voulu, semble-t-il, voir installé à Alger. Sur ce point par contre, il y avait divergence de vues entre les deux pôles du pouvoir algérien. Les chefs du DRS auraient ardemment souhaité que le nouveau commandement africain de l'armée US prenne Alger pour siège. Les raisons sont multiples, mais la principale reste quand même qu'un lien aussi étroit avec les États-Unis aurait mis définitivement les généraux à l'abri de toute menace. Quant aux Américains, ils auraient pris le contrôle de l'armée algérienne, le contrôle des richesses pétrolières du Sahara et se seraient opposés à l'avancée de la Chine qui, jour après jour, s'affirme comme une grande puissance politique et économique en Afrique. Ils auraient enfin créé une énorme brèche dans le pré carré africain de la France. Tous ces calculs sont tombés à l'eau à partir du moment où Abdelaziz Bouteflika a rejeté la demande américaine. On comprend alors pourquoi - autre exemple - l'ambassade des États-Unis à Alger se comporte de façon aussi désinvolte et se permet d'annoncer publiquement sur internet qu'un attentat devrait avoir lieu à une date bien précise et en un lieu précis de la capitale algérienne. On comprend aussi la campagne d'intox actuellement menée par le secrétaire à la Défense Robert Gates en personne, qui affirme que depuis qu'il a pris l'appellation de “Al Qaïda aux pays du Maghreb islamique”, le GSPC est devenu une organisation aussi redoutable qu'Al Qaïda en Irak. Cette menace, à peine déguisée, démontre bien que les Américains ont choisi leur camp et qu'ils souhaitent, tout autant que les militaires algériens, le départ de Bouteflika, passé du statut d'allié privilégié à celui d'ennemi. Un autre fait récent le confirme. L'ambassadeur des États-Unis à Alger, M. Robert Ford, a attaqué violemment et en public, lors d'une réception, Abdelaziz Bouteflika et sa politique hostile envers son pays. M. Ford a déclaré que celui-ci était en train de ramener les islamistes au pouvoir en Algérie, que c'était un inconstant, que par toutes les actions qu'il avait initiées depuis un peu plus d'une année, il avait causé beaucoup de tort aux USA, mais aussi à l'Algérie et enfin que tout cela ne pouvait pas être sans conséquence. Plus qu'une simple critique, ce sont de véritables menaces qui ont été proférées par l'ambassadeur. Au même moment celui-ci a été très élogieux pour les militaires. Quand une des personnes présentes à l'entretien lui a fait remarquer qu'en sa qualité d'ambassadeur, il devait savoir que Bouteflika n'était qu'une marionnette aux mains du DRS, il a alors répondu que la marionnette devrait plutôt exécuter les ordres qu'elle reçoit. Une preuve de plus que l'administration de George W. Bush connaît parfaitement le rôle du DRS. Rappelons enfin que M. Robert Ford a été récemment nommé à Alger, parce qu'il est considéré comme un des plus grands spécialistes du monde arabe au Département d'État, qu'il a été en poste dans de nombreux pays du Moyen-Orient, dont la Jordanie et l'Irak et qu'il est aussi l'une des personnalités sur lesquelles compte George W. Bush pour mener à bien son initiative de création d'un Grand Moyen-Orient.

Que doit-on comprendre de tout cela ?

En résumé, on dira que d'avril 1999 à décembre 2005, depuis le 11 septembre 2001 tout particulièrement, Bouteflika a tout fait pour se rapprocher des États-Unis, parce qu'il avait besoin d'eux, d'une part, mais aussi parce qu'il subissait la pression permanente des généraux qui le poussaient dans les bras des Américains. Et puis, patatras, il se mit, tout d'un coup, à détricoter l'ouvrage qu'il avait tissé durant sept années. George W. Bush avait dit au lendemain des attentats du 11 septembre que les nations du monde étaient désormais placées devant un choix manichéen : être pour ou contre les États-Unis. En remettant en cause toutes les concessions qu'il avait faites aux Américains, Bouteflika n'a-t-il pas mis son pays dans le camp de ceux qui sont contre les États-Unis ?

Il est passé à leurs yeux du statut d'allié privilégié à celui de personnage indésirable. Tous les spécialistes de l'Algérie vous le diront : les relations entre les deux pays, ou plus exactement entre Abdelaziz Bouteflika et l'administration US, sont d'un froid glacial aujourd'hui. Il est devenu, à leurs yeux, un personnage dangereux, dont ils aimeraient bien se débarrasser; tout comme le DRS qui constate qu'il n'a plus de prise sur lui comme par le passé et qui aimerait bien s'en débarrasser également.

Le puzzle devient plus facile à résoudre, quand on se remémore que le ministre de l'Intérieur Noureddine Zerhouni avait, à plusieurs reprises, laissé entendre que le GSPC n'était pas nécessairement l'auteur de certaines actions qu'on lui avait imputées. Tout comme Abdelaziz Bouteflika lui-même que l'on vit émettre des doutes sur les véritables auteurs de l'attentat de Batna qui le visait et affirmer avec véhémence qu'il y avait une main étrangère derrière l'ensemble de ces actions. Quelle est cette main étrangère si ce n'est celle des Américains ? Ce qui ressort néanmoins de ce maelström, c'est qu'il semble bien qu'il y a une complicité entre la CIA, le DRS et l'AlQMI.

CHAPITRE VI

Ça tire à Hue et à Dia au sein du pouvoir

Il y a décidément beaucoup de fausses notes dans les affaires de l'Algérie durant cet automne 2007. Qu'il s'agisse de la prochaine visite de Nicolas Sarkozy, de la privatisation manquée du Crédit Populaire d'Algérie ou du jugement de Hassan Hattab, on constate que chacun en fait à sa guise et que visiblement Bouteflika ne contrôle pas ses troupes.

La visite de Nicolas Sarkozy

Le président français se rendra, le 3 décembre prochain, en visite officielle en Algérie. Pour le moment, le climat des relations algéro-françaises est exécrable. Va-t-on alors vers un fiasco ? Tout a néanmoins bien commencé. Quatre ministres algériens se sont rendus à Paris pour préparer la visite : les ministres de l'Intérieur, de l'Industrie, de l'Énergie et des Mines et pour clôturer ce ballet, le ministre des Affaires Étrangères, venu mettre au point les derniers détails, à savoir l'agenda des discussions, le texte du communiqué commun et le programme détaillé de la visite. Auparavant deux secrétaires d'État français s'étaient rendus à Alger. Leurs portefeuilles, celui du Commerce et celui des Anciens Combattants, nous laissent entrevoir les points qui feront l'objet de discussions. Il s'agit de questions économiques avec signature de certains contrats déjà attribués à des entreprises françaises, dont certains sont même en cours. La visite du secrétaire d'État aux Anciens Combattants nous révèle que les discussions porteront sur des questions beaucoup plus épineuses, les séquelles de la période coloniale et de la guerre de libération.

On se souvient que la signature du traité d'amitié entre la France et l'Algérie, proposé par Jacques Chirac, avait échoué parce que les Algériens avaient exigé que la France fasse acte de repentance pour son passé colonial ; Bouteflika avait demandé que des excuses officielles soient exprimées pour les *"crimes commis durant la période coloniale"*. On se souvient aussi que cette exigence de Bouteflika n'était pas dénuée d'arrières-pensées, que ce qu'il recherchait à vrai dire c'était de se venger des généraux Janviéristes et les priver du certificat de bonne conduite qui aurait été ainsi attribué à l'Algérie et dont ils auraient bénéficié. Maintenant que le but visé a été atteint et que ce traité a capoté, Bouteflika a mis de l'eau dans son vin. On lit, çà et là dans la presse, qu'il ne demande plus de repentance, mais tout juste une reconnaissance des faits. La partie française n'a apparemment pas donné de suite positive à cette nouvelle position algérienne, laissant le soin à Nicolas Sarkozy de décider en temps utile de la position à prendre. On vit alors le ministre des Moudjahidine Mohamed Cherif Abbas, une des figures de proue du parti RND, lancer une violente diatribe contre le président français, ses origines et dire *"qu'il devait son arrivée au pouvoir, au lobby juif qui a le monopole de l'industrie en France."* Bouteflika qui, du temps où il avait de bonnes relations avec l'administration de George W. Bush, parlait de génocide français en Algérie et comparait les méthodes de l'administration coloniale française à celles des nazis s'est retrouvé piégé. Il ne pouvait se permettre de perdre le soutien de la France aussi. Il amorçait alors un virage à 180° disant que les déclarations de Mohamed Cherif Abbas *"ne reflètent en rien la position de l'Algérie et que le président français sera reçu en ami, au cours de sa visite d'État en Algérie, une visite essentielle pour les deux pays."* Cette prise de position du chef de l'État algérien n'a cependant pas empêché le secrétaire général de l'Organisation Nationale des Moudjahidine (ONM), de faire lui aussi de son côté, une déclaration analogue à celles de Belkhadem et de Abbas. L'atmosphère des relations entre l'Algérie et la France est donc bien à l'orage, ce qui risque d'être le cas tout le long du mandat présidentiel de Nicolas Sarkozy.

La reddition de Hassan Hattab

C'est au début du mois d'octobre dernier que le ministre de l'Intérieur, Yazid Zerhouni, confirmait, lors d'un point de presse à Paris, que Hassan Hattab avait déposé les armes et s'était rendu aux autorités algériennes. Puis il avait rajouté, en guise de commentaire, que ce dernier allait devoir s'expliquer devant la justice et éclaircir sa position sur les crimes pour lesquels il avait été jugé par contumace. L'annonce de cette reddition venait mettre un point final à une saga qui avait duré des années et qui avait été marquée par plusieurs annonces de la mort du fondateur du GSPC, suivies d'autres sur sa résurrection. Cette saga avait été aussi marquée, ces derniers temps, par les contacts qu'avaient pris les autorités avec lui, en vue de le convaincre de se rendre et pour qu'à son tour il convainque ses acolytes de mettre fin à la lutte armée. À partir du moment où il s'était rendu, tout le monde avait compris qu'il avait obtenu des garanties de la part des autorités de bénéficier des dispositions de la Charte pour la paix et la réconciliation nationale et qu'il serait donc amnistié de tous les actes de terrorisme qu'il avait commis. Ceci était confirmé par l'annonce du ministre de l'Intérieur qui faisait bien ressortir que l'intéressé aurait à éclaircir sa position sur les crimes pour lesquels il avait été jugé par contumace. Il n'était donc pas question qu'il purge la peine dont il avait écopé à l'époque. À ce moment de la saga, il semblait logique que son sort soit le même que celui réservé aux anciens leaders de l'AIS ou à ceux qui se sont repentis dans le cadre de la Charte. D'autant plus qu'il avait vanté les mérites de la politique de réconciliation nationale du Président, qu'il avait appelé ses compagnons d'armes à se rendre, qu'il s'était prononcé contre la transformation du GSPC en AQMI et qu'il avait également fait une offre de service qui allait dans le sens de la politique prônée par Bouteflika; il lui avait adressé une lettre dans laquelle il demandait la prorogation du délai d'application des dispositions de la Charte, en contrepartie de quoi, il déclarait *"être en mesure de frapper fort ceux qui cherchent à ramener l'Algérie à son douloureux passé."* Ainsi donc, au moment où son dossier semblait être définitivement réglé, voilà que le tribunal de Tizi Ouzou le condamnait à la peine capitale par contumace ! Ainsi, après Lembarek Boumarafi, l'assassin du président Mohamed Boudiaf, après Abderrezak El Para, le Ben Laden du désert, c'était au tour du créateur du GSPC d'être jugé par contumace, alors même qu'il se trouve entre les mains des services de sécurité. Le DRS qui les retient prisonniers tous les trois, ne veut pas le mettre à disposition de la justice, car il craint probablement qu'il ne dévoile au cours des séances du tribunal des renseignements qui mettraient en cause le service lui-même. Comment peut-on envisager de ramener la paix au pays quand on dit à ceux qui ont pris les armes qu'ils seront exempts de toute poursuite judiciaire s'ils venaient à se rendre - ce qui est anormal - et qu'on les condamne à mort lorsqu'ils le font - ce qui l'est tout autant ? Cette contradiction fait partie des mystères de ce régime.

La privatisation du CPA

Encore une affaire qui démontre l'état de déliquescence dans lequel se trouve l'Algérie, où chacun des acteurs joue une partition différente de celle de l'autre. Cela fait déjà 5 à 6 ans que l'on parle d'ouverture du secteur financier algérien vers l'étranger. On sait que les banques fonctionnent très mal et constituent un énorme frein au développement économique du pays. Le Crédit populaire d'Algérie (CPA) avait été retenu comme première banque dont le capital serait ouvert à des investisseurs étrangers, qui y auraient injecté de l'argent frais. L'État, actionnaire unique jusque-là de cette banque devait céder 51% du capital et conserver 49%. Six banques avaient été préqualifiées pour l'opération : 4 banques françaises, BNP Paribas, Crédit Agricole, Société Générale et Banque Populaire, une banque américaine, la Citibank et une banque espagnole, Santander. Les offres techniques des soumissionnaires ont été reçues au début du mois d'octobre, tandis que les offres financières devaient être révélées le 26 novembre au cours d'une séance officielle et publique d'ouverture des plis. Puis tout d'un coup, patatras, la veille, on annulait tout. Fatiha Mentouri, ministre déléguée à la Réforme financière a justifié l'arrêt brutal du processus par la crise des *subprimes* induite par le marché de l'immobilier aux États-Unis, suivie du retrait de trois banques sur les six préqualifiées ce qui aurait entrainé selon elle, des offres financières au rabais. Aux dires de Mme Mentouri, c'est au mois de mai 2007 que la banque espagnole Santander aurait déjà fait savoir qu'elle renonçait à l'acquisition du CPA en raison d'une opération de fusion-acquisition dans laquelle elle était engagée par ailleurs. Ce serait le 21 novembre dernier que la Citibank aurait annoncé son retrait momentané de l'opération. Enfin, le Crédit Agricole aurait exprimé, le 23 novembre, le souhait de voir la date de remise des offres financières reportée à une date ultérieure. Il y aurait beaucoup à dire sur ces justificatifs qui révèlent plutôt une réalité nauséabonde ou des arrières-pensées politiques que l'on essaie d'habiller d'arguments techniques. En effet, la première question que tout profane pourrait poser est comment se fait-il que ce ne soit que la veille de l'ouverture des plis que des spécialistes financiers se soient rendu compte qu'il existait une crise des *subprimes*, alors que M. Tout-le-monde sait que cette crise dure depuis des mois ? Comment se fait-il que la banque espagnole Santander ait été préqualifiée sur la base d'une offre technique déposée en octobre 2007, si elle avait déjà renoncé en mai à l'acquisition éventuelle du CPA ? Quant aux deux autres banques qui ont exprimé des réticences, à savoir la Citibank et le Crédit Agricole, elles l'auraient fait, semble-t-il, parce qu'elles auraient eu écho que le choix était en réalité déjà fait et que des puissants du régime soutenaient le futur gagnant. D'après radio trottoir, cet "heureux gagnant" devait être la Société Générale. Bouteflika aurait été informé en dernière minute par son frère Abdelghani de l'orientation que prenait cette affaire et aurait alors donné l'ordre de tout stopper. Abdelghani aurait, à vrai dire, demandé à son frère-président de prendre une telle décision parce que lui "l'homme d'affaires" de la fratrie Bouteflika aurait été écarté du partage du magot.

ANNÉE 2008

CHAPITRE I

L'année 2008 sera-t-elle un remake de 2003 ?

L'année 2003 avait été une année sabbatique pour l'Algérie ; tous les rouages de l'État étaient à l'arrêt sauf un, la machine électorale d'Abdelaziz Bouteflika qui, durant seize mois avait tourné à plein régime pour préparer sa réélection du mois d'avril 2004. On se souvient qu'il avait entrepris un tour de toutes les wilayas d'Algérie, au cours duquel il avait distribué des milliards de dinars qui avaient servi à acheter les consciences et des voix. Les premiers jours de 2008 ressemblent, à s'y méprendre, à ce qu'il s'était alors passé. Il a, en effet, commencé ses tournées électorales en se rendant dans le sud du pays, à Tamanrasset et à In Salah et compte visiter Constantine juste après.

Un début de campagne contrarié

Dès que sont tombées la fièvre et la tension qui s'étaient installées après les attentats du 11 décembre dernier, Abdelaziz Bouteflika s'est envolé pour Tamanrasset pour y effectuer, selon le motif officiel annoncé par les services de la présidence de la République, une tournée d'inspection. Une fois sur place, il a visité certains chantiers en cours de réalisation dont il se prévaudrait lors du scrutin d'avril 2009. Mais il s'est surtout livré à de nombreux bains de foule, serrant des centaines de mains de la foule rameutée par les services officiels et par les structures locales du parti du FLN. Les milliers de personnes amassées sur le parcours officiel ont scandé à tue-tête un seul mot d'ordre "Un troisième !" Il a semblé prendre beaucoup de plaisir, bien qu'il sache que ces manifestations ne sont pas spontanées. Le clou de la visite a été sans conteste l'inauguration d'un stade de football, au cours de laquelle il s'est livré à quelques échanges de balle avec des jeunes, filmés copieusement par les caméras de l'unique chaine de télévision. Il cherchait visiblement à démentir les rumeurs qui circulent sur son état de santé et démontrer qu'il se portait bien. Puis vint le moment le plus solennel, celui au cours duquel, un jeune perché sur une estrade spécialement aménagée pour l'occasion, a lu un texte par lequel la "société civile" demandait instamment au Président de répondre à sa demande et de se porter, pour la troisième fois, candidat à la présidence de la République. Le show médiatique mis en place montre bien que Bouteflika s'apprête à "tordre le cou" à la constitution, faire sauter le verrou qui limite à deux le nombre de mandats du président de la République, faisant croire qu'il répond à la supplication du peuple. Il a d'ailleurs clairement laissé deviner ses intentions à l'aéroport de Tamanrasset quand, en réponse à la question d'une journaliste qui lui demandait ce qu'il pensait d'un troisième mandat éventuel, il a répondu : *"Les choses sont claires"*. On a retrouvé le même schéma, avec les mêmes bains de foule, le même slogan du peuple qui supplie son président de se succéder à lui-même et les mêmes manifestations d'allégeance deux jours plus tard, lors de la visite d'In Salah.

Le tableau n'est cependant qu'en apparence idyllique. Les deux déplacements ont eu lieu dans une atmosphère d'énorme suspicion et ont été très hautement sécurisés. Les milliers de personnes présentes aux différentes haltes du cortège présidentiel ont toutes subi une fouille corporelle avant d'être admises sur les lieux où lui passerait; une grande partie de la foule n'était en réalité que des agents des différents services de sécurité. Selon le chiffre officiellement annoncé, ce sont 5 000 agents en tenue qui ont assuré la sécurité du Président ; ils étaient probablement le double, voire le triple en civil. C'est une bonne dizaine d'avions militaires et d'hélicoptères qui ont survolé les deux villes de Tamanrasset et d'In Salah durant ces quatre journées. Les réalisations dont se prévaut Bouteflika ne répondent pas du tout aux attentes des populations. Les journalistes présents rapportent que les habitants leur ont déclaré que leurs soucis quotidiens et vitaux étaient totalement absents dans ses actions et rajoutent que la corruption, les malversations et la mauvaise gestion causent d'énormes dégâts, tandis que la cherté de la vie précipite la dégradation du pouvoir d'achat du citoyen. Les gens ne comprennent pas comment avec un prix du baril de pétrole qui flirte avec les 100 dollars et des réserves financières du pays de l'ordre de 80 milliards de dollars, on n'arrive même pas à trouver du lait dans les magasins d'alimentation. Pour la première fois lors des déplacements du Président, des citoyens ont eu le courage d'approcher des journalistes et de formuler des requêtes "à transmettre au Président". *"Dites-lui que construire une belle mosquée, c'est bien, mais nous, nous manquons de tout."* Les journalistes qui ont suivi cette visite disent que l'impression qu'ils ont retirée de leurs entretiens avec les citoyens est que ceux-ci ont l'air de vouloir "négocier" leur appui éventuel. En gros, s'il veut qu'on le soutienne et que l'on vote pour lui, il faut qu'il s'occupe de nous et qu'il cesse de faire de la politique-spectacle. C'est donc une certaine morosité qui a marqué le lancement de la campagne présidentielle, accentuée par l'atmosphère d'insécurité qui prévaut à travers le pays. Les attentats commis à Alger et Naciria en décembre dernier ont porté un coup très dur à la politique de réconciliation nationale dont Bouteflika a fait son cheval de bataille. Les alertes à la bombe sont très fréquentes ces temps-ci; il y eut jusqu'à 11 fausses alertes au cours de la même journée vers la mi-janvier, tandis qu'un car-ferry de la CNAN a dû rebrousser chemin vers Marseille au bout de quelques heures en mer, avec

800 passagers à bord. Les ambassades des États-Unis et de Grande-Bretagne ont émis des recommandations à leurs citoyens d'éviter tout déplacement vers l'Algérie et pour ceux qui y sont déjà, de ne pas fréquenter des lieux publics tels que les boites de nuit et même les restaurants. On a l'impression que quelqu'un, quelque part, est en train de creuser le tombeau de Bouteflika, comme l'a si bien dit un étudiant présent sur les lieux, quelques minutes après l'attentat perpétré contre le siège du Conseil constitutionnel. D'ailleurs Alger a pris l'aspect d'une ville assiégée depuis les attentats de décembre ; il y'a d'innombrables check points avec des contrôles tatillons à travers les artères principales qui provoquent des embouteillages permanents. Les alentours de la présidence de la République sont interdits à la circulation, sauf pour les riverains. La ville est très mal équipée en parkings ; actuellement même les arrêts d'une minute ne sont plus autorisés. Résultat : les habitants vivent très mal cette atmosphère d'étouffement.

Mais ce début de campagne a surtout été parasité par les tensions internes entre les partenaires de l'alliance présidentielle qui ne sont pas d'accord sur le principe même du troisième mandat. Le RND et le MSP sont carrément contre, tandis qu'au sein du FLN, des frondeurs demandent la tenue d'un congrès extraordinaire pour à vrai dire se débarrasser du secrétaire général qui mène campagne pour Bouteflika. Au nom du RND, Ahmed Ouyahia dit : *"Nous n'avons pas le droit de demander un troisième mandat, car nous sommes des légalistes, nous respectons la constitution",* tandis que le vice-président du MSP, Menasra soutient que "*la révision constitutionnelle n'est pas une priorité et demander un troisième mandat serait un recul de la démocratie"*. Bouteflika s'est rendu compte que ses déplacements à Tamanrasset et In Salah n'ont été rendus possibles que grâce aux énormes moyens de sécurité engagés. Il craint beaucoup un nouvel attentat, qui à l'inverse de celui de Batna auquel il avait échappé, atteindrait sa cible. C'est ce que dit le journal *Liberté* qui reprend vraisemblablement ce qui se dit au sein du DRS : *"L'attentat raté contre Bouteflika à Batna et celui réussi contre Benazir Bhutto, après un premier raté, montrent qu'Al Qaïda ou un autre groupe terroriste peuvent repasser à l'action. Il n'est pas dit que ceux qui l'avaient visé à Batna ne recommenceraient pas."* Comment appeler cela ? Une menace ? Un sérieux avertissement en provenance d'une source sûre ? C'est parce qu'il a reçu 5 sur 5 le message que Bouteflika a annulé, en toute dernière minute, le déplacement à Constantine, programmé depuis quelque temps déjà. Et ce, malgré que par superstition il semblait avoir adopté un programme identique à celui de 2004. Ses desseins sont, pour le moment, contrariés.

CHAPITRE II

D'embrouillamini en embrouillamini

Plus le temps passe, plus le système politique algérien s'embourbe dans ses contradictions. À force de ruses, de tricheries et de magouilles, les deux pôles du pouvoir se retrouvent totalement déconnectés des réalités; ils vivent dans leur propre bulle et s'accrochent à leurs chimères.

L'embrouillamini autour de l'élection présidentielle

Cela fait plus de six mois que Bouteflika a instruit ses troupes qu'elles devaient lancer sa campagne électorale pour l'élection présidentielle prévue dans une année. On a vu alors éclore comme par enchantement des comités de soutien pour une troisième législature, des manifestations "spontanées" au cours desquelles le peuple implorait son président de se représenter. On a entendu le Premier ministre Abdelaziz Belkhadem annoncer, sans aucune retenue, qu'à partir du moment où c'est le peuple qui le demandait, il n'était pas anticonstitutionnel de mener campagne pour un nouveau mandat; on l'a également entendu reconnaître sans vergogne que c'était à dessein que le FLN avait demandé à ses partisans d'accueillir le président Sarkozy, en visite officielle à Constantine, aux cris de "Ouahda thalita". Abdelaziz Bouteflika confirmait lui-même qu'il était effectivement entré en campagne lors de sa visite très médiatisée à Tamanrasset. Puis des grains de sable ont commencé à entrer dans les rouages d'une machine qui semblait bien huilée. Cela a commencé par l'annulation du déplacement à Constantine attribuée à la menace d'attentat contre sa personne. Par ailleurs, Noureddine Zerhouni lui avait fait savoir qu'il risquait d'y être accueilli plutôt par des huées que par des acclamations ou des manifestations d'allégeance. Il était devenu clair pour tout le monde que le DRS n'était pas d'accord pour le troisième mandat. On a même vu, pour la première fois, un groupe de journalistes lancer une pétition contre la révision de la constitution pour convenance personnelle. La pétition mettait en exergue le fait que c'était Zeroual, un militaire devenu président de la République, qui avait introduit la limitation à deux du nombre de mandats présidentiels, tandis que Bouteflika qui se prétend démocrate se livre à un tripatouillage de la constitution.

Les messages subliminaux contenus dans les interventions publiques des ambassadeurs de Grande-Bretagne et des États-Unis, sont aussi autant de cailloux dans la chaussure de Bouteflika. Les deux diplomates semblent ne pas trop apprécier les manipulations auxquelles il se livre, provoquant ainsi un blocage de la situation politique de l'Algérie, ce qui inquiète la communauté internationale. En réponse à ces remarques, Bouteflika a donné pour instructions à Belkhadem et aux comités de soutien de cesser toute agitation relative au troisième mandat. L'affaire du troisième mandat n'est donc pas aussi simple qu'elle est apparue, il y a quelque six mois quand on a commencé à en invoquer la possibilité.

Embrouillamini au Sahel

Il est aujourd'hui définitivement prouvé que, dans le cadre du deal permettant à l'armée américaine de s'installer dans le Sahel, le gouvernement algérien avait mis à disposition de celle-ci une base aérienne à Tamanrasset. Je rappellerai à ce propos que ce deal avait été passé à la demande du DRS qui régnait déjà en maitre sur la région et qui a, ce faisant, renforcé encore plus son autorité sur les groupes armés de l'AQMI et sur d'autres groupes, touaregs notamment. La rumeur concernant l'existence de cette base avait commencé à enfler, il y a 5 années de cela, avant qu'un certain nombre de médias ne fournissent quelques preuves tangibles s'y rapportant. Aujourd'hui on sait qu'elle a été construite par l'entreprise mixte algéro-américaine d'engineering et de constructions pétrolières BRC et qu'une société canadienne RSW - SCATT a réalisé la partie béton (construction d'une piste de 4000 mètres de long, bâtiments pour le personnel, etc.) On sait aussi que des unités de l'armée américaine y ont séjourné, au vu et au su de la population locale, avant d'être envoyées vers d'autres théâtres d'opérations. On sait enfin que les relations algéro-américaines se sont passablement détériorées depuis 2006, à la suite de quoi cette base a été fermée sur ordre de Bouteflika; elle est aujourd'hui à l'abandon. La conséquence première de cette situation est qu'elle a porté un coup sérieux au prestige du DRS dans la zone sahélienne.

Deux événements graves et importants se sont déroulés récemment dans le Sahel. Il y a eu d'abord l'enlèvement de deux touristes autrichiens dans le Sud tunisien qui ont été ensuite transférés au nord du Mali, dans la région de Kidal. Il y eut ensuite un accrochage, dans cette même région, entre des éléments de l'armée malienne et un groupe armé de l'Alliance touarègue nord Mali pour le changement (ATNMC), dirigé par un certain Ibrahim Ag Bahanga, qui s'est soldé par la mort de 4 ou 5 soldats maliens et une trentaine d'autres faits prisonniers. Le lien entre ces deux affaires est que dans les deux cas on a vu la Libye venir proposer ses bons offices pour le règlement de la crise. Dans l'affaire des otages, au dire de nombreuses sources, y compris autrichiennes, Seif

Ul Islam, le fils du leader libyen, agissant au nom de la Fondation Kadhafi, serait en négociations avec les ravisseurs qui disent agir au nom de l'AQMI. Dans le cas de la rébellion touarègue malienne, il est prévu la tenue à Tripoli d'une rencontre entre des représentants de l'ATNMC et du gouvernement malien pour trouver une solution à la crise. Il y a eu, par le passé, plusieurs révoltes des Touaregs maliens contre le gouvernement central de Bamako; c'est, à chaque fois, le gouvernement algérien qui avait intercédé entre les deux parties. Ce fut le cas notamment en 2006 quand une médiation de l'Algérie avait abouti à un accord de paix intitulé "Accord d'Alger", en vertu duquel le gouvernement malien s'était engagé à accorder plus d'autonomie à la région nord du Mali et à la développer économiquement. Cet accord avait été rendu possible parce que le DRS soutenait politiquement et financièrement un autre groupe malien, l'Alliance démocratique pour le changement, dirigée par un notable de la région de Kidal, Iyad Ag Agali. Cette fois-ci les Algériens ont trouvé plus fort qu'eux; ils ont été doublés par les Libyens. Pour la première fois dans l'histoire de la région, deux mouvements touaregs de deux pays différents, l'ATNMC pour le Mali et le Mouvement des Nigériens pour la Justice (MNJ) pour le Niger, ont uni leurs efforts et agissent de concert; les soldats faits prisonniers par le groupe d'Ibrahim Ag Bahanga ont été transférés chez les Nigériens du MNJ. Tout cela déplait énormément au DRS qui craint un rapprochement entre les Américains et Kadhafi qui se ferait au détriment des Algériens; on a vu du coup le DRS parler de situation inquiétante qui ne peut que favoriser les visées expansionnistes américaines. C'est un comble de la part de ceux qui ont tout fait pour attirer les États-Unis au Sahel !

Des relations tendues avec les Russes : pourquoi ?

On a appris, en toute fin d'année 2007 que les relations russo-algériennes se sont brusquement sérieusement détériorées. Dans une déclaration au *Wall Street Journal*, le président-directeur général de l'entreprise nationale des pétroles a annoncé que Sonatrach avait mis fin au protocole d'accord (Memorandum of understanding) passé en août 2006 avec le géant russe Gazprom. En parallèle à cette information, on a également appris qu'au plan militaire, les Algériens ne semblaient pas satisfaits de la qualité des équipements fournis par les Russes dans le cadre de l'accord passé à Alger en mars 2006 ; de ce fait, l'armée algérienne a cessé tous les paiements à destination de la Russie et le contrat s'en est trouvé suspendu. Pourquoi une telle situation ?

On se souvient que l'accord Sonatrach - Gazprom signé lors de la visite à Moscou de Chakib Khelil fut à l'origine de gros troubles dans le secteur du gaz en Europe. L'Italie, qui dépend en grande partie de l'Algérie et de la Russie pour son approvisionnement en gaz, avait été la première au sein de l'Union européenne, à y voir les prémisses de la création d'une OPEP du gaz. Que s'est-il passé depuis et comment les choses ont-elles évolué au cours de l'année qui vient de s'écouler ? Du côté des pays producteurs on a semblé plutôt hésiter sur l'attitude à adopter face à une question très complexe et lourde de conséquences. C'est plutôt le *wait and see* qui a prévalu, d'une manière générale. Quant aux pays consommateurs, États-Unis et Union européenne, ils se tiennent sur leurs gardes et fourbissent leurs armes pour le cas où viendrait à se constituer un nouveau cartel des pays producteurs d'énergie. Comment interpréter la déclaration du PDG de la Sonatrach ? Mohamed Meziane est une personne effacée, sans culture politique, sans autorité sur le secteur qu'il dirige. Il est absolument certain qu'il n'a fait qu'annoncer ce qu'on lui a demandé de dire, le "on" étant bien entendu Abdelaziz Bouteflika et son ministre de l'Énergie. La manière même dont il l'a annoncé démontre le désir des Algériens de vouloir médiatiser la chose; le président de Sonatrach a dit au journaliste du *Wall Street Journal* que l'accord Gazprom – Sonatrach était arrivé à expiration, alors qu'il n'avait même pas été questionné à ce sujet. Ceci pour ce qui est de la forme. S'agissant du fond de l'affaire, il faut noter que l'accord est renouvelable annuellement et que chacune des parties peut en demander le renouvellement ou l'annulation et informer le partenaire de son souhait. Gazprom a fait part, à plusieurs reprises à Sonatrach, de son désir de voir la coopération entre les deux sociétés se poursuivre au-delà du mois d'août 2007 ; et ce, tant verbalement que par écrit sans recevoir de réponse quelconque. L'entourage du ministre de l'Énergie affirme que la raison du mutisme des Algériens tient au fait qu'ils étaient en négociations avec d'autres partenaires – Français et Espagnols – sur des questions gazières précisément et que l'alliance avec les Russes était, pour eux, un handicap dans ces négociations. La réalité est que l'on a cherché, du côté algérien, que se détériorent les relations énergétiques entre les deux pays, parce que le gouvernement a été soumis à de très fortes pressions de la part des Américains, des Français, des Espagnols et des Italiens pour amener l'Algérie à renoncer à la coopération avec la Russie. Les pays occidentaux craignent que cette coopération ne s'étende à d'autres partenaires plus "révolutionnaires" que les Algériens - Vénézuéliens, Boliviens et Iraniens - et qu'elle débouche au final sur la création d'une OPEP du gaz, dominée par la Russie. Le marché mondial des hydrocarbures serait alors complètement bouleversé, vu que la Russie est le premier producteur de gaz au monde, et qu'elle possède aussi d'énormes réserves de pétrole. Elle deviendrait, dans ce cas, la super puissance qui dicterait sa loi au monde dans le domaine de l'énergie. Alors mieux vaut une OPEP, tel qu'elle existe aujourd'hui, avec pour leader l'Arabie Saoudite, un pays "docile" pour les Américains. À noter enfin que la décision de Bouteflika d'aller au clash avec les Russes aurait été prise au lendemain de la visite de Nicolas Sarkozy en Algérie qui s'était fait l'avocat des puissances occidentales.

On aurait pu penser que le désaccord algéro-russe était une question purement économique et qu'il aurait pu aboutir éventuellement à une solution après des négociations plus ou moins longues entre les parties. Les choses sont cependant beaucoup plus graves, puisqu'il y a aussi un profond désaccord au plan militaire. L'Algérie et la Russie ont signé, lors de la visite de Vladimir Poutine à Alger en mars 2006, ce que l'on a appelé le "contrat du siècle" dans le domaine de l'armement ; l'Algérie avait, à cette occasion, passé commande de matériels militaires d'une valeur de 8 milliards de dollars, en contrepartie de quoi la Russie s'était engagée à annuler la dette contractée par celle-ci vis-à-vis de l'ex-Union soviétique, d'un montant de 4.7 milliards de dollars. Parmi ces matériels se trouvaient des avions de chasse MIG de dernière génération qui auraient été la source des difficultés que ce contrat a connues. Les Algériens ne communiquent pas du tout à ce sujet, ce sont les Russes qui ont étalé la chose sur la place publique. Les premières livraisons de MIG 29 sont intervenues, disent-ils, vers la fin de l'année 2006. Ces livraisons ont eu lieu après que les avions aient été testés en usine et en vol ; les experts aéronautiques militaires algériens ont été satisfaits des résultats et ont accepté officiellement de prendre livraison de ces chasseurs. Les avions ont été encore plus longuement testés en Algérie, des tests qui ont été jugés positifs par l'armée algérienne. Cependant, les Algériens n'ont pas honoré leurs engagements qui prévoyaient que les paiements devaient commencer à intervenir dès la livraison. Six mois après que les avions soient arrivés en Algérie et aient été acceptés au sens contractuel du terme, l'armée algérienne a commencé à émettre des réserves sur la qualité de certaines composantes. Selon les Russes, la grande majorité de ces réserves étaient infondées ; celles qui étaient valables ont été levées après que du côté du fabricant on ait pris les dispositions qui s'imposaient. Malgré cela les paiements ont cessé d'être effectués, tant et si bien que le contrat est suspendu à l'heure actuelle. Selon certaines rumeurs, ce seraient des spécialistes américains qui auraient attiré l'attention des Algériens sur les défauts des matériels livrés à l'ANP. C'est en somme, un prêté pour un rendu, puisque comme on le sait, le Pentagone et la CIA avaient été tout particulièrement irrités par le fait que ce soit les Russes qui auraient soufflé aux oreilles des Algériens que des puces électroniques avaient été placées dans les mallettes de commandement fabriquées par Raytheon et livrées via BRC à l'armée algérienne. Est-ce que tous ces interdits et blocages seront levés à l'occasion de la prochaine visite de Bouteflika en Russie ?

CHAPITRE III

Y a-t-il un pilote dans l'avion ?

L'état de santé de Bouteflika et la succession

Cela fait maintenant deux années et demie depuis qu'il a été constaté que Bouteflika avait une santé défectueuse et que ses absences de la scène politique étaient fréquentes. Ce que l'on a remarqué aussi c'est que chaque fois qu'il réapparaissait, il semblait être en forme ; on avait l'impression qu'il avait été dopé par on ne sait quel produit, médicament ou traitement qui lui permettaient de tenir le coup durant le laps de temps où il était présent sur la scène publique. On sentait que le pouvoir et son entourage tenaient absolument à donner le change, à le faire apparaître en meilleure apparence que ne le permettait son état physique. On voyait cependant que la maladie avançait à petits pas et qu'à chaque apparition il y avait une détérioration par rapport à la fois précédente. On semble être arrivé aujourd'hui au bout de cette hypocrisie, on ne peut plus masquer le fait qu'il faudra bientôt prendre une décision quant à la direction du pays. Au sein de la *cupola,* on n'arrive toujours pas à trouver l'oiseau rare qui le remplacerait. On s'est mis alors à réfléchir à une nouvelle possibilité, celle de prolonger son mandat de deux ans seulement, espérant trouver entre temps la solution qui conviendrait. C'est cependant une solution bâtarde qui présente de nombreux inconvénients. Sur le plan du fonctionnement de la machine Algérie, aucune décision importante ne sera prise durant ce laps de temps de deux ans, qu'il s'agisse d'une réforme ou tout simplement de l'amélioration du fonctionnement de quelque secteur que ce soit, de même qu'aucun projet économique, de portée moyenne ou d'envergure, ne sera lancé. La seconde difficulté à laquelle se heurtent les décideurs pour faire adopter cette solution, c'est la perception qu'on en aura à l'étranger. Il apparaîtra clairement que le pouvoir algérien a modifié la constitution pour faire adopter une solution qui n'aura lieu qu'une seule fois dans l'histoire du pays, et ce en dépit du bon sens et au mépris de toutes les règles de bonne gouvernance. Quant à la solution, qui consisterait à laisser le peuple élire le président de son choix en avril prochain, il n'en est évidemment pas question, bien que le nom de Mouloud Hamrouche ait été évoqué occasionnellement. Les grands désaccords qui règnent dans les rangs des décideurs les laissent dans l'attente d'un événement qui permettrait d'opter pour la solution émanant de tel ou tel clan. Comme cet événement ne peut pas arriver de lui-même, on cherche à le provoquer. C'est le jeu extrêmement dangereux auquel se livre actuellement le DRS, qui le camoufle suffisamment au point que l'on a l'impression qu'un vent de folie souffle sur l'Algérie.

Des émeutes, encore des émeutes

Cela fait quelques années déjà que des émeutes éclatent quasiment tous les jours à travers différents points du territoire. C'est soi-disant pour lutter contre le terrorisme que le pouvoir a muselé le peuple et lui a confisqué tous les moyens pacifiques d'expression. On en a eu encore très récemment la démonstration quand les enseignants ont été empêchés par la force de manifester pacifiquement leur mécontentement quant aux méthodes pédagogiques que veut faire appliquer le ministre, qui soit dit en passant, est en poste depuis une quinzaine d'années. Le pouvoir refuse de reconnaître le syndicat indépendant qui a été créé, il ne veut traiter qu'avec le syndicat maison, l'UGTA, totalement à sa solde. Il n'existe d'ailleurs que très peu d'associations de défense des intérêts des citoyens en Algérie; les quelques rares qui sont reconnues officiellement, telle la Ligue algérienne de défense des droits de l'Homme (LADDH), ne sont jamais reçues par un quelconque représentant du pouvoir, on ne répond pas à leur courrier, encore moins à leurs doléances. Il en est de même des partis politiques d'opposition, tel le FFS par exemple, qui ne peuvent pas obtenir d'autorisation pour organiser le moindre meeting. Tant et si bien que le seul moyen d'expression resté aujourd'hui à disposition du peuple est celui de l'émeute.

Les jeunes de la tranche d'âge de 15 à 25 ans sont ceux qui se révoltent le plus souvent. Ce sont de très nombreuses émeutes qui éclatent pratiquement chaque jour quelque part à travers le territoire. C'est devenu un spectacle courant que ces groupes de jeunes qui ferment une rue ou une route à la circulation en brulant des pneus, ou qui mettent le feu à des symboles de l'État, ou à des agences de Sonelgaz ou d'Air Algérie. En face on retrouve systématiquement des policiers, des CRS ou des gendarmes avec des grenades lacrymogènes, des matraques et des lances à eau, le tout se terminant au bout de quelques heures ou quelques jours par des arrestations, des inculpations ou par la concession de certains privilèges aux leaders. C'était ainsi que les choses se passaient jusqu'à ces derniers temps. Le phénomène est devenu beaucoup plus grave depuis deux mois environ et menace l'unité du pays elle-même. Afin de régler ses comptes avec l'état-major et afin d'amener Bouteflika à obtempérer au diktat de Tewfik, le DRS s'est mis à organiser des émeutes opposant des franges du peuple entre elles. On assiste depuis la mi-mars environ à des émeutes dans la petite ville de Berriane, dans le M'Zab à des affrontements qui opposent les deux communautés qui peuplent la région, les Arabes et les

Mozabites. Les Mozabites sont, comme on le sait, une des composantes de la population berbère algérienne, qui a la particularité unique dans le pays d'être d'obédience hanbalite, tandis que tout le reste de l'Algérie est malékite. Les Mozabites sont généralement des gens très calmes, très sages même, qui ont toujours vécu en très bonne harmonie avec le reste de la population, dont ils n'ont jamais essayé de se dissocier, que ce soit dans le M'Zab ou ailleurs. Leur seule particularité est qu'ils perpétuent leurs traditions et probablement leurs croyances en se mariant entre eux ; c'est ainsi depuis des siècles et cela n'a jamais dérangé personne. Les émeutes qui ont éclaté dans cette ville ont commencé comme toutes celles qui se déroulent ailleurs dans le pays, par des attaques de jeunes contre les symboles de l'État, avant de se transformer en affrontements inter-ethniques. Il y a eu des morts de chaque côté, des femmes ont été attaquées, des commerces incendiés, des habitations mises à sac. Les quartiers de la ville étant mixtes, il y règne une ambiance où chacun a peur de son voisin. Dans ceux qui sont à dominante mozabite ou arabe, les habitants minoritaires ont été chassés de leurs maisons et de leurs biens. Ce n'est pas l'Irak ou l'Afrique du Sud, mais ça commence à y ressembler. Le ministre de l'Intérieur est convaincu que ces émeutes sont le résultat d'une manipulation. Quelle est cette main qui se trouverait derrière tout cela, si ce n'est celle du DRS contre lequel ni le ministre ni Bouteflika ne peuvent rien faire ? D'autres émeutes ont éclaté ces derniers jours à Oran, la deuxième ville du pays, à la suite de la relégation en division inférieure du grand club de football de la ville. Ces émeutes constituent un précédent très grave d'abord parce que c'est la première fois que l'on assiste à ce genre de manifestations dans une grande ville. Elles ont commencé, celles-ci aussi, comme à l'habitude, par une attaque des jeunes contre tous les symboles de l'État, des jeunes qui sont convaincus que la relégation de leur club favori est le résultat de tricheries, de matchs truqués, que les instances étatiques n'ont rien fait pour les éviter. Ce que disent ces jeunes c'est : *"Il ne nous restait plus que le football pour nous distraire et nous éclater et voici qu'ils nous ont enlevé même cela."* C'est évidemment très pathétique. Le plus grave dans cette affaire, c'est que très vite ces émeutes ont dérapé pour se transformer en pillage et en attaques contre les biens et les personnes. Beaucoup de commerces ont été attaqués, saccagés, pillés, des habitations ont été envahies, des personnes agressées et dépouillées de tous leurs biens, des femmes ont été battues. Ces émeutes durent maintenant depuis une semaine et n'ont pas l'air de vouloir se calmer. Ce qui était au départ, nous dit-on, une révolte des jeunes contre l'État s'est transformé en des attaques contre la population oranaise, sans que l'on ne sache ni pourquoi ni comment on en est arrivé là. La grande particularité des deux cas, Berriane et Oran, est que les forces de l'ordre ne sont intervenues que très tardivement sans d'ailleurs réussir à mettre fin aux affrontements. Tout cela n'est cependant qu'un maquillage des véritables raisons à l'origine de ces émeutes, à savoir des luttes intestines de l'appareil de l'État. Cela apparaît tellement monstrueux que l'on a des difficultés à croire à une telle thèse. Au point que l'homme de la rue se pose la question : qui est devenu fou, le peuple ou les services de sécurité ?

La chasse aux sorcières

Voilà quelques deux ans déjà que l'on parle régulièrement de campagne de prosélytisme menée par des évangélistes américains, en Kabylie tout particulièrement, qui ont apparemment réussi à convertir quelques personnes. Le nombre de ces conversions est pour le moment inconnu, mais reste cependant infime. Néanmoins cela a suffi pour faire apparemment peur au régime, qui tout en proclamant la liberté de culte, n'en prend pas moins des mesures de rétorsion contre ceux qui mènent cette campagne et contre les convertis eux-mêmes. Abdelaziz Bouteflika avait édicté en 2006 que des peines de prison soient prononcées contre quiconque essaierait de convertir un musulman à une autre religion, ainsi que contre toute personne qui éditerait ou propagerait du matériel destiné à *"ébranler la foi d'un musulman"*. Récemment encore un prêtre catholique a été condamné à une peine de deux ans de prison avec sursis pour avoir présidé une messe de Noël en un lieu autre qu'un lieu de culte. De même, un pasteur protestant américain qui résidait en Algérie depuis plusieurs dizaines d'années a été expulsé du pays en raison d'activités de prosélytisme. En parallèle, plusieurs procès ont été intentés contre des convertis, pris "en flagrant délit", comprendre arrêtés alors qu'ils participaient à un office religieux en un lieu non autorisé. Il faut savoir que seules les grandes villes d'Algérie possèdent des églises et que la majorité des nouveaux convertis vivent à la campagne dans des régions où il n'existe pas d'église. Ils sont donc condamnés à exercer leur culte dans la plus totale clandestinité. Le vent de folie qui souffle sur l'Algérie ne s'est cependant pas arrêté là. Il y a eu récemment ce procès à Tiaret, d'une certaine Habiba Kouider, une jeune femme chez laquelle des gendarmes ont découvert, au cours d'un contrôle routier, des bibles qu'elle transportait dans ses bagages. Elle a été très rapidement transférée à la justice; une peine de trois ans d'emprisonnement a été requise à son encontre. L'affaire a provoqué un tollé général et des actions de protestation ont été engagées par des intellectuels et par la Ligue de défense des droits de l'Homme. Même à l'étranger, en Belgique et en France notamment, des voix, dont celle de la ministre française Rama Yade, se sont élevées pour protester contre de telles pratiques. L'affaire ayant pris une telle tournure a amené le tribunal à reporter le verdict à plus tard. Ce que les juges attendent en réalité, ce sont les instructions "d'en haut". À noter que cette chasse aux sorcières se déroule au moment où se tient un séminaire dédié à l'Emir Abdelkader. Les différentes interventions présentées au séminaire ont toutes insisté sur son grand esprit de tolérance et sur les nombreuses fois où il a protégé des communautés chrétiennes, en Algérie ou en Syrie, où il est mort en exil. Hasard du calendrier, au même moment Ahmed Ouyahia a été dépêché par Bouteflika pour le représenter, à Séoul au sommet dédié au dialogue entre les civilisations arabe et coréenne. Le texte de l'adresse du président algérien, lue par Ouyahia, faisait ressortir que l'Algérie était un pays de tolérance et que son Président ne ménageait pas ses efforts pour promouvoir le dialogue des cultures, des civilisations et des religions ! Que dire alors de ce méli-mélo : les juges, sont-ils devenus fous ou veulent-ils être plus royalistes que le roi ? Y a-t-il un pilote dans l'avion Algérie ?

CHAPITRE IV

Du nouveau pour la prochaine présidentielle

La voie vers le troisième mandat est-elle ouverte ?

Alors même qu'aucune des contraintes objectives n'a changé, voilà que tout d'un coup est intervenu un coup de théâtre. Reniant toutes ses positions initiales, Ahmed Ouyahia a opéré un brusque virage à 180°. À l'issue d'une réunion de l'instance exécutive de son parti, chargée de procéder à l'installation de la commission de préparation du congrès du RND, il a annoncé coup sur coup que ce dernier soutiendrait un troisième mandat du *"frère"* Bouteflika, que c'était *"le moment opportun"* de procéder à la révision de la constitution, que tout cela serait confirmé lors d'une réunion des trois partis de l'alliance présidentielle et enfin que *"si vous voulez mon avis, Abdelaziz Bouteflika n'annoncera sa candidature que vers la fin de l'année"*. D'où lui vient une telle assurance ? Comment expliquer un tel revirement ? La réponse tient en trois lettres D, R et S. Les faiseurs de rois ont donc tranché. Ils ont décidé, contre vents et marées, de continuer à miser sur Bouteflika. Ils n'ont plus peur de sa politique de rapprochement avec les islamistes, sa santé ne leur cause plus de soucis, l'agitation sociale qui s'amplifie de jour en jour ne les perturbe pas outre mesure, le désaveu exprimé par la population lors des dernières élections par un taux d'abstention extrêmement élevé ne leur pose pas de problèmes. Pour eux, tout va très bien dans le meilleur des mondes dans l'Algérie de Bouteflika, il lui faut une rallonge de cinq années supplémentaires.

Pourquoi un tel changement ? La raison est simple : ils n'ont pas trouvé meilleur candidat pour protéger leurs intérêts personnels. Il ne faut cependant pas se faire d'illusions sur l'honnêteté de leurs intentions. Si le DRS a opté, à nouveau, pour Bouteflika, c'est apparemment parce qu'ils ont passé un nouveau deal qui reprend les termes de l'accord auquel ils étaient arrivés il y a six mois; il est autorisé à procéder à la révision de la constitution qui rendrait possible un troisième mandat, mais cette révision doit inclure la création du poste de vice-président qui serait occupé par l'homme qu'ils choisiront. Quant à Bouteflika il va probablement prendre son temps pour mettre en place les engagements qu'il a pris dans le cadre de l'accord; la perspective qui s'ouvre à lui est tellement belle, elle va encore plus loin que son rêve de 1979, vu qu'ils lui ont ouvert la voie vers une présidence à vie. Il a déjà engagé un certain nombre d'actions qui laissent clairement entrevoir que dorénavant Ahmed Ouyahia jouerait un rôle plus important dans le système algérien. Il y eut d'abord une série de conférences internationales au sommet auxquelles devait assister Bouteflika et pour lesquelles il a, contre toute attente, désigné Ahmed Ouyahia pour le représenter. La première de ces conférences, dite 4e conférence de Tokyo pour le développement de l'Afrique était un immense bazar, dont on savait par avance qu'il n'y serait adopté aucune décision contraignante pour les pays participants. Aussi a-t-on considéré comme relativement normal que Bouteflika y délègue Ouyahia, vu que celui-ci a été, par le passé, ambassadeur à Bamako et qu'il a eu à traiter de problèmes africains, dans le cadre de la mission algérienne de bons offices pour la Corne de l'Afrique. Que dans la foulée il ait aussi représenté l'Algérie à la conférence de Séoul pour la promotion du dialogue entre les civilisations arabe et coréenne ne constituait pas non plus une grosse surprise. L'état de santé très dégradé du Président expliquait pourquoi il ne participait pas personnellement à ces deux événements. La situation est devenue plus intrigante à partir du moment où il désignait le même Ouyahia pour le représenter au sommet Inde – Afrique de New Delhi du début du mois d'avril et encore plus quand il s'est agi de participer à une réunion du Conseil de Sécurité des Nations Unies, à la mi-avril à New York. Il devenait déjà clair à ce moment qu'il y avait anguille sous roche. La deuxième phase de l'apprivoisement d'Ouyahia a démarré le 1er juillet quand Bouteflika l'a nommé au poste de Premier ministre, en remplacement d'Abdelaziz Belkhadem. Souvenons-nous qu'il l'avait déjà rappelé, un an avant l'élection présidentielle d'avril 2004 pour remplacer Ali Benflis, avant de le limoger en avril 2006 et nommer Abdelaziz Belkhadem à sa place. Il lui avait cependant maintenu le titre de représentant personnel du président de la République; cette fois-ci, c'est le chemin inverse que font les deux personnages. Pour les connaisseurs de la scène politique algérienne, c'est blanc bonnet et bonnet blanc. Car si on cherche des raisons objectives de ce limogeage, on n'en trouve pas. Il n'y a pas eu de remaniement ministériel proprement dit. À l'exception du changement du Premier ministre et de deux autres modifications sans importance, c'est la même équipe ministérielle qui est restée en place. On ne se sépare cependant pas, sans une raison extrêmement importante, voire grave, d'un Premier ministre à neuf mois de l'élection présidentielle. Ce n'est donc pas du côté du départ d'Abdelaziz Belkhadem qu'il faut chercher la raison du changement, mais plutôt du côté de la nomination d'Ahmed Ouyahia. C'est bien le retour tout en haut de la pyramide de l'État de celui que Bouteflika considère comme un pestiféré qui constitue la véritable nouveauté, c'est l'événement qu'il faut intégrer au puzzle des relations Présidence – DRS. La réélection de Bouteflika pour une troisième mandature signifiera aussi l'élection par avance du prochain président de la République; la boucle sera ainsi bouclée, le DRS aura accompli la mission qui lui a été confiée par les Janviéristes, après les départs successifs de chacun d'entre eux vers de nouveaux horizons. Il aura, non seulement, fait accepter par le peuple algérien l'impunité accordée aux généraux pour tous les crimes qu'ils ont accomplis ou couverts, grâce aux "bienfaits" de la Charte pour la paix et la réconciliation nationale, mais il aura aussi pris les dispositions nécessaires pour que son application soit pérennisée, même une fois que tous se seront retirés des postes de très haute responsabilité qu'ils auront occupés durant une vingtaine d'années. En parallèle à ces tripatouillages internes au régime, on constate que les relations algéro-américaines semblent être redevenues bonnes. Deux nouveaux éléments ont démontré récemment et publiquement le réchauffement intervenu. Le premier élément est ce message extrêmement chaleureux adressé par George W. Bush à son homologue algérien à l'occasion de la fête de l'indépendance algérienne du 5 juillet. En dehors des termes très flatteurs utilisés par le président américain, on notera surtout ce passage extrêmement important dans lequel George W. Bush dit apprécier "*votre leadership et nous attendons avec intérêt de travailler avec vous pour construire une région nord-africaine intégrée, démocratique et prospère.*" L'autre élément important, à prendre en compte dans les relations algéro-américaines, est l'interview du chef du GSPC, Abdelmalek Droukdel, paru dans le *New York Times*. C'est un journal très sérieux dont on ne peut certainement pas dire qu'il soit aux ordres de l'administration de George W. Bush, qui fait partie de la catégorie des grands faiseurs d'opinions aux États-Unis. Le fait qu'il ait pris soin de contacter le chef du GSPC, probablement par le biais d'un correspondant qu'il a dépêché en Algérie, qu'il ait décidé de lui adresser des questions écrites précises, qu'il ait, par la suite, diffusé un enregistrement vidéo d'une partie de l'entretien, laisse supposer qu'aux yeux du *New York Times*, Abdelmalek Droukdel est un personnage important de la nébuleuse Al Qaïda, tout en restant un personnage dangereux pour la sécurité des États-Unis. À l'intérieur du DRS, on ne doit pas se sentir trop à l'aise, on pense qu'il y a apparemment anguille sous roche, que ni Droukdel, ni le GSPC ne méritent la publicité tapageuse que leur a accordée le *New York Times*, que ni l'un ni l'autre ne constituent un véritable danger pour les Américains; en conséquence, on se demande donc au sein du DRS, si le but de cet article n'est pas de justifier par avance une nouvelle action étasunienne, dont le DRS risque de faire les frais, puisque les Américains savent parfaitement que le traitement de toute question qui concerne le GSPC relève plutôt de la compétence du DRS et non de celle de Bouteflika. *A contrario*, on est évidemment content, dans le clan présidentiel, de ce pavé jeté dans la mare du clan d'en face.

Par ailleurs, afin d'avoir la complicité de la France, Bouteflika a exercé un véritable "chantage" sur Nicolas Sarkozy. Ce dernier tient à ce que son projet d'union pour la Méditerranée soit lancé dès la première réunion des chefs d'État qu'il organise le 13 juillet prochain. Il a obtenu jusqu'à présent l'accord de quasiment tous les pays concernés, sauf celui de l'Algérie. Il a délégué à deux reprises son ministre des affaires étrangères Bernard Kouchner, puis son Premier ministre François Fillon auprès de Bouteflika afin d'obtenir son accord, mais rien n'y fit. Il fut même question un moment que le président français se rende en personne à Alger. Finalement, c'est lors de leur rencontre au Japon, à l'occasion du sommet du G 8 qu'Abdelaziz Bouteflika s'est engagé à se rendre à Paris pour la séance de lancement de l'UPM, en contrepartie de quoi les autorités françaises ne se mêleront pas outre mesure de "questions qui relèvent de la politique intérieure de l'Algérie." L'équation du troisième mandat est donc résolue.

CHAPITRE V

L'affaire Mécili : monstre du Loch Ness ou génie de la lampe d'Aladin ?

La scène politique algérienne est en émoi. On ne parle que de ça. Les journaux en font leurs unes, dans les salons algérois c'est le grand sujet de discussion. Exit la révision de la constitution, exit le troisième mandat, on a l'impression qu'il n'y a plus d'activités terroristes, comme si la machine à tuer était elle-même braquée sur cette affaire et que pour se remettre à fonctionner, elle attend d'en connaître l'issue. S'il fallait une preuve supplémentaire de la manipulation du terrorisme, nous l'avons là : visiblement l'officine chargée de l'activer ou de le maintenir au niveau voulu a l'esprit ailleurs. C'est quoi ce “ça” et cet “ailleurs”? C'est l'affaire Mécili, une affaire que l'on croyait enterrée à jamais et qui est revenue tout d'un coup, au beau milieu de l'été, sur le devant de la scène. L'historique que l'on en connaissait jusque-là faisait penser à ce monstre du Loch Ness qui apparaît une fois tous les dix ans et que tout le monde connaît ou pense connaître. Les révélations que l'on a apprises cette fois-ci nous amènent à croire qu'il s'agit plutôt du génie qui était enfermé dans la lampe d'Aladin que quelqu'un a libéré et qui n'est plus maitrisable. Ce “génie” risque de faire d'énormes dégâts dans le sérail politique algérien ; le coup de pied qu'il a donné dans la fourmilière a déjà tétanisé tout le système, les très hauts responsables civils et militaires se tiennent le ventre se demandant de quoi demain sera fait.

Qui est Ali André Mécili ?

Ali André Mécili est ce jeune étudiant en droit, de parents algériens naturalisés français, qui, appelé sous les drapeaux durant la guerre de libération, a préféré déserter l'armée française et rejoindre les maquisards algériens au sein de l'armée des frontières, stationnée en Tunisie. Il a été ensuite intégré au Ministère de l'Armement et des Liaisons Générales (MALG), ancêtre de la Sécurité Militaire, devenue aujourd'hui le DRS. Ce séjour lui a permis de connaître les “techniques” de la maison, celles par lesquelles ont été éliminés nombre de cadres de la résistance algérienne, dont Abane Ramdane ou le colonel Lotfi et plus tard certains maquisards de la première heure, tels Mohamed Khider ou Krim Belkacem. Il découvrira aussi, lors de ce passage au MALG, certains secrets qui ont pesé dans la balance quand la décision de l'éliminer à son tour a été prise. À l'indépendance du pays en 1962, il a rejoint l'opposition incarnée alors par Hocine Ait Ahmed dont il deviendra très proche, puis est revenu en France, a terminé ses études de droit avant de s'installer en tant qu'avocat à Paris. À l'arrivée de Chadli Bendjedid au pouvoir, au début des années 1980, il a tenté de rabibocher les deux figures historiques du mouvement nationaliste algérien, Hocine Ait Ahmed et Ahmed Benbella et les amener à créer un front uni qui s'opposerait au régime d'Alger. Il réussira dans son entreprise au point que le pouvoir en place se mit à paniquer, mais ne put rien faire contre ce nouveau mouvement en gestation qui pourrait l'emporter. On décida alors d'éliminer celui qui a été l'artisan de ce rapprochement. Faire assassiner sur le territoire français, un citoyen français est un acte extrêmement grave, dont le maître d'œuvre ne peut être que la Sécurité militaire, mais la décision n'a pu être prise qu'au sommet de l'État, où l'on retrouve le président Chadli Bendjedid, avec dans son ombre, son éminence grise, le général-major Larbi Belkheir. Celui que l'on nomme le Cardinal est, à cette époque, en train d'installer son pouvoir et deviendra, avec le temps, l'homme le plus puissant du pays et probablement aussi le plus riche. Son étoile a certes quelque peu pali aujourd'hui, mais il reste néanmoins celui qui détient toutes les ficelles du système et qui peut manipuler, dans le sens où il l'entend, le théâtre d'ombres algérien. Ali André Mécili a été assassiné le 7 avril 1987 dans le hall de son immeuble, boulevard Saint-Michel, à Paris par un tueur à gages amateur, un repris de justice, recruté par les services de renseignements algériens, un certain Malek Amellou. Les enquêteurs français n'ont pas tardé à comprendre que les services secrets algériens étaient les commanditaires de l'assassinat, mais ont fait preuve de peu d'empressement pour découvrir la vérité. Bien au contraire, alors même qu'ils possédaient une parfaite description de l'assassin fournie par des témoins, alors que des coups de fil anonymes leur ont fourni énormément de renseignements sur le nom, l'adresse parisienne de l'assassin, le type et le matricule de sa voiture, le jour, l'heure et le numéro de vol par lequel il doit arriver d'Alger où il avait été s'abriter pour quelques jours, ils n'ont rien fait pour l'arrêter. Mieux. Au moment où le procureur chargé du dossier a émis un avis de recherche contre lui, les services de police l'ont fait expulser en urgence du territoire français afin de lui éviter de tomber entre les mains de la justice. Pourquoi ? Pour raison d'État ! Les deux États, le français et l'algérien, ont entamé une collaboration au niveau des services de sécurité, DST d'un côté, DRS de l'autre, qui est allée en s'amplifiant jusqu'à nos jours. À l'époque qui nous intéresse, des journalistes français avaient été pris en otages au Liban et la DST française a sollicité l'aide de ses collègues algériens, qui réussirent à les faire libérer. C'est alors un prêté pour un rendu. Charles Pasqua, qui était alors ministre de l'Intérieur, a donné des ordres pour éviter de créer des vagues avec les Algériens. Il a appelé lui-même l'ambassadeur d'Algérie à Paris pour le rassurer et lui dire que son pays n'était pas concerné par cette affaire. Mais il n'y a pas que les otages du Liban, il y a aussi les contrats d'achat de gaz algérien. Gaz de France vient de passer contrat avec la Sonatrach, qui a rompu tous les ponts avec les acheteurs américains ; GDF est en passe de s'installer comme voie de passage obligé pour toutes les transactions en la matière. On compte, du côté français, sur cette brèche pour bouter hors d'Algérie les compagnies américaines, réinstaller la tutelle qui existait autrefois sur le pétrole et le gaz algériens et effacer les mauvais souvenirs de l'ère Boumediene. Il faut donc courir au secours de celui qui, de l'autre côté de la Méditerranée, est le défenseur le plus acharné des intérêts français, le représentant de la Françalgérie, l'ex-DAF (déserteur de l'armée française) le général Larbi Belkheir, qui a, en la personne du ministre de l'Énergie Belkacem Nabi, un complice et un parfait exécutant. On sacrifie donc Ali André Mécili. Sa veuve Annie Mécili n'aura de cesse que de relancer durant les vingt dernières années la machine judiciaire française, mais sans succès. Toutes ses tentatives de faire arrêter l'assassin qui coule jusqu'à présent des jours heureux en Algérie resteront sans suite. Même la dénonciation faite en 2001, par Hichem Aboud, ex-chef de cabinet du patron de la Sécurité militaire, qui aurait déserté pour rejoindre les rangs de l'opposition en Europe, n'y a rien fait. Il a déclaré que l'homme qui avait été chargé d'organiser l'assassinat s'appelle Rachid Hassani et qu'il est capitaine dans l'armée. En 2003, c'est un autre transfuge de la Sécurité militaire algérienne, le lieutenant-colonel Mohamed Samraoui, qui est encore à ce jour en exil en Europe, qui affirme que l'homme qui a organisé le meurtre est capitaine dans l'armée, qu'il s'appelle Mohamed Ziane Hasseni et qu'il a remis en sa présence 800 000 francs de l'époque au tueur pour l'exécution du forfait. À la fin de l'année 2007, l'affaire a été relancée de façon spectaculaire après que le nouveau juge d'instruction Baudoin Thouvenot eût lancé un mandat d'arrêt international contre Mohamed Ziane Hasseni. Il s'est appuyé, pour ce faire, sur ces deux témoignages et a émis son mandat malgré l'avis du procureur de la République qui a, lui, considéré que cela était inutile. C'est ainsi que ce Hasseni a été arrêté le 14 août dernier à l'aéroport de Marseille, à sa descente d'avion en provenance d'Alger. Il était en possession d'un passeport diplomatique et occupe officiellement la fonction de directeur du cérémonial des visites officielles à la direction du protocole au ministère des Affaires Étrangères. Dès son arrestation, l'intéressé a commencé par évoquer son statut de diplomate qui devrait lui accorder une certaine immunité, mais curieusement les autorités algériennes ont déclaré qu'il n'était pas sur le listing des personnalités qui jouissent de l'immunité diplomatique. Il a aussi nié tout en bloc et dit, tout comme ses avocats d'ailleurs, qu'il y a une méprise, que la personne recherchée s'appelle, en réalité, Rachid Hassani et n'a rien à voir avec lui. Il a été laissé en liberté, placé sous contrôle judiciaire et interdit de quitter le territoire français. De son côté, le lieutenant-colonel Mohamed Samraoui à qui ont été présentées deux photos de l'intéressé, prises à deux années d'intervalle, a déclaré qu'il n'y avait aucun doute, qu'il s'agissait bien de celui qui a organisé l'assassinat de Mécili, qui à l'époque s'appelait le capitaine Hassani. Les magistrats n'ont pas tenu compte de la question de l'identité, sachant que c'est là une technique extrêmement courante chez les services d'espionnage que d'accorder plusieurs identités à leurs agents. Hasseni (ou Hassani) a alors utilisé un autre argument à savoir qu'il avait appris par les journaux l'existence du mandat d'arrêt lancé contre lui, mais qu'il avait pensé que le journaliste qui avait rapporté l'information avait *"comme d'habitude écrit n'importe quoi"* et que la meilleure preuve qu'il ne se sentait nullement coupable est qu'il ne se serait jamais hasardé, dans le cas contraire, à venir en France se jeter dans la gueule du loup. Convaincu que les "copains d'Alger" allaient rapidement le sortir de ce mauvais pas, il avait, auparavant, recommandé aux policiers qui l'avaient arrêté d'en référer à leurs supérieurs hiérarchiques qui ordonneraient certainement sa libération. De son côté, Hichem Aboud a déclaré que la personne dont la photo avait été diffusée n'était pas le capitaine Hassani. Quant à la justice française elle a, contrairement aux fois précédentes, ignoré les injonctions du pouvoir politique qui a, de tout temps, fait fi des lois et des règles juridiques françaises quand les relations algéro-françaises étaient en cause dans une affaire quelconque. C'est ainsi que l'appel en annulation de la procédure présenté par les avocats de Hasseni a été rejeté, sa mise en accusation confirmée ainsi que l'interdiction de quitter le territoire français. Pour tous ceux qui connaissent la connivence qui existe entre les services de sécurité des deux pays et pour Annie Mécili tout d'abord, c'était une divine surprise.

Que faut-il comprendre de cet imbroglio ?

Qui est le transfuge Hichem Aboud qui, après avoir dévoilé le nom de Hassani, a tenté plus tard de disculper le "diplomate" arrêté à l'aéroport de Marseille, au vu de la photo qui a été diffusée ? Rappelons que la dénonciation a eu lieu en 2001 tandis que la photo n'a été publiée que dans le courant de l'été dernier. Hichem Aboud n'est pas un véritable déserteur des services de sécurité algériens, c'est un agent du DRS chargé de mission en Europe. De la même manière qu'il avait infiltré les rangs des groupes armés islamiques ou ceux du FIS, le DRS a entamé à la fin des années 90 une initiative identique en direction des intellectuels, journalistes et décideurs européens, français en particulier. À cette époque, un certain nombre de dissidents algériens avaient commencé à se manifester par leurs écrits ou déclarations aux médias internationaux qui s'étaient mis alors à tendre l'oreille et à s'intéresser à cette catégorie de nouveaux intervenants. C'est la période à laquelle on a vu apparaître Habib Souaidia et son livre *La sale guerre* ainsi que d'autres témoignages sur les exactions commises par les généraux algériens. Pour neutraliser ce genre de personnage ou d'écrits, le DRS a dépêché en France de faux journalistes dont certains n'ont pas cessé d'écumer les plateaux télévision français, mais aussi de faux déserteurs, dont Hichem Aboud. Tous ceux qui le connaissent disent de lui qu'il est un agent du DRS infiltré dans le milieu des faiseurs d'opinions. Encore au mois de mars dernier, un journaliste algérien du *Times* anglais, qui était entré en contact avec lui en vue de la publication d'un livre sur le DRS, a rapporté comment Aboud lui avait dit qu'il enverrait son manuscrit au patron du DRS, le général Tewfik afin qu'il l'examine avant toute publication. Il s'est vanté auprès de la même personne, dans un mail que celle-ci a rendu public, comment il avait appelé le colonel Fewzi, adjoint de Tewfik pour la presse, afin qu'il donne ordre au consul d'Algérie à Bruxelles de délivrer un passeport à son fils. Drôle de déserteur ! Drôle de pourfendeur de la clique des généraux ! Il est d'ailleurs revenu vivre en Algérie quelques années plus tard sans avoir un quelconque problème avec le pouvoir des généraux Janviéristes. Ceci alors même qu'il anime un site sur internet dans lequel il se présente comme un ex-officier qui prétend dévoiler les coups tordus et dénoncer les exactions commises par la nomenklatura des généraux algériens. Il lui est effectivement arrivé d'attaquer, dans certains écrits, Khaled Nezzar, Larbi Belkheir, Mohamed Lamari ou Fodhil Cherif (aujourd'hui décédé), mais jamais un mot sur Mohamed Mediène. Encore que même pour ce qui est des 4 autres, il se contente de les insulter, voire de les traiter de voleurs, mais jamais aucune révélation réelle sur leurs agissements. C'est quand même bien maigre pour quelqu'un qui dit avoir été chef de cabinet du patron du DRS.

Hichem Aboud hait Larbi Belkheir qui était au sommet de sa puissance quand cette affaire a eu lieu en 1987. C'est ce dernier qui a poussé Chadli Bendjedid à faire assassiner l'avocat en éveillant chez lui la crainte que Hocine Ait Ahmed et Ahmed Benbella se ligueraient contre lui et réussiraient à l'éjecter de son poste de président. L'ex-employeur de Hichem Aboud, le général-major Tewfik Mediène, n'était pas en poste à la tête du DRS à l'époque des faits et n'a donc rien à voir avec ce dossier. Notre "déserteur" n'avait par conséquent aucune crainte à dénoncer Rachid Hassani et bien au contraire tout à gagner, puisqu'il espérait entraîner, semble-t-il, Larbi Belkheir dans la tourmente. Mais aujourd'hui l'affaire a connu un tel développement et a pris une tournure qui risque de faire mal même au patron actuel du DRS, d'où la consigne qu'il a dû recevoir de se rétracter.

Que dire de l'attitude du pouvoir algérien dans ce dossier ? C'est le pouvoir qui a remis l'affaire Mécili à l'ordre du jour en autorisant Hassani à partir en France, alors même qu'il est sous le coup d'un mandat d'arrêt international. L'intéressé lui-même savait pertinemment qu'il risquait d'être arrêté dès le moment où il mettrait les pieds sur le territoire français. Il a du donc avoir l'assurance de la part du service pour lequel il avait travaillé en 1987 que rien ne lui arriverait, que toutes les dispositions avaient été prises pour lui éviter une telle mésaventure, qu'il disposait d'un passeport diplomatique qui le protégerait et qu'en cas de danger extrême le DRS prendrait attache avec les copains français de la DST pour le faire exfiltrer en dernier ressort, comme cela avait été fait pour le général Khaled Nezzar, il y a quelques années. Or voici qu'au lendemain de son arrestation, le gouvernement algérien est resté muet ; il n'a pas soufflé mot, lui qui est d'habitude si sourcilleux sur la question de la souveraineté nationale. Il s'est non seulement tu cette fois-ci, mais on a même l'impression qu'il voulait que l'assassinat de Mécili remonte à la surface, d'où l'idée de jeter cette personne dans la gueule du loup. Il a fallu attendre deux mois après le déclenchement de l'affaire, pour que l'on se réveille du côté algérien et que l'on se mette à protester tous azimuts, au point que le ministre des Affaires Étrangères Mourad Medelci s'est rendu, toutes affaires cessantes, à Paris pour rencontrer son homologue Bernard Kouchner et lui demander de faire en sorte qu'il soit mis fin dans les plus brefs délais à ce scandale. Il a visiblement fallu attendre que, sous prétexte de soins médicaux, Larbi Belkheir se rende en France et prenne contact avec ses protecteurs, avant que les Algériens n'entreprennent une telle démarche. Pourquoi un tel retard à l'allumage ? Il est clair que cette affaire est loin d'avoir révélé tous ses secrets; on a cependant l'impression que des forces, quelque part, ont cherché à trainer Larbi Belkheir dans la boue en réactivant le dossier Mécili. Sauf que ce personnage détient énormément de renseignements sur toute la nomenklatura du pouvoir, autant de secrets qui, s'ils venaient à être dévoilés, pourraient provoquer des séismes à l'intérieur du régime. Les barons se sont alors rendu compte de l'énorme danger qui planait au-dessus de leurs têtes et que le génie de la lampe d'Aladin, (libéré par qui ? *That is the question*) était en voie de devenir non maitrisable; d'où cette réaction à retardement. Quelle va être, de l'autre côté de la Méditerranée, la réaction des pouvoirs juridique et politique français ? C'est une autre grande inconnue. Par le passé et pour des affaires semblables, on a chaque fois étouffé de telles barbouzeries. Jusqu'à présent le juge Thouvenot a su résister aux énormes pressions qu'il a dû subir, car les autorités françaises ne sont pas non plus très *"clean"* dans ce dossier. À commencer par le ministre de l'Intérieur de l'époque Charles Pasqua ainsi que probablement d'autres personnalités qui y ont été mêlées. Certains observateurs de la scène politique algérienne se demandent même dans quelle mesure Nicolas Sarkozy ne serait pas celui par qui le scandale est arrivé. N'aurait-il pas, pour des raisons de règlement de comptes également (mais avec qui ?), fait exhumer l'affaire Mécili, qui semblait être morte et enterrée. Auquel cas, le déclencheur de la bombe serait à Paris, à l'Élysée...

CHAPITRE VI

Les partis politiques, terrain d'affrontement au sein de la Cupola

Des trois partis dits de l'Alliance présidentielle, le MSP (ex-Hamas) est celui qui a le plus de problèmes internes, le RND est celui qui en a le moins, voire pas du tout; quant au FLN, il reste toujours secoué par des accès de fièvre passagers, ce qui laisse sous-entendre que des manœuvres s'y déroulent en coulisses. Pourquoi le FLN, parti du pouvoir, connaîtrait-il des accès de fièvre, alors qu'il jouit d'un statut que beaucoup d'autres lui envieraient ? Pourquoi les militants du RND seraient-ils disciplinés au point de ne créer aucun problème à leur patron Ahmed Ouyahia ? Pourquoi le MSP, qui n'a pas de poids particulier au sein de l'Alliance présidentielle connaît-il des troubles, qui durent pratiquement depuis la disparition de son leader charismatique Mahfoud Nahnah?

Le MSP

Le MSP est actuellement dirigé par Abou Djerra Soltani. Il a une frange dissidente qui a pour leader Abdelmadjid Menasra, qui se fait appeler, le groupe du changement. Cette dissidence qui prend l'aspect d'un combat de coqs pour la direction du parti est, comme toujours dans ces cas-là, la résultante des infiltrations et manipulations de la part des deux franges du pouvoir, le clan présidentiel et celui du DRS. Cette bataille des chefs ne porte pas sur des questions doctrinaires; la confirmation vient de la part du groupe dissident lui-même dont le président, député de la wilaya de Boumerdes, a déclaré que le groupe du changement continuait à activer normalement, sous la direction de Menasra, jusqu'à ce qu'il s'assure de la sincérité des intentions de l'actuel président du parti. En réalité, les dissidents disent que s'il n'y avait pas eu de fraude lors des élections des délégués de wilayas au Majliss Echoura du parti, c'est Abdelmadjid Menasra qui aurait été désigné président du parti. De ce fait, tout se passe comme si l'on avait un parti dans le parti. La dualité dans les actions et dans la direction en est arrivée à un point tel que le porte-parole de ce groupe à l'Assemblée nationale a tenu à préciser que si le groupe avait voté en faveur du programme du gouvernement, ce n'est pas parce que Abou Djerra Soltani avait donné une telle consigne. Parmi les soutiens importants dont jouit Abdelmadjid Menasra, on compte ce que l'on appelle au MSP**, les** membres fondateurs honorifiques, c'est-à-dire les premiers compagnons de Mahfoud Nahnah et de Bouslimani lors de la création du parti, dans l'illégalité, dans le courant des années soixante. Ces membres fondateurs constituent aujourd'hui une sorte de comité des sages et ne sont impliqués ni dans les structures actuelles du parti ni dans ses activités journalières. La tradition veut cependant qu'ils soient consultés sur les décisions importantes du parti et qu'ils soient invités à participer aux réunions importantes (congrès, Madjliss Echoura, etc.) Or, depuis **l'**avènement de Abou Djerra Soltani, ils sont marginalisés, ce qui en a fait des opposants. Parmi les soutiens de Menasra, on compte également les deux fils de Mahfoud Nahnah qui considèrent que depuis l'avènement de Soltani à la barre du parti, ce dernier a régressé et a complètement dévié de la direction que lui avait inculquée leur père, qui est, disent-ils, un homme sage, le type d'homme qu'il faut à la tête du mouvement et qui n'aurait jamais accepté de faire partie de l'Alliance présidentielle et encore moins accepter un poste de ministre. C'est d'ailleurs le point de vue de tous les dissidents qui considèrent que le leader du parti ne doit pas faire partie du pouvoir, qu'il doit conserver sa marge de manœuvre de parti d'opposition, car on devient alors juge et parti, pensent-ils. Les membres du parti peuvent par contre occuper des postes ministériels. Abou Djerra Soltani semble être bien affaibli à l'intérieur de son propre mouvement, mais réussit néanmoins à se maintenir, grâce au soutien extérieur dont il bénéficie. On se souvient que lors de sa création et que dès son officialisation en tant que parti politique légal en 1989, Hamas, MSP aujourd'hui, avait été soutenu par le DRS qui cherchait alors à avoir un parti islamiste à sa botte qui drainerait les partisans du FIS. Mahfoud Nahnah avait alors marché dans la combine. Tirant une leçon de l'expérience du FIS et grâce à son aura personnelle, il a négocié avec ses tuteurs la création du "parti islamiste de service" qu'ils voulaient, et en a fait une sorte de FIS soft. Aujourd'hui le DRS reproduit le même schéma à l'intérieur du même parti en poussant à la création d'une frange concurrente à la tendance majoritaire et fait élire Abou Djerra Soltani président du parti.

Les problèmes du FLN

Le FLN est au pouvoir depuis une cinquantaine d'années ; aussi ses militants ont fini par considérer que le pouvoir et l'État sont leurs choses. Ils expriment ce sentiment à l'occasion de chaque événement politique important. C'est ce qui se passe actuellement, à l'approche de l'élection présidentielle. Les militants sont pratiquement tous des opportunistes, à l'affut de la moindre once de pouvoir qu'ils pourraient décrocher, ce qui provoque des luttes intestines à tous les niveaux. Il existe à l'heure actuelle deux leaders qui ont pour but unique et identique de se situer comme les plus ardents défenseurs de Bouteflika, celui qui décrochera ses faveurs. Ce sont le secrétaire général, Abdelaziz Belkhadem et "l'indécrottable" Abdelkader Hadjar, ambassadeur au Caire. On se souvient que ce trublion avait déjà, en 2003/2004, tenté de déboulonner Ali Benflis, en utilisant des chiens Doberman. Les techniques qu'utilise chacun d'entre eux pour décrocher les faveurs du chef sont à l'opposé l'une de l'autre. Abdelaziz Belkhadem joue le rôle du courtisan servile, prêt à exaucer tous les désirs de Bouteflika, disposé même à les anticiper. Il mène depuis 2 ou 3 ans déjà la campagne pour la révision de la constitution, puis celle pour un troisième mandat, alors que l'intéressé n'a pas encore, à ce jour, exprimé officiellement le vœu de se porter candidat. Il continue aujourd'hui selon la même technique. Il a fait prendre récemment une décision par le Conseil national du FLN par laquelle ce dernier a délégué par avance les pouvoirs nécessaires à l'instance exécutive pour soutenir fortement et de manière décisive la candidature de Bouteflika, le jour où celui-ci se prononcera. L'autre action importante qu'il a entamée a été de demander à Abdallah Djaballah, sans succès apparent jusqu'à présent, de se porter candidat à l'élection présidentielle. En contrepartie de quoi, le FLN et Bouteflika s'engageraient à le "rétablir dans ses droits" c'est-à-dire mettre fin à la dissidence qu'ils lui ont créée au sein de son parti. S'il accepte de jouer ce rôle de lièvre dans l'élection présidentielle, Ennahda et El Islah redeviendraient un seul et unique parti avec Djaballah comme patron. Car la hantise de Bouteflika est qu'aucun candidat sérieux ne se présente face à lui, ce qui fait que l'on retombera dans le scénario cauchemardesque de 1999, quand il avait gagné sans panache, en l'absence de concurrents. Il apparaîtrait alors clairement qu'il doit son élection, encore une fois, au DRS. Pour lui qui cherche à se débarrasser depuis dix ans de la tutelle des généraux, quel piètre résultat !

L'autre personnage de la saga du FLN, Abdelkader Hadjar, joue une partition différente, celle d'apparaître comme étant critique vis-à-vis de Bouteflika, tout en servant ses desseins en réalité. Au cours de la même réunion du Conseil national du parti, à Belkhadem qui a tenté de faire passer la motion sur le programme politico-économique du FLN, en disant qu'il s'agissait là du programme du président de la République, Abdelkader Hadjar a répondu : *"Nous ne sommes pas un parti servile, nous ne sommes pas un parti aux ordres. Notre programme ne peut pas être celui du Président, car son programme est un concentré des programmes de plusieurs partis."* Rien ne pouvait faire plus plaisir à Bouteflika, car Hadjar n'a fait que reprendre un slogan qui lui est cher, à savoir qu'il est lui indépendant de toute tendance, qu'il est le président de tous les Algériens.

Le RND

Ce parti ne connaît, pour l'instant, pas de problèmes. Il est géré d'une main de fer par le DRS qui l'a créé, qui le maintient en vie et qui l'exploite en tant qu'outil du renseignement, mais aussi en tant qu'instrument de pouvoir. Le RND réussit fréquemment à débaucher des partisans du FLN, qu'il choisit en fonction de l'entregent dont ils disposent, de leurs capacités financières ou du prestige dont ils jouissent auprès de la population. Rappelons que lors des dernières élections législatives, le RND avait présenté quelques dizaines de candidats, officiellement membres du FLN, dont 6 ou 7 ont été élus. Les intéressés avaient ainsi migré du FLN vers le RND pour des raisons d'intérêt, car les deux partis représentent pour tout ce monde, des vaches à lait que l'on exploite. Probablement que le FLN ne leur proposait rien, aussi sont-ils alors allés vers le frère jumeau et feront, demain, le chemin inverse, si la vache RND ne donnait plus rien. Quant à Ahmed Ouyahia, président du parti, il se fait tout petit actuellement, bien qu'il ne soit plus question de créer le poste de vice-président qui lui était réservé. Il attend son heure, sachant que, si Bouteflika venait par miracle à ne pas se représenter, ou s'il venait à disparaître, il est le futur Président. Il prend donc son mal en patience. Signalons enfin cette curiosité qui concerne le RND. Une personnalité éminente de ce parti, le président du Sénat Abdelkader Bensalah, a été fait Docteur Honoris Causa par l'université de Pyongyang, lors d'une récente visite en Corée du Nord, pour *"son action en vue de l'ancrage de la démocratie"* en Algérie ! Rappelons qu'Abdelkader Bensalah est notoirement connu pour avoir été le maestro qui a procédé au trucage des élections législatives de 1997, qui ont permis au RND de décrocher la majorité au sein de l'Assemblée nationale, trois mois après sa création ! L'adage populaire ne dit-il pas "Qui s'assemble, se ressemble ?"

ANNÉE 2009

CHAPITRE I

Traitement de l'Islam politique et du terrorisme, une politique de moins en moins claire

Encore récemment deux jeunes gens, un garçon et une fille, ont fait la une de l'actualité. Arrêtés par la police à Alger, car ils s'embrassaient dans l'embrasure d'une porte, à la tombée de la nuit, ils ont été emmenés dans un commissariat de police. Elle a été libérée au bout de quelques heures, après avoir été humiliée, insultée et maltraitée, tandis que lui a été retenu plusieurs jours, subi des séances musclées d'interrogatoire, insulté et battu avant d'être relâché. On peut dire que tous deux ont eu de la chance de n'avoir pas été traduits en justice et condamnés à des peines de prison ferme pour "outrage à la pudeur." Des scènes de ce type sont de plus en plus fréquentes; la police poursuit beaucoup plus les jeunes pour des outrages de ce type qu'elle ne poursuit les terroristes. Ceci pour dire que si le régime considère que le terrorisme islamiste a perdu la bataille, il est certain que l'islamisme politique a, lui, gagné son pari. La société algérienne a plongé et continue de plonger dans une islamisation débridée de plus en plus profonde. Pourquoi en est-on arrivé à cette situation et que prévoit l'État de faire à l'avenir ? Sans vouloir se lancer dans une profonde analyse du passé, on peut dire que ce sont plusieurs erreurs du pouvoir qui ont créé cet état de choses. La répression systématique, les poursuites judiciaires sans fondement, les liquidations physiques ont alimenté les réseaux terroristes et provoqué l'élargissement de la base islamiste au sein des familles et dans l'entourage des terroristes. La politique de manipulation des groupes islamistes armés par le DRS a eu, avec le temps, l'effet inverse. Elle a rendu les terroristes "sympathiques" à la population qui a fini par comprendre le jeu du DRS. Au plan politique, la loi sur la Concorde nationale de 1999, puis la Charte sur la réconciliation nationale ont créé un sentiment d'impunité chez les groupes terroristes qui ont considéré que de toute façon, quoiqu'ils aient fait et quoiqu'ils fassent, ils ne seront ni poursuivis ni condamnés pour leurs actes.

Le traitement armé du terrorisme

En l'espace d'un mois, il y a eu deux attaques sanglantes contre les forces armées qui ont fait près d'une cinquantaine de tués et plus d'une centaine de blessés. La première a eu lieu à Bordj Bou Arreridj et a fait 23 morts dans les rangs des gendarmes et la seconde, contre une unité de l'armée s'est déroulée dans la banlieue immédiate de la capitale et a provoqué la mort d'une vingtaine de soldats. Il faut noter que ces deux attaques ont eu lieu en dehors de la Kabylie, qui a connu jusque-là les accrochages les plus graves entre l'armée et les groupes de l'AQMI (ex-GSPC) et qui était considérée comme étant la région la plus infestée de terroristes. Il y aurait donc une extension progressive des zones où l'AQMI exerce son influence. Comme à l'habitude, le ministre de l'Intérieur a encore une fois répété qu'il ne reste plus qu'un petit nombre de terroristes, que le fait qu'ils mènent des attaques aussi sanglantes prouve qu'ils sont en voie de disparition et que les forces gouvernementales sont sur le point de les exterminer, etc. De deux choses l'une : soit le ministre est extrêmement mal informé; il reprend toujours le même refrain avant d'être démenti par les faits quelques semaines ou quelques mois plus tard; ou alors, les forces armées en éliminent beaucoup, mais les groupes se régénèrent aussi très vite. La réalité semble être toute autre. Le travail d'infiltration des maquis serait moins efficace que par le passé; il semblerait que les taupes du DRS contrôlent moins bien les troupes qu'elles ne le faisaient auparavant. Cette nouvelle situation aurait créé des tensions entre les services de renseignement et le reste du commandement militaire. Du côté de l'état-major, on pense que le DRS a de moins bons informateurs qu'autrefois, tandis que ce dernier défend sa position en mettant en doute l'organisation même des troupes régulières, c'est-à-dire la manière dont sont exploités les renseignements qu'il collecte. Il prétend que l'armée continue d'agir de la même manière qu'elle le faisait au tout début de l'insurrection islamiste, à savoir que tout renseignement remonte toute la hiérarchie militaire avant d'être exploité et que l'ordre d'exécution suit le même chemin au retour. Ce serait donc cette organisation trop lourde de l'armée que les troupes de l'ex-GSPC mettraient à profit pour réaliser leurs exactions. Du côté de l'état-major, on répond que par le passé, on entendait souvent parler de batailles entre groupes terroristes, les uns contrôlés par le DRS, les autres pas, qui s'auto éliminaient. De tels accrochages sont de moins en moins fréquents, ce qui démontrerait clairement que le DRS est moins efficace dans son travail d'infiltration et de manipulation. On cite également, du côté du commandement central de l'armée, comme preuve que le DRS fait du moins bon travail que par le passé, le fait qu'il soit en train de perdre la main au Sahel. Qui a tort, qui a raison ? On n'en sait rien; il est cependant certain qu'il y a de très fortes tensions dans les rangs de l'armée. On sait également, selon une rumeur de plus en plus forte, que l'ex-chef d'état-major, le général Mohamed Lamari, serait en voie de reprendre du service. On parle de lui comme remplaçant de Abdelmalek Guenaïzia au poste de vice-ministre de la Défense. Si cette rumeur s'avérait vraie, cela signifierait que

Guenaïzia ferait du mauvais boulot, qu'il n'aurait pas été en mesure de réformer l'armée et de lui insuffler un souffle nouveau. Par ailleurs, le retour de Mohamed Lamari aux affaires serait de mauvais augure pour le patron du DRS, Tewfik Mediène. On se souvient, en effet, que c'est grâce au soutien de Tewfik et contre l'avis de Lamari que Bouteflika avait été réélu en 2004. Mohamed Lamari qui à l'époque soutenait Ali Benflis avait dû se retirer et partir à la retraite. Les deux branches de l'armée, commandement central et DRS restent cependant d'accord sur une chose; elles accusent, toutes deux, le pouvoir politique d'être la cause du renouveau de l'action des islamistes. Ce serait donc Bouteflika qui serait la cause d'une propagation de plus en plus forte de l'idéologie islamiste au sein de la population. Ce serait la politique qu'il a menée lors de son second mandat qui a fait que l'AQMI a renforcé ses troupes et arrive à recruter sans grandes difficultés de nouveaux combattants.

Le traitement politique de l'islamisme

Un certain nombre de faits récents démontrent que le régime cherche à s'attirer la sympathie des islamistes. Le fait que ces événements ont eu lieu à différents niveaux de l'appareil politique n'est pas dû au hasard. C'est visiblement sur instructions venues de très haut que les structures de l'État réagissent de manière positive à l'égard de la frange islamiste de la population.

Il avait été créé au lendemain de l'entrée en vigueur de la Charte pour la réconciliation nationale une commission chargée du suivi de son application. Son rapporteur, Merouane Azzi, avocat de profession, mène campagne depuis quelques mois déjà pour une amnistie générale qui devrait, selon lui, être accordée à toutes les personnes, de quelque bord qu'elles soient, qui ont commis des crimes durant les années de guerre civile. Cette commission a donc dévié de sa mission initiale d'organe administratif. Son rapporteur qui a lancé une telle campagne d'ordre politique ne peut l'avoir fait que sur ordre de Bouteflika. Ce monsieur semble avoir été assez loin dans ses réflexions sur la question, car il aurait déjà établi des schémas de traitement de toutes les catégories d'individus qui bénéficieraient de cette amnistie. Cette initiative n'est pas la seule à avoir été décidée par le président de la République. Maitre Farouk Ksentini, président de la Commission nationale consultative pour la promotion et la protection des droits de l'homme (CNCPPDH), est lui aussi intervenu ces derniers temps sur la scène politique pour plaider le cas de Hassan Hattab. Cet individu a été, comme on le sait, chef du GSPC durant plusieurs années et est responsable de nombreux massacres. On sait aussi qu'il est, à vrai dire, un agent du DRS infiltré au sein de l'organisation islamiste, qu'il a dirigée, manipulée et orientée selon les directives de ses véritables chefs. Une fois sa mission accomplie, il s'est soi-disant repenti voici une année à peu près, avant que ne lui soit confiée une autre tâche : celle de demander à ses anciens partisans dans les maquis de se rendre et bénéficier ainsi des dispositions de la Charte pour la réconciliation nationale. Que demande maître Ksentini pour celui qui a été l'un des bourreaux les plus sanguinaires de la "décennie noire" ? Que son casier judiciaire soit vierge ! Ce que prône maître Ksentini, c'est plus qu'une amnistie; il veut que Hassan Hattab soit totalement innocenté de tout crime qu'il aurait commis. Farouk Ksentini est, lui aussi avocat de profession; il sait donc parfaitement qu'une amnistie suppose un jugement préalable, ce qui n'est pas le cas de Hassan Hattab, il est par conséquent clair qu'il ne fait qu'exécuter, lui aussi, les instructions d'Abdelaziz Bouteflika.

Encouragés par cette atmosphère de réhabilitation, les internés des camps du Sahara réclament, à leur tour, que justice leur soit rendue. Les personnes arrêtées avaient été transférées dans des camps de toile situés en plein désert, loin de toute agglomération ou caserne militaire. C'était une grossière erreur de la part de Boudiaf que d'accéder à la demande de Belkheir, car, si au départ, les 30 000 détenus étaient de simples citoyens venus accomplir un devoir religieux, ils sont devenus, à leur libération quelques années plus tard, en majorité des combattants du GIA et du GSPC. Ce que réclament aujourd'hui ces ex détenus est de bénéficier également des dispositions de la Charte qui ne traite pas de leurs cas. Ils demandent que leur soient délivrées des attestations qui leur permettraient d'obtenir une réhabilitation judiciaire, des indemnités pour la période passée en détention durant laquelle ils avaient perdu leurs emplois, des droits sociaux et des avantages matériels pour les familles de ceux qui sont décédés depuis. Un autre signe de l'islamisation rampante qui est en train de s'installer en Algérie, favorisée par le régime, est celui de la construction de la grande mosquée d'Alger. Bouteflika a décidé de faire construire une très grande mosquée qui, tant par la taille, que par les annexes qui y seront adjointes, que par le luxe de ses aménagements, devrait être la deuxième du monde musulman après celle de La Mecque. C'est un projet pharaonique qu'il veut réaliser, qui devrait coûter entre 3 et 5 milliards de dollars et qui serait la principale trace qu'il voudrait laisser dans l'histoire de l'Algérie; quant au bénéfice immédiat qu'il tirerait d'une telle réalisation est qu'elle lui attirerait la sympathie de la frange islamiste de la société. Mais tout le monde sait que c'est surtout parce qu'il veut faire mieux que le roi du Maroc, Hassan II, qui avait lui aussi fait construire une immense mosquée à Casablanca, qu'il tient à réaliser ce projet. Il est inutile de dire qu'il s'agit là d'une énorme dépense pour un projet dont aurait pu se passer l'Algérie, quand on sait que la ville d'Alger, à elle seule, compte plus de 100 mosquées et que dans tout le pays il y a quelque 20 000 mosquées. Espérons au moins que le coût final de la mosquée n'excèdera pas le budget prévu.

L'autre avance faite par Bouteflika aux islamistes est celle de la tenue, dans le courant du mois de juillet dernier, d'un colloque à la Zaouïa Alaouïa de Mostaganem, organisé et chapeauté par la présidence de la République. Les services de la présidence, les ambassades algériennes à l'étranger, le ministère des Affaires religieuses, le ministère de la Culture ainsi que d'autres organes de l'État ont été mis à contribution et ont lancé des invitations à des personnalités religieuses de renom, à des journalistes étrangers connus et à des philosophes pour participer à ce colloque, en qualité d'invités, frais de voyage et de séjour payés. Ces appels à participation ont eu un impact limité. Cependant quelques personnalités, telles que le directeur du Monde diplomatique ou le directeur de l'Institut du Monde arabe à Paris, ont quand même fait le voyage. La tenue d'une telle manifestation, qui a permis l'instauration d'une atmosphère de religiosité favorable à l'Islamisme politique, a été justifiée par Bouteflika qui a affirmé qu'il voulait favoriser l'installation d'une croyance et d'une piété plus douces. Il n'est nul besoin d'être grand savant pour savoir que cela est extrêmement prétentieux de sa part. On ne régente pas la foi de la même manière que la politique. C'est bien un but politique qu'il recherche, ce but étant de ratisser large et d'attirer vers lui la sympathie des islamistes, qui le soutiennent dans l'affrontement permanent qui l'oppose aux généraux. Qu'est-ce que la Zaouïa Alaouïa de Mostaganem ? C'est une confrérie qui a connu des beaux jours du temps de la colonisation française de par sa collaboration avec les autorités coloniales. L'enseignement religieux dispensé par cette confrérie et par d'autres du même genre a, de tout temps, été considéré comme étant un Islam rétrograde. Il s'appuie, en effet, sur l'attachement à un homme, ce qui est contraire aux règles de l'Islam qui n'admet pas ce genre de déification. Par ailleurs, les zaouïas recourent souvent à des gris-gris et à des manifestations de type vaudou qui ne sont pas non plus admises en Islam. Depuis son accession à la présidence du pays, Bouteflika s'est beaucoup appuyé sur ces sectes, qui ont un impact sur les populations rurales tout particulièrement. La famille Bouteflika a vécu jusqu'en 1962, à Oujda au Maroc, une région où les zaouïas sont nombreuses et où le degré d'ignorance des populations est tel qu'elles ont beaucoup prospéré. Abdelaziz et ses frères ont été élevés dans cette ambiance et en sont marqués. L'avènement de l'islamisme politique en Algérie et les déviations qu'il a causées aux préceptes séculaires qui ont prévalu jusqu'alors, a provoqué une ignorance et une candeur au sein de la population qui ont été exploitées par les zaouïas. En d'autres termes, l'Islam rétrograde qu'elles prêchaient est apparu comme un progrès par rapport aux fetwas des émirs autoproclamés des groupes islamiques armés.

Signalons enfin qu'il est sérieusement question, ces derniers temps de créer un "nouveau FIS"; le ministre de l'Intérieur Noureddine Zerhouni a même officiellement annoncé que son ministère autoriserait la naissance d'un tel parti, avant de faire marche arrière. Sauf que le pouvoir a choisi un mauvais cheval; il compte s'appuyer sur Madani Mezrag, dont l'influence sur les maquis est quasi nulle, pour le faire. Seul un homme est en mesure d'imposer son point de vue aux maquisards, c'est Ali Benhadj. Bouteflika le sait et serait disposé à composer avec lui, d'autant plus qu'il s'est singulièrement assagi et est devenu un fin politicien; les 12 années passées en prison lui ont appris à être moins extrémiste et à manœuvrer au point de pouvoir entraîner l'adhésion de personnalités influentes, tant civiles que militaires. Comment réagissent alors les généraux qui le craignent énormément ? En provoquant des attentats ! À leurs yeux, l'atmosphère d'instabilité et de peur que ceux-ci génèrent est la meilleure démonstration de l'échec de la politique de réconciliation nationale prônée par Abdelaziz Bouteflika.

Visiblement le pouvoir ne sait plus très bien comment traiter le phénomène islamiste. Il a mis en application la Charte pour la réconciliation nationale, sans aller jusqu'au bout de la logique que cela supposait. On a oublié certaines catégories de citoyens, on a promis la réhabilitation à ceux qui avaient pris les armes, mais on ne l'a pas fait, on a annoncé des compensations financières, mais on n'a pas tenu parole. Ces erreurs et d'autres de ce genre ont créé beaucoup de frustrations, tant et si bien que de nombreux repentis ont fini par reprendre les armes. Le fait de laisser la porte ouverte en permanence à l'impunité promise par la Charte est également la cause du renouvellement des troupes du GSPC. En résumé, tandis que l'on annonce que l'on veut exterminer tous les terroristes et vaincre définitivement l'islamisme violent, on crée, par ailleurs, les conditions, politiques et militaires, favorables à sa propagation; la compromission permanente avec l'Islamisme est devenue la règle. Qui sortira vainqueur de cette lutte des clans ? Celui de Bouteflika ou celui des généraux ? Ni l'un, ni l'autre. Ce sont bel et bien les islamistes toutes tendances confondues qui semblent en voie de gagner la bataille.

CHAPITRE II

Bouteflika élu président à vie

Dans quelques jours les Algériens vont réélire Bouteflika pour un troisième mandat. Depuis le 22 novembre 2008, date à laquelle il a fait modifier la constitution afin de pouvoir postuler à nouveau à la magistrature suprême, il s'est, à vrai dire, ouvert la voie vers une présidence à vie. Son désir effréné de demeurer au pouvoir, malgré son âge et sa maladie, le fait que le système politique algérien est dans l'impossibilité d'évoluer, le fait aussi que la nomenklatura militaire ne peut pas trouver meilleur candidat pour garantir son impunité et protéger son statut, font que Bouteflika restera à la tête de l'État algérien jusqu'à la mort. Les cinq autres candidats n'ayant, à l'exception de Louisa Hanoune, aucune notoriété, il sera certainement réélu avec un score à la soviétique. La loi fait obligation à tout candidat à l'élection présidentielle de collecter 75 000 signatures de citoyens, à raison de 1 500 par wilaya au minimum. Afin de ne pas se retrouver seul candidat en lice, il a chargé le ministère de l'Intérieur de faire en sorte que certains candidats obtiennent les signatures requises. Il sera donc difficile aux intéressés d'obtenir 75 000 voix lors du scrutin, soit tout juste 0,4 % du nombre total de votants. Ceci bien entendu dans le cas où il n'y aurait pas de tripatouillage des votes. D'ailleurs, en toute objectivité, les cinq autres candidats ne devraient pas représenter plus de 4 à 5 % du corps électoral, et ce quel que soit le taux d'abstention. Par différence, le score de Bouteflika devrait être de l'ordre de 95 % des votes exprimés. Il est cependant fort probable que l'administration, sur "ordre d'en haut", décide de leur accorder des scores supérieurs, afin de donner l'impression qu'il y a eu une véritable compétition. Comme on le sait, ce ne sont pas les urnes qui décident des résultats de toute élection, mais bien le pouvoir qui fixe les quotas à accorder aux différents compétiteurs ; c'est ensuite, le ministère de l'Intérieur qui se charge de triturer les voix et les bulletins. D'ailleurs, souvent cette machination s'effectue avant même le scrutin. Ceci pour dire que Bouteflika n'a aucune crainte quant à sa réélection. Ses concurrents savent aussi qu'ils n'ont aucune chance à se mesurer à lui. Leurs motivations sont ailleurs : le désir de se faire connaître, entrer dans les bonnes grâces du Président en jouant le rôle de lièvre dans une compétition gagnée à l'avance, et obtenir éventuellement un poste d'ambassadeur, ce qui est le rêve de tout homme politique algérien. Enfin, l'argent est aussi une motivation. Chaque candidat a droit à une cagnotte de 15 000 000 de dinars (150 000 euros environ), une somme ridicule pour mener une campagne électorale, digne de ce nom, mais énorme pour s'acheter des "amitiés" qui pourraient servir plus tard. La seule crainte de Bouteflika est : quel sera le niveau de l'abstention ? Tous les spécialistes, y compris dans le cercle restreint de la présidence, s'accordent à dire que le nombre réel de votants ne devrait pas excéder les 12 à 15%. Recueillir 95% des voix d'un corps électoral aussi minime rendrait néanmoins la réélection de Bouteflika ridicule, pour ne pas dire illégitime. Le ministère de l'Intérieur va se charger de rectifier le tir et annoncera une participation nettement plus importante (60 %, 70 % ?). Le candidat "indépendant" Abdelaziz Bouteflika – c'est le label officiel qu'il s'est donné – n'a cependant pas attendu le déroulement du scrutin pour essayer de lutter contre l'abstention. Il n'a fait que cela durant toute sa campagne : utiliser toute la panoplie de moyens que met à sa disposition sa fonction pour acheter les voix des citoyens; les légaux, mais aussi et surtout, les plus répréhensibles.

La carotte et le bâton

Les premiers à avoir bénéficié des largesses de Bouteflika sont les députés et sénateurs. En récompense de la "bonne volonté" dont ils ont fait preuve en adoptant à la quasi-unanimité la modification de la constitution qui lui a permis de pouvoir postuler pour un nouveau mandat, il a augmenté de près de 50% leur indemnité de parlementaires. Celle-ci représentait jusque là l'équivalent de 30 fois le salaire minimum garanti ; elle est dorénavant égale à 45 fois le SMIG. Elle est aussi maintenant le plus haut salaire versé par l'État.

Deuxième catégorie d'individus à bénéficier des bonnes dispositions du Président à la veille de l'élection, les agriculteurs et les paysans. En vertu de la loi dite de réforme agraire, l'État a procédé depuis de nombreuses années à la distribution de terres aux ouvriers agricoles des ex-fermes autogérées. Ces terres ont été attribuées en gérance pour des baux de longue durée. Les paysans disent que les diverses redevances qu'ils versent, les difficultés d'approvisionnement auprès d'organismes officiels, en graines, engrais et autres, ainsi que les prix élevés qui leur sont facturés, le contrôle des prix qui leur est appliqué, font qu'ils ont accumulé des dettes qui se chiffrent en milliards. Bouteflika a décidé d'éponger ces dettes en les faisant prendre en charge par le trésor public. Ce sont donc plusieurs centaines de milliers de personnes (les agriculteurs et les membres de leurs familles) qui ont bénéficié de cette manne, autant de voix qui lui seront assurées le 9 avril.

Tous les étudiants ont des bourses universitaires, d'un montant certes ridicule, 2700 dinars par trimestre, qui permettent néanmoins aux plus démunis de payer certaines charges dues à l'administration de l'université; pour les plus aisés, c'est de l'argent de poche supplémentaire. Le montant de ces bourses est resté inchangé depuis 15 ans; à quelques semaines de l'élection, Bouteflika l'a augmenté de 50% également ! Tout comme pour les parlementaires.

Les Algériens vivant à l'étranger ont eux aussi fait l'objet de la "sollicitude du candidat indépendant Bouteflika". Les émigrés établis en Europe, en France tout particulièrement, sont nombreux à se rendre au pays durant les vacances scolaires de leurs enfants en été. Les prix des billets d'avion vers l'Algérie sont extrêmement chers, vu le peu de concurrence qui existe sur ces relations. On soupçonne même Air Algérie et Air France d'accords secrets pour la fixation des tarifs. Une dizaine de jours avant le scrutin, le ministre de la Solidarité nationale a annoncé que son ministère avait passé un accord avec Air Algérie qui va diminuer de 150 euros le prix du billet sur la relation Europe – Algérie et que cette différence serait prise en charge par le gouvernement. Pour une famille de 4 membres, par exemple, cela fait une économie appréciable; sauf s'il s'agit d'un tour de passe-passe pour acheter des voix. Pour bénéficier de la mesure, il faut fournir des pièces justificatives de la situation financière prouvant que l'intéressé a un petit revenu; il faut également prouver que l'on est Algérien, en fournissant notamment une carte d'électeur, et non pas un passeport. Il s'agit, en réalité, d'une mesure déguisée pour pousser les citoyens à voter, car Air Algérie contrôlera d'abord si la carte d'électeur porte le tampon "A voté"! Une mesure semblable a été prise par la compagnie nationale de navigation qui a, elle aussi, passé un accord avec le ministère de la Solidarité pour diminuer de 50% les prix du passage depuis Marseille vers les ports algériens pour la période estivale à venir.

Les versements de salaires de certains fonctionnaires avaient pris 3 et 4 mois de retard; aux alentours du 20/25 mars, donc une vingtaine de jours avant le scrutin, Bouteflika a annoncé qu'il avait donné ordre que ces salaires soient débloqués immédiatement. Cette décision concernait, d'après la presse, quelque 25 000 personnes. On a même assisté, lors de la campagne électorale, à des initiatives venant d'organisations qui soutiennent la candidature de Bouteflika. Ainsi par exemple, un club de football a annoncé qu'il organisait une tombola gratuite avec pour prix trois voitures. Pour y participer et avoir donc une chance de gagner, la seule condition exigée est la présentation de la carte d'électeur portant la mention "A voté" ! À ces différentes incitations à voter, s'ajoutent les promesses du candidat Bouteflika. Il a promis de réaliser 1 000 000 de logements durant les cinq années à venir, soit une moyenne de 200 000 par an, une promesse impossible à tenir. Durant la dernière mandature, pendant laquelle il avait déjà annoncé que le logement faisait partie de ses priorités, il a été construit environ 300 000 logements en 5 ans. Il a aussi annoncé la création de 3 millions d'emplois. On se demande comment cela sera possible, vu qu'il n'existe pratiquement aucune activité économique créatrice d'emplois dans le pays. Pratiquement personne ne croit en toutes ces "carottes" annoncées, comme par hasard, la veille du scrutin. Les citoyens se demandent même, comment tout cela serait-il possible, quand le gouvernement n'arrive même pas à leur assurer le prix de deux éléments de base de leur nourriture, la pomme de terre et la sardine, dont le prix a atteint des sommets inégalés à ce jour, dans un pays qui a 1 200 kilomètres de façade maritime.

Afin de s'attirer les votes des islamistes, y compris ceux qui sont dans les maquis et leurs familles, il a annoncé qu'il organiserait un référendum qui déciderait d'une amnistie générale. C'est donc un pas au-delà de la Charte pour la réconciliation nationale, car il s'agit de rendre vierges les casiers judiciaires de ceux qui ont assassiné 200 000 Algériens (membres du GIA, du GSPC et forces de sécurité réunis). Certes cela se ferait par référendum, mais il est tellement facile de faire dire "Oui" au peuple. Il espère de même acheter les voix des islamistes par la création toute récente d'une chaîne de radio dédiée aux émissions religieuses, une radio appelée Radio Coran. Toujours en vue de s'allier cette frange de la population, il a fait donner des instructions à la police de pourchasser ceux qui consomment de l'alcool et les amoureux "clandestins". Dès la tombée de la nuit, toute personne ayant consommé de l'alcool (pas nécessairement en état d'ivresse) et tout couple ne possédant pas sur soi un livret de famille attestant qu'il s'agit de deux époux sont systématiquement emmenés vers un commissariat de police, avec une forte possibilité d'être écroués. Le FIS au pouvoir n'aurait peut-être pas fait autant.

Contrairement à toutes ses déclarations et positions officielles sur la question du tamazight, Bouteflika vient d'autoriser la création d'une chaîne de télévision en langue tamazight. Il espère, ce faisant, acheter les voix de la Kabylie, car il craint un boycott massif dans cette région du pays où la population ne lui a pas pardonné la répression aveugle de 2001, qui y a fait plus de 150 morts. Il craint tellement la Kabylie que lors d'un déplacement à Tizi Ouzou, il était protégé par 15 000 hommes armés (policiers, gendarmes et militaires), plus probablement autant de policiers en civil. Je signalerai, à titre de comparaison, que lors du sommet du G20 récemment tenu à Londres, en présence des chefs d'État des plus grands pays de la planète, il y avait moins d'hommes pour les protéger !

Le scepticisme ambiant et le peu d'intérêt manifesté par la population envers ce qui s'annonce comme un non-événement, ont fait que le pouvoir a, par ailleurs enclenché une série de mesures répressives pour éviter que les bureaux de vote ne soient vides le 9 avril prochain. Il règne actuellement une atmosphère de peur à travers tout le pays dont les Algériens disent avec malice qu'elle est bleue, de la couleur des panneaux électoraux de Bouteflika. La rumeur qui circule depuis quelque temps déjà est que quiconque ne voterait pas, aurait des difficultés à obtenir certains documents administratifs, en particulier un passeport. Ceci ayant déjà eu lieu par le passé, les gens sont convaincus qu'il s'agit d'une réalité et non d'une simple rumeur. Rappelons à ce propos que 75% de la population algérienne a moins de 30 ans et que cette masse de jeunes ne rêve que d'une chose : quitter le pays. Conséquence : les jeunes vont voter en masse, bien qu'ils soient conscients – ils ne se gênent pas de le dire aux journalistes indépendants ou aux médias étrangers - que cela ne servira à rien. Autre mesure coercitive nettement plus grave, cette déclaration du Premier ministre Ahmed Ouyahia, qui lors d'un meeting de soutien à Bouteflika, a déclaré que tous ceux qui s'abstiendraient et ceux qui prônent l'abstention sont des traîtres à la nation, des anti-nationaux qui cherchent à semer la zizanie dans les rangs du peuple. De même, au moment où il est question de procéder à la création de nouvelles wilayas il a officiellement déclaré que seraient élevées au rang de wilayas, les communes qui enregistreraient les plus forts taux de participation à l'élection présidentielle. Après une telle déclaration, les maires et les conseillers municipaux des communes candidates se sont évidemment livrés à des pressions en tous genres sur les citoyens afin de les inciter à voter. De son côté, le ministre de l'Intérieur Yazid Zerhouni a fait savoir officiellement aux walis qu'ils seraient jugés sur la base du pourcentage de participation qui serait enregistré dans leurs wilayas. Le ministre des Affaires religieuses a lui introduit une notion mystique dans l'élection à venir en disant que ceux qui prônent le boycott sont des Satan; sa déclaration a été reprise à travers toutes les mosquées du pays, dans les prêches des imams. Bouteflika lui-même a lancé une sorte d'appel au patriotisme des citoyens les exhortant à aller voter, afin de ne pas le faire rougir de honte devant les étrangers !

Tout ceci fait qu'une atmosphère irrespirable enveloppe l'Algérie à l'heure actuelle; tout le monde craint pour son emploi, son logement, ses papiers administratifs. Qu'il s'agisse des responsables politiques (walis, maires), des chefs d'entreprises privées, des managers des entreprises publiques, des responsables d'associations, c'est à qui démontrera le plus de zèle dans le soutien à Bouteflika. La presse indépendante parle de phénomène maccarthyste, tandis que Saïd Sadi, président du RCD, s'adressant à Bouteflika, résume ainsi la situation : *"Vous avez humilié le parlement en lui faisant violer la constitution le 12 novembre dernier. Vous avez grevé le budget de l'État dans une campagne hystérique qui relève du viol de la cité algérienne. Vous avez confisqué les médias et vous avez transformé toutes les institutions en comités de soutien ..."*

Autres faits marquants du scrutin

S'agissant du financement de la campagne électorale, c'est le nouveau Khalifa qui s'en est chargé. Rédha Kouninef est un homme d'affaires, sorti de nulle part, devenu milliardaire depuis l'arrivée de Bouteflika au pouvoir, grâce à ses liens avec son frère, Saïd. Son père, Ahmed Kouninef, ami du général Betchine avait démarré dans les affaires en aidant le général à écouler le fer à béton irradié qu'il importait d'Ukraine, après la catastrophe de Tchernobyl. Rappelons que Betchine qui avait été, dans les années 1990, conseiller de Liamine Zeroual, détenait un monopole non déclaré pour l'importation du fer à béton. Rédha Kouninef, qui agit de manière beaucoup plus discrète que ne le faisait Abdelmoumène Khalifa à l'époque, est aujourd'hui à la tête d'un empire. Elles sont quelques 5 ou 6 entreprises étrangères (allemandes, émiratis, turques ou même chinoises) qui ont bataillé dur pour s'associer à lui, en raison précisément des liens qu'il entretient avec le frère du président, et qui ont créé des entreprises mixtes dans l'agroalimentaire, le BTP, les multimédias et les travaux pétroliers. C'est le groupe Kouninef qui finance les groupes de soutien du candidat Bouteflika. Ce sont quelques milliers de jeunes qui collent des affiches, les impriment, les distribuent, qui organisent des manifestations folkloriques, des soirées musicales, qui font du porte-à-porte, qui envoient des SMS (ils en ont envoyé des millions) demandant aux gens de voter Bouteflika. C'est Kouninef qui a engagé des entreprises étrangères, françaises notamment, spécialistes de la communication pour concevoir la campagne électorale : le logo, les couleurs, les techniques de communication, l'animation du site internet bouteflik2009.com ou les différents gadgets qui ont été distribués. C'est aussi ce même homme d'affaires qui a mis à disposition de Bouteflika les somptueux locaux, siège de campagne ainsi que des centaines de voitures, portant l'effigie du candidat qui ont circulé à travers toute l'Algérie pour porter "la bonne parole". Le financement étant garanti, le staff de campagne, présidé par son frère s'est retourné vers les entreprises privées avec le message suivant : *"Nous n'avons pas besoin de votre argent, mais de votre soutien. Si vous faites voter vos employés et ouvriers, vous aurez des marchés"* (sic). Les chefs d'entreprises ont alors fait savoir à leurs salariés que quiconque ne voterait pas serait purement et simplement licencié. Pour ce qui est des entreprises d'État, les choses étaient un peu plus compliquées, car on ne pouvait pas tenir le même langage. La rumeur s'en est cependant chargée, au point que tous les salariés sont convaincus que s'ils venaient à s'abstenir, ils perdraient leur emploi.

La communauté algérienne à l'étranger commence à voter une semaine avant la date du scrutin en Algérie. Elle est, à ce titre, considérée comme un élément de référence pour la participation électorale au pays. De tout temps, la télévision algérienne s'est chargée de montrer des cohues devant les portes des consulats où se déroulent les opérations de vote en manipulant les images, s'il le faut. Cette fois-ci, elle a été un cran au-delà. À Marseille, par exemple, le consulat a réquisitionné une centaine de bus, qu'il a dépêché dans toutes les villes et villages environnants pour transporter les citoyens algériens, nombreux dans le département des Bouches-du-Rhône, vers les bureaux de vote. Il s'était chargé auparavant de faire circuler la rumeur selon laquelle quiconque ne voterait pas risquait d'avoir des problèmes d'ordre administratif. Aussi, ce sont environ 2 500 à 3 000 personnes qui se sont présentées dès l'ouverture du bureau de vote le 2 avril au matin et qui ont fait tomber un panneau vitré. La cohue et l'incident lui-même ont été bien entendu filmés par la télévision et le consulat s'est arrangé pour faire arrêter quelques instants les opérations de vote, le temps de remettre les choses en place et d'appeler – inutilement - les pompiers marseillais. Excellente mise en scène, n'est-ce pas ? **À** propos de mise en scène, la télévision en est arrivée jusqu'à diffuser un discours fictif de Bouteflika, un discours qu'il n'a jamais prononcé. Lors de son déplacement à Mascara la télévision a fait un montage de passages de plusieurs discours, que l'on a diffusés sous la forme d'un nouveau discours !

CHAPITRE III

La problématique du Sahel et les prises d'otages

La situation au Sahel

La situation au Sahel semble se compliquer de plus en plus. Cette évolution a-t-elle une répercussion sur la question des otages ? C'est fort probable, vu que le torchon brule entre l'Algérie et le Mali. Le journal *Jeune Afrique – L'intelligent,* un journal qui vit de subsides du pouvoir algérien, a consacré un long article à la question dans lequel il indique comment a démarré ce qu'il appelle une guerre des mots entre Alger et Bamako. Cette guerre est menée, des deux côtés, par des journaux proches du pouvoir. *Jeune Afrique - L'intelligent* dit que les Algériens sont en voie de perdre la main au Sahel et reprend à son compte l'affirmation d'un journal malien qui dit que le général Mohamed Medième alias Tewfik, patron des services de sécurité algériens, est le parrain du rebelle Ibrahim Ag Bahanga.

Ce que l'on a constaté jusqu'à ce jour, c'est que toutes les prises d'otages intervenues depuis 2003/2004 se sont terminées ou ont eu lieu dans la région nord du Mali, celle de Kidal. Qu'il s'agisse de l'épopée des 32 touristes enlevés à l'époque par Abderrezak El Para, des Autrichiens enlevés l'année dernière en Tunisie, du Canadien Fowler et ses compagnons enlevés au Niger ou enfin des quatre derniers otages (deux Suisses, un Allemand et un Britannique), c'est toujours le même scénario qui se répète. Ils passent tous à un moment ou à un autre par cette région. Est-ce un hasard ? Non, car c'est une zone où règne une grande instabilité. Elle a, en effet, connu durant près de 3 ans une révolte, celle des Touaregs dirigée par l'Alliance du changement dont le leader Ag Bahanga était sous tutelle du DRS, une rébellion à finalité politique apparemment. Cet individu est un notable de la région qui contrôlait – et contrôle probablement encore – des réseaux de trafiquants en tous genres, de drogue en particulier. Peut-être des réseaux de trafic d'armes également. La région de Kidal est une zone de non-droit, propice aux prises d'otages ou à leur règlement. C'est dans cette zone que le DRS avait "installé" le GSPC, devenu AQMI, tout en le gardant sous contrôle, ce qui lui avait permis d'attirer les Américains du temps de la guerre de Bush contre le terrorisme international. Signalons que les milliers de kilomètres de frontières communes du Mali avec l'Algérie, le Niger et la Mauritanie, ouvertes à tous les vents et le fait que les organes du gouvernement malien y sont pratiquement absents constituent aussi des raisons d'instabilité.

Algérie vs. Libye

Ils sont trois intervenants principaux dans la région, dont les intérêts sont différents, voire contradictoires. Ce sont l'Algérie qui contrôle presque totalement toutes les parties maliennes ainsi que l'AQMI, la Libye très présente au Niger et les Américains qui jouent le rôle d'arbitre.

L'Algérie est depuis longtemps très présente dans la région. Bouteflika n'est pas maître du jeu algérien, c'est le DRS qui est à la baguette. Ce dernier a fait, depuis plusieurs années déjà, de cette région une zone de non-droit, dans laquelle la diplomatie n'a pas cours. D'ailleurs, même l'ambassadeur d'Algérie à Bamako, Abdelkrim Gheraïeb, est un agent du DRS. Le deal passé par le DRS avec la CIA et l'armée américaine, suivi des initiatives PSI et TSCTI de George Bush, font que la seule autorité qui compte dans la zone, c'est l'autorité militaire. Le DRS veut qu'une instabilité permanente y règne, car une situation trouble lui permet de manipuler aussi bien les rebelles maliens que l'AQMI, deux mouvements qu'il a infiltrés depuis longtemps. S'agissant de l'AQMI, on peut dire que très peu de bandes échappent à son contrôle. Quant aux Touaregs maliens, ils semblent lui échapper depuis le ralliement d'Ibrahim Ag Bahanga au régime libyen. Afin de reprendre en mains les mouvements insurrectionnels maliens, et recréer cette situation trouble qui justifie sa présence, le DRS a embarqué le président malien dans des négociations interminables avec ces mouvements; le fait de piloter ces négociations lui permet bien entendu de superviser les agissements de chacune des parties, voire de provoquer ou d'orienter les actes des uns et des autres. Le président malien, Amadou Toumani Touré (ATT) s'est retrouvé ainsi engagé dans une guerre civile contre le mouvement touareg d'Ag Bahanga, qu'il sait pourtant être infiltré par les Algériens. Il sait aussi que c'est le DRS qui est à l'origine des prises d'otages auxquelles il se trouve affronté lui, le président du Mali; il n'hésite d'ailleurs pas à dire que le nord Mali est une wilaya algérienne. Il n'avait cependant pas d'autre choix que de se retourner vers le DRS pour tenter de mettre fin à la situation de guerre dans laquelle il s'est empêtré. Il a alors passé, sous les auspices de ce dernier, un accord avec les rebelles du nord Mali dit accord d'Alger. Il faut savoir que le DRS contrôle, finance et aide en sous-mains ces rebelles; il a fait cependant miroiter à ATT des aides militaire et financière qui ne lui ont été jamais fournies. Ce qu'ATT réclame aujourd'hui, c'est une aide pour la reconstruction, qui permettrait à la région nord Mali de prospérer, autant que faire se peut, sachant que les populations locales demandent du travail et des moyens de vie décents.

La situation dans cette zone qui est en train de se calmer progressivement n'arrange pas les Algériens; le colonel Kadhafi, qui prend petit à petit le contrôle de la rébellion malienne, voit les choses différemment. Lui n'a pas intérêt – pour le moment du moins – que cette rébellion se poursuive, car il a un projet politique en tête. Cela fait des années qu'il rêve de constituer une Union du Sahara et du Sahel, dont il serait le leader et faire ainsi l'unité touarègue. Son but est de regrouper les Touaregs du Mali et du Niger – pas ceux de l'Algérie dans l'immédiat - dans un seul État. Il contrôle déjà en totalité les rebelles du Niger, le MNJ et le FFR notamment. Il les a réunis dans une conférence de paix avec les autorités nigériennes, dont le président Tandja lui-même, dans la ville de Syrte. Il vient de renvoyer dans leur pays, dans le cadre de cet accord, un contingent de rebelles nigériens qui ont été reçus par le ministre de l'Intérieur puis par le Président. Quant à ces rebelles, ils lui ont déjà reconnu, lors de la cérémonie tenue à Agadès il y a une année environ, le titre de grand Amenokal, (chef de toutes les tribus touarègues); ils l'ont même décoré à cette occasion. À la différence de l'Algérie, Kadhafi a les moyens financiers pour acheter la paix. Par opposition à Bouteflika, lui contrôle totalement ses hommes de main, que ce soient l'armée ou les services de sécurité, donc toutes les décisions, c'est lui et lui seul qui les prend. D'autre part, il a réussi à attirer vers lui le chef de la rébellion touarègue, qui se trouve ainsi neutralisé et a, du coup, réussi à enlever des mains du DRS le joker qu'il détenait.

Que peut faire alors le DRS pour s'opposer à la politique envahissante de Kadhafi ? Créer l'insécurité en provoquant des prises d'otages. Il est quasi certain que les deux dernières prises d'otages (Fowler et ses compagnons et les 4 touristes) sont l'œuvre du DRS qui opère par l'intermédiaire de bandes salafistes de l'AQMI. Ces bandes ont recours à des "sous-traitants" - des bandes de trafiquants de drogue ou autre – qu'elles chargent de repérer des groupes d'étrangers auxquels s'attaquer. Les groupes armés de l'AQMI sont "récompensés de leurs efforts" par les rançons exigées, qui servent aussi à rémunérer les trafiquants qui ont fourni l'information. Pour les trafiquants, les enlèvements de touristes ne sont qu'un business comme un autre; aux lieu et place de la drogue ou des armes, ils vendent la liberté des personnes enlevées. Quant à la "rémunération" du DRS, c'est cette instabilité qui perdure.

Les États-Unis, arbitres du match Algérie - Libye ?

Ce rapide passage en revue de la situation au Sahel et des positions adoptées par les deux acteurs principaux nous amène à constater que ce maelström profite d'abord et avant tout aux Américains, que les Libyens tirent leur épingle du jeu et que les Algériens semblent être en perte de vitesse dans la région. Par le passé, c'est à Alger que se sont résolus les différends entre les mouvements rebelles maliens et le gouvernement. En avril dernier, c'est à Tripoli que se sont retrouvés les différentes factions rebelles malienne et nigérienne et les représentants officiels des deux pays, pour y signer un accord de cessez-le-feu. L'activisme libyen a débouché sur la création de l'Alliance Touareg Niger Mali (ATNM) qui regroupe le Mouvement des Nigériens pour la justice (MNJ) et l'Alliance malienne pour la démocratie et le changement (AMDC). Les deux mouvements affichent des buts identiques; ils revendiquent que les zones dans lesquelles ils sont le plus présents et qui sont peuplées en majorité de Touaregs, le Nord Mali et le Nord Niger, soient développées autant que le reste du pays. Ceci est particulièrement vrai pour le Niger où la région essentiellement touarègue, celle d'Agadez, est très riche en uranium. Le MNJ demande que les populations de cette région bénéficient de la manne financière de son exploitation par la compagnie française Areva, qui a récemment perdu le monopole de fait qu'elle exerçait sur l'uranium au Niger, très probablement au profit des américains de General Electric. Depuis leur fusion, c'est probablement à l'instigation du colonel Kadhafi que l'AMDC et le MNJ demandent qu'une plus grande autonomie politique soit attribuée aux régions peuplées de Touaregs. Cette tendance indépendantiste a été renforcée, par ailleurs, par un phénomène sociétal qui est apparu depuis quelques années. Les ethnologues spécialistes du Sahara, mais aussi les organisations non gouvernementales qui activent dans le Sahel, rapportent que la vie de tous les jours des Touaregs est particulièrement perturbée depuis que des mouvements de troupes des armées de la région et de l'armée américaine ont été organisés dans le cadre de la PSI ou de la TSCTI. Les Touaregs sont un peuple de nomades qui, depuis des siècles, passent sans aucune contrainte d'un pays à un autre ; pour eux les frontières administratives ne signifient rien. De même, dans le cadre de leur transhumance, ces populations plantent leurs campements auprès de certains points d'eau, qu'ils connaissent depuis plusieurs générations. Ne pas pouvoir traverser cette ligne imaginaire que constitue une frontière ou ne pas pouvoir accéder à un point d'eau, représente un très grand dérangement de leur mode de vie. Ce genre de frustrations n'a fait que renforcer le sentiment d'appartenance à une communauté, incomprise des autorités.

Ceci étant dit, on sent nettement que le DRS ne sait pas trop par quel bout prendre la nouvelle situation qui s'est créée. Il sent qu'il y a collusion d'intérêts entre les Américains et le colonel Kadhafi. Tout allait bien tant qu'il s'agissait de manipuler les mouvements rebelles de la région, mais il n'a pas prévu qu'à force de jouer avec le feu, il finirait par se brûler les doigts. Que faire alors ? Faut-il prêcher le droit des Touaregs à l'autodétermination, comme il le fait par ailleurs pour les populations nomades du Sahara Occidental ? Faut-il, par contre, prêcher l'intégrité territoriale du Mali et du Niger, auquel cas il faut cesser de soutenir des mouvements qui luttent contre le pouvoir central de ces deux pays ? Comment faire pour reprendre la main vis-à-vis des Américains ? Pour toute réponse à ces questions, le DRS fait de l'auto-intoxication. Il clame, via tous ses canaux d'expression – la rumeur de la rue et les journaux à sa solde - que les Touaregs ne veulent pas des Libyens et réclament la médiation algérienne ; il espère peut-être que cette campagne d'intox parviendra jusqu'aux oreilles des patrons de la CIA et du Pentagone.

CHAPITRE IV

L'affaire des moines de Tibhirine

Le général François Buchwalter, ex-attaché de défense à l'ambassade de France à Alger de 1995 à 1998 vient de fournir un nouveau témoignage au juge Marc Trévidic, en charge de l'affaire de l'assassinat des moines de Tibhirine. Dans une déposition faite sous serment, le 25 juin dernier, il a dévoilé une toute nouvelle version de l'événement que lui aurait révélée un colonel de l'armée algérienne, à l'époque des faits en mai 1996. Selon ce que lui a rapporté ce haut gradé, son frère, chef d'escadrille d'hélicoptère, aurait participé à une mission au cours de laquelle son escadrille aurait tiré par erreur sur un bivouac dans lequel se trouvaient les moines et les aurait tués. *"Une fois posés, ils ont découvert qu'ils avaient tiré notamment sur les moines, dont les corps étaient criblés de balles après quoi, ils ont alors prévenu par radio le CTRI de Blida"*, a-t-il rajouté. L'assassinat des moines serait donc dû à une bavure de l'armée algérienne. La version officielle, fournie à l'époque par les services de sécurité algériens, était que les religieux avaient été enlevés, puis sauvagement assassinés par les groupes islamiques armés (GIA) qui auraient décapité leurs victimes; l'armée n'aurait alors retrouvé que les têtes. C'est grâce à la persévérance du père Armand Vieilleux, qui mène depuis cette date un combat acharné pour que toute la vérité soit faite sur cette affaire, que l'opinion publique a été informée que les cercueils, remis par l'armée algérienne aux proches des victimes, ne contenaient que les têtes. L'ambassadeur de France, en poste à Alger au moment des faits, Michel Lévesque, aurait demandé au père Vieilleux de ne pas rendre publique sa découverte, car ce serait *"déshonorant pour l'Algérie"*. Le général Buchwalter affirme avoir adressé un rapport au ministère de la Défense à Paris, à l'état-major général et à son ambassadeur qui lui aurait alors demandé de ne pas ébruiter ce qu'il savait sur l'affaire. Après avoir gardé le silence durant treize années, il a dit au juge Trevidic qu'il voulait aujourd'hui soulager sa conscience en lui révélant sa version des faits. Il a également déclaré, lors de son audition, que l'attentat qui avait coûté la vie à Monseigneur Claverie, archevêque d'Oran, peu de temps après l'assassinat des moines, serait probablement aussi le fait de l'armée algérienne, vu qu'il aurait découvert la vérité. Signalons enfin que le général Buchwalter avait déjà, il y a une année de cela, pratiquement jour pour jour, accordé sous le sceau de l'anonymat, une interview au journal italien *La Stampa* de Turin dans laquelle il avait déjà rapporté ces événements. Cette nouvelle version de l'affaire vient recouper ce qu'ont déclaré, par le passé, plusieurs officiers déserteurs de l'armée algérienne sur un point très particulier. Ceux-ci avaient déjà dit que si l'armée n'avait fourni que les têtes des religieux, c'est parce qu'elle craignait qu'une autopsie des corps ne vienne confirmer que les balles dont ils étaient transpercés étaient du même calibre et du même modèle que celles qu'elle utilise.

Pourquoi tout cela et pourquoi maintenant ?

Avant d'examiner les questions que soulève ce témoignage, de tenter de démêler l'écheveau qu'il révèle et de voir quelles sont les conséquences qu'il peut avoir pour les différents acteurs de l'affaire, signalons tout d'abord une première bizarrerie. Voici une déposition faite dans le secret du bureau d'un juge d'instruction qui se trouve portée sur la place publique par deux médias, le journal *Le Figaro* et le site en ligne *Mediapart*. Il n'est, bien sûr, pas normal qu'une telle fuite ait eu lieu; posons-nous néanmoins la question : qui a rendu publique la déposition, le témoin ou le juge ? Intéressons-nous pour le moment aux médias qui ont divulgué l'information. On comprend aisément que *Mediapart*, site d'informations en ligne dirigé par Edwy Plenel, homme de gauche, farouche opposant de Nicolas Sarkozy et défenseur des droits de l'homme, veuille dévoiler les méthodes détestables utilisées par l'armée algérienne. On comprend aussi qu'il veuille dénoncer les complicités françaises dans ce dossier et semer ainsi la zizanie dans les rangs de l'UMP. Ce que l'on comprend par contre beaucoup moins, c'est pourquoi *Le Figaro*, journal de droite, très fervent soutien du président français, de son gouvernement et de l'UMP ait également, et de manière tapageuse, divulgué ce qui était censé être un entretien confidentiel entre deux hommes dans le secret de l'instruction. On a l'impression que le journal a agi de la sorte sur instructions venues de quelque part, puisque qu'il a fourni l'occasion à Nicolas Sarkozy de déclarer, dès le lendemain, en réponse à la question d'un journaliste, à peu près ceci : *"Je lèverai le secret-défense sur la question de manière à permettre à la justice de faire toute la lumière sur l'affaire. Car il n'est pas normal que les relations entre États soient bâties sur le mensonge"*. Deux jours après, sans revenir sur cette déclaration, il rajoutait, toujours en réponse à la question d'un journaliste : *"Il n'y a pas de raison que cette affaire ou que ma déclaration ne viennent perturber mes relations avec le président Bouteflika"*. En d'autres termes, après avoir traité l'État algérien, Bouteflika, les patrons du DRS et l'armée algérienne de menteurs, Nicolas Sarkozy ajoute que le président algérien n'a pas de raisons de s'offusquer de sa déclaration et que leurs relations doivent continuer à être ce qu'elles étaient, comme si de rien n'était !

L'assassinat des moines a eu lieu, il y a treize ans. L'enquête puis l'instruction de l'affaire suite à la plainte déposée par les proches de l'une des victimes sont en cours depuis sept/huit ans ou plus. François Buchwalter a établi son rapport au moment des faits et aucun des destinataires n'a jugé utile de porter l'existence d'une telle pièce à la connaissance du juge. Même si l'on admet qu'il s'agit là d'un document classé secret-défense, il est quand même curieux qu'il n'y ait pas eu de fuites jusqu'à ce jour. Il est tout aussi curieux que le juge ne se soit pas intéressé à l'aspect bavure de l'armée algérienne, voici un an quand cette même version avait été publiée par *La Stampa*. Que ceci intervienne aujourd'hui n'est donc certainement pas le fait du hasard. Après l'affaire Mécili, qui mettait déjà en cause les services de sécurité algériens du temps de Chadli, qui a tenu en haleine l'opinion publique pendant des mois et qui n'est pas totalement close, voici qu'est soumis à la justice française un nouveau dossier mettant en cause les patrons actuels du DRS. Et en fanfare. Rajoutons à cela la condamnation, ces temps-ci également, du chanteur Cheb Mami, dont le dossier ne nous intéresse que parce qu'il s'agit d'un ami et fort soutien d'Abdelaziz Bouteflika. On peut donc dire que la justice française s'intéresse tout particulièrement à l'Algérie depuis quelque temps. Quelles sont les personnes visées ou éclaboussées par ces différentes affaires ? Nous savons déjà que dans l'affaire Mécili, c'est Larbi Belkheir et par delà Chadli Bendjedid lui-même que l'on a cherché à atteindre. Cheb Mami était lui recherché dans une affaire criminelle et était en fuite en Algérie depuis plus de deux ans. C'est le frère cadet du président, Saïd Bouteflika qui lui aurait demandé, au nom de son frère, de se rendre à la justice française afin de ne pas éclabousser ce dernier. Quant aux révélations faites sur l'assassinat des moines de Tibhirine, il est clair que la première "victime" en est le patron du DRS, le général Tewfik Medième. Celui qui avait manigancé la mise en scène de l'enlèvement et de l'assassinat était le général Smaïn Lamari, décédé l'été dernier, qui avait monté l'affaire avec l'accord de son chef.

Tewfik Medième en perte de vitesse ?

Qui en voulait à ce point à Tewfik Medième pour lui sortir aujourd'hui ce dossier qui peut causer sa perte ? Si les choses se passent normalement, sans immixtion française à très haut niveau, il risque de passer le restant de sa vie derrière les barreaux d'une prison en France, ou peut-être même à La Haye, auquel cas, il risque d'entraîner pas mal de monde avec lui. Ils sont deux à chercher des poux dans la tête de Tewfik, Abdelaziz Bouteflika et Larbi Belkheir. Il apparaît de plus en plus clairement que le premier est en train de lancer un processus qui devrait permettre à son jeune frère de lui succéder à la tête de l'État, une option absolument rejetée par le DRS. Quant à Larbi Belkheir, il chercherait à se venger de ce qu'il ait été dénoncé aux autorités françaises et officiellement désigné comme l'unique responsable de l'assassinat d'Ali Mécili, ce qui aurait pu lui coûter d'être traduit en justice. Il a bien compris que le coup venait du DRS et avait reçu l'aval de Bouteflika, qui avait laissé faire. Larbi Belkheir est, comme on le sait un DAF (déserteur de l'armée française), tout comme la majorité des Janviéristes d'ailleurs. Il est le leader du groupe, celui qui a gardé les liens les plus étroits avec des officiers français et qui dispose d'un important réseau d'influence en France, grâce auquel il a réussi à faire en sorte que l'affaire de l'assassinat des moines de Tibhirine réapparaisse au grand jour, après être restée quasiment enterrée durant des années. Quoi qu'il en soit et qu'elle que soit la partie qui a déclenché cette affaire, le plus grand perdant est à coup sûr Tewfik Mediène. Il a déjà fait actionner lui aussi son propre réseau d'influence français, dont notamment l'ex-patron de la DST, Philippe Rondot et le juge Bruguière qui était en charge, il y a quelque temps encore des affaires de terrorisme en France et auxquels Tewfik et son appareil ont rendu énormément de services. Ces deux hommes ont déjà tenté, chacun de son côté dans des déclarations publiques, de dénigrer la déposition du général François Buchwalter et dire qu'il était notoirement incompétent. Par ailleurs, toute la presse algérienne a été mobilisée par le DRS pour tirer à boulets rouges sur ce général, tenter de le ridiculiser ou essayer de détruire, par des arguments de logistique militaire, sa déposition. Certains journaux ont même reçu de la part du DRS son curriculum vitae et ont tenté de démontrer que chaque fois qu'il a été en poste quelque part, il a été à l'origine de déboires pour ses supérieurs, pour l'armée française, voire pour le gouvernement français.

Que la version livrée par le général Buchwalter soit exacte ou pas, elle confirme en tous cas qu'il y a bien eu manipulation du DRS dans l'enlèvement et l'assassinat des moines de Tibhirine. Cette manipulation, tout comme l'exacte vérité, sont connues des services de renseignements français depuis fort longtemps qui ont camouflé cette vérité et sont, dans une certaine mesure, complices de l'affaire. Le fait que Nicolas Sarkozy ait déclaré qu'il était prêt à lever le secret-défense sur ce dossier amène à penser que de l'autre côté de la Méditerranée, il y aurait aussi un règlement de comptes en cours. Au moment des faits, Jacques Chirac était président de la République française, Alain Juppé Premier ministre, Hervé de Charrette ministre des Affaires étrangères, Jean-Louis Debré ministre de l'Intérieur, Charles Millon ministre de la Défense et Michel Lévesque ambassadeur de France à Alger. En d'autres termes, c'est toute la Chiraquie qui serait amenée à témoigner dans le cas où l'affaire irait plus loin. Autant de personnes que Nicolas Sarkozy n'aime pas trop. Et qui sait, peut-être se trouvera-t-il que certains seraient plus ou moins éclaboussés par les révélations qui s'ensuivraient ?

En dehors de cet aspect de règlement de comptes, quelle autre raison pousserait Sarkozy à vouloir chercher toute la vérité dans cette affaire ? Il y a bien sûr l'aspect moral. Sauf que la politique et la morale ne font pas toujours bon ménage. Reste alors la possibilité que, du côté français, on veuille faire pression sur le pouvoir algérien. Veut-on faire pression sur Bouteflika, sur le DRS ou sur les deux ? Pourquoi Bouteflika ? Plusieurs gros projets ont été attribués ces derniers temps à des partenaires espagnols (équipements ferroviaires), aux

Allemands (gros marché d'armement) et aux Américains (commande d'une vingtaine d'avions Boeing). Il semblerait que Bouteflika aurait lui-même donné des instructions pour que l'on ne traite pas avec des firmes françaises, alors que certaines telles qu'Alsthom et la SNCF étaient favorites pour décrocher le marché ferroviaire. De même, Airbus avait de grandes chances d'obtenir la commande passée par Tassili Airlines auprès de Boeing. Il y a aussi quelques marchés, de moindre valeur certes, dans le secteur pétrolier, qui auraient pu bénéficier à des entreprises françaises, mais cela ne s'est pas fait. Bouteflika n'aurait, en effet, pas apprécié la position prise récemment par la France sur la question du Sahara occidental aux Nations Unies, ce qui expliquerait les instructions qu'il a données de boycotter les sociétés françaises. On en voudrait aussi au DRS que l'on considère être beaucoup trop proche des Américains. Depuis son accession à la présidence de la République française, Nicolas Sarkozy a pris un certain nombre d'initiatives au plan international, destinées à redorer le blason français, à faire en sorte que la France redevienne une nation de premier plan. Dans cette optique il cherche à préserver ce que l'on a, durant des années, considéré comme étant le "pré carré français", dont l'Algérie fait partie. On chercherait donc à "rappeler à l'ordre" les services de sécurité algériens, en les menaçant des conséquences imprévisibles d'un déballage sur l'affaire des moines de Tibhirine.

On peut dire, en conclusion, que dans le cas où la justice française irait jusqu'au bout de ses investigations sur l'assassinat de ces religieux, il y aurait beaucoup de "victimes collatérales" de cette recherche de vérité. Seraient gagnants tous ceux qui n'étaient pas aux affaires au moment des faits - Bouteflika et son clan en Algérie, Sarkozy et son équipe en France. Les conséquences pour les perdants ne seraient pas du même ordre de chaque côté de la Méditerranée. En France, ceux qui paieraient les pots cassés en perdraient leur honneur, tandis qu'en Algérie, Tewfik et son équipe risquent leurs têtes.

CHAPITRE V

Où l'on reparle de Liamine Zeroual et d'Ali Mécili

Liamine Zeroual sort de son silence

L'emploi du temps d'Abdelaziz Bouteflika nécessite un aménagement permanent depuis son hospitalisation à Paris en novembre 2005. Par ailleurs, après avoir bataillé ferme pour obtenir l'accord des Janviéristes pour un nouveau mandat, il se trouve prisonnier de sa propre stratégie. Ses manipulations, les tricheries auxquelles il s'est livré, sa compromission avec la nomenklatura militaire, ont fait que peu de temps avant l'élection présidentielle, aucun concurrent sérieux ne s'était manifesté. Tous ceux qui envisageaient de le faire n'étaient que des lièvres poussés à se présenter par le système afin de donner l'impression d'une compétition loyale. Toute la classe politique algérienne savait qu'il n'y aurait pas de véritable opposition lors du scrutin présidentiel et que, par conséquent, Bouteflika serait certes réélu, mais demeurerait prisonnier du DRS. Visiblement excédé de voir son pays subir à nouveau un tel affront, un ancien collaborateur de Liamine Zeroual, du temps où il était Président, a alors publié, une tribune dans laquelle il disait les raisons selon lesquelles l'ex-Président devrait, d'après lui, présenter sa candidature à l'élection présidentielle. À la suite de quoi, toute la presse s'est emparée du sujet et n'a cessé d'exposer, qui pour, qui contre, pourquoi il devrait le faire ou pas. L'intéressé est finalement sorti de son mutisme et s'est exprimé sur le sujet, dans une longue déclaration adressée à plusieurs journaux.

Dans cette déclaration, Liamine Zeroual a d'abord longuement défendu le bilan de sa présidence. Il a ainsi répondu aux critiques qui ont pu être émises ici ou là contre son action. Il a surtout voulu répondre, par ce biais, à Abdelaziz Bouteflika lui-même qui a souvent laissé entendre que tous ceux qui l'avaient précédé étaient des nullards, que l'Algérie dont il avait héritée de Zeroual était au fond du gouffre et que c'est son action qui a permis au pays de remonter la pente. L'ex-Président a démenti, arguments à l'appui et de manière très diplomatique, toutes ces assertions. Il a surtout exposé, dans le communiqué qu'il a publié, son point de vue sur l'exercice du pouvoir. Il y dit que s'il a quitté le poste de président de la République en 1999, c'est parce qu'il croyait fermement que pour instaurer la démocratie en Algérie, il fallait commencer par instaurer l'alternance au sommet de l'État. Il a dit aussi qu'il ne croyait pas, lui, en l'homme providentiel – ce qui est exactement l'inverse de ce que pense Bouteflika. C'est pourquoi, a-t-il également dit, il a modifié la constitution en y incluant précisément la notion de limitation à deux du nombre de mandats que pourrait faire tout président de la République, cette même notion qui est aujourd'hui rejetée par Bouteflika. Quelle excellente leçon de démocratie donnée à Bouteflika ! Vu le ras-le-bol général qui prévalait dans tous les milieux de la population, ceci a été très apprécié par une majorité du peuple. Habituée à voir Bouteflika dire et faire tout et son contraire afin d'assouvir sa soif de pouvoir, une partie de la presse s'est demandée s'il ne s'agissait pas d'un stratagème de sa part destiné à pousser Zeroual à se porter candidat. Il est clair que si l'ex-Président s'était porté candidat, les choses se seraient passées différemment. D'abord Bouteflika aurait quand même été réélu, car l'appareil de fraude des élections, c'est lui qui le contrôle; mais les opinions publiques, nationale et internationale, auraient eu l'impression qu'il y a eu une véritable compétition pour le poste. En démocrate convaincu, Liamine Zeroual a mis fin à cette manoeuvre de manière cinglante.

On n'a d'ailleurs pratiquement ni vu ni entendu Abdelaziz Bouteflika depuis sa réélection. Aucune manifestation officielle, aucune apparition, aucune déclaration, si ce n'est un ou deux textes qui ont été lus en son nom par des ministres en certaines occasions. En dehors de sa maladie qui l'amène à disparaître, de temps à autre, à l'heure actuelle, il boude. C'est une vieille habitude chez lui; il le faisait déjà du temps où il était ministre des Affaires étrangères de Boumediene. Il s'enfermait chez lui, ne voyait personne, ne parlait à personne, chaque fois qu'il se faisait rabrouer par le Président; tout comme un enfant auquel on a refusé un caprice. C'est ce qu'il a décidé de faire ces jours-ci, visiblement pour montrer au clan d'en face, qu'il est "fâché" contre eux; quant aux problèmes de l'État, advienne que pourra. Avec l'été et les vacances qui arrivent, avec le mois de Ramadan, qui tombe cette année en plein mois d'août qui plongera très certainement le pays dans un état de léthargie plus important que d'habitude, l'Algérie sera au "repos" durant six mois au moins. Si l'on rajoute à cela les nombreux mois qui ont précédé le scrutin lui-même, durant lesquels tout l'appareil gouvernemental a été mobilisé au service du candidat Bouteflika, on peut dire qu'elle vient plutôt de vivre une année sabbatique de 18 mois. Par ailleurs, on l'a souvent vu rabrouer certains de ses ministres durant la campagne électorale. Comment compte-t-il lancer le programme de quelque 150 milliards de dollars sur cinq ans qu'il a promis, avec des hommes dont il a publiquement fait savoir qu'il n'en était pas content ? D'autant plus qu'il n'envisage apparemment pas procéder à un remaniement ministériel de sitôt, car la nouveauté par rapport au passé est que les milieux d'affaires qui ont financé sa campagne veulent avoir leur mot à dire dans le choix des titulaires des portefeuilles ministériels qui seront chargés de la réalisation de ce programme : il y a tellement de commissions à percevoir ! Notons enfin que du côté du DRS, on semble pressé de le voir promulguer sa toute dernière initiative portant amnistie totale de tous les crimes commis durant les vingt dernières années, tandis que lui semble traîner les pieds. Tant que tout cet aréopage ne se sera pas mis d'accord, il n'y aura pas de nouveau gouvernement. Et Bouteflika ne mettra pas fin à sa bouderie. Il nous confirme ainsi ce que nous savions déjà, à savoir que son intérêt personnel primait toutes les autres considérations; il n'a aucune raison de se presser à travailler pour le bien du peuple, maintenant qu'il a atteint l'objectif qu'il s'était fixé : s'ouvrir la voie vers la présidence à vie !

L'affaire Mécili de nouveau sur le tapis

Cette affaire est en train de prendre des proportions étonnantes. Le juge d'instruction Bernard Thouvenot a convoqué, pour audition, en qualité de témoins, deux personnages qui pourraient faire avancer notablement le dossier. Il s'agit de deux déserteurs des services de sécurité, qui ont été tous deux mêlés au dossier à un moment ou à un autre, le lieutenant-colonel Mohamed Samraoui, actuellement réfugié en Allemagne et Hichem Aboud qui réside actuellement en France. Samraoui, ne s'est pas rendu à la convocation du juge, car il n'a pas obtenu la garantie de la justice française qu'il ne ferait pas l'objet d'une arrestation lors de sa venue à Paris, vu que les autorités algériennes ont émis un mandat d'arrêt international contre lui. Il déclare se tenir, néanmoins, à disposition de la justice française pour apporter son témoignage, par vidéo-conférence ou tout autre moyen. Hichem Aboud a fait sa déposition devant le juge Thouvenot. Il a complètement innocenté le diplomate algérien, Mohamed Ziane Hasseni, actuellement maintenu sous contrôle judiciaire en France. Le juge, qui ne semble pas être trop convaincu par la véracité de ses déclarations, a maintenu le contrôle judiciaire. Au cours de son témoignage, Aboud a surtout accusé officiellement, l'ex-président Chadli Bendjedid et le général Larbi Belkheir d'avoir été les ordonnateurs de cet assassinat. C'est la première fois que ces accusations sont émises officiellement, devant la justice par une personne qui a été mêlée de près à l'affaire. Il s'est également livré devant le juge et ensuite sur son site internet, à une attaque verbale en règle contre Samraoui, l'accusant d'être lui aussi complice de ce meurtre. Visiblement Aboud a reçu des instructions de la part de son chef direct, le général Tewfik Mediène pour discréditer Mohamed Samraoui qui est réellement très gênant pour le régime, sachant qu'il est au fait d'énormément de secrets du DRS. De même le DRS espérait fermement que la déposition de Aboud amènerait la levée du contrôle judiciaire de Hasseni et donc la fin de l'affaire.

Le deuxième volet du témoignage, à savoir les accusations lancées contre Chadli et Belkheir, elles ont eu des conséquences immédiates. On se souvient que Belkheir avait dû quitter précipitamment la France où il était venu en traitement, de crainte qu'il ne fasse l'objet d'une arrestation. Les choses ont évolué, en pire pour lui, puisqu'actuellement il craint d'être arrêté même ailleurs dans le monde. Larbi Belkheir, dont on dit qu'il est gravement malade, est actuellement en traitement à l'hôpital militaire d'Ain Naadja, à Alger, car il craint qu'un mandat d'arrêt international ait été émis contre lui par ce juge "incontrôlable". Cet hôpital comprend certes un pavillon spécial pour la nomenklatura, mais les services qui y sont dispensés sont loin de valoir ceux de certaines cliniques européennes, tant et si bien qu'aucun des hauts chefs de la nomenklatura algérienne ne s'y rend jamais pour soins. Bouteflika se fait soigner en France et en Suisse, Belkheir en France, Chadli en Belgique, etc. Au même moment, on a appris que Chadli Bendjedid, qui était venu pour un léger check-up en France a quitté, lui aussi, le territoire français précipitamment, de nuit, de crainte d'une arrestation. Il est impossible que Chadli ou Belkheir soient arrêtés par la justice française; tous deux semblent néanmoins le craindre. Ces différents développements ont bien entendu des conséquences sur les relations algéro-françaises sur lesquelles souffle actuellement un vent froid. Le gouvernement algérien semble s'être résigné à accepter la tournure qu'ont pris les événements, mais ne veut pas perdre la face plus avant. Afin de débloquer l'affaire, il lui suffirait de livrer le véritable commanditaire du meurtre d'Ali Mécili et prouver ainsi que la personne actuellement sous contrôle judiciaire en France est innocente, comme il le prétend, ou alors livrer à la justice française le tueur lui-même, Amellou, qui coule des jours heureux en Algérie.

CHAPITRE VI

Règlements de comptes en série

Comme souvent en Algérie, c'est au moment où l'on s'y attend le moins et sur les questions peu sujettes à polémique que reprennent de plus belle, les règlements de comptes entre le clan présidentiel et celui du DRS. C'est le cas actuellement de plusieurs dossiers : celui du projet de construction de l'autoroute Est – Ouest, celui de la police, l'affaire du fonds d'investissement algéro-koweïtien et celle du ministère de la pêche.

L'autoroute Est – Ouest

On a appris récemment que quatre personnes, dont le secrétaire général du ministère des Travaux publics, auraient été arrêtées, car elles sont soupçonnées d'avoir touché des pots-de-vin dans le cadre du projet de construction de l'autoroute Est- Ouest, cette autoroute de 1270 kilomètres de long qui doit relier pratiquement toutes les villes du nord de l'Algérie, depuis la frontière marocaine jusqu'à celle avec la Tunisie. Le projet a été confié à plusieurs entreprises, la plus importante étant le groupement chinois Citic-Crec qui a la charge de construire environ 700 kilomètres ainsi que de nombreux ouvrages du type tunnel et viaduc. C'est à la suite de plaintes déposées par cette entreprise qu'une enquête a été lancée et dure depuis plusieurs mois déjà. Le montant budgété du projet de 4 milliards de dollars a été récemment révisé. On parle aujourd'hui d'une nouvelle estimation à 13 milliards; certains spécialistes annoncent qu'il atteindra probablement les 20 milliards de dollars !

On sait qu'Abdelaziz Bouteflika a bâti son régime sur la corruption, à la manière du Makhzen marocain, dont il s'est imprégné des méthodes déjà durant sa jeunesse. Tout comme une pieuvre, la corruption a, aujourd'hui, étendu ses tentacules partout. Il n'existe pas de projet réalisé par l'État ou ses démembrements (wilayas, communes ou entreprises nationales) dans lequel il n'y a pas de versement de pots-de-vin. Pour les méga projets, de la taille de cette autoroute, ce sont les puissants du régime qui perçoivent ces pots-de-vin. Qui sont ces "puissants" ? Le Président et son clan, des généraux et leurs clans, des hommes d'affaires, des ministres, des hauts responsables de la police, de la gendarmerie ou à des amis de tel ou tel membre du clan présidentiel ou du DRS. Ils connaissent chacun les affaires des autres, mais ne s'attaquent pas entre eux et ne dévoilent pas leurs secrets. C'est pourquoi dans ces gros projets il n'y a jamais de plaintes en justice. En Algérie, on enquête sur les petits détournements dans lesquels sont impliqués des pompistes, mais jamais sur ce genre d'affaires. Le fait qu'une enquête ait été aujourd'hui déclenchée et que des hauts responsables sont suspectés signifie qu'un règlement de comptes est en cours.

Il semblerait que ce serait le président de la République, en personne, qui aurait porté plainte contre X pour détournement d'argent public et pour prise illégale d'intérêts dans le secteur des travaux publics. C'est une première en Algérie. On l'a vu, par le passé, ordonner une enquête sur telle ou telle affaire, mais déposer une plainte en justice, jamais. Il aurait reproché, devant témoins dit-on, à son ministre des Travaux publics, Amar Ghoul, membre du MSP, de prendre 20% de commissions, alors que les autres ministres se satisfont de 5% ! La plainte en justice, bien qu'étant contre X, concernerait donc le ministre lui-même. Pourquoi Abdelaziz Bouteflika a-t-il, tout d'un coup, décidé de s'attaquer ainsi à son ministre ? Parce que Amar Ghoul est soutenu par le DRS, tandis que son secrétaire général est proche du clan présidentiel et est soutenu, entre autres, par le frère du président. Ce n'est, par conséquent, qu'un prêté pour un rendu.

En parallèle à ces développements, on a appris que le colonel Faouzi a été démis de ses fonctions. C'est un élément clé du DRS, très proche collaborateur du général Smaïn Lamari, décédé en 2007 et qui a, à ce titre, participé aux opérations les plus sales, dont les attentats de 1995 en France. Le colonel Faouzi était, comme on le sait, en charge de la presse. C'est lui qui faisait fuiter vers les rédactions les informations sauce-DRS que ce dernier voulait porter sur la place publique, ou qui, au contraire, s'opposait à la publication de certaines autres. Il était celui qui fournissait - ou pas - aux journaux les moyens financiers qui leur permettaient d'exister en les alimentant en recettes publicitaires. Il est clair que sans son feu vert, la presse n'aurait pas publié quelques bribes d'informations sur les détournements enregistrés dans le projet d'autoroute. Est-ce pour cela que ce colonel est devenu gênant au point qu'il a fallu le limoger ? La question mérite d'être posée, car, dans cet enchevêtrement, il y a un aspect à élucider. Pourquoi les Chinois ont-ils fait savoir qu'ils étaient soumis à des pressions de la part de leurs partenaires algériens pour payer des pots-de-vin, ce qui a déclenché toute cette affaire ? Ils savaient certainement – leur ambassade a dû les informer – qu'il y a des luttes au sommet de l'État et ne pouvaient pas ignorer qu'un projet de plusieurs milliards de dollars ne pouvait qu'attiser beaucoup de convoitises de la part des hommes du pouvoir. Ils savaient probablement aussi que leur plainte créerait des remous au sein du pouvoir. Ont-ils été poussés par un clan ou l'autre à porter au grand jour les pressions qu'ils subissaient ? C'est là une attitude bizarre de la part des Chinois, car, on sait par ailleurs, qu'ils n'ont jamais hésité à soudoyer leurs partenaires quand cela les arrangeait. Quoi qu'il en soit, le fait est que tout cela a été l'occasion de raviver les tensions au sein du pouvoir, à un moment où l'on ne s'y attendait pas.

Que se passe-t-il au sein de la DGSN ?

Pourquoi cette confrontation entre le patron de la police Ali Tounsi et son ministre de tutelle, Noureddine Yazid Zerhouni, ministre de l'Intérieur ? Les deux hommes sont issus des rangs de la Sécurité militaire. Ils occupaient de très hautes fonctions au sein de l'institution du temps de Houari Boumediene; Zerhouni était le numéro 2 et Tounsi le numéro 3. À son avènement au sommet de l'État, Bouteflika a fait appel à Zerhouni qu'il avait connu déjà au Maroc lors de la guerre de libération. Il en a fait depuis 1999 son plus grand homme de confiance. Il a, à plusieurs reprises, tenté de le nommer ministre de la Défense ou à défaut patron de tous les services de sécurité algériens mais s'est chaque fois heurté au veto du général Tewfik Mediène. C'est dire que tout ce qui touche Zerhouni, touche Bouteflika également. À peine nommé ministre de l'Intérieur, Yazid Zerhouni faisait appel à son ancien collègue et ami Ali Tounsi, qui a, lui aussi vécu au Maroc et le faisait nommer patron de la DGSN. Les trois hommes se connaissent donc parfaitement et ont constitué durant les dix dernières années une équipe très soudée. Or voilà que tout d'un coup, le ministre et le patron de la police sont entrés en conflit. C'est un affrontement larvé qui dure depuis une année qui vient d'éclater au grand jour. Ali Tounsi a pris de l'envergure depuis qu'il a compris que la réélection de Bouteflika à un troisième mandat n'était pas bien accueillie par les décideurs, y compris le cercle du DRS, qui n'a avalisé cette réélection qu'à contrecœur. Il semble avoir cédé face aux attaques répétées de Tewfik et être arrivé à la conclusion que c'était le moment de se libérer de la tutelle de Zerhouni et par delà de celle de Bouteflika. Il a alors décidé de jouer son propre jeu et essayé de constituer sa propre équipe pour le cas où des changements intervenaient au sommet de l'État. Prenant prétexte des nombreuses critiques qui ont été portées à l'intégrité de certains hauts cadres de la police, qui ont fait les choux gras de la presse depuis plusieurs mois, il s'est mis à limoger à tout-va. Ce sont essentiellement les renseignements généraux (RG) qui ont été les plus touchés. Il a limogé depuis une année environ les chefs des services de renseignements de la région d'Oran, de Constantine et d'Annaba qu'il a accusé de trafic d'influence et de faux procès-verbaux d'audition; seul le grand patron des renseignements généraux de la région d'Alger a échappé à cette "chasse aux sorcières". Informé de ces divers remous, le ministre de l'Intérieur a considéré que le but recherché par son subordonné était de liquider des hommes "intègres" (?), dont le crime était surtout d'être ses hommes à lui à l'intérieur de la DGSN. Il a alors déclenché, lui aussi sa propre enquête sur ce qu'il se passait à l'intérieur de la police. Résultat de ces remous : le ministre a demandé que soient relevés de leurs fonctions quatre hauts responsables de la police.

L'affaire s'est terminée là-dessus. Cependant la police, considérée comme un bastion imprenable dans le clan présidentiel, grâce à la fidélité d'hommes comme Tounsi, vient de subir une chaude alerte.

Une autre affaire qui sent le règlement de comptes et qui s'est déroulée à l'intérieur de la police également est une affaire très banale qui, compte tenu de l'atmosphère viciée qui y règne, a pris d'énormes proportions. Elle porte sur des examens d'accession au poste de commissaire divisionnaire. Les examens passés en juin dernier ont semble-t-il été tâchés d'irrégularités. Alors que l'on s'attendait que soient prises des sanctions en interne, le climat de règlements de comptes qui prévaut a fait que la question a été portée en justice et risque de se terminer par des peines de prison pour certains. L'avocat de l'un des prévenus a d'ailleurs clairement dit dans sa plaidoirie que l'affaire n'était plus une question disciplinaire, mais s'était transformée en affaire politique "qui sentait le règlement de comptes". En d'autres circonstances, la complicité qui a toujours régné entre le ministre et le directeur général de la police aurait prévalu; du coup, cette affaire aurait été camouflée. Elle se serait terminée tout au plus par un blâme adressé aux examinateurs, mais certainement pas en justice.

Deux nouveaux terrains d'affrontement Bouteflika - DRS : les affaires du fonds algéro-koweïtien et celles du ministère de la Pêche

Ce sont des affaires de détournements de fonds et de pots-de-vin, identiques à celle de l'autoroute est-ouest. On retrouve pêle-mêle dans celle relative au fonds d'investissement algéro-koweïtien, un ministre membre du MSP, un colonel du DRS, un ancien ministre, des hommes d'affaires et des hauts fonctionnaires, tous accusés d'avoir profité de crédits de ce fonds pour acquérir des biens immobiliers en Algérie et à l'étranger, mais aussi d'avoir détourné des sommes s'élevant à plusieurs dizaines de millions d'euros. Dans celle du ministère de la Pêche, sont accusés, un ministre pour avoir accordé des autorisations de pêche au thon à des armateurs turcs, ainsi que des hauts fonctionnaires du même ministère. Tout comme dans l'affaire de l'autoroute, le secrétaire général est aussi sur le banc des accusés, ainsi que des directeurs centraux. Sans vouloir entrer dans le détail des faits, il y a lieu de noter que la pêche au thon est strictement règlementée; elle nécessite l'obtention d'une autorisation. Dans ce cas particulier, des autorisations ont été délivrées en contrepartie de gros pots-de-vin. C'est une affaire d'autant plus glauque que l'ambassadeur de Turquie en poste à Alger a déclaré que le secrétaire général du ministère de la Pêche, en personne, lui a dit que les autorisations accordées étaient légales. Voici donc une affaire de pots-de-vin qui risque de se transformer en imbroglio diplomatique.

Jamais il n'y a eu autant d'affaires délictueuses touchant de hauts personnages de l'État devant les prétoires. Si la règle de l'omerta qui a toujours eu cours dans les rangs du pouvoir a été ainsi brisée, cela signifie que l'affrontement entre clans qui en est la cause porte sur de très gros intérêts politiques et financiers. Il y a lieu de rappeler qu'Abdelaziz Bouteflika a bâti son pouvoir sur la corruption. Il a commencé par tenter de faire tomber dans sa nasse les généraux Janviéristes afin de les neutraliser en les gavant de commissions. À quelques rares exceptions près, l'opération a parfaitement marché. Il s'est ensuite attaqué aux cadres supérieurs du régime (ministres, walis, etc.) et aux leaders islamistes dont il a aussi acheté la soumission. Dans une troisième phase, il a concentré ses efforts sur d'autres franges de la société que l'on appellerait le "tout-venant": les journalistes, les faiseurs d'opinions, les cadres moyens des structures étatiques, ou toute personne dont le poste de travail ou les agissements pouvaient constituer un frein à son objectif de domination de la société. Il a enfin étendu la technique au "petit" peuple dont il a essayé d'acheter la complicité en accordant notamment un certain nombre de privilèges aux jeunes désireux de monter une affaire commerciale en leur accordant des prêts bancaires, jamais remboursés, de véritables dons en réalité; tout comme il a cherché à faire comprendre au citoyen algérien qu'il était redevable à Bouteflika et à lui seul de tout bien qu'il pouvait acquérir ou consommer. La technique utilisée dans ce cas a été de subventionner certains produits de consommation courante, voire des produits de luxe (voitures, carburants, etc.). Un tel système de gouvernance était d'autant plus facile à mettre en place que le prix du baril de pétrole n'a cessé de grimper jusqu'à atteindre le sommet insoupçonné de près de 150 $ et qu'il peut compter sur la fidélité de son ami d'enfance et ministre de l'Énergie, Chakib Khelil pour le contrôle de la manne pétrolière.

Élu président à vie et détenant les cordons de la bourse, Abdelaziz Bouteflika cherche à neutraliser le dernier des généraux Janviéristes, le patron du DRS Mohamed Tewfik Mediène, dont on sent la main derrière ce semblant d'opération "mains propres" auquel on assiste actuellement.

ANNÉE 2010

L'année 2010 a démarré par la révélation d'un dossier explosif de corruption au sein de la Sonatrach qui a abouti à un étêtement de la compagnie, suivi du limogeage de certains ministres. Ce fait inédit, très grave, démontre bien que les règlements de comptes entre le DRS et le Président sont loin d'avoir cessé, même après sa réélection pour un troisième mandat. Ces événements ont créé une atmosphère exécrable au sein de la *cupola* dont on se demande sur quoi elle va déboucher. Ils ont eu pour conséquence immédiate un profond changement de la "devanture" du régime marquée par un remaniement ministériel, un renforcement du clan du DRS dans les rangs de l'armée et une "bouderie" de Bouteflika qui a duré plusieurs mois . Ils ont également été marqués par une détérioration des relations avec les États-Unis, mise à profit par la France pour avancer ses propres pions, notamment au Sahel, devenu une arène à l'intérieur de laquelle s'affrontent de nombreux acteurs.

Je signale que l'on trouvera en annexe au présent chapitre trois lettres ouvertes, que j'ai adressées, à trois dates différentes, aux enquêteurs du DRS et à leur patron, le général-major Mohamed "Tewfik" Mediène, qui comportent toutes trois des renseignements précieux à propos de l'extension du fléau de la corruption, surtout depuis l'arrivée d'Abdelaziz Bouteflika qui en a fait son outil de gouvernance. Ces lettres ont été publiées par la presse et abondamment commentées par les lecteurs et les analystes qui suivent l'actualité algérienne.

CHAPITRE I

Corruption et règlements de comptes

Depuis quelques mois déjà, on ne parlait que de cela : des malversations, des détournements de grosses sommes d'argent dans le projet de construction de l'autoroute Est – Ouest. Le secrétaire général du ministère des Travaux publics, le chef de cabinet du ministre et de nombreux autres responsables ont été accusés de corruption ; l'entreprise chinoise chargée de la réalisation était accusée d'avoir versé de gros pots-de-vin. On a parlé de corruption dans le secteur de la pêche, ainsi que dans celui des transports. Ceci pour ne mentionner que les gros dossiers qui faisaient pratiquement la une de tous les journaux quasiment tous les jours. Mais on ne s'attendait pas à ça. Ça, ce sont des règlements de comptes à travers des enquêtes sur la corruption dans le secteur des hydrocarbures. C'est dans le domaine pétrolier que la corruption est la plus florissante. Mais sachant que ce sont les plus hauts responsables de l'État – le président de la République et son entourage familial et politique immédiat, les généraux-majors les plus hauts placés dans la hiérarchie militaire –, mais aussi des personnalités du monde économique et politique américain, français et italien, qui y sont mêlés, on ne se serait jamais attendu que ce dossier vienne un jour sur le devant de la scène. Et pourtant c'est ce qui est arrivé voici un mois déjà, un feuilleton qui va certainement durer encore longtemps.

C'est dans un ciel apparemment serein – autant que cela peut l'être en Algérie – que l'on a appris vers la fin du mois de janvier que des enquêteurs du DRS avaient découvert, en deux semaines de recherches et investigations, que des pots-de-vin avaient été versés dans le cadre de contrats avec des bureaux d'études et de consulting ainsi que dans certaines affaires portant sur l'achat de matériel de contrôle et de surveillance pour pipelines (*supra* trois annexes au présent chapitre). À la suite de quoi le PDG de la société nationale des pétroles et un vice-président ont été mis sous contrôle judiciaire, les enfants du PDG et deux autres vice-présidents ont été eux mis sous les verrous, plusieurs directeurs de la compagnie, un ex-PDG du Crédit populaire algérien (CPA) et son fils ont été également arrêtés, ainsi qu'un entrepreneur privé travaillant pour l'entreprise nationale des pétroles. On peut donc dire sans exagération que celle-ci a été décapitée, ce qui est en soi un événement extrêmement grave, d'autant que les enquêtes se poursuivent, que d'autres arrestations sont prévisibles et que d'autres affaires de malversation seront certainement dévoilées. Les équipes du DRS ont mené les investigations, sur instructions du président de la République, nous a-t-on dit. Normalement des enquêtes de ce genre sont du ressort de la police judiciaire, assistée éventuellement de fonctionnaires de l'Inspection Générale des Finances. De quelles instructions s'agit-il ? Les journaux qui ont publié ces informations ont fait mention d'une directive d'ordre général émise par le président de la République il y a quelque temps, dans laquelle il aurait demandé au Premier ministre de prendre les dispositions nécessaires pour lutter contre la corruption. Ce serait donc, dans le cadre de cette directive que le DRS aurait déclenché ces enquêtes, s'auto-attribuant ainsi l'honneur de s'afficher comme défenseur des principes d'honnêteté et probité qui doivent prévaloir dans le secteur économique. Sonatrach, qui a été victime de ces détournements n'a pas déposé de plainte auprès de la justice; elle ne s'est même pas porté partie civile dans un dossier qui la concerne directement.

Le ministre de l'Énergie s'est empressé de déclarer qu'il n'était pas au courant de ces enquêtes alors que les agents du DRS ont passé près d'un mois dans les murs de l'entreprise à fouiner dans quasiment tous les services. Chakib Khelil voulait plutôt laisser entendre que l'action du DRS était illégale, car si elle avait été menée dans des conditions normales, il aurait dû en être informé. Avant d'annoncer qu'il allait mener sa propre enquête et que la Sonatrach mettrait des avocats à disposition des présumés coupables pour assurer leur défense. Où a-t-on vu que la partie volée assurerait la défense des voleurs présumés ? Pour lui donc tout ce qu'a rapporté l'ensemble de la presse était pure invention du DRS. Quant au montant des détournements, ils sont d'un niveau plutôt modeste s'agissant du secteur des hydrocarbures. Ils portent sur des sommes variant entre quelques centaines de milliers et quelques millions de dollars, alors que la Sonatrach passe régulièrement des contrats de vente de pétrole et de gaz portant sur des milliards de dollars. Il est donc clair que l'on a demandé aux enquêteurs de se concentrer sur de “petites” affaires. Ceci, bien entendu, parce que les personnes soupçonnées occupent certes des fonctions importantes au sein de l'appareil économique algérien, mais restent cependant d'illustres inconnus de la nomenklatura du pouvoir algérien. Le régime nous démontre encore une fois qu'à la présidence de la République, au sein de la haute hiérarchie militaire, ou au niveau ministériel, tout le monde est propre et honnête; il n'y a ni corrompus ni corrupteurs dans ces milieux ! Cette affaire n'est en vérité qu'une “blague” à l'algérienne. On voit des corrompus enquêter sur des affaires de corruption. Il s'agit en réalité d'une lutte de clans, celui du DRS contre celui du Président, qui n'ont rien à envier l'un à l'autre pour ce qui est des questions de probité : ils sont pourris tous les deux. Le ministre de l'Énergie a validé la thèse du règlement de comptes entre clans en déclarant, par bêtise probablement, que ni lui ni *“le clan du Président”* (*sic*) n'étaient concernés par une telle enquête, avant de renoncer à mettre à disposition de ses ex-collaborateurs une équipe d'avocats et avant qu'Abdelaziz Bouteflika ne prenne lui-même les choses en mains.

Après avoir connu un moment de désarroi et ne sachant pas comment réagir face à une attaque aussi violente, Bouteflika avait d'abord essayé de faire diversion en faisant appel aux sentiments "patriotiques" des Algériens, en détournant l'attention du peuple pendant quelques jours, le temps de se retourner. Il s'était remis à attaquer la France pour les méfaits du colonialisme en faisant dire par ses canaux de communication propres – le FLN et certains ministres entre autres – qu'elle devait présenter des excuses au peuple algérien pour son passé colonial. C'est une arme populiste usée, qu'il sort chaque fois qu'il se trouve en difficulté, qui entraîne à tous les coups des réactions d'approbation au sein de certains milieux que ses hommes liges ne tardent pas à mettre en exergue. Il a mis à profit, cette fois-ci, l'anniversaire de l'explosion de la première bombe atomique française au Sahara pour rendre les choses encore plus dramatiques. Puis prenant conscience que c'est lui en personne qui était visé, que s'il ne réagissait pas de manière aussi violente que ce qu'il venait de subir, c'en était fini de son pouvoir, que lui et son clan disparaitraient de la scène politique, il se mit donc en première ligne. Sa réponse a été de faire savoir, par presse interposée également, qu'il comptait ouvrir des enquêtes sur deux affaires ultra-sensibles : l'assassinat du président Mohamed Boudiaf et celle du général Fodil Saïdi. Rien que ça ! Si tout le monde sait que Mohamed Boudiaf a été assassiné par les Janviéristes, s'agissant du général Saïdi, c'est la première fois que le mot "assassinat" est utilisé publiquement pour cette affaire. Et ce, par la plus haute autorité de l'État. Selon la thèse officielle, ce général aurait été victime d'un accident de la route au sud de l'Algérie, dans la région d'Ouargla, vers 1996 ou 1997. Pour tous les connaisseurs des coulisses et des magouilles du pouvoir algérien, il s'agissait bien d'un assassinat camouflé derrière un accident. Membre influent du DRS, le général Fodil Saïdi n'était pas d'accord sur la manière dont était menée la guerre aux islamistes et avait soutenu la position de Liamine Zeroual qui, à l'époque était en négociations avec le FIS pour régler pacifiquement la crise qui secouait le pays depuis quelques années déjà. Tewfik et son adjoint Smaïn Lamari avaient décidé de se "débarrasser" de cet intrus. Quant à l'assassinat de Mohamed Boudiaf, on n'a avancé jusqu'à ce jour qu'une seule thèse, celle d'un illuminé, intoxiqué par la propagande islamiste, le sous-lieutenant Lembarek Boumaarafi, membre de sa garde rapprochée qui l'a tué au vu et au su de tout le monde. Si l'on revient aux propos attribués à Bouteflika, la presse qui les a publiés a cité beaucoup de noms de personnes qui seraient concernées à un titre ou à un autre par ces deux assassinats. Ce sont, il faut le savoir, des risques énormes qu'il a pris en déterrant ainsi deux dossiers que l'on pensait clos à jamais, dans lesquels Tewfik ainsi que de nombreux autres membres du clan des Janviéristes sont mis en cause. Les règles de fonctionnement de la mafia des généraux sont telles que s'il devait aller au bout de ses menaces, il risque d'être victime d'un "accident de la route" ou de toute autre technique d'élimination dont ils sont spécialistes. Il est donc quasi certain que, conformément aux règles du jeu au sein de la *cupola*, il ne franchira pas cette ligne rouge, il n'ira pas jusqu'à l'exécution de ses menaces. C'est plutôt un coup de roulette qu'il tente, un coup à quitte ou double. Il n'en reste pas moins que l'affrontement doit être terrible pour qu'Abdelaziz Bouteflika en soit réduit à cette extrémité. Le fait qu'il vise à travers sa démarche d'autres généraux que Tewfik, des généraux qui n'ont déclenché, autant que l'on sache aucune attaque contre lui, peut lui être fatal, s'ils venaient à se liguer. Il peut aussi espérer que des négociations interviennent à l'intérieur de leur clan, que la majorité rejette l'idée de clash et pousse Tewfik à plus de souplesse. Ceci étant, rappelons encore une fois qu'il ne s'agit pas d'une opération mains propres. Il faut savoir qu'Abdelaziz Bouteflika utilise les hydrocarbures comme une arme dans sa lutte contre les généraux. Il a modifié les règles régissant des marchés publics de telle manière qu'il soit seul à décider, en Conseil des ministres, à quelle entreprise confier telle ou telle affaire, sachant pertinemment que ce faisant, il rajoute quelques milliers, voire millions de dollars dans la cagnotte du général "parrain" de l'entreprise retenue. Il amène ainsi l'heureux bénéficiaire à devenir son affidé, une "prise de guerre" qui affaiblit le clan du DRS. Tewfik est bien conscient que c'est grâce aux milliards de dollars générés par les hydrocarbures, contrôlés par Chakib Khelil, que Bouteflika a acheté des soutiens à l'intérieur du pays et créé des alliances avec les grands de ce monde. C'est pourquoi il décida, de concert avec les autres membres de la nomenklatura militaire, qu'il était temps d'enlever d'entre les mains de ce Président qui leur causait de si "gros soucis" le monopole de distribution de la rente pétrolière. Mais pas que. Pour la première fois depuis son élection en 1999, certains des hommes les plus proches de Bouteflika ont été entendus par des juges d'instruction, parmi lesquels on retrouve les figures de proue que sont Chakib Khellil, Abdelhamid Temmar et Abdellatif Benachenhou, ex-ministre de l'Économie et actuel conseiller très écouté du Président.

CHAPITRE II

Le remaniement ministériel

Au moment où le DRS a déclenché son estocade, cela faisait 9 mois que Bouteflika avait été réélu, 9 mois durant lesquels on ne l'a pratiquement pas vu ni entendu. Aucune manifestation officielle, aucune apparition, aucune déclaration, si ce n'est un ou deux textes qui ont été lus en son nom par des ministres en certaines occasions. C'est sa maladie qui l'amène certes à disparaître, de temps à autre, mais il y a aussi le fait qu'il boude. Au sens plein du terme, tout comme un enfant auquel on a refusé un caprice, il a décidé de ne voir personne, de s'enfermer chez lui tout simplement. Quant aux problèmes de l'État et du pays, advienne que pourra. L'Algérie sera "au repos" durant de nombreux mois encore, sans compter la longue période qui a précédé le scrutin lui-même, durant laquelle tout l'appareil gouvernemental avait été mobilisé au service du "candidat" Bouteflika. Il avait annoncé, avant d'entrer en campagne, qu'il comptait prendre certaines initiatives lors de son troisième mandat. Or on a constaté, durant la campagne électorale, qu'il avait souvent rabroué publiquement certains de ses ministres. Puis voilà qu'une fois élu, il a reconduit le même gouvernement, les mêmes ministres dans les mêmes postes. Il a d'ailleurs mis près d'un mois pour annoncer cette décision, déjà bizarre en elle-même. Comment compte-t-il lancer ces initiatives, dont le montant global atteindrait 150 milliards de dollars sur cinq ans, avec des hommes dont il a publiquement fait savoir qu'il n'en était pas content ? Réélu encore une fois en avril 2009, voyant s'ouvrir devant lui la voie vers une présidence à vie, il a apparemment considéré qu'il pouvait dorénavant se passer du feu vert des Janviéristes dans l'exercice du pouvoir. Il comptait notamment constituer "son" gouvernement, avec les hommes qu'il aurait choisis, sans leur accord. C'était compter sans la violente réplique du DRS, rendue publique en janvier dernier, qui a débouché le 28 mai, soit 13 mois après sa réélection, sur un remaniement dicté par les services de Tewfik. C'est plus exactement une série de limogeages dans laquelle il a perdu les derniers leviers de pouvoir qu'il possédait encore, d'où sa farouche opposition. Qu'on en juge.Trois postes ministériels extrêmement importants occupés jusque là par ses hommes ont fait l'objet de changements : celui de l'Intérieur et des Collectivités locales, celui de l'Énergie et des Mines et celui de l'Industrie et de la Promotion de l'investissement. Au ministère de l'Intérieur se trouvait Noureddine Zerhouni, dit Yazid, Chakib Khelil occupait le poste de ministre de l'Énergie, tandis qu'à l'Industrie on retrouvait son compagnon de très longue date, Abdelhamid Temmar.

Noureddine "Yazid" Zerhouni est l'un des derniers membres du "clan d'Oujda" encore en fonction. C'est au Maroc, où il a vécu durant la guerre de libération, qu'il a connu Abdelaziz Bouteflika ; leurs relations datent donc d'une cinquantaine d'années. Ancien de la Sécurité militaire, dont il a été l'adjoint du directeur durant les années Boumediene, avant d'en devenir le patron à l'arrivée de Chadli Bendjedid au pouvoir, il a été nommé ministre de l'Intérieur dès l'élection d'Abdelaziz Bouteflika président de la République en 1999. Celui-ci a tenté, mais sans succès de le nommer chef suprême de tous les services de sécurité, ce qui lui aurait permis de chapeauter le DRS, à la tête duquel se trouve Tewfik Mediène depuis 20 ans. C'est dire le degré de confiance que Bouteflika plaçait en cet homme.

Chakib Khelil est ami d'enfance du président de la République. Pour échapper à la situation pesante qui régnait au sein de la famille, le jeune Abdelaziz se réfugiait souvent chez son ami Chakib dont la famille habitait la même ville d'Oujda. Les deux ont fréquenté la même école primaire avant d'entamer tous deux des études secondaires au lycée Lyautey à Casablanca, des études que Bouteflika n'a jamais terminées, tandis que Khelil obtenait une bourse d'études supérieures aux États-Unis grâce à un coup de pouce du futur président algérien, qui lui avait rejoint le mouvement de libération. Lors de la trentaine d'années passées aux États-Unis, Chakib Khelil a connu beaucoup de pétroliers, certains sur les bancs de l'université déjà et d'autres au cours de sa carrière professionnelle; certains parmi eux ont occupé de très hautes fonctions au sein des grandes compagnies pétrolières américaines, d'autres à l'intérieur des rouages de l'administration elle-même, du temps de l'administration de George W. Bush notamment. Aussi, avoir Chakib Khelil en tant que ministre de l'Énergie au sein de son gouvernement, représentait pour Abdelaziz Bouteflika un double avantage. Il plaçait à un poste-clé un homme dont la fidélité lui était totalement acquise. D'autre part, la double nationalité, américaine et algérienne, de l'intéressé, ses sentiments américanophiles et ses liens avec l'administration US allaient permettre à Bouteflika d'entretenir de solides relations avec celle-ci.

Abdelhamid Temmar a lui aussi été un maillon très important du système de gouvernance instauré par Abdelaziz Bouteflika dès son arrivée à la tête de l'État en 1999. Ancien du Maroc lui aussi où les deux hommes se sont connus, Abdelhamid Temmar a été son chef de cabinet, déjà en 1963, au moment où Bouteflika était ministre de la Jeunesse et des Sports, sous la présidence d'Ahmed Benbella. Ceci pour dire que les relations entre les deux hommes datent de très longtemps et sont donc solides.

Ces trois hommes ont subi des fortunes diverses au cours du remaniement ministériel avec cependant un facteur commun : ils ont tous trois perdu le puissant pouvoir qu'ils possédaient. Noureddine Zerhouni a été nommé vice-premier ministre, adjoint donc de l'homme du DRS, Ahmed Ouyahia maintenu au poste de Premier ministre. Il semblerait, en apparence, que Zerhouni a obtenu une promotion. En réalité, il reste au gouvernement à un poste honorifique, sans pouvoir véritable. Jusque là, il assumait en tant que ministre de l'Intérieur, la tutelle de la police nationale. Il supervisait l'activité des partis politiques et avait surtout la charge d'organiser les scrutins électoraux, et par conséquent "d'arranger" les résultats du vote en fonction des désirs du pouvoir. Ces magouilles continueront d'exister, mais ne seront plus dictées par le président de la République. À ce nouveau poste, l'action de Noureddine Zerhouni n'aura aucun impact direct sur les questions d'importance nationale. Pire, les tâches qui lui seront confiées ne sont même pas définies; quant à la coopération entre lui et Ahmed Ouyahia, elle sera probablement très difficile, car les deux hommes ont de tout temps fait partie de deux clans différents du pouvoir. C'est donc vers une voie de garage qu'a été orienté l'ex-ministre de l'Intérieur, considéré jusque là comme le véritable numéro 2 du clan présidentiel. C'est un énorme camouflet pour Bouteflika.

Que dire alors du remplaçant ? Le nouveau ministre de l'Intérieur, Daho Ould Kablia, est lui aussi un ancien du Maroc, proche du groupe d'Oujda. C'est un bureaucrate, âgé de 74 à 75 ans, natif de Tanger qui a fait partie du MALG (ministère de l'Armement et des liaisons générales), l'ancêtre de la Sécurité militaire. Il est de ce fait très proche de Tewfik Mediène également, bien que l'on ne puisse pas dire qu'il lui soit acquis totalement. Il a fait toute sa carrière au sein des rouages de l'État. Il a occupé différents postes au sein de l'administration, notamment des postes de walis, ainsi que dans la diplomatie. Il a collaboré avec Bouteflika également du temps où celui-ci était ministre des Affaires étrangères. Avant sa désignation en tant que remplaçant de Zerhouni, il était ministre délégué aux collectivités locales au ministère de l'Intérieur, ce qui en faisait le plus proche collaborateur de Yazid Zerhouni. Cependant, il est de notoriété publique que les deux hommes ne s'entendaient pas trop, pour la bonne raison précisément que Daho Ould Kablia est resté en contact étroit avec ses anciens collègues de la Sécurité militaire, aujourd'hui au DRS, tandis que Zerhouni avait pratiquement rompu les ponts avec eux pour se rapprocher beaucoup plus de Bouteflika. D'ailleurs, l'incompatibilité d'humeur entre Zerhouni et son remplaçant a eu des répercussions jusque sur la conduite des affaires du ministère de l'Intérieur. Depuis quelques mois déjà on travaillait au sein des structures de ce ministère sur l'introduction du nouveau passeport biométrique. À la demande de Bouteflika, Yazid Zerhouni avait voulu profiter de cette modification pour lancer une opération de fichage de la population. Il avait de même tenté de rendre l'obtention d'un passeport plus difficile. La raison à cela était de disposer d'un fichier électoral plus complet permettant la manipulation des chiffres. Pour s'acquitter de cette tâche en toute quiétude et être seul à en tirer profit, il avait refusé d'associer Daho Ould

Kablia à l'opération alors même que celle-ci relevait directement de ses attributions de ministre délégué. Il semblerait que ce serait à l'initiative du DRS que le premier acte auquel il s'est livré en tant que nouveau ministre de l'Intérieur a été de remettre en cause l'orientation politique que Yazid Zerhouni voulait donner à cette opération administrative, somme toute banale; il a donc décidé d'alléger la procédure de délivrance du nouveau passeport. Du coup, le fichage de la population continuera d'être, comme par le passé, du seul ressort du DRS.

Le limogeage de Chakib Khelil constitue un autre coup très dur pour Bouteflika. Les affaires révélées par les enquêtes du DRS de janvier ne représentent que la partie visible de l'iceberg, car la corruption au sein de l'entreprise nationale des hydrocarbures est florissante. Y sont impliqués de très hauts responsables de l'État, des ministres, des généraux, des dirigeants du DRS, c'est-à-dire ceux-là mêmes qui ont mené l'enquête, ainsi que des membres de la famille du Président, ses frères notamment. Cependant, n'ont été inculpées que des personnes de moindre envergure faisant partie du clan présidentiel. Chakib Khelil a été remplacé par Youcef Yousfi plus proche du DRS, qui a été PDG de la Sonatrach et ministre de l'Énergie entre 1997 et 1999, date de l'arrivée d'Abdelaziz Bouteflika au pouvoir, quand il a été remplacé par Khelil. C'est donc l'opération inverse qui a eu lieu aujourd'hui.

Le départ d'Abdelhamid Temmar du ministère de l'Industrie représente la troisième facette de l'opération déstabilisation de Bouteflika ; sa nomination au poste de ministre des Statistiques et projections n'est à vrai dire qu'un limogeage déguisé. Voici une fonction qui n'a, non plus, jamais existé et un ministère dont on se demande quelles sont les attributions. Tout comme dans le cas de Noureddine Zerhouni, ce n'est, en réalité, rien d'autre qu'une voie de garage sur laquelle a été placé Abdelhamid Temmar.

CHAPITRE III

Renforcement du pouvoir du DRS

La question qui se pose aujourd'hui est celle de savoir si Bouteflika aura la même réaction que son prédécesseur Liamine Zeroual qui avait préféré démissionner plutôt que subir les affronts du DRS en 1998. On est convaincu au sein du DRS que Bouteflika ne réagira pas avec le même panache que Zeroual. C'est parce qu'il est trop avide de pouvoir qu'il préfèrera plutôt subir une tutelle encore plus prononcée des services de sécurité, que quitter le poste qu'il considère être un héritage que lui aurait légué Houari Boumediene à sa mort en 1978. Il sait qu'il est devenu une marionnette entre les mains des dirigeants du DRS, qu'il ne dispose plus ni du pouvoir ni des moyens de manœuvre qui lui auraient permis de s'opposer à leur emprise totale sur tout l'appareil d'État, mais il se satisfera de sa situation.

Aujourd'hui la totalité du pouvoir se trouve entre les mains du général Tewfik Mediène qui n'a nullement envie d'assumer pleinement le rôle qui est le sien dorénavant et s'afficher ouvertement en première ligne du régime. Il a de tout temps été un homme de l'ombre et il continuera à l'être. Neutraliser totalement Bouteflika et en faire un président de façade lui suffit amplement. La situation ainsi créée lui convient, car il est parvenu, du même coup, à marginaliser le frère du président qui avait des velléités de succéder à son aîné à la tête de l'État. Il n'en reste pas moins que le pays traverse une zone de turbulences, porteuse de grands dangers; sous une apparence de calme, on se trouve plutôt à la veille de grands désordres. La pilule a été dure à avaler pour Bouteflika qui manifeste sa grogne. Comme à son habitude, il a cette fois-ci également disparu complètement de la scène politique depuis le début de l'année en cours. On ne l'a vu qu'en de rares occasions, comme récemment lors de la visite d'une journée de Dimitri Medvedev à Alger.

Sur ces entrefaites est survenu l'assassinat du directeur de la sûreté nationale Ali Tounsi par un de ses plus proches collaborateurs. Toutes sortes de versions des raisons qui ont poussé le meurtrier à accomplir son forfait ont circulé, ainsi que sur le ou les commanditaires éventuels du crime. On n'aura probablement jamais la réponse à cette question, bien que cet assassinat semble entrer dans le cadre des règlements de comptes entre clans rivaux.

Néanmoins, pour élargir encore un peu plus son emprise sur les rouages de l'État qu'il ne contrôlait pas encore totalement, le DRS mettait à profit cet événement pour faire nommer à la tête de la police nationale leur homme en la personne du général-major Abdelghani Hamel. Afin de donner plus d'éclat à cette nomination, c'est à la date anniversaire de l'indépendance qu'elle eut lieu, après que Bouteflika eût promu l'intéressé, qui n'était que général jusque là, au grade de général-major. C'est bien évidemment un autre protégé du DRS, le général-major Ahmed Moulay Méliani, qui fut nommé commandant de la garde républicaine en remplacement d'Abdelghani Hamel. Afin d'assurer encore mieux ses arrières, de renforcer la solidarité au sein du DRS et de resserrer les rangs de ses collaborateurs autour de sa personne, Tewfik Mediène a fait promouvoir, à l'occasion de la traditionnelle cérémonie annuelle de célébration de l'indépendance du 5 juillet, deux de ses cadres au grade de général-major, les généraux M'Henna Djebbar et Kaddour Bendjemil. Il a aussi fait confirmer par décrets présidentiels les nominations de ses adjoints les plus directs, dont certains occupaient la fonction à titre provisoire ou intérimaire. Le général Ahmed Kherfi a été officiellement confirmé au poste de directeur du contre-espionnage (DCE) dont il avait la charge depuis le décès de Smaïn Lamari qui occupait le poste auparavant. Il a installé à la tête de la Direction centrale de la sécurité de l'armée (DCSA) le général-major M'Henna Djebbar. De tous les officiers supérieurs de l'armée, celui-ci est très certainement le plus sanguinaire. Il a occupé durant plusieurs années le poste de chef du centre de recherches et d'investigations (CTRI) de Blida qui n'est rien d'autre qu'un centre de tortures par lequel ont transité des milliers de combattants ou partisans islamistes, dont la culpabilité n'était pas toujours avérée. Nombre d'entre eux n'en sont pas ressortis vivants. La troisième confirmation a été celle du général Rachid Laalali, dit Attafi qui occupe le poste de directeur de la documentation et de la sécurité extérieure (DDSE). Quant au général-major Kaddour Bendjemil, qui avait fait jusque là l'essentiel de sa carrière au sein du DRS, il est aujourd'hui chef d'état-major des forces armées terrestres. Il a également fait procéder, par décret présidentiel à des limogeages et des nominations d'officiers supérieurs de certaines régions militaires qui ont un lien direct avec des événements récents relatifs à la lutte contre l'AQMI, survenus au Sahel. Il a fait mettre fin aux fonctions des généraux Ali Seghir Aïssa, Djilali Yahyaoui et Mohamed Bergham, respectivement adjoints des commandants des 3^{e,} 4e et 5e régions militaires. En parallèle, il a fait nommer le général Mustapha Chakour, chef d'état-major de la 3e région militaire, directeur adjoint de l'Ecole supérieure de guerre, remplacé par le général Mohand Ameziane Si Mohand. Idem pour le général Rachid Guettaf, chef d'état-major de la 4e région militaire nommé adjoint du commandant de la même région, remplacé par le général Hassen Alaïmia, tout comme le général Noureddine Hambli, chef d'état-major de la 5e région militaire, nommé adjoint au commandant de la même région et remplacé par le général Saïd Ziad. À signaler que Mohand Ameziane Si Mohand et Saïd Ziad avaient des grades de colonels jusque là et qu'ils furent promus généraux à l'occasion de leurs nominations.

C'est dans cette atmosphère délétère qu'a eu lieu la sortie fracassante de l'ex-président de la République Chadli Bendjedid, qui dans une interview bizarre accordée à un journal japonais, s'est livré à une analyse de la situation qui prévalait durant sa présidence. Alors que tout le monde sait qu'il avait été poussé, sous la menace de liquidation physique, par les généraux Janviéristes à la démission, le voilà qui déclare aujourd'hui que cette démission était une décision personnelle. Il ne pouvait admettre, dit-il, que ces généraux mettent fin au processus électoral en cours qui présageait une victoire du FIS. Pourquoi une telle sortie médiatique aujourd'hui ? La raison en serait qu'il a pressenti, à travers les informations collectées par les différents canaux d'information personnels dont il dispose encore, qu'un scénario identique était en cours de préparation dans le but de pousser Bouteflika vers la porte de sortie. Or ce dernier a toujours eu une piètre opinion de Chadli, dont il dit en privé que c'est un abruti, voire un idiot. Celui-ci veut donc lui signifier que lui Chadli a eu le courage de dire non aux généraux et quitter le pouvoir de sa propre initiative, un courage que n'aura certainement pas Bouteflika qui dans ses rêves les plus fous, pense battre le record de son mentor et modèle, Houari Boumediene, qui était resté 13 ans et demi au pouvoir.

CHAPITRE IV

Tensions entre Alger et Washington

Tout a commencé avec l'arrivée de Barack Obama à la présidence des États-Unis. L'équipe au pouvoir du temps de George Bush était constituée d'un noyau central composé de pétroliers texans qui avaient tous, à des degrés divers, des intérêts personnels dans l'industrie pétrolière de leur pays avec des extensions internationales. De ce fait, les relations avec l'Algérie étaient quelque peu faussées, vu que les intérêts nationaux se mêlaient aux intérêts personnels des Dick Cheyney, Condoleezza Rice, voire du Président lui-même. Les Américains étaient plus accommodants; ils fermaient les yeux, notamment sur la manière dont l'armée algérienne conduisait la guerre contre les islamistes. Aujourd'hui les choses sont complètement différentes; elles sont devenues plus complexes pour les Algériens. L'administration américaine considère que les hydrocarbures continuent d'être une ressource extrêmement importante pour les États-Unis, mais que les compagnies pétrolières de l'Oncle Sam sont en mesure de défendre parfaitement leurs intérêts, sans qu'il ne soit nécessaire d'appeler la Maison-Blanche au secours. La conséquence première de cet état de fait est que l'administration de Barack Obama, qui semble vouloir mener une politique moins "guerrière" que celle de son prédécesseur, est plus libre de ses prises de position et de ses actions à l'égard de l'Algérie. La première manifestation de ce nouvel esprit américain a eu lieu dès le lendemain de la réélection de Bouteflika pour un troisième mandat en avril dernier. Donnant suite aux accusations de fraude annoncées par les autres candidats à l'élection présidentielle, mais aussi par différents organes de presse algériens et internationaux, l'administration américaine s'était déclarée préoccupée par la question et avait officiellement demandé au gouvernement algérien d'y répondre. Les Algériens avaient fait le dos rond : aucune action, de quelque type que ce soit ne fut entreprise. La seconde alerte, nettement plus sérieuse celle-là, eut lieu quelques mois plus tard. Le gouvernement algérien avait soumis à l'agrément du gouvernement américain la nomination au poste d'ambassadeur à Washington, de celui qu'Alger considérait comme un de ses ténors en matière de diplomatie. Il s'agissait d'un diplomate chevronné, qui représentait jusque là l'Algérie auprès des Nations Unies à Genève, Mohamed

Salah Dembri. Convaincus que c'était là une démarche de routine, commune dans le domaine de la diplomatie, les Algériens ont été abasourdis par l'affront subi quand l'administration américaine avait refusé le candidat proposé. C'est avec une grande stupeur que l'on a compris à Alger qu'il s'agissait en réalité d'une sanction des États-Unis vis-à-vis de l'Algérie plus qu'à l'égard de l'intéressé. La "gifle" reçue était tellement grande qu'aucune information n'a filtré à ce sujet ni officielle de la part du ministère des Affaires étrangères ni dans la presse. On a cependant très vite compris à Alger la raison de ce camouflet. En tant que représentant de l'Algérie auprès des Nations Unies, Dembri assistait régulièrement aux séances de la commission pour la défense des droits de l'homme, une commission qui avait adressé à plusieurs reprises des mises en garde à l'Algérie sur l'affaire des disparus ou sur certains massacres sur lesquels planaient des doutes quant à l'implication des services de sécurité, de l'armée ou des forces de l'ordre tout simplement. Le gouvernement algérien a toujours ignoré ces avertissements, et donc Dembri se trouvait en positon de défendre l'indéfendable et avait été souvent arrogant, accusant les organes des Nations Unies de complicité avec les terroristes algériens. Cette attitude de mépris de la part de Dembri et du gouvernement qu'il représentait a été ainsi "payée cash" selon le terme utilisé par les milieux officiels algérois. Puis survint le clash le plus grave entre Washington et Alger quand le jour de Noël 2009 était intervenue la tentative d'attentat perpétrée par un citoyen nigérian sur le vol Amsterdam – Détroit, à la suite de quoi le gouvernement américain publiait une liste de 14 pays, dont les ressortissants subiraient un traitement particulier sur tous les vols au départ ou à destination des États-Unis, parmi lesquels l'Algérie. Le régime algérien a considéré qu'il s'agissait là d'une énorme catastrophe, une marque de défiance à son égard. On a d'abord encaissé le coup sans rien dire avant de commencer à lancer de tous côtés des cris de vierge effarouchée. Ce que l'on dit, en gros, c'est : quelle ingratitude de la part des Américains ! Alors que nous les avons aidé à pourchasser les terroristes dans la zone du Sahel, alors que nous leur avons fourni des renseignements précieux sur Oussama Ben Laden et son organisation, alors que nous étions et continuons d'être leurs alliés dans leur lutte contre le "terrorisme global", voici qu'ils nous mettent dans le même sac que l'Iran, le Yémen ou la Somalie. Pourquoi le Maroc ne subit-il pas le même traitement ? Pourquoi les Américains considèrent-ils tous les Algériens comme des terroristes potentiels, alors qu'il n'y a presque plus de terrorisme chez nous ? C'est ce que l'on entend dire dans les rangs du DRS notamment. En réalité, ce dernier se fiche absolument que les autorités américaines traitent les Algériens d'une manière offensante ou dégradante. La défense des droits du citoyen ne fait pas partie de la culture de la maison, bien au contraire. Ce qui dérange les patrons du DRS est autre. Ils savent parfaitement que les Américains savent que le terrorisme est en nette diminution en Algérie. Ils savent très bien aussi que les Américains savent qu'un citoyen marocain ou égyptien ou même saoudien peut être aussi dangereux, voire plus, qu'un citoyen algérien du point de vue de la sécurité des États-Unis. Ce qui dérange à vrai dire les patrons du

DRS, c'est que par cette décision les Américains leur ont signifié qu'à leurs yeux le danger provenait du DRS lui-même. Ils savent que les Américains savent que ce dernier est capable des actions les plus dangereuses, qu'il est en mesure d'organiser par ses moyens propres des tentatives d'attentats, comme il l'a démontré par le passé, notamment lors des attentats perpétrés en 1995 en France. C'est cela que craignent les services secrets américains et c'est cela le message qu'ils ont voulu transmettre aux Algériens, d'où le vent de panique qui souffle à l'heure actuelle à Alger. Comme à l'habitude le DRS a mis en branle tous ses réseaux de communication pour essayer "d'expliquer" au peuple les raisons pour lesquelles *"les Américains ne nous aiment pas"*. Par la rumeur, le "téléphone arabe", mais aussi par des articles sur commande publiés dans la presse arabophone et francophone, on a invoqué, comme raison de la sanction américaine, le fait que l'Algérie ait refusé d'accueillir le siège de l'Africom sur son sol. On dit aussi que c'est parce que l'Algérie, à l'inverse de l'administration Obama, soutient depuis toujours l'autodétermination du peuple sahraoui. On affirme enfin que c'est parce que le gouvernement algérien a exprimé son soutien indéfectible aux Palestiniens face au blocus israélien imposé à la bande de Gaza que le gouvernement américain veut punir les Algériens. Du point de vue du DRS, tel qu'il l'expose publiquement du moins, c'est donc par punition, par vengeance à l'égard de l'Algérie et non pas pour protéger leurs intérêts et leurs citoyens contre des actes terroristes, que les États-Unis l'ont incluse dans la liste noire. Du côté du clan présidentiel, on est tout aussi atterré par cette décision pour des raisons qui relèvent de l'ego du Président. Bouteflika a une très haute idée de lui-même; il considère être un diplomate hors pair et pense avoir réussi à placer l'Algérie parmi les pays les plus "fréquentables" de la planète depuis qu'il est au pouvoir. Il pense être parvenu à créer des liens d'amitié avec George W. Bush et être ainsi devenu ami de l'Amérique. Or voilà que ce pays ami le rejette et le traite avec beaucoup moins d'égards qu'un Mohamed VI ou un Hosni Moubarak, ce qui est insoutenable pour lui.

Mais là n'est pas la fin de l'histoire, car cette affaire a eu des prolongements à l'intérieur du pouvoir lui-même. Plusieurs jours après l'annonce de la mesure américaine, Alger est restée muette. Le ministère des Affaires étrangères, contrôlé totalement par Bouteflika en personne et dont c'était le rôle de se manifester d'une manière ou d'une autre, s'est tu. On se serait attendu qu'il réagisse, non pas pour défendre les citoyens algériens considérés tous comme étant des terroristes potentiels ce qui est le dernier de ses soucis, mais pour défendre son propre "honneur" bafoué. Bouteflika a bien compris que la mesure américaine était un camouflet pour tout le régime, avec un léger distinguo. Son interprétation est la suivante. Cette mesure est infamante pour lui, tandis qu'elle dénote un manque absolu de confiance des services de sécurité américains en le DRS, ce qui est nettement plus grave. C'est donc 7 à 8 jours après l'annonce de Washington que le ministre des Affaires étrangères a convoqué l'ambassadeur américain à Alger pour lui exprimer ses "vives protestations". C'est là que l'on vit apparaitre des complications à l'intérieur du pouvoir, car le DRS n'était absolument pas content d'une telle attitude de la part de Bouteflika. Des discussions orageuses ont eu lieu entre représentants des deux clans au cours desquelles le DRS a fait plusieurs reproches au clan présidentiel :

1°/ la réaction algérienne aurait du intervenir dès l'annonce américaine et aurait du être plus incisive,

2°/ si l'on continue à considérer, de par le monde, l'Algérie comme pays susceptible d'exporter le terrorisme, c'est de la faute de Bouteflika. Le DRS pense que l'armée a fait son boulot, qu'elle a battu les mouvements islamistes armés et qu'elle a donc éradiqué le terrorisme. S'il reste encore des poches ici ou là, la politique de réconciliation nationale de Bouteflika en est la cause. C'est cette main tendue aux islamistes qui fait que l'on voit des repentis reprendre le maquis et relancer ainsi l'activité terroriste,

3°/ Bouteflika monopolise tous les pouvoirs, y compris celui des Affaires étrangères; il a muselé tous les diplomates de talent pour ne favoriser que les médiocres plus facilement domptables, ce qui fait que personne n'a le courage de prendre une initiative quelconque dans une affaire aussi grave pour l'honneur du pays.

L'autre affaire beaucoup plus grave pour le régime, c'est ce rapport établi par une commission du Congrès américain, composée de sénateurs des deux partis, démocrate et républicain, remis récemment à la secrétaire d'État Hillary Clinton dans lequel elle concluait, à la majorité de ses membres, que le gouvernement fédéral devrait soutenir la proposition marocaine d'accorder une large autonomie aux populations du Sahara Occidental, tout en rattachant le territoire au Maroc. Bien que cette résolution ne représente qu'un avis d'une commission du Sénat, elle a néanmoins constitué un choc pour le pouvoir, car il s'agit là d'un précédent. À ce jour, jamais un organe politique américain n'avait pris une position aussi tranchée sur la question du Sahara. On craint très fort dans les cercles du pouvoir que ce sera dorénavant cela la position officielle des États-Unis sur ce dossier. D'ailleurs, l'alerte est si sérieuse que dans la foulée, on a vu le Front Polisario, probablement à la demande de ses mentors algériens, annoncer qu'il prenait ses distances avec la mission des Nations Unies pour le Sahara occidental (Minurso). Motif invoqué : les Nations Unies ont dévié de la mission dont elles sont chargées, à savoir organiser un référendum sur l'avenir du territoire. La seule riposte que l'on a trouvée à Alger a été de boycotter le sommet international sur la sécurité nucléaire organisé par le président Obama. Abdelaziz Bouteflika a délégué son ministre des Affaires étrangères, Mourad Medelci, pour le représenter à cette réunion. Pour le président algérien, une telle décision a certainement été très difficile à prendre pour deux raisons essentielles : il a de tout temps adoré se montrer en des occasions semblables, surtout celles qui comme celle-là rassemblent les chefs d'État les plus puissants de la planète. Se montrer en compagnie de présidents autres que ceux du Tiers Monde flatte son ego. Deuxième raison pour laquelle il n'a pas aimé avoir à prendre une telle décision, il avait là "une occasion en or" de rencontrer Barack Obama pour la première fois depuis son investiture, en territoire américain. Il avait escompté être reçu à la Maison-Blanche pour un entretien privé. Tous ces calculs sont cependant tombés à l'eau, en raison de l'opposition du DRS à ce déplacement. En effet, la question du Sahara occidental est considérée par le régime algérien, toutes tendances confondues (Présidence et DRS), comme vitale pour sa pérennité. Pour les deux clans, il s'agit d'affirmer une certaine hégémonie dans le Maghreb. Un tel "affront" constitue un échec de la politique adoptée depuis deux décennies au moins. Il est encore beaucoup plus grave pour le DRS qui se voit ainsi perdre un peu plus la main dans le Sahel. C'est pourquoi il a demandé à Bouteflika de renoncer au déplacement de Washington. Son état de santé constitue, pour lui, un argument valable – bien que non invoqué officiellement – qui justifie aux yeux des Américains son absence au sommet prévu. Du côté de l'administration américaine, on ne semble pas trop faire cas des états d'âme des Algériens. À Alger, on est d'autant plus contrarié par cette prise de position des congressmen américains que le gouvernement français vient de renouveler lui aussi, de manière plus éclatante que par le passé, son soutien à la position du Maroc sur l'affaire du Sahara occidental. La position française n'est pas nouvelle. On considère cependant, au sein du pouvoir, que les Américains ont donné aux Français l'occasion d'afficher sans complexe leur alignement sur les positions du roi Mohamed VI. D'ailleurs, le ministre algérien des Affaires étrangères a reçu pour mission de s'en expliquer avec son homologue français Bernard Kouchner sur la question en marge de la réunion de Barcelone sur l'UPM, si elle se tient.

CHAPITRE V

Le jeu très trouble du DRS au Sahel

Depuis les années 2002/2003 et le lancement des initiatives PSI et TSCTI, le DRS n'a eu de cesse de démontrer qu'il était l'allié privilégié des États-Unis dans la région du Sahel. Afin de prouver qu'il était le véritable gendarme de la région, que les autres pays qui s'y trouvent étaient incapables de garantir leur propre sécurité et encore moins celle des intérêts américains, il était nécessaire que règne un désordre permanent qui lui permettrait de mettre en exergue ses capacités de manœuvre et d'action. Ceci explique que le Sahel qui était naguère une zone dans laquelle fleurissaient des trafics en tous genres (contrebande de cigarettes, d'alcools, de produits électroniques et d'armes éventuellement) s'est transformé en une zone de non-droit, à la suite d'actions menées par le DRS : enlèvement de 32 touristes européens en 2003 par Abderrezak El Para, agent du DRS, affrontements provoqués et entretenus entre groupes touaregs et arabes, puis prises d'otages répétées. Le DRS se devait également de prouver qu'il était en mesure de contrôler une telle situation, embrouillée et dangereuse en apparence. Il poussa alors en 2006, les groupuscules du GSPC, présents dans la zone et contrôlés par lui, à s'auto déclarer Al Qaïda au Maghreb Islamique afin de créer l'illusion d'un Sahel devenu un nouveau centre de terrorisme international. À remarquer que cette organisation, censée être le plus grand ennemi des États-Unis et de l'Occident d'une manière générale; bien qu'installée dans une zone où d'importants intérêts américains ou occidentaux sont présents, ne s'est jamais attaqué à des champs pétroliers, à des installations de production d'uranium ou à d'autres objectifs économiques de ce genre. L'AQMI semble s'être plutôt spécialisée dans la prise en otages de touristes étrangers ou de membres d'organisations humanitaires, généralement libérés après versement de rançons, comme si le but recherché était la création d'une atmosphère de peur et de danger chez une catégorie de personnes qui ne sont que de passage dans la région. Notons que les principaux chefs de la nébuleuse islamiste, Mokhtar Benmokhtar, Abdelhamid Abou Zaïd ou Yahia Djouadi sont entièrement sous contrôle du DRS.

Cette situation bien huilée a commencé à se détériorer avec l'avènement de Barack Obama à la Maison-Blanche. Depuis 2 années et demie, le DRS a lancé plusieurs initiatives pour tenter de reprendre la main dans le Sahel et de renouer des relations plus cordiales avec l'armée et l'administration américaines. Ceci est particulièrement vrai depuis l'enlèvement du diplomate canadien Robert Fowler en janvier 2009. Toutes les prises d'otages, à l'exception de celle du Britannique Dwyer, se sont généralement bien terminées. Les personnes enlevées se sont retrouvées entre les mains d'Abdelhamid Abou Zaïd, ce qui n'est nullement l'effet du hasard et qui démontre bien que ce groupe est totalement sous la tutelle du DRS.

Mettant à profit ces enlèvements de citoyens européens au Mali, l'armée algérienne a décidé d'interdire tous déplacements dans l'extrême sud du pays, sauf autorisation expresse délivrée par elle-même ou par des organes qui relèvent d'elle. Si l'on rajoute à cela le fait que les déplacements au nord du Sahara sont également soumis à autorisation délivrée par l'armée, en raison de la présence de champs pétroliers, c'est donc tout le Sahara, soit les 4/5 du territoire algérien qui relèvent de l'autorité exclusive de l'armée. C'est à l'occasion d'une visite effectuée dans la région par des officiers supérieurs représentant différents corps, dont le DRS, que cette décision a été communiquée aux tribus locales, qui ne peuvent plus se déplacer à leur guise comme elles ont l'habitude de le faire. Cette mesure a été décidée sans même que Bouteflika, ministre de la Défense et chef suprême des armées, ne soit consulté. Toujours dans le but d'affirmer sa prééminence sur les affaires du Sahel, le DRS a provoqué la réunion à Alger de l'Alliance démocratique pour le changement au nord du Mali (ADC). Cette réunion était censée annoncer une réunification du mouvement, relancer le processus de réconciliation des bandes rivales entre elles et avec l'État malien, de même qu'elle devait préparer les bases d'un congrès qui réunirait toutes les tendances de toutes les tribus touaregs du nord Mali. Si ces trois buts avaient été atteints, cela aurait signifié la reprise en mains totale par le DRS de la situation politico-militaire de la région. Ce ne fut pas le cas, car seule une faction de l'ADC a participé à la réunion. Cet échec relatif n'en démontre pas moins que le DRS reste actif dans la région. Selon ce qui se murmure ici et là, certains des enlèvements, avec demande de rançons, auraient été faits à la demande du DRS. Les enlèvements avec rançons, plutôt rares par le passé, sont devenus plus fréquents ces temps-ci. Les milieux officiels nous disent que c'est la preuve que les terroristes de l'AQMI sont aux abois et que s'ils demandent de l'argent c'est parce qu'ils ont de moins en moins le soutien de la population. Ces prises d'otages restent néanmoins suspectes, car le régime n'y accorde aucune attention particulière. Il n'entame ni recherche ni tentative de délivrance des otages par quelque moyen que ce soit (militaire, négociation, approche des ravisseurs par des intermédiaires). Par contre, tout est fait pour médiatiser au maximum ces actes, comme si l'on voulait simplement créer un sentiment de répulsion des terroristes-ravisseurs. Ces enlèvements sont d'autant plus suspects que les otages finissent par être libérés au bout de quelque temps avec ou sans versement de la moindre rançon, ce qui donne à penser qu'il y a bien anguille sous roche.

L'enlèvement de Pierre Camatte est venu bouleverser la donne. Sa libération a été suivie d'une protestation du gouvernement algérien (comprendre le DRS) contre le gouvernement malien qui a, en échange et à la demande de l'AQMI, libéré des détenus algériens et mauritaniens. On ne sait pour le moment pas si les Algériens libérés sont d'authentiques djihadistes ou des agents du DRS infiltrés au sein de l'AQMI. Dans les deux cas de figure, cette protestation n'est rien d'autre qu'un cri de vierge effarouchée, vu que l'AQMI est noyautée par le DRS. Ce n'est, en réalité, pas le fait que le gouvernement malien ait – à la demande de la France, il est vrai – négocié avec des terroristes qui a dérangé les services de renseignements, mais plutôt le fait que l'affaire ait été traitée en dehors de leur circuit. Ils auraient souhaité que le gouvernement français vienne solliciter leur "assistance" pour la libération de l'otage français. Se retrouver ainsi sur la touche constitue un précédent pour d'autres gouvernements qui le prendraient en exemple, d'où la tentative du DRS de chercher à arracher le Mali à l'emprise du gouvernement français. Du côté malien, on semble disposé à accepter d'entrer dans le jeu de l'Algérie, à condition que celle-ci s'engage à fournir une enveloppe financière importante destinée, disent les Maliens, au développement de la région nord du pays.

Mais ces calculs ont été perturbés par l'intervention d'un troisième larron, la Libye. Du coup, on a vu se tenir à Alger, à l'initiative du DRS, deux réunions portant sur le terrorisme dans le Sahel. La première a eu lieu au niveau des ministres des Affaires étrangères de 7 pays (Algérie, Libye, Mauritanie, Mali, Niger Tchad et Burkina Faso) vers la mi-mars 2010, tandis que la seconde a rassemblé, à la demande des ministres, les chefs d'état-major des armées de ces mêmes pays le 13 avril. Selon le porte-parole de la conférence son but est, pour les chefs d'état-major de *"discuter des voies et moyens susceptibles de promouvoir la coopération et la coordination sécuritaire pour asseoir ensemble un mécanisme adéquat à même de prendre en charge le phénomène du terrorisme et ses connexes"*. En coulisses, il était important pour les deux puissances de la région, l'Algérie et la Libye de resserrer les rangs de leurs ouailles et de tenter d'élargir leur domination, voire leur contrôle, sur les mouvements rebelles qui existent çà et là. On eut la confirmation qu'une lutte d'influence opposait les deux pays à travers l'interview accordée par l'ambassadeur des États-Unis à Alger lors de la conférence des chefs d'état-major. Faisant fi des états d'âme des Algériens qui n'avaient pas gobé la prise de position d'une commission du Sénat à propos du Sahara occidental, il a déclaré, en réponse à une question sur le rôle de l'Algérie dans la lutte contre le terrorisme dans le Sahel, que cette lutte n'est pas l'affaire d'un seul pays; c'est exactement le contraire de la position de l'administration Bush pour laquelle l'Algérie était l'allié principal dans la zone. Il a rajouté que son pays n'avait nullement l'intention de s'ingérer dans la démarche antiterroriste au Sahel - comprendre que les États-Unis n'interféraient pas dans ce combat de coqs entre l'Algérie et la Libye. Pour contrer l'influence libyenne, le DRS est disposé à porter assistance à 4 pays en particulier, le Mali, le Niger, le Tchad et la Mauritanie. Porter assistance signifie prendre le contrôle de toutes les initiatives de ces pays dans la “lutte contre le terrorisme d’Al Qaïda au Maghreb islamique”. Parmi ce quatuor, le DRS a, pour le moment, la main haute sur la Mauritanie et partiellement sur le Mali. Il considère que le Tchad n’est pas un pion important dans la lutte d’influence avec la Libye, et serait disposé à lui en laisser le contrôle. Il aimerait bien, par contre, étendre son influence sur le Niger.

À cet imbroglio déjà bien complexe, au sein d’une zone où les protagonistes tirent tous à hue et à dia, est en voie de s’ajouter une complication supplémentaire qui y rend la situation inextricable. On a de plus en plus d’informations qui attestent de l’implication apparente de hauts gradés de l’ANP dans le trafic de drogue au Sahel et au sud de l’Algérie. On y retrouve une situation semblable à celle qui avait été découverte, il y a quelque deux ans, dans la région d’Oran. L’histoire se répète aujourd’hui dans la zone qui s’étend de Timimoun jusqu’au nord du Mali. Pour qu’un tel trafic fleurisse, les parrains ont besoin de nombreuses complicités. Ils ne s’embarrassent pas de principes dans le choix de leurs complices. Ce sont aussi bien des membres de l’AQMI, que des chefs de guerre touaregs. Ces deux types d’intervenants entretiennent généralement de bonnes relations, même s’il arrive qu’il y ait quelques affrontements en certaines occasions. Qui sont les hauts gradés algériens qui les parrainent ? Des membres de l’état-major de la sixième région militaire ? Ou des membres du DRS ? Probablement un cocktail des deux. Comment font-ils pour faire coexister l’AQMI et les Touaregs ? En infiltrant et en essayant de contrôler les deux mouvements. C’est ce qu’ils ont fait avec Abderrezak El Para et ce qu’ils font encore aujourd’hui avec Mokhtar Benmokhtar et d’autres chefs du GSPC. C’est aussi ce qu’ils ont fait avec Ibrahim Ag Bahanga ou même Fagaga auparavant. Comme ce double jeu ne fonctionne pas toujours, il y a des fois des défections, comme celle d’Ibrahim Ag Bahanga qui est allé chercher chez les Libyens une meilleure aide, tout comme il peut y avoir des règlements de comptes entre bandes rivales, qui peuvent entraîner des prises d’otages.

CHAPITRE VI

Le DRS, apprenti sorcier

Pour libérer Pierre Camatte, l'AQMI avait exigé que soient remis en liberté 4 de leurs membres emprisonnés par les Maliens. Le ministre français des Affaires étrangères Bernard Kouchner s'était rendu à deux reprises à Bamako et avait demandé au président malien Amadou Toumani Touré de tout faire pour obtenir la libération de l'otage français; les Maliens avaient alors donné une suite positive à la demande de l'AQMI. Les Français ayant ainsi "mis les pieds dans le plat" le DRS a considéré qu'il y avait là une intrusion dans son pré carré, que le gouvernement français cherchait à porter atteinte à son aura et à son autorité. L'Algérie accusait ouvertement le Mali de renforcer les rangs des terroristes en cédant à leurs demandes et rappelait son ambassadeur à Bamako. Quant aux relations algéro-françaises, déjà pas très bonnes, elles se détérioraient encore un peu plus. Sur injonction du DRS, la presse algérienne se déchainait contre la France, tandis que le ministre des Affaires étrangères s'en prenait d'une manière un peu plus diplomatique à la politique suivie par Paris vis-à-vis de ses anciennes colonies subsahariennes. Restait au DRS de démontrer que depuis que le Mali avait cédé aux demandes de l'AQMI, le degré de nuisance de l'organisation terroriste s'était renforcé; il déclenchait alors deux opérations de manipulation macabres, du type de celles dans lesquelles il excelle. La première consistait en la prise en otage d'un autre humanitaire français, Michel Germaneau, la seconde étant l'assassinat de 11 gendarmes lors d'une embuscade perpétrée dans la région de Tin Zouatène, près de la frontière algéro-malienne. Contrairement aux enlèvements précédents, les ravisseurs de Michel Germaneau n'ont pas émis des demandes très claires, ce qui laissait penser que l'otage français avait été ou allait être exécuté, ce qui a abouti à un assaut mené conjointement par des troupes mauritaniennes et françaises. Divine surprise, pour le DRS. L'opération ayant, comme il l'avait prévu, échoué, il démontrait ce qu'il cherchait à prouver depuis longtemps, à savoir qu'il restait incontournable dans toutes les affaires qui concernent le Sahel. Il n'a d'ailleurs pas manqué de le faire savoir en faisant dire par la presse qu'à aucun moment - ni durant les jours qui précédèrent l'assaut ni après – le gouvernement français n'a pris contact avec les Algériens; bien au contraire, il a tout fait pour les ignorer. Cette affaire a néanmoins constitué un tournant dans la position du DRS au Sahel, qui a cessé d'y être omnipotent. Après avoir tout fait pour entretenir une atmosphère d'instabilité dans la zone qui s'étend de la Mauritanie à la frontière tchadienne afin d'y attirer les Américains, ce jeu d'apprenti sorcier a fini par avoir un retour de manivelle. Sa perte de vitesse s'affiche dans ses relations avec les groupes terroristes armés, dans celles avec ses voisins, le Mali en particulier, par l'arrivée de nouveaux acteurs absents de la zone jusqu'à présent, la France et la Libye notamment, ou dans les liens algéro-américains devenus plus lâches que par le passé. Il semble d'ailleurs qu'une certaine crainte s'est installée dans les rangs du DRS qui voit se constituer de nouveaux groupes armés qui échappent à son contrôle, en Mauritanie notamment. La présence souvent signalée de Mokhtar Belmokhtar dans ce pays confirme que c'est pour échapper à cette tutelle que ce dernier s'en est allé souvent se réfugier en Mauritanie, un pays dans lequel il semble disposer de réseaux qui relèvent de son autorité exclusivement.

Jusqu'à l'été 2009, la France n'était pas présente dans le Sahel. L'enlèvement de Pierre Camatte a constitué un début de changement de position. Quelles promesses ont été faites par le gouvernement français aux Maliens ou à quelles pressions les a-t-il soumis afin de les pousser à libérer des membres de l'AQMI pour obtenir celle de Camatte ? Nous ne le savons pas. Ce que l'on sait par contre, c'est que Nicolas Sarkozy en personne aurait promis au président malien, lors de sa visite à Bamako pour le remercier pour la libération de l'otage français, une assistance militaire et financière de la France. À la suite de quoi des troupes spéciales françaises, destinées à la lutte antiterroriste, ont été envoyées au Mali. Cet interventionnisme français déplait beaucoup aux responsables du DRS qui pensaient avoir fait "cadeau" de la région du Sahel aux Américains et espéraient y rester en tête-à-tête avec eux. Mais ces derniers ont bien compris le jeu des Algériens. Dans une déclaration faite au journal *Al Hayat,* l'ex-ambassadrice des États-Unis à Alger Janet Anderson, actuellement chargée des affaires de la région MENA (Middle East – North Africa) au département d'État affirme que l'AQMI se résume à une centaine de personnes qui agissent en free-lance. Elle dit aussi *"je pense qu'il est difficile pour nous de définir avec exactitude ce qu'est Al Qaïda dans les pays du Maghreb, parce qu'il y a un écart entre les slogans et la réalité"*. C'est on ne peut plus clair : les slogans c'est ce que dit le DRS, la réalité c'est que l'on voit sur le terrain.

Sur un tout autre plan, on constate que l'on en veut beaucoup, dans les rangs du DRS, au chef de l'État malien Amadou Toumani Touré (ATT) que l'on considère responsable du retournement de situation au détriment des Algériens dans la région nord du Mali. Selon les affirmations officielles des services secrets algériens, le régime malien a délibérément placé la région entre les mains de l'AQMI et des trafiquants de drogue. Il a, disent-ils, transformé le Sahel en une zone de non-droit (!). C'est son entourage, avec son assentiment, qui a fourni l'assistance nécessaire aux trafiquants de drogue pour la réception, en plusieurs occasions, d'avions entiers de cocaïne en provenance de Colombie. Ils accusent les négociateurs maliens d'avoir "conseillé" les ravisseurs de plusieurs groupes d'otages européens sur les montants des rançons à exiger. Comme on le sait, les relations diplomatiques algéro-maliennes sont gelées en raison, dit-on à Alger, de la politique laxiste du gouvernement malien. Mais ce qui dérange surtout le DRS, c'est qu'ATT a réussi à marginaliser l'Algérie et à faire en sorte que des actions extrêmement importantes soient entreprises sans qu'elle ne soit consultée.

Au cours du mois de mai, les États-Unis ont lancé des manoeuvres militaires menées dans le cadre du Trans saharian counter terrorism partnership auxquelles ont participé les pays riverains (Mali, Mauritanie, Tchad et Niger). Y ont été associés également le Burkina Faso, le Nigéria et le Sénégal, ainsi que des pays européens, la France, l'Allemagne, la Grande-Bretagne et l'Espagne. L'Algérie, directement concernée par la lutte contre l'AQMI et qui possède incontestablement l'armée la plus puissante de la région n'a pas été invitée à participer à l'opération dénommée Flintlock 10. C'est un revers très grave pour l'Algérie et pour le DRS en particulier, qui se pose évidemment beaucoup de questions sur les raisons de cette non-participation. On essaie aussi d'expliquer à l'opinion publique algérienne les raisons de cette déconvenue que l'on justifie par des arguments flatteurs pour la position de l'Algérie quant à la politique "expansionniste" américaine. On dit, entre autres, que c'est pour se venger de cette dernière qui a eu le courage de refuser que le siège de l'Africom soit situé chez elle que les Américains agissent ainsi. Le DRS constate avec dépit que depuis l'arrivée de Barack Obama au pouvoir, les choses ne sont plus ce qu'elles étaient du temps de Bush. C'est pourquoi, considère-t-on dans les rangs du pouvoir à Alger, que ne pas associer l'Algérie à des manœuvres militaires qui se déroulent à ses frontières est la mesure de trop, le camouflet qu'il fallait éviter et auquel il faut trouver une riposte. Oui, mais quelle riposte ?

Le DRS doit prouver que l'armée algérienne est une des composantes essentielles de la lutte antiterroriste dans le Sahel, d'où l'offensive tous azimuts qu'il a déclenchée en parallèle à l'opération Flintlock 10. Il y eut d'abord une conférence placée sous l'égide du Centre africain d'études et de recherches sur le terrorisme, dont le siège est à Alger, à laquelle ont été conviés la Libye, le Mali, le Tchad, la Mauritanie, le Niger et le Burkina Faso. Cette conférence fut suivie d'une rencontre au sommet des services de sécurité de ces mêmes pays, une rencontre tenue secrète et dont on ne connait pas les résultats, si ce n'est la déclaration standard que l'on fait en de telles occasions prônant une coopération renforcée. Il y eut ensuite la réunion commune des chefs d'état-major des armées de ces mêmes pays, qui a abouti à la création d'un état-major commun de lutte contre le terrorisme qui serait basé à Tamanrasset. Toutes ces réunions et conférences se sont tenues en Algérie, à sa demande. Le DRS cherche à reprendre la main sur les affaires du Sahel et à obtenir le soutien des autorités des autres pays riverains en jouant sur la fibre anti-impérialiste des dirigeants et en invoquant pour argument que la lutte antiterroriste doit être d'abord et avant tout du ressort des pays africains. Parallèlement à ces actions, des menaces ont été proférées sur des sites internet d'Al Qaïda par des émirs totalement contrôlés par le DRS qui accusent les Américains - et les Occidentaux d'une manière générale - de vouloir mener "des croisades contre l'Islam" dans le Sahel.

À force de calculs, de magouilles, de manipulations, et de vouloir jouer les Machiavel, les dirigeants du DRS font aujourd'hui les frais du système qu'ils ont eux-mêmes instauré. Les apprentis sorciers sont devenus les victimes de leur propre sorcellerie.

CHAPITRE VII

La mosquée de Paris, sujet de discorde entre la France et l'Algérie

L'histoire passée de la grande mosquée de Paris (GMP) est très houleuse. Depuis sa création dans les années 1920, puis son inauguration en 1926, elle a été l'objet de convoitises diverses. D'abord de la part de l'administration coloniale française en Algérie, puis après l'indépendance algérienne en 1962, s'est engagée une bataille juridique épique portant sur la propriété de l'édifice et partant sur le contrôle du culte musulman en France. Cette bataille qui officiellement opposait des organismes juridiques français et algérien était à vrai dire un affrontement entre l'État algérien et l'État français. Cet affrontement prit fin en 1967 quand le tribunal de grande instance de Paris en attribua la propriété à un organisme algérien, dit Société des habous, qui a été, dès 1920, à l'origine du projet. Puis le conseil d'administration de cette société décida en 1982 la dévolution de tous ses biens à l'Algérie. La France refusa de reconnaître les décisions, mais ne put s'y opposer juridiquement. Ceci explique pourquoi tous les recteurs qui ont eu à diriger la mosquée ont été désignés par l'Algérie. C'est notamment le cas du recteur actuel, Dalil Boubekeur, en poste depuis 1992 et qui a marché dans les pas de son père qui a occupé la fonction pendant 25 ans (de 1958 à 1982). Le poste de recteur de la GMP est un poste d'une très grande importance politique en France. Pour une raison bien simple : l'Islam est actuellement la deuxième religion de France, en voie de devenir première religion dans les 20 à 25 années à venir. La peur de l'Islam qui a, de tout temps, hanté les esprits des politiciens français et qui s'est renforcée depuis 2001 fait que le recteur de la grande mosquée est une personnalité très courtisée. L'actuel occupant du poste, Dalil Boubekeur est recherché par les médias, souvent invité sur les plateaux de télévision, invité lors de toutes les manifestations officielles au côté des plus hautes personnalités de l'État. Sa compagnie est recherchée par les représentations diplomatiques étrangères accréditées à Paris. Lors des émeutes des banlieues en 2005, c'est vers le recteur de la GMP que se sont retournées les autorités françaises et notamment le ministère de l'Intérieur, à la recherche de son assistance afin de mettre fin au vent de révolte, mais aussi pour demander à la GMP de lui communiquer des noms de leaders des banlieues qui aiderait à contrôler la situation. La voix du recteur de la GMP porte beaucoup plus auprès de l'Élysée que celles de tous les ambassadeurs des pays arabes et musulmans en France réunis. À signaler enfin que l'influence de la GMP se fait sentir même ailleurs qu'à Paris, puisqu'elle gère entre 150 à 300 imams à travers l'Hexagone, des imams dont elle assume les salaires aussi. C'est dire pourquoi l'Algérie et la France se battent pour assumer le contrôle de la grande mosquée de Paris.

Dalil Boubekeur a été nommé par l'Algérie en 1992 en remplacement de Tedjini Haddam qui avait été appelé à Alger pour faire partie de la présidence collégiale dénommée Haut comité d'État (HCE), instaurée après l'assassinat de Mohamed Boudiaf. C'est donc l'homme de l'Algérie qui assiste tant l'ambassade que les services de sécurité algériens dans le contrôle de la diaspora algérienne. Il a également un rôle politique de défense des intérêts algériens en France, tout en essayant de s'opposer à la mainmise du voisin et rival marocain sur l'Islam en France. Dalil Boubekeur a été très soutenu par Jacques Chirac du temps où il était président de la République. Il continue d'entretenir d'excellentes relations avec les chiraquiens; il a soutenu Dominique de Villepin tout au long de l'affaire Clearstream, tout en tenant des propos qui ont fortement déplu à Nicolas Sarkozy, qu'il a traité de nabot. C'est une des raisons pour lesquelles ce dernier a tenté, à plusieurs reprises, de dégommer Dalil Boubekeur et de désigner à sa place un homme plus acquis à ses thèses. C'est déjà lorsqu'il occupait le poste de ministre de l'Intérieur que Nicolas Sarkozy a créé, en 2003, un organisme qui était censé être un concurrent de la GMP. Dénommé Conseil français du culte musulman (CFCM), il était destiné à représenter les musulmans de France. Il lui a confié de très larges attributions, telles que celle d'intervenir dans la construction de mosquées ou de collecter la taxe sur les aliments halal. Il a essayé ainsi de grignoter quelque peu le monopole de cette taxe attribué par décret à la GMP par un autre ministre de l'intérieur, Charles Pasqua. Mais Nicolas Sarkozy n'a pas pu s'opposer à ce que Dalil Boubekeur soit élu premier président du CFCM en 2003 et qu'il soit réélu au poste en 2005. Il a tenté, sans succès également en 2003, de mettre fin à son mandat à la GMP en lui proposant de garder la présidence du CFCM en contrepartie de l'abandon du poste de recteur de la grande mosquée. Fort du soutien d'Abdelaziz Bouteflika en personne et des services du DRS, Boubekeur a refusé l'offre qui lui était faite.

De nouvelles élections au poste de recteur sont programmées pour 2011. Dalil Boubekeur est plus que jamais favori pour se succéder à lui-même au poste. Sur ordre d'Alger, l'ambassade d'Algérie à Paris mène campagne pour lui. La tâche lui est facilitée du fait que la GMP est unanimement considérée par la communauté musulmane de France comme le véritable représentant du culte musulman. Elle doit ce statut au fait qu'elle est un lieu de culte et que ses autres attributions ont toutes un lien direct avec la religion elle-même. À l'inverse du CFCM que les musulmans de France considèrent comme étant un organisme politique et non pas religieux, et par conséquent non représentatif de l'Islam de France. La seconde tare dont souffre le CFCM est que pratiquement tous ses dirigeants sont natifs de leurs pays d'origine, émigrés en France et représentent, dans les enceintes du CFCM, l'organisation communautaire qui les y a délégués (Fédération nationale des musulmans de France – FNMF – Union des organisations islamiques de France – UOIF – Comité de coordination des musulmans turcs de France – CCMTF – en plus de la GMP). La raison de ce choix est purement politique. Nicolas Sarkozy pensait, à l'époque, créer ainsi des liens, voire des réseaux dans les pays qui soutenaient ces différentes organisations : le Maroc pour la FNMF, les pays d'Afrique noire pour l'UOIF, la Turquie pour le CCMTF et l'Algérie et les pays du Golfe pour la GMP.

ANNEXES

ANNEXE 1

Lettre ouverte à messieurs les enquêteurs du DRS

Messieurs,

Nous avons appris par la presse de ces derniers jours qu'après un travail de fourmis que vous avez mené durant deux semaines, vous avez mis au jour un gros problème de corruption au niveau de l'état-major de la Sonatrach. Le président-directeur général, des vice-présidents et des directeurs de la compagnie, l'ex-PDG du CPA, un entrepreneur privé ainsi que les enfants des deux PDG sont, soit sous les verrous, soit sous contrôle judiciaire. Bravo Messieurs, vous avez fait du bon travail. Tous les Algériens honnêtes, tous ceux qui ne vivent que de la sueur de leur front, ne pourront que vous féliciter. On nous a dit aussi que ce serait sur injonction du président de la République qu'ont été menées vos investigations. On a également appris à travers la presse que les malversations en question concernaient l'octroi de marchés à deux bureaux d'études et de consulting ainsi que l'achat d'installations de surveillance sur des pipelines. Malgré les bons résultats auxquels vous êtes parvenus, je dois cependant vous dire que, nous citoyens, restons quand même sur notre faim à la lecture de ces informations. C'est pourquoi je m'adresse à vous pour vous faire part d'un certain nombre de constatations, de remarques et de questions que celles-ci soulèvent.

Parmi les premières constatations qui sautent aux yeux, il en est une que vous avez certainement du faire vous-mêmes : les affaires que vous avez mises au jour concernent des marchés d'importance "secondaire", dirions-nous. Des études de consulting représentent des contrats dont les montants varient entre quelques dizaines de milliers et quelques centaines de milliers de dollars. Il en est de même de l'achat de matériels et équipements de contrôle et de surveillance électronique installés sur des canalisations de pétrole ou de gaz. C'est un peu plus cher que des études, mais cela reste d'un niveau modeste. Des commissions de 10% à 15% – c'est le "tarif" en général – représentent des petites sommes. Loin de moi l'idée de chercher à diminuer ou à atténuer la culpabilité des personnes concernées, car une malversation reste une malversation, un corrompu reste un corrompu et un vol reste un vol, quel que soit le montant des sommes détournées ou indûment perçues. Il faut mettre fin à ce genre de comportements et à ce fléau social qu'est la corruption même si cela ne porte que sur des petites affaires. Ce qui me gêne néanmoins – autant vous le dire crûment – c'est que, bien que vous ayez fait un très bon travail, vous avez quand même tapé un peu à côté de la plaque. Vous avez été comme qui dirait bridés ou alors vous vous êtes à dessein confinés dans l'investigation des petits marchés, comme si la corruption ne concernait que les petits contrats. On a l'impression que vous n'avez pas su chercher ou que l'on ne vous a pas laissé aller au-delà d'un certain niveau. Malheureusement, la corruption est partout présente en Algérie. Elle est particulièrement présente dans les grands marchés, ceux qui se chiffrent en milliards de dollars, ou éventuellement en centaines de millions. C'est là que les dégâts pour l'économie nationale sont énormes et c'est surtout dans ces marchés que vous devriez aller fourrer votre nez. Je vous fournirai plus loin quelques pistes à explorer.

La seconde constatation que l'on peut faire à la lecture de ce qui a été publié dans la presse est que la progéniture de certains responsables est également "dans le coup". Là aussi on doit vous dire bravo, car vous avez ainsi mis au jour une évidence, dont on ne voulait pas prendre conscience jusque là, pour je ne sais trop quelle raison. Mais alors, ne vous arrêtez pas en si bon chemin. Intéressez-vous aux activités de certaines autres progénitures, bien connues à Alger, qui possèdent une double nationalité et qui résident à l'étranger. Vous découvrirez, Messieurs les enquêteurs, que nombre de contrats passés par la Sonatrach l'ont été grâce à l'entregent de ces enfants et grâce à l'assistance de papa, qui lui occupe de hautes fonctions dans l'appareil économique algérien.

Ma troisième remarque porte sur le niveau de responsabilité des personnes soupçonnées d'avoir perçu des pots-de-vin. Ce sont certes les plus hauts cadres de la compagnie nationale des pétroles, mais pensez-vous sincèrement, Messieurs les enquêteurs, que ces cadres ont agi seuls ? Pensez-vous vraiment qu'ils ont pris seuls le risque de briser leurs carrières professionnelles, leurs vies familiales et leurs avenirs, sachant par avance que s'ils étaient découverts, ils passeraient de longues années en prison ? Imaginez-vous un instant qu'ils n'ont pas pris auparavant la "précaution" de solliciter la protection de responsables autrement plus importants, tant au sein du pouvoir politique que du pouvoir militaire ? Une telle protection se paye évidemment en monnaie sonnante et trébuchante. Ne croyez-vous pas que ces cadres ne sont en réalité que des seconds couteaux, des acteurs agissant pour le compte de parrains autrement plus puissants ? Je suis pour ma part convaincu – je suis certain qu'au fond de vous-mêmes vous l'êtes aussi – que ce serait plutôt à la demande et pour le compte de certains puissants du régime que ces cadres ont fait ce qu'ils ont fait, et qu'ils se sont, bien entendu, servis au passage. Encore une fois, ceci ne diminue en rien leur niveau de culpabilité, puisque même s'ils n'avaient rien pris au passage, ils n'en seraient pas moins coupables de corruption en bande organisée. Ce qui me gêne, à vrai dire, c'est que vous n'ayez découvert qu'une partie infime des malversations qui caractérisent le secteur pétrolier algérien. Tout se passe comme si on vous avait demandé de ne pas porter vos investigations vers la partie immergée de l'iceberg. Ce qui me gêne c'est de constater, encore une fois, que les très hauts responsables politiques et militaires algériens semblent être immunisés contre toute tentative de corruption, qu'ils ne sont ni corrompus, ni corrupteurs, qu'ils sont blancs comme neige, comme si la corruption s'arrêtait au dernier étage de la technocratie. La situation présente ressemble étrangement à celle de l'affaire Khalifa où les malversations révélées n'avaient atteint que le poste de gouverneur de la Banque centrale ; au-delà, il n'y en avait pas. Elle est aussi identique à celle de l'affaire BRC où le plus haut responsable inculpé était le président-directeur général de l'entreprise et dans laquelle, au-delà de ce niveau, tout le monde était net et propre. Au risque de me répéter, je suis obligé de constater qu'il y a quelque chose qui cloche : ces investigations et ces inculpations qui s'arrêtent à un certain niveau de responsabilité ne sont pas le fruit du hasard. Il y a, visiblement en coulisses, des forces occultes qui agissent et qui décident de stopper les recherches à un certain point, une fois qu'elles ont atteint le but qu'elles visaient. Même quand, comme dans l'affaire Khalifa, un ministre admet devant un tribunal une part de responsabilité dans le scandale ou que le secrétaire général de l'UGTA dit assumer certains actes de mauvaise gestion qui en sont en partie la cause, l'establishment fait comme s'il n'avait pas entendu ces déclarations.

Messieurs les enquêteurs,

J'ai signalé au début de mon écrit que c'est par la presse que nous, citoyens, avons été informés de ce scandale. J'aurai dû dire – ce que vous avez certainement constaté tout comme moi – qu'il ne s'agissait, en réalité, que d'une partie de la presse. À l'exception de trois ou quatre journaux arabophones et francophones qui ont publié des dossiers bien documentés sur l'affaire, les autres n'ont fait que reprendre ce que leurs confrères avaient déjà porté à la connaissance de leurs lecteurs. Et ce, quelques jours plus tard seulement, comme s'ils attendaient un feu vert de quelque part. C'est là l'autre bizarrerie que l'on relève dans ce grand déballage. Est-ce à dire que certains journalistes, exerçant dans certains titres, ont de grandes capacités d'investigation que leurs collègues n'ont pas ? Ou alors, ont-ils leurs sources d'information auprès de certains services – dont le vôtre notamment, Messieurs les enquêteurs, puisque ce sont les résultats de votre travail qui nous ont été révélés – que les autres ne possèdent pas ? Ou plutôt – autre hypothèse – "on" n'a fait fuiter que vers certains les informations que l' "on" voulait porter sur la place publique ? C'est en cela aussi que le bât blesse.

Vous n'êtes pas sans savoir, ce que savent d'ailleurs tous les Algériens qui s'intéressent à la vie politique de leur pays, qu'au sein du régime algérien existent des clans qui sont en affrontement quasi permanent pour le pouvoir, chacun essayant d'augmenter et de pérenniser le sien. C'est pourquoi la bizarrerie que nous venons de signaler, ainsi que celle qui veut que les investigations s'arrêtent à un certain niveau, prennent une autre dimension. On a la nette impression que derrière l'avalanche d'informations qui nous est fournie par la presse, il y a un règlement de comptes. Cette sensation de règlement de comptes est d'autant plus perceptible que l'on nous dit donc que ce serait sur injonction du président de la République que ces investigations ont été conduites. Vous n'êtes pas sans savoir que le président de la République et son entourage sont partie prenante dans cette lutte pour le pouvoir. On constate, en outre, que les personnes impliquées dans cette affaire, aussi bien celles qui ont été arrêtées ou mises sous contrôle judiciaire, que celle dont le "processus vital" a été engagé, comme l'a si bien dit un journaliste de renom, font toutes partie du clan présidentiel. Doit-on en conclure que le président, veut faire le ménage dans la maison, veut nettoyer les écuries d'Augias, même si cela devait se faire à son "détriment" ? Ce serait alors tout à son honneur. Quand on sait cependant comment certaines affaires ont été étouffées, comment a été dissoute BRC dès que le scandale a pris des proportions qui risquaient de porter atteinte aux puissants du régime, je ne peux m'empêcher de poser la question suivante : pourquoi Abdelaziz Bouteflika s'est-il ainsi "tiré une balle dans le pied", comme on dit en langage courant ? A-t-il été poussé vers cette alternative par de puissantes forces occultes ? Ou bien alors a-t-il voulu, par une telle décision, protéger d'autres personnes de son entourage, plus importantes à ses yeux et plus chères à son cœur, quitte à en sacrifier certaines ? En tous cas, on ne peut que souhaiter d'assister plus souvent à des règlements de comptes de ce genre qui permettent de dévoiler des affaires de corruption. Le pays se débarrasserait ainsi du plus grand fléau social qui ronge la société algérienne qui éliminerait ainsi de ses rangs les brebis galeuses.

Venons en maintenant, Messieurs les enquêteurs, aux pistes que je vous ai promises et sur lesquelles vous pourriez travailler. Vous y rencontrerez certainement du plus gros "gibier", vous y découvrirez des malversations autrement plus importantes que celles que vous avez mises au jour jusque là et vous ramènerez très probablement dans vos filets de plus grosses prises.

1°/ – Intéressez-vous d'abord aux ventes de pétrole par la Sonatrach. Vous constaterez que la compagnie nationale fait peu de ventes spot et que l'essentiel de ses ventes se fait à destination de quatre ou cinq clients seulement. Si vous allez fouiller un peu plus profondément, vous vous rendrez compte que derrière chacun de ces clients se trouve un membre du sérail, que ces "barons" ont leurs hommes de paille à Alger, mais aussi des "correspondants" auprès des bureaux de Londres ou de Houston de la Sonatrach. Quand on sait que les ventes de pétrole de la Sonatrach génèrent 60 à 70 milliards de dollars US par an, on ne peut qu'être frappé par le montant que représentent les commissions perçues par certains.

2°/ – Allez jeter un coup d'œil sur ce que l'on appelle le projet de gaz intégré de Gassi Touil, sur lequel la Sonatrach était associée aux Espagnols de Repsol et de Gas Natural, un projet qui était estimé à 3,6 milliards de dollars US et qui devait être réalisé en deux à trois ans au maximum. Puis, voilà qu'il y a de cela quelque trois années, la Sonatrach rompait ce contrat pour des raisons pas très nettes et décidait de réaliser le projet toute seule. Aujourd'hui celui-ci a été saucissonné en deux parties :

a/ – une première partie portant sur la construction à Arzew d'un complexe de GNL, d'un coût estimé à 4,7 milliards de dollars US qui a été attribué à l'entreprise italienne Saipem. La presse algérienne de ces derniers temps a relevé que le nom de cette société revenait un peu trop souvent dans les projets de la Sonatrach . Elle a de même traité, à deux ou trois reprises, de faits se rapportant à des contrats attribués à cette société qui devraient attirer votre curiosité. À signaler que Saipem a aussi décroché dans le courant de 2009, un nouveau contrat de 1,1 milliard d'euros et 30,45 milliards de dinars, portant sur la construction d'installations de production à Menzel Ledjmet Est.

b/ – une deuxième partie, concernant les installations de production sur le champ de Gassi Touil lui-même, a fait l'objet d'un contrat attribué à Japan Gasoline (JGC). D'un montant de 1,5 milliard de dollars US, les travaux objets du contrat étaient censés débuter à la fin de 2009 et devraient durer 42 mois.

Voici donc un projet qui devait coûter à l'origine 3,6 milliards de dollars US qui reviendra finalement à 6,2 milliards, soit 72% plus cher que prévu, qui devait se terminer dans le courant de cette année ou en 2011 au plus tard, mais qui, dans le meilleur des cas, ne sera achevé qu'en 2013. Cela ne vaudrait-il pas le coup de regarder de plus près ce qui se passe dans cette affaire ?

3°/ – Un autre dossier devrait également attirer votre attention. Il s'agit du projet dit d'El Merk, monté en association entre la Sonatrach et Anadarko qui porte sur la construction d'un gros hub de production par lequel devrait transiter le pétrole brut en provenance d'une myriade de champs situés tout autour du point central d'El Merk. Dans une première phase, ce projet avait été attribué de gré à gré à BRC, avant qu'il ne soit mis fin au contrat après la dissolution de cette entreprise. Ce projet a été, lui aussi, saucissonné en deux parties, dont la plus importante a été confiée à SNC Lavalin, dans le cadre d'un contrat en trois phases. La première tranche coûtera à elle seule 1,1 milliard de dollars US, tandis que le projet global reviendra probablement à plus de 3,0 milliards de dollars US. Quel "Monsieur J'sais tout" que cette entreprise qui, par ailleurs, se trouve toujours bien placée dans les appels d'offres de projets algériens et de plus en plus dans ceux de la Sonatrach ! Après s'être fait connaître en Algérie par la construction de Houbel et de Riadh El Feth, elle s'était lancée en 2005 dans la construction d'une station de traitement et d'une station de pompage dans le cadre du projet de transfert d'eau de Taksebt pour un montant de 750 millions de dollars canadiens. Voilà qu'aujourd'hui SNC Lavalin s'engage dans la réalisation d'installations de production de pétrole assez complexes, mais aussi dans des projets d'urbanisme. Le montant du contrat qui lui a été attribué pour les études, le suivi, le contrôle et la coordination des travaux de construction de la ville de Hassi Messaoud, s'élève à un peu plus de 500 millions de dollars US.

4°/ – Autre piste que je vous signale, celle portant sur la construction à Arzew d'une usine de production d'ammoniac et d'urée, une affaire d'un montant de 1,6 milliard de dollars US attribuée à Orascom, via la création d'un joint-venture constituée pour l'occasion avec la Sonatrach. Voici encore une entreprise du type “Monsieur J’sais tout”. Après la téléphonie mobile, la voilà qui entre dans le domaine de la pétrochimie, avec cependant un gros bémol à signaler. Au lendemain de la signature du contrat avec la Sonatrach pour la réalisation de l’usine d’Arzew, Orascom s’est retournée vers une société d’engineering allemande de renom à laquelle elle a sous-traité pratiquement l’ensemble du projet, tout comme on la retrouve également sur le projet El Merk signalé plus haut. Vraiment Orascom sait tout faire, y compris acheter des cimenteries algériennes à un prix nettement inférieur à celui proposé par le cimentier français Lafarge, auquel elle revendait quelques semaines plus tard ces mêmes cimenteries avec un bénéfice de 600 à 700 %. Quel est le secret de la réussite de l’entreprise égyptienne ? Réside-t-elle dans le sens des affaires de son PDG, Mohamed Ali Shorafa, ou dans le fait qu’il fut à une certaine époque directeur du protocole du cheikh Zayed Ibn El Nahyane, émir d’Abou Dhabi ?

Ce ne sont là que quelques-uns des dossiers sur lesquels vous devriez, à mon avis, vous pencher, car il y en a encore beaucoup d’autres. Il y a tellement de choses à dire et à faire à propos de la corruption. Pour peu que l’on vous lâche la bride que l’on vous a mise sur le cou, je suis certain que vous parviendrez à des résultats qui dépassent de très loin les dizaines ou centaines de milliers de dollars de commissions que vous avez découvertes. Vous aurez alors rendu un service énorme à votre peuple et vous aurez débarrassé votre pays de cette gangrène qui le ronge.

Bonne chance, Messieurs les enquêteurs du DRS.

Fraternellement,

Hocine MALTI, ex-vice-président de la Sonatrach

27 janvier 2010

ANNEXE 2

Lettre ouverte à MM. les enquêteurs du DRS (suite)

Messieurs,

Je vous avais adressé au mois de janvier 2010, alors même que vous meniez une enquête sur des affaires de corruption au sein de la Sonatrach, une lettre dans laquelle je vous avais fait part de certaines remarques quant à la conduite de votre enquête et je vous avais indiqué quelques pistes à explorer qui vous mèneraient à de plus grosses découvertes.

Je vous avais indiqué que les affaires auxquelles vous vous intéressiez étaient d'un niveau modeste et que les pots-de-vin versés l'étaient aussi par conséquent. Avouez que, comparés aux 56 milliards de dollars US du chiffre d'affaires à l'exportation de la Sonatrach en 2010 et aux 14,5 milliards de dollars d'investissements pour la même année – sachant que la quasi-totalité de ces mouvements financiers font l'objet de commissions – les quelques centaines de milliers de dollars des dossiers véreux que vous avez découverts ne représentent qu'une goutte d'eau dans un océan. Je vous avais également fait remarquer que les personnes inculpées, bien qu'occupant les plus hauts postes de la hiérarchie de la compagnie nationale, n'étaient que des seconds couteaux et que les commanditaires de la corruption se trouvaient dans les plus hautes sphères du pouvoir. Je rappelle encore une fois que ces individus, qui sont certes les acolytes de ces commanditaires, ne constituent que des maillons de leurs réseaux, des passages obligés qu'ils utilisent pour opérer leurs razzias et auxquels ils accordent quelques miettes.

Je vous avais aussi recommandé d'étendre vos investigations à d'autres progénitures que celles auxquelles vous vous étiez intéressés. Mais, apparemment, le régime algérien accorde une sorte "d'immunité" non seulement à un ministre, même quand il n'est plus en poste, mais aussi à sa descendance. Je vous avais enfin signalé quelques pistes que vous auriez pu explorer qui vous auraient amené à découvrir d'autres malversations autrement plus importantes et à débusquer du plus gros gibier que celui que vous aviez trouvé.

Mais hélas, votre maison le DRS qui fait si peur au commun des mortels en Algérie, s'avère impuissante, soumise et sans moyens face aux agissements mafieux de la catégorie des "Intouchables".Qui est "Intouchable" en Algérie ?

Toute personne faisant partie d'un des clans dominants du pouvoir, notamment celui du président de la République ou celui des généraux qui l'ont placé au sommet de l'État. En vertu de quoi, un ministre, un général, un général-major, certains conseillers, ou certains hommes d'affaires qui naviguent dans ces eaux troubles – la liste n'est pas exhaustive – qu'ils soient en poste ou en retrait, ne sont jamais poursuivis pour corruption, jamais inculpés, ne sont même pas cités à titre de témoins dans des affaires qui les concernent directement ? De très fortes présomptions, voire preuves de culpabilité de ministres, de généraux, du secrétaire général de l'UGTA, existent dans les dossiers Khalifa, gazoduc sous-marin Algérie – Italie, BRC, Sonatrach, autoroute Est-Ouest, sans qu'aucune de ces personnalités ne soit jamais inquiétée.

Messieurs les enquêteurs, ni vous, ni moi, ni aucune personne sensée ne pourrait croire que ces personnes sont exemptes de tout délit de corruption, pour la simple raison qu'elles occupent de très hautes fonctions dans la hiérarchie politique ou militaire du pays. C'est évidemment leur appartenance à un clan du pouvoir qui les a rendues intouchables, c'est-à-dire selon la définition du Grand Robert de la langue française, des personnes qui ne peuvent être l'objet d'aucun blâme, d'aucune critique, d'aucune sanction. Dans l'ancien système social hiérarchique de l'Inde, étaient qualifiées d' "Intouchables" des personnes hors caste, considérées comme impures. C'est une combinaison de ces deux définitions qui s'applique à notre version nationale de la Cosa Nostra, dans laquelle un "Intouchable" est non seulement impur par ses mœurs, mais ne peut visiblement faire l'objet ni de blâme ni de sanction. Dans le cas qui nous intéresse, à savoir le scandale de la Sonatrach, la question que l'on est en droit de se poser est celle de savoir qui a décrété que les commanditaires des cadres supérieurs inculpés étaient des "Intouchables" ? Est-ce vous, Messieurs les enquêteurs du DRS ou est-ce les juges qui ont pris le relais de vos investigations ? Sachez cependant que, quelles que soient les personnes qui ont pris cette responsabilité, elles sont, de par leur complicité, tout aussi coupables que ces individus, même si elles n'ont fait qu'obéir à des ordres venus de plus haut.

Il m'est cependant agréable de constater que, contrairement à l'Algérie où l'on s'évertue par tous les moyens d'étouffer ce genre d'affaires, ailleurs dans le monde ce n'est heureusement pas le cas. Tout comme moi, vous aurez remarqué depuis quelques mois déjà que sous d'autres cieux, les pistes que je vous avais signalées en janvier 2010 étaient dignes d'intérêt. Je n'en tire aucune fierté ni honneur particuliers, mais je me sens néanmoins renforcé, par ce réconfort en provenance de l'étranger, dans mes convictions que la lutte contre la corruption est permanente et que la vérité et la justice finissent toujours par l'emporter. S'agissant de SNC Lavalin, on a appris au mois d'avril dernier que la justice canadienne avait entamé une grosse opération mains propres à l'intérieur de cette entreprise, qui a abouti à la décapitation de la direction générale. Soupçonné de blanchiment d'argent et de corruption dans des affaires conclues en Afrique du Nord, Riadh Ben Aïssa, vice-président a été limogé en février 2012 après 27 ans de services, avant d'être arrêté et emprisonné en Suisse depuis la mi-avril. En sa qualité de responsable de l'Afrique du Nord au sein de la firme montréalaise, Riadh Ben Aïssa entretenait des relations sulfureuses avec le régime Kadhafi en Libye et avec celui de Ben Ali en Tunisie. Pour ce qui est de l'Algérie, son "parrain" était une personnalité très connue et très influente, décédée depuis le scandale de la Sonatrach. Le vice-président des finances de l'entreprise, Stéphane Roy a lui aussi été arrêté, tandis que le P-DG Pierre Duhaine a été poussé à la démission. À la suite de la disparition de son "sponsor" algérien, SNC Lavalin a vu certains de ses contrats annulés, avant de refaire surface et de décrocher de nouvelles affaires. Il vous appartient, Messieurs les enquêteurs, de dénicher, au sein de l'establishment algérien, qui est le nouveau soutien de la firme canadienne.

On a appris aussi récemment que le PDG de Saïpem Pietro Franco Tali avait été limogé à la suite de nouvelles révélations de corruption concernant des contrats attribués par la Sonatrach au groupe italien. Selon les conclusions auxquelles sont parvenus les enquêteurs du parquet de Milan, Saïpem aurait versé 200 millions de dollars US de commissions pour l'obtention de trois contrats d'un montant de 580 millions pour le premier, de 142 millions pour le second et de 100 millions pour le troisième, soit un total de 822 millions de dollars. Non, Messieurs les enquêteurs, on ne verse pas un tel montant de commissions pour obtenir somme toute un montant modeste d'affaires. Si vous vous penchez sérieusement sur le dossier Saïpem, vous découvrirez que cette entreprise fer-de-lance du groupe ENI a réalisé en Algérie, durant les cinq dernières années seulement, un montant global d'affaires 25 à 30 fois supérieur. Les 200 millions de dollars de commissions ne représentent probablement qu'un acompte sur d'autres versements qui suivront ou alors une échéance sur un calendrier de paiements préétabli portant sur plusieurs affaires signées ou à venir. À titre de comparaison, sachez que lors d'un procès tenu en 1991, portant sur diverses affaires de corruption, dont celle relative à la construction du gazoduc sous-marin Algérie-Italie, le président de l'ENI avait reconnu, devant le juge d'instruction en charge du dossier près ce même parquet de Milan, avoir versé au nom de son entreprise une commission de 32 millions de dollars à un citoyen libyen agissant en qualité d'intermédiaire avec une haute personnalité algérienne. 32 millions pour une haute personnalité – par ailleurs bien connue des Algériens – 200 millions pour des managers de la Sonatrach ? Encore une fois, non Messieurs les enquêteurs. Je dois vous dire que je doute fort que cette commission ait servi à arroser uniquement certains membres de la direction de la Sonatrach ; leurs "parrains" au sommet du pouvoir ne leur permettraient pas de bénéficier seuls d'une telle manne. Aussi, je vous recommande fortement de ne pas vous focaliser sur les managers de la Sonatrach uniquement et d'approfondir vos investigations dans ces trois affaires, que vous auriez déjà étudiées d'après la presse algérienne. Vous y découvrirez certainement des pots-de-vin autrement plus substantiels que celui mis au jour et des participants à la razzia d'un autre calibre que ceux que vous avez débusqués jusqu'alors.

Messieurs les enquêteurs du DRS,

J'en arrive maintenant au cœur du système mafieux mis en place par certains hommes-clés du pouvoir algérien, à savoir le réseau de commissionnement et les dessous de table perçus dans le cadre des contrats de vente du pétrole et du gaz. Sachez que les sommes détournées dans ce secteur sont faramineuses. Si l'on prend, à titre d'exemple, le montant du chiffre d'affaires à l'exportation de 56 milliards de dollars mentionné plus haut et qu'on l'affecte d'un pourcentage de commissions aussi minime soit-il, on se rend compte que les montants détournés, volés chaque année au peuple algérien, représentent quelques milliards de dollars. De 3 à 6 au moins ! C'est comme si l'on retirait cent à deux cents dollars environ au revenu annuel de chaque Algérien ! N'est-ce pas hautement criminel, Messieurs les enquêteurs ? Je vous avais indiqué dans ma lettre de janvier 2010 que si vous deviez vous pencher sur cette question vous découvrirez que derrière chacun des clients de la Sonatrach, il y avait un membre de la coupole du régime, ce groupe très restreint de ceux qui détiennent le véritable pouvoir en Algérie. Ne peut pas acheter du pétrole algérien qui veut, même s'il dispose des moyens financiers pour ce faire. À Alger on lui dira que l'on n'a plus rien à vendre. Mais si, par contre, cette personne sait quel est l'intermédiaire auquel elle pourrait s'adresser (si elle ne le connait pas, les mafieux qui contrôlent le marché l'orienteront éventuellement), elle pourra alors acquérir des quantités plus ou moins importantes de brut en fonction de la dîme qu'elle est disposée à consentir. Dans un de mes nombreux écrits sur la question, j'avais souligné que ces parrains ne se satisfaisaient plus d'un pourcentage sur les ventes de la Sonatrach. Ils ont exigé et obtenu de la part des groupes auxquels ils ont facilité l'accès au pétrole algérien qu'ils soient associés au négoce lui-même. Dorénavant, ils détiennent des parts dans des sociétés-écrans chargées de la revente du pétrole algérien. Ce ne sont donc plus des commissions au coup par coup qu'ils obtiennent, mais des revenus permanents très conséquents dont ils disposent. Voilà donc la véritable mafia, la vermine dont il faudrait débarrasser l'Algérie !

Je clôturerai enfin mon propos, Messieurs les enquêteurs, en vous rappelant ces quelques faits importants. Seul un système judiciaire fort et réellement indépendant du pouvoir politique est en droit d'ordonner des investigations du type de celle dont il est question ici. C'est cela le fondement de la démocratie. Le fait que ce soit vous, un service de sécurité, qui vous soyez auto-saisi de l'affaire démontre à l'évidence le caractère non démocratique de l'organisation institutionnelle du pays. De même, seul un système judiciaire fort et réellement indépendant du pouvoir politique est en mesure de pousser aussi loin que nécessaire la recherche de la vérité, ce que vous n'avez visiblement pas été en mesure de faire. Les résultats décevants auxquels vous êtes parvenus, probablement parce que l'on vous avait fixé par avance des limites à ne pas franchir, montrent bien que le but qui vous avait été assigné n'était pas de mener une opération mains propres. Quant à ses retombées politiques, elles confirment bien ce que j'avais déjà souligné dans ma lettre de janvier 2010 :

l'objectif de votre mission était tout simplement un règlement de comptes entre clans rivaux du pouvoir.

Ce qui m'amène à pousser ce cri d'alarme : Où est le Balthazar Garson algérien, ce juge courageux en mesure de remettre de l'ordre dans ce bazar ? Jusqu'à quand l'Algérie restera-t-elle prisonnière de ces combats de coqs et de ces relations incestueuses entre hommes assoiffés de pouvoir et leurs affairistes ? La réponse à ces questions dépasse bien entendu vos attributions d'enquêteurs, car elle ne tient évidemment pas de la seule conduite d'enquêtes policières plus ou moins encadrées. Sortir de la corruption systémique et de l'impunité passe par la restitution au peuple de ses richesses naturelles – ce à quoi vous pouvez contribuer par le résultat de votre travail – et par l'instauration d'un système de gouvernance réellement démocratique.

Cordialement,

Hocine MALTI

23 décembre 2012

ANNEXE 3

Lettre ouverte au général de Corps d'armée Mohamed "Tewfik" Mediène, Rab Dzayer*

Hocine Malti

Cette fois-ci, ce n'est pas à vos collaborateurs enquêteurs que je m'adresse, mais à vous, patron depuis septembre 1990 du tout puissant DRS (Département du renseignement et de la sécurité), Rab Dzayer, le "Dieu de l'Algérie". N'est-ce pas ainsi que vous vous êtes présenté un jour de 1999, dans les circonstances que vous savez ? Selon l'adage populaire, "mieux vaut s'adresser au Bon Dieu qu'à ses saints" ; ce que je fais aujourd'hui. Vu que vous êtes en mesure de décider et d'imposer ce que bon vous semble à toute l'Algérie, à tous ses hommes et ses femmes et notamment à toutes ses autorités civiles, militaires, politiques et juridiques, je suis convaincu que vous accorderez des réponses et une suite positives aux questions et requêtes que je m'en vais vous présenter.

Nous venons d'apprendre que, le 10 février 2013, le parquet d'Alger a décidé de lancer une nouvelle enquête sur les affaires de corruption au sein de l'entreprise nationale des hydrocarbures, un dossier qu'il a intitulé "Sonatrach 2". Afin de donner l'impression qu'ils étaient à l'écoute de l'opinion publique et ne pas reconnaître qu'ils se sont en réalité trouvés à la traine de leurs collègues italiens, les magistrats algériens ont indiqué dans leur communiqué officiel qu'ils avaient déclenché cette enquête suite aux informations rapportées par la presse nationale. Laquelle n'a fait que reprendre, comme vous le savez, les décisions du parquet de Milan telles que diffusées par les médias italiens. Mais la vérité, nous Algériens, la connaissons : nos magistrats étaient en fait dans l'attente d'instructions de votre part afin d'agir ou d'ignorer la tempête médiatique de ces derniers jours. S'ils ont déclenché cette nouvelle enquête c'est que vous, Rab Dzayer, avez donné votre feu vert.

* Dieu de l'Algérie en arabe.

Est-ce un feu net, éclatant et permanent que vous avez donné ou est-il furtif, délavé et clignotant ? Est-ce que les magistrats en charge de l'affaire pourront lancer toutes les investigations nécessaires, les approfondir aussi loin que l'exige la connaissance de la vérité, procéder aux perquisitions adéquates, faire défiler devant les enquêteurs puis à la barre toute personne impliquée de près ou de loin dans ce dossier ? En un mot, pourront-ils agir uniquement en fonction de ce que leur dicte leur conscience, ou devront-ils solliciter à chaque étape de la procédure un nouveau feu vert de votre part ? Allons-nous voir ainsi se relayer dans le bureau du juge d'instruction pour être auditionnés, avant d'être éventuellement inculpés, puis – qui sait – peut-être même condamnés, MM. Chakib Khelil, Farid Bedjaoui, Mohamed Bedjaoui, Réda Hemche, Pierre Falcone, Samyr Ouraïed et tutti quanti ? Comme vous le savez, certaines parmi ces personnes ont agi en qualité d'intermédiaires au profit de commanditaires invisibles aux yeux du commun des mortels, mais que vous, en tant que Dieu de l'Algérie, connaissez parfaitement. Alors est-ce trop rêver qu'imaginer que certains de vos collègues généraux ou généraux-majors, certains ministres, certains hommes d'affaires véreux, certaines personnes qui évoluent dans la coupole dont vous êtes le point culminant ainsi que certains membres d'une certaine fratrie seront également déférés devant la justice ?

Verra-t-on aussi les corrupteurs italiens, chinois, français ou canadiens – la liste est loin d'être exhaustive – être entendus par le juge d'instruction en charge de l'affaire ou répondre de leurs actes dans le cadre de commissions rogatoires ? Ou alors, est-ce que, comme d'habitude, seul le “menu fretin” fera l'objet de la nouvelle procédure ? Les Italiens, eux, n'ont pas hésité : c'est à un énorme déballage qu'ils viennent de procéder ; ce qu'ils ont découvert et révélé n'est d'ailleurs que la partie visible de l'iceberg. Ils se sont aussi attaqués aux plus hauts responsables de l'ENI, qui sont dans leur pays de puissantes personnalités politiques, à l'inverse des managers de la Sonatrach, PDG inclus, qui ne sont que des technocrates au service des gens du pouvoir réel, dont vous-même. Alors, allez-vous faire comme les Italiens ? Ou faudra-t-il que l'on reste à l'écoute des nouvelles en provenance du parquet de Milan pour connaître la triste réalité de notre pays, pour découvrir comment certaines personnes que vous connaissez parfaitement, des personnes que vous avez souvent côtoyées lors de votre longue carrière professionnelle, se sont gavées de millions de dollars et d'euros piochés dans la rente pétrolière du pays ? Et ce avec votre accord tacite, si ce n'est avec votre bénédiction. Savez-vous quels sont les trois termes qu'utilisent les milieux d'affaires et financiers à travers le monde pour qualifier l'Algérie ? Corruption, incompétence et banditisme.

Corruption, bien sûr, puisque l'Algérie est en 105e position sur 176 pays au classement de Transparency International. Corruption, bien sûr, qui s'est généralisée depuis une bonne trentaine d'années. Et, depuis 1999 tout particulièrement, vous avez, avec la complicité d'Abdelaziz Bouteflika, votre président – je dis votre président, car c'est vous et vos collègues généraux qui l'avez choisi et imposé au peuple algérien – fait de l'Algérie un pays de Cocagne pour une certaine caste dont vous avez couvert les agissements, si ce n'est poussé à l'action. Vous deux n'avez cessé, depuis 1999, de vous disputer le pouvoir ; lui essayant d'être autre chose qu'un "trois-quarts de président" et vous lui fixant des lignes rouges à ne pas dépasser, le tout avec des conséquences souvent sanglantes pour le peuple. Vous avez fait de la gestion des affaires du pays un terrain de jeu privé dans lequel seuls peuvent intervenir le couple infernal que vous constituez et vos deux clans. Le destin du pays a été et continue d'être pour vous deux une partie d'échecs au cours de laquelle vous essayez, chacun de son côté, d'avancer vos pions, de marquer des points contre l'autre, sans qu'aucun des deux ne réussisse d'ailleurs à mettre l'autre échec et mat.

Ce que vous recherchez au travers de cette lutte feutrée, invisible pour l'œil non averti, mais néanmoins féroce, c'est bien entendu affirmer votre suprématie, mais aussi et surtout faire main basse sur les richesses du pays : un objectif que, malgré les bisbilles entre vous, vous partagez dans une indéfectible solidarité. Dans chacun des deux clans, vos affidés respectifs, mettant à profit la garantie d'impunité que vous leur assurez, se sont remplis les poches, ont garni au maximum leurs comptes en banque dans les paradis fiscaux – mais pas uniquement – acquis des résidences somptueuses, dans les quartiers parisiens les plus chics notamment, des haciendas en Amérique latine, des palais à Abu Dhabi ou Dubaï, offert à leurs progénitures des voitures de luxe du dernier modèle qu'elles ont exhibées avec indécence dans les rues d'Alger pendant que d'autres ramassaient dans les décharges publiques de quoi se nourrir et nourrir leurs enfants. Nombre de vos supporters ont également couvert leurs maîtresses de bijoux, les ont habillées chez les grands couturiers et leur ont fait profiter de billets d'avion de première classe qu'ils n'ont même pas payés : ce sont des VIP, on leur offre ce genre de babioles !

D'où tiennent-ils tout cet argent ? D'abord des commissions perçues de la part des firmes étrangères qui ont su trouver dans vos soutiens respectifs le bon filon leur garantissant des contrats mirobolants en Algérie. Mais aussi des opérations d'import import que l'on a vu fleurir ces vingt dernières années, des monopoles d'importation que certains – vous les connaissez parfaitement – se sont auto-attribués, des montages frauduleux de crédits bancaires bidon devenus une spécialité algérienne, des "arrangements" douaniers pour de fausses importations ou exportations… Et j'en passe, tant est large l'éventail d'opérations frauduleuses apparues dans les années 1980 et généralisées depuis 1999, et tant a été fertile l'imagination des membres de vos deux clans pour se créer des niches desquelles ils pouvaient extraire le maximum de profits. Abdelaziz Bouteflika et vous-même saviez tout cela, mais vous avez laissé faire. Selon votre logique, vous déteniez ainsi des dossiers compromettants sur le clan adverse, des dossiers que vous dévoileriez le jour où il sera nécessaire de mettre ceux d'en face dans l'embarras : l'affaire BRC, par exemple, qui a éclaté en 2006 et dans laquelle des millions de dollars ont été détournés par certaines de vos connaissances, mais aussi par des corrupteurs américains, en est l'exemple type. Pour votre grand bonheur, la rente pétrolière a été boostée par les prix élevés du pétrole ces vingt dernières années et a donc permis le déroulement sans anicroche de tous ces micmacs. Quant à Abdelaziz Bouteflika et vous-même, cette rente vous a permis d'acheter des consciences, des soutiens à l'intérieur et à l'extérieur du pays, de financer des parties et des partis étrangers et donc de renforcer et pérenniser votre pouvoir, jusqu'à devenir, en ce qui vous concerne, Rab Dzayer.

Incompétence est l'autre terme utilisé par les milieux d'affaires étrangers pour caractériser l'Algérie. Ils savent bien entendu que tous les Algériens – Dieu soit loué – ne sont pas incompétents tandis que l'énorme majorité de ceux avec lesquels ils traitent le sont. Comment expliquer une telle bizarrerie ? Ces cadres algériens qu'ils rencontrent, avec lesquels ils discutent affaires, ont été choisis et placés aux postes de responsabilité qu'ils occupent par vous deux. Or, le critère fondamental que vous retenez pour le choix, c'est d'abord et avant tout l'obéissance au chef du clan, pas la compétence. Dans votre microcosme, seuls les yes men peuvent réussir. Il n'est qu'à voir pour s'en convaincre l'obséquiosité et la servilité dont font preuve certaines personnes de votre entourage. Ces béni-oui-oui vous aideront d'ailleurs dans la marginalisation des compétents, car ceux-ci pourraient leur faire de l'ombre.

On dit enfin banditisme – quel terme horrible – quand on parle de l'Algérie dans les cercles des investisseurs potentiels. Banditisme, bien sûr, puisqu'avant même de se rendre à Alger, les hommes d'affaires étrangers auront été approchés et conditionnés par les *missi dominici* du parrain algérien "en charge du dossier", qui leur signifieront les termes du "contrat". Pas celui concernant le projet lui-même, mais celui relatif au montant de la dime, de la commission à verser, le compte auquel se fera le versement, etc. Et Dieu sait s'ils sont voraces ces parrains algériens qui exigent des pourcentages nettement supérieurs aux "moyennes communément admises en la matière". Cette commission sera incluse dans le montant global de l'affaire, sans être pour autant déduite du profit de la firme bénéficiaire du contrat ; elle ne la dérange donc pas particulièrement. Mais cette avidité au gain, cette voracité amènent ces milieux à parler de banditisme. Pauvre Algérie, qu'a-t-on fait de toi !

Alors vous, Rab Dzayer, êtes-vous disposé aujourd'hui à effacer ces tâches infamantes qui salissent l'image du pays ? Les Dieux peuvent tout faire. Vous en avez vous-même donné la preuve en d'innombrables occasions. Saurez-vous pour une fois mettre le holà à ce genre de comportement ? Serez-vous plus perspicace, plus efficace que les Italiens qui annoncent 200 millions d'euros de pots-de-vin ? Sur une série de contrats d'un montant global de 11 milliards, les 200 millions de commissions annoncés représentent moins de 2 %. Un seul commentaire : ridicule !

P.S. : Ô Dieu de l'Algérie, une dernière petite requête : autoriserez-vous la presse algérienne à publier cette lettre ?

16 février 2013

TABLE DES MATIÈRES

Structures éditoriales du groupe L'Harmattan

L'Harmattan Italie
Via degli Artisti, 15
10124 Torino
harmattan.italia@gmail.com

L'Harmattan Hongrie
Kossuth l. u. 14-16.
1053 Budapest
harmattan@harmattan.hu

L'Harmattan Sénégal
10 VDN en face Mermoz
BP 45034 Dakar-Fann
senharmattan@gmail.com

L'Harmattan Cameroun
TSINGA/FECAFOOT
BP 11486 Yaoundé
inkoukam@gmail.com

L'Harmattan Burkina Faso
Achille Somé – tengnule@hotmail.fr

L'Harmattan Guinée
Almamya, rue KA 028 OKB Agency
BP 3470 Conakry
harmattanguinee@yahoo.fr

L'Harmattan RDC
185, avenue Nyangwe
Commune de Lingwala – Kinshasa
matangilamusadila@yahoo.fr

L'Harmattan Congo
67, boulevard Denis-Sassou-N'Guesso
BP 2874 Brazzaville
harmattan.congo@yahoo.fr

L'Harmattan Mali
ACI 2000 - Immeuble Mgr Jean Marie Cisse
Bureau 10
BP 145 Bamako-Mali
mali@harmattan.fr

L'Harmattan Togo
Djidjole – Lomé
Maison Amela
face EPP BATOME
ddamela@aol.com

L'Harmattan Côte d'Ivoire
Résidence Karl – Cité des Arts
Abidjan-Cocody
03 BP 1588 Abidjan
espace_harmattan.ci@hotmail.fr

Nos librairies en France

Librairie internationale
16, rue des Écoles
75005 Paris
librairie.internationale@harmattan.fr
01 40 46 79 11
www.librairieharmattan.com

Librairie des savoirs
21, rue des Écoles
75005 Paris
librairie.sh@harmattan.fr
01 46 34 13 71
www.librairieharmattansh.com

Librairie Le Lucernaire
53, rue Notre-Dame-des-Champs
75006 Paris
librairie@lucernaire.fr
01 42 22 67 13

www.ingramcontent.com/pod-product-compliance
Lightning Source LLC
LaVergne TN
LVHW021137061026
849535LV00002B/271
* 9 7 8 2 3 4 3 2 1 3 9 8 9 *